Christoph Butterwegge · Michael Klundt
Matthias Belke-Zeng

Kinderarmut in Ost- und Westdeutschland

Christoph Butterwegge · Michael Klundt
Matthias Belke-Zeng

Kinderarmut in Ost- und Westdeutschland

2., erweiterte und aktualisierte Auflage

VS VERLAG FÜR SOZIALWISSENSCHAFTEN

Bibliografische Information der Deutschen Nationalbibliothek
Die Deutsche Nationalbibliothek verzeichnet diese Publikation in der
Deutschen Nationalbibliografie; detaillierte bibliografische Daten sind im Internet über
<http://dnb.d-nb.de> abrufbar.

1. Auflage 2005
2. Auflage 2008

Alle Rechte vorbehalten
© VS Verlag für Sozialwissenschaften | GWV Fachverlage GmbH, Wiesbaden 2008

Lektorat: Frank Engelhardt

VS Verlag für Sozialwissenschaften ist Teil der Fachverlagsgruppe
Springer Science+Business Media.
www.vs-verlag.de

Das Werk einschließlich aller seiner Teile ist urheberrechtlich geschützt. Jede Verwertung außerhalb der engen Grenzen des Urheberrechtsgesetzes ist ohne Zustimmung des Verlags unzulässig und strafbar. Das gilt insbesondere für Vervielfältigungen, Übersetzungen, Mikroverfilmungen und die Einspeicherung und Verarbeitung in elektronischen Systemen.

Die Wiedergabe von Gebrauchsnamen, Handelsnamen, Warenbezeichnungen usw. in diesem Werk berechtigt auch ohne besondere Kennzeichnung nicht zu der Annahme, dass solche Namen im Sinne der Warenzeichen- und Markenschutz-Gesetzgebung als frei zu betrachten wären und daher von jedermann benutzt werden dürften.

Umschlaggestaltung: KünkelLopka Medienentwicklung, Heidelberg
Druck und buchbinderische Verarbeitung: Krips b.v., Meppel
Gedruckt auf säurefreiem und chlorfrei gebleichtem Papier
Printed in the Netherlands

ISBN 978-3-531-15915-7

Das vorliegende Buch widme ich
meiner Tochter Sina Malu,
die am 24. März 2008
– unmittelbar vor der Manuskriptabgabe –
geboren wurde, und ihrer Mutter
in größter Dankbarkeit

Christoph Butterwegge

Inhalt

Vorbemerkungen 11

1. **Vereinigung und Globalisierung als Herausforderungen für den Sozialstaat** 13
1.1 Die deutsche Wiedervereinigung 14
1.1.1 Ökonomische, politische und soziale Ausgangsbedingungen 15
1.1.2 Ostdeutschland nach der DDR-„Wende" im Oktober/November 1989 20
1.1.2.1 Enttäuschung der Hoffnungen auf ein „zweites Wirtschaftswunder" 21
1.1.2.2 Vom Staatssozialismus zum Sozialstaat: Folgen des Institutionentransfers für die ehemaligen DDR-Bürger/innen 25
1.1.2.3 Die soziale Ungleichheit und der Paternoster-Effekt 29
1.1.2.4 Arbeitslosigkeit als Dauerzustand für die Betroffenen und Strukturelement der Gesellschaft 33
1.1.2.5 „Umbruchsarmut": Erblast des SED-Regimes, Randerscheinung des Vereinigungsprozesses oder Resultat einer falschen Politik? 37
1.1.3 Westdeutschland nach der Wiedervereinigung am 3. Oktober 1990 41
1.1.3.1 Vereinigungsboom, Wachstumskrise und Beschäftigungsschwäche 43
1.1.3.2 „Absturz West" statt „Aufschwung Ost"? 45
1.2 Die neoliberale Modernisierung als dominante Form der Globalisierung 48
1.2.1 Globalisierung: Begriff, Geschichte und Erscheinungsformen .. 52
1.2.2 Das gesellschaftspolitische Projekt des Neoliberalismus 56
1.2.3 Pauperisierung, soziale Polarisierung und Prekarisierung der Lebenslagen 58
1.2.4 Familien und Kinder als Modernisierungsverlierer 64
1.2.4.1 Aushöhlung des „Normalarbeitsverhältnisses" 66

1.2.4.2	Auflösung der „Normalfamilie"	69
1.2.4.3	„Globalisierungsarmut" als Resultat der „Standortkonkurrenz".	75
1.3	Um- bzw. Abbau des Wohlfahrtsstaates: Anspruch und Wirklichkeit	78
1.3.1	Arbeitsmarkt- und Sozialpolitik unter Gerhard Schröder: Neoliberalismus in Rot-Grün?	80
1.3.1.1	Die sog. Hartz-Kommission, ihre Vorschläge zur Arbeitsmarktreform und deren Umsetzung	82
1.3.1.2	„Agenda 2010" – das regierungsoffizielle Drehbuch für den Um- bzw. Abbau des Sozialstaates	86
1.3.2	Sehr viel Kontinuität und nur wenige Fortschritte in der Familienpolitik	91
1.3.3	Fortsetzung der Reformen unter Angela Merkel: Sozial-, Familien- und Steuerpolitik nach dem Matthäus-Prinzip?	95
1.3.3.1	Einführung des Elterngeldes und Schaffung von mehr Krippenplätzen: Bekämpfung der Armut von oder der Armut an Kindern?	97
1.3.3.2	Erhöhung der Mehrwertsteuer und Entlastung der Firmenerben von betrieblicher Erbschaftsteuer	104
1.3.4	Deutschlands mehrfache Spaltung	107
1.3.4.1	Folgen der sog. Hartz-Gesetze	108
1.3.4.2	Ausweitung des Niedriglohnsektors	115
1.3.4.3	Kinderarmut in Ost- und Westdeutschland	117
2.	**Forschungsstand zur Kinderarmut in Deutschland sowie im internationalen Vergleich**	127
2.1	Konzepte der (Kinder-)Armutsforschung im Überblick: Ressourcen- und Lebenslagenansatz	127
2.1.1	Die dynamische Armutsforschung	129
2.1.2	Begriff und Aufgaben einer dualen Armutsforschung	131
2.1.2.1	Gesellschaftskritik und Empirie	132
2.1.2.2	Kinderarmut und Weltmarktdynamik	134
2.1.2.3	„Dualisierung" der Armut – Arbeitslosigkeit vs. Billigjobs	135
2.1.2.4	Lebenslage und -welt als Konzept zur Erhebung psychosozialer Folgen von Armut und der kindlichen Strategien zu ihrer Bewältigung	136
2.2	Nationale und weltweite Verbreitung von Kinderarmut	142
2.3	Psychosoziale Folgen der Armut für Kinder	161
2.3.1	Gesundheitliche und psychosoziale Beeinträchtigungen	163
2.3.2	Bildungsbenachteiligung	166
2.3.3	Folgen von Armutslagen im Spannungsfeld unterschiedlicher Determinanten	172

Inhalt 9

3.	**Methodik und Datenbasis der empirischen Untersuchung** ...	177
3.1	Erhebungsinstrumente	178
3.2	Die soziale Situation in den Untersuchungsgebieten	180
3.2.1	Umfang und Erscheinungsformen von (Kinder-)Armut in Köln	180
3.2.2	Die soziale Situation in Erfurt	183
3.3	Das Untersuchungssample	187
3.3.1	Konstruktion der sozialen Lagen: „untere" und „obere Schicht" als Vergleichsgruppen für die quantitative Analyse	188
3.3.2	Indikatoren für kindliche Lebenslagen	196
3.3.2.1	Familienform	196
3.3.2.2	Haushaltsgröße und Geschwisterzahl	200
3.3.2.3	Erwerbsstatus	205
3.3.2.4	Wohnraumversorgung	208
3.3.2.5	Ethnische Herkunft	210
3.3.3	Zusammenfassung	212
4.	**Die soziale Situation von Kindern in Ost- und Westdeutschland – Ergebnisse der Lebenslagenanalyse**	213
4.1	Familienformen und Haushaltsgrößen	213
4.1.1	Familienform	213
4.1.2	Haushaltsgröße und Geschwisterzahl	215
4.1.3	Migrationshintergrund und Familiengröße	217
4.1.4	Zusammenfassung	218
4.2	Erwerbssituation	218
4.2.1	Familien	220
4.2.2	Mütter	221
4.2.3	Väter	227
4.2.4	Zusammenfassung	229
4.3	Wohnsituation	230
4.3.1	Vorhandensein eines (eigenen) Kinderzimmers	230
4.3.2	Beurteilung der Wohnung	233
4.3.3	Einschätzung der Wohnungsgröße	235
4.3.4	Platz zum Spielen	236
4.3.5	Zusammenfassung	238
4.4	Taschengeld, Freizeit und Unterhaltung	239
4.4.1	Taschengeld	239
4.4.2	Besitz von Sport- und Spielgeräten	246
4.4.3	Besitz von Informations- und Kommunikationsmitteln	250
4.4.4	Urlaub und Ferienfahrten	255
4.4.5	Zusammenfassung	262
4.5	(Schul-)Bildung	263
4.5.1	Schulisches Wohlbefinden	263
4.5.2	Beurteilung der eigenen Leistungen	265
4.5.3	Schulangst	268

4.5.4	(Unterstützung bei der) Erledigung von Hausaufgaben	270
4.5.5	Wiederholung von Klassen	275
4.5.6	Bildungsübergang	278
4.5.7	Zusammenfassung	284
4.6	(Wohl-)Befinden und Gesundheit	285
4.6.1	Gesundheitliches Wohlbefinden	286
4.6.2	Kopf- und Bauchschmerzen	288
4.6.3	Konzentrationsschwierigkeiten	292
4.6.4	(Ein-)Schlafprobleme	293
4.6.5	Müdigkeit in der Schule	296
4.6.6	Zusammenfassung	297
4.7	Gesamtbilanz der empirischen Untersuchung	299
5.	**Schlussfolgerungen für die Bekämpfung der Kinderarmut im vereinten Deutschland**	301
5.1	Vorüberlegungen und Ansatzpunkte für eine Gegenstrategie	301
5.2	Arbeitsmarkt-, beschäftigungs- und sozialpolitische Maßnahmen	305
5.2.1	Arbeitszeitverkürzung, Kräftigung des Flächentarifvertrages und Festlegung eines gesetzlichen Mindestlohns	306
5.2.2	Der „aktivierende (Sozial-)Staat" – Garant einer Verringerung der Arbeitslosigkeit und der Kinderarmut?	309
5.2.3	Schritte zur Verbesserung der Vereinbarkeit von Familien- und Erwerbsarbeit	314
5.2.4	Beseitigung der Familienarmut durch Vergütung der Eltern- bzw. Erziehungsarbeit?	317
5.3	Familien- und/oder Kinder(wohlfahrts)politik?	320
5.3.1	Grundrichtungen und Zielsetzungen der Familienpolitik	321
5.3.2	Kindergeld (und -freibeträge) als Kern des Familienlastenausgleichs	326
5.3.3	Ehegatten- und Familiensplitting: (zu) wenig Unterstützung für arme Familien	330
5.4	Ausbau der öffentlichen Kinderbetreuung – nicht bloß ein Mittel gegen Bildungsarmut	334
5.4.1	Krippen, KiTas und Horte: Orte (früh)kindlicher Bildung	335
5.4.2	Ganztags- und Gemeinschaftsschulen	339
5.5	Jugendhilfe, Gemeinwesenarbeit und Quartiersmanagement	344
5.6	Wohngeld, Städtebau und Stadtentwicklung	348
5.7	Verantwortung der Medienmacher/innen und (sozial)pädagogische Handlungsanforderungen	350
5.8	Armutsverhinderung durch Gesellschaftsveränderung	355
Abkürzungen		361
Literaturauswahl		365

Vorbemerkungen

Als die 1. Auflage des vorliegenden Buches im Januar 2005 erschien, trat fast zeitgleich das als „Hartz IV" bekannte *Vierte Gesetz für moderne Dienstleistungen am Arbeitsmarkt* in Kraft. Es sollte nicht nur die materielle Lage von Millionen Menschen in Ost- und Westdeutschland entscheidend verändern, sondern auch das soziale Klima verschlechtern und die politische Kultur der Bundesrepublik schwer beschädigen. Damals war das Problem einer quantitativ zunehmenden und sich überdies qualitativ zuspitzenden Kinderarmut noch weitgehend ein Tabuthema. Inzwischen befasst sich die Öffentlichkeit damit nicht mehr nur eher widerwillig und routinemäßig, also hauptsächlich in der Vorweihnachtszeit und während des medialen Sommerlochs. Manchmal scheint es sogar, als sei daraus ein richtiges Modethema geworden, das die Massenmedien auch im Zusammenhang mit sich scheinbar häufenden Fällen der Kindesverwahrlosung und -misshandlung beschäftigt. Diese rufen manchmal geradezu hysterische Reaktionen hervor, ohne dass die (Regierungs-)Politik daraus bisher die (richtigen) Konsequenzen gezogen hätte.

Dies ist einer der Gründe, warum hiermit die 2. Auflage des Buches präsentiert wird, obwohl die empirische Untersuchung, die ihm zugrunde liegt, schon vor längerer Zeit durchgeführt wurde und weder aktualisiert noch wiederholt werden konnte. Ein anderer Grund besteht darin, dass es zwar eine Fülle weiterer Forschungsprojekte und eine Flut wissenschaftlich fundierter Publikationen zum Thema „Kinderarmut" gibt, die spezifischen Rahmenbedingungen des vereinigten, vormals aus zwei Separatstaaten mit unterschiedlichen Gesellschafts-, Wirtschafts- und Wohlfahrtssystemen sowie konträren (sozial)politischen Kulturen bestehenden Deutschland aber eher vernachlässigt worden sind.

Um die Lebenssituation von Familien und Kindern im vereinten Deutschland verstehen zu können, muss man die sozioökonomische Ausgangslage, die historischen Prägungen und die politische Entwicklung der alten wie der – mittlerweile auch nicht mehr gerade – neuen Bundesländer beleuchten. Ein solcher Vergleich gibt Aufschluss darüber, welche Unterschiede und Gemeinsamkeiten der Lebenslagen in Ost- und Westdeutschland existieren, wie sich Sonderfaktoren auswirken und womit den Schwierigkeiten im Vereinigungsprozess zu begegnen ist. Die komparative Methodik ist geeignet, die jeweiligen Start- und Rahmenbedingungen der Familien- bzw. Sozialpolitik zu analysieren, und sie erlaubt Rückschlüsse darauf, wie die Letzteren gestaltet sein müssten, um den Betroffenen (mehr) Möglichkeiten zur Führung eines Lebens ohne Armut einzuräumen.

Der vorliegende Band enthält die wichtigsten Ergebnisse eines von mir geleiteten Forschungsprojekts zum Thema „Infantilisierung der Armut? – Gesellschaftspolitische Ursachen und psychosoziale Folgen in Ost- und Westdeutschland", das Teil des Projektverbundes „Duale Armutsforschung und Kindheit" war und zwischen Januar 2000 und Dezember 2002 vom nordrhein-westfälischen Ministerium für Wissenschaft und Forschung im Rahmen seines Programms „Offensive zukunftsorientierte Spitzenforschung" gefördert wurde. Dr. Michael Klundt und Matthias Belke-Zeng haben das Projekt als wissenschaftliche Mitarbeiter durchgeführt, vom Januar bis zum Juni 2001 (Schul-)Kinder in Erfurt und Köln befragt sowie die nur von kleineren (Druck-)Fehlern befreiten Buchkapitel 2, 3 und 4 verfasst, Tatjana Schwedes hat sie bei der Erhebung empirischer Daten als studentische Hilfskraft unterstützt. Die inhaltliche Gesamtverantwortung und die Schlussredaktion lagen jeweils bei mir.

Köln, im Frühjahr 2008   *Christoph Butterwegge*

1. Vereinigung und Globalisierung als Herausforderungen für den Sozialstaat

Nie zuvor hat sich die Sozialpolitik der Bundesrepublik ähnlich drastisch verändert wie nach 1989/90. Die deutsch-deutsche Vereinigung bildete zusammen mit der verschärften Weltmarktkonkurrenz ein Spannungsfeld für den Wohlfahrtsstaat, welcher sich auch gegenwärtig noch im Umbruch befindet.[1] Diesem liegt ein Strukturwandel nicht nur der industriellen bzw. Arbeits- sowie der überkommenen Geschlechter- und Generationsbeziehungen (Individualisierung), sondern auch des Staats- und Gesellschaftssystems der DDR (Transformationsprozess), ja der Weltwirtschaft insgesamt (Globalisierung), zugrunde. Die schwierig zu gestaltende Vereinigung stellt denn auch keineswegs das Kardinalproblem der Sozialpolitik dar, wie etwa Gerhard A. Ritter in seinem Buch „Der Preis der deutschen Einheit" suggeriert,[2] verstärkt vielmehr nur die hierzulande wie beinahe überall vorhandene Tendenz zu einer US-Amerikanisierung des Sozialstaates. Diese kann als „neoliberal" klassifiziert werden und im Falle mangelnder oder schwacher Gegenwehr zu einer fortschreitenden US-Amerikanisierung der Sozialstruktur, einer Pauperisierung großer Teile der Bevölkerung sowie einer stärkeren Polarisierung der Gesellschaft in Arm und Reich, aber auch zur Entdemokratisierung führen.[3]

Während der 80er-Jahre vollzog sich in der „alten" Bundesrepublik eine soziale Spaltung zwischen Beschäftigten und Erwerbslosen, die hauptsächlich im Gewerkschaftsbereich registriert und als „neue Armut" etikettiert wurde.[4] Klaus Lompe wies damals bereits auf die Tendenz zu einer „Verjüngung" der Betroffenen hin: „War die Population der alten Armut in der Regel dadurch ge-

---

1 Vgl. hierzu ausführlicher: Christoph Butterwegge, Krise und Zukunft des Sozialstaates, 3. Aufl. Wiesbaden 2006, S. 125ff.
2 Vgl. Gerhard A. Ritter, Der Preis der deutschen Einheit. Die Wiedervereinigung und die Krise des Sozialstaates, 2. Aufl. München 2007
3 Vgl. hierzu: Christoph Butterwegge/Bettina Lösch/Ralf Ptak, Kritik des Neoliberalismus, 2. Aufl. Wiesbaden 2008; dies. (Hrsg.), Neoliberalismus. Analysen und Alternativen, Wiesbaden 2008
4 Siehe Werner Balsen u.a., Die neue Armut. Ausgrenzung von Arbeitslosen aus der Arbeitslosenunterstützung, Köln 1984

kennzeichnet, daß sie arbeitsunfähig, krank und/oder alt war, so ist die der *neuen* Armut heute vor allem arbeitsfähig, arbeitslos und zum großen Teil jung."[5] Man müsse nur die vorhandenen Statistiken auswerten, meinte der Armutsforscher, um deutlich erkennen zu können, „daß immer mehr Kinder in von Arbeitslosigkeit und Sozialhilfebezug betroffenen Familien aufwachsen."[6]

Seit von einer „Infantilisierung der Armut" die Rede ist,[7] weiß man, dass Kinder und Jugendliche zu den Hauptbetroffenen dieser Entwicklung gehören. Auch das als „Hartz IV" bezeichnete, am 1. Januar 2005 in Kraft getretene Gesetzespaket traf vor allem Langzeitarbeitslose und ihre Familienangehörigen, Frauen und Mütter, Minderjährige und Migrant(inn)en.[8] Sieht man von der zuletzt genannten Gruppe ab, leben die meisten Betroffenen – relativ gesehen – in *Ost*deutschland.

1.1 Die deutsche Wiedervereinigung

Fragt man nach den Ursachen sozialer Probleme und von (Kinder-)Armut im vereinten Deutschland, stößt man auf unterschiedliche Ausgangsbedingungen der BRD und der DDR, welche sich bis zum Zweiten Weltkrieg zurückverfolgen lassen. Umstritten ist, ob und ggf. in welchem Maße die (Art der) Vereinigung beider Staaten zu einer Prekarisierung der Arbeitsbedingungen und Lebensverhältnisse beigetragen hat. Daher muss überprüft werden, wie der Vereinigungsprozess verlaufen ist und welche Alternativen bestanden. Schließlich geht es um die Rolle der Sozialpolitik und die Frage, ob sich der Wohlfahrtsstaat im Zuge des Vereinigungsprozesses bewährt hat oder aufgrund seiner Strukturdefekte bei dem Versuch, gleiche Lebensbedingungen in Ost- und Westdeutschland, aber auch optimale Entfaltungs- und Entwicklungsmöglichkeiten für Kinder herzustellen, gescheitert ist.

---

5 Klaus Lompe, Einleitung, in: ders. (Hrsg.), Die Realität der neuen Armut. Analysen der Beziehungen zwischen Arbeitslosigkeit und Armut in einer Problemregion, Regensburg 1987, S. 2 (Hervorh. im Original)
6 Siehe ebd., S. 4
7 Siehe Richard Hauser, Entwicklungstendenzen der Armut in der Bundesrepublik Deutschland, in: Diether Döring/Richard Hauser (Hrsg.), Politische Kultur und Sozialpolitik. Ein Vergleich der Vereinigten Staaten und der Bundesrepublik Deutschland unter besonderer Berücksichtigung des Armutsproblems, Frankfurt am Main/New York 1989, S. 126
8 Vgl. hierzu: Christoph Butterwegge/Carolin Reißlandt, Armut, Ausgrenzung und Abschiebung per Gesetz? – Die Folgen der so genannten Hartz-Gesetze für Migranten und Migrantinnen, in: Migration und Soziale Arbeit 1/2005, S. 3ff.; dies., Hartz und Migration, in: Blätter für deutsche und internationale Politik 1/2005, S. 90ff.; Carolin Reißlandt/Christoph Butterwegge, Reformen als Armutsrisiken? – Konsequenzen der Zuwanderungs- und Arbeitsmarktpolitik für Migrant(inn)en und ihre Familien, in: Interkulturell und Global 1-2/2006, S. 56ff.

Die deutsche Wiedervereinigung

1.1.1 Ökonomische, politische und soziale Ausgangsbedingungen

Wenn man die Nachkriegssituation betrachtet, fällt eine gegensätzliche Weichenstellung der Politik für Kinder in Ost- und Westdeutschland auf. Blieb das konservative Frauen- bzw. Familienbild auf dem Gebiet der späteren BRD nach der Niederlage des NS-Regimes ungebrochen und die Hausfrauenehe ein Orientierungspunkt der Regierungspolitik, so schlug die SED seit ihrem Gründungsparteitag im April 1946 einen neuen Weg ein. Öffentliche und betriebliche Kinderbetreuungseinrichtungen schufen institutionelle Möglichkeiten zur Vereinbarung von Beruf und Familie. „Die SED orientierte sich (...) am Leitbild der erwerbstätigen Ehefrau und Mutter, die mit Hilfe von ‚Sonderrechten' in die Lage versetzt werden sollte, berufliche und familiale Pflichten in Einklang zu bringen."[9] Hier liegt ein wesentlicher Unterschied zwischen der Frauen- und Familienpolitik, aber auch in der (sozial-) politischen Kultur beider deutscher Staaten. „Während in der Bundesrepublik der fünfziger Jahre die ‚Mütterideologie' hoch im Kurs stand, dominierte in der DDR das Werben um die Arbeitskraft der weiblichen Bevölkerung."[10]

Um die spezifischen Erscheinungsformen und Ausprägungen der heutigen (Kinder-)Armut in Ostdeutschland verstehen zu können, muss man die gesellschaftlichen Rahmenbedingungen und wohlfahrtskulturellen Traditionen, aber auch die Familien- und Sozialpolitik der SBZ/DDR in Rechnung stellen. Letztere war stärker als jene der BRD darauf ausgerichtet, Frauen und Mütter frühzeitig in den Arbeitsprozess zu (re)integrieren, was der SED-Programmatik (Emanzipation der Frau) genauso entsprach wie den ökonomischen Notwendigkeiten (aufgrund der Abwanderung nach Westdeutschland fehlten der DDR-Volkswirtschaft massenhaft Arbeitskräfte). „Daher wurde in der DDR das Ziel der Vereinbarkeit von Familientätigkeit und Erwerbstätigkeit nur im Sinne *gleichzeitiger* Vereinbarkeit verfolgt."[11] Zwar kann man hierin eine Beschränkung der individuellen Wahlmöglichkeiten und der Selbstbestimmung von Frauen bzw. (Ehe-)Paaren sehen, ein ausgesprochen positives Resultat dieser Politik war indes die gute Versorgung mit Krippen-, KiTa- und Hortplätzen.[12] Selbst wenn die Einrichtung von Kinderkrippen

---

9 Udo Wengst, Gesamtbetrachtung, in: Bundesministerium für Arbeit und Sozialordnung/Bundesarchiv (Hrsg.), Geschichte der Sozialpolitik in Deutschland seit 1945, Bd. 2/1: 1945-1949. Die Zeit der Besatzungszonen. Sozialpolitik zwischen Kriegsende und der Gründung zweier deutscher Staaten, Baden-Baden 2001, S. 983f.

10 Gisela Helwig, Familienpolitik, in: Dierk Hoffmann/Michael Schwartz (Hrsg.), Geschichte der Sozialpolitik in Deutschland seit 1945, Bd. 8: Deutsche Demokratische Republik 1949-1961. Im Zeichen des Aufbaus des Sozialismus, Baden-Baden 2004, S. 510

11 Heinz Lampert, Familienpolitik in Deutschland. Ein Beitrag zu einer familienpolitischen Konzeption im vereinten Deutschland, in: Gerhard Kleinhenz (Hrsg.), Sozialpolitik im vereinten Deutschland, Bd. 1, Berlin 1991, S. 117 (Hervorh. im Original)

12 Vgl. ebd., S. 129

"rein ökonomische Gründe" im Rahmen einer aus akutem Arbeitskräftemangel nötigen „Förderung der Erwerbstätigkeit möglichst vieler Mütter" hatte, wie Gisela Helwig ausführt,[13] trug sie eben doch dazu bei, dass DDR-Frauen durch die Geburt eines Kindes weder daran gehindert wurden, ihre berufliche Karriere (ohne Unterbrechung) fortzusetzen, noch während der Kindererziehungszeit im selben Maß wie ihre westdeutschen und Westberliner Geschlechtsgenossinnen auf die finanzielle Unterstützung von (Ehe-)Mann oder Staat angewiesen waren.

Das die DDR-Sozialpolitik von Beginn an dominierende Leitbild der Vereinbarkeit von Familie und Beruf war gerade aus heutiger Sicht sehr modern. Auch im Gesundheitswesen beschritt die SED durch den Aufbau von Polikliniken und Ambulatorien, die nach dem Dispensaire-Prinzip arbeiteten, einen anderen Weg: „Damit waren auf zentralen Feldern der Sozialpolitik Regelungen in Kraft gesetzt worden, die in der SBZ in den Grundzügen ein System sozialer Sicherung etablierten, das von der deutschen Sozialversicherungstradition deutlich abwich."[14] Wenn man so will, brach die einheitliche DDR-Sozialversicherung mit den Organisationsprinzipien, wie sie das halbabsolutistische Kaiserreich begründet hatte. Philip Manow-Borgwardt spricht in diesem Kontext von einem „Modernisierungsschub", der die DDR-Sozialpolitik erfasst habe: „Er beseitigte die altständisch-zünftischen Relikte der Bismarckschen Sozialversicherung zugunsten einer institutionellen Vereinheitlichung und Universalisierung der Leistungen."[15] Trotzdem sei das Modell der Einheitsversicherung, welches die Existenz von ergänzenden und Sonderversicherungssystemen (für besonders privilegierte Gruppen) nicht ausschloss, in der DDR gescheitert.

Aufschlussreich ist, wie positiv bundesdeutsche Beobachter/innen das DDR-Modell noch während der 70er-Jahre sahen. Beispielsweise heißt es in einem Vergleich der Sozialversicherung hüben und drüben, den die SPD-nahe Friedrich-Ebert-Stiftung publizierte, beide Seiten hätten auf einzelnen Gebieten „hervorragende Leistungen" erzielt, während sie auf anderen Gebieten Rückstände und Fehlentwicklungen verzeichneten: „Der allgemeine Lebensstandard der Versicherten in der Bundesrepublik ist in den verschiedensten Lebenslagen – besonders im Rentenfall, aber auch zum Teil bei Krankheit – besser als in der DDR. In der DDR hingegen sind durch die Mindestrente Benachteiligungen bestimmter Gruppen, besonders der berufstätigen Frauen,

---

13 Siehe Gisela Helwig, Familienpolitik, a.a.O., S. 510. Erstaunlicherweise wird diese Kritik an der DDR-Familienpolitik praktisch nie auf entsprechende Motive der Schaffung von Kinderbetreuungskapazitäten im Westen übertragen, was sich wohl nur mit politisch-ideologischen Scheuklappen gegenüber dem „eigenen" Wirtschafts- und Gesellschaftssystem erklären lässt.
14 Udo Wengst, Gesamtbetrachtung, a.a.O., S. 983
15 Philip Manow-Borgwardt, Die Sozialversicherung in der DDR und der BRD, 1945-1990. Über die Fortschrittlichkeit rückschrittlicher Institutionen, in: Politische Vierteljahresschrift 1/1994, S. 55f.

Die deutsche Wiedervereinigung

weitgehend ausgeglichen. Einzelleistungen besonders in der gesundheitlichen Vor- und Fürsorge sowie im Unfallschutz sind in der DDR besser als in der Bundesrepublik, umgekehrt werden in der Bundesrepublik auf verschiedenen Gebieten bessere Leistungen gewährt als in der DDR."[16]

Alle werktätigen Mütter, die keinen Krippenplatz für ihr Kleinkind erhielten, konnten sich zwecks häuslicher Kindererziehung bis zur Vollendung von dessen 3. Lebensjahr freistellen lassen. Während dieser Zeit bekamen Alleinerziehende die sog. Mütterunterstützung. Kindergärten wurden fast immer ganztägig und überwiegend von den Kommunen, aber auch von Großbetrieben unterhalten, die (für Schichtarbeiterinnen) sogar Tages- und Nachtkindergärten einrichteten. Auch wenn Klagen über das Fehlen qualifizierten Personals und den „miserablen" Zustand von Betreuungseinrichtungen an der Tagesordnung waren,[17] ging deren Ausbau zügig voran. Bei den Kinderkrippen, in die Säuglinge ab der 10. Lebenswoche aufgenommen wurden, stieg der Versorgungsgrad von ca. 1,3 Prozent (1950) auf über 80 Prozent (1989),[18] was der DDR im internationalen Vergleich einen Spitzenplatz bescherte.

Da die Sozialpolitik der DDR stark auf junge Frauen bzw. im Sinne einer aktiven Bevölkerungspolitik auf die Förderung ihrer Gebärfreudigkeit konzentriert war, gab es Arbeitszeitverkürzungen für Mütter, Geburtsbeihilfen und zinslose Ehestandsdarlehen für Paare, die sie „abkindern" konnten.[19] Auch die Kinder befanden sich zu DDR-Zeiten, bedingt z.B. durch weniger prekäre Arbeits(markt)verhältnisse, eine sehr viel höhere Frauenerwerbsquote und wirksamere Maßnahmen des Familienlastenausgleichs, oft in einer sozial günstigeren Position als ihre westlichen Altersgenoss(inn)en, wenngleich mit steigender Kinderzahl ebenso finanzielle Einbußen verbunden waren wie in der BRD.[20]

BRD- und DDR-Sozialpolitik wirkten im Rahmen der Systemkonkurrenz zwischen Kapitalismus und Sozialismus wechselseitig aufeinander zurück. „Viele wegweisende Sozialreformen der 50er und 60er Jahre, die in ihrer Summe den Gehalt der Sozialstaatlichkeit der alten Bundesrepublik ausmachten, wurden stets *auch* mit Blick auf den östlichen Teil Deutschlands durchgeführt. Die Existenz eines anderen Gesellschaftssystems zwang die Bundesrepublik, ein sozialeres Profil auszubilden, als dies vermutlich ohne diese

---

16 Friedrich-Ebert-Stiftung (Hrsg.), Die Sozialversicherung in beiden deutschen Staaten (Die DDR: Realitäten – Argumente), Bonn-Bad Godesberg 1971, S. 43
17 Siehe Gisela Helwig, Familienpolitik, a.a.O., S. 511
18 Vgl. Gunnar Winkler (Hrsg.), Sozialreport '90. Daten und Fakten zur sozialen Lage in der DDR, Berlin 1990, S. 49
19 Vgl. Dietrich Staritz, Geschichte der DDR. Erweiterte Neuausgabe, Frankfurt am Main 1996, S. 282
20 Vgl. Richard Hauser, Die personelle Einkommensverteilung in den alten und neuen Bundesländern vor der Vereinigung. Probleme eines empirischen Vergleichs und der Abschätzung von Entwicklungstendenzen, in: Gerhard Kleinhenz (Hrsg.), Sozialpolitik im vereinten Deutschland, Bd. 2, Berlin 1992, S. 52

Konstellation der Fall gewesen wäre."[21] Hier denkt man sofort an die Große Rentenreform 1957 und das *Bundessozialhilfegesetz* (BSHG) 1961, aber auch die damaligen Steigerungen der Reallöhne und des Lebensstandards breiter Bevölkerungsschichten müssen in diesem Zusammenhang betrachtet werden.

Dagegen ließ der DDR-Lebensstandard, verglichen mit demjenigen hoch entwickelter Industriestaaten des Westens, vor allem während der 80er-Jahre immer stärker zu wünschen übrig, weil die dortige Volkswirtschaft nach heutiger Einschätzung am Rande des Ruins stand.[22] Trotzdem führte die Regierung ihre ehrgeizigen sozial-, wohnungsbau- und familienpolitischen Pläne fort, erhöhte die Transferleistungen wie das Kindergeld und verbesserte auch die großzügigen Freistellungsregelungen. Gleichzeitig schnitt man die Leistungsangebote des Staates noch mehr auf Frauen und (werdende) Mütter zu. „Einwände, daß die den Frauen zugestandenen Sondervorteile zur besseren Vereinbarkeit von Berufstätigkeit, Haushalt und Mutterschaft tradierte Verhaltensweisen und Rollenbilder von Mann und Frau tendenziell verfestigten, wurden mit wenig überzeugenden Argumenten zurückgewiesen."[23]

Obwohl der Einkauf in Exquisit- und Delikatläden, dem Genex-Versandhandel und Intershops den Besitzern westlicher Devisen vorbehalten blieb, war die Kluft zwischen Arm und Reich erheblich weniger tief als in der Bundesrepublik. Die sozialistische Arbeitspflicht, Vollbeschäftigung und ein Programm zur Befriedigung aller Grundbedürfnisse ließen die Armut aus dem öffentlichen Blickfeld verschwinden. Wo immer die zumindest latent vorhandene Armut nicht zu verheimlichen war, wurde sie zu „Asozialität", einem Charaktermerkmal oder persönlichem Versagen umgedeutet.[24]

Die DDR-Gesellschaft war durch mehr Egalität auf einem niedrigeren Niveau als ihr westdeutscher Nachbarstaat gekennzeichnet. Trotz mancher Privilegien für die Nomenklatura, also Spitzenkader des Partei- und Staatsapparates, sowie deren Angehörige und enge Mitarbeiter/innen war die Ungleichheit der Einkommen bis zuletzt ausgesprochen gering. Richard Hauser weist in diesem Zusammenhang darauf hin, „daß in der DDR andere Arbeitsmarktverhältnisse, höhere Frauenerwerbsquoten und Familienlastenausgleichsmaßnahmen zu einer günstigeren Situation der Familien mit Kindern

---

21 Diether Döring, Soziale Sicherheit im Alter? – Rentenversicherung auf dem Prüfstand, Berlin 1997, S. 30 (Hervorh. im Original)
22 Vgl. Ulrich Mählert, Kleine Geschichte der DDR, 3. Aufl. München 2001, S. 134; ergänzend: Eberhard Kuhrt/Hannsjörg Buck/Gunter Holzweissig (Hrsg.), Die wirtschaftliche und ökologische Situation der DDR in den achtziger Jahren, Opladen 1996
23 Johannes Frerich/Martin Frey, Handbuch der Geschichte der Sozialpolitik in Deutschland, Bd. 2: Sozialpolitik in der Deutschen Demokratischen Republik, 2. Aufl. München/Wien 1996, S. 421
24 Vgl. hierzu: Matthias Zeng, „Asoziale" in der DDR. Transformation einer moralischen Kategorie, Münster/Hamburg/London 2000

Die deutsche Wiedervereinigung   19

geführt hatten als in der Bundesrepublik."[25] Deshalb wäre es grundfalsch, die Sozialpolitik der DDR in Bausch und Bogen zu verdammen, auch wenn ältere Menschen (vor allem gegenüber Familien mit Kindern) systematisch benachteiligt wurden, die (nicht dynamisierte) Mindestrente kaum über der Armutsgrenze lag und die Wohnverhältnisse in den zum Teil zerfallenden Altstädten katastrophal zu nennen waren: „Ziele wie die ‚Lösung der Wohnungsfrage als soziales Problem' oder die ‚Einheit von Wirtschafts- und Sozialpolitik' mögen stümperhaft angegangen worden sein, aber sie waren nichtsdestoweniger ernst gemeint und mehr als propagandistischer Nebel."[26]

Claus Offe erklärt die „bemerkenswerte innere Stabilität der DDR" und die immerhin 40 Jahre lang währende Loyalität ihrer Bürger/innen mit dem hohen Stellenwert, den die soziale Gerechtigkeit im seiner Meinung nach paternalistischen SED-Regime genoss: „Es war ein Verteilungs- und soziales Sicherungssystem, in dem (unterhalb der Führungsebene von Partei und Staat) der einzelne nicht viel gewinnen konnte, dafür aber (oberhalb der Grenze manifester Zusammenstöße mit der Staatsgewalt wegen ‚feindlicher' Einstellungen und Aktivitäten) auch nicht in der Gefahr stand, viel zu verlieren."[27]

Man braucht die Strukturdefekte, Leistungsdefizite und Fehlentwicklungen der DDR gar nicht zu ignorieren oder zu leugnen, um im Rückblick bilanzieren zu können, „daß eine ganze Reihe sozial-, arbeits- und familienrechtlicher Regelungen günstiger waren als in der alten Bundesrepublik. Auch entsprachen manche organisatorischen Strukturen in der dortigen Sozialversicherung sowie im Gesundheits- und Sozialwesen langjährigen sozialpolitischen Reformforderungen, wie sie vor allem von den Gewerkschaften und der Sozialdemokratie in der alten Bundesrepublik formuliert worden sind."[28]

Charakteristisch für die Sozialpolitik der SED-Führung waren ihre ökonomistisch-funktionalistische Produktions- bzw. Produktivitätsorientierung (primär gefördert wurden Fabrikarbeiter, Familien, erwerbstätige Frauen und Kinder) sowie die Heruntersubventionierung der Preise entsprechender Konsumgüter oder Dienstleistungen (etwa von Grundnahrungsmitteln und Kinderbekleidung) als „objektbezogene" Methode. Die zum Teil wenig zielge-

---

25 Siehe Richard Hauser, Die personelle Einkommensverteilung in den alten und neuen Bundesländern vor der Vereinigung, a.a.O.
26 Manfred Lötsch, Systemtransformation und soziale Strukturbrüche in der (ehemaligen) DDR, in: Winfried Schmähl (Hrsg.), Sozialpolitik im Prozeß der deutschen Vereinigung, Frankfurt am Main/New York 1992, S. 20
27 Claus Offe, Die deutsche Vereinigung als „natürliches Experiment", in: Bernd Giesen/ Claus Leggewie (Hrsg.), Experiment Vereinigung. Ein sozialer Großversuch, Berlin 1991
28 Gerhard Bäcker, Sozialpolitik im vereinigten Deutschland. Probleme und Herausforderungen, in: Aus Politik und Zeitgeschichte. Beilage zur Wochenzeitung *Das Parlament* 3-4/1991, S. 10

naue, eher breit streuende Subventionspolitik konnte das Auftreten *relativer Armut* nicht dauerhaft verhindern: „Sie sicherte jedoch eine Existenz unter annehmbaren Bedingungen, d.h. jenseits von Hunger, Obdachlosigkeit, Ausschluß aus dem gesellschaftlichen Leben."[29] Stephan Leibfried u.a. betonen, dass der „autoritäre Versorgungsstaat" DDR ein Janusgesicht hatte: „Er bot Sicherheit, aber um den Preis eines dichtgeknüpften Netzes sozialer Kontrolle. Der Staat förderte nicht lediglich Berufsarbeit, er forderte sie auch und verlieh dem sozialpolitisch Nachdruck."[30]

1.1.2 Ostdeutschland nach der DDR-„Wende" im Oktober/November 1989

Wochenlang trugen die im Herbst 1989 veranstalteten, von Vertretern der Kirche und oppositionellen Gruppen unterstützten Montagsdemonstrationen dazu bei, den Protest gegen das marode SED-Regime symbolträchtig zu bündeln und mittels der eingängigen Parole „Wir sind das Volk!" massenwirksam zu artikulieren. Als die Berliner Mauer am 9. November 1989 völlig überraschend für DDR-Bürger/innen geöffnet wurde, war das Ende des „deutschen Arbeiter- und Bauernstaates" im Grunde besiegelt. Nunmehr bestimmte praktisch nur noch die von Helmut Kohl geführte Bundesregierung das weitere Geschehen. Sie setzte auf eine schnelle Vereinigung von BRD und DDR, die durch Eingliederung Letzterer mit Zustimmung der am 18. März 1990 gewählten Volkskammer erfolgen sollte.

Als der 2 Monate später geschlossene *Vertrag über die Schaffung einer Währungs-, Wirtschafts- und Sozialunion* am 1. Juli 1990 in Kraft trat, avancierte der hierzulande als „Soziale Marktwirtschaft" bezeichnete Kapitalismus zum künftigen Gesellschaftssystem beider deutscher Staaten. Anschließend wurde die Arbeits- und Sozialordnung der DDR nach bundesrepublikanischem Recht umgestaltet sowie ein gesamtdeutsches System sozialer Sicherung geschaffen, das auf den Prinzipien der Leistungsgerechtigkeit und des sozialen Ausgleichs beruhen sollte. Der zwischen DDR und BRD geschlossene *Einigungsvertrag* ermöglichte zum 3. Oktober 1990 die Eingliederung der ostdeutschen Länder in die Bundesrepublik. Seither stellt die Angleichung der Lebensverhältnisse in beiden Landesteilen nicht bloß eine der größten Herausforderungen an die Machteliten in Staat, Wirtschaft und Ge-

---

29 Günter Manz, Armut in der „DDR"-Bevölkerung. Lebensstandard und Konsumtionsniveau vor und nach der Wende, Mit einem Vorwort von Wolfgang Voges, Augsburg 1992, S. 22
30 Stephan Leibfried u.a., Zeit der Armut. Lebensläufe im Sozialstaat, Frankfurt am Main 1995, S. 242

Die deutsche Wiedervereinigung

sellschaft, sondern auch einen ständigen Konfliktherd im Verhältnis von Ost- und Westdeutschen dar.[31]

1.1.2.1 Enttäuschung der Hoffnungen auf ein „zweites Wirtschaftswunder"

Was Jürgen Habermas in der anfänglichen „Wende"-Euphorie eine „nachholende Revolution" nannte,[32] führte im Osten zu einer Restauration kapitalistischer Eigentumsverhältnisse nach westlichem Muster. Die staatlich organisierte, durch Rückgabe enteigneten Privateigentums und zahlreiche Steuergeschenke an meist *west*deutsche und ausländische Investoren flankierte Rekonstruktion der ostdeutschen Wirtschaft nach Marktgesetzen glich einer ursprünglichen Akkumulation. Es gab eine Art „neues Gründerfieber", das aber nicht nachhaltig wirkte, sondern ziemlich rasch verpuffte, weil dubiose Geschäftemacher, skrupellose Betrüger und zum Teil wie Kolonialherren auftretende Glücksritter das Vertrauen der Ostdeutschen in die westliche Wirtschaftsordnung zerstörten.

Aufgrund einschlägiger Werbebotschaften im Westfernsehen und gleichlautender Wahlversprechen führender Politiker der CDU/CSU/FDP-Koalition erwarteten die meisten DDR-Bürger/innen von der „Wende", der Wirtschafts-, Währungs- und Sozialunion bzw. der Wiedervereinigung in erster Linie wachsenden Wohlstand für alle. Die „Soziale Marktwirtschaft" werde, meinte man allenthalben, nicht nur die langersehnte D-Mark bringen, ein „zweites Wirtschaftswunder" schaffen und für eine bessere Versorgung der Bevölkerung mit hochwertigen Konsumgütern sorgen, sondern auch die „sozialen Errungenschaften des Arbeiter- und Bauernstaates" (Recht auf Arbeit und Wohnung) weitgehend unangetastet lassen. Dass der moderne Kapitalismus privaten Reichtum für wenige Privilegierte auf dem Rücken anderer Gesellschaftsschichten und/oder Völker (der sog. Dritten Welt) schafft, wurde hingegen ignoriert.

Ostdeutschland wurde zum Hauptexperimentierfeld für die neoliberale Reformkonzeption der Bundesregierung, wobei die Treuhandanstalt als Pionierinstitution fungierte: „Die Politik der Treuhandanstalt brach alle Dämme, entfesselte in Deutschland einen regelrechten Privatisierungsboom."[33] An dem *Treuhandgesetz*, das die Anstalt 1990 zur Eigentümerin des DDR-Produktivvermögens machte, vorbei kam laut Werner Rügemer „eine nicht genannte und vielen unbekannte Akteursgruppe" an die Schalthebel der weltgrößten Industrieholding: „Vertreter von McKinsey und Roland Berger sowie

---

31 Vgl. Rainer Geißler, Die Sozialstruktur Deutschlands. Zur gesellschaftlichen Entwicklung mit einer Bilanz zur Vereinigung, Mit einem Beitrag von Thomas Meyer, 4. Aufl. Wiesbaden 2006, S. 76
32 Siehe Jürgen Habermas, Die nachholende Revolution, Frankfurt am Main 1990
33 Rüdiger Liedtke, Wir privatisieren uns zu Tode. Wie uns der Staat an die Wirtschaft verkauft, Frankfurt am Main 2007, S. 59

der Wirtschaftsprüfer KPMG und Price Waterhouse Coopers bildeten den Leitungsausschuss. Sie zogen die großen Projekte an sich, schalteten den Wettbewerb aus und bedienten ihre langjährigen Mandanten."[34] Für den Kölner Publizisten zeigt die Tatsache, dass 300 Mitarbeiter/innen westdeutscher Konzerne und Banken als „Leihmanager" zur Treuhandanstalt gingen, aber Beschäftigte ihrer Unternehmen blieben, „dass keineswegs eine von staatlichen Einflüssen freie Marktwirtschaft etabliert, sondern die Verflechtung von Staat und Privatwirtschaft noch direkter ausgestaltet wurde."[35]

Mit verengtem betriebswirtschaftlichem Blick hofierten die Treuhandanstalt und als deren Nachfolgerin die Bundesanstalt für vereinigungsbedingte Sonderaufgaben (BvS) westliche Großinvestoren, denen sie (Teile der) DDR-Kombinate zu Spottpreisen überließen, ohne sich um die arbeitsmarkt-, regional-, struktur- oder umweltpolitischen Auswirkungen ihrer Entscheidungen zu kümmern: „Was ökonomisch zusammengehörte, wurde vielerorts auseinandergerissen, die ‚Filetstücke' wurden verramscht, während die Restteile nicht mehr überlebensfähig waren."[36] Privatisierung hatte für die Treuhand absoluten Vorrang gegenüber der Sanierung, was den Verwertungsinteressen nach neuen Anlagemöglichkeiten suchender Kapitaleigner ebenso entsprach wie dem neoliberalen Zeitgeist und der Aufbruchstimmung dieser Tage. Oftmals ging das Volks- bzw. Staatseigentum für einen symbolischen Preis an „Wessis" oder ausländische Konzerne, zum Teil wurde es sogar regelrecht verschleudert. „Es gab offenbar keinerlei Regeln, wie hoch versteckte Subventionen der verschiedensten Art sein durften, wie mit ostdeutschen Produktionskapazitäten umzugehen war, die gesamtdeutsch als Überkapazitäten der jeweiligen Branche anzusehen sind; in einzelnen Fällen wurde ohne Rücksicht auf regionale Folgeprobleme stillgelegt, in anderen Fällen massiv subventioniert."[37] Angesichts der Tatsache, dass etwa 85 Prozent des vormaligen DDR-Produktivvermögens an westdeutsche Unternehmen gingen, spricht man in diesem Kontext zu Recht von einer „zweiten Enteignung der Ostdeutschen", die tiefe Wunden hinterließ.[38]

Edelbert Richter führt das Fortbestehen des Ost-West-Gegensatzes und die sich daran knüpfenden Ressentiments von „Besserwessis" und „Jammerossis" auf die eklatanten Vermögensunterschiede zwischen den Bewohner(in-

---

34 Werner Rügemer, Privatisierung als Kernelement der neoliberalen Gegenreform, in: Christoph Butterwegge/Bettina Lösch/Ralf Ptak (Hrsg.), Neoliberalismus, a.a.O., S. 268
35 Siehe ebd.
36 Kay Wendel, Die Treuhandanstalt und die Deindustrialisierung Ostdeutschlands, in: Wolfgang Dümcke/Fritz Vilmar (Hrsg.), Kolonialisierung der DDR. Kritische Analysen und Alternativen des Einigungsprozesses, 3. Aufl. Münster 1996, S. 148
37 Jan Priewe, Die Folgen der schnellen Privatisierung der Treuhandanstalt. Eine vorläufige Schlussbilanz, in: Aus Politik und Zeitgeschichte 43-44/1994, S. 29
38 Siehe Rüdiger Liedtke (Hrsg.), Die Treuhand und die zweite Enteignung der Ostdeutschen, München 1993

Die deutsche Wiedervereinigung

ne)n der alten und der neuen Bundesländer, vor allem im Hinblick auf das Produktivvermögen, zurück: „Die Ostdeutschen haben nicht nur zu einem doppelt so hohen Teil wie die Westdeutschen keine Arbeit, sie verfügen auch über weit weniger Geldvermögen (28%), weit weniger Grund- und Wohneigentum (unter 35%) und über extrem wenig Produktiveigentum (knapp 14%)."[39] Anschließend erinnert Richter daran, dass Arbeit und Eigentum nach (neo)liberaler Lesart die wirtschaftliche Grundlage bilden, um frei und menschenwürdig leben zu können: „Die Paradoxie der Vereinigung ist, dass die Ostdeutschen in Demokratie und Soziale Marktwirtschaft *integriert* wurden, indem sie zugleich von deren wesentlichen Bedingungen, eben Arbeit und Eigentum, weitgehend ausgeschlossen wurden."[40] Dementsprechend harsch fiel das Urteil der meisten Ostdeutschen über die gesellschaftlichen Zustände nach der Vereinigung aus: „Solange die SED-Propaganda das Klischee von der kalten, kapitalistischen Profitgesellschaft verbreitet hatte, glaubte fast niemand daran; als diese Phraseologie verstummte, fast alle."[41]

Die schnelle DM-Einführung trug zum Kollaps der DDR-Industrie, die aufgrund wissenschaftlich-technischer Rückständigkeit ohnehin kaum konkurrenzfähig war und nach der Währungsumstellung schlagartig ihre Märkte in Ost(mittel)europa verlor, maßgeblich bei. Ostdeutschland wurde zur Transfergesellschaft, die „am Tropf" westdeutscher Finanziers hing.[42] Von den Transfers wurde ein Löwenanteil für Soziales ausgegeben, was die Armut in den neuen Bundesländern zunächst milderte. Felix Büchel, Joachim Frick und Peter Krause errechneten, dass die Armutsquote in Ostdeutschland 1996 ohne westliche Transferleistungen doppelt so hoch gewesen wäre.[43] Man spricht von Ostdeutschland auch als einer „Dependenzökonomie", weil sich die Schlüsselsektoren der Wirtschaft, die Finanzzentren und die Großkonzerne bzw. deren Zentralen in Westdeutschland befanden. Die wenigen Ausnahmen, wo z.B. Automobilkonzerne – meist nur durch Zahlung von Subventionen in Millionenhöhe – veranlasst wurden, hochmoderne Produktionsstätten bzw. Montagefabriken für ihre (Personen-)Kraftwagen im Osten zu errichten (Opel in Eisenach, VW in Mosel, Chemnitz und Dresden sowie BMW und Porsche in Leipzig), bestätigten nur die Regel.

---

39 Edelbert Richter, Aus ostdeutscher Sicht. Wider den neoliberalen Zeitgeist, Köln/Weimar/Wien 1998, S. 8
40 Ebd., S. 9 (Hervorh. im Original)
41 Karl-Siegbert Rehberg, Ost – West, in: Stephan Lessenich/Frank Nullmeier (Hrsg.), Deutschland – eine gespaltene Gesellschaft, Frankfurt am Main/New York 2006, S. 210
42 Siehe Ulrich Busch, Am Tropf – die ostdeutsche Transfergesellschaft, Berlin 2002
43 Vgl. Felix Büchel/Joachim Frick/Peter Krause, Arbeitslosigkeit, öffentliche Transferzahlungen und Armut. Eine Mikro-Simulation für West- und Ostdeutschland, in: Felix Büchel/Martin Diewald/Peter Krause (Hrsg.), Zwischen drinnen und draußen. Arbeitsmarktchancen und soziale Ausgrenzungen in Deutschland, Opladen 2000, S. 174

Für das Ausbleiben des „Aufschwungs Ost" und der „blühenden Landschaften", die laut Helmut Kohl schon bald nach der Vereinigung in den neuen Bundesländern entstehen sollten, macht Richter die Wirtschafts- und Finanzpolitik der damaligen CDU/CSU/FDP-Koalition verantwortlich: „Die Eingliederung der DDR in die Bundesrepublik bedeutete trotz aller Vorteile, die sie den neuen Bundesländern brachte, dass Ostdeutschland nun über kein eigenes politisches Zentrum mehr verfügte, von dem aus der Aufbau der Marktwirtschaft hätte gesteuert werden können, ja dass es im Grunde keine wirklich auf die ostdeutsche Situation zugeschnittene Wirtschaftspolitik gab."[44] Mittels des Prinzips „Rückgabe vor Entschädigung" sei den Interessen der Alteigentümer mehr als nötig Rechnung getragen, dabei die Stagnation der ökonomischen Entwicklung aber billigend in Kauf genommen worden.

Aufgrund der Deindustrialisierung bzw. des Verzichts auf eine dieser massiv entgegenwirkende Strukturpolitik war das im Grundgesetz festgelegte Ziel einer Angleichung der Lebensverhältnisse (in Ost- und Westdeutschland) unerreichbar. In den frühen 90er-Jahren verkamen die ostdeutschen Bundesländer zu einer Region der verlängerten Werkbänke, haben ihre Betriebsstätten doch weder eigene Forschungs- und Entwicklungs- noch Verkaufs-, Beschaffungs- und Akquisitionsabteilungen, wie Werner Rügemer bemängelt: „Damit fehlen ihnen die Grundvoraussetzungen unternehmerischer Selbstständigkeit. Somit wurde nicht die Marktwirtschaft etabliert, vielmehr eine Sonderwirtschaftszone für *global players* subventioniert. Die Arbeitslosigkeit ist erheblich höher, die Löhne und Gehälter stagnieren auf noch niedrigerem Niveau als in Westdeutschland."[45]

Rainer Geißler zufolge gab es seit der Vereinigung zwar eine Annäherung, aber keine Angleichung der Lebensverhältnisse in Ost- und Westdeutschland.[46] Heute scheint der quer (geografisch korrekter müsste es heißen: längs) durch die Bundesrepublik verlaufende Riss eher tiefer geworden zu sein. Nach einer kurzen wirtschaftlichen Aufholjagd, die Mitte der 90er-Jahre ein abruptes Ende fand, verschärften sich die regionalen Disparitäten wieder. Ostdeutschland schien sich bereits einigermaßen konsolidiert zu haben, als die Wachstumsraten der dortigen Wirtschaft erneut hinter jenen der westdeutschen zurück blieben. Die unternehmerischen Ausrüstungsinvestitionen und die Arbeitsproduktivität nahmen seit 1996/97 weniger stark zu, während die bis dahin gesunkenen Lohnstückkosten stiegen. Gleichzeitig wurde die aktive Arbeitsmarktpolitik zurückgefahren, um den durch die Kreditfinanzierung von Transferleistungen belasteten Staatshaushalt zu konsoli-

---

44 Edelbert Richter, Eine zweite Chance? – Die SPD unter dem Druck der „Globalisierung", Hamburg 2002, S. 102
45 Werner Rügemer, Privatisierung als Kernelement der neoliberalen Gegenreform, a.a.O., S. 269 (Hervorh. im Original)
46 Vgl. Rainer Geißler, Die Sozialstruktur Deutschlands, a.a.O., S. 76ff.

Die deutsche Wiedervereinigung 25

dieren und die „Lohnnebenkosten" der Unternehmen (Arbeitgeberbeiträge zur Arbeitslosenversicherung) zu senken. Der 1998 ins Amt gelangte Bundeskanzler Gerhard Schröder erklärte den „Aufbau Ost" zwar zur „Chefsache", die rot-grüne Regierungskoalition war unter seiner Führung aber auch nicht erfolgreicher als ihre schwarz-gelbe Vorgängerin. Vielmehr hat sich an der misslichen Lage wenig geändert und die Bundesregierung ihr Ziel verfehlt: „Die Angleichung der Lebensverhältnisse zwischen Ost und West stagniert nicht nur; die Kluft ist in den letzten Jahren sogar größer geworden. Deshalb verharrt auch die Arbeitslosigkeit trotz der prekären Abwanderung junger und qualifizierter Arbeitskräfte auf einem mehr als doppelt so hohen Niveau wie in den alten Bundesländern."[47]

Wolfgang Thierse warnte kurz nach der Jahrtausendwende mit einer drastischen Formulierung vor einem Fiasko. Ostdeutschland stehe „auf der Kippe", meinte der damalige Bundestagspräsident, womit er das Scheitern der Vereinigung im Hinblick auf die enormen ökonomischen und sozialen Probleme der eigentlich gar nicht mehr neuen Länder für keineswegs unwahrscheinlich erklärte.[48] Einige Monate später spitzte Michael Naumann diese Diagnose weiter zu, als er feststellte: „Der Osten steht nicht mehr ‚auf der Kippe', in einigen Regionen fällt er bereits."[49] Mit einem Aktionsprogramm und einer großen Kraftanstrengung sollte es dem Osten nach Thierses Meinung ermöglicht werden, Anschluss an die Wirtschaftsentwicklung des Westens zu finden. Erfolge im Kampf gegen die Armut in Ostdeutschland versprechende Maßnahmen fielen jedoch einem Denken zum Opfer, das soziale Sicherheit, Gerechtigkeit und Gleichheit als gravierende Wettbewerbsnachteile der „eigenen" Volkswirtschaft im Konkurrenzkampf auf den Weltmärkten betrachtet.[50]

1.1.2.2 Vom Staatssozialismus zum Sozialstaat: Folgen des Institutionentransfers für die ehemaligen DDR-Bürger/innen

Mit dem Übergang zur kapitalistischen Marktwirtschaft war eine Veränderung der bisherigen Sozialstruktur und der (sozial)politischen Kultur im „Beitrittsgebiet" verbunden, das wegen seiner Eingliederung in die wohlhabende

---

47 Edelbert Richter, Eine zweite Chance?, a.a.O., S. 118
48 Siehe Wolfgang Thierse, Fünf Thesen zur Vorbereitung eines Aktionsprogramms für Ostdeutschland, in: Die Zeit v. 3.1.2001; vgl. ergänzend dazu: Rudolf Hickel, Der Osten auf der Kippe. Widersprüche der Wirtschaftsentwicklung in den neuen Ländern, in: Blätter für deutsche und internationale Politik 10/2001, S. 1241ff.
49 Michael Naumann, Erstarrt in alle Ewigkeit. Das „Modell Deutschland" ist veraltet. Reformen in Zeitlupe können die Fehler der Vergangenheit nicht mehr korrigieren, in: Die Zeit v. 13.12.2001
50 Vgl. hierzu: Christoph Butterwegge, Rechtfertigung, Maßnahmen und Folgen einer neoliberalen (Sozial-)Politik, in: ders./Bettina Lösch/Ralf Ptak, Kritik des Neoliberalismus, a.a.O., S. 143ff.

Bundesrepublik scheinbar günstigere Rahmenbedingungen für den Transformationsprozess als seine osteuropäischen Nachbarn hatte. „Transformation" meint einen Systemwechsel, wie ihn die DDR und andere RGW-Staaten in Ost- bzw. Mitteleuropa nach 1989/90 durchmachten. Gabriele Metzler hält den Terminus mit Blick auf die „Vereinigung der beiden deutschen Sozialstaaten" für besonders gut geeignet, weil er einen *gesamtgesellschaftlichen* Umbruch bezeichnet und nicht nur einzelne Aspekte dieses Prozesses betont: „Zudem signalisiert der Transformationsbegriff, daß es sich nicht um ein punktuelles Ereignis handelte, sondern um längerfristig wirksame Veränderungen, die nun, mehr als zehn Jahre nach der Vereinigung, teils immer noch kein Ende gefunden haben."[51] Da unbestimmt bleibt, wohin der Umbruch führt und wie man ihn bewertet, lehnen Wolfgang Dümcke und Fritz Vilmar den Terminus hingegen ab: „Mit der Übernahme des abstrakten Transformationsbegriffs folgt man dem Trend, sich jeder Interessenerforschung und Wertung soziopolitischer Prozesse zu enthalten (ein Trend, der unüberbietbar in dem inflatorisch gewordenen, inhaltslosen Prozeßbegriff der ‚Modernisierung' in Erscheinung tritt)."[52]

Tatsächlich trug die doppelte Transformation – von einer sozialistischen Plan- zur kapitalistischen Marktwirtschaft und von einer zu Unrecht mit dem Faschismus gleichgesetzten „kommunistischen Diktatur" zur repräsentativen Demokratie – Züge einer sozialen Destruktion und einer unkritischen Adaption der westlichen Eigentums-, Macht- und Herrschaftsverhältnisse. Von einer „Annexion" oder einer „Kolonialisierung der DDR", wie sie Kritiker beschworen,[53] kann gleichwohl nicht ernsthaft gesprochen werden. Die damalige CDU/CSU/FDP-Koalition nahm jedoch wenig Rücksicht auf die Bedürfnisse und Interessen der übergroßen Bevölkerungsmehrheit. Vereinigung wurde im Osten denn auch überwiegend als Vereinnahmung empfunden; die Entscheidungsautonomie und die Partizipation der Menschen kamen eindeutig zu kurz.

Die früheren DDR-Bürger/innen hatten binnen kürzester Zeit eine Fülle schwierigster Anpassungsprobleme zu meistern. Mit ihrem Beitritt zur Bundesrepublik nach Art. 23 GG (statt einer Vereinigung nach Art. 146 GG) unterwarf sich die frühere DDR westdeutschen Politikmustern und verzichtete implizit auf eine Revision jenseits der Elbe üblicher Sozialstandards. Selbst vorbildliche Regelungen und bewährte Institutionen der DDR-Sozialpolitik wie Polikliniken, Ambulatorien, Dispensaires oder Betriebskindergärten wurden abgewickelt. Sehr rasch setzte sich das bundesrepublikanische Mo-

---

51 Gabriele Metzler, Der deutsche Sozialstaat. Vom bismarckschen Erfolgsmodell zum Pflegefall, 2. Aufl. Stuttgart/München 2003, S. 192
52 Wolfgang Dümcke/Fritz Vilmar, Kritische Zwischenbilanz der Vereinigungspolitik. Eine unerledigte Aufgabe der Politikwissenschaft, in: Aus Politik und Zeitgeschichte 40/1996, S. 43 (Fn. 31)
53 Siehe dies., Was heißt hier Kolonialisierung? – Eine theoretische Vorklärung, in: Wolfgang Dümcke/Fritz Vilmar (Hrsg.), Kolonialisierung der DDR, a.a.O., S. 12ff.

dell niedergelassener, unternehmerisch bzw. freiberuflich tätiger Ärztinnen und Ärzte durch: „Man kann diese Entwicklung", bemerkt Gabriele Metzler mit einem süffisanten Unterton, „wohl nicht zuletzt den starken westdeutschen Krankenkassenverbänden und ärztlichen Standesorganisationen zuschreiben."[54]

Nach dem Zusammenbruch des SED-Regimes 1989/90 wurde das westdeutsche Wirtschafts- und Sozialsystem trotz manch kritischer Stimme (exemplarisch genannt sei nur der damalige SPD-Kanzlerkandidat Oskar Lafontaine) nahezu ohne Übergangs- bzw. Schonfristen auf den Osten übertragen. Herbert Ehrenberg, Arbeits- und Sozialminister unter Helmut Schmidt, gehörte zu den Spitzenpolitikern, die auch Reformbedarf im Westen sahen, wo man „während des letzten Jahrzehnts eine Reihe Löcher in das soziale Netz gerissen bzw. die Maschen erweitert" habe: „Nicht alles in der DDR ist so schlecht, daß es total durch neue Regelungen ersetzt werden müßte, in Teilbereichen dürften behutsame Korrekturen genügen, in anderen sich gleichzeitig eine Neugestaltung in der Bundesrepublik empfehlen."[55] Ehrenberg plädierte für eine Rückkehr zur Sozialpolitik der Auf- bzw. Ausbauphase des Wohlfahrtsstaates in Westdeutschland und warnte vor einer Rechtsentwicklung im Gefolge sozialer Verwerfungen, die er für den Fall voraussah, dass man seinen Rat nicht befolgen und Ostdeutschland dem freien Markt aussetzen würde: „Die Bundesrepublik braucht eine Renaissance des Sozialstaates, der zusammenwachsende neue deutsche Staat noch viel mehr. Wird der DDR eine Marktwirtschaft ohne strikte Sozialbindung übergestülpt, müssen dem ersten Überschwang große Enttäuschungen folgen. Neofaschistische Tendenzen können dann ebenso schnell Boden gewinnen wie andere radikale Positionen."[56]

Obwohl oder gerade weil die Wirtschafts- und Währungsunion überhastet realisiert wurde, blieb die gleichzeitig verkündete Sozialunion vorerst auf der Strecke. „Die Sozialleistungen sind zwar (nach den Modalitäten des Einigungsvertrages) zwischen Ost und West im Grundsatz einheitlich, aber nur hinsichtlich der Organisationsstrukturen und Leistungsprinzipien, nicht hinsichtlich ihres absoluten Leistungsniveaus."[57] Man stülpte den neuen Bundesländern die Institutionen der alten über, begriff die Sozialpolitik aber nicht als Bindeglied beider Landesteile und als gestaltende Gesellschaftspolitik, sondern linderte damit nur die einem rigorosen Privatisierungskurs geschuldeten Härten. Sozialpolitik diente dem Ziel, die kapitalistische Marktwirtschaft in Ostdeutschland ohne den lauten Aufschrei von Massenentlassungen (potenziell) Betroffener einführen zu können. Sie wirkte als Palliativ, das die

---

54 Gabriele Metzler, Der deutsche Sozialstaat, a.a.O., S. 196
55 Herbert Ehrenberg, Damit keiner unter die Räder kommt. Strategien für einen gesamtdeutschen Sozialstaat, Köln 1990, S. 103
56 Ebd., S. 152
57 Gerhard Bäcker, Sozialpolitik im vereinigten Deutschland, a.a.O., S. 3

existenziellen Risiken und sozialen Nebenwirkungen der Vereinigung erträglich(er) machte. Detlef Grieswelle, unter Helmut Kohl in der Bundesverwaltung mit sozialpolitischen Grundsatzfragen befasst, drückte es folgendermaßen aus: „Wenn man so will, hält die Sozialpolitik den Rücken frei, den Transformationsprozeß zu vollziehen."[58]

In diesen Zusammenhang gehören Arbeitsbeschaffungs- und Strukturanpassungsmaßnahmen (ABM bzw. SAM), pauschalierte Lohnkostenzuschüsse nach § 249h AFG, Maßnahmen der beruflichen Fortbildung und Umschulung (FuU), unterschiedliche Formen der Kurzarbeit, die Gründung von „Gesellschaften zur Arbeitsförderung, Beschäftigung und Strukturentwicklung" (ABS) sowie das Vorruhestands- und Altersübergangsgeld.[59] Trotz des Einsatzes teilweise erst aufgrund der schwierigen Arbeitsmarktsituation in Ostdeutschland entwickelter Instrumentarien und der Anwendung (zumindest vorerst) auf die neuen Bundesländer beschränkter Sonderregelungen blieb das Soziale der Ökonomie nach- bzw. untergeordnet. Ingrid Krieger und Klaus Lompe beklagten denn auch, dass die meisten Vorschläge zur Modernisierung der Arbeitsmarkt- und Beschäftigungspolitik einer Ruhigstellung des rapide wachsenden Arbeitslosenheeres dienten, möglichst geringe Kosten verursachen sollten und die Interessen der Betroffenen praktisch aufs rein Materielle reduzierten: „Daß bei diesen mehr oder weniger aus der Arbeitsgesellschaft ausgegrenzten Gruppen nicht nur Interessen an Deckung des Bedarfs an lebenswichtigen Gütern und Diensten beeinträchtigt werden, sondern auch Interessen an aktiver Teilnahme am Wirtschaftsleben, an Selbstbestimmung des wirtschaftlichen Handelns, an Arbeitsfreude, an Freiheit der Berufswahl, an Freizügigkeit, an sozialem Aufstieg, an gesellschaftlichem Ansehen, das sich aus Erwerbsarbeit ergibt, wird völlig ignoriert."[60]

Mit einer aktiven Arbeitsmarktpolitik in nie gekanntem Umfang einerseits sowie den Auffüllbeträgen und Sozialzuschlägen in der Arbeitslosen- bzw. Rentenversicherung andererseits federte man die schlimmsten Folgen der Vereinigung vorübergehend ab. Die zum Teil günstigeren Erwerbsbiografien vor allem *weiblicher* DDR-Bürger sorgten gleichfalls mit dafür, dass vielen alten Menschen der Gang zum Sozialamt erspart blieb. Rentner/innen dürfen jedoch nicht pauschal als „Hauptnutznießer/innen" des Vereinigungs-

---

58 Detlef Grieswelle, Sozialpolitik der Zukunft. Grundsätze sozialpolitischer Gestaltung, München/Landsberg am Lech 1996, S. 79
59 Vgl. dazu: Hubert Heinelt/Gerhard Bosch/Bernd Reissert (Hrsg.), Arbeitsmarktpolitik nach der Vereinigung, Berlin 1994; Christian Brinkmann u.a., Arbeitsmarktpolitik in den neuen Bundesländern, in: Hartmut Seifert (Hrsg.), Reform der Arbeitsmarktpolitik. Herausforderung für Politik und Wirtschaft, Köln 1995, S. 59ff.
60 Ingrid Krieger/Klaus Lompe, Zur Lebenslage von Frauen in Arbeitsbeschaffungsmaßnahmen – ein Ost-West-Vergleich. Interpretation empirischer Ergebnisse und Konsequenzen für die Instrumente des „zweiten" Arbeitsmarktes, in: Jürgen Zerche (Hrsg.), Warten auf die Soziale Marktwirtschaft. Ausbau oder Abbau der sozialen Lage in den neuen Bundesländern?, Regensburg 1997, S. 17

Die deutsche Wiedervereinigung 29

prozesses bezeichnet werden. Zwar stiegen die Altersbezüge im Durchschnitt deutlich, es gab aber unter den Ruheständler(inne)n, die Staatsrenten bezogen oder Ansprüche aus den in der DDR existierenden Zusatzversorgungssystemen herleiteten, auch Kürzungen.[61]

Frauen und Mütter, die von der DDR-Regierung zuletzt aufgrund chronischen Arbeitskräftemangels wie auch demografischer Reproduktionsschwierigkeiten des „Arbeiter- und Bauernstaates" hofiert worden waren, gehörten im neuen System zu den Hauptverlierer(inne)n oder mussten befürchten, es schon bald zu werden: „Hatte die DDR den Frauen die Vereinbarkeit von Familie und Erwerbstätigkeit durch umfassende Kinderbetreuungsangebote, großzügige Arbeitszeit- und Urlaubsregelungen sowie materielle Unterstützung weitestgehend ermöglicht, wurde gerade dieser Leistungskatalog nach 1990 drastisch beschnitten."[62] Außerdem fiel die Neuregelung des Schwangerschaftsabbruchs viel restriktiver als erwartet aus: Obwohl die in der DDR seit 1972 geltende Fristenlösung im *Einigungsvertrag* für ostdeutsche Frauen festgeschrieben worden war, legalisierte das am 1. Oktober 1995 nach längeren politischen Auseinandersetzungen und einem Bundesverfassungsgerichtsurteil in Kraft getretene *Schwangeren- und Familienhilfeänderungsgesetz* die Abtreibung nicht, sondern ließ nur Ausnahmen bei der Strafverfolgung (§ 218a StGB) zu. Die frauenspezifischen DDR-Rentenansprüche wurden gleichfalls der Systemangleichung geopfert: „Daß es im Gegenzug zu einem Ausbau der Hinterbliebenenrente kam, deutete darauf hin, daß nunmehr die Hausfrauenehe das sozialpolitische Leitbild abgab, wovon in der DDR nicht die Rede gewesen war."[63]

1.1.2.3 Die soziale Ungleichheit und der Paternoster-Effekt

Der politischen Vereinigung folgten bisher weder die wirtschaftliche Emanzipation des Ostens noch die soziale Einheit. Helmut Kohls Versprechen, nach der Wiedervereinigung werde es „niemandem schlechter, aber vielen besser gehen", hat die Bundesregierung nicht eingelöst. Statt wie in einem Fahrstuhl gemeinsam nach oben befördert zu werden, fuhren Ost- und Westdeutsche in unterschiedliche Richtungen. Die deutsche Teilung konnte nicht wirklich überwunden werden, weil keine echte Umverteilung stattfand – weder von West nach Ost noch von Oben nach Unten. Gerhard Bäcker und Johannes Steffen sprachen nach dem 3. Oktober 1990 mit Blick auf die sozioökonomische Verfasstheit der alten und der neuen Bundesländer von einer „Trennung ohne Stacheldraht", die sich sogar noch zu vertiefen drohe: „In einem einheitlichen Nationalstaat finden sich zwei Gesellschaften mit einem höchst ungleichen Entwicklungsniveau und einer höchst ungleichzeitigen

---

61 Vgl. Günter Manz, Armut in der „DDR"-Bevölkerung, a.a.O., S. 117
62 Gabriele Metzler, Der deutsche Sozialstaat, a.a.O., S. 198
63 Ebd.

Entwicklung. Die Vereinigung Deutschlands war und bleibt keine bloße Wiedervereinigung, sondern eine komplizierte Neuvereinigung zweier sehr ungleicher Teile."[64] Die beiden Autoren konnten damals jedoch höchstens ahnen, wie der (Sozial-)Staat auf die drohenden ökonomischen Verwerfungen reagieren und welche Strategien er präferieren würde, um ihnen entgegenzuwirken.[65]

In den neuen Bundesländern war ein sozialer Paternoster-Effekt wirksam: Während viele Ostdeutsche zum Teil sogar beträchtliche Einkommenszuwächse verzeichneten, ging es für andere Bewohner/innen der ehemaligen DDR nach unten. „Kurzarbeit Null", häufige Stellenwechsel und zeitlich befristete AB-Maßnahmen wechselten einander ab; Unsicherheit über die eigene Zukunft und die Perspektiven der Familie, insbesondere von Kindern und Jugendlichen, griff um sich; die Aufbruchstimmung der „Wende"-Zeit verflog in kürzester Zeit.

Hoffnungen auf ein besseres Leben für alle, hervorragende Arbeitsbedingungen für die abhängig Beschäftigten und ein Maximum sozialer Sicherheit für deren Familien wurden bitter enttäuscht. Michael Hofmann, Olaf Groh-Samberg, Carsten Keller und Berthold Vogel sprechen von einer „Zweidrittelgesellschaft neuen Typs", die in Ostdeutschland entstand und durch eine soziale Polarisierung gekennzeichnet war: „Während es einem guten Drittel der Erwerbsbevölkerung in der ostdeutschen Arbeitsgesellschaft nach der Wende gelungen ist, sich dauerhaft im neuen Beschäftigungssystem zu etablieren, befinden sich etwa zwei Drittel mehrheitlich in einer unsicheren, instabilen Erwerbsposition bzw. haben ihre Arbeit verloren."[66] Formen prekärer Beschäftigung, die für DDR-Bürger/innen ein Fremdwort gewesen war, wurden besonders in den neuen Bundesländern zur Normalität. Lag der Niedriglohnanteil hier unmittelbar nach der Wiedervereinigung wegen der egalitäreren Einkommensverteilung zu DDR-Zeiten erheblich unter dem westdeutschen Niveau, wurde dieses gegen Mitte der 90er-Jahre erreicht und seit 1997 unter dem Druck der sehr viel höheren Arbeitslosigkeit in Ostdeutschland deutlich überschritten.[67]

Michael Vester konstatiert eine starke Ausdifferenzierung der Erwerbs- und Einkommensstruktur, die er als „Potenzierung sozialer Ungleichheiten"

---

64 Gerhard Bäcker/Johannes Steffen, Reichtum im Westen – Armut im Osten?, Neue Gesellschaftsspaltungen machen soziale Mindestsicherung erforderlich, in: WSI-Mitteilungen 5/1991, S. 292

65 Vgl. hierzu: Christoph Butterwegge, Krise und Zukunft des Sozialstaates, a.a.O., S. 125ff.

66 Michael Hofmann u.a., Ostdeutsche Zustände – westdeutsche Verhältnisse, in: Franz Schultheis/Kristina Schulz (Hrsg.), Gesellschaft mit begrenzter Haftung. Zumutungen und Leiden im deutschen Alltag, Konstanz 2005, S. 170

67 Vgl. Gerhard Bosch/Thorsten Kalina, Niedriglöhne in Deutschland – Zahlen, Fakten, Ursachen, in: Gerhard Bosch/Claudia Weinkopf (Hrsg.), Arbeiten für wenig Geld. Niedriglohnbeschäftigung in Deutschland, Frankfurt am Main/New York 2007, S. 30

Die deutsche Wiedervereinigung 31

charakterisiert: „Entwertet werden, um mit Bourdieu zu sprechen, alle drei Ressourcen, die Menschen zur Sicherung ihres sozialen Status benötigen: ihr ökonomisches, ihr kulturelles und ihr soziales Kapital."[68] Nach der Vereinigung gab es einen „Schub in Richtung einer Vertiefung bestehender und Schaffung neuer sozialer Ungleichheiten", wie Dieter Rink bemerkt.[69] Rainer Geißler spricht von einer „Differenzierung und Polarisierung nach oben", weil die sozialen Abstände zwischen Oben und Unten im Rahmen des Wohlstandsschubes für viele ehemalige DDR-Bürger/innen auf einem insgesamt höheren Niveau wüchsen: „Leistungshemmende soziale Nivellierung hat sich umgekehrt in zunehmende soziale Differenzierung. Die Hintergründe dieser Trendumkehr sind die Reprivatisierung der Wirtschaft und des Immobilienmarktes, der Neuaufbau des Mittelstandes von Selbstständigen und Freiberuflern sowie die Spreizung der Lohn- und Gehaltsstrukturen."[70]

Obwohl in West- *und* Ostdeutschland eine „Gesellschaft mit hohem Lebensstandard für breite Schichten" existiert, die frei von Armut, Not und Elend zu sein wähnt, ist von einer „deutliche(n) Schlechterstellung der ostdeutschen Bevölkerung" im Hinblick auf ein umfassendes Maß an sozialer Sicherung, private Vorsorgeleistungen und bestimmte Freizeitaktivitäten auszugehen.[71] Zwar glichen sich die Einkommens- und Vermögensrelationen in West- und Ostdeutschland schrittweise an. Es gab jedoch gegen Mitte der 90er-Jahre noch erhebliche Unterschiede zwischen den alten und neuen Bundesländern. Beispielsweise standen sich Paare mit Kindern in Ostdeutschland nur wenig schlechter als Paare ohne Kinder: „Hier hat die umfassende Kinderbetreuung in entsprechenden Einrichtungen die weitere volle Erwerbstätigkeit von Müttern ermöglicht, was sich günstig auf die relative Einkommensposition der Haushaltsnettoeinkommen von Haushalten mit Kindern ausgewirkt hat."[72]

Allmählich vollzog sich eine soziale Polarisierung, wobei die Einkommensunterschiede zwischen einzelnen Haushaltsformen weniger ausgeprägt waren als im Westen: „Die stärkste Verschlechterung mußten Alleinerzie-

---

68 Michael Vester, Das Janusgesicht sozialer Modernisierung. Sozialstrukturwandel und soziale Desintegration in Ost- und Westdeutschland, in: Aus Politik und Zeitgeschichte 26-27/1993, S. 15
69 Siehe Dieter Rink, Leipzig – Gewinnerin unter den Verlierern?, in: Michael Vester/Michael Hofmann/Irene Zierke (Hrsg.), Soziale Milieus in Ostdeutschland. Gesellschaftliche Strukturen zwischen Zerfall und Neubildung, Köln 1995, S. 57
70 Rainer Geißler, Die Sozialstruktur Deutschlands, a.a.O., S. 87
71 Siehe Petra Böhnke/Jan Delhey, Lebensstandard und Einkommensarmut. Plädoyer für eine erweiterte Armutsforschung, in: Eva Barlösius/Wolfgang Ludwig-Mayerhofer (Hrsg.), Die Armut der Gesellschaft, Opladen 2001, S. 321f.
72 Stefan Weick, Einkommensungleichheit, in: Michael Braun/Peter Ph. Mohler (Hrsg.), Blickpunkt Gesellschaft 4. Soziale Ungleichheit in Deutschland, Opladen/Wiesbaden 1998, S. 31

hende in den neuen Bundesländern hinnehmen."[73] Gleichwohl ging es den meisten Ostdeutschen im Gefolge des sozioökonomischen und politischen Transformationsprozesses sehr viel besser als vorher: „Zu den materiellen Gewinnern zählen Selbständige und Freiberufler, Rentner (mit Ausnahme von Kleinrentnern und Personen mit aus politischen Gründen gekürzten Bezügen) sowie Familien mit zwei Verdienern. Finanziell schlechter gestellt sind vor allem Familien mit arbeitslosen Vätern und Müttern (sog. Doppelarbeitslose), Studenten und Alleinerziehende."[74]

Absehbar war, dass sich die Verteilung der Primäreinkommen in Ostdeutschland aufgrund einer Spreizung der Lohnstruktur, bei nur sehr wenigen ehemaligen DDR-Bürger(inne)n mit Grund- bzw. Kapitalbesitz konzentrierter Vermögenseinkünfte und einer relativ hohen Zahl neuer Selbstständiger ungleicher gestalten würde.[75] Bereits 5 Jahre nach der Vereinigung konnte man feststellen, „dass sich auch dort Ungleichheitsstrukturen herausbilden, die denen der Alt-Bundesrepublik weitgehend entsprechen."[76] Das gilt besonders für Haushalte von Selbstständigen, die schon bald eine gehobene Position auf der Einkommensskala besetzten.

Selbstständige und sog. Freiberufler gelten als dynamischstes Element der Gesellschaftsentwicklung, sodass die meisten Fördermaßnahmen unmittelbar nach der „Wende" auf den „neuen Mittelstand" zugeschnitten waren, der nach herrschender Meinung den Kristallisationskern der ostdeutschen Marktwirtschaft bilden sollte.[77] Der boomartigen Existenzgründung in Handwerk und Mittelstand folgte ab 1992 jedoch ein „Gründerkrach", dem zahlreiche Betriebe und kleinbürgerliche Existenzen zum Opfer fielen: „War es schon bei der Übernahme der Marktwirtschaft in Handwerk und Kleingewerbe zu einer Pleitewelle gekommen, die vor allem die älteren Vertreter betraf, so setzte Mitte der 90er Jahre im Gefolge der De-Industrialisierung eine neue Pleitewelle ein, die zuerst den Einzelhandel, dann das Handwerk und die Dienstleistungen erfaßte."[78] Neben einer quantitativ kaum ins Gewicht fallenden „neuen Bourgeoisie", die – von Steuervergünstigungen, Sonderab-

---

73 Ebd.
74 Harry Schröder, Armut und Gesundheit – Veränderungen in den neuen Bundesländern, in: Ulrich Laaser/Karsten Gebhardt/Ursel Brößkamp (Hrsg.), Armut und Gesundheit. Zeitschrift für Gesundheitswissenschaften, 2. Beiheft 1995, S. 90
75 Vgl. Richard Hauser, Die personelle Einkommensverteilung in den alten und neuen Bundesländern vor der Vereinigung, a.a.O., S. 69
76 Siehe Volker Offermann, Regressive Modernisierung und Herausforderungen der Verteilungspolitik, in: Frank Schulz-Nieswandt/Gisela Schewe (Hrsg.), Sozialpolitische Trends in Deutschland in den letzten drei Dekaden. Eve-Elisabeth Schewe zum 70. Geburtstag, Berlin 2000, S. 186
77 Vgl. Michael Hofmann/Dieter Rink, Das Problem der Mitte. Mittelstands- und Mittelschichtentwicklung im Osten Deutschlands, in: Peter A. Berger/Michael Vester (Hrsg.), Alte Ungleichheiten – neue Spaltungen, Opladen 1998, S. 151
78 Ebd., S. 158

schreibungen und zahlreichen Förderprogrammen im „Beitrittsgebiet" begünstigt – relativ schnell zu ansehnlichem Wohlstand gelangte, gibt es sehr viel größere Teile der früheren DDR-Bevölkerung, die von (Langzeit-)Arbeitslosigkeit, Armut und Elend betroffen sind, darunter auch und gerade Kinder.[79]

An die Stelle der Nivellierung sozialer Unterschiede im „Realsozialismus" traten ganz neue Ausprägungen der Pauperisierung, eine Prekarisierung der Arbeitsbedingungen und der Lebenslagen vieler Menschen sowie eine größere Polarisierung der Sozialstruktur. Gleichzeitig wuchs die regionale Disparität der Wohlstandsverteilung in Ostdeutschland. Klaus Müller und Joachim Frick stellen mit Blick auf Diskrepanzen zwischen Stadt und Land sowie die einzelnen Flächenländer und Ostberlin fest, „daß der Wohlstand jetzt ungleichmäßiger über das Gebiet der früheren DDR verteilt ist."[80] Die wachsende Ungleichheit wirkte sich auch im Stadtbild aus. Schon bald mehrten sich in ostdeutschen Großstädten die Anzeichen einer sozialen Segregation. Dort wächst der Stellenwert des Wohnsitzes als Statussymbol bzw. die Neigung, sich durch einen Umzug von den Angehörigen niedrigerer Schichten und ethnischer Minderheiten abzusetzen, wie Annette Harth, Ulfert Herlyn und Gitta Scheller gezeigt haben: „Die räumliche und soziale Selektivität der Mobilität wird anhalten und zu deutlichen Mustern sozialer Segregation führen."[81]

1.1.2.4 Arbeitslosigkeit als Dauerzustand für die Betroffenen und Strukturelement der Gesellschaft

Als sich die DDR „wendete" und der Bundesrepublik beitrat, erwarteten vor allem viele neoliberale Ökonomen „nach allen Erfahrungen mit marktwirtschaftlichen Prozessen" keine (lang andauernde) Massenarbeitslosigkeit; vielmehr glaubten sie, dass der (west)deutsche Arbeitsmarkt trotz einer Krise

---

79 Vgl. mehrere Beiträge in: Christoph Butterwegge (Hrsg.), Kinderarmut in Deutschland. Ursachen, Erscheinungsformen und Gegenmaßnahmen, 2. Aufl. Frankfurt am Main/New York 2000; Walter Hanesch u.a., Armut und Ungleichheit in Deutschland. Der neue Armutsbericht der Hans-Böckler-Stiftung, des DGB und des Paritätischen Wohlfahrtsverbands, Reinbek bei Hamburg 2000, S. 93ff.
80 Siehe Klaus Müller/Joachim Frick, Die regionale Verteilung von Wohlstand in den neuen Bundesländern, in: Wolfgang Glatzer/Gerhard Kleinhenz (Hrsg.), Wohlstand für alle?, Opladen 1997, S. 120; vgl. ergänzend: Franz-Josef Kemper, Regionale Disparitäten in Deutschland. Entwicklungsmuster sozialgeographischer Indikatoren in den 90er-Jahren, in: Karl Eckert/Konrad Scherf (Hrsg.), Deutschland auf dem Weg zur inneren Einheit, Berlin 2004, S. 311ff.
81 Annette Harth/Ulfert Herlyn/Gitta Scheller, Soziale Segregation in ostdeutschen Großstädten. Bisherige und künftige Entwicklungstrends, in: Aus Politik und Zeitgeschichte 5/1999, S. 45; vgl. ergänzend: dies., Segregation in ostdeutschen Großstädten, Opladen 1998

während der 80er-Jahre insgesamt in einer „guten Verfassung" sei.[82] Wie sich zeigen sollte, handelte es sich hierbei um eine jener Fehleinschätzungen, die den Vereinigungsprozess beeinträchtigten. Der auch vorher schon überlastete Arbeitsmarkt spaltete sich im vereinten Deutschland doppelt: Seine regionale Aufsplittung (in einen östlichen und einen westlichen Arbeitsmarkt) ging mit einer Ausdifferenzierung nach Geschlecht bzw. Qualifikationsgesichtspunkten einher.

Die trotz des sozialistischen Gleichheitsanspruchs in der DDR-Arbeitswelt nicht beseitigte, aber spürbar verringerte geschlechtsspezifische Ungleichheit nahm wieder deutlich zu: „Frauen haben stärkere berufliche Dequalifizierungsprozesse als Männer hinnehmen müssen, hatten nach der Wende meist stärkere Einkommenseinbußen, sind häufiger als Männer in prekären und schlecht bezahlten Arbeitsverhältnissen tätig, verrichten häufiger unfreiwillig Teilzeitarbeit, sind häufiger und länger arbeitslos."[83] In der ersten Hälfte der 90er-Jahre wurden viele Ost-Frauen vom Arbeitsmarkt verdrängt, sofern sie nicht aufgrund ihrer beruflichen Qualifikation unentbehrlich bzw. schwer (durch Männer) ersetzbar waren. Während un- bzw. angelernte Frauen und solche mit einem Facharbeiterabschluss im härter werdenden Verteilungskampf um Erwerbsarbeit eher schlechte Chancen hatten, lebten gut ausgebildete weibliche Angestellte überwiegend mit einem gleichfalls Vollzeit arbeitenden Partner zusammen: „Vermittelt über Erwerbschancen unterschiedlich qualifizierter Frauengruppen polarisieren sich die Lebensbedingungen von Haushalten und Familien in den neuen Bundesländern; es ist nicht in erster Linie das Einkommen eines ‚männlichen Ernährers', das soziale Ungleichheit erklärt."[84] Daniela Dahn kommentiert mit Spott: „Unter den brutalen Bedingungen der Reduzierung des Werts der Arbeitskraft auf maximale Rentabilität rechnet sich Frau einfach nicht."[85] Älteren Frauen und solchen mit Kindern wurde vor den Männern gekündigt, und die Frauenerwerbsquote glich sich trotz des im Osten nach wie vor dominierenden Wun-

---

82 Siehe Gerhard Fels/Hans-Peter Klös, Der deutsche Arbeitsmarkt des Jahres 1990: eine Bestandsaufnahme, in: Klaus-Dirk Henke/Joachim Jens Hesse/Gunnar Folke Schuppert (Hrsg.), Die Zukunft der sozialen Sicherung in Deutschland, Baden-Baden 1991, S. 179 und 167
83 Karl August Chassé, Armutsrisiken, Kinderarmut und Jugendhilfe in Ostdeutschland, in: Birgit Bütow/Karl August Chassé/Susanne Maurer (Hrsg.), Soziale Arbeit zwischen Aufbau und Abbau. Transformationsprozesse im Osten Deutschlands und die Kinder- und Jugendhilfe, Wiesbaden 2006, S. 76 (Fn. 2)
84 Hildegard Maria Nickel, Lebenschancen von Frauen in Ostdeutschland. Risiken und Optionen der Neuformierung von Frauenerwerbsarbeit, in: Wolfgang Glatzer/Ilona Ostner (Hrsg.), Deutschland im Wandel. Sozialstrukturelle Analysen, Opladen 1999, S. 263
85 Daniela Dahn, Westwärts und nicht vergessen. Vom Unbehagen in der Einheit, Reinbek bei Hamburg 1997, S. 153

Die deutsche Wiedervereinigung 35

sches, berufstätig zu sein bzw. zu bleiben, mehr und mehr der niedrigeren im Westen an.[86]

Frühverrentungen und großzügige Vorruhestandsregelungen konnten ebenso wenig wie zum Teil innovative und auch wirksame Instrumente der aktiven Arbeitsmarktpolitik, die durch Umstellung der Währung im Verhältnis 1 : 1, Konkurse und die Deindustrialisierung ausgelöste Massenarbeitslosigkeit verhindern. Ungefähr die Hälfte der ehemaligen DDR-Bevölkerung, darunter sehr viel mehr Frauen als Männer, machten Erfahrungen mit der Arbeitslosigkeit. Schon wenige Jahre nach der Vereinigung gab es in Ostdeutschland mehr *Langzeit*arbeitslose als in Westdeutschland. „Ihre Problemlage könnte sich deshalb möglicherweise zu einem Element der Sozialstruktur verfestigen", sagten Detlef Landua und Roland Habich voraus."[87] Walter Müller bemerkt, „daß insbesondere bei Langzeitarbeitslosen der Ausschluß von Erwerbsarbeit nicht nur eine besondere Klassenlage konstituiert, sondern durchaus auch Folge einer spezifischen Wirtschafts- und Sozialordnung ist, in der Marktgesetzen und Interessen der Kapitalverwertung hohe Priorität zukommen."[88]

Die nicht nur „Randgruppen", sondern breite Schichten der Gesellschaft erfassende Arbeitslosigkeit wirkt als sozialer Spaltpilz, der Ostdeutschland politisch nicht zur Ruhe kommen lässt. Betroffene werden im Osten der Republik zwar immer noch weniger stark stigmatisiert als im Westen, wo man Arbeitslose häufiger „Drückeberger" und „Sozialschmarotzer" nennt, was Politiker durch meistens vor Wahlen entfachte „Faulheitsdebatten" verstärken.[89] Denn das im Osten mehr als doppelt so oft wie im Westen und in kürzester Zeit massenhaft auftretende Problem gilt dort eher als transformationsbedingt denn als selbst verschuldet.[90] Gleichwohl leiden die Betroffenen manchmal stärker unter den Folgen, weil die Erwerbsarbeit in der sozialisti-

---

86 Vgl. Elke Holst/Ellen Kirner, Ausgrenzung von Frauen in Ostdeutschland nach der „Wende": Maßnahmen zur Verbesserung der Vereinbarkeit von Familie und Beruf, in: Walter Hanesch (Hrsg.), Sozialpolitische Strategien gegen Armut, Opladen 1995, S. 311ff.; Elke Holst/Jürgen Schupp, Erwerbsbeteiligung und Arbeitszeitwünsche 1993 und 1997. West- und Ostdeutschland im Vergleich, in: Wolfgang Glatzer/Ilona Ostner (Hrsg.), Deutschland im Wandel, a.a.O., S. 300ff.
87 Detlef Landua/Roland Habich, Problemgruppen der Sozialpolitik im vereinten Deutschland, in: Aus Politik und Zeitgeschichte 3/1994, S. 7
88 Siehe Walter Müller, Ungleichheitsstrukturen im vereinten Deutschland, in: ders. (Hrsg.), Soziale Ungleichheit. Neue Befunde zu Strukturen, Bewußtsein und Politik, Opladen 1997, S. 19
89 Vgl. dazu: Hans Uske, Das Fest der Faulenzer. Die öffentliche Entsorgung der Arbeitslosigkeit, Duisburg 1995; Frank Oschmiansky/Silke Kull/Günther Schmid, Faule Arbeitslose? – Politische Konjunkturen einer Debatte, Berlin 2001
90 Vgl. Christian Brinkmann/Eberhard Wiedemann, Zu den psycho-sozialen Folgen der Arbeitslosigkeit in den neuen Bundesländern, in: Aus Politik und Zeitgeschichte 16/1994, S. 23; Toni Hahn/Gerhard Schön, Arbeitslos – chancenlos?, Verläufe von Arbeitslosigkeit in Ostdeutschland, Opladen 1996, S. 80

schen „*Arbeits*gesellschaft" vielleicht einen noch höheren Stellenwert als in der „alten" Bundesrepublik hatte, wie Thomas Kieselbach feststellt. „Im Unterschied zu Westdeutschland wurden in der DDR über den *Betrieb als einer sozialen und kulturellen Infrastruktur* auch andere gesellschaftliche Teilbereiche, die im Westen eine relative Unabhängigkeit aufwiesen, mitorganisiert und gestaltet. Dies betraf beispielsweise die Unterbringung und Erziehung der Kinder in betrieblichen Kinderkrippen oder -gärten, die Planung von Freizeitaktivitäten über das Arbeitskollektiv, Sportvereine, Altentreffs sowie die über den Betrieb oder die Gewerkschaft vorgenommene Ferienplanung. Mit dem Verlust des Arbeitsplatzes sind demzufolge für Arbeitslose in den neuen Bundesländern Verlusterfahrungen in deutlich mehr sozialen Bereichen und Lebensdimensionen verbunden, als dies in anderen westlichen Ländern, aus denen Ergebnisse der Arbeitslosenforschung stammen, der Fall ist."[91]

Menschen, die Arbeitslosigkeit vor 1989/90 nur aus dem Westfernsehen kannten, unterlagen danach sozialen Abstiegs-, Verarmungs- und Verelendungsprozessen. Bloß wer jetzt die Schattenseiten des kapitalistischen Wirtschaftssystems (Arbeitslosigkeit, Armut und Obdachlosigkeit für Marginalisierte) nicht am eigenen Leib zu spüren bekam, konnte auch die Vorzüge eines Lebens in der Bundesrepublik ohne Wehmut genießen: Meinungs- und Reisefreiheit, Konsumvielfalt sowie wachsenden Wohlstand. Gesunken ist die allgemeine Lebensqualität, weil erheblich mehr ehemalige DDR-Bürger/innen eher Angst vor dem Verlust des Arbeitsplatzes, ihrer Wohnung und ihres meist relativ bescheidenen Wohlstandes haben als früher. „Viele Ostdeutsche sehen für sich die Gefahr eines Absturzes in Kargheit oder gar bittere Armut, was ihre mentale Grundverfassung stark prägt."[92] In den neuen Bundesländern kam „Ostalgie" auf, weil die (west)deutsche Sozialpolitik zwar prekären Lebenslagen mit Erfolg entgegenwirkte, aber keinen umfassenden Schutz vor Armut, Deklassierung und Ausgrenzung bot.

Noch immer kennzeichnen Massen-, Jugend-, Langzeit- und Dauerarbeitslosigkeit die soziale Lage zahlreicher Ostdeutscher. Wirtschaftliche Depression, Desintegration und Exklusion führten häufig zur Resignation der Betroffenen, wodurch sich ein Teufelskreis schließt. Nach einer Periode der enttäuschten Hoffnungen griffen Wut und Enttäuschung um sich, ab Mitte der 90er-Jahre neuerlich mit dem Wunsch vor allem vieler junger Menschen gepaart, nach Westen abzuwandern. Hierdurch entstehen noch mehr soziale Probleme in den sich allmählich entleerenden Landstrichen extrem struktur-

---

91 Thomas Kieselbach, Massenarbeitslosigkeit und Gesundheit in der Ex-DDR: Soziale Konstruktion und individuelle Bewältigung, in: ders./Peter Voigt (Hrsg.), Systemumbruch, Arbeitslosigkeit und individuelle Bewältigung in der Ex-DDR, Mit einem Vorwort von Regine Hildebrandt, 2. Aufl. Weinheim 1993, S. 69 (Hervorh. im Original)
92 Hansgünter Meyer, Transformation der Sozialstruktur in Ostdeutschland, in: Wolfgang Glatzer/Ilona Ostner (Hrsg.), Deutschland im Wandel, a.a.O., S. 70

Die deutsche Wiedervereinigung 37

schwacher Länder wie Mecklenburg-Vorpommern,[93] was die ökonomisch-demografische Abwärtsspirale erneut in Gang setzt. Besonders drastisch wirkte sich der Abwanderungstrend in abgelegenen Randgebieten, auf dem platten Land und in kleineren Städten aus, wo die Folgen wie Überalterung der Restbevölkerung, Leerstand von Geschäften und Verfall von Häusern oder Wohnungen die Stimmung jener drückte, die geblieben waren. Umgekehrt gibt es auch Boomregionen bzw. Wachstumszonen in den ostdeutschen Bundesländern, weshalb die sozialräumlichen Gegensätze, Kontraste und Ungleichheiten teilweise scharfe Formen annehmen: „Benachbarte Städte haben durch externe Investitionsentscheidungen kontrastierende Entwicklungen eingeschlagen; die hochmoderne Fabrik steht oft nicht weit von Landstrichen entfernt, wo nach dem Abbau der Kolchosen sich eine Art neue Steppe ausgebreitet hat; und das explosionsartig entstandene Suburbia des Ostens, die steuersubventionierten Familienhäuser und Shopping-Malls im Umland der Städte, grenzen an die sozialistischen Neubaugebiete in Plattenbauweise an, in denen mittlerweile die Abrissbirne kreist, ohne des wachsenden Leerstands hier wirklich Herr zu werden."[94] Bisher sind durchgreifende Änderungen der verfahrenen Situation nicht erkennbar, ganz im Gegenteil. „Solange ein deutliches Gefälle der Einkommensniveaus und Arbeitsmarktlagen zwischen Ost- und Westdeutschland besteht, wird der Anreiz für Wanderungsbewegungen bestehenbleiben."[95] Gleichzeitig wirkt jener drastische und sonst nur in (Nach-)Kriegszeiten übliche Geburteneinbruch, den die neuen Bundesländer zu Beginn der 90er-Jahre erlebten,[96] bis heute nach.

1.1.2.5 „Umbruchsarmut": Erblast des SED-Regimes, Randerscheinung des Vereinigungsprozesses oder Resultat einer falschen Politik?

Natürlich wirkte sich die hohe Arbeitslosigkeit in den neuen Bundesländern negativ statt nivellierend auf die dortige Einkommens- und Vermögensverteilung aus. Zwar waren ostdeutsche Arbeitslose und ihre Familien – gemessen an der „heimischen" Armutsquote – einem niedrigeren Abstiegsrisiko ausgesetzt als ihre westdeutschen Leidensgenoss(inn)en – diesmal bezogen

---

93 Vgl. Nikolaus Werz, Abwanderung aus den neuen Bundesländern von 1989 bis 2000, in: Aus Politik und Zeitgeschichte 39-40/2001, S. 23ff.; ders./Reinhard Nuthmann (Hrsg.), Abwanderung und Migration in Mecklenburg und Vorpommern, Wiesbaden 2004; ergänzend: Paul Gans/Ansgar Schmitz-Veltin (Hrsg.), Demographische Trends in Deutschland. Folgen für Städte und Regionen, Hannover 2006 (Forschungs- und Sitzungsberichte der ARL, Bd. 226)
94 Michael Hofmann u.a., Ostdeutsche Zustände – westdeutsche Verhältnisse, a.a.O., S. 169
95 Arne Heise, Westdeutschland nach der Einigung. Abschied vom „Wunderkind"?, in: Dirk Nolte/Ralf Sitte/Alexandra Wagner (Hrsg.), Wirtschaftliche und soziale Einheit Deutschlands. Eine Bilanz, Köln 1995, S. 155
96 Vgl. dazu: Yasemin Niephaus, Der Geburteneinbruch in Ostdeutschland nach 1990, Opladen 2003

auf die Armutsquote im Altbundesgebiet: „Es ist jedoch zu erwarten", schrieben Klaus Müller, Joachim Frick und Richard Hauser um die Mitte der 90er-Jahre, „dass sich das ostdeutsche Armutsrisiko der Arbeitslosen und ihrer Familien dem westdeutschen anpassen wird."[97]

Heute liegt die Zahl der von Einkommensarmut betroffenen Haushalte deutlich höher als während der 90er-Jahre: „Neben dem konjunkturbedingten Anstieg der Armutsrisikoquoten in den letzten Jahren scheint sich dabei auch der zuvor langjährig weitgehend konstante Anteil dauerhafter Armer erhöht zu haben. In Ostdeutschland ist diese Entwicklung besonders stark ausgeprägt: Die Armutsrisikoquoten sind in den letzten Jahren stärker gestiegen und liegen jetzt deutlich höher als in Westdeutschland."[98] Dass sich der Trend zu größerer sozialräumlicher Ungleichheit in ganz Deutschland fortsetzt, dürfte kaum zu verhindern sein. Schließlich handelt es sich nicht um einen Kollateralschaden der Vereinigung, sondern um das Resultat eines als „Wettbewerbsföderalismus" bekannten Konzepts, das mit einer Deformation des Gerechtigkeitsempfindens großer Teile der Bevölkerung korrespondierte und die Regierungspolitik umso stärker bestimmte, je mehr der Neoliberalismus auch in der Bundesrepublik zur politischen Leitkultur avancierte.[99]

Während sich die Preise für Mieten, Lebensmittel, die meisten Konsumgüter und Dienstleistungen genauso schnell anglichen wie die subjektiven Bedürfnisse, hinkt das Einkommen der Ostdeutschen trotz allgemeiner Zuwächse hinter jenem der Westdeutschen her. Wegen der niedrigeren Löhne und Gehälter kommen auch Arbeitnehmerhaushalte oftmals in die Nähe der Armutsgrenze oder rutschen darunter. Vor allem für den ostdeutschen Dienstleistungsbereich kann man feststellen, „daß Frauen zunehmend in Erwerbspositionen zu finden sind, die keine ausreichende Existenzsicherung mehr bieten. Mit anderen Worten, es wächst auch in Ostdeutschland jene soziale Gruppe von Frauen, die trotz eigener Erwerbsarbeit von Versorgungsleistungen durch Ehemann oder Staat abhängig bzw. die in ungeschützte, prekäre Beschäftigungsverhältnisse gestellt sind."[100]

„Transformationsarmut" nennt man einen in Umbruchsituationen bzw. in Übergangsgesellschaften dominierenden Armutstyp. Hiermit geht die Hoffnung einher, dass es sich um kein Phänomen von Dauer, vielmehr um ein Problem handelt, das nach kurzer Zeit (von selbst) verschwindet. Da die (Bundes-)Politik weder durch eine allgemeine soziale Grundsicherung noch durch Schritte der Umverteilung „von oben nach unten" gegensteuerte, verfes-

---

97 Klaus Müller/Joachim Frick/Richard Hauser, Die hohe Arbeitslosigkeit in den neuen Bundesländern und ihre Verteilungswirkungen, in: Wolfgang Glatzer/Gerhard Kleinhenz (Hrsg.), Wohlstand für alle?, a.a.O., S. 84
98 Jan Goebel/Peter Krause/Tanja Zähle, Dynamik von Einkommen und Armut in Ost- und West-Deutschland, in: Sozialer Fortschritt 7-8/2007, S. 207
99 Vgl. zur Kritik: Christoph Butterwegge, Rechtfertigung, Maßnahmen und Folgen einer neoliberalen (Sozial-)Politik, a.a.O., S. 202ff.
100 Hildegard Maria Nickel, Lebenschancen von Frauen in Ostdeutschland, a.a.O., S. 260

Die deutsche Wiedervereinigung 39

tigte sich die seit der „Wende" in Ostdeutschland auftretende Armut jedoch und führte zu einer dauerhaften Unterversorgung vieler Menschen. Sie war weder eine soziale Erblast des SED-Regimes noch eine bloße „Randerscheinung des Vereinigungsprozesses" (Kurt Biedenkopf), sondern Resultat einer Implementierung der kapitalistischen Wirtschaftsstruktur, die ohne ausreichende Sensibilität für die Belange der ehemaligen DDR-Bürger/innen erfolgte und durch beschäftigungspolitische Maßnahmen bloß flankiert wurde. Wer das Armutsphänomen in den östlichen Bundesländern als nachwirkende Folge des Staatssozialismus und seiner verkrusteten Planwirtschaft abtat, verhielt sich apologetisch und lenkte von Fehlentwicklungen und Fehlern der Regierungspolitik nach 1989/90 ab.[101] „Umbruchsarmut" war ein das Problem verharmlosender und beschönigend wirkender Begriff, der allerdings erst kritisiert wurde, als sich die Armutsrisiken in Ostdeutschland perpetuierten.[102]

Die neue Armut war weder temporärer noch singulärer Natur, sondern ein Strukturproblem, das (in seiner ganzen Brisanz) entweder nicht erkannt oder bewusst negiert wurde. Systematisch unterschätzte man das Ausmaß der Armut in Ostdeutschland, von welcher besonders viele Kinder betroffen waren. Dass die Sozialhilfequote (als offizielles Armutsmaß) hinter der in Westdeutschland zurückblieb, gab Anlass zu der Hoffnung, alles sei halb so schlimm, hing aber vermutlich mit Informationsdefiziten der ehemaligen DDR-Bürger/innen zusammen. Diese wussten meist gar nicht, dass man ergänzende Sozialhilfe beantragen konnte, wenn der Lohn, das Arbeitslosengeld oder die Arbeitslosenhilfe zu gering ausfielen, oder es herrschte eine falsche Scham: „Mehr noch als die Westbürger scheuen die Ostbürger den schweren Gang zum Sozialamt."[103]

Auf das mit der Arbeitslosigkeit verbundene Existenzrisiko reagierte die Bundesregierung mit einer Leugnung der sozialen Spaltung und einer Politik, die auf mehr Wirtschaftswachstum setzte und den Staat von in den sozialen Sicherungssystemen anfallenden Folgekosten durch Verlagerung auf die einzelnen Personen und die Kommunen entlastete.[104] Mit dem Zusammenbruch des Arbeitsmarktes in Ostdeutschland war ein Prozess der Ausgrenzung, des sozialen Abstiegs und der Verarmung vieler Menschen verbunden, die zu DDR-Zeiten in betriebliche sowie gesellschaftliche Zusammenhänge eingebunden waren und trotz der mangelnden Möglichkeiten einer demokratischen Partizipation ein hohes Maß an sozialer Zufriedenheit empfunden hatten.

---

101 Vgl. Rudolf Hickel/Jan Priewe, Nach dem Fehlstart. Ökonomische Perspektiven der deutschen Einigung, Frankfurt am Main 1994, S. 29
102 Vgl. Hanna Haupt, Umbruchsarmut in den neuen Bundesländern?, in: Ronald Lutz/ Matthias Zeng (Hrsg.), Armutsforschung und Sozialberichterstattung in den neuen Bundesländern, Opladen 1998, S. 48
103 Jürgen Roth, Absturz. Das Ende unseres Wohlstands, München/Zürich 1998, S. 112
104 Vgl. Klaus-Bernhard Roy, Transformation und Desintegration in den neuen Ländern – demokratietheoretische Problemstellungen und neue Optionen integrationspolitischer Gestaltbarkeit, in: Sozialer Fortschritt 10/1995, S. 235

Biografische Brüche und soziale Abstiegsprozesse früherer DDR-Bürger/innen tragen sowohl Züge traditioneller wie moderner Armutslagen. Pauperismus im klassischen Sinne, verbunden mit Apathie, Resignation und Isolation sowie Alkoholismus und Defätismus, scheint aber weiter verbreitet zu sein als bisher angenommen und befindet sich offenbar auf dem Vormarsch. Man beschönigt die Situation in den östlichen Bundesländern, misst man sie am niedrigeren materiellen Wohlstand vor der Vereinigung und/oder am westlichen Lebensstandard, ohne die für Bewohner/innen eines früher realsozialistischen Landes ganz andere Qualität von Arbeitslosigkeit, Armut und Ausgrenzung zu berücksichtigen.

Armut heißt nicht bloß, dass man wenig Geld hat. Neben der materiellen Versorgung davon Betroffener ist deren mentale Verfassung ein Schlüsselfaktor. Hier liegt denn auch ein ganz zentrales Versäumnis der Vereinigungspolitik, die zu Recht als ignorant, überheblich und unsozial kritisiert wird.[105] Finanziell ging es den meisten Ostdeutschen nach der „Wende" zwar nicht so gut wie erhofft, aber häufig besser als früher; schlimm war allerdings, dass sie psychisch beschädigt, in ihrer persönlichen Würde verletzt und damit in ihrem Selbstwertgefühl beeinträchtigt wurden. „Selbst die ‚objektiv Armen' schmerzt nicht allein, dass sich bei ihnen verschiedene negative ökonomische Merkmale kumulieren, sondern zugleich die Erfahrung moralischer Deklassierung oder Isolierung: die (vor allem weiblichen) Alleinerziehenden, die (vor allem alten) Alleinstehenden, die Ausländer und Ausländerinnen, die (vor allem jugendlichen) Arbeitnehmer mit geringem Ausbildungskapital und die gesundheitlich besonders Belasteten."[106]

Trotz einer gewissen Angleichung der Erwerbseinkommen, die in den frühen 90er-Jahren stattgefunden hat, konstatieren Bodo Lippl und Bernd Wegener, „dass (...) weiterhin von einem starken Unterschied zwischen Ost- und Westdeutschland im subjektiven Empfinden der eigenen Deprivation auszugehen ist."[107] Die beiden Autoren sprechen von einer „Gerechtigkeitslücke in den Köpfen", die sich zuletzt verkleinert habe, aber noch immer bestehe. Ostdeutsche fühlen sich vielfach als „Deutsche zweiter Klasse", die von den Westdeutschen, aber auch ihrem gemeinsamen Staat benachteiligt werden. Von maßgeblicher Bedeutung für die Verletzungen des Gerechtigkeitsempfindens zahlreicher Ostdeutscher ist der Umstand, dass sie die Referenzgruppe gewechselt haben, wie Leo Montada bemerkt: „Vorher war man

---

105 Vgl. Fritz Vilmar (Hrsg.), Zehn Jahre Vereinigungspolitik. Kritische Bilanz und humane Alternativen, Berlin 2000
106 Michael Vester, Milieuwandel und regionaler Strukturwandel in Ostdeutschland, in: ders./Michael Hofmann/Irene Zierke (Hrsg.), Soziale Milieus in Ostdeutschland, a.a.O., S. 10
107 Siehe Bodo Lippl/Bernd Wegener, Soziale Gerechtigkeit in West- und Ostdeutschland, in: Gesellschaft – Wirtschaft – Politik 2/2004, S. 267

im Osten schon eine feine Adresse mit hohem Lebensstandard, heute ist man im Westen eher das Armenhaus."[108]

1.1.3 Westdeutschland nach der Wiedervereinigung am 3. Oktober 1990

Axel Murswieck verlieh seiner Hoffnung Ausdruck, „daß durch die Vereinigung nicht nur vorhandene Schwachstellen des bundesrepublikanischen Sozialsystems (wieder) sichtbar werden können, sondern die sozialpolitische Praxis der DDR auch Hinweise auf Potentiale für Veränderungen geben kann."[109] Tatsächlich hätte man annehmen können, dass die Sozialzuschläge ebenso wie die Mindestleistungen im DDR-Rentenrecht nunmehr denjenigen Auftrieb geben würden, die in der Bundesrepublik eine aus Steuermitteln zu finanzierende Grundsicherung bzw. -rente einführen wollten.[110] Dies misslang jedoch, nicht zuletzt aufgrund der ungünstigen Beschäftigungsentwicklung nach dem Einigungsboom zu Beginn der 90er-Jahre, einer publizistischen Offensive des Neoliberalismus und einer Standortdebatte, auf die noch einzugehen sein wird. Die aus der Vereinigung von BRD und DDR erwachsende Möglichkeit zu einer Reorganisation des Sozialsystems beider Staaten im Sinne einer grundlegenden Reform blieb ungenutzt, wie auch die auf dem Kapitaleigentum beruhende Wirtschaftsordnung nicht in Frage gestellt wurde. „Die Chance der Wiedervereinigung zu fundamentalen Innovationen in Richtung einer Beteiligungsgesellschaft (Investivlöhne, Arbeitnehmerbeteiligung am Produktivvermögen) wurde nicht genutzt, obwohl sie gerade in den neuen Bundesländern vermutlich auch beschäftigungspolitisch effektiver gewesen wäre als die Schocktherapie der hektischen Privatisierung und (zu Beginn) raschen Lohnangleichung."[111]

Um den „Aufbau Ost" zu finanzieren, nahm die Bundesregierung mehr Kredite auf und übertrug den Sozialkassen weitere sog. versicherungsfremde

---

108 Leo Montada, Gerechtigkeitsprobleme bei Umverteilungen im vereinigten Deutschland, in: Hans-Peter Müller/Bernd Wegener (Hrsg.), Soziale Ungleichheit und soziale Gerechtigkeit, Opladen 1995, S. 322
109 Siehe Axel Murswieck, Probleme und Optionen der sozialpolitischen Integration, in: Ulrike Liebert/Wolfgang Merkel (Hrsg.), Die Politik zur deutschen Einheit. Probleme – Strategien – Kontroversen, Opladen 1991, S. 238
110 Vgl. Winfried Schmähl, Alterssicherung in der DDR und ihre Umgestaltung im Zuge des deutschen Einigungsprozesses. Einige verteilungspolitische Aspekte, in: Gerhard Kleinhenz (Hrsg.), Sozialpolitik im vereinten Deutschland, Bd. 1, a.a.O., S. 89
111 Günther Schmid, Das Nadelöhr der Wirklichkeit verfehlt. Eine beschäftigungspolitische Bilanz der Ära Kohl, in: Göttrik Wewer (Hrsg.), Bilanz der Ära Kohl. Christlich-liberale Politik in Deutschland 1982-1998, Opladen 1998, S. 175

Leistungen.[112] So vermied sie – mit Ausnahme einer zweimaligen Anhebung der Mineralöl- und der Versicherungssteuer sowie einer Anhebung der Erdgas-, der Tabak- und der Mehrwertsteuer – Steuererhöhungen, die der als „Kanzler der Einheit" gefeierte Helmut Kohl rigoros ausgeschlossen hatte. Wenn man vom Solidaritätszuschlag absieht, handelte es sich dabei ausschließlich um indirekte, Verbrauchs- bzw. Massensteuern, die sozial Benachteiligte härter trafen als Besserverdienende und Privilegierte. Später wurden die Körperschaftsteuer und der Einkommensteuerhöchstsatz auf gewerbliche Einkünfte nach dem *Standortsicherungsgesetz* sogar gesenkt, was Unternehmen und Kapitaleigentümer begünstigte. Da die Erhöhung der Beiträge zur Arbeitslosenversicherung (ab 1. April 1991) und zur Rentenversicherung (ab 1. Januar 1994) wegen der Beitragsbemessungsgrenze innerhalb der Versichertengruppe regressiv wirkte, tat sich eine weitere „Gerechtigkeitslücke" auf: „Höherverdienende wurden relativ schwächer belastet als Bezieher niedrigerer und mittlerer Einkommen."[113] Darunter, wie die CDU/CSU-geführte Koalitionsregierung den Vereinigungsprozess organisierte, litt Heiner Ganßmann zufolge die Akzeptanz der sozialen Sicherungssysteme.[114] Markus Gangl vertritt dagegen die Auffassung, der Wohlfahrtsstaat habe durch die deutsche Einheit einen weiteren „Legitimationspuffer" bekommen, da die ehemaligen DDR-Bürger/innen aufgrund ihrer Sozialisation und/oder ihrer früheren bzw. gegenwärtigen Erfahrungen eine deutlich aktivere Sozialpolitik wünschten.[115]

Neben dem strukturellen Umbruch, in den das soziale Sicherungssystem geriet, hatte es auch eine mentale Bewährungsprobe zu bestehen: Beispielsweise wurde der Solidaritätsbegriff, bislang eine Schlüsselkategorie der Arbeiter- und Gewerkschaftsbewegung, im Zuge des Vereinigungsprozesses nationalistisch umgebogen und die Letztere gewissermaßen semantisch „enteignet". 1990 gab das Presse- und Informationsamt der Bundesregierung unter dem Titel „Nationale Solidarität mit den Menschen in der DDR" eine schwarz-rot-golden umrandete Broschüre heraus, die das Versprechen enthielt: „Unser soziales Netz bleibt dichtgeknüpft. Kein Rentner, kein Kranker, kein Arbeitsloser, kein Kriegsopfer, kein Sozialhilfeempfänger braucht Leistungskürzungen zu befürchten."[116] In den Folgejahren dienten die „Kosten

---

112 Vgl. Hartmut Tofaute, Kosten der Einheit – Refinanzierung der öffentlichen Haushalte, in: Dirk Nolte/Ralf Sitte/Alexandra Wagner (Hrsg.), Wirtschaftliche und soziale Einheit Deutschlands, a.a.O., S. 184
113 Rudolf Hickel/Jan Priewe, Nach dem Fehlstart, a.a.O., S. 165
114 Vgl. Heiner Ganßmann, Der nationale Sozialstaat und die deutsch-deutsche Solidarität, in: PROKLA 89 (1992), S. 643
115 Siehe Markus Gangl, Ansprüche an den Wohlfahrtsstaat in den alten und neuen Bundesländern, in: Walter Müller (Hrsg.), Soziale Ungleichheit, a.a.O., S. 200
116 Helmut Kohl, Erklärung der Bundesregierung, abgegeben am 15. Februar 1990, in: Presse- und Informationsamt der Bundesregierung (Hrsg.), Nationale Solidarität mit den Menschen in der DDR, Bonn 1990, S. 25

der Einheit" den Regierungsparteien jedoch als Legitimationsbasis für die wiederholte Senkung von Sozialtransfers. Semantisch geschwächt wurde der Wohlfahrtsstaat auch dadurch, dass Leistungskürzungen als „(Sozial-)Reformen", Beitragserhöhungen bzw. zusätzliche Kostenbelastungen für Versicherte, vor allem Kranke, Behinderte oder sozial Bedürftige, als „Sparprogramme" bzw. „-operationen" und erzwungene Arbeitszeitverlängerungen im öffentlichen Dienst als Resultate von „Solidarpakten" firmierten, ohne dass sich hiergegen Widerstand in der veröffentlichten Meinung regte. Was als „Solidarpakt" zwischen den west- und ostdeutschen Bundesländern bezeichnet wird, war im Grunde unsozial. „Die Verteilung der Finanzierungslasten hat unbestreitbar zu einer (zusätzlichen) ‚sozialen Schieflage' geführt bzw. eine ‚Gerechtigkeitslücke' aufgerissen."[117] Finanziert wurde die deutsche Einheit primär über Kredite der öffentlichen Hand und die Sozialversicherung, wodurch sich die Belastung für Beamte und Selbstständige in Grenzen hielt, während vor allem die Löhne und Gehälter der Arbeitnehmer/innen unter Druck gerieten. „Die Kosten der Einheit sind weitgehend auf die unteren EinkommensbezieherInnen abgewälzt worden."[118]

1.1.3.1 Vereinigungsboom, Wachstumskrise und Beschäftigungsschwäche

Unmittelbar nach der Wiedervereinigung wurde in Westdeutschland darüber diskutiert, wie man seiner Verantwortung für die schnelle Angleichung der Lebensverhältnisse am besten gerecht werden bzw. Solidarität mit den „Brüdern und Schwestern" in Ostdeutschland üben könne.[119] Dies passte zu einem Konjunkturaufschwung, den man allgemein mit der DDR-„Wende" und der veränderten Weltlage nach Beendigung des Ost-West-Konflikts in Verbindung brachte. Gegen Mitte der 90er-Jahre wurde jedoch eine „gesamtdeutsche Krise" als Folge der „ostdeutschen Krise" beschworen.[120]

Während sich fast alle seine Hauptkonkurrenten auf dem Weltmarkt 1990/91 bereits in einer Rezession befanden, verzeichnete Westdeutschland so etwas wie eine „innerdeutsche Exportoffensive", die aber schon 1992, nicht zuletzt durch die restriktive Geld(mengen)- und Zinspolitik der Bundesbank bedingt, in eine Wirtschaftskrise umschlug. Der sog. Vereinigungsboom hatte in Westdeutschland allerdings den von Regierungspolitikern und

---

117 Rudolf Hickel/Jan Priewe, Nach dem Fehlstart, a.a.O., S. 162
118 Ralf Ehlert, Eine alternative Wirtschaftspolitik – realisierbar, nicht realisiert. Die exemplarische Leistung der „Arbeitsgruppe Alternative Wirtschaftspolitik", in: Wolfgang Dümcke/Fritz Vilmar (Hrsg.), Kolonialisierung der DDR, a.a.O., S. 139
119 Vgl. z.B. Hans O. Hemmer/Frank D. Stolt (Hrsg.), Gleichheit, Freiheit, Solidarität. Für ein „Zusammenwachsen" in gemeinsamer Verantwortlichkeit, Köln 1990; Rudolf Hickel/Ernst-Ulrich Huster/Heribert Kohl (Hrsg.), Umverteilen. Schritte zur sozialen und wirtschaftlichen Einheit Deutschlands, Köln 1993
120 Siehe Burkhard Wehner, Deutschland stagniert. Von der ost- zur gesamtdeutschen Krise, Darmstadt 1994

-parteien aus Wahlkampfgründen verbreiteten Irrglauben gestärkt, man könne den „Aufbau Ost" gewissermaßen aus der Portokasse bezahlen. Heiner Ganßmann war schon damals bewusst, dass dies nicht gelingen könne. Er prognostizierte umgekehrt, „daß auch die Alt-Bundesrepublik jene Modell-Eigenschaften verliert, die sie während (und abgeschwächt noch im Anschluß an die) der Golden-Age-Phase des Nachkriegskapitalismus von Mitte der fünfziger bis Mitte der siebziger Jahre hatte."[121]

Gerade wegen hoher Transfers nach Ostdeutschland war der Vereinigungsprozess für westdeutsche Kapitaleigentümer ein glänzendes Geschäft. Es gab westdeutsche Unternehmen und ganze Branchen, die beim „Aufbau Ost" hohe Zusatzprofite erwirtschafteten (z.b. Autohersteller und -händler, Baufirmen und -märkte, Immobilienmakler, Handelsketten, Versandhäuser, Großbanken und private Assekuranzen). „Die Banken übernahmen die ostdeutschen Banken zu einem Preis weit unter Wert, und sie konnten aus den übernommenen Forderungen hohe Zinsgewinne realisieren. Ähnlich günstige Bedingungen konnten auch Versicherungsgesellschaften, wie etwa die ‚Allianz', zu ihrem Vorteil nutzen."[122] Während die großen Konzerne seither immer weniger Gewinnsteuern zahlten, stieg die Steuerbelastung der abhängig Beschäftigten ständig. Treffend hieß es daher auf einem Graffiti an Resten der Berliner Mauer: „Die sozialen Grenzen verlaufen nicht zwischen Ost und West, sondern zwischen Oben und Unten!"

Nicht bloß an Stammtischen führte man den „Absturz Ost", von dem nunmehr die Rede war,[123] auf mangelnden Unternehmergeist und die Unfähigkeit der Menschen in den neuen Bundesländern zurück, sich mit der Marktwirtschaft und ihren Gegebenheiten zu arrangieren. Man warf den Ostdeutschen vor, ihre Landsleute westlich der Elbe finanziell auszunutzen, kann sie aber schwerlich als „Abzocker" bezeichnen, wie es Felix R. Mindt in einer wenig seriösen Buchpublikation tat.[124] Erstens wurde der vom 1. Juli 1991 bis zum 30. Juni 1992 erhobene und am 1. Januar 1995 erneut (diesmal ohne Befristung) eingeführte Solidaritätszuschlag auf die Lohn-, Einkommen- und Körperschaftsteuer von Beginn an auch in den östlichen Bundesländern erhoben; zweitens gilt das im Grundgesetz verankerte Gebot gleichwertiger Lebensbedingungen in *allen* Landesteilen; drittens besteht ökonomisch und sozial auch weiterhin ein großer Nachholbedarf gegenüber den westlichen Bundesländern, wiewohl sich das ehemalige DDR-Gebiet z.B.

---

121 Siehe Heiner Ganßmann, Einigung als Angleichung? – Sozialpolitische Folgen des deutschen Einigungsprozesses, in: PROKLA 91 (1993), S. 185
122 Klaus Steinitz, Transfer West-Ost und Ost-West. Wie an der deutschen Vereinigung verdient wird, in: Herbert Schui/Eckart Spoo (Hrsg.), Geld ist genug da. Reichtum in Deutschland, 3. Aufl. Heilbronn 2000, S. 50
123 Siehe z.B. Das Ende der Blütenträume. Absturz Ost, in: Der Spiegel v. 17.6.1996
124 Siehe Felix R. Mindt, Die Soli Abzocke. Die Wahrheit über den armen Osten, Frankfurt am Main 2003

hinsichtlich der modernisierten Verkehrs- und Telekommunikationsinfrastruktur mittlerweile im Vorteil befinden mag.

Zwar kam es im Bundestagswahlkampf 2002, bedingt oder verstärkt durch das Elbe-Hochwasser und die Verwüstungen der Flutkatastrophe in Ostdeutschland, von Schleswig-Holstein und Niedersachsen bis Baden-Württemberg und Bayern zu einer Welle der Solidarität, schon bald zeichnete sich aber wieder ein abrupter Wechsel im Verhältnis zwischen Ost- und Westdeutschland ab: Auf der Suche nach einem Sündenbock für die anhaltende Wirtschafts- und Beschäftigungskrise stießen (westlich dominierte) Massenmedien und politische Öffentlichkeit immer häufiger auf „den Osten". Transfers in Billionenhöhe, die großteils in unsinnigen Prestigeprojekten zwischen Rügen und dem Erzgebirge versickert seien, hätten – heißt es allenthalben – „den Westen" an einer kontinuierlichen Entwicklung gehindert, ihn im globalen Standortwettbewerb mit anderen Industrienationen zurückgeworfen und im Kern auch seine sozialstaatliche Substanz angegriffen. Statt des ersehnten „Aufschwungs Ost" gebe es einen beschleunigten „Absturz West", meinte der *Spiegel* auf dem Titelbild seiner Ausgabe vom 5. April 2004, das einen von zwei Menschen mit Wasser begossenen, aber verdörrenden Baum zeigt.[125] Reinhold Kowalski trat dieser These jedoch mit dem Hinweis auf die für beide Landesteile belebende Wirkung der Transfers entgegen: „Die öffentlichen Finanzströme in die neuen Länder waren und sind ein Wachstumsschub, der die konsumtive und investive Nachfrage in Ost- und Westdeutschland erheblich stimuliert."[126]

1.1.3.2 „Absturz West" statt „Aufschwung Ost"?

Gegen die schon damals gängige Befürchtung, dass aus dem späteren „Beitrittsgebiet" ein deutscher Mezzogiorno werden könnte, wandte Klaus von Dohnanyi, ehemaliger Erster Bürgermeister der Freien und Hansestadt Hamburg sowie späterer Treuhand-Manager, Ende 1989 in einem langen „Brief an die Deutschen Demokratischen Revolutionäre" ein, dass es sich hierbei um leicht zu durchschauende Propagandalügen von Gegnern der Vereinigung handle: „Die staatliche Einheit von BRD und DDR würde die DDR und ihre Bundesländer bestimmt nicht zum Armenhaus Deutschlands machen, sondern bei einem entsprechenden föderalen Aufbau und unter Berücksichtigung der positiven und negativen Erfahrungen der BRD wahrscheinlich eher auf

---

125 Vgl. 1250 Milliarden Euro: wofür? – Wie aus dem Aufbau Ost der Abstieg West wurde, in: Der Spiegel v. 5.4.2004
126 Reinhold Kowalski, Kurskorrektur für den Aufbau Ost?, in: Blätter für deutsche und internationale Politik 8/2004, S. 1011

längere Sicht zum demokratisch und wirtschaftlich moderneren Teil Deutschlands."[127]

15 Jahre später war von Dohnanyi zusammen mit Edgar Most, Vizepräsident der DDR-Staatsbank und nach 1989/90 Direktor der Deutschen Bank in Berlin, das führende Mitglied im „Gesprächskreis Ost" der Bundesregierung. In dieser Funktion präsentierten beide ein Papier, das optimistische Prognosen der „Wende"-Zeit Lügen straft und für einen vereinigungspolitischen Strategiewechsel plädiert: Statt der Infrastruktur solle man den Aufbau bzw. die Ansiedlung vor allem solcher Industrieunternehmen, die Kerne für Zulieferbetriebe bilden könnten, durch großzügige Subventionen, Steuerbefreiungen „und/oder Prämien für garantierte Arbeitsplätze" fördern. „Für einen erfolgreichen Aufbau-Ost ist (...) eine entscheidende inhaltliche Kurskorrektur erforderlich: von der Förderung infrastruktureller Rahmenbedingungen zu einer auf Wachstumskerne konzentrierten Unternehmensförderung mit Schwerpunkt Industrie."[128] Um der Niedriglohnkonkurrenz aus den osteuropäischen EU-Beitrittsländern zu begegnen, schlugen von Dohnanyi und Most eine „Sonderwirtschaftszone Grenzregion" vor. Ostdeutschland müsse „von entbehrlicher Regulierungsdichte befreit" und durch möglichst umfassende „Experimentierklauseln" die „Chance eines pragmatisch angepassten Flächentarifvertrages" eröffnet werden. Nötig sei auch die inhaltliche Revision des „Solidarpakts II", der bis zum Jahr 2019 läuft, bei einer Garantie des ausgehandelten Volumens (156 Mrd. EUR).

Reinhold Kowalski bemängelte, dass eine massive Förderung von „Wachstumskernen", gegen die an sich nichts einzuwenden sei, im Dohnanyi/Most-Papier auf Kosten der Problemregionen ginge, wo es schon jetzt kaum noch Geld für die nötige Entwicklung der öffentlichen und sozialen Infrastruktur gebe. Er sah das Hauptproblem in grundlegenden Strukturdefiziten der ostdeutschen Wirtschaft, die staatliche Politik schwerlich beheben kann: „Die ostdeutsche unterscheidet sich von der westdeutschen Industrie durch den geringen Umfang der Produktion, die ungünstige Struktur (zu wenig Großbetriebe, kaum FuE-intensive Zweige) und den Filialcharakter (keine Headquarters, extreme ‚lean production'). Gegenwärtig ist nicht zu erkennen, wo und wie sich Bedingungen einstellen sollten, die es der Industrie in Ostdeutschland ermöglichten, ihren Umsatz mehr als zu verdoppeln und den Export zu verfünffachen, was notwendig wäre, um das Leistungsniveau der westdeutschen Industrie zu erreichen."[129]

Höchstwahrscheinlich würde eine Konzentration der öffentlichen Fördermittel auf wachstumsstarke Regionen und besonders innovative Branchen,

---

127 Klaus von Dohnanyi, Brief an die Deutschen Demokratischen Revolutionäre, München 1990, S. 158
128 Ders./Edgar Most, Für eine Kurskorrektur des Aufbau-Ost; http://www.spiegel.de/media/0,4906,4026,00.pdf, 4.1.2008
129 Reinhold Kowalski, Kurskorrektur für den Aufbau Ost?, a.a.O.

Die deutsche Wiedervereinigung 47

durch die sich sowohl die regionale wie auch die soziale Ungleichheit erhöht, die gesellschaftliche Kohäsion aber verringert, zur Verödung weiterer Landstriche und zur Ausbreitung der Industriebrachen führen. Was nützen sog. Leuchtturm-Projekte, wenn dahinter die Deiche brechen? „Cluster" zu fördern, wie man in angloamerikanisch-neoliberaler Diktion verlangt, heißt hauptsächlich, die Schere zwischen Arm und Reich weiter zu öffnen. Dagegen dient eine breitere Streuung öffentlicher Transfers eher der Kompensation spezifischer Schwächen, Entwicklungsdefizite und Leistungshemmnisse. Nicht von der Hand zu weisen war darüber hinaus die Gefahr, dass eine von Dohnanyi und Most erneut ins Gespräch gebrachte „Sonderwirtschaftszone Ost" zum „neoliberalen Versuchslabor" bzw. zum Pilotprojekt für ein dereguliertes Gesamtdeutschland mit einem riesigen, staatlich subventionierten Niedriglohnbereich avanciert,[130] in dem Armut zur weitgehend akzeptierten Normalität wird, während Unternehmer, Kapitaleigentümer und Großinvestoren durch extrem günstige Anlagebedingungen, die ihnen der Steuerzahler finanziert, immer reicher werden.

Nach den Wahlerfolgen der NPD und der DVU bei den Landtagswahlen in Sachsen bzw. Brandenburg am 19. September 2004 sowie in Mecklenburg-Vorpommern am 17. September 2006 verstärkte sich die Tendenz, die längst nicht mehr neuen, aber immer noch weniger erfolgreichen bzw. wohlhabenden Bundesländer und ihre Bewohner/innen abzuschreiben. Beispielsweise ging es im *Spiegel*, der am 20. September 2004 mit einem ertrinkenden DDR-Ampelmännchen auf dem Titelbild unter der Überschrift „Jammertal Ost" erschien, hauptsächlich um die Befindlichkeit der ehemaligen DDR-Bürger/innen und die Frage, wo und wie die staatlichen Bruttotransferleistungen in Höhe von 1.250 Mrd. EUR versickert seien. Dorothee Beck und Hartmut Meine weisen darauf hin, dass diese enorm hohe Summe nicht nur Fördergelder, sondern sämtliche in den Osten geflossenen Ausgaben des Bundes, der Länder und der Sozialversicherungen, also auch Personalkosten für die dort tätigen Bundesbediensteten, anteilige Verteidigungsausgaben und Sozialleistungen enthielt, während der Nettotransfer mit knapp 950 Mrd. EUR sehr viel niedriger ausfiel: „Die reinen Aufbauhilfen betrugen von 1990 bis 2003 nur 250 Milliarden Euro."[131] Überhaupt sei die These, Ostdeutschland leide unter einer „fetten Verwaltung", die meist dem DDR-Sozialismus angelastet wird, „ein Märchen. Während Personalkosten in den Westländern gut 40 Prozent der Landesausgaben ausmachen, beträgt diese Quote im Osten nicht mal 25 Prozent."[132] Außerdem „versickerten" die Transferzahlungen nach Ostdeutschland gar nicht, sondern gelangten als kaufkräftige Nachfrage

---

130 Siehe Anne-Katrin Oeltzen, Labor Ostdeutschland, in: Blätter für deutsche und internationale Politik 6/2004, S. 666ff.
131 Dorothee Beck/Hartmut Meine, Armut im Überfluss. Nachrichten aus einer gespaltenen Gesellschaft, Göttingen 2007, S. 311
132 Ebd.

in den Wirtschaftskreislauf zurück, was die Binnenkonjunktur belebe und das Wachstum stimuliere: „Teils landen sie in den ostdeutschen Filialen westdeutscher Handelsketten, teils fließen sie direkt in die ostdeutsche Wirtschaft und schaffen Arbeitsplätze."[133]

Aus der Abschiedsrede von Edgar Most wurde im *Spiegel* zustimmend zitiert, dass man die Ungleichheit der Lebensverhältnisse in Ost und West auch mit noch mehr Geld nicht werde einebnen können. Dies sei aber nur die halbe Wahrheit: „Falls Ost und West sich irgendwann angleichen, dann auf einem Niveau, das niedriger sein wird als heute. Der westdeutsche Lebensstandard ist nicht zu halten."[134] Man kritisierte den hohen Anteil der Sozialleistungen an den Finanztransfers nach Ostdeutschland, plädierte dafür, die Fortexistenz ungleichwertiger Lebensverhältnisse in beiden Landesteilen als mehr oder weniger unabänderlich zu akzeptieren, und appellierte an die früheren DDR-Bürger/innen, sich damit zu arrangieren. Gleichzeitig wurde den Menschen in Westdeutschland unter Hinweis auf die veränderten Bedingungen vermittelt, dass sich ihre materielle Situation verschlechtert und man daran nichts ändern kann. Die regionale Ungleichheit galt genauso als „natürlich" wie die soziale Ungerechtigkeit. Dies dürfte künftig die vorherrschende Stimmung in der politischen Öffentlichkeit und den Medien sein, wobei meist die Globalisierung bzw. die Sicherung des „Wirtschaftsstandorts D" zur Begründung herhalten muss.

1.2 Die neoliberale Modernisierung als dominante Form der Globalisierung

Franz-Xaver Kaufmann hält die Wiedervereinigung bzw. die daraus resultierende Zusatzbelastung des sozialen Sicherungssystems für den Schlüsselfaktor im Ringen um eine radikale Restrukturierung des Wohlfahrtsstaates: „Die gegenwärtigen Forderungen nach einem ‚Umbau des Sozialstaates' sind (...) in erster Linie ein Element des Kampfes um die Verteilung der Folgekosten der deutschen Einheit."[135] Auch für Roland Czada „steht die Erosion der institutionellen Grundlagen des ‚Modells Deutschland' im unmittelbaren Zusammenhang der Vereinigungspolitik. Das zentrale Problem besteht in der regionalen Aufspaltung des Landes in arm und reich und in einer asymmetrischen Verteilung der daraus resultierenden Lasten."[136] Die beiden zitierten

---

133 Ebd., S. 312
134 Hauke Goos/Ansbert Kneip, Das Ende der Illusion, in: Der Spiegel v. 20.9.2004, S. 63
135 Franz-Xaver Kaufmann, Schwindet die Integrationskraft des Sozialstaates?, in: Gewerkschaftliche Monatshefte 1/1997, S. 3
136 Roland Czada, Vereinigungskrise und Standortdebatte. Der Beitrag der Wiedervereinigung zur Krise des westdeutschen Modells, in: Leviathan 1/1998, S. 53

Die neoliberale Modernisierung als dominante Form der Globalisierung 49

Autoren verkennen jedoch, dass in anderen Staaten (ohne die mit der Vereinigung von BRD und DDR einhergehenden Belastungen) zur selben Zeit ähnliche Bemühungen wie im vereinten Deutschland unternommen wurden, das jeweilige System der sozialen Sicherung nach neoliberalen Konzepten zu restrukturieren bzw. zu destruieren. Erheblich wahrscheinlicher ist deshalb, dass der Zusammenbruch des Realsozialismus und des SED-Regimes selbst ein Nebenprodukt jenes Prozesses war, der als „Globalisierung" nur sehr unzulänglich und vage charakterisiert wird, weil es sich in Wirklichkeit um die Umgestaltung fast aller Gesellschaftsbereiche nach Markterfordernissen handelt.

Die soziale Ost-West-Spaltung der Bundesrepublik nach 1989/90 ist kein rein nationales Phänomen, sondern eingebettet in einen weit über die deutschen Grenzen hinausreichenden Entwicklungsprozess. Es handelt sich hierbei um die durch DDR-„Wende" bzw. Wiedervereinigung modifizierte Form der Globalisierung, die präziser als neoliberale Modernisierung bezeichnet wird und in der Dramatik kaum zu überschätzende Konsequenzen für das menschliche Zusammenleben hat. „Die Welt erlebt derzeit eine dramatische Verschärfung sozialer und wirtschaftlicher Ungleichheit wie auch die Verelendung ganzer Bevölkerungen. Die Folgen dieser Eskalation lassen sich überall beobachten. Zurückzuführen sind sie vor allem auf eine zunehmende Konkurrenz der Nationalstaaten, deren Konkurrenz wiederum integraler Bestandteil des gegenwärtigen kapitalistischen Wirtschaftssystems ist. Sie entspricht den aktuellen Bedingungen der globalen Kapitalakkumulation, stellt also den Kern der so genannten Globalisierung des Weltmarktes dar."[137]

Ohne die Wiedervereinigung wäre der Sozialstaat hierzulande zwar weniger schnell und massiv unter Druck geraten, die Entwicklung insgesamt aber vermutlich nicht viel anders verlaufen. Umgekehrt war die deutsche Einheit nur deshalb mit relativ geringen sozialen Verwerfungen zu bewältigen, weil es in der Bundesrepublik einen ausgebauten Wohlfahrtsstaat gab. Dies gilt besonders für Mechanismen, die heute scharf kritisiert werden, etwa das Umlageverfahren in der Gesetzlichen Rentenversicherung. Man stelle sich die Probleme einer Altersversorgung nach dem Kapitaldeckungsprinzip vor, als im vereinten Deutschland von einem Tag zum anderen Millionen von Invaliden-, Alters- und Hinterbliebenenrenten auszuzahlen waren, für die weder ein Kapitalstock existierte noch jemals Beiträge eingezahlt worden waren! Gerhard Kleinhenz wertet die problemlose Umstellung der DDR-Renten daher völlig zu Recht als Beleg für die besondere Leistungsfähigkeit des Umlageverfahrens: „Bei einer Vereinigung zweier Rentensysteme mit einem Kapitaldeckungsverfahren hätten die Kapitalerträge zur Finanzierung der zusätzlichen Renten für die neuen Bundesländer nicht ausgereicht und eine Liquidierung von Vermögenswerten wäre angesichts fehlender Substanz

---

137 Samir Amin, Der kapitalistische Genozid, in: Blätter für deutsche und internationale Politik 7/2004, S. 817

bei der Sozialversicherung Ost nicht möglich und gesamtwirtschaftlich bei der Sozialversicherung der alten Bundesländer nicht ratsam gewesen. Selbst der dramatische Rückgang der Produktion und der Beschäftigung in Ostdeutschland konnte aufgrund der Übernahme in das Umlageverfahren der gesamtdeutschen Rentenversicherung weitgehend ‚verkraftet' werden."[138]

Hans-Jochen Vogel (nicht identisch mit dem gleichnamigen SPD-Politiker) deutet die Existenzkrise, in welche die ost- und mitteleuropäischen RGW-Staaten während der 80er-Jahre gerieten, als mittelbare Folgeerscheinung der Durchsetzung des neoliberalen Wirtschaftsmodells in den USA, Westeuropa und den Ländern der kapitalistischen Peripherie: „Dann wäre das Ende des ‚Realsozialismus' eben auch nicht einfach der Sieg des besseren, effektiveren Systems über ein schlechteres, nicht praktikables, sondern der Zusammenbruch eines Subsystems der Weltwirtschaft und Weltgesellschaft im Prozess einer allgemeinen Umstrukturierung."[139] Anschließend wurde Ostdeutschland zu einem „Testfeld der Globalisierung", nachdem drei Grundsatzentscheidungen zugunsten des westdeutschen Großkapitals gefallen waren: Die übereilte Einführung der D-Mark, die Anwendung des Prinzips „Rückgabe vor Entschädigung" bei der Behandlung ehemaliger Eigentümer und die Privatisierung von Volks- bzw. Staatseigentum der DDR durch die Treuhandanstalt erwiesen sich als für die Interessen der meisten Ostdeutschen schädlich.[140]

Edelbert Richter vertritt die Auffassung, „daß es sich (...) bei der Umwälzung von 1989 um die *Vollendung* der neoliberalen Ära handelt, damit jedoch zugleich um ihr *Ende*."[141] Obwohl der Neoliberalismus triumphiert habe, gehöre er im Grunde einer vergangenen Epoche an und werde ebenso scheitern wie der Leninismus, mit dem er artverwandt sei. Auch wenn sich der Neoliberalismus hierzulande seit geraumer Zeit in einer Legitimationskrise befinden mag,[142] die durch wiederholte Börsenturbulenzen, Akzeptanzprobleme seiner Privatisierungsbemühungen und den allzu offensichtlichen Mangel an sozialer Gerechtigkeit gekennzeichnet ist, wäre es analytisch falsch und politisch illusionär zu glauben, dass er seine Wirkungsmächtigkeit bereits eingebüßt oder seinen historischen Zenit überschritten habe.

Das ideologische Bindeglied zwischen Neoliberalismus und Leninismus sieht Richter, Mitglied der letzten DDR-Volkskammer, von 1991 bis 1994 Mitglied des Europäischen Parlaments und von 1994 bis 1998 Bundestagsabgeordneter der SPD, im Ökonomismus, der beide für Entwicklungsprozesse

---

138 Gerhard Kleinhenz, Sozialpolitischer Systemwechsel: von der sozialistischen zur marktwirtschaftlichen Sozialpolitik, in: Richard Hauser/Thomas Olk (Hrsg.), Soziale Sicherheit für alle?, Opladen 1997 (KSPW-Veröffentlichung), S. 60f.
139 Hans-Jochen Vogel, Globalisierung, ostdeutsch, in: Christine Buchholz u.a. (Hrsg.), Unsere Welt ist keine Ware. Handbuch für Globalisierungskritiker, Köln 2002, S. 167
140 Siehe ebd., S. 168f.
141 Siehe Edelbert Richter, Aus ostdeutscher Sicht, a.a.O., S. 3 (Hervorh. im Original)
142 Vgl. dazu: Hans-Georg Draheim/Dieter Janke (Hrsg.), Legitimationskrise des Neoliberalismus – Chance für eine neue politische Ökonomie, Leipzig 2007

Die neoliberale Modernisierung als dominante Form der Globalisierung 51

anderer Gesellschaftsbereiche blind mache. „Ökonomismus bedeutet, daß die ganze Vielseitigkeit des menschlichen Lebens monokausal und damit monomanisch auf eine seiner Seiten, die ökonomische, reduziert wird. Es ist nur eine weitere Variante desselben Schemas, wenn nun der ökonomische Gesichtspunkt wie von selber *auf alle Dimensionen des Lebens übergreift*, ihnen gleichsam ein schlechtes Gewissen macht und sie von innen heraus umzukrempeln sucht. Dann fragen sich plötzlich die Sozialeinrichtungen oder die Universitäten oder die Theater oder sogar die Kirchen, ob sie denn eigentlich ‚effizient arbeiten' und ob sie sich nicht auch besser als Unternehmen verstehen und organisieren sollten."[143]

Die hohe Akzeptanz des Sozialstaates blieb in der Bundesrepublik erhalten, bis er im Zuge des fortschreitenden Globalisierungsprozesses als Bedrohung des „Industriestandortes D" bzw. der internationalen Wettbewerbsfähigkeit unseres Landes diskreditiert werden konnte.[144] Seither bildet die politische Scheinalternative „soziale *oder* Standortsicherung" den Kern jeder liberalkonservativen Wohlfahrtsstaatskritik. Durch eine öffentliche, teils kampagnenartig geführte Missbrauchsdebatte, die ausländische Flüchtlinge (Asyldiskussion), später auch deutsche Sozialhilfeempfänger/innen, abhängig Beschäftigte und Erwerbslose traf,[145] sowie eine Globalisierungs- bzw. Standortdiskussion, in der man seinen ökonomischen Nutzen bestritt, wurde die Rolle des Sozialen relativiert. Parallel dazu erfolgten eine schrittweise Reduzierung des Leistungsniveaus und eine (Teil-)Reprivatisierung sozialer Risiken.

Mit der Globalisierung bzw. der neoliberalen Modernisierung verbindet sich vielfach die Hoffnung, durch einen intensiven „Standortwettbewerb" könne allgemeiner Wohlstand erzeugt, Arbeitslosigkeit als Massenphänomen beseitigt und Armut für immer überwunden werden. Dabei handelt es sich um einen Irrglauben, denn die Globalisierung bringt Menschen nicht weltweit in Arbeit und Brot, sowenig sie soziale Unterschiede zwischen Regionen ausgleicht: „Unter dem Aspekt der Verteilungs- und hier wiederum der Bedarfsgerechtigkeit ist vielmehr das Gegenteil der Fall."[146] Eine genauere, die Daten der Weltbank hinterfragende Analyse ergibt, „dass von einem weltweiten Trend zum Abbau der Armut leider keine Rede sein kann, denn ohne die positive Entwicklung in China würde die absolute Zahl (der Armen, *d.*

---

143 Edelbert Richter, Aus ostdeutscher Sicht, a.a.O., S. 158f. (Hervorh. im Original)
144 Vgl. hierzu ausführlicher: Christoph Butterwegge, Krise und Zukunft des Sozialstaates, a.a.O., S. 107ff.; ders., Rechtfertigung, Maßnahmen und Folgen einer neoliberalen (Sozial-)Politik, a.a.O., S. 143ff.
145 Vgl. dazu: Diane Wogawa, Missbrauch im Sozialstaat. Eine Analyse des Missbrauchsarguments im politischen Diskurs, Wiesbaden 2000; Rainer Roth, Sozialhilfemissbrauch. Wer missbraucht eigentlich wen?, Frankfurt am Main 2004
146 Rüdiger Robert, Kinderarmut als Problem globaler Verteilungsgerechtigkeit, in: ders. (Hrsg.), Bundesrepublik Deutschland – Globalisierung und Gerechtigkeit, Münster 2002, S. 189

Verf.) weiter steigen und der prozentuale Anteil stagnieren."[147] John Gray, Professor an der London School of Economics und früher Berater der britischen Premierministerin Margaret Thatcher, spricht von einer „falschen Verheißung" im Hinblick auf die Segnungen des globalen Kapitalismus.[148] Die neoliberale Modernisierung führt überall auf der Welt zu Pauperisierung und Prekarisierung der Lebenslagen, zu Entsolidarisierung und sozialer Polarisierung.[149] Hier wird dieser Prozess, ausgehend von dem Begriff „Globalisierung", vorgestellt und auf seine Konsequenzen für die Entwicklung des Wohlfahrtsstaates und der Sozialstruktur des vereinten Deutschland hin überprüft.

1.2.1 Globalisierung: Begriff, Geschichte und Erscheinungsformen

Ulrich Beck weist auf die Schwammigkeit des Begriffs „Globalisierung" hin, der die öffentliche und Fachdiskussion der Gegenwart trotz oder vielleicht gerade wegen seiner Vagheit beherrscht: „Ihn zu bestimmen gleicht dem Versuch, einen Pudding an die Wand zu nageln."[150] Noch immer gibt es keine einheitliche, allgemein verbindliche und überzeugende Definition, wie Jürgen Friedrichs angemerkt hat, der unter Globalisierung „die weltweite Vernetzung ökonomischer Aktivitäten" versteht.[151] In einem umfassenderen Sinne könnte man von Globalisierung als Intensivierung wissenschaftlich-technischer, ökonomischer, sozialer, politischer und kultureller Beziehungen sprechen, welche die Besonderheit aufweisen, nationalstaatliche Grenzen zu überschreiten und – zumindest der Tendenz nach – auch zu überwinden. Eine solche Arbeitsdefinition hat den Vorteil, dass sie die inhaltliche Ambivalenz des „Globalisierung" genannten Prozesses erfasst und seine unterschiedlichen Erscheinungsformen, sowohl die neoliberale Modernisierung wie auch so-

---

147 Siehe Jörg Goldberg, Globalisierung und Armut, in: Blätter für deutsche und internationale Politik 7/2004, S. 885
148 Siehe John Gray, Die falsche Verheißung. Der globale Kapitalismus und seine Folgen, Berlin 1999
149 Vgl. ausführlicher: Christoph Butterwegge, Globalisierung als Spaltpilz und sozialer Sprengsatz. Weltmarktdynamik und „Zuwanderungsdramatik" im postmodernen Wohlfahrtsstaat, in: ders./Gudrun Hentges (Hrsg.), Zuwanderung im Zeichen der Globalisierung. Migrations-, Integrations- und Minderheitenpolitik, 3. Aufl. Wiesbaden 2006, S. 53ff.
150 Ulrich Beck, Was ist Globalisierung?, Irrtümer des Globalismus – Antworten auf Globalisierung, 3. Aufl. Frankfurt am Main 1997, S. 44
151 Siehe Jürgen Friedrichs, Globalisierung – Begriff und grundlegende Annahmen, in: Aus Politik und Zeitgeschichte 33-34/1997, S. 3; vgl. als neuere Diskussionsbeiträge: Dieter Duwendag, Globalisierung im Kreuzfeuer der Kritik. Gewinner und Verlierer – Globale Finanzmärkte – Supranationale Organisationen – Job-Exporte, Baden-Baden 2006; Stefan A. Schirm (Hrsg.), Globalisierung. Forschungsstand und Perspektiven, Baden-Baden 2006

ziale, ökologische bzw. humane Alternativvorstellungen, die etwa als „Globalisierung von unten" oder „andere Globalisierung" firmieren,[152] gleichermaßen berücksichtigt.

Bisher fungiert „Globalisierung" meistens als Totschlagargument, das die Notwendigkeit der Senkung von (angeblich die internationale Wettbewerbsfähigkeit eines „Wirtschaftsstandortes" bedrohenden) Sozial-, Arbeitsrechts- und Umweltstandards suggeriert. Der weite Verbreitungsgrad und die breite Resonanz des Begriffs „Globalisierung" verdanken sich jedoch seiner Ambivalenz, die Armin Nassehi wie folgt charakterisiert: „Die Rede von der *Globalisierung* legitimiert sowohl soziale Grausamkeiten in politischen Entscheidungen als auch Hoffnungen darauf, daß die ‚Eine Welt', von der in den 70er Jahren Alternativ- und Dritte-Welt-Bewegungen noch als Provokation gesprochen haben, nun Realität geworden sei."[153]

Die *wirtschaftliche* Globalisierung betrifft vor allem Finanz- und Kapitalmärkte. Sie besiegelt das Ende durch Grenzpfähle, Zollschranken und Währungsbarrieren getrennter Nationalökonomien. In letzter Konsequenz bedeutet neoliberale Modernisierung, dass die Konkurrenz universalisiert und tendenziell die ganze Welt zum Markt wird.[154] Ob die Volkswirtschaften aber schon so eng miteinander verflochten sind, dass man von einer globalen bzw. Weltwirtschaft (statt vieler Nationalökonomien) sprechen kann, ist umstritten. Paul Hirst und Grahame Thompson beispielsweise hegen Zweifel, dass eine Globalisierung stattgefunden hat oder demnächst stattfinden wird: „Wenn der Begriff ‚Globalisierung' irgendeinen Wert hat, dann als ein negativer Idealtypus, welcher es gestattet, die sich verlagernde Balance zwischen internationalem ökonomischen Druck bzw. internationaler Regulierung sowie der Wirtschaftspolitik auf nationaler und auf Blockebene zu beurteilen. Es existiert keine vollständig globalisierte Wirtschaft, sondern eine internationale Wirtschaft, auf die die einzelnen Nationen unterschiedlich reagieren."[155]

Um die vielen Facetten des Phänomens zu erfassen, unterscheidet Beck zwischen *Globalisierung* als Prozess, *Globalität* als Ziel und *Globalismus* als Ideologie. Mit dem zuletzt genannten Terminus kennzeichnet er die neoliberale Überzeugung, der Weltmarkt verdränge oder ersetze (sozial)politisches

---

152 Siehe Johan Galtung, Die andere Globalisierung. Perspektiven für eine zivilisierte Weltgesellschaft im 21. Jahrhundert, Münster 1998; Maria Mies, Globalisierung von unten. Der Kampf gegen die Herrschaft der Konzerne, Hamburg 2001
153 Armin Nassehi, Die „Welt"-Fremdheit der Globalisierungsdebatte. Ein phänomenologischer Versuch, in: Soziale Welt 2/1998, S. 151 (Hervorh. im Original)
154 Vgl. kritisch dazu: Elmar Altvater, Die Welt als Markt?, in: Florian Müller/Michael Müller (Hrsg.), Markt und Sinn. Dominiert der Markt unsere Werte?, Frankfurt am Main/New York 1996, S. 19ff.
155 Paul Hirst/Grahame Thompson, Globalisierung? – Internationale Wirtschaftsbeziehungen, Nationalökonomien und die Formierung von Handelsblöcken, in: Ulrich Beck (Hrsg.), Politik der Globalisierung, Frankfurt am Main 1998, S. 131

Handeln.[156] Demgegenüber ist der mittlere Begriff eher positiv besetzt: „Globalität bezeichnet die Tatsache, daß von nun an nichts, was sich auf unserem Planeten abspielt, nur ein örtlich begrenzter Vorgang ist, sondern daß alle Erfindungen, Siege und Katastrophen die ganze Welt betreffen und wir unser Leben und Handeln, unsere Organisationen und Institutionen entlang der Achse ‚lokal – global' reorientieren und reorganisieren müssen."[157]

Was die Beck'sche Terminologie zum Ausdruck bringt, lässt sich einfacher formulieren, wenn man deutlicher zwischen der Globalisierung und dem neoliberalen Konzept der „Standortsicherung" unterscheidet, anstatt beide gleichzusetzen oder gar zu verwechseln. Von einer sich verschärfenden Weltmarktkonkurrenz ausgehend, schlagen Ultraliberale vor, die (angeblich schwindende oder akut bedrohte) Wettbewerbsfähigkeit des „eigenen" Wirtschaftsstandortes durch Senkung der Reallöhne, der sog. Lohnnebenkosten und der Sozialleistungen zu erhöhen. Wenn die Volkswirtschaften miteinander verwachsen, der Weltmarkt die Politik der Nationalstaaten diktiert und Gesellschaften nur noch als „Wirtschaftsstandorte" fungieren, deren Konkurrenzfähigkeit über das allgemeine Wohlstandsniveau entscheidet, kann das Soziale keine allzu große Rolle mehr spielen.

Umstritten wie der Terminus „Globalisierung" selbst ist die Terminierung ihres Beginns. Für den früheren CDU-Vorsitzenden Wolfgang Schäuble bildet sie ein Uraltphänomen, das sich fast bis zu Adam und Eva zurückverfolgen lässt: „Die ganze Wirtschaftsgeschichte der Menschheit ist auch die Geschichte eines fortschreitenden Globalisierungsprozesses: die geographische Ausweitung von Märkten, die Internationalisierung der Arbeitsteilung, die Beschleunigung schließlich des Prozesses selbst aufgrund gesteigerter Kommunikations- und Transfermöglichkeiten."[158] Ansonsten gilt die Globalisierung als Kind der Moderne, das auf die bürgerliche Gesellschaft, Kolonialismus und Imperialismus zurückgeht. David Harvey zufolge war die Globalisierung spätestens seit 1492 im Gange; sie stellt daher für ihn von Anfang an einen Bestandteil der kapitalistischen Entwicklung dar.[159] Harold James wiederum datiert den Beginn dieses Prozesses auf den 15. November 1975, jenen Tag, an dem in Rambouillet bei Paris der erste „Weltwirtschaftsgipfel" stattfand.[160] Spätestens mit dem Fall der Berliner Mauer und dem Kollaps realsozialistischer Staaten in Ost- bzw. Ostmitteleuropa erfasste die Herrschaft des Marktes den ganzen Planeten. Die kapitalistische Wirtschaft war

---

156 Vgl. Ulrich Beck, Was ist Globalisierung?, a.a.O., S. 26
157 Ebd., S. 30
158 Wolfgang Schäuble, Und sie bewegt sich doch, Berlin 1998, S. 32
159 Vgl. David Harvey, Betreff Globalisierung, in: Steffen Becker/Thomas Sablowski/ Wilhelm Schumm (Hrsg.), Jenseits der Nationalökonomie? – Weltwirtschaft und Nationalstaat zwischen Globalisierung und Regionalisierung, Berlin/Hamburg 1997 (Argument-Sonderband 249), S. 29
160 Vgl. Harold James, Rambouillet, 15. November 1975. Die Globalisierung der Wirtschaft, München 1997, S. 7

Die neoliberale Modernisierung als dominante Form der Globalisierung 55

zwar immer schon auf den Weltmarkt orientiert, konnte ihn jedoch so lange nicht herstellen, wie der Staatssozialismus in Ost- und Mitteleuropa den Kapitalfluss begrenzte. „Erst die weltpolitischen Veränderungen seit Ende der 80er Jahre erlauben es, mit Recht von Globalisierung zu sprechen."[161] An die Stelle eines völlig irrationalen Rüstungswettlaufs zwischen zwei Militärbündnissen (NATO und Warschauer Pakt) trat nunmehr ein ökonomisch-technologisches Ringen zwischen drei kontinentalen Wirtschaftsblöcken: Nordamerika unter Führung der USA, Westeuropa unter deutscher Führung und Südostasien unter japanischer Führung kämpfen seither noch verbissener als vorher um Absatzmärkte, Marktanteile, Anlagesphären, strategische Rohstoffe, Ressourcen und Patentrechte.

Nach dem Ende des Kalten Krieges tat sich ein ideologisches Vakuum auf, in das neoliberale Kräfte hineinstoßen konnten, weil sie die Vision einer klassenlosen Gesellschaft mit dem Aufklärertum des Bürgertums verbanden: „Die Vorstellung von einer Weltgesellschaft, ähnlich der Fortschrittsidee, wie sie im 18. und zu Beginn des 19. Jahrhunderts entstand, verkörpert den faszinierenden Traum von der einen Welt, in der es keinen Krieg, keinen Hunger und keine Vorurteile gibt und in der gleichzeitig alle Menschen über mehr Freizeit verfügen sowie ihren Lebens- und Konsumstil frei wählen können."[162] Folgt man dem französischen Sozialwissenschaftler Alain Touraine, enthält der Globalisierungsbegriff ein ideologisches Moment: „Er verschleiert die Beziehungen zwischen Macht und Herrschaft, indem er sie als natürlich oder technologisch uminterpretiert."[163] Touraine hebt hervor, dass die Globalisierung einem kapitalistischen Modernisierungsprozess entspricht und keinen neuen Gesellschaftstyp (nach der *Industrie*gesellschaft) konstituiert. Jens Borchert sieht in der Globalisierung den Ausdruck einer neuen Entwicklungsphase des Kapitalismus, verbunden mit einer Umorientierung multi- bzw. transnationaler Konzerne von der Marktexpansion zur Kostensenkung (im Lohn- und Sozialbereich) wie zur Finanzspekulation mit höheren Renditen.[164] Das spekulative läuft dem investiven Kapital den Rang ab, weshalb in Anknüpfung an John Maynard Keynes auch von einem „Kasinokapitalismus" (Susan Strange) die Rede ist.

---

161 Werner Kindsmüller, Globalisierungs-Chance. Alternativen zur Deutschland AG, Hamburg 1997, S. 115
162 Alain Touraine, Globalisierung – eine neue kapitalistische Revolution, in: Dietmar Loch/Wilhelm Heitmeyer (Hrsg.), Schattenseiten der Globalisierung. Rechtsradikalismus, Rechtspopulismus und separatistischer Regionalismus in westlichen Demokratien, Frankfurt am Main 2001, S. 44
163 Ebd., S. 57
164 Siehe Jens Borchert, Einleitung: Von Malaysia lernen? – Zum Verfall der politischen Logik im Standortwettbewerb, in: ders./Stephan Lessenich/Peter Lösche (Red.), Jahrbuch für Europa- und Nordamerika-Studien 1: Standortrisiko Wohlfahrtsstaat?, Opladen 1997, S. 22

Grundlagen und Zielsetzungen der neoliberalen Ideologie zugleich bilden sich in letzter Zeit drastisch zuspitzende (Fehl-)Entwicklungen der Weltwirtschaft, die man hauptsächlich mit folgenden, den öffentlichen Diskurs bestimmenden Stichworten kennzeichnen kann: Internationalisierung der Güterproduktion, des Handels und der Kapitalströme; Liberalisierung der Finanzmärkte; Privatisierung öffentlicher Unternehmen, sozialer Risiken und der öffentlichen Daseinsvorsorge; Flexibilisierung der Arbeitsverhältnisse, Prekarisierung der Beschäftigungsformen und Deregulierung sozialstaatlicher Schutzbestimmungen.[165]

1.2.2 Das gesellschaftspolitische Projekt des Neoliberalismus

Stephan Adolphs, Wolfgang Hörbe und Serhat Karkayali kennzeichnen die beiden Grundpositionen der Globalisierungsdiskussion als Ideologie- und Sachzwangthese. Letztere bezeichnen sie als „eine Form des Ökonomie-Fetischs", weil ignoriert werde, dass Veränderungen der Weltwirtschaft auch Ergebnis gesellschaftlicher Kämpfe und politischer Entscheidungen seien. „Die VertreterInnen der *Ideologie-These* leugnen nicht nur die Umbrüche und Veränderungen, die zu einer neuen Qualität des kapitalistischen Reproduktionszusammenhangs geführt haben; mit ihrem aufklärerischen Habitus übersehen sie die überaus wirkungsmächtige Dimension diskursiver Performanz – Ideologie wird hier nur als eine Art ‚falsches Bewußtsein' verstanden."[166] Stattdessen müsse Globalisierung als Bestandteil und Resultat einer Vielzahl von „Politikprojekten" interpretiert werden: „Sie sind als Versuche anzusehen, Formen der Regulation zu etablieren, die die – aufgrund andauernder Krisenprozesse – immer stärker auftretenden gesellschaftlichen Widersprüche und Konflikte ‚lösen' sollen."[167]

Der Neoliberalismus war ursprünglich eine ökonomische Theorie, die als Reaktion auf die Weltwirtschaftskrise 1929 bis 1932 und den Keynesianismus als Modell eines systemkonformen Staatsinterventionismus entstand,[168]

---

165 Vgl. dazu: Regina Stötzel (Hrsg.), Ungleichheit als Projekt. Globalisierung – Standort – Neoliberalismus, Marburg 1998; Christoph Butterwegge/Martin Kutscha/Sabine Berghahn (Hrsg.), Herrschaft des Marktes – Abschied vom Staat?, Folgen neoliberaler Modernisierung für Gesellschaft, Recht und Politik, Baden-Baden 1999; Erna Appelt/Alexandra Weiss (Hrsg.), Globalisierung und der Angriff auf die europäischen Wohlfahrtsstaaten, 2. Aufl. Hamburg 2006; Christoph Butterwegge/Bettina Lösch/Ralf Ptak, Kritik des Neoliberalismus, a.a.O.; dies. (Hrsg.), Neoliberalismus, a.a.O.

166 Stephan Adolphs/Wolfgang Hörbe/Serhat Karkayali, Globalisierung als Schule der Nation. Zum neokonservativen Globalisierungsdiskurs, in: Annelie Buntenbach/Helmut Kellershohn/Dirk Kretschmer (Hrsg.), Ruck-wärts in die Zukunft. Zur Ideologie des Neokonservatismus, Duisburg 1998, S. 102 (Hervorh. im Original)

167 Ebd., S. 103

168 Vgl. hierzu: Ralf Ptak, Grundlagen des Neoliberalismus, in: Christoph Butterwegge/Bettina Lösch/Ralf Ptak, Kritik des Neoliberalismus, a.a.O., S. 16ff.

Die neoliberale Modernisierung als dominante Form der Globalisierung 57

später zu einer Sozialphilosophie verallgemeinert wurde und immer mehr Züge einer politischen Zivilreligion annahm, die heute alle Bereiche der westlichen Industrienationen durchdringt. Er setzt in einer an den Fanatismus von Sekten erinnernden Weise auf den Markt, Leistung und Konkurrenz, unterscheidet sich vom „klassischen" Wirtschaftsliberalismus allerdings dadurch, dass der moderne Wohlfahrtsstaat zum Hauptfeind, weil Auslöser der Beschäftigungskrisen erklärt und durch Reprivatisierung des öffentlichen Eigentums, der öffentlichen Daseinsvorsorge und sozialer Risiken zurückgedrängt („verschlankt") wird. Gegenüber den Arbeits- und Lebensbedingungen der einzelnen Individuen und ihren Vergemeinschaftungsformen erweist sich der Neoliberalismus mit seiner einseitigen Weltsicht als völlig unsensibel.

Was als naturwüchsiger Prozess erscheint, der alle Länder zwingt, ihre (gesetzlichen) „Lohnneben-" bzw. „Personalzusatzkosten", Sozialleistungen und Umweltstandards zu senken, um konkurrenzfähig zu bleiben oder wieder zu werden, basiert primär auf politischen Weichenstellungen der mächtigsten Industriestaaten, die nach dem Zusammenbruch des Weltwährungssystems von Bretton Woods im März 1973 unter dem wachsenden Einfluss des Neoliberalismus das Kapital sukzessive von sämtlichen Fesseln zu befreien suchten. „Im Namen der ökonomischen Heilslehre vom freien, grenzenlosen Markt haben sie seit Beginn der siebziger Jahre systematisch alle Schranken niedergerissen, die ehedem den grenzüberschreitenden Geld- und Kapitalverkehr regierbar und damit beherrschbar machten."[169]

Seinen bis heute dauernden Siegeszug trat der Neoliberalismus, anfänglich häufiger „Neokonservatismus" genannt, gegen Ende der 70er-/Anfang der 80er-Jahre an. Später setzte sich die Bezeichnung „Neoliberalismus" durch, die deshalb missverständlich ist, weil seine Aufwertung wirtschaftlicher Kennziffern und der Mechanismen kapitalistischer Marktsteuerung keineswegs mit Engagement für individuelle Bürgerrechte, Hauptmerkmal des zur Bedeutungslosigkeit absinkenden politischen Liberalismus, einherging.[170] Damals regierten in Großbritannien unter Margaret Thatcher und in den USA unter Ronald Reagan liberalkonservative Kräfte, die den Keynesianismus durch eine sog. Angebotsökonomie („supply-side economics"), verbunden mit einer Schwerpunktverlagerung von der Fiskal- zur Geldmengenpolitik (Monetarismus) und restriktiver Budgetpolitik (Austeritätskurs) des Staates, ersetzten.[171]

---

169 Hans-Peter Martin/Harald Schumann, Die Globalisierungsfalle. Der Angriff auf Demokratie und Wohlstand, 7. Aufl. Reinbek bei Hamburg 1996, S. 72
170 Vgl. Joachim Bischoff, Hegemonie und Bürgergesellschaft, in: ders./Frank Deppe/ Klaus Peter Kisker (Hrsg.), Das Ende des Neoliberalismus? – Wie die Republik verändert wurde, Hamburg 1998, S. 55f.
171 Vgl. dazu: Elmar Altvater, Globalisierter Neoliberalismus, in: Christoph Butterwegge/ Bettina Lösch/Ralf Ptak (Hrsg.), Neoliberalismus, a.a.O., S. 57f.

Aus einem Konzept, das durch Steuererleichterungen bessere Verwertungsbedingungen für das Kapital schaffen wollte, entwickelte sich eine Strategie, welche die ganze Gesellschaft nach dem Modell der Leistungskonkurrenz (um)gestalten soll, wobei der Wettbewerb zwischen Menschen, Unternehmen, Regionen und Nationen, kurzum: Wirtschaftsstandorten unterschiedlicher Art und Größe, ihren Verfechtern zum Wundermittel für die Lösung aller sozialen Probleme gerät. Hans-Gerd Jaschke spricht vom Neoliberalismus als einem „Marktradikalismus" bzw. „-fundamentalismus", der sein Gesicht wandle: „Von einer interessenpolitisch begründeten und nachvollziehbaren wirtschaftspolitischen Position wird er immer deutlicher zu einer umfassenden politischen Ideologie, die sich unangreifbar gibt, indem sie auf die Globalisierung verweist, auf den Konkurrenzdruck und das angedrohte Abwandern von Unternehmen."[172]

Im viel beschworenen „Zeitalter der Globalisierung" erscheint der Neoliberalismus als umfassende und in sich schlüssige Lehre, ja als in sich stimmige Weltanschauung, mit der man sich die Entwicklung von Staaten und Gesellschaften erklären, sie aber auch beeinflussen sowie in eine markt-, leistungs-, und konkurrenzorientierte Richtung lenken kann. Dass der Neoliberalismus eine alles beherrschende Position im öffentlichen und Fachdiskurs erringen konnte, verdankte er weniger der Überzeugungskraft seiner Theorie, die ihren Hauptvertretern, etwa den beiden Ökonomen Friedrich August von Hayek und Milton Friedman, großen Einfluss verschaffte, als vielmehr deren geschickter Vernetzung, systematischer Unterstützung durch sog. Denkfabriken („think tanks") und von privaten, häufig mit Großkonzernen verbundenen Stiftungen wie Bertelsmann geförderter Lobbyarbeit.[173]

1.2.3 Pauperisierung, soziale Polarisierung und Prekarisierung der Lebenslagen

Bei der neoliberalen Modernisierung/Umstrukturierung handelt es sich um ein gesellschaftspolitisches Großprojekt, das auf der ganzen Welt noch mehr soziale Ungleichheit schafft, als es sie aufgrund der ungerechten Verteilung von Ressourcen, Bodenschätzen, Grundeigentum, Kapital und Arbeit ohnehin schon gibt. „Es geht um die Vertiefung gesellschaftlicher Ungleichheiten

---

172 Hans-Gerd Jaschke, Fundamentalismus in Deutschland. Gottesstreiter und politische Extremisten bedrohen die Gesellschaft, Hamburg 1998, S. 114
173 Vgl. dazu: Dieter Plehwe/Bernhard Walpen, Wissenschaftliche und wissenschaftspolitische Produktionsweisen im Neoliberalismus. Beiträge der Mont Pèlerin Society und marktradikaler Think Tanks zur Hegemoniegewinnung und -erhaltung, in: PROKLA 115 (1999), S. 203ff.; Jens Wernicke/Torsten Bultmann (Hrsg.), Netzwerk der Macht – Bertelsmann. Der medial-politische Komplex aus Gütersloh, 2. Aufl. Marburg 2007; Werner Biermann/Arno Klönne, Agenda Bertelsmann. Ein Konzern stiftet Politik, 2. Aufl. Köln 2008

Die neoliberale Modernisierung als dominante Form der Globalisierung 59

zum Zwecke einer besseren Abstimmung auf die Bedürfnisse eines Wirtschaftsstandortes."[174] Dabei fungiert „Standortsicherung" als Schlachtruf (einfluss)reicher Gruppen im Verteilungskampf, die den Neoliberalismus zur Stärkung ihrer Machtposition benutzen. Was als „Modernisierung" klassifiziert wird, bemäntelt die Rücknahme demokratischer und sozialer Reformen bzw. Regulierungsmaßnahmen, mit denen die Staaten das Kapital zeitweilig einer gewissen Kontrolle unterwarfen. Durch die systematische Ökonomisierung bzw. Kommerzialisierung aller Lebensbereiche, deren Restrukturierung nach dem Marktmodell und die Glorifizierung seiner betriebswirtschaftlichen Effizienzkriterien und Konkurrenzmechanismen sollen neue Profitquellen erschlossen, aber auch rigidere Ordnungsprinzipien implementiert werden. Man kann von einem „Wirtschaftstotalitarismus" sprechen, der nach Joachim Bergmann die „negative Utopie" des Neoliberalismus ausmacht: „Ökonomische Kriterien, Kosten und Erträge sollen ebenso alle anderen gesellschaftlichen Teilsysteme bestimmen – die soziale Sicherung und die materielle Infrastruktur so gut wie Bildung und Kultur."[175]

Die neoliberale Modernisierung geht mit ökonomischer, sozialer wie politischer Unsicherheit einher.[176] Man hat den Eindruck, dass die ganze Welt zerfällt, dass Wirtschaft, Gesellschaft und (Sozial-)Staat gespalten werden. Robert Went spricht durchaus treffend von einer „doppelten Polarisation – innerhalb der Länder und weltweit zwischen den Ländern" als Ursache wachsender sozialer Unterschiede bzw. Gegensätze.[177] Der ganze Planet wird in Gewinner- und Verliererstaaten, jede einzelne Gesellschaft noch einmal in soziale Auf- und Absteiger/innen gespalten. Polarisierung und Entsolidarisierung sind die Folgen, was besonders eklatant im Bereich der Zuwanderung aufscheint, wo man zwischen Eliten- bzw. Expertenmigration und Elendsmigration unterscheiden kann.[178]

Von der Prekarisierung vieler Arbeitsverhältnisse betroffen sind in erster Linie (ausländische) Frauen. Immer mehr Migrant(inn)en bevölkern den „Weltmarkt Privathaushalt" und arbeiten – schlecht bezahlt und oft auch

---

174 Alessandro Pelizzari, Die Ökonomisierung des Politischen. New Public Management und der neoliberale Angriff auf die öffentlichen Dienste, Konstanz 2001, S. 152
175 Joachim Bergmann, Die negative Utopie des Neoliberalismus oder Die Rendite muß stimmen. Der Bericht der bayerisch-sächsischen Zukunftskommission, in: Leviathan 3/1998, S. 334
176 Vgl. Elmar Altvater/Birgit Mahnkopf, Globalisierung der Unsicherheit. Arbeit im Schatten, schmutziges Geld und informelle Politik, Münster 2002
177 Siehe Robert Went, Ein Gespenst geht um ... Globalisierung! – Eine Analyse, Zürich 1997, S. 53 und 133
178 Vgl. hierzu: Christoph Butterwegge, Globalisierung als Spaltpilz und sozialer Sprengsatz, in: ders./Gudrun Hentges (Hrsg.), Zuwanderung im Zeichen der Globalisierung. Migrations-, Integrations- und Minderheitenpolitik, 3. Aufl. Wiesbaden 2006, S. 71ff.

rechtlos – fernab ihrer Heimat als Dienstmädchen,[179] wenn sie nicht sogar zur Prostitution gezwungen werden. Zwar heißt „Prekarisierung" von Arbeitsverhältnissen nicht, dass diese zwangsläufig zu Langzeitarmut führen, sie birgt aber die Gefahr einer dauerhaften sozialen Marginalisierung derjenigen in sich, die keine anderen Beschäftigungsmöglichkeiten haben. „Prekarität beinhaltet die Unterschreitung von materiellen Standards, von durch Arbeits- und Sozialrecht, Tarifvertrag oder Betriebsvereinbarung festgelegten rechtlichen Standards sowie von ‚normalen' betrieblichen Integrationsstandards, die vor allem in der geringen Einbindung in kollegiale Strukturen und der eingeschränkten Repräsentanz durch betriebliche und gewerkschaftliche Interessenvertretungen zum Ausdruck kommt."[180]

Noch nie klafften Armut und Reichtum so extrem auseinander wie heutzutage. Milliardenvermögen wie die des US-amerikanischen Finanzmagnaten Warren Buffett und des Computerunternehmers Bill Gates einerseits; Not, Seuchen, Hungertod und Verzweiflung von Milliarden Menschen andererseits bestimmen das Bild einer Welt, die höchstens medial (schein)harmonisch miteinander verbunden, sozial aber immer zerrissener ist: Fast die Hälfte aller Erdbewohner/innen, ca. 2,8 Milliarden Menschen, lebten um die Jahrtausendwende von weniger als 2 US-Dollar pro Tag und ein Fünftel, ca. 1,2 Milliarden Menschen, gar von weniger als 1 US-Dollar pro Tag.[181]

Die beschriebene Kluft zwischen Arm und Reich existiert aber nicht nur auf der individuellen Ebene (materiell unterschiedlich ausgestatteter Personen), reproduziert sich vielmehr auch international sozialräumlich: Metropolen und Peripherie des globalisierten Kapitalismus entwickeln sich aus-, teilweise auch gegeneinander.[182] Während die nordwestlichen Industriestaaten und hier wiederum deren ökonomisch leistungsfähigste Bevölkerungsschichten von der neoliberalen Modernisierung profitierten, wurde die südliche Hemisphäre, besonders Afrika, weitgehend von der wirtschaftlichen und sozialen Entwicklung abgekoppelt. Die sich dort seither ausbreitende Hoffnungslosigkeit riesiger Landstriche trifft – wie Armut bzw. Unterversorgung ganz generell – besonders die Kinder.[183]

---

179 Siehe Claudia Gather/Birgit Geissler/Maria S. Rerrich (Hrsg.), Weltmarkt Privathaushalt. Bezahlte Hausarbeit im globalen Wandel, Münster 2002; vgl. ergänzend: Maria S. Rerrich, Die ganze Welt zu Hause. Cosmobile Putzfrauen in privaten Haushalten, Hamburg 2006; Helma Lutz, Vom Weltmarkt in den Privathaushalt. Die neuen Dienstmädchen im Zeitalter der Globalisierung, 2. Aufl. Opladen/Farmington Hills 2008

180 Nicole Mayer-Ahuja, Wieder dienen lernen? – Vom westdeutschen „Normalarbeitsverhältnis" zu prekärer Beschäftigung seit 1973, Berlin 2003, S. 15

181 Vgl. Weltentwicklungsbericht 2000/2001: Bekämpfung der Armut. Veröffentlicht für die Weltbank, Bonn 2001, S. 3

182 Vgl. dazu: Dieter Boris, Metropolen und Peripherie im Zeitalter der Globalisierung, Hamburg 2002

183 Vgl. z.B. Daniel N. Sifuna, Globalisierung, Armut und Kindheit, in: Karin Holm/Uwe Schulz (Hrsg.), Kindheit in Armut weltweit, Opladen 2002, S. 110ff.

Die neoliberale Modernisierung als dominante Form der Globalisierung 61

Das neoliberale Konzept führt nicht bloß zur Auseinanderentwicklung von Gesellschaft und Staat (dort privater Reichtum – hier öffentliche Armut), sondern auch zur Ausdifferenzierung der Ersteren in Arm und (ganz) Reich. Walter Schöni wirft dem Neoliberalismus vor, die soziale Ungleichheit mit dem Ziel individueller Leistungssteigerung zu instrumentalisieren und eine soziale Auslese zu betreiben, die zur Spaltung zwischen Zentren und Randregionen, Einheimischen und Ausländer(inne)n sowie höher und niedriger Qualifizierten führt.[184] Die staatliche Regulation erfährt einen Funktionswandel, welcher die Tendenzen zur Ausdifferenzierung, Polarisierung und Segmentierung im sozialen Bereich gegenwärtig eher noch verstärkt: „Der vormalige Anspruch einer solidarischen wohlfahrtsstaatlichen Inklusion wird durch die Praxis einer exklusiven, d.h. partikular-selektiven – bisweilen repressiven, disziplinierenden – Sozialversorgung verdrängt. Darin ist auch die klassenpolitische Dimension dieser Transformation angelegt."[185] Daraus resultiert eine riesige Gerechtigkeitslücke, die so lange wächst, wie man ihr auf der (sozial)politischen Ebene nicht konsequent begegnet.

Noch nie wurde auch die zwischenmenschliche Solidarität in der modernen Gesellschaft auf eine ähnlich harte Probe gestellt wie heute. „Globalisierung" fungiert dabei als neoliberaler Kampfbegriff, der die Entsolidarisierung zum Programm erhebt. Maßnahmen zur Privatisierung öffentlicher Unternehmen, sozialer Dienstleistungen und allgemeiner Lebensrisiken, zur Liberalisierung der (Arbeits-)Märkte, zur Deregulierung gesetzlicher Schutzbestimmungen und zur Flexibilisierung der bisher tarifvertraglich abgesicherten Beschäftigungsverhältnisse sind Schritte auf dem Weg in eine „Kapital-Gesellschaft", die Konkurrenz und Kommerz prägen. (Re-)Privatisierung führt in einen Teufelskreis der forcierten Entsolidarisierung hinein, weil sich die „besseren Risiken" aus den Sozial(versicherungs)systemen zurückziehen, wodurch diese noch unattraktiver werden. Darunter haben Personen mit einem hohen Gefährdungspotenzial und relativ niedrigen Einkommen am meisten zu leiden.

Das neoliberale Konzept der „Standortsicherung" setzt ganz auf Markt, Leistung und Wettbewerb, die – einer „überalterten" Industriegesellschaft und dem „antiquierten" Sozialstaat in sehr viel höherer Dosierung als bisher verabreicht – den „eigenen" Wirtschaftsstandort an die Weltspitze katapultieren sollen. In einer Hochleistungsgesellschaft, die Konkurrenz bzw. Leistung geradezu glorifiziert und Letztere mit Prämien, Gehaltszulagen oder Lohnsteigerungen prämiert, scheint Armut funktional zu sein, weil sie nur das

---

184 Vgl. Walter Schöni, Standortwettbewerb versus Sozialpartnerschaft. Zur Krise der wirtschafts- und sozialpolitischen Regulierung, in: Widerspruch 27 (1994), S. 72
185 Frank Deppe, Vom Keynesianischen Wohlfahrtsstaat zum neoliberalen Wettbewerbsregime. Zur Entwicklung der Sozialpolitik in der Europäischen Union, in: Erna Appelt/Alexandra Weiss (Hrsg.), Globalisierung und der Angriff auf die europäischen Wohlfahrtsstaaten, a.a.O., S. 30f.

Pendant dessen verkörpert, was die Tüchtigeren und daher Erfolgreichen in des Wortes doppelter Bedeutung „verdient" haben. Armut ist mithin kein „Betriebsunfall", vielmehr ein Abfallprodukt der kapitalistischen Marktwirtschaft. Sie dient im neoliberalen „Umbau"-Projekt als ein höchst willkommenes Disziplinierungsinstrument, während materieller Wohlstand und privater Reichtum ein geeignetes Lockmittel darstellen, das die „Leistungsträger" zu besonderen Anstrengungen motivieren soll.

Jenseits der Spaltung in Arm und Reich, die sich verschärft und zur Gefahr für den sozialen Frieden wird, lässt sich immer deutlicher eine weitere Trennlinie innerhalb der Armutspopulation erkennen. Aufgrund einer Dualisierung der Armut entsteht keine politische Einheitsfront aller „Überflüssigen", die noch am ehesten in der Lage wäre, kollektive Gegenwehr zu organisieren und der Ausgrenzung erfolgreich Widerstand zu leisten. Vielmehr bewährt sich erneut die klassische Devise „Teile und herrsche!", weil sie Betroffene einer Entwicklung ausliefert, die Martin Kronauer im Auge hat, wenn er schreibt: „Die Gesellschaft entwickelt sich in Richtung einer Demokratie der Eliten, gestützt auf Repression gegen Minderheiten."[186]

Man kann mittlerweile von einer Doppelstruktur der Armut sprechen: Einerseits sind davon mehr Personen betroffen, und zwar auch solche, die früher – weil meist voll erwerbstätig – im relativen Wohlstand des „Wirtschaftswunderlandes" lebten. Deutlich zugenommen hat die Zahl jener Haushalte, deren Einkommen *trotz* Lohnarbeit in Form eines oder sogar mehrerer Arbeitsverhältnisse nicht oder nur knapp über der relativen Armutsgrenze liegt. Michael-Sebastian Honig und Ilona Ostner betonen, „dass Armut primär ein Problem solcher Haushalte ist, die trotz Erwerbsanstrengungen beider Eltern die Armutsschwelle nicht überschreiten können (,working poor')."[187] Unter welchen zum Teil entwürdigenden Bedingungen solche Menschen leben und arbeiten, hat Barbara Ehrenreich – auf die USA bezogen – in ihrem Buch „Arbeit poor" sehr anschaulich beschrieben.[188] Andererseits gerinnen die sinkenden Beschäftigungschancen älterer und/oder gering qualifizierter Personen zur Langzeit- und Dauerarbeitslosigkeit, wodurch eine Schicht total Deklassierter, d.h. vom Arbeitsmarkt wie auch von der gesellschaftlichen Teilhabe gänzlich Ausgeschlossener, entsteht. Man spricht in der französischen Fachdiskussion von „Exklusion" (exclusion sociale) und in der angloamerikanischen von einer total verelendeten Unterschicht („under-

---

186 Martin Kronauer, Exklusion. Die Gefährdung des Sozialen im hoch entwickelten Kapitalismus, Frankfurt am Main/New York 2002, S. 231
187 Siehe Michael-Sebastian Honig/Ilona Ostner, Das Ende der fordistischen Kindheit, in: Andreas Klocke/Klaus Hurrelmann (Hrsg.), Kinder und Jugendliche in Armut. Umfang, Auswirkungen und Konsequenzen, 2. Aufl. Wiesbaden 2001, S. 297
188 Vgl. Barbara Ehrenreich, Arbeit poor. Unterwegs in der Dienstleistungsgesellschaft, Mit einem Nachwort von Horst Afheldt, München 2001

class"), die sich hierzulande gerade erst herauszubilden beginnt.[189] Nicht präzise, sondern irreführend sind die Kategorien der „Entbehrlichen" und der „Überflüssigen", die in jüngster Zeit zu einer gewissen Prominenz gelangten,[190] weil die von Armut und sozialer Ausgrenzung betroffenen Menschen im Gegenwartskapitalismus eine wichtige Herrschaftssicherungsfunktion erfüllen.

Hartmut Häußermann prognostiziert im Hinblick auf Tendenzen zur Deindustrialisierung und zur Etablierung einer Dienstleistungsökonomie in der Bundesrepublik: „Die postindustrielle Gesellschaft wird geprägt sein von einer Dualisierung bzw. Polarisierung der Lebenslagen, die sich mit der Durchsetzung der tertiarisierten Ökonomie ergibt."[191] Offen sei jedoch bisher noch, welche Form diese Polarisierung annimmt. Dafür gebe es im Prinzip zwei Alternativen: einerseits die Möglichkeit, dass sich die Tätigkeiten je nach Qualifikation und Verdienst innerhalb der Beschäftigung polarisierten („amerikanisches Modell"), andererseits die Möglichkeit, dass die Polarisierung sich zwischen dem Segment der Beschäftigten und dem Segment der dauerhaft Erwerbslosen herausbilde (Spaltung in „Arbeitsplatzbesitzer" und Arbeitslose).

Hans Jürgen Rösner bezweifelt, dass sich die Massen- und Langzeitarbeitslosigkeit in absehbarer Zeit wesentlich verringern lässt: „Als Folge könnte sich eine zunehmende Dualisierung in der Erwerbsgesellschaft zwischen denjenigen herausbilden, die über einen gefestigten Beschäftigungsstatus verfügen, und denjenigen, die nur unstetige und sozial wenig gesicherte Optionen wahrzunehmen vermögen."[192] Martin Kronauer und Berthold Vogel konstatieren, dass sich – unabhängig von den Strukturbrüchen zwischen Ost und West – erstmals nach 1945 eine Spaltungslinie der sozialökonomischen In- bzw. Exklusion quer durch ganz Deutschland ziehe: „Sie trennt diejenigen, die zum Erwerbssystem gehören oder zumindest in bestimmten Abstufungen noch Zugang zu ihm haben, von den anderen, die am Arbeits-

---

189 Vgl. dazu: Martin Kronauer, Exklusion, a.a.O.; Petra Böhnke, Am Rande der Gesellschaft. Risiken sozialer Ausgrenzung, Opladen 2006; Nadja Klinger/Jens König, Einfach abgehängt. Ein wahrer Bericht über die neue Armut in Deutschland, Berlin 2006
190 Vgl. Heinz Bude/Andreas Willisch (Hrsg.), Das Problem der Exklusion. Ausgegrenzte, Entbehrliche, Überflüssige, Hamburg 2006; dies. (Hrsg.), Exklusion. Die Debatte über die „Überflüssigen", Frankfurt am Main 2008
191 Hartmut Häußermann, Zuwanderung und die Zukunft der Stadt. Neue ethnisch-kulturelle Konflikte durch die Entstehung einer neuen sozialen „underclass"?, in: Wilhelm Heitmeyer/Rainer Dollase/Otto Backes (Hrsg.), Die Krise der Städte. Analysen zu den Folgen desintegrativer Stadtentwicklung für das ethnisch-kulturelle Zusammenleben, Frankfurt am Main 1998, S. 165
192 Hans Jürgen Rösner, Beschäftigungspolitische Implikationen des Globalisierungsphänomens als Herausforderung für den Sozialstaat, in: Richard Hauser (Hrsg.), Reform des Sozialstaats I: Arbeitsmarkt, soziale Sicherung und soziale Dienstleistungen, Berlin 1997, S. 16

markt *dauerhaft* und gegen ihren Willen von diesem Zugang ausgeschlossen werden."[193]

Die sich deutlich abzeichnende Dualisierung der Armut impliziert nicht nur eine weitere Fragmentierung der Klassengesellschaft, vielmehr auch eine soziale Schließung. Neben die Oben-unten-Spaltung tritt eine Innen-außen-Spaltung der Sozialstruktur, die der Exklusionsbegriff erfasst. „Exklusion führt dann in eine eigenständige soziale Lage hinein, wenn die Abhängigkeit von öffentlicher Fürsorge anhält, weil die Betroffenen an der ökonomischen Produktion und Reproduktion der Gesellschaft nicht teilnehmen, im ökonomische Sinne ‚überflüssig' geworden sind, aber auch sonst – und diese weitere Bedingung ist wichtig – keinen positiv definierten Platz in der Gesellschaft (Rentner, Vorruheständler etc.) einnehmen können."[194] Die sozialräumliche Segregation nimmt gleichfalls zu: Auch deutsche Städte zerfallen in regelrechte Luxusquartiere und sozial benachteiligte Wohngebiete, die man entweder als „soziale Brennpunkte" diskreditiert oder euphemistisch „Stadtteile mit besonderem Entwicklungs-" bzw. „Erneuerungsbedarf" nennt.[195] Dort lebt ein „postmodernes" Subproletariat, das sich im Westen aufgrund seiner langen Migrationsgeschichte überwiegend aus sog. Illegalen und anderen Zuwanderern rekrutiert. Richard Hauser sprach bereits gegen Mitte der 90er-Jahre von Ansätzen zur „ethnischen Unterschichtung" der Gesellschaft.[196]

1.2.4 Familien und Kinder als Modernisierungsverlierer

Globalisierung und Wiedervereinigung haben gemeinsam, dass sie Gewinner und Verlierer/innen hervorbringen,[197] die unterschiedlichen sozialen Klassen und Schichten angehören. Tendenzen zu einer sozialen Polarisierung wirken aber bei Jüngeren genauso wie bei Älteren: Die zunehmende Armut geht mit steigendem Wohlstand und vermehrtem Reichtum einher, ja sie bildet gera-

---

193 Martin Kronauer/Berthold Vogel, Spaltet Arbeitslosigkeit die Gesellschaft?, in: Peter A. Berger/Michael Vester (Hrsg.), Alte Ungleichheiten – neue Spaltungen, a.a.O., S. 340 (Hervorh. im Original)
194 Martin Kronauer, Die Innen-Außen-Spaltung der Gesellschaft. Eine Verteidigung des Exklusionsbegriffs gegen seinen mystifizierenden Gebrauch, in: Sebastian Herkommer (Hrsg.), Soziale Ausgrenzungen. Gesichter des neuen Kapitalismus, Hamburg 1999, S. 69f.
195 Vgl. Carsten Keller, Armut in der Stadt. Zur Segregation benachteiligter Gruppen in Deutschland, Opladen/Wiesbaden 1999, S. 47ff.; Peter Bremer, Ausgrenzungsprozesse und die Spaltung der Städte. Zur Lebenssituation der Migranten, Opladen 2000, S. 173ff.
196 Siehe Richard Hauser, Das empirische Bild der Armut in der Bundesrepublik Deutschland – ein Überblick, in: Aus Politik und Zeitgeschichte 31-32/1995, S. 12
197 Vgl. dazu auch: Aike Hessel/Michael Geyer/Elmar Brähler (Hrsg.), Gewinne und Verluste sozialen Wandels. Globalisierung und deutsche Vereinigung aus psychosozialer Sicht, Opladen/Wiesbaden 1999

dezu dessen Kehrseite. „Neben einer wachsenden Minderheit der Kinder und Jugendlichen, die in Armutsverhältnissen aufwachsen, lebt auf der anderen Seite des sozialen Spektrums eine ebenfalls wachsende Zahl in sehr wohlhabenden Familien."[198] Noch nie gab es vergleichbar viele Haushalte ohne materielle Sorgen und so viele Kinder mit eigenem (Kapital-)Vermögen in der Bundesrepublik wie heute. Um für die Familie mehr Freibeträge und damit Steuervorteile zu erlangen, übertragen wohlhabende Eltern ihren Kindern oft bereits kurz nach deren Geburt einen Teil des eigenen (Wertpapier-)Besitzes, was durch die Erbschaftsteuer- bzw. Schenkungssteuerreformen begünstigt wurde.

Wie es scheint, sind andere Kinder und Jugendliche stark von Armut betroffen, weil das neoliberale Projekt des „Umbaus" der Gesellschaft und ihres Sozialstaates auf Kosten vieler Eltern geht, die nicht mehr dasselbe Maß an Sicherheit haben wie frühere Generationen: Von der gezielten Aushöhlung des „Normalarbeitsverhältnisses" durch das Kapital über den durch ständig steigende Mobilitäts- und Flexibilitätserwartungen der globalisierten Wirtschaft forcierten Zerfall der „Normalfamilie" bis zur „regressiven Modernisierung" des Wohlfahrtsstaates verschlechtern sich die Lebensbedingungen der heute Erwerbstätigen wie auch ihres Nachwuchses.

Kinder und Jugendliche bleiben von der Spaltung in Bezug auf den Arbeitsmarkt, die Sozialstruktur, den Wohlfahrtsstaat, die Migration und die Armutspopulation als Haupteffekt der Globalisierung nicht unberührt. Vielmehr sind gerade jüngere Menschen, die noch keine geeigneten Anpassungs- und/oder Verdrängungsmechanismen entwickelt haben, hervorragende Seismografen unsozialer Trends. Kinder leiden nicht nur besonders und in spezifischer Weise unter Einschränkungen, denen ihre Familien ausgesetzt werden, sondern auch viel mehr als die Erwachsenen unter der zunehmenden Polarisierung einer Gesellschaft, die noch für lange Zeit ihren Lebens- und Gestaltungsraum darstellt. Christian Palentien, Andreas Klocke und Klaus Hurrelmann sprechen von einer „Auseinanderentwicklung der Lebensbedingungen der heranwachsenden Generation", welche negative Auswirkungen auf das Wohlbefinden sowie die Partizipationsmöglichkeiten und Lebenschancen benachteiligter Kinder habe: „Gerade bei Kindern und Jugendlichen führt die zunehmende Spaltung der Gesellschaft in Arm und Reich zu zahlreichen Anspannungen und Belastungen."[199]

Wer aufgrund der Ausgrenzung vom Arbeitsmarkt und/oder seiner materiellen Armut in besonders heruntergekommenen oder verwahrlosten Wohnquartieren einer Stadt lebt bzw. leben muss, erfährt im Alltag eine zusätzliche Stigmatisierung. Exklusion im ökonomischen, sozialen und kulturellen Be-

---

198 Andreas Klocke/Klaus Hurrelmann, Einleitung: Kinder und Jugendliche in Armut, in: dies. (Hrsg.), Kinder und Jugendliche in Armut, a.a.O., S. 15
199 Christian Palentien/Andreas Klocke/Klaus Hurrelmann, Armut im Kindes- und Jugendalter, in: Aus Politik und Zeitgeschichte 18/1999, S. 34

reich setzt sich also sozialräumlich fort und wird dadurch noch verstärkt. „Kinder, die in abgeschriebenen Vierteln einer sozial und kulturell vom mainstream der Gesellschaft isolierten ‚underclass' geboren werden und aufwachsen, haben die geringsten Chancen, für sich die ererbte (sozial und räumlich zu verstehende) Randständigkeit je wieder verlassen zu können."[200]

Sozialstrukturelle und kulturelle Veränderungen, die im Altbundesgebiet seit den 50er-Jahren vor sich gingen, haben die neuen Bundesländer seit 1990 zum Teil im Zeitraffertempo nachgeholt. Überlagert wurde der ökonomische Transformations- vom Globalisierungsprozess, hier als Umstrukturierung fast aller Gesellschaftsbereiche nach dem Vorbild des Marktes verstanden. Die davon nachhaltigst Betroffenen waren einmal mehr Kinder und Jugendliche. „Innerhalb kürzester Zeit vollzog sich ein Strukturwandel, der bis heute die Schattenseiten von Modernisierung und Individualisierung sowie ihre unmittelbaren Auswirkungen auf das Leben des einzelnen deutlicher spüren lässt als in den Altbundesländern."[201]

Eng mit der neoliberalen Modernisierung verknüpft ist die Ökonomisierung/Kommerzialisierung fast aller Lebensbereiche, auch und gerade jener, in denen Kinder aufwachsen.[202] Familien sind von dieser Entwicklung deshalb extrem stark betroffen, weil ihre erwachsenen Mitglieder weniger schnell und flexibel auf die Anforderungen der Unternehmen reagieren und ihre jüngsten Mitglieder den perfiden Werbestrategien der Konsumgüterindustrie schlechter ausweichen können. „Ökonomisierung als berüchtigte ‚Anpassung an die Notwendigkeit' hat besonders für Familien einen sozialen Preis, den keine machtvolle Familienlobby drückt: Familien bilden keine ‚pressure group' mit politischer – oder was um ein vielfaches effektiver ist – wirtschaftlich geschlossener Marktmacht."[203]

1.2.4.1 Aushöhlung des „Normalarbeitsverhältnisses"

In allen westlichen Wohlfahrtsstaaten bilden die Krise auf dem Arbeitsmarkt sowie die Erosion der Normalfamilie den Hintergrund, vor dem zahlreiche Frauen und ihre Kinder keine Entwicklungs- bzw. Entfaltungschancen mehr

---

200 Sebastian Herkommer, Oben und unten – drinnen und draußen: soziale Spaltungen im Kapitalismus. Zur Aktualität der Klassenanalyse, in: Brigitte Stolz-Willig (Hrsg.), Arbeit und Demokratie. Solidaritätspotenziale im flexibilisierten Kapitalismus, Hamburg 2001, S. 27
201 Karl August Chassé/Margherita Zander/Konstanze Rasch, Meine Familie ist arm. Wie Kinder im Grundschulalter Armut erleben und bewältigen, 3. Aufl. Wiesbaden 2007, S. 318
202 Vgl. dazu: Christine Feil, Kinder, Geld und Konsum. Die Kommerzialisierung der Kindheit, Weinheim/München 2003
203 Andreas Netzler, Ökonomisierung – im Sinne der Kinder?, in: Georg Neubauer/Johannes Fromme/Angelika Engelbert (Hrsg.), Ökonomisierung der Kindheit. Sozialpolitische Entwicklungen und ihre Folgen, Opladen 2002, S. 16

haben, die ihnen ein Leben ohne materielle Entbehrungen, psychosoziale Beeinträchtigungen und Bildungsbenachteiligung ermöglichen. Kinderarmut beruht nicht zuletzt auf den schlechten Einkommenschancen und anderen Benachteiligungen von (potenziellen) Müttern: „Unter diesen stehen die Diskriminierungen an erster Stelle, die für Frauen im gebärfähigen Alter auf dem Arbeitsmarkt bestehen und aufgrund der Zeiten, die für Haushalt, Kinderbetreuung und -erziehung anfallen, zusätzlich verstärkt werden."[204]

Mehr als in anderen Wohlfahrtsstaaten beruht das soziale Sicherungssystem in Deutschland seit jeher auf einer von der Ausbildung bis zur Rente sozialversicherungspflichtig betriebenen, überwiegend von (Ehe-)Männern verrichteten Lohnarbeit. Wenn aber immer weniger Arbeitnehmer/innen immer mehr Güter herstellen und immer mehr Dienstleistungen erbringen, ohne noch eine „feste Stelle" zu haben, die sie – samt ihren Familien – ernährt, verliert der erwerbsarbeitszentrierte Sozial(versicherungs)staat sein Fundament. Denn ihm liegt das Normalarbeitsverhältnis zugrunde, d.h. eine unbefristete, sozial- bzw. arbeitsrechtlich und kollektivvertraglich geschützte Vollzeitbeschäftigung, die sich in einer tiefen Krise befindet. „Ausgelöst durch säkulare Umstrukturierungsprozesse im Bereich gesellschaftlicher Produktion, deutet sich eine Situation an, in der eine auf Erwerbsarbeit *im Normalarbeitsverhältnis* basierende gesellschaftliche Reproduktion als Regelfall nicht mehr vorstellbar ist."[205] Ulrich Mückenberger, der diesen Begriff geprägt hat, hob zugleich hervor, dass der Niedergang des Normalarbeitsverhältnisses nicht etwa dem technischen Fortschritt geschuldet ist, sondern auf wirtschafts- und sozialpolitischen Entscheidungen beruht, die unter Bundeskanzler Kohl 1985 in das sog. *Beschäftigungsförderungsgesetz* mündeten.

Im ökonomischen Modernisierungs-, Rationalisierungs- und Automatisierungsprozess, den das global agierende Kapital unter Stichworten wie „Deregulierung" und „Flexibilisierung" vorantreibt, wird das „Normalarbeitsverhältnis" durch eine ständig steigende Zahl atypischer, prekärer, befristeter, Leih- und (Zwangs-)Teilzeitarbeitsverhältnisse, die den so Beschäftigten wie ihren Familienangehörigen weder ein ausreichendes Einkommen noch den erforderlichen arbeits- und sozialrechtlichen Schutz bieten, in seiner Bedeutung stark relativiert.

Die gezielte Umwandlung regulärer Arbeits- in sozialversicherungsfreie Beschäftigungsverhältnisse (Scheinselbstständigkeit, 630-DM/325- bzw. 400-Euro-Jobs) höhlte das Normalarbeitsverhältnis aus. Da ein Großteil der Arbeitsplätze in der Landwirtschaft und der Industrie, aber mittelfristig auch im noch vor kurzem als „Jobmaschine" geltenden Dienstleistungsbereich weg-

---

204 H. Gerhard Beisenherz, Kinderarmut in der Wohlfahrtsgesellschaft. Das Kainsmal der Globalisierung, Opladen 2002, S. 74
205 Ulrich Mückenberger, Die Krise des Normalarbeitsverhältnisses. Hat das Arbeitsrecht noch Zukunft? (2. Teil und Schluß), in: Zeitschrift für Sozialreform 8/1985, S. 466 (Hervorh. im Original)

rationalisiert wird, kann ein System der sozialen Sicherung, dessen Finanzierungsmechanismus auf traditionellen Formen der Erwerbsarbeit basiert, nicht mehr optimal funktionieren. Es wird zwar keineswegs obsolet, wie seine marktradikalen Gegner per Horrorszenarien einer „vergreisenden" und zerfallenden Gesellschaft suggerieren,[206] muss jedoch durch den Einbau komplementärer Regelungsmechanismen ergänzt und auf steigende Belastungen vorbereitet werden.

Für das ganze Industriezeitalter charakteristische, wenngleich meist auf *männliche* Arbeitnehmer beschränkte Normalerwerbsbiografien werden längerfristig zur Ausnahme, weil Automatisierung, Computerisierung und Digitalisierung des Produktionsprozesses bzw. eine per Regierungspolitik forcierte Deregulierung und Flexibilisierung zusammen mit der (billigend in Kauf genommenen) Massenarbeitslosigkeit das Normalarbeitsverhältnis so weit unterminieren, dass es künftig nicht mehr als Garant der Absicherung elementarer Lebensrisiken fungieren dürfte. Sogar im Fall konjunktureller Aufschwünge kann die Normalerwerbsbiografie der letzten Jahrzehnte für normale Lebensentwürfe nicht mehr vorausgesetzt werden: „Phasen der Erwerbstätigkeit werden zunehmend unterbrochen sein von Phasen der Arbeitslosigkeit oder Um- und Nachqualifizierung. Befristete Arbeitsverhältnisse und selbständiger Broterwerb verdrängen die Dauerarbeitsverhältnisse zunehmend."[207]

Lebensläufe jüngerer Menschen ähneln immer häufiger Flickenteppichen, die mit den kontinuierlichen Erwerbsbiografien früherer Generationen kaum noch Gemeinsamkeiten aufweisen. Von besonderer Relevanz ist in diesem Zusammenhang die Behauptung von Hans J. Pongratz und G. Günter Voß, dass Arbeitnehmer/innen unter den Bedingungen der New Economy und anderer „entgrenzter" Formen der Beschäftigung zu modernen „Arbeitskraftunternehmer(inne)n" avancieren,[208] verbunden nicht nur mit dem Zwang, sich selbst erfolgreich zu vermarkten, sondern auch entsprechenden Existenzrisiken. Die soziale Sicherheit wird womöglich zu einem seltenen Gut, das die meisten Personen entbehren müssen, weil man ihnen zumutet, „mehr Eigenverantwortung" zu übernehmen, also für sich selbst, ihre Familie und Kinder (privat) vorzusorgen.

Nicht nur der „Normalarbeitnehmer", welcher nach 45 Berufsjahren als sog. Standardrentner ohne große Verringerung seines bisherigen Lebensstandards den verdienten Ruhestand genießt, dürfte schon bald eher zur Ausnah-

---

206 Vgl. hierzu: Christoph Butterwegge, Rechtfertigung, Maßnahmen und Folgen einer neoliberalen (Sozial-)Politik, a.a.O., S. 146ff.
207 Ulrich Schneider, Von der Lebensstandardsicherung zur Einkommensorientierung. Die Notwendigkeit eines neuen Ansatzes in der Sozialpolitik, in: Blätter für deutsche und internationale Politik 2/1998, S. 224
208 Siehe Hans J. Pongratz/G. Günter Voß, Arbeitskraftunternehmer. Erwerbsorientierungen in entgrenzten Arbeitsformen, 2. Aufl. Berlin 2004; dies. (Hrsg.), Typisch Arbeitskraftunternehmer? – Befunde der empirischen Arbeitsforschung, Berlin 2004

Die neoliberale Modernisierung als dominante Form der Globalisierung 69

me von der Regel gehören, sondern auch jene Normalfamilie, die bisher neben ihm und seiner (nicht berufstätigen, sondern ganz auf den gemeinsamen Haushalt und die Familienarbeit konzentrierten) Ehefrau ein oder zwei Kinder umfasste. Zwar ist die bürgerliche Kernfamilie bislang kein „soziokulturelles Auslaufmodell", sie befindet sich aber – vornehmlich bei den städtischen, meistens überdurchschnittlich gebildeten Mittelschichtangehörigen – eindeutig auf dem Rückzug.[209]

1.2.4.2 Auflösung der „Normalfamilie"

Birgit Pfau-Effinger weist in einer (die soziohistorische Entwicklung dreier Länder miteinander) vergleichenden Studie nach, dass die männliche Versorgerehe aufgrund des rasch fortschreitenden Industrialisierungsprozesses zum dominanten Familienmodell in Deutschland avancierte. „Es wurde aber erst nach dem Zweiten Weltkrieg in den fünfziger Jahren von einer Mehrheit der Bevölkerung praktiziert, als auf breiter Basis ein gewisser Wohlstand erreicht worden war, der die Voraussetzung dafür bot, daß die Ehefrauen von der Erwerbstätigkeit freigestellt werden konnten."[210] Während des sog. Wirtschaftswunders erfreute sich das (klein)bürgerliche Familienideal in der Bundesrepublik noch allergrößter Beliebtheit. „Das moderne Ehe- und Familienmuster, die *moderne Kleinfamilie* (auch ‚privatisierte Kernfamilie' genannt) – d.h. die selbständige Haushaltsgemeinschaft eines verheirateten Paares mit seinen unmündigen Kindern – war eine kulturelle Selbstverständlichkeit und wurde von der überwältigenden Mehrheit der Bevölkerung auch unhinterfragt gelebt."[211] Dabei gingen die Kernfamilie und der Sozialstaat eine geradezu symbiotische Wechselbeziehung ein: Ohne ein Mindestmaß an sozialer Sicherheit ist nämlich überhaupt kein geordnetes Familienleben möglich; der hiesige Wohlfahrtsstaat beruht seinerseits auf familialen Reproduktionsformen und auf patriarchalischen Geschlechterbeziehungen.

Durch die neoliberale Globalisierung büßt auch die „Normalfamilie", also die durch Regelungen wie das Ehegattensplitting im Einkommensteuerrecht staatlicherseits subventionierte Hausfrauenehe mit ein, zwei oder drei Kindern, an gesellschaftlicher Bedeutung ein. Neben sie treten andere Lebens- und Liebesformen, die meistenteils weniger materielle Sicherheit zu gewährleisten vermögen (Single, sog. Ein-Elternteil-Familie, Stief- bzw. „Patchwork-Familie", nichteheliche und gleichgeschlechtliche Partnerschaf-

---

209 Vgl. Klaus Peter Strohmeier, Pluralisierung und Polarisierung der Lebensformen in Deutschland, in: Aus Politik und Zeitgeschichte 17/1993, S. 21f.
210 Birgit Pfau-Effinger, Der soziologische Mythos von der Hausfrauenehe – soziohistorische Entwicklungspfade der Familie, in: Soziale Welt 2/1998, S. 172; vgl. ergänzend: dies., Kultur und Frauenerwerbstätigkeit in Europa. Theorie und Empirie des internationalen Vergleichs, Opladen 2000, S. 116ff.
211 Rüdiger Peuckert, Familienformen im sozialen Wandel, 7. Aufl. Wiesbaden 2008, S. 16 (Hervorh. im Original)

ten).²¹² Der britische Soziologe Anthony Giddens bezeichnet Ehe und Familie als „ausgehöhlte Institutionen", weil sich ihr Wesen durch die Globalisierung verändert habe: „In der traditionellen Familie war das Ehepaar nur ein Teil, und oft nicht einmal der wichtigste, des Familienverbundes. Heute steht das Liebespaar, ob verheiratet oder nicht, im Mittelpunkt dessen, was man Familie nennt."²¹³ Auch die Einstellung den Kindern und ihrem Schutz gegenüber habe sich im Lauf der letzten Jahrzehnte radikal gewandelt: „Zum einen schätzen wir Kinder enorm hoch, weil sie viel seltener geworden sind, zum anderen, weil die Entscheidung für ein Kind inzwischen eine ganz andere Bedeutung hat als früher. Für die traditionelle Familie waren Kinder ein ökonomischer Gewinn. Heutzutage bedeutet ein Kind (...) eine erhebliche finanzielle Belastung für die Eltern."²¹⁴

Die globalisierte Ökonomie revolutioniert mit ihrer Arbeitsorganisation auch die Rolle des Kindes in der Familie. Gefragt ist der „flexible Mensch", welcher durch Kinder an einer Berufstätigkeit, wie man sie ihm heute anbietet und abverlangt, jedoch eher gehindert wird.²¹⁵ Der *Spiegel*-Redakteur Dirk Kurbjuweit beschreibt anschaulich, wie ein Mitarbeiter der Unternehmensberatungsfirma McKinsey beschaffen ist: „Er soll selbständig sein und stark. Er nimmt sein Schicksal in die eigenen Hände und deshalb will er, dass ihn der Staat weitgehend in Ruhe lässt. Er ist mobil, flexibel, wissbegierig. Er ist effizient, das heißt, seine Ziele versucht er mit minimalem Aufwand zu erreichen. So hat er ständig ein Augenmerk auf die Kosten. Risiken scheut er nicht, und er ist allezeit auf der Suche nach Innovationen. Wettbewerb, zumal weltweiter, ist für diesen Menschen eine Herausforderung, die ihn noch stärker macht."²¹⁶

---

212 Vgl. dazu u.a.: Hans Bertram (Hrsg.), Das Individuum und seine Familie. Lebensformen, Familienbeziehungen und Lebensereignisse im Erwachsenenalter, Opladen 1995; Michael Erler, Die Dynamik der modernen Familie. Empirische Untersuchung zum Wandel der Familienformen in Deutschland, Weinheim/München 1996; Udo Rauchfleisch, Alternative Familienformen. Eineltern, gleichgeschlechtliche Paare, Hausmänner, Göttingen 1997
213 Anthony Giddens, Entfesselte Welt. Wie die Globalisierung unser Leben verändert, Frankfurt am Main 2001, S. 77
214 Ebd., S. 78f.
215 Siehe dazu: Richard Sennett, Der flexible Mensch. Die Kultur des neuen Kapitalismus, 5. Aufl. Berlin 1998; ergänzend: Karl Otto Hondrich, Der Neue Mensch, Frankfurt am Main 2001, S. 63ff.; Rüdiger Safranski, Wieviel Globalisierung verträgt der Mensch, München/Wien 2003; Wolfgang Hantel-Quitmann/Peter Kastner (Hrsg.), Der globalisierte Mensch. Wie die Globalisierung den Menschen verändert, Gießen 2004; Richard Sennett, Die Kultur des neuen Kapitalismus, Berlin 2007
216 Dirk Kurbjuweit, Unser effizientes Leben. Die Diktatur der Ökonomie und ihre Folgen, Reinbek bei Hamburg 2003, S. 21

Die neoliberale Modernisierung als dominante Form der Globalisierung 71

Der „flexible Kapitalismus", von dem Hans-Jürgen Bieling, Klaus Dörre, Jochen Steinhilber und Hans-Jürgen Urban sprechen,[217] wird zum Totengräber der Traditionsfamilie. Einerseits verlangt er, dass die jungen, hoch qualifizierten Menschen beiderlei Geschlechts so mobil sein müssen, dass sie bereit sind, heute in Kiel und morgen in Konstanz (wenn nicht gar nächste Woche in London, Tokio oder New York) zu arbeiten; andererseits sollen sie sesshaft genug sein, um eine Familie zu gründen und Kinder zu erziehen. Dass beides schwer oder gar nicht miteinander vereinbar ist, tritt erst allmählich ins Bewusstsein. Norbert F. Schneider weist auf die wachsenden Schwierigkeiten einer „Harmonisierung beruflicher Mobilitätserfordernisse und familialer Belange" hin: „Der Rhythmus des Berufslebens ist durch Beweglichkeit, Kurzfristigkeit und Konkurrenz bestimmt, die Familie dagegen durch Beständigkeit und Solidarität."[218] In aller Regel löst der „flexible Mensch" diesen Konflikt durch den Rückzug aus seinen sozialen Bindungen, die früher das Leben bestimmten. „Mobile Menschen und ihre Familien (...) sind mit vielfältigen Belastungen konfrontiert, die sich nachteilig auf das körperliche und das seelische Wohlbefinden auswirken und die Familienentwicklung verzögern oder verhindern können, wobei Frauen diesen Mobilitätsfolgen noch stärker ausgesetzt sind als Männer."[219]

Die fortschreitende Auflösung der Normalfamilie führt die einschlägige Literatur überwiegend auf Individualisierungsschübe zurück, die auch eine „Pluralisierung der Lebensstile" nach sich zögen. Modernisierung bzw. Individualisierung der Gesellschaft bedeutet, dass sich Klassen und Schichten „entgrenzen", soziokulturelle Milieus und Institutionen kollektiver Normengebung an politischer Durchschlagskraft bzw. Geltungsmacht verlieren sowie tradierte Sicherungssysteme und anerkannte Reproduktionsmuster brüchig werden. Pluralisierung der Lebensstile wiederum „heißt: Zunahme von gruppen-, milieu- und situationsspezifischen Ordnungsmustern zur Organisation von Lebenslage, Ressourcen und Lebensplanung."[220] Studien, die individuelle Lebensverläufe untersuchen und deren Heterogenität analysieren, gelangen zu dem folgendem Ergebnis: „Die Vielfalt bzw. die Heterogenität der familalen bzw. partnerschaftlichen Lebensverläufe hat in den letzten Jahr-

---

217 Siehe Hans-Jürgen Bieling u.a. (Hrsg.), Flexibler Kapitalismus. Analyse, Kritik und politische Praxis, Hamburg 2001; Klaus Dörre/Bernd Röttger (Hrsg.), Das neue Marktregime. Konturen eines nachfordistischen Produktionsmodells, Hamburg 2003
218 Norbert F. Schneider, Berufliche Mobilität in Zeiten der Globalisierung und die Folgen für die Familie, in: Psychosozial 95 (2004), S. 22
219 Ebd., S. 32f.; vgl. ergänzend: Norbert Schneider/Ruth Limmer/Kerstin Ruckdeschel, Mobil, flexibel, gebunden. Familie und Beruf in der mobilen Gesellschaft, Frankfurt am Main/New York 2002
220 Siehe Wolfgang Zapf u.a., Individualisierung und Sicherheit. Untersuchungen zur Lebensqualität in der Bundesrepublik Deutschland, München 1987, S. 18

zehnten zugenommen."²²¹ Unabhängig davon, ob der Individualisierungsprozess als „Standarderklärung" für die Pluralisierung der Lebensformen zutrifft oder andere Gründe ausschlaggebend sind,²²² kann man festhalten, dass die Normalfamilie nicht mehr die Folie für sozial- und familienpolitische Maßnahmen abgeben sollte.

Neben den individuellen Arbeits-, industriellen Produktions- und ökonomischen Machtverhältnissen erfasst die Globalisierung auch soziokulturelle, religiöse und familiale Verhaltensmuster, was wiederum auf Erstere zurückwirkt. „An die Stelle der alten Familienformen treten allmählich andere Formen des Zusammenlebens, neue Wir-Gruppenkonstruktionen, die vorerst auch eher programmatischen Charakter aufweisen, also sicherlich noch nicht ihre ‚endgültige' Bewährungsprobe bestanden haben. Die neuen Gruppenkonstellationen bieten veränderte Chancen, teilen die gesellschaftlichen Risiken meist aber bloß anders zu."²²³ Pioniere der durch Globalisierung ausgelösten Veränderungsprozesse waren Arbeitsmigrant(inn)en bzw. ihre Familien, wodurch sich vielleicht deren extrem hohes Armutsrisiko mit erklären lässt.

Während Ilona Ostner das „Ende der Familie, wie wir sie kannten", gekommen sieht und kritisch bemerkt, dass diese mehr und mehr funktionalisiert wird bzw. zu einer abhängigen Variablen des Arbeitsmarktes degeneriert,²²⁴ weist Rosemarie Nave-Herz darauf hin, dass während der letzten Jahrzehnte vor allem die unterschiedlichsten Lebens- und Haushaltsformen ohne Kinder zugenommen haben, wohingegen sich die These einer größeren Pluralität in Bezug auf die Familienformen nur durch mehr Optionen bewahrheite: „Das uns in Werbespots suggerierte Bild, dass unsere Gesellschaft hauptsächlich aus Haushalten von Vater und Mutter mit Kindern (aus sog. Kernfamilien) zusammengesetzt sei, stimmt also mit der sozialen Realität überhaupt nicht mehr überein."²²⁵ Selbst bei einer Addition ihrer verschiede-

---

221 Josef Brüderl, Die Pluralisierung partnerschaftlicher Lebensformen in Westdeutschland und Europa, in: Aus Politik und Zeitgeschichte 19/2004, S. 3; vgl. ergänzend: ders./Thomas Klein, Die Pluralisierung partnerschaftlicher Lebensformen in Westdeutschland 1960-2000, in: Walter Bien/Jan Marbach (Hrsg.), Partnerschaft und Familiengründung, Opladen 2003, S. 189ff.
222 Vgl. dazu: Josef Brüderl, Die Pluralisierung partnerschaftlicher Lebensformen in Westdeutschland und Europa, a.a.O., S. 7f.; Johannes Huinink/Michael Wagner, Individualisierung und Pluralisierung von Lebensformen, in: Jürgen Friedrichs (Hrsg.), Die Individualisierungsthese, Opladen 1998, S. 85ff.
223 Wolf-Dietrich Bukow, Die Familie im Spannungsfeld globaler Mobilität, in: Hansjosef Buchkremer/Wolf-Dietrich Bukow/Michaela Emmerich (Hrsg.), Die Familie im Spannungsfeld globaler Mobilität. Zur Konstruktion ethnischer Minderheiten im Kontext der Familie, Opladen 2000, S. 14
224 Siehe Ilona Ostner, Das Ende der Familie, wie wir sie kannten, in: Blätter für deutsche und internationale Politik 1/1999, S. 72
225 Rosemarie Nave-Herz, Familie heute. Wandel der Familienstrukturen und Folgen für die Erziehung, 2. Aufl. Darmstadt 2002, S. 27

nen Formen seien die hiesigen Familienhaushalte im Sinne der Eltern- oder Vater-/Mutter-Kind-Einheit aufgrund der Zunahme der Eine-Person-Haushalte, der kinderlosen Ehen und der nichtehelichen Lebensgemeinschaften ohne Kinder nicht mehr die quantitativ dominante Lebensform.

Wie beim Normalarbeitsverhältnis, das zwar an Bedeutung einbüßt, aber im Kern fortbesteht, muss auch bei der Normalfamilie einschränkend hinzugefügt werden, dass sie nicht etwa verschwindet, sondern sich verändert und nur dort von anderen Lebensmustern verdrängt wird, wo man noch am ehesten durch gut bezahlte Erwerbstätigkeit sozial abgesichert ist. „Die Neigung zur Familiengründung geht vor allem in solchen Milieus zurück, in denen ein stabiles Familienleben (samt der bisherigen Rollenverteilung) in Konflikt gerät mit den Anforderungen beruflicher Mobilität und biographischer Flexibilität."[226]

Glaubt man den vorliegenden empirischen Untersuchungen, gehören Heirats- und Kinderwunsch zwar weiterhin zur Lebensplanung junger Menschen, sie lassen sich freilich nicht mehr im bisher gewohnten Maß verwirklichen. So betont Franz-Xaver Kaufmann, „daß in der Bundesrepublik unter Einschluß der neuen Bundesländer nach wie vor zwei Drittel aller Ehen zusammenbleiben, ,bis der Tod sie scheidet', und daß rd. vier Fünftel aller Kinder ihre ganze Jugend in Gesellschaft ihrer beiden leiblichen Eltern verbringt."[227] Man kann sich aber nicht mehr auf familiale Sicherungsarrangements verlassen, wie dies frühere Generationen ohne den geringsten Zweifel an deren Wirksamkeit getan haben. „Familie als gelebte Wirklichkeit erweist sich immer noch als angestrebte Lebensform, an Bedeutung verloren hat jedoch Familie als institutioneller Rahmen sozialer Sicherung."[228]

Durch die Zunahme atypischer bzw. prekärer Beschäftigungsverhältnisse, von (Zwangs-)Teilzeit, organisierter Zeit- bzw. Leih-, Termin-, Werkvertrags- und Telearbeit, Scheinselbständigkeit sowie „perforierter", d.h. Mehrfach-, Langzeit- oder Dauererwerbslosigkeit einerseits und von (städtischen) Single-Haushalten, „unvollständigen", Einelternteil-, Stief- bzw. „Patchwork-Familien" sowie hetero- und homosexuellen Lebensgemeinschaften andererseits wird das auf überkommenen Normalitätsstandards basierende Sicherungsmodell in Frage gestellt: „Der fortschreitende Verlust der empirischen Allgemeingültigkeit bisher bewährter Annahmen führt zur Obsoles-

---

226 Günter Burkart, Zum Strukturwandel der Familie. Mythen und Fakten, in: Aus Politik und Zeitgeschichte 52-53/1995, S. 13
227 Siehe Franz-Xaver Kaufmann, Zukunft der Familie im vereinten Deutschland. Gesellschaftliche und politische Bedingungen, München 1995, S. 224
228 Wolfgang Voges, Konsequenzen neuer Familienformen und heterogener Armutslagen, in: Werner Schönig/Raphael L'Hoest (Hrsg.), Sozialstaat wohin? – Umbau, Abbau oder Ausbau der Sozialen Sicherung, Darmstadt 1996, S. 82

zenz der immer noch an diesen normativen Fundamenten und Normalitätsunterstellungen orientierten sozialstaatlichen Sicherungsarrangements."[229]

Zwar ist die Erosion der Normalfamilie nicht zuletzt auf die (gesellschaftliche, berufliche und sexuelle) Emanzipation der Frauen zurückzuführen, welche deren Möglichkeiten fördert, sich für die eine oder andere Lebens- und Liebesform zu entscheiden. Damit entfallen aber der Rückhalt und soziale Schutz durch die traditionellen Familienbande. Frauen und ihre Kinder gehören zu den Hauptleidtragenden von Scheidungen bzw. Trennungen, die zahlenmäßig zunehmen. Hans-Jürgen Andreß und Miriam Güllner zeigen, „daß sich die wesentlichen wirtschaftlichen Veränderungen bereits im Zusammenhang mit der Trennung einer Ehe ergeben und sich nicht erst als Folge der Scheidung erweisen. (...) Mit der Trennung steigt die Armutsquote im Vergleich zur Ausgangssituation auf mehr als das doppelte an. Dabei sind es vor allem die Frauen und die Kinder, die ein erhöhtes Armutsrisiko aufweisen."[230]

Da der Modernisierungs- bzw. Individualisierungsprozess ambivalent ist, also politische Schatten- wie Sonnenseiten hat, sind auch seine Folgen für das System der sozialen Sicherung differenziert zu betrachten. Positiv ist festzuhalten, dass sich die Stellung der Frauen, bedingt durch ihre wachsende Bildungs- und Erwerbsbeteiligung, tendenziell verbessert hat: „Ihre Abhängigkeit von den Männern sinkt, die ‚Versorgungsehe' verliert an Bedeutung. Sie können eher auf die Heirat verzichten – oder sie können sich leichter scheiden lassen. Vor allem aber wird für Frauen eine eigene ‚Berufsbiographie' immer mehr zu einem normalen Element der Lebensperspektive. Die Beschränkung auf ‚Küche und Kinder' erscheint dann geradezu als Relikt."[231]

Das von Günter Burkart gezeichnete Bild erscheint vor dem Hintergrund der jüngsten Entwicklung auf dem Arbeitsmarkt allerdings zu rosig. Denn im Berufsleben wurde die Frauenemanzipation zum Teil schon wieder rückgängig gemacht, wodurch sich negative Konsequenzen sowohl für das System der sozialen Sicherung wie für die weiblichen Betroffenen selbst ergaben. Modernisierungs- und Individualisierungsschübe trafen vor allem die früher überwiegend erwerbstätigen, nach der „Wende" arbeitslos gewordenen und „an den Herd" zurückgeworfenen Frauen im sog. Beitrittsgebiet hart: „In der (Lebenslauf-)Perspektive der meisten westdeutschen Frauen heißt Individualisierung heute, daß sie auf sich selbst gestellt sind, wenn es darum geht, die Inkonsistenzen eines Systems kleinzuarbeiten, in dem eigenständige Er-

---

229 Karl Hinrichs, Das Normalarbeitsverhältnis und der männliche Familienernährer als Leitbilder der Sozialpolitik. Sicherungsprobleme im sozialen Wandel, in: Sozialer Fortschritt 4/1996, S. 102
230 Hans-Jürgen Andreß/Miriam Güllner, Scheidung als Armutsrisiko, in: Eva Barlösius/ Wolfgang Ludwig-Mayerhofer (Hrsg.), Die Armut der Gesellschaft, a.a.O., S. 194f.; vgl. ergänzend: Hans-Jürgen Andreß u.a., Wenn aus Liebe rote Zahlen werden. Über die wirtschaftlichen Folgen von Trennung und Scheidung, Wiesbaden 2003
231 Günter Burkart, Zum Strukturwandel der Familie, a.a.O., S. 8

werbsarbeit allgemeine Norm, Regel – aber nur für ein Geschlecht, das männliche, regelmäßig vorgesehen ist. Entsprechend wörtlich ist dann die vielbesprochene Pluralisierung zu nehmen: nicht (qualitative) Vervielfältigung von Lebensweisen und -stilen, sondern (quantitative) Vermehrung der nun typisch dynamisierten und differenzierten Frauenleben. Diese Art von Individualisierung und Pluralisierung, das ausschließlich weibliche wechselhafte Leben auf eigene Faust zwischen Heirats- und Arbeitsmarkt, zwischen Sozial- und Arbeits- (nicht ‚Heirats'-)Amt, Fürsorge, Unterhalt und Lohn, zwischen Ehe, Familie, Bildungsschleifen und Beruf erwartet und erleben nun auch ostdeutsche Frauen im Transformationsprozeß."[232]

Mittlerweile werden in Ostdeutschland über die Hälfte der Kinder nichtehelich geboren, in den Großstädten sind es sogar noch mehr. Außerhalb der Normalfamilie lebende Kinder, z.B. jene von Alleinerziehenden, haben ein erheblich höheres Armutsrisiko, weil das System der sozialen Sicherung und speziell die Familienpolitik der Bundesrepublik ehezentriert sind.[233] Betroffen von Armut und Unterversorgung sind in erster Linie solche Frauen, die wegen fehlender bzw. unzureichender Möglichkeiten der Kinderbetreuung keiner Erwerbsarbeit nachgehen können, deren (Ehe-)Partner arbeitslos sind bzw. über ein geringes Einkommen verfügen (z.B. Migranten) und/oder die keine bzw. eine schlecht bezahlte Teilzeitstelle haben. Folglich machen die Kinder von Alleinerziehenden und Mehrkinderfamilien, darunter wiederum besonders viele mit einem Migrationshintergrund,[234] das Gros der Betroffenen aus.

1.2.4.3 „Globalisierungsarmut" als Resultat der „Standortkonkurrenz"

Wenn sich die familiären Bindungen im Zuge des forcierten Globalisierungs-, Modernisierungs- und Individualisierungsprozesses lockern, wächst die Abhängigkeit der Individuen vom Markt bzw. vom (Sozial-)Staat. Wird dieser nach neoliberalen Vorstellungen um- bzw. abgebaut, schwinden gewohnte Sicherheitsgarantien noch mehr. Da sich Familien und Kinder auf dem freien

---

232 Kerstin Bast/Ilona Ostner, Ehe und Familie in der Sozialpolitik der DDR und BRD – ein Vergleich, in: Winfried Schmähl (Hrsg.), Sozialpolitik im Prozeß der deutschen Vereinigung, Frankfurt am Main/New York 1992, S. 250
233 Vgl. Magdalena Joos, Armutsentwicklung und familiale Armutsrisiken von Kindern in den neuen und alten Bundesländern, in: Ulrich Otto (Hrsg.), Aufwachsen in Armut. Erfahrungswelten und soziale Lagen von Kindern armer Familien, Opladen 1997, S. 60
234 Vgl. dazu: Ursula Boos-Nünning, Kinder und Jugendliche mit Migrationshintergrund: Armut und soziale Deprivation, in: Margherita Zander (Hrsg.), Kinderarmut. Einführendes Handbuch für Forschung und soziale Praxis, Wiesbaden 2005, S. 161ff.; Carolin Reißlandt, Armut bei Kindern und Jugendlichen mit Migrationshintergrund, in: Thomas Geisen/Christine Riegel (Hrsg.), Jugend, Partizipation und Migration. Orientierungen im Kontext von Integration und Ausgrenzung, Wiesbaden 2007, S. 89ff.

Markt nicht behaupten können, steigt ihr Armutsrisiko. Kern des neoliberalen Projekts ist die Freisetzung der Dynamik des Marktes und des Wettbewerbs – bis tief ins Privatleben hinein. „Der Konkurrenzkampf der Warenwelt prägt nun auch die Beziehungen zwischen Menschen. Man kann sagen, daß sich der einzelne hauptsächlich durch diese Konkurrenz definiert, als jemand, der mit anderen und letztlich mit sich selbst um die Wette läuft."[235] Man folgt dabei keineswegs dem Drang, sich auf der Basis allgemein anerkannter Regeln mit anderen zu messen, sondern wird zum Opfer einer desaströsen Konkurrenz „jeder gegen jeden", die zur „Domestizierung des Subjekts" führt,[236] die Entsolidarisierung zwischen den Menschen fördert und einen Zerfall des gesellschaftlichen Zusammenhalts nach sich zieht.

Der globalisierte Kapitalismus verschärft die sozialen Probleme, indem er alle Wirtschaftssubjekte einem permanenten Verdrängungswettbewerb um „Standortvorteile", Ressourcen und Arbeitsplätze unterzieht. Miteinander um die Gunst der Großinvestoren buhlende Nationalstaaten, Regionen und Kommunen neutralisieren sich gegenseitig. Excessiv betriebener Wettbewerb rentiert sich für den Stärksten, ruiniert aber die Schwächeren. So wurde „Standortsicherung" zu einem Synonym für die Steigerung der Gewinne transnational operierender Großunternehmen durch die Senkung des Lebensstandards der arbeitenden Bevölkerung einerseits und die weitgehende Erosion des Mittelstandes andererseits.

Eine aktive Sozialpolitik, die nicht etwa Arbeitslose und Arme, sondern Arbeitslosigkeit und Armut bekämpft, ist unter der Prämisse internationaler Konkurrenzfähigkeit und einer „Standortsicherung" um jeden Preis überflüssig, womöglich gar schädlich. Übersehen wird hierbei jedoch, dass Arbeitnehmer/innen die gesellschaftlichen Werte schaffen und auch als Konsument(inn)en der Waren für das Kapital unentbehrlich sind, die Sozialpolitik durch dessen rücksichtslosen Verwertungsdrang entstandene Schäden (z.B. der „Volksgesundheit") lindert und der Nationalstaat eine gesellschaftliche Schutzfunktion erfüllt, ohne die sich der Marktmechanismus mitsamt seinen Gewinnmöglichkeiten selbst zerstören würde. Ein bis zur letzten Konsequenz gesteigertes Konkurrenzdenken, neoliberaler Wettbewerbswahn und Leistungsdruck zersetzen das Soziale, also jene geistig-moralische Substanz bzw. Sinngebungsinstanz, die moderne Gesellschaften zusammenhält.

Wie ihre Folgen für Familien, Kinder und die soziale Kohäsion zeigen, ist die neoliberale Standortlogik kaum weniger ruinös, als es die Blocklogik des Kalten Krieges war. Die fortwährende Konkurrenz der Wirtschaftsstandorte ergibt bestenfalls ein Nullsummenspiel, bei dem die einen gewinnen, was die anderen verlieren, vielleicht auch ein Kräftemessen, an dessen Ende

---

235 Philippe Thureau-Dangin, Die Ellenbogen-Gesellschaft. Vom zerstörerischen Wesen der Konkurrenz, Frankfurt am Main 1998, S. 65
236 Siehe Gabriele Michalitsch, Die neoliberale Domestizierung des Subjekts. Von den Leidenschaften zum Kalkül, Frankfurt am Main/New York 2006

sämtliche Staaten weniger Wohlstand für die übergroße Mehrheit ihrer Bürger/innen aufweisen, von schweren „Kollateralschäden" für Umwelt, Frieden und Demokratie ganz zu schweigen. Aber genauso, wie selbst angesichts einer beinahe bis zum Atomkrieg eskalierenden Ost-West-Konfrontation durchaus Möglichkeiten der Kooperation, der Entspannung und der friedlichen Koexistenz bestanden, existieren im „Zeitalter der Globalisierung" realistische Alternativen zur „Standort(sicherungs)politik".

Fast alle Politikfelder unterwarf man den Verwertungsimperativen der Industrie, meistenteils als Sicherung des „Wirtschaftsstandortes Deutschland" legitimiert. Schaden nahm die (sozial)politische Kultur des Landes vor allem durch die Art und Weise, wie seine Öffentlichkeit die Standortdebatte führte. Sie bildete nicht nur das Einfallstor für eine neuartige Spielart des Wohlstandschauvinismus, die man „Standortnationalismus" nennen kann,[237] sondern auch das ideologische Feigenblatt für den sozialen Rückschritt, die Kürzung von Transferleistungen und die Spaltung der Gesellschaft. Hierzu trug die restriktive Haushalts-, Steuer- und Finanzpolitik der meisten Bundesregierungen maßgeblich bei.

Der moderne Sozialstaat befindet sich zweifellos in einer Krise, aber es ist keineswegs die Krise des Sozialstaates,[238] sondern seiner ökonomischen Basis, nämlich eines Wirtschaftssystems, das nur noch relativ langsam wächst, ohne genügend Ersatz für jene Arbeitsplätze zu schaffen, die es – meist zur Freude der Börsianer – wegrationalisiert oder in sog. Billiglohnländer exportiert. Wenn der Wohlfahrtsstaat fälschlicherweise als Problem*auslöser* identifiziert statt als Problem*löser* thematisiert wird, gehen sowohl die Sensibilität für das Armutsproblem wie auch die Solidarität gegenüber davon Betroffenen verloren. Mitgefühl gegenüber sozial Benachteiligten und Bedürftigen weicht Vorurteilen, z.B. den angeblich massenhaften Missbrauch von Sozialleistungen betreffend.[239]

Armutsphänomene, Mangelerscheinungen und Bedürftigkeit sind nichts Neues, vielmehr so alt wie die Menschheit. Auch die Kinderarmut gibt es keineswegs erst seit Kurzem. Gleichwohl weist sie „moderne" bzw. „postmoderne" Züge auf, die es nahelegen, ihre Entstehungsursachen in jüngerer Zeit zu suchen. Vergleicht man die Situation von Kindern in westlichen Wohlfahrtsstaaten mit der junger Menschen in Entwicklungsländern des Sü-

---

237 Vgl. hierzu beispielhaft: Christoph Butterwegge/Rudolf Hickel/Ralf Ptak, Sozialstaat und neoliberale Hegemonie. Standortnationalismus als Gefahr für die Demokratie, Berlin 1998; Christoph Butterwegge/Gudrun Hentges (Hrsg.), Rechtspopulismus, Arbeitswelt und Armut, Opladen/Farmington Hills 2008
238 Vgl. Christoph Butterwegge, Krise und Zukunft des Sozialstaates, a.a.O., passim
239 Vgl. dazu: Siegfried Lamnek/Gaby Olbrich/Wolfgang J. Schäfer, Tatort Sozialstaat: Schwarzarbeit, Leistungsmissbrauch, Steuerhinterziehung und ihre (Hinter-)Gründe, Opladen 2000; Wolfgang J. Schäfer, Opfer Sozialstaat. Gemeinsame Ursachen und Hintergründe von Steuerhinterziehung, Schwarzarbeit und Leistungsmissbrauch, Opladen 2002

dens, springt sofort ins Auge, dass Armut viele Gesichter hat. „Zwar bestehen bedeutsame Unterschiede der Armut in der Dritten und der Ersten Welt, dennoch lassen sich auf der Ebene der Ursachen und Folgen Gemeinsamkeiten benennen, die mit der sozialen Polarisierung zusammenhängen, die der gegenwärtige Prozeß der Globalisierung mit sich bringt."[240] (Kinder-)Armut ist nicht nur fast in der ganzen Welt verbreitet, sondern wurzelt auch in den Bewegungsgesetzen einer globalisierten Ökonomie. Sie lässt sich letztlich auf eine ungerechte Weltwirtschaftsordnung zurückführen, wo der Neoliberalismus die Arbeits- bzw. Lebensbedingungen der Menschen und die Sozialstruktur der Gesellschaften tiefgreifend verändert.

H. Gerhard Beisenherz gebührt das Verdienst, die unterschiedlichen Armutsformen im Sinne einer gemeinsamen wirtschaftstheoretischen Basis erfasst und sie mit dem Begriff „Globalisierungsarmut" analytisch richtig eingeordnet zu haben. Für ihn handelt es sich dabei um einen ganz neuen Armutstyp, der die „radikale Hegemonie des Ökonomischen gegenüber kulturellen und sozialen Standards und Traditionen" zum Ausdruck bringt, wodurch soziale Differenzierung in Polarisierung umschlägt und Strategien der Unterstützung benachteiligter Bevölkerungsschichten obsolet werden: „An die Stelle einer Philosophie der Reintegration tritt das Management von Inklusions- und Exklusionsprozessen. Damit wird Exklusion wieder denkbar, legitimiert durch die Figur der umfassenden Selbstverantwortlichkeit des Selbst-Unternehmers. Nur wer im Sinne dieses neuen Leitbildes zumindest seine eigene Armut selbst bekämpfen kann, gilt sozial als Zugehöriger, und primär an diesen richtet sich eine an Effektivität orientierte Hilfe."[241]

1.3 Um- bzw. Abbau des Wohlfahrtsstaates: Anspruch und Wirklichkeit

Dass die Sozialpolitik in der um fünf neue Länder erweiterten Bundesrepublik unter einen starken Anpassungsdruck geriet, war weniger dem Vereinigungsprozess als einem Machtzuwachs des Kapitals, das keine Grenzen mehr respektieren musste, transnationaler Konzerne und der sog. Global Player geschuldet, welcher durch die damals regierenden Parteien CDU, CSU und FDP politisch-ideologisch verbrämt wurde. Fast scheint es, als sei dem Sozialstaat nach dem Sieg über den Staatssozialismus der Krieg erklärt worden, wenngleich kein „Frontalangriff" auf die kollektiven Sicherungssysteme erfolgte und auch keine „Entscheidungsschlacht" mit deren Verteidigern (Wohlfahrtsverbänden, Gewerkschaften, Kirchen usw.) stattfand. Offenbar

---

240 H. Gerhard Beisenherz, Kinderarmut in der Wohlfahrtsgesellschaft, a.a.O., S. 49
241 Ders., Kinderarmut global und lokal: Armut als Exklusionsrisiko, in: Christoph Butterwegge (Hrsg.), Kinderarmut in Deutschland, a.a.O., S. 95

Um- bzw. Abbau des Wohlfahrtsstaates: Anspruch und Wirklichkeit 79

stellte der Wegfall einer – übrigens zu keiner Zeit ökonomisch-technologisch konkurrenzfähigen und/oder politisch wirklich attraktiven – Systemalternative die wohlfahrtsstaatliche („rheinische") Entwicklungsvariante des Kapitalismus zur Disposition. Aufgrund der veränderten Weltlage bestanden ab 1989/90 die Möglichkeit und nach herrschender Meinung auch die Notwendigkeit, soziale Leistungsgesetze anzutasten. Nunmehr gab es selbst im westlichen Kontinentaleuropa wieder „Kapitalismus pur" gemäß den angelsächsischen Vorbildern bzw. neoliberalen Vorgaben, während der Rheinische Kapitalismus sowohl an ideologischer Attraktivität als auch an gesellschaftspolitischer Durchschlagskraft verlor.[242]

Die bis dahin im Vergleich zu liberalkonservativen Regierungen in anderen Ländern, vor allem der USA und Großbritanniens,[243] maßvoll und zurückhaltend operierende CDU/CSU/FDP-Koalition ging nach ihrer Bestätigung in der Bundestagswahl am 2. Dezember 1990 stärker auf Konfrontationskurs zum modernen Wohlfahrtsstaat. Während sie die Staatsquote und den Schuldenstand durch eine aktive Arbeitsmarktpolitik im Osten auf eine vorher nie erreichte Höhe trieb, stellte die Bundesregierung im Westen gewohnte Sozialstandards mit dem Hinweis auf die nötige Haushaltskonsolidierung teilweise in Frage. Der von allen bürokratischen Fesseln befreite Markt sei besser als die Politik in der Lage, das Wachstum der Wirtschaft und Wohlstand für alle zu gewährleisten, hörte man nun immer häufiger. Der arbeitende Mensch galt vielen neoliberalen Kommentatoren nur noch als „Kostenfaktor auf zwei Beinen" und Sozialpolitik als „Luxus", den sich selbst eine so wohlhabende Industrienation wie die Bundesrepublik nicht mehr leisten könne. Die öffentliche Verwaltung wiederum erschien ihnen als Klotz am Bein der Volkswirtschaft und als Hemmschuh für den Markt, der seine Dynamik nicht mehr frei entfalten könne.[244]

Sieht man von der Pflegeversicherung ab, die Mitte der 90er-Jahre eingeführt wurde, war die Familienpolitik unter Helmut Kohl das einzige sozialpolitische Handlungsfeld, auf dem Fortschritte zu verzeichnen waren; umgekehrt bildete die Arbeitsmarktpolitik jenen Sektor, auf den sich während der 16-jährigen Amtszeit von Norbert Blüm die sozialpolitischen Rückzugsgefechte konzentrierten.[245] Beispiele für die expansive Tendenz der Familien-

---

242 Vgl. zu dieser Typologie: Michel Albert, Kapitalismus contra Kapitalismus, Frankfurt am Main/New York 1992
243 Vgl. dazu: Jens Borchert, Die konservative Transformation des Wohlfahrtsstaates. Großbritannien, Kanada, die USA und Deutschland im Vergleich, Frankfurt am Main/ New York 1995
244 Vgl. zur Kritik: Christoph Butterwegge, Rechtfertigung, Maßnahmen und Folgen einer neoliberalen (Sozial-)Politik, a.a.O., S. 136ff.
245 Vgl. Peter Bleses/Edgar Rose, Deutungswandel der Sozialpolitik. Die Arbeitsmarkt- und Familienpolitik im parlamentarischen Diskurs, Frankfurt am Main/New York 1998, S. 291; ergänzend: Christoph Butterwegge, Krise und Zukunft des Sozialstaates, a.a.O., S. 137ff.

politik bieten das *Bundeserziehungsgeldgesetz* sowie das *Hinterbliebenenrenten- und Erziehungszeiten-Gesetz*, die beide am 1. Januar 1986 in Kraft traten. Das zuerst genannte Gesetz machte die Zahlung von Erziehungsgeld davon abhängig, dass Mütter (oder in seltenen Ausnahmefällen: Väter) eine Berufstätigkeit aufgaben oder gar nicht erst aufnahmen. Auf diese Weise schrieb es die traditionelle Frauenrolle fest und bestätigte darüber hinaus die deutsche Ideologie, wonach Kinderbetreuung *zu Hause* durch *eine* Bezugsperson (in aller Regel die leibliche Mutter) erfolgen muss. „Die Erziehungsgeldreform von 1985 trug somit wesentlich dazu bei, das männliche Familienernährermodell des bundesrepublikanischen Wohlfahrtsstaates zu reifizieren."[246]

Mit dem zuletzt genannten Gesetz vollzog die Bundesrepublik nach, was im DDR-Rentenrecht schon lange galt.[247] Nunmehr wirkte sich Erziehungsarbeit positiv auf die Rentenhöhe aus, wenn sie auch (noch) nicht der Erwerbstätigkeit gleichgestellt wurde: Kindererziehungszeiten wurden nur mit 75 Prozent des durchschnittlichen Bruttoarbeitsentgelts aller Versicherten bewertet. Zunächst kamen ausschließlich nach 1920 geborene Frauen in den Genuss dieser Regelung, und zwar auch bloß dann, wenn sie nicht erwerbstätig gewesen waren und mehr verdient hatten, als der genannte Prozentsatz ausmachte. Seit der Rentenreform 1992 werden 3 Jahre pro Kind angerechnet, und die Rentenreform 1999 stockte den Anrechnungsbetrag dann auf 100 Prozent des Durchschnitteinkommens auf.

1.3.1 Arbeitsmarkt- und Sozialpolitik unter Gerhard Schröder: Neoliberalismus in Rot-Grün?

Nach der Bundestagswahl vom 27. September 1998, der Ablösung von Schwarz-Gelb durch Rot-Grün und dem Kanzlerwechsel Kohl/Schröder be-

---

246 Wiebke Kolbe, Elternschaft im Wohlfahrtsstaat. Schweden und die Bundesrepublik im Vergleich 1945-2000, Frankfurt am Main/New York 2002, S. 383
247 Vgl. Johannes Frerich/Martin Frey, Handbuch der Geschichte der Sozialpolitik in Deutschland, Bd. 2: Sozialpolitik in der Deutschen Demokratischen Republik, a.a.O., S. 337; ergänzend: Dierk Hoffmann/Michael Schwartz (Hrsg.), Geschichte der Sozialpolitik in Deutschland seit 1945, Bd. 8: Deutsche Demokratische Republik 1949-1961. Im Zeichen des Aufbaus des Sozialismus, Baden-Baden 2004; Manfred G. Schmidt, Sozialpolitik der DDR, Wiesbaden 2004; Christoph Kleßmann (Hrsg.), Geschichte der Sozialpolitik in Deutschland seit 1945, Bd. 9: Deutsche Demokratische Republik 1961-1971. Politische Stabilisierung und wirtschaftliche Mobilisierung, Baden-Baden 2006. Während man in der DDR unter einem „Babyjahr" die (bezahlte) Freistellung einer werktätigen Mutter bis zur Vollendung des ersten Lebensjahres ihres Kindes verstand, galt dieser Begriff seit dem SPD-Bundestagswahlkampf 1972 im Westen als Synonym für die Anrechnung eines Kindererziehungsjahres bei der Rentenberechnung.

fand sich der Sozialstaat an einem Wendepunkt seiner Entwicklung.[248] Möglich schien sowohl eine (modifizierte) Fortsetzung wie auch eine Änderung des liberal-konservativen „Umbau"-Kurses, welcher die Bundesrepublik angesichts der beschworenen Herausforderungen durch den Globalisierungsprozess „fit für das 21. Jahrhundert" machen sollte. Als die rot-grüne Bundestagsmehrheit sozial- und beschäftigungspolitische Fehlentscheidungen der alten Regierungskoalition unverzüglich korrigierte, unternahm sie Schritte in die richtige Richtung: Einschränkungen beim Kündigungsschutz und bei der Lohnfortzahlung im Krankheitsfall wurden nach weniger als einem Vierteljahr zurückgenommen. Auch die problematischsten Veränderungen im Bereich der Gesetzlichen Krankenversicherung (Kostenerstattungsverfahren, Beitragsrückgewähr, Selbstbehalt, Beschränkung der Leistungen für Zahnersatz auf nach 1978 Geborene usw.) waren schnell beseitigt. Suspendiert wurden die vom Bundestag während der vorangegangenen Legislaturperiode beschlossenen Rentenkürzungen und die Anrechnung von Abfindungen auf das Arbeitslosengeld.

Andere Erblasten der liberal-konservativen Bundesregierung blieben hingegen unangetastet: Weder wurde der sog. Streikparagraf 116 AFG (§ 146 SGB III) wiederhergestellt noch die Fülle der seit 1982 erfolgten Leistungskürzungen und massiven Einschränkungen von Arbeitnehmerrechten – etwa im Bereich der Sozialhilfe, der (Berechnung von) Arbeitslosenhilfe oder der beruflichen Weiterbildung – kompensiert. Was fehlte, war eine klare Linie, wie das Hin und Her bei der Behandlung von „geringfügigen Beschäftigungsverhältnissen" (den sog. 630-DM-Jobs) sowie arbeitnehmerähnlicher und Scheinselbstständigkeit zeigte. Es war mitnichten dem „Übereifer" der neuen Koalition, sondern vermutlich widerstreitenden Interessen und kontroversen Positionen im Regierungslager geschuldet. „Offenbar verfügte die Regierung weder für die Reform der geringfügigen Beschäftigungsverhältnisse und der Scheinselbständigkeit noch in der Gesundheits- und Rentenpolitik über eine klare Vorstellung, welche Maßnahmen sie eigentlich ergreifen wollte und welche nicht."[249]

Da weder die SPD noch ihr kleinerer Koalitionspartner über ein Alternativkonzept zum Neoliberalismus verfügten, passten sie sich diesem immer mehr an. Genannt sei hier die Teilprivatisierung der Altersvorsorge (Einführung der sog. Riester-Rente). Diana Auth lehnt die Ergänzung des Umlageverfahrens durch den Einstieg in die Kapitaldeckung zwar nicht prinzipiell ab, kritisiert aber, dass Elemente des sozialen Ausgleichs bei der freiwilligen privaten Altersvorsorge à la Walter Riester fehlten: „Weder ist die Anrech-

---

248 Vgl. hierzu und zum Folgenden: Christoph Butterwegge, Krise und Zukunft des Sozialstaates, a.a.O., S. 159ff.
249 Christoph Egle/Tobias Ostheim/Reimut Zohlnhöfer, Einführung: Eine Topographie des rot-grünen Projekts, in: dies. (Hrsg.), Das rot-grüne Projekt. Eine Bilanz der Regierung Schröder 1998-2002, Wiesbaden 2003, S. 17

nung von Kindererziehungs- oder Pflegezeiten sowie Zeiten der Arbeitslosigkeit, Krankheit oder Ausbildung noch sind eine Hinterbliebenenversorgung bzw. ein Rentensplitting und die Absicherung bei Invalidität vorgesehen."[250]

1.3.1.1 Die sog. Hartz-Kommission, ihre Vorschläge zur Arbeitsmarktreform und deren Umsetzung

Als das Ende der 14. Legislaturperiode nahte, war die Enttäuschung über Rot-Grün ähnlich groß wie jene über Schwarz-Gelb 4 Jahre zuvor. Bei der folgenden Bundestagswahl am 22. September 2002 mussten SPD und Bündnis 90/Die Grünen vornehmlich deshalb um ihre Wiederwahl fürchten, weil ihre Wirtschafts-, Sozial- und Beschäftigungspolitik die Massenarbeitslosigkeit nur wenig verringert hatte. Dass es den beiden Regierungsparteien trotz miserabler Umfragewerte schließlich doch noch gelang, einen Meinungsumschwung bei den Bürger(inne)n herbeizuführen und gegenüber CDU/CSU und FDP einen hauchdünnen Stimmenvorsprung zu erringen, hing mit dem guten Krisenmanagement von Bundeskanzler Gerhard Schröder beim Elbe-Hochwasser, seiner demonstrativen Ablehnung einer US-Militärintervention im Irak und der genauso medienwirksamen Präsentation eines Konzepts zur Arbeitsmarktreform zusammen, das eine Kommission unter Leitung des mit ihm befreundeten VW-Personalvorstands Peter Hartz ausgearbeitet hatte.[251] Dieser trat lange nach Beendigung der Kommissionsarbeit von seiner Vorstandsfunktion zurück und wurde am 25. Januar 2007, als sich die negativen Folgen der Arbeitsmarktreform nicht mehr übersehen ließen, vom Landgericht Braunschweig aufgrund seiner Verwicklung in eine Korruptionsaffäre, bei der „Lustreisen" für Manager und Betriebsräte eine Rolle spielten, zu einer Haftstrafe auf Bewährung sowie einer hohen Geldstrafe verurteilt.

Auf dem Höhepunkt des Skandals um die angebliche Fälschung der Vermittlungsstatistik durch die Bundesanstalt für Arbeit im Februar 2002 eingerichtet, sollte die „Moderne Dienstleistungen am Arbeitsmarkt" genannte, aber unter dem Namen ihres Vorsitzenden bekannt gewordene Kommission eigentlich nur Vorschläge zur Organisationsreform (Transformation der Nürnberger Behörde in eine moderne Dienstleistungsagentur) machen. Gut einen Monat vor dem Wahlsonntag, am 16. August 2002, legte die Hartz-Kommission ihr Gutachten vor. Kernstücke der 13 Innovationsmodule des

---

250 Diana Auth, Sicher – sicherer – versichert?, Die Rentenpolitik der rot-grünen Regierung, in: Kai Eicker-Wolf u.a. (Hrsg.), „Deutschland auf den Weg gebracht". Rot-grüne Wirtschafts- und Sozialpolitik zwischen Anspruch und Wirklichkeit, Marburg 2002, S. 305
251 Vgl. Moderne Dienstleistungen am Arbeitsmarkt. Vorschläge der Kommission zum Abbau der Arbeitslosigkeit und zur Umstrukturierung der Bundesanstalt für Arbeit, Berlin o.J. (2002); ergänzend: Anne-Marie Weimar, Die Arbeit und die Entscheidungsprozesse der Hartz-Kommission, Wiesbaden 2004

Berichts bildeten die „Personal-Service-Agenturen" (PSA), welche Arbeitslose mittels Leih- bzw. Zeitarbeit wieder in normale Beschäftigungsverhältnisse bringen sollten, die „Ich"- bzw. „Familien-AG", Ausweitung sog. Mini- und Einführung sog. Midi-Jobs, die Umwandlung der bestehenden Bundes*anstalt* für Arbeit (BA) in eine Service*agentur*, die Schaffung von Kompetenzzentren, die Angliederung von „Job-Centern" sowie die „Zusammenlegung von Arbeitslosen- und Sozialhilfe", worunter die Abschaffung der Ersteren firmierte.

Analytisch setzte die Hartz-Kommission nicht etwa bei den gesamtwirtschaftlichen Ursachen der Massenarbeitslosigkeit, vielmehr beim Fehlverhalten der Betroffenen und bei Vermittlungsdefiziten der Behörde an, mithin auf der Erscheinungsebene. Statt dem Problem durch eine aktive Wirtschafts-, Struktur- und Beschäftigungspolitik zu begegnen, wollte man ihm durch Organisationsreformen im staatlich-administrativen Bereich, Kompetenzverlagerungen, Beschneidung von Arbeitnehmerrechten und erhöhten Druck auf Erwerbslose beikommen. Somit verstärkte sich der Eindruck, dass diese ihr Schicksal selbst verschuldet haben und nur gezwungen werden müssen, sich wieder dem Arbeitsmarkt zur Verfügung zu stellen. „Wer unterstellt, dass Arbeitslosigkeit mit der Aktivierung von Arbeitslosen bekämpft werden kann, hat die strukturellen Ursachen der Arbeitslosigkeit und damit auch das derzeitige Fünf-Millionen-Defizit fachlich aus dem Blick verloren, denn Massenarbeitslosigkeit ist weder durch die Passivität der Arbeitslosen bedingt oder gar entstanden, noch ist diese Individualisierung des Problems für ursachenorientierte Lösungen und solidarische Strategien förderlich, zumal die Prognosen bis ins kommende Jahrzehnt noch eine Arbeitsplatzlücke von über drei Millionen Stellen ausweisen."[252] Matthias Knuth warf dem Hartz-Konzept zu Recht vor, „dass es Arbeitsmarktprobleme von morgen mit den industriegesellschaftlichen Leitbildern von gestern lösen will. Dieser durch großindustriellen Paternalismus gemilderte Neo-Liberalismus ist aus der Sicht des Managers eines der global erfolgreichsten Automobilkonzerne verständlich und auch irgendwie sympathisch. Zukunftstauglich ist diese Orientierung nicht."[253]

In den vier Hartz-Gesetzen „für moderne Dienstleistungen am Arbeitsmarkt" wurden die meisten Kommissionsideen umgesetzt. Da die Vorstellungen der liberal-konservativen Bundesratsmehrheit noch weiter gingen und Rot-Grün einen Generalkonsens mit ihr anstrebte, wurde das Konzept der

---

252 Achim Trube, Vom Wohlfahrtsstaat zum Workfarestate – Sozialpolitik zwischen Neujustierung und Umstrukturierung, in: Hans-Jürgen Dahme u.a. (Hrsg.), Soziale Arbeit für den aktivierenden Staat, Opladen 2003, S. 182

253 Matthias Knuth, Das Orakel der „Dreizehn Module". Die Hartz-Vorschläge wollen Arbeitsmarktprobleme von morgen mit industriegesellschaftlichen Leitbildern von gestern lösen, in: Axel Gerntke u.a. (Hrsg.), Hart(z) am Rande der Seriosität?, Die Hartz-Kommission als neues Modell der Politikberatung und -gestaltung?, Münster/Hamburg/London 2002, S. 121

Hartz-Kommission auch in seinen gar nicht zustimmungspflichtigen Teilen im Laufe des Vermittlungsverfahrens zusätzlich radikalisiert. Dies gilt für die Ausweitung und „Entbürokratisierung" nicht nur haushaltsnaher „Mini-" bzw. „Midi-Jobs" sowie für die ungleiche Entlohnung von Leiharbeitnehmer(inne)n und Stammbelegschaften. Besonders eklatant wich man in der beruflichen Weiterbildung von den Kommissionsvorschlägen ab, etwa durch die Ausgabe von Bildungsgutscheinen oder die Kürzungen beim Unterhaltsgeld.[254]

Durch die (Teil-)Privatisierung bzw. Effektivierung der Arbeitsvermittlung und Kürzung der Leistungen für Erwerbslose, wie sie das Hartz-Konzept enthielt, kann man zwar die Ausgaben des Staates und die sog. Lohnnebenkosten der Unternehmen senken, Letztere aber kaum veranlassen, mehr Stellen zu schaffen. Oft ergab sich nur eine Kosmetik der Arbeitsmarktstatistik: So spalteten etliche Unternehmen bisherige Voll- und Teilzeitarbeitsplätze in mehrere geringfügige Beschäftigungsverhältnisse auf und belasteten durch wegfallende Beiträge die Sozialversicherungen noch zusätzlich, ohne dass hieraus – wie von Peter Hartz und dem damaligen Bundeskanzler vollmundig versprochen – ein deutlich spürbarer Rückgang der Erwerbslosigkeit resultierte. Wolfgang Clement, bis zuletzt ein treuer Gefolgsmann Schröders und als neuer „Superminister" für Wirtschaft und Arbeit glühender Verfechter der sog. Hartz-Reformen, verfehlte das erklärte Ziel einer Senkung der Erwerbslosigkeit völlig. Kurz nach dem Inkrafttreten von Hartz IV am 1. Januar 2005 wurde die symbolträchtige Marke von 5 Mio. Arbeitslosen überschritten, was die Reform nicht bloß in der (Medien-)Öffentlichkeit mit einem Schlag diskreditierte. Selbst solche Presseorgane, die sich vorher als publizistische Scharfmacher und Einpeitscher für die Hartz-Gesetzgebung betätigt hatten, gingen nunmehr deutlich auf Distanz und beklagten das Scheitern der rot-grünen Arbeitsmarktreform, nicht ohne allerdings nach radikaleren und „schmerzhafteren" Reformen zu rufen.[255]

Durch die Einführung der „Ich"- bzw. „Familien-AG" wurden unternehmerische Kümmerexistenzen geschaffen, die nach dem Auslaufen ihrer 3-jährigen Förderung meist im Bankrott des Projekts endeten. Auch nach Überwindung der ersten Anlaufschwierigkeiten machten die Personal-Service-Agenturen eher negative Schlagzeilen: Da offene Stellen fehlten, konnten Leiharbeiter/innen unabhängig von ihrer Arbeitsleistung nur in seltenen Aus-

---

254 Vgl. Christine Fuchsloch, Die Umsetzung der Hartz-Vorschläge und die Neuordnung der beruflichen Weiterbildung durch Bildungsgutscheine, in: Recht der Jugend und des Bildungswesens 1/2003, S. 68ff.; ergänzend zu den Auswirkungen: Alexander Goeb, Hinten anstellen. Seitdem es Bildungsgutscheine gibt, sinken die Weiterbildungschancen für Migrantinnen drastisch, in: Frankfurter Rundschau v. 20.1.2004
255 Vgl. etwa den Titel „Die total verrückte Reform. Milliarden-Grab Hartz IV", in: Der Spiegel v. 23.5.2005; weitere Beispiele finden sich bei Heinz-Philipp Großbach, „Hartz IV" als Medienthema. Examensarbeit, geschrieben an der Universität zu Köln, Humanwissenschaftliche Fakultät, 14. September 2007

nahmefällen auf eine Festanstellung hoffen. Statt nach der Qualität des privaten Anbieters zu fragen, richteten sich die örtlichen Arbeitsagenturen häufig nur nach seinem (möglichst niedrigen) Preis. „Dadurch sind viele PSA-Anbieter zum Zuge gekommen, die kaum Vorkenntnisse geschweige denn ein schlüssiges Konzept haben."[256] Auch machten die Verleihfirmen mit den Arbeitslosen nicht immer gute Geschäfte; vielmehr musste die größte von ihnen, eine Tochter des niederländischen Personaldienstleistungskonzerns Maatwerk, bereits im Februar 2004 Insolvenz anmelden.

Die vormalige Bundes*anstalt* wurde zur Bundes*agentur* für Arbeit umstrukturiert. Kritik verdient dieser Transformationsprozess nicht nur, weil er mit Mehrarbeit, großem Stress und erheblichen Belastungen für die dort Beschäftigten verbunden war, sondern auch, weil die BA – das Kürzel blieb mit neuer Bedeutung erhalten – nunmehr wie ein Versicherungskonzern strukturiert ist. Volker Hielscher macht zwischen den betriebswirtschaftlichen Effizienzkriterien und dem sozialen Auftrag dieser Einrichtung ein Dilemma aus, das er wie folgt beschreibt: „Das Spannungsverhältnis zwischem dem betriebswirtschaftlich effizienten Einsatz von Ressourcen und dem Aktivierungsparadigma einerseits sowie dem individuellen Unterstützungsbedarf von realen Personen andererseits prägt die Rolle der Vermittlerinnen und Vermittler und deren Dienstleistungsinteraktionen."[257]

Als höchst problematisch erwies sich die Umwandlung der Arbeitslosenhilfe (Alhi) in das Arbeitslosengeld (Alg) II, weil es nicht mehr – wenn auch auf einem viel niedrigeren Niveau – den früheren Lebensstandard von Langzeitarbeitslosen erhält, vielmehr der bloßen Existenzsicherung dient, genauso wie das Sozialgeld für die nicht erwerbsfähigen Angehörigen der jeweiligen „Bedarfsgemeinschaft". Dadurch wurden zahlreiche vormalige Alhi-Bezieher/innen mitsamt ihren Familien in die Armut gedrängt. Dieter Schwab kritisiert, dass in der „Bedarfsgemeinschaft" das Familienbild der Vergangenheit wieder auflebt: „Aus ihrem neumodischen Gewand lugt der alte ‚pater familias' hervor."[258] Diana Auth und Bettina Langfeldt sehen im Kern von Hartz IV, der „Zusammenlegung von Arbeitslosen- und Sozialhilfe", eine Maßnahme zur (Re-)Familialisierung: „Aus der Arbeitslosenhilfe, die zwar eine Bedürftigkeitsprüfung vorsah, aber in Bezug auf den Leistungsumfang

---

256 Frank Oschmiansky, Reform der Arbeitsvermittlung (Erhöhung der Geschwindigkeit, einschließlich neue Zumutbarkeit und PSA), in: Werner Jann/Günther Schmid (Hrsg.), Eins zu Eins? – Eine Zwischenbilanz der Hartz-Reformen am Arbeitsmarkt, Berlin 2004, S. 36
257 Volker Hielscher, Die Arbeitsverwaltung als Versicherungskonzern? – Zum betriebswirtschaftlichen Umbau einer Sozialbehörde, in: PROKLA 148 (2007), S. 364
258 Dieter Schwab, Ausgeträumt. Der Traum des 19. Jahrhunderts von Ehe und Familie als Puffer zwischen Individuum und Staat ist ausgeträumt. Der heutige Staat berücksichtigt und fördert auch vielfach familiäre Beziehungen, betrachtet sie aber eher als persönliche Merkmale des einzelnen, mit denen er – im doppelten Sinne des Wortes – rechnet und die er seinen Zwecksetzungen unterwirft, in: FAZ v. 23.11.2006

eine an der Sicherung des Lebensstandards orientierte individuelle Lohnersatzleistung dargestellt hat, ist nun mit dem Arbeitslosengeld II eine Leistung geworden, die nur noch das Existenzminimum im familialen Kontext absichert."[259] Dem entsprach eine zum selben Zeitpunkt (1. Januar 2005) in Kraft getretene Sozialhilfereform, die das letzte Sicherungsnetz des Wohlfahrtsstaates durch Pauschalierung der einmaligen Leistungen noch löchriger machte, als es ohnehin war, und das soziokulturelle Existenzminimum weiter von der Entwicklung des gesellschaftlichen Reichtums abkoppelte. Erst zum 1. Januar 2007 wurde die beim Arbeitslosengeld II und beim Sozialgeld (SGB II) bereits am 1. April 2006 erfolgte Ost-West-Angleichung auch bei der Sozialhilfe für Nichterwerbsfähige (SGB XII) nachgeholt.

1.3.1.2 „Agenda 2010" – das regierungsoffizielle Drehbuch für den Um- bzw. Abbau des Sozialstaates

Aufgrund ihres Wahlsieges am 22. September 2002 schien es für einen Moment so, als wollten SPD und Bündnis 90/Die Grünen in der 15. Legislaturperiode eine Kurskorrektur ihrer Wirtschafts-, Steuer- und Sozialpolitik vornehmen. Kurz nach der Bundestagswahl debattierten sie beispielsweise über eine Wiedereinführung der Vermögen- sowie eine kräftige Erhöhung der Erbschaftsteuer, die Abschaffung des steuerlichen Ehegattensplittings zwecks Verbesserung der Kinderförderung sowie eine massive Anhebung der Beitragsbemessungs- und der Versicherungspflichtgrenze in der Gesetzlichen Krankenversicherung. Der Verzicht auf eine spürbare Erhöhung der Beitragsbemessungs- und Versicherungspflichtgrenze für Altmitglieder zeigte, wie konfliktscheu SPD und Bündnis 90/Die Grünen gegenüber der Wirtschaft waren. So verlief der Start in die laufende Legislaturperiode ähnlich wie jener in die vorangegangene. Während sich die konjunkturellen Aussichten, die Arbeitsmarktlage und die Haushaltssituation fast ständig verschlechterten, eskalierten die Streitigkeiten über die Grundrichtung der Regierungspolitik. Wer gehofft hatte, Bundeskanzler Schröder werde sich wieder stärker an den DGB-Gewerkschaften orientieren, die seine Wiederwahl – im Unterschied zu sämtlichen Unternehmerverbänden – unterstützt hatten, wurde enttäuscht. In seiner Regierungserklärung vom 29. Oktober 2002 kündigte Schröder die Kürzung von Transferleistungen an: „Zu Reform und Erneuerung gehört auch, manche Ansprüche, Regelungen und Zuwendungen des deutschen Wohlfahrtsstaates zur Disposition zu stellen. Manches, was auf die Anfänge des Sozialstaates in der Bismarck-Zeit zurückgeht und noch vor

---

259 Diana Auth/Bettina Langfeldt, Re-Familialisierung durch Arbeitslosengeld II?, a.a.O., S. 149

30, 40 oder 50 Jahren berechtigt gewesen sein mag, hat heute seine Dringlichkeit und damit auch seine Begründung verloren."[260]
Am 12. November 2002 berief Ulla Schmidt (SPD), seit Umbildung des Kabinetts nach der kurz vorher gewonnenen Bundestagswahl „Superministerin" für Gesundheit und Soziale Sicherung, auf Drängen des Koalitionspartners ihrer Partei, dem die Erhöhung des Beitrages zur Rentenversicherung von 19,1 auf 19,5 Prozent als eklatanter Verstoß gegen das Prinzip der Generationengerechtigkeit erschien, die unter dem Namen ihres Vorsitzenden Bert Rürup bekannt gewordene „Kommission für die Nachhaltigkeit in der Finanzierung der Sozialen Sicherungssysteme". Zwar hatte sie den Auftrag, sich Gedanken über neue Finanzierungsgrundlagen zu machen, in den Mittelpunkt ihrer Arbeit rückte aber die Frage, wie die sog. Personalzusatzkosten gesenkt werden könnten.

Nachdem sich die Massenmedien über mehrere Wochen hinweg in Berichten und Kommentaren darüber ausgelassen hatten, wie die in demoskopischen Umfragen ermittelten Ansehensverluste des Bundeskanzlers und seiner Regierung in der Öffentlichkeit durch möglichst „einschneidende" oder „schmerzhafte" Reformen behoben werden könnten, gab Gerhard Schröder am 14. März 2003 vor dem Bundestag eine Regierungserklärung ab, die den hochtrabenden Namen „Agenda 2010" trug und der das Doppelmotto „Mut zum Frieden und Mut zur Veränderung" vorangestellt war. Damit wollte die rot-grüne Koalition nach deprimierenden Diskussionen über Rekordzahlen bei der Arbeitslosigkeit und verheerenden öffentlichen Reaktionen darauf endlich wieder in die Offensive gelangen.

Deutschland habe, sagte Schröder am Beginn seiner Rede, mit einer Wachstumsschwäche zu kämpfen, die nicht zuletzt strukturell bedingt sei: „Die Lohnnebenkosten haben eine Höhe erreicht, die für die Arbeitnehmer zu einer kaum mehr tragbaren Belastung geworden ist und die auf der Arbeitgeberseite als Hindernis wirkt, mehr Beschäftigung zu schaffen."[261] In dieser Situation müsse seine Regierung handeln, um die Rahmenbedingungen für mehr Wachstum und Beschäftigung zu verbessern: „Wir werden Leistungen des Staates kürzen, Eigenverantwortung fördern und mehr Eigenleistung von jedem Einzelnen abfordern müssen. Alle Kräfte der Gesellschaft werden ihren Beitrag leisten müssen: Unternehmer und Arbeitnehmer, freiberuflich Tätige und auch Rentner."[262] Schröder sprach von einer „gewaltige(n) gemeinsame(n) Anstrengung", die nötig sei, aber letztlich auch zum Ziel führen werde. Man müsse, meinte der Bundeskanzler weiter, zum Wandel im Innern

---

260 Gerhard Schröder, Wer nur seine Ansprüche pflegt, der hat noch nicht verstanden. Aus der Regierungserklärung, in: Frankfurter Rundschau v. 30.10.2002
261 Presse- und Informationsamt der Bundesregierung (Hrsg.), Agenda 2010. Mut zum Frieden und Mut zur Veränderung. Regierungserklärung von Bundeskanzler Gerhard Schröder, 14. März 2003, Berlin 2003, S. 7
262 Ebd., S. 8

bereit sein und genügend Mut zur Veränderung aufbringen, zumal nur zwei Alternativen bestünden: „Entweder wir modernisieren, und zwar als soziale Marktwirtschaft, oder wir werden modernisiert, und zwar von den ungebremsten Kräften des Marktes, die das Soziale beiseite drängen würden."[263] Auf diese Weise rechtfertigte Schröder alle von ihm unternommenen Schritte als „kleineres Übel", auch wenn sie in die Richtung einer neoliberalen Modernisierung wiesen und politisch den Weg für marktradikale Lösungen ebneten.

Da die Struktur der Sozialsysteme seit einem halben Jahrhundert praktisch unverändert geblieben sei und Instrumente der sozialen Sicherheit heute sogar zu mehr Ungerechtigkeit führten – hier nannte Schröder die Belastung des „Faktors Arbeit" und den Anstieg der „Lohnnebenkosten" von 34 auf fast 42 Prozent während der „Ära Kohl" –, komme man an durchgreifenden Veränderungen nicht vorbei: „Der Umbau des Sozialstaates und seine Erneuerung sind unabweisbar geworden. Dabei geht es nicht darum, ihm den Todesstoß zu geben, sondern ausschließlich darum, die Substanz des Sozialstaates zu erhalten."[264] Mit derselben Argumentation, die einen Blankoscheck für Leistungseinschränkungen und Kürzungsmaßnahmen darstellt, haben bisher noch fast alle Politiker gleich welcher Couleur eine reaktionäre, restriktive bzw. regressive Sozialpolitik gerechtfertigt, wenn sie keine Wähler/innen durch eine offene Kampfansage gegenüber dem Wohlfahrtsstaat gewinnen zu können hofften.

Schröder führte mehrere Beispiele an, wie die rot-grüne Koalition den notwendigen Reformprozess bereits vorangetrieben habe, darunter die Schaffung der kapitalgedeckten privaten Altersvorsorge, die mehrstufige Steuerreform, die „Modernisierung der Gesellschaft" im Familienbereich, beim Staatsangehörigkeitsrecht und bei der Zuwanderung sowie die Verbesserung der Bedingungen für schulische und vorschulische Bildung. Zu den weitreichenden Strukturreformen, die Deutschland bei Wohlstand und Arbeit wieder an die Spitze bringen sollten, gehörten Schröder zufolge die Lockerung des Kündigungsschutzes in Kleinbetrieben (Ankündigung, befristet Beschäftigte sowie Leih- bzw. Zeitarbeiter nicht mehr auf die geltenden Obergrenzen anzurechnen), eine Umgestaltung der Regeln für die Sozialauswahl, eine Vereinfachung des Steuerrechts für Kleinbetriebe, die Verringerung der Höchstbezugszeit des Arbeitslosengeldes auf 12 und für Über-55-Jährige auf 18 Monate (die zuletzt genannte Regelung wurde auf Betreiben des SPD-Vorsitzenden Kurt Beck im Frühjahr 2008 wieder abgeschwächt), eine „Nachjustierung" bei der Rentenversicherung, eine Revision des Leistungskatalogs der gesetzlichen Krankenkassen und eine private Versicherung für das Krankengeld. Die GKV sollte auch von einer Reihe sog. versicherungsfremder Leistungen befreit und beispielsweise das Mutterschaftsgeld aus dem allgemeinen

---

263 Ebd., S. 12
264 Ebd.

Steueraufkommen finanziert werden.[265] Durch eine Erhöhung der Zuzahlungen bei Medikamenten, Krankenhausaufenthalten und Kuren sowie die Einführung von Praxisgebühren und Selbstbehalten könne man „es schaffen, die Beiträge zur Krankenversicherung unter 13 Prozent zu drücken."[266]

Ulrich Schneider, Hauptgeschäftsführer des Paritätischen Wohlfahrtsverbandes, sprach von der Schröder'schen Agenda 2010 als einem „Konzept der Ausgrenzung", das den „massivste(n) sozialpolitische(n) Kahlschlag" seit Gründung der Bundesrepublik darstelle: „Noch nie sollten mit einem Handstreich 1,4 Millionen Arbeitslose mit ihren Familien – 3,1 Millionen Menschen mithin – in die Armut gestoßen werden."[267] Gemeint war die erklärte Absicht des Kanzlers, Arbeitslosen- und Sozialhilfe als „Arbeitslosengeld II" auf dem Niveau der Letzteren zusammenzuführen. Über die Widersprüchlichkeit einzelner Regelungen hinaus machte Schneider prinzipielle Bedenken gegenüber dem Kurswechsel geltend: „Es geht um den sukzessiven Rückzug des Staates aus seiner sozial- und arbeitsmarktpolitischen Verantwortung. Es geht um ein neues staatsentlastendes Modell des Sozialen in Deutschland."[268]

Auch Claus Offe bemängelte die Stoßrichtung der Kanzler-Agenda gegen Langzeitarbeitslose, denen man „durch eine neue Mixtur von ‚Fordern und Fördern'" mehr „Eigenverantwortung" beibringen wolle: „Die Teilnahme am Erwerbsleben (wie auch immer Entgelte, Arbeitsort, Arbeitsinhalte, Arbeitsbedingungen, Qualifikationsgelegenheiten beschaffen sein mögen!) wird geradezu zu einer sozialen Pflicht moralisiert."[269] Offe schloss nicht aus, dass eine Verringerung der Sozialkosten, die Löhne und Gehälter belasten, in Kleinbetrieben zu einer Verbesserung der Beschäftigungslage führen könne. Trotzdem sollte man das Experiment nach seiner Ansicht aber aus folgenden zwei Gründen nicht wagen: erstens weil der Status quo ante nach den erfolgten Sparanstrengungen schwerlich zurückzugewinnen und einmal geopferte soziale Besitzstände nicht zu kompensieren seien; zweitens wegen der Gefahr, dass „ein ganz neues Spiel" beginne und „Exzesse der sozialen Entregelung" stattfänden: „Wenn Erfolge ausbleiben und ebenso der Rückenwind einer Konjunkturbelebung, dann ist der Konsensbildung zugunsten höherer Dosen sozialer Entsicherung Tür und Tor geöffnet."[270]

Das erste Resultat des Gesetzgebungsprozesses zur Agenda 2010 war der Regierungsentwurf eines *Gesundheitsmodernisierungsgesetzes*, den SPD und Bündnis 90/Die Grünen in Konsensgespräche mit CDU/CSU und FDP, die kurz darauf wieder ausstieg, einbrachten. Wie schon häufiger wurde die sog.

---

265 Vgl. ebd., S. 41
266 Siehe ebd., S. 43
267 Ulrich Schneider, Ein Konzept der Ausgrenzung. Mit der Agenda 2010 gibt der Staat soziale Verantwortung auf, in: Frankfurter Rundschau v. 26.5.2003
268 Ebd.
269 Claus Offe, Perspektivloses Zappeln. Oder: Politik mit der Agenda 2010, in: Blätter für deutsche und internationale Politik 7/2003, S. 811
270 Ebd., S. 814

Positivliste, also eine Zusammenstellung sinnvoller und erstattungsfähiger Arzneimittel, geopfert und der mächtigen Gesundheitslobby damit in einem zentralen Punkt nachgegeben. Schließlich brachte die am 1. Januar 2004 in Kraft getretene Gesundheitsreform zwar Entlastungen für die Arbeitgeber, jedoch Mehrbelastungen für Versicherte und Patient(inn)en mit sich, welche die in Aussicht gestellten Beitragssatzsenkungen durch Übernahme der Kosten des Krankengeldes, höhere Eigenbeteiligungen und eine bar zu entrichtende „Praxisgebühr" in Höhe von 10 EUR pro Quartal überkompensieren.[271] Noch härter traf es vor allem Heimbewohner/innen, Obdachlose, Sozialhilfeempfänger/innen und Arbeitslosenhilfebezieher/innen, die bislang von den Zuzahlungen befreit gewesen waren.

Am 28. August 2003 legte die sog. Rürup-Kommission der Sozialministerin ihren Abschlussbericht vor.[272] Darin ging es zunächst um den Bereich der Altersvorsorge, sodann um das Gesundheitswesen und abschließend um den Pflegebereich. Den demografischen Wandel, dessen Bedeutung für die Wohlstandsentwicklung und die Sozialpolitik sie überbewertete, fest im Blick, riet die Kommission zu einer weiteren Senkung des Rentenniveaus, einer Verlängerung der Lebensarbeitszeit (schrittweise Verschiebung des gesetzlichen Renteneintrittsalters von 65 auf 67 Jahre) und der Berücksichtigung eines „Nachhaltigkeitsfaktors" in der Rentenformel, welcher künftige Generationen entlasten soll. Da die Kommission sich auf kein Finanzierungsmodell für die Krankenversicherung hatte verständigen können, präsentierte sie zwei konzeptionelle Alternativen: Während der Kommissionsvorsitzende Bert Rürup ein sog. Kopfprämiensystem befürwortete, das einen für alle GKV-Mitglieder gleichen Beitrag und einen staatlichen, über Steuern zu finanzierenden Ausgleich für Geringverdiener/innen impliziert, unterbreitete sein Widerpart, der Kölner Gesundheitsökonom Karl Lauterbach, einen Vorschlag zur Bürgerversicherung, welcher das Solidarprinzip durch die Einbeziehung aller Bevölkerungsgruppen und Einkommensarten stärken will.[273] An der Pflegeversicherung hielt die Rürup-Kommission fest, sie drang jedoch darauf, die Ruheständler/innen stärker an den Kosten zu beteiligen.

---

271 Vgl. dazu: Nadja Rakowitz, Die rot-grüne Gesundheitsreform: Modernisierung als Umverteilung, in: Intervention. Zeitschrift für Ökonomie 1/2004, S. 29ff.
272 Vgl. Bundesministerium für Gesundheit und Soziale Sicherung (Hrsg.), Nachhaltigkeit in der Finanzierung der sozialen Sicherungssysteme. Bericht der Kommission, Berlin 2003
273 Vgl. Karl Lauterbach, Das Prinzip der Bürgerversicherung. Alle Bürger und alle Einkommensarten tragen bei, dann sinken die Beitragssätze, in: Ursula Engelen-Kefer (Hrsg.), Reformoption Bürgerversicherung. Wie das Gesundheitssystem solidarisch finanziert werden kann, Hamburg 2004, S. 48ff.; ergänzend: Christoph Butterwegge, Bürgerversicherung – Alternative zum neoliberalen Umbau des Sozialstaates?, in: Wolfgang Strengmann-Kuhn (Hrsg.), Das Prinzip Bürgerversicherung. Die Zukunft im Sozialstaat, Wiesbaden 2005, S. 29ff.

Bei den Hartz-Gesetzen, der Agenda 2010, den Gesundheitsreformen 2004 und 2006 sowie den (z.b. im *Nachhaltigkeitsgesetz*) legislativ umgesetzten Vorschlägen der Rürup-Kommission handelt es sich um Maßnahmen zum Um- bzw. Abbau des Sozialstaates, die seine ganze Architektur, Struktur und Konstruktionslogik veränderten. Es ging längst nicht mehr nur um Leistungskürzungen im sozialen Sicherungssystem, sondern um einen sukzessiven Systemwechsel, anders ausgedrückt: um eine gesellschaftliche Richtungsentscheidung, welche das Gesicht der Bundesrepublik auf absehbare Zeit prägen dürfte.

1.3.2 Sehr viel Kontinuität und nur wenige Fortschritte in der Familienpolitik

Ein hohes Maß an Kontinuität wahrte die rot-grüne Koalition im Bereich der Familienpolitik, von Bundeskanzler Gerhard Schröder abschätzig als „Gedöns" bezeichnet. „Dabei hat sie im Wesentlichen an die bereits während der christlich-liberalen Koalition etablierten Maßnahmen angeknüpft und diese weiterentwickelt."[274] In der 14. Legislaturperiode des Bundestages (1998 bis 2002) wurde zwar das Kindergeld drei Mal angehoben, aber es gab keine grundlegende familienpolitische Neuerung, sieht man von der aufgrund einer EU-Richtlinie gebotenen Novellierung des *Bundeserziehungsgeldgesetzes* ab. Das sog. Budget-Angebot beim Erziehungsgeld (Wahl eines Jahrs der Inanspruchnahme mit 460 € statt zweier Jahre der Inanspruchnahme mit 307 € pro Monat) gab finanzielle Anreize für eine *kürzere* Unterbrechung der Erwerbstätigkeit, und auch das Volumen der Teilzeitbeschäftigung während der Elternzeit (früher: Erziehungsurlaub) konnte seither statt höchstens 19 Stunden bis zu 30 Stunden pro Woche (für jeden Elternteil) betragen.[275]

Die wesentlichen Mängel des Erziehungsgeldes wurden jedoch nicht behoben: Weder dynamisierte noch erhöhte die Bundesregierung den seit 1986 unverändert gebliebenen Erziehungsgeldsatz, passte aber die gleichfalls „eingefrorenen" Einkommensgrenzen für Eltern den gestiegenen Löhnen und Gehältern an, was sie zum 1. Januar 2004 wegen akuter Haushaltsprobleme freilich teilweise wieder rückgängig machte.[276] Das genau 3 Jahre vorher in Kraft getretene *Dritte Gesetz zur Änderung des Bundeserziehungsgeldgesetzes* orientierte sich an der Zu- bzw. Zweiverdienerfamilie; Mütter und Väter konnten gleichzeitig „Elternzeit" nehmen, wie der „Erziehungsurlaub" jetzt

---

274 Peter Bleses, Wenig Neues in der Familienpolitik, in: Antonia Gohr/Martin Seeleib-Kaiser (Hrsg.), Sozial- und Wirtschaftspolitik unter Rot-Grün, Wiesbaden 2003, S. 204
275 Vgl. dazu: Wiebke Kolbe, Elternschaft im Wohlfahrtsstaat, a.a.O., S. 394ff.
276 Gesenkt wurde auch der Zahlbetrag des Erziehungsgeldes (von 307 auf 300 EUR bzw. von 460 auf 450 EUR).

treffender heißt, sich also die Betreuungsarbeit teilen.[277] Da es aufgrund seiner geringen Höhe keine Entgeltersatzfunktion hatte, gingen die (in aller Regel besser verdienenden) Väter jedoch weiterhin einer Erwerbstätigkeit nach, während die Mütter zu Hause blieben und das Erziehungsgeld in Anspruch nahmen. „Das Erziehungsgeld reicht nicht zur Existenzsicherung und ermutigt daher junge Eltern nicht, gemeinsam Elternzeit zu beanspruchen. Die Regelung setzt weiterhin einen Familienernährer voraus, obwohl sie – wie auch das Teilzeit- und Befristungsgesetz – einen Rechtsanspruch auf Teilzeitarbeit begründet und dadurch die Position der Beschäftigten bei der Umsetzung ihrer Arbeitszeitwünsche stärkt."[278] Sigrid Leitner sah im neuen *Bundeserziehungsgeldgesetz* denn auch nur einen sehr begrenzten Fortschritt hinsichtlich der von ihr und der Frauenbewegung angestrebten Gleichstellung: „Weder kommt es – aufgrund finanzpolitischer Restriktionen – zu einer nennenswerten Aufwertung von Familienarbeit, noch kann von durchschlagenden Erfolgen hinsichtlich der Entgeschlechtlichung von Familienarbeit durch eine stärkere Väterbeteiligung ausgegangen werden."[279]

Nach dem knappen Wahlsieg von SPD und Bündnisgrünen im September 2002 löste Renate Schmidt ihre sozialdemokratische Parteifreundin Christine Bergmann als Familienministerin ab. Die bayerische Bundestagsabgeordnete setzte weniger auf die Erhöhung monetärer Transfers, sondern stellte Maßnahmen zur Verbesserung der Vereinbarkeit von Beruf und Familie in den Mittelpunkt und war durchsetzungsfähiger als ihre Amtsvorgängerin. Warnfried Dettling sprach rückblickend von einem „Paradigmenwechsel", den Schmidt in der Familienpolitik dadurch eingeleitet habe, dass ihre Konzeption auf die nachindustrielle Gesellschaft und deren sich wandelnde Lebensverhältnisse bezogen sei: „Die einzelnen Elemente dieser Politik, andere finanzielle Anreize (Elterngeld), unterstützende Strukturen, familienfreundliche Arbeitswelt, neue Bündnispartner in Wirtschaft und Gewerkschaften (Allianz für die Familie) und in Städten und Gemeinden (Lokale Bündnisse für die Familie) fügen sich insgesamt zu einem politischen Entwurf, mit dem versucht wird, in einer veränderten Welt unterschiedliche Werte und (einstmals) unversöhnliche Positionen (Familie, Entfaltung der Person, Gleichheit der Geschlechter, aber auch wirtschaftliche Dynamik und Chancengerechtigkeit durch Bildung von Anfang an) in einer Art ‚Quadratur des Kreises' so zu

---

277 Vgl. Nora Fuhrmann, Drei zu eins für Schröder. Bergmann muss im Hinspiel eine Niederlage einstecken, in: Kai Eicker-Wolf u.a. (Hrsg.), „Deutschland auf den Weg gebracht", a.a.O., S. 193; vgl. ergänzend: Silke Bothfeld, Vom Erziehungsurlaub zur Elternzeit. Politisches Lernen im Reformprozess, Frankfurt am Main/New York 2005
278 Anneli Rüling/Karsten Kassner/Peter Grottian, Geschlechterdemokratie leben. Junge Eltern zwischen Familienpolitik und Alltagserfahrungen, in: Aus Politik und Zeitgeschichte 19/2004, S. 12
279 Sigrid Leitner, Die Tour de force der Gleichstellung: Zwischensprints mit Hindernissen, in: Antonia Gohr/Martin Seeleib-Kaiser (Hrsg.), Sozial- und Wirtschaftspolitik unter Rot-Grün, a.a.O., S. 258

verbinden, dass daraus ein Erfolgsmodell für Familie, Wirtschaft und Gesellschaft entstehen könnte, wie es vor bald sechzig Jahren schon einmal gelungen ist (Rheinischer Kapitalismus, Soziale Marktwirtschaft)."[280]

Bei der „Allianz für Familie – Balance für Familie und Arbeitswelt", die Renate Schmidt gemeinsam mit Liz Mohn (Vorsitzende der Bertelsmann Verwaltungsgesellschaft) initiiert hat und Bündnisse auf der lokalen Ebene einschließt, an denen sich die kommunale Verwaltung, Firmen, Tarifvertragsparteien, Kirchen und Verbände beteiligten,[281] standen aber eher die Interessen des Kapitals an einer Rekrutierung hoch qualifizierter wie motivierter (weiblicher) Arbeitskräfte als die Bedürfnisse der Kinder und ihrer Eltern im Vordergrund. Gleiches gilt hinsichtlich der Beeinflussung individueller Fertilitätsentscheidungen durch die Verbesserung des Angebotes von Kinderbetreuungsmöglichkeiten. Familienfreundlichkeit wird als „Standortfaktor" begriffen, der nicht nur die Lebensqualität in einer Kommune, sondern vor allem deren Attraktivität für Investoren sowie die regionale Wertschöpfungs- und Wirtschaftskraft erhöht.

Bert Rürup, der damals die rot-grüne Bundesregierung beriet, befürchtete durch die „Schrumpfung des Erwerbspersonenpotenzials" im demografischen Wandel einen Negativeffekt „für die Quantität des Humankapitals", dem seiner Ansicht nach durch eine politische Kursänderung begegnet werden musste: „Nachhaltige Familienpolitik zielt darauf ab, kurz- bis mittelfristig die Erwerbsquoten zu erhöhen und langfristig der Bevölkerungsschrumpfung entgegen zu wirken."[282] Dieses technokratische Konzept, in dem Familienpolitik als eine Variable der Volkswirtschaftlichen Gesamtrechnung fungiert, verbindet Maßnahmen zur Erhöhung der Geburtenrate mit solchen zur Erhöhung der Erwerbsquote von Frauen. Es geht seinen Vertreter(inne)n nicht in erster Linie darum, Eltern das Leben zu erleichtern und Kindern um ihrer selbst willen bessere Möglichkeiten des Aufwachsens zu bieten, sondern darum, die ökonomische Leistungskraft bzw. die internationale Wettbewerbsfähigkeit des „Standorts D" zu erhalten oder zu steigern: „Längerfristig sollte es das Ziel sein, die Erwerbsunterbrechung der Eltern bzw. insbesondere der Mütter relativ kurz zu halten, um der Entwertung des Humankapitals und damit einer Entqualifizierung entgegenzuwirken. Daher ist ein Ausbau der

---

280 Warnfried Dettling, Paradigmenwechsel: Familienpolitik für die nachindustrielle Gesellschaft, in: Neue Gesellschaft/Frankfurter Hefte 7-8/2005, S. 41
281 Vgl. Renate Schmidt/Liz Mohn (Hrsg.), Familie bringt Gewinn. Innovation durch Balance von Familie und Arbeitswelt, Gütersloh 2004; dies., Deutschland braucht mehr Kinder. Vertreter aus Politik, Wirtschaft und Gewerkschaften wollen eine neue „Allianz für Familie" schmieden, die allen Gewinn bringt, in: Frankfurter Rundschau v. 28.4.2004
282 Bert Rürup/Sandra Gruescu, Eine effektive und nachhaltige Familienpolitik führt zu wirtschaftlichem Wachstum, in: Sozialer Fortschritt 11-12/2005, S. 275

Kinderbetreuung unverzichtbarer Bestandteil einer nachhaltigen Familienpolitik."[283]

Bund und Länder vereinbarten am 12. Mai 2003 ein Investitionsprogramm „Zukunft Bildung und Betreuung", für das insgesamt 4 Mrd. EUR bereitgestellt wurden. Damit sollten für den Ganztagsbetrieb erforderliche Neubau-, Ausbau- und Renovierungsmaßnahmen sowie die Ausstattung der Schulen mit Kantinen, Bibliotheken, Labors, Räumen für Werkunterricht bzw. musische Bildung, Sportstätten, Aufenthaltsräumen und Medieneinrichtungen finanziert werden, während die Bundesländer das zusätzliche Personal bezahlen müssen, was besonders finanzschwachen Länderregierungen wie den ostdeutschen nicht eben leicht fällt. Die für Ganztagsschulen bis 2009 zur Verfügung stehenden Mittel haben zwar den Problemdruck gemildert, eine nachhaltige Lösung wurde damit jedoch nicht erreicht.

Renate Schmidt blieb nicht bei Maßnahmen zur Verbesserung der Bildungs- und Betreuungssituation von Schulkindern stehen, sondern brachte kurz vor dem Ende ihrer Amtszeit noch das *Gesetz zum qualitätsorientierten und bedarfsgerechten Ausbau der Tagesbetreuung und zur Weiterentwicklung der Kinder- und Jugendhilfe* auf den Weg, das die Krippenversorgung der Kinder unter 3 Jahren verbessern soll. Bis zum Jahr 2010 sollten mit Hilfe des *Tagesbetreuungsausbaugesetzes* (TAG) allein in den westlichen Bundesländern, wo der Schwerpunkt des Projekts liegt, 230.000 zusätzliche Betreuungsplätze entstehen. Eine gesetzliche Verpflichtung zur tariflichen Vergütung der Tagesmütter fehlte jedoch ebenso wie der Rechtsanspruch auf einen Krippenplatz. Umstritten war die Finanzierung einer „bedarfsgerechten" Anzahl von Krippen- und Tagespflegeplätzen aus durch Hartz IV eingesparten Mitteln seitens der Kommunen. Fraglich erschien auch, ob das vorher noch ausreichende, im Vergleich mit den westdeutschen Mangelverhältnissen sogar relativ umfassende Angebot mit Ganztagsplätzen in Krippe, Kindergarten und Hort angesichts der großen finanziellen Schwierigkeiten ostdeutscher Kommunen weiterhin Bestand haben würde.[284]

---

283 Ebd., S. 277; vgl. ergänzend: Bert Rürup/Sandra Gruescu, Nachhaltige Familienpolitik im Interesse einer aktiven Bevölkerungsentwicklung. Gutachten im Auftrag des Bundesministeriums für Familie, Senioren, Frauen und Jugend, Berlin 2003. Hier wird noch deutlicher, dass „nachhaltige Familienpolitik" als Kosename für eine pronatalistische Bevölkerungspolitik steht, weil dieser Begriff durch das NS-Regime noch immer diskreditiert ist.
284 Vgl. Siehe Karsten Hank/Michaela Kreyenfeld/C. Katharina Spieß, Kinderbetreuung und Fertilität in Deutschland, in: Zeitschrift für Soziologie 3/2004, S. 232

1.3.3 Fortsetzung der Reformen unter Angela Merkel: Sozial-, Familien- und Steuerpolitik nach dem Matthäus-Prinzip?

Trotz oder gerade wegen ihres ausgeprägten *Lager*wahlkampfes erreichten weder CDU/CSU und FDP noch SPD und Bündnis 90/Die Grünen bei der vorgezogenen Bundestagswahl am 18. September 2005 eine für die Regierungsbildung ausreichende Mehrheit. Gleichzeitig verhinderte die neue Linksfraktion im Bundestag zwar durch ihre pure Existenz, dass es für eines der beiden Lager zur parlamentarischen Stimmenmajorität reichte, ohne dass sie selbst jedoch stark genug war, um einen (sozial)politischen Kurswechsel erzwingen zu können. Als sich CDU/CSU und SPD nach wochenlangem Tauziehen darauf verständigten, gemeinsam Verantwortung in einer Bundesregierung zu übernehmen, die paritätisch zusammengesetzt sein sollte, und Angela Merkel am 22. November 2005 zur ersten deutschen Kanzlerin wählten, vollzogen sie nur offiziell nach, was informell aufgrund der ungleichen Mehrheitsverhältnisse in Bundestag und -rat sowie der Kooperation im Vermittlungsausschuss bereits seit Jahren funktioniert hatte: „Die gemeinsame Schnittmenge zwischen den Programmen aller (etablierten, *d. Verf.*) Parteien ist so groß geworden, dass das Land faktisch schon vor dem November 2005 von einer großen Koalition regiert wurde."[285]

Wie ihre Vorgängerin folgte die neue Bundesregierung der fragwürdigen Philosophie, wonach die Arbeitslosigkeit automatisch sinkt, wenn man mit den Beiträgen (der Arbeitgeber) zur Sozialversicherung die gesetzlichen „Lohn*neben*kosten" drückt. Es kommt aber gar nicht auf deren, vielmehr auf die Höhe der Lohn*stück*kosten an, welche in der Bundesrepublik wegen einer überproportional wachsenden Arbeitsproduktivität Jahr für Jahr weniger stark steigen als in den mit ihr konkurrierenden Ländern und zuletzt sogar sanken, was mit zu den steigenden Rekordexportüberschüssen beitrug.

Der damalige SPD-Vorsitzende Franz Müntefering übernahm das wiederhergestellte Bundesministerium für Arbeit und Soziales, bis ihn Olaf Scholz im November 2007 ablöste. Vizekanzler wurde nach seinem Rücktritt der sozialdemokratische Außenminister Frank-Walter Steinmeier, der als Chef des Bundeskanzleramtes unter Gerhard Schröder federführend die Agenda 2010 konzipiert hatte. Gleich zu Beginn machte Müntefering deutlich, dass mit Rentenerhöhungen vorläufig nicht zu rechnen sei, sondern in den nächsten Jahren mehrere „Nullrunden" anstünden. Rentenkürzungen schloss der Koalitionsvertrag zwar für die ganze Legislaturperiode aus, er sah aber zwecks Gewährleistung der Beitragssatzstabilität die Möglichkeit, „nicht realisierte Dämpfungen von Rentenanpassungen nachzuholen", sowie die „schrittweise, langfristige Anhebung des gesetzlichen Renteneintrittsalters"

---

285 Hans Mundorf, Nur noch Markt, das ist zu wenig, Mit einem Vorwort von Jürgen Peters, Hamburg 2006, S. 195

vor.[286] Während mit dem „Nachholfaktor" im Rentenrecht erreicht werden soll, dass Kürzungen, auf die zunächst verzichtet wurde, in Erhöhungsphasen letztlich doch noch – weniger spektakulär – wirksam werden, wollten CDU, CSU und SPD die Lebensarbeitszeit unter Hinweis auf den demografischen Wandel verlängern und 2007 die gesetzliche Grundlage für eine 2012 beginnende und für den ersten Jahrgang bis spätestens 2035 abgeschlossene Anhebung der Regelaltersgrenze von 65 auf 67 Jahre schaffen.

Völlig unerwartet preschte Müntefering im Januar 2006 mit der Idee vor, das gesetzliche Renteneintrittsalter schneller anzuheben, als es die Rürup-Kommission empfohlen und der Koalitionsvertrag festgeschrieben hatte: Nach dem im Frühjahr 2007 auf Drängen des damaligen Vizekanzlers gefassten Beschluss erhöht sich das Regelrentenalter im Jahr 2012 für den Geburtsjahrgang 1947 um einen und für Folgejahrgänge jedes Jahr um einen weiteren Monat, bis der Jahrgang 1958 im Alter von 66 eine abschlagsfreie Rente ab 2023 bezieht; für die Folgejahrgänge beschleunigt sich die Anhebung der Altersgrenze um jeweils 2 Monate pro Jahr, bis der Jahrgang 1964 bereits 2029 erst mit 67 in Rente gehen kann. Angesichts der Tatsache, dass die meisten deutschen Unternehmen gar keine Arbeitnehmer/innen über 50 beschäftigen, führt diese „Reform" zu weiteren Rentenkürzungen, zwingt sie doch noch mehr Beschäftigte, vor Erreichen der Regelaltersgrenze – und das heißt: mit entsprechenden Abschlägen sowie einem steigenden Armutsrisiko – in den Ruhestand zu gehen. Als schon jetzt absehbare Folge dieser Rentenpolitik dürfte es künftig auch wieder eine (Re-)Seniorisierung der Armut geben.

Die in zwei SGB-II-Änderungsgesetzen und im *Hartz-IV-Fortentwicklungsgesetz* der CDU/CSU/SPD-Koalition, das zuerst großspurig „Optimierungsgesetz" heißen sollte, enthaltenen „Korrekturen" an der rot-grünen Arbeitsmarktreform liefen trotz einzelner Verbesserungen für die Langzeitarbeitslosen größtenteils auf eine Kürzung des Leistungsumfangs, wenn auch nicht des Regelsatzes, sowie eine Verschärfung der Kontrollmaßnahmen hinaus. Mittels der Einführung obligatorischer Außen- bzw. Prüfdienste wollte man Leistungsmissbrauch aufdecken und die Kosten senken. Die am 1. April 2006, am 1. Juli 2006, am 1. August 2006 und am 1. Januar 2007 in Kraft getretenen Regelungen, mit denen jährlich mehrere Mrd. EUR eingespart werden sollen, kann man durchaus als „Hartz V" bezeichnen, stellen sie doch eine Fortsetzung und massive Verschärfung des Drucks auf Arbeitsuchende dar. Zu den hiervon Betroffenen gehören neben Heranwachsenden und jungen Erwachsenen, die – obwohl volljährig – ohne Erlaubnis ihrer ARGE (Arbeitsgemeinschaft von Agentur für Arbeit und örtlicher Sozialbehörde) keinen eigenen Hausstand gründen dürfen, auch Frauen ohne und mit Kindern. Dorothee Fetzer spricht von einer „Großoffensive der Verfolgungsbetreu-

---

286 Siehe CDU Deutschlands/CSU Landesleitung/SPD Deutschlands (Hrsg.), Gemeinsam für Deutschland, Rheinbach o.J. (2005), S. 96

ung", wie man in Gewerkschaftskreisen und Arbeitsloseninitiativen die Drangsalierung der Leistungsempfänger/innen nennt: „Gemeint ist damit, zielgerichtet und absichtlich erwerbslose Menschen durch überzogene Anforderungen, z.b. an den Umfang ihrer Bewerbungsbemühungen, an ihre Flexibilität oder durch verschärfte Kontrollen aus dem Leistungsbezug auszugrenzen bzw. ihnen die Leistungen zu kürzen."[287]

Während des lautstark gefeierten Konjunkturaufschwungs 2006/07 ging die Erwerbslosigkeit zwar auf ca. 3,5 Mio. registrierte Stellensuchende, also nicht unwesentlich zurück. Dafür maßgeblich dürften jedoch kaum die Hartz-Gesetze bzw. die deutsche Arbeitsmarkt- und Beschäftigungspolitik, sondern die Weltmarktentwicklung und der anhaltende Exportboom gewesen sein. Jörg Melz und Lars Niggemeyer weisen zudem darauf hin, dass heute sehr viel weniger Menschen in Vollzeit beschäftigt sind als vor der Jahrtausendwende, die tatsächliche Arbeitsplatzlücke durch den Blick auf die Zahl der amtlich registrierten Erwerbslosen verstellt wird und über 8 Mio. Personen in der Bundesrepublik arbeitslos oder unterbeschäftigt sind: „Mehrere Millionen von Arbeitssuchenden gelten offiziell nicht als arbeitslos: Zum Teil befinden sie sich in ‚Maßnahmen' der Arbeitsagentur (Ein-Euro-Jobs, ABM, Förderung der Selbständigkeit, Qualifizierung), zum Teil werden sie aus der Statistik ‚ausgesteuert' (über-58jährige), zum Teil haben sie sich aufgrund fehlender Anspruchsberechtigung gar nicht bei der Agentur gemeldet (sogenannte Stille Reserve)."[288] Abgesehen davon, dass ein Großteil der neu entstandenen Stellen nur prekäre Beschäftigungsverhältnisse, nämlich befristete, Teilzeit- oder Leiharbeitsplätze waren, ging der Wirtschaftsaufschwung schließlich offenbar gerade an vielen Alleinerziehenden vorbei, weil es diesen an einer Möglichkeit zur Kinderbetreuung mangelte und/oder Arbeitgeber sie für zu unflexibel hielten und ihnen andere Bewerber/innen vorzogen.

1.3.3.1 Einführung des Elterngeldes und Schaffung von mehr Krippenplätzen: Bekämpfung der Armut von oder der Armut an Kindern?

Nach dem Regierungswechsel im November 2005 fiel das Familienministerium an die Union, die es mit Ursula von der Leyen besetzte, einer Tochter des früheren niedersächsischen Ministerpräsidenten Ernst Albrecht (CDU), Ärztin und siebenfachen Mutter. Man kann von der Leyen als Modernisiererin mit wertkonservativem Einschlag bezeichnen. Zusammen mit der Deutschen Bischofskonferenz und der Evangelischen Kirche sowie deren Fach-

---

287 Dorothee Fetzer, Verfolgungsbetreuung, Schikanen und Verletzungen der Privat- und Intimsphäre, in: Agenturschluss (Hrsg.), Schwarzbuch Hartz IV. Sozialer Angriff und Widerstand – eine Zwischenbilanz, Berlin/Hamburg 2006, S. 31f.
288 Jörg Melz/Lars Niggemeyer, Sieben Millionen ohne Arbeit, in: Blätter für deutsche und internationale Politik 11/2007, S. 1291

und Wohlfahrtsverbänden rief die neue Familienministerin im April 2006 ein „Bündnis für Erziehung" ins Leben,[289] das sich anfangs auf Spitzenvertreter der beiden christlichen Konfessionen beschränkte. Gleichzeitig suchte Ursula von der Leyen den Realitäten der Arbeitswelt sowie den daraus für Frauen und Familien erwachsenden Zwängen besser Rechnung zu tragen. Familienist für sie nicht zuletzt Wachstumspolitik, die eng mit Wirtschafts- und Wissenschaftsförderung zusammenhängt: „Es geht darum zu erkennen, dass eine Gesellschaft, die sich nicht ausreichend um den Nachwuchs sorgt, ihre eigenen sozialen und ökonomischen Grundlagen zerstört."[290] Unter einer stärkeren Förderung der Familien verstand Ursula von der Leyen hauptsächlich die Einführung des Elterngeldes, die Finanzierung von Modellprojekten zum Mehrgenerationenhaus, die Unterstützung der Kommunen beim Ausbau der Kinderbetreuungsangebote für Unter-3-Jährige und die Fortsetzung des Ausbaus von Ganztagsschulen.

Während der rot-grünen Regierungszeit hatten sich SPD und CDU in der Familienpolitik spürbar angenähert. Nicht zuletzt unter dem Eindruck miserabler Wahlergebnisse bei jungen Frauen in den Großstädten ließen die führenden Unionspolitiker/innen das konservative Familienbild ihrer Partei hinter sich und akzeptierten nunmehr die Existenz moderner Patchwork- bzw. Ein-Elternteil-Familien, wie folgender Satz aus der ersten Regierungserklärung von Angela Merkel unterstreicht: „Familie ist überall dort, wo Eltern für Kinder und Kinder für Eltern dauerhaft Verantwortung tragen."[291] Wenig überraschen konnte denn auch die Tatsache, dass Ursula von der Leyen den Kurs ihrer Amtsvorgängerin Renate Schmidt im Wesentlichen fortführte, womit sie jedoch heftigen Widerstand auf dem (national)konservativen Flügel ihrer Partei und großer Teile der CSU auslöste. So warf ihr der Augsburger Bischof Walter Mixa im Februar 2007 wegen ihrer Bemühungen um die Schaffung von mehr öffentlichen Betreuungsplätzen auch für Unter-3-Jährige und ihrer Ablehnung des zunächst nur von der CSU geforderten „Betreuungsgeldes" für auf eine Krippenunterbringung ihrer Kinder verzichtende Eltern vor, Mütter zu „Gebärmaschinen" herabzuwürdigen. „Nicht klar war dabei, ob er damit lediglich das traditionelle Küche-Kinder-Kirche-Ideologem der Katholiken verteidigen oder durch den Gebrauch des Worts ‚Gebärmaschine' eine Verbindung zwischen der heutigen und der nationalsozialistischen Familienpolitik herstellen wollte."[292]

---

289 Vgl. Albert Biesinger/Friedrich Schweitzer (Hrsg.), Bündnis für Erziehung. Unsere Verantwortung für gemeinsame Werte, Freiburg im Breisgau/Basel/Wien 2006
290 Ursula von der Leyen, Familienpolitik ist Wachstumspolitik. Kinder als Karrieremotor, in: Die Politische Meinung 414 (2004), S. 74
291 Mehr Freiheit wagen. Auszüge aus der ersten Regierungserklärung von Bundeskanzlerin Angela Merkel vor dem Deutschen Bundestag, in: Frankfurter Rundschau v. 1.12.2005
292 Wolfgang Wippermann, Autobahn zum Mutterkreuz. Historikerstreit der schweigenden Mehrheit, Berlin 2008, S. 25; vgl. ergänzend: Edmund Budrich, Der Streit um die

Die erste familienpolitische Maßnahme der Großen Koalition war eine Verbesserung der steuerlichen Absetzbarkeit von Kinderbetreuungskosten. Nach langwierigen Verhandlungen zwischen Bundesfinanzminister Peer Steinbrück und der zuständigen Fachministerin einerseits sowie führenden Repräsentant(inn)en von CDU, CSU und SPD andererseits einigte man sich auf folgende Modalitäten: Alleinerziehende und zusammenlebende Paare, die beide berufstätig sind und sich als Doppelverdiener/innen eine Tagesmutter oder Kinderfrau für ein im Haushalt lebendes Kind leisten können, das jünger als 14 Jahre ist, dürfen die Aufwendungen dafür bis zum Höchstbetrag von 4.000 EUR zu zwei Dritteln als Werbungskosten bzw. Betriebsausgaben absetzen. Außerdem können Alleinverdienerpaare mit Kindern, die zwar das 3., aber noch nicht das 6. Lebensjahr vollendet haben, nunmehr zwei Drittel der Kinderbetreuungskosten bis zum selben Höchstbetrag als Sonderausgaben vom Gesamtbetrag ihrer Einkünfte unter Vorlage einer Rechnung oder eines KiTa-Gebührenbescheides sowie eines Zahlungsnachweises abziehen.

Während sozial benachteiligte Familien, die aufgrund eines fehlenden oder zu geringen Einkommens keine Steuern zahlen, überhaupt nicht in den Genuss dieser Regelungen kommen, die bezeichnenderweise Teil des *Gesetzes zur steuerlichen Förderung von Wachstum und Beschäftigung* waren, profitieren Besserverdienende überdurchschnittlich davon. In dem bei internationalen Schulleistungsvergleichen überaus erfolgreichen Finnland waren Steuerfreibeträge dieser Art schon 1994 „gänzlich abgeschafft" worden, weil sie Familien mit höheren Einkommen aufgrund des Progressionstarifs begünstigen, Alleinerziehende benachteiligen und indirekt das männliche Alleinernährermodell (Hausfrauenehe mit Kindern) unterstützen: „Im Gegenzug wurde das Kindergeld erhöht, das universal an alle Kinder im Alter von 0 bis 17 Jahren in gleicher Höhe und unabhängig vom elterlichen Einkommen gezahlt wird."[293]

Als ein Kernelement der schwarz-roten Familienpolitik gilt das Elterngeld, dessen Einführung bereits Renate Schmidt betrieben hatte, welches aber erst von der Großen Koalition zum 1. Januar 2007 verwirklicht wurde. Seither bekommt jener Elternteil, der das Kind unter vorübergehender Aufgabe oder Reduktion seiner Berufstätigkeit auf höchstens 30 Wochenstunden betreut, eine bei 1.800 EUR pro Monat gedeckelte Lohnersatzleistung in Höhe von 67 Prozent des Nettoerwerbseinkommens. Obwohl das Elterngeld nicht – wie im Koalitionsvertrag angekündigt und von der CSU verlangt – auf die Sozialhilfe bzw. das Arbeitslosengeld II angerechnet wird, haben deren Be-

---

Kinderkrippen, in: Gesellschaft – Wirtschaft – Politik 2/2007, S. 255ff.; Annett Mängel, Kampf um die Krippe, in: Blätter für deutsche und internationale Politik 4/2007, S. 399ff.

293 Aila-Leena Matthies, Was wirkt gegen Kinderarmut?, Finnland – ein Beispiel des nordischen familienpolitischen Modells, in: Margherita Zander (Hrsg.), Kinderarmut, a.a.O., S. 63

zieher/innen, Studierende und Geringverdiener/innen (darunter überdurchschnittlich viele Frauen), die Kinder bekommen, gegenüber der früher geltenden Regelung ausschließlich Nachteile. Denn bisher wurde ihnen das Erziehungsgeld in Höhe von 300 EUR pro Monat 2 Jahre lang oder als sog. Budget in Höhe von 450 EUR 1 Jahr lang gezahlt. Elterngeld gibt es dagegen nur für 1 Jahr; Erwerbstätigen werden unter bestimmten Voraussetzungen 2 (Partner-)Monate zusätzlich gewährt; sein Sockelbetrag, mit dem Studierende, Sozialhilfebezieher/innen, Arbeitslose und Geringverdiener/innen auskommen müssen, liegt gleichfalls bloß bei 300 EUR.

Während das Elterngeld unter gleichstellungspolitischen Aspekten zweifellos einen Fortschritt darstellt, weil deutlich mehr Männer beruflich kürzer treten und sich zumindest für 2 (Partner-)Monate um die Erziehung ihrer Kinder kümmern, ist es sozialpolitisch höchst problematisch. Einerseits wird das Elterngeld den sich ausdifferenzierenden Lebensentwürfen von Männern und Frauen sowie deren Wunsch nach einer besseren Vereinbarkeit von Beruf und Familie eher gerecht als das Erziehungsgeld. Andererseits nimmt es zu wenig Rücksicht auf die miserable Arbeitsmarktsituation und die schwierige soziale Lage vieler Familien. Zumindest ein Teil der Eltern ist heute im Leistungsbezug schlechter gestellt als bis zum 31. Dezember 2006. Man muss nicht gleich von einem „Windelgeld für Besserverdienende und Reiche" sprechen,[294] um im Elterngeld ein sozialpolitisches Paradox zu sehen: Damit subventioniert der Staat jene Anspruchsberechtigten am meisten, die es am wenigsten nötig haben. Mithin bekommen relativ Gutbetuchte auf Kosten schlechter Gestellter mehr (Eltern-)Geld, das vornehmlich hoch qualifizierte, gut verdienende Frauen motivieren soll, mehr Kinder zu bekommen und anschließend möglichst schnell wieder in den Beruf zurückzukehren.

Auch ein historischer Vergleich lohnt: 1986 trat das Erziehungsgeld an die Stelle des bis dahin gewährten Mutterschaftsurlaubsgeldes, das nur *erwerbstätige* Frauen erhielten, ursprünglich in Höhe von 750 DM (383,47 EUR) pro Monat gezahlt, von der CDU/CSU/FDP-Regierung unter Helmut Kohl zuerst auf 510 DM (260,76 EUR) monatlich gekürzt und später durch das Erziehungsgeld in Höhe von 600 DM (306,78 EUR) ersetzt wurde. Damit sollten Mütter motiviert werden, sich für 2 Jahre aus der Erwerbsarbeit zurückzuziehen und auf die Familienarbeit zu konzentrieren oder erst gar nicht auf den Arbeitsmarkt zu drängen, wodurch man das traditionelle Geschlechterarrangement zementierte. Die *berufstätigen* Mütter benachteiligte das *Gesetz über die Gewährung von Erziehungsgeld und Erziehungsurlaub*, indem das Mutterschafts- mit dem Erziehungsgeld verrechnet und der Mutterschutz gleich in mehrfacher Hinsicht eingeschränkt wurde. Statt die Vereinbarkeit von qualifizierter Erwerbsarbeit und Kinderbetreuung zu fördern, machte das Gesetz die Zahlung von Erziehungsgeld davon abhängig, dass Mütter (oder in seltenen Ausnahmefällen: Väter) eine solche Berufstätigkeit aufgaben oder

---

294 Siehe Nadja Klinger/Jens König, Einfach abgehängt, a.a.O., S. 203

gar nicht erst aufnahmen. Das Elterngeld hat nun wieder mehr Ähnlichkeit mit dem Mutterschaftsurlaubs- als mit dem Erziehungsgeld. Schweden, das in diesem Zusammenhang als Vorbild genannt wird, hat das Elterngeld zwar schon 1973/74 eingeführt, den Grundbetrag für die nicht erwerbstätigen Mütter gegenüber der bis dahin gültigen Regelung (Grundgeld der Mutterschaftsversicherung) jedoch gleichzeitig deutlich erhöht.[295] Bei dem dortigen Elterngeld handelt es sich um eine an die Krankenversicherung gekoppelte Versicherungsleistung; wenn jemand gut verdient und sein Arbeitgeber (!) für ihn gesetzlich festgelegte Beiträge an die Elternversicherung entrichtet, bekommt er bzw. sie auch mehr ausgezahlt, sobald ein Kind betreut wird. Göran Persson, von 1996 bis 2006 schwedischer Ministerpräsident, wies darauf hin, „dass der Erfolg nicht so groß ausgefallen wäre, wenn wir nicht gleichzeitig auf einen umfangreichen Ausbau einer hochqualitativen Kinderbetreuung gesetzt hätten."[296] In dem skandinavischen Pionierland stand das Elterngeld in einem öffentlichen Diskurs, der auf die Verwirklichung von mehr Geschlechtergerechtigkeit (Gleichstellung von Mann und Frau) und auf sozialen Fortschritt abzielte.

Hauptmanko des Elterngeldes ist seine soziale Unausgewogenheit. Während es dem Prinzip der *Bedarfs*gerechtigkeit diametral widerspricht, folgt es dem Grundsatz der *Leistungs*gerechtigkeit. Diesen hat Peer Steinbrück während seiner Tätigkeit als nordrhein-westfälischer Ministerpräsident als Leitlinie vorgegeben: „Soziale Gerechtigkeit muss künftig heißen, eine Politik für jene zu machen, die etwas für die Zukunft unseres Landes tun: die lernen und sich qualifizieren, die arbeiten, die Kinder bekommen und erziehen, die etwas unternehmen und Arbeitsplätze schaffen, kurzum, die Leistung für sich und unsere Gesellschaft erbringen. Um die – und nur um sie – muss sich Politik kümmern."[297] Was Steinbrück hier mit geradezu zynischer Klarheit formuliert, pervertiert den Gerechtigkeitsbegriff und stellt einen Bruch mit dem Sozialstaatsgebot des Grundgesetzes (Art. 20 Abs. 1 und Art. 28 Abs. 1 Satz 1 GG) dar, weil die Gesellschaft durch eine solche Politik noch stärker gespalten wird.

Wie schon die Einführung des Erziehungsgeldes, so fand auch die Einführung des Elterngeldes im Rahmen eines pronatalistischen Diskurses statt. Über die Demografie und damit verbundene Probleme wie den Geburtenrückgang, abnehmende Fertilitätsraten oder den angeblichen „Bevölkerungsschwund" wurde in Deutschland seit dem Zweiten Weltkrieg noch nie so rege diskutiert wie gegenwärtig. Dabei erscheint die demografische Entwick-

---

295 Vgl. Wiebke Kolbe, Elternschaft im Wohlfahrtsstaat, a.a.O., S. 226
296 Siehe Göran Persson, Das schwedische Projekt des Elterngeldes, in: Neue Gesellschaft/Frankfurter Hefte 7-8/2005, S. 41
297 Peer Steinbrück, Etwas mehr Dynamik bitte. Soziale Gerechtigkeit heißt heute: Der Staat muss mehr Geld in Bildung und Familien investieren. Für Gesundheit, Alter und Pflege hingegen werden die Bürger stärker selbst vorsorgen müssen, in: Die Zeit v. 13.11.2003

lung in Öffentlichkeit, Massenmedien und Politik fast ausnahmslos als Krisen- bzw. Katastrophenszenario, das zu einer Anpassung der sozialen Sicherungssysteme durch Kürzung von Leistungen, Verschärfung der Anspruchsvoraussetzungen und Privatisierung von Risiken zwingt.[298]

Neben dem quantitativen spielt auch der qualitative Pronatalismus wieder eine wachsende Rolle. *Bild am Sonntag* zitierte Daniel Bahr, den Sprecher der FDP-Bundestagsfraktion für demografische Entwicklung und Mitglied des Bundesvorstandes seiner Partei, am 23. Januar 2005 mit den Worten: „In Deutschland kriegen die Falschen die Kinder. Es ist falsch, daß in diesem Land nur die sozial Schwachen die Kinder kriegen." Weiter hatte Bahr gesagt: „Wir brauchen mehr Kinder von Frauen mit Hochschulabschluß als von jenen mit Hauptschulabschluß." Auch der *Spiegel* (v. 12.9.2005) klagte in einem Artikel unter dem Titel „Generation Kinderlos", besonders Akademiker/innen blieben oft ohne Nachwuchs: „Die Elite der Republik reproduziert sich nicht."[299] Dass die an den Pranger gestellten Akademikerinnen überhaupt nicht „in den Gebärstreik" getreten waren, sondern zahlreichen Medienberichten unzureichende oder falsche Daten zugrunde lagen,[300] ging beinahe unter. Es blieb jedoch nicht bei fragwürdigen Pressemeldungen, vielmehr reagierte die Große wie schon die rot-grüne Koalition auf Alarmrufe im Hinblick auf die abnehmende Fruchtbarkeit von Hochqualifizierten, indem sie das Elterngeld als Instrument zur Steigerung der Geburtenrate diskutierte. Steffen Reiche, SPD-Bundestagsabgeordneter und früherer Bildungs- und Wissenschaftsminister des Landes Brandenburg, bemerkte dazu treffend: „Mit dem Elterngeld will man bewusst auch besser verdienende Eltern anregen, wieder mehr Kinder zu bekommen. Man erhofft sich davon, dass auch die Gruppe mit der vermeintlich besseren genetischen Disposition einen höheren Beitrag zur demografischen Entwicklung leistet."[301]

---

298 Vgl. hierzu: Christoph Butterwegge, Demographie als Ideologie? – Zur Diskussion über Bevölkerungs- und Sozialpolitik in Deutschland, in: Peter A. Berger/Heike Kahlert (Hrsg.), Der demographische Wandel. Chancen für die Neuordnung der Geschlechterverhältnisse, Frankfurt am Main/New York 2006, S. 53ff.; Christoph Butterwegge, Legendenbildung zur Bevölkerungsentwicklung. Wie die Demografie den Um- bzw. Abbau des Wohlfahrtsstaates und die Privatisierung sozialer Risiken rechtfertigt, in: Matthias Bohnet u.a. (Hrsg.), Wohin steuert die Bundesrepublik? – Einige Entwicklungslinien in Wirtschaft und Gesellschaft, Frankfurt am Main 2007, S. 43ff.
299 Vgl. zur Kritik: Günter Keil/Gisela Bruschek, Generation Kinderlos. Jenseits von Zeugungsstreik und Gebärzwang, München 2008
300 Christiane Hug-von Lieven, Kinderlosigkeit in Deutschland, in: Eva Barlösius/Daniela Schiek (Hrsg.), Demographisierung des Gesellschaftlichen. Analysen und Debatten zur demographischen Zukunft Deutschlands, Wiesbaden 2007, S. 52: „Der Anteil der Kinderlosigkeit von Akademikerinnen wird weitgehend überschätzt."
301 Steffen Reiche, Bildungsgerechtigkeit statt elitärer Geldgeschenke. Das Elterngeld befördert Mitnahme-Effekte, aber keine Gerechtigkeit, in: spw – Zeitschrift für Sozialistische Politik und Wirtschaft 148 (2006), S. 5

Elterngeld, so scheint es, soll weniger die Armut *von* Kindern als die Armut *an* Kindern bekämpfen. Weder das Elterngeld noch die von der Großen Koalition realisierte Verbesserung der steuerlichen Absetzbarkeit von Kinderbetreuungskosten lösen die finanziellen Probleme sozial benachteiligter Familien. Da diese aufgrund ihres fehlenden oder zu geringen Einkommens überhaupt keine Steuern zahlen, kommen sie gar nicht in den Genuss dieser Maßnahme, während Besserverdienende, die sich eine Tagesmutter oder eine Kinderfrau leisten und zwei Drittel der Aufwendungen dafür wenn auch nicht in unbegrenzter Höhe als Werbungskosten absetzen können, überdurchschnittlich davon profitieren.

Bundesfamilienministerin von der Leyen weiß, dass genügend und qualitativ hochwertige Betreuungsmöglichkeiten vorhanden sein müssen, damit die Mütter/Väter von Kleinkindern sofort nach der Elternzeit wieder in den Beruf zurückkehren. Deshalb setzt sie auf die Verbesserung der sozialen Infrastruktur für Familien. Auf einem von ihr veranstalteten „Krippengipfel" am 2. April 2007 verständigten sich Bund, Länder und kommunale Spitzenverbände, bis zum 31. Juli 2013 schrittweise ein bedarfsgerechtes Betreuungsangebot für durchnittlich 35 Prozent der Kinder unter 3 Jahren zu schaffen. An den Investitionskosten beteiligt sich der Bund durch Bereitstellung eines Sondervermögens in Höhe von 2,15 Mrd. EUR, das mit dem *Kinderbetreuungsfinanzierungsgesetz* eingerichtet wurde. Weitere 1,85 Mrd. EUR wird der Bund zur Finanzierung der laufenden Betriebskosten beisteuern. Im sog. *Kinderförderungsgesetz* wurde festgelegt, dass Kinder nach Vollendung des 1. Lebensjahres ab 1. August 2013 einen Rechtsanspruch auf den Besuch einer Tagescinrichtung oder Förderung in Kindertagespflege haben. Gleichzeitig sollen Eltern, die ihr Kind bis zur Vollendung des 3. Lebensjahres nicht in einer Tageseinrichtung betreuen lassen wollen oder können, „eine monatliche Zahlung (zum Beispiel Betreuungsgeld)" erhalten. Genauso problematisch wie eine solche „Herdprämie" erscheint die staatliche Förderung privatgewerblicher Anbieter von Krippenplätzen, wie sie das von CDU und FDP regierte Land Nordrhein-Westfalen mit seinem gegen breiten Widerstand von Elterninitiativen, Erzieher(inne)n, Gewerkschaften und Wohlfahrtsverbänden durchgesetzten *Kinderbildungsgesetz* (KiBiz) ab 1. August 2008 vorexerziert, weil die soziale Kluft zwischen den betreuten Kindern durch eine solche Teilprivatisierung und Marktöffnung des KiTa-Bereichs vertieft wird. Dem neoliberalen Zeitgeist folgend, erklärte selbst ein *taz*-Kommentar entsprechende Pläne der Bundesfamilienministerin für „begrüßenswert", da „ein wenig Konkurrenz" auf gemeinnützige KiTas „durchaus belebend wirken" könne.[302]

---

302 Siehe Cosima Schmitt, Konkurrenz der Krabbelgruppen. Es schadet nicht, wenn private Kitas gefördert werden, in: taz v. 20./21.3.2008

1.3.3.2 Erhöhung der Mehrwertsteuer und Entlastung der Firmenerben von betrieblicher Erbschaftsteuer

Obwohl die SPD eine Mehrwertsteuererhöhung im Bundestagswahlkampf 2005 als „Merkelsteuer" abqualifiziert und ihrerseits kategorisch ausgeschlossen, aber auch die Union nur eine Anhebung um 2 Prozentpunkte verkündet hatte, stiegen die Mehrwert- und Versicherungssteuer nach Bildung der Großen Koalition zum 1. Januar 2007 von 16 auf 19 Prozent. Das belastete nicht nur die Konjunktur, sondern vor allem Familien, besonders jene von Geringverdienern, die einen Großteil ihres Einkommens in den Alltagskonsum stecken (müssen), weshalb sie diese als unumgänglicher Schritt zur Haushaltskonsolidierung legitimierte Maßnahme der Bundesregierung automatisch viel stärker trifft als Besserverdienende (ohne Kinder). Indirekte bzw. Verbrauchssteuern sind nun einmal unsozial, weil sie die Leistungsfähigkeit und die finanzielle Lage der Steuerpflichtigen nicht genügend berücksichtigen.

Als die Kinderarmut ausgerechnet auf dem Gipfelpunkt des Konjunkturaufschwungs einen tragischen Rekordstand erreichte, beschäftigte sich zum ersten Mal überhaupt eine Bundesregierung damit. Auf ihrer Klausursitzung in Schloss Meseberg (23./24. August 2007) diskutierte sie das Thema ausführlich und erteilte Prüfaufträge an die zuständigen Ressorts unter Einschluss der Entwicklung eines Eckpunktepapiers zur Reform des Kinderzuschlages, beschloss aber kein Sofortprogramm zur Verringerung von Not und Elend der Jüngsten. Familienministerin Ursula von der Leyen befürwortete die Entfristung, Entbürokratisierung und Ausweitung des Kinderzuschlages, der berufstätige, aber niedrig entlohnte Eltern davor bewahren soll, Arbeitslosengeld II in Anspruch nehmen zu müssen.

Franz Müntefering, damals sowohl Arbeits- und Sozialminister wie auch Vizekanzler im Kabinett Merkel, wollte den Kinderzuschlag durch Ausweitung des Kreises der Anspruchsberechtigten auf Geringverdiener/innen ohne Nachwuchs in einen Erwerbstätigenzuschuss (mit Kinderkomponente) umwandeln. Müntefering, der einen umfassenderen Ansatz vertrat, hielt drei Wege für besonders wirkungsvoll, um Armut zu bekämpfen: Arbeit, Bildung und Transferleistungen.[303] Von einem flächendeckenden Mindestlohn, den die Unionsparteien vehement bekämpften, erhoffte sich Müntefering die Förderung „guter Arbeit", die fair bezahlt werde und vor Hilfebedürftigkeit bewahre. Teilweise recht drastische Preissteigerungen bei Nahrungsmitteln, Gas und Strom, die seinerzeit gerade für Schlagzeilen sorgten, wollte Müntefering durch die rechtzeitige Überprüfung des Anpassungsmechanismus beim Existenzminimum (Sozialhilfe, Grundsicherung im Alter und bei Erwerbs-

---

303 Vgl. hierzu und zum Folgenden: Franz Müntefering, Weniger Armut ist möglich. Mitten im Wohlstand leben Menschen im Mangel. Arbeit, Bildung und Sozial-Transfers sind die Mittel dagegen, in: Frankfurter Rundschau v. 20.9.2007

Um- bzw. Abbau des Wohlfahrtsstaates: Anspruch und Wirklichkeit 105

minderung, Arbeitslosengeld II und steuerfreies Existenzminimum) auffangen. Bildungsarmut wollte Müntefering durch einen weiteren Ausbau der Betreuungseinrichtungen für Unter-3-Jährige und Durchsetzung eines Rechtsanspruchs darauf verringern. „Es ist richtig und muss forciert werden, dass Länder und Kommunen sich bemühen, Betreuungsangebote kostengünstig oder kostenfrei zu stellen."[304] Statt reiner Zahlbeträge für die Familien erwog Müntefering eine Gutschein- oder eine damit vergleichbare Lösung, wobei ihm ein kostenfreies bzw. -günstiges Essen in der Schule/KiTa oder niedrige Gebühren für deren Besuch überhaupt vorschwebte.

In der Folgezeit ging es wieder stärker um die Frage, ob und um wie viel das Kindergeld im Jahr 2009 erhöht werden solle. Während die SPD zunächst ganz darauf verzichten und später zumindest noch die Hälfte des gesparten Geldes in eine weitere Verbesserung der Betreuungsinfrastruktur stecken wollte, verlangten die Unionsparteien vornehmlich in den Landtagswahlkämpfen 2007/08 eine deutliche Erhöhung des Kindergeldes. Dabei war klar, dass diese vor allem der eigenen Klientel zugute kommen würde, wohingegen Transferleistungsempfänger/innen, denen man Kindergelderhöhungen auf das Sozialgeld bzw. die Sozialhilfe anrechnet, davon nichts hätten. Dieser wichtige Aspekt spielte in der öffentlichen Diskussion kaum eine Rolle, während man durchaus die Befürchtung äußerte, dass Eltern aus bildungsfernen bzw. Unterschichten monetäre Transfers zweckentfremden und zur Erfüllung eigener Konsumwünsche („modernste Unterhaltungselektronik und Flachbildschirme") abzweigen könnten. Familienministerin Ursula von der Leyen befürwortete – vermutlich nicht zuletzt aus bevölkerungspolitischen Gründen – eine gestaffelte Erhöhung des Kindergeldes, die Großfamilien zugute kommen sollte.

Zieht man eine Zwischenbilanz, so fällt auf, dass die Große Koalition zwar die Bildungs- und Betreuungssituation der (Klein-)Kinder mit vielfältigen Programmen und Gesetzesinitiativen zu verbessern suchte, aber hinsichtlich der monetären Familienförderung entweder nach dem Gießkannenprinzip verfuhr oder die Finanzmittel sogar auf die Besserverdienenden konzentrierte, statt damit schwerpunktmäßig und gezielt sog. Problemfamilien zu unterstützen. Die negativen Auswirkungen von „Sparmaßnahmen" im Jugend-, Sozial- und Gesundheitsbereich wie auch bei den Bundeszuschüssen zum öffentlichen Nahverkehr (Kürzung der sog. Regionalisierungsmittel) beeinträchtigen die Zukunftsperspektiven der künftigen Generationen. Dazu zählt ebenfalls die Beschneidung der Bundeskompetenzen im Bildungsbereich, weil die Föderalismusreform mit dem „Wettbewerbsföderalismus" einer desaströsen Konkurrenz zwischen den Bundesländern nunmehr Tür und Tor öffnet, was den (Hoch-)Schülern in finanzschwachen Ländern besonders schadet, können die guten Lehrkräfte doch leichter abgeworben werden. „Der

---

304 Ebd.

Wettbewerbsföderalismus liefert (...) die schwächsten Mitglieder der Gesellschaft, die Kinder, endgültig dem Markt aus."[305]

Auch nach dem Regierungswechsel wurde der Wohlfahrtsstaat in einer Weise reformiert, die Kinderarmut nicht reduziert, sondern zementiert und zum Teil selbst produziert hat. „Alle jüngeren Maßnahmen in der Reform des Sozialsystems gehen zu Lasten von Familien und Minderjährigen."[306] Sofern weiterhin „Selbstverantwortung", „Eigenvorsorge" bzw. „Privatinitiative" zum Dreh- und Angelpunkt eines Um- bzw. Abbaus des Sozialstaates gemacht wird, dürfte das Problem kaum zu lösen sein. Denn die betroffenen Familien entsprechen nicht dem neoliberalen Wunschbild, sondern sind auf staatliche Unterstützung angewiesen, um ein gedeihliches Aufwachsen ihrer Kinder zu gewährleisten.

Was man in polemischer Zuspitzung als eine Familienpolitik nach dem Matthäusprinzip bezeichnen kann, weil sie dem biblischen Motto „Wer hat, dem wird gegeben ..." folgt, also eher Wohlhabenden und Besserverdienenden zugute kommt, während die sozial Benachteiligten und Bedürftigen leer ausgehen, setzten CDU, CSU und SPD mit der Erbschaftsteuerreform 2008 fort. Nach jahrelangen Auseinandersetzungen, einem Urteil des Bundesverfassungsgerichts, das die Parteien berücksichtigen mussten, und dem von einer Bund-Länder-Arbeitsgruppe unter Führung von Finanzminister Peer Steinbrück und dem hessischen Ministerpräsidenten Roland Koch erarbeiteten Kompromiss soll die Erbschaftsteuer weiterhin erhoben und das bisherige Volumen konstant gehalten, jedoch ausgerechnet jenen Kindern, die als Firmenerben ohnehin auf der Sonnenseite leben, die betriebliche Erbschaftsteuer nach dem sog. Abschmelzmodell rückwirkend zu 85 Prozent erlassen werden, sofern sie das Unternehmen 15 Jahre fortführen und dabei 10 Jahre lang 70 Prozent der bisherigen Lohnsumme nicht unterschreiten.

In kaum einem westlichen Industrieland ist die Erbschaftsteuer so niedrig und das Finanzaufkommen daraus so gering wie in der Bundesrepublik (ca. 4 Mrd. EUR jährlich). Auch im Kampf gegen die Arbeitslosigkeit bringt das Steuergeschenk nichts, denn wieso sollten Familienunternehmer fähiger sein als potenzielle Käufer? Mitnahmeeffekte sind dagegen kaum zu vermeiden. Konsequenter erscheinen da übrigens Neoliberale mit der Forderung, die Erbschaftsteuer ganz abzuschaffen. Selbst sie haben aber Schwierigkeiten, diesen Schritt zu rechtfertigen: Zwar soll sich Leistung (wieder) lohnen, ist es jedoch eine Leistung, der Sohn oder die Tochter eines Multimillionärs zu sein?

---

305 Jutta Roitsch, Föderaler Schlussakt. Von der kreativen Kooperation zum ruinösen Wettbewerb, in: Blätter für deutsche und internationale Politik 8/2006, S. 984
306 Michael Winkler, Bildungspolitik nach PISA, in: Michael Opielka (Hrsg.), Bildungsreform als Sozialreform. Zum Zusammenhang von Bildungs- und Sozialpolitik, Wiesbaden 2005, S. 36

1.3.4 Deutschlands mehrfache Spaltung

Die ganze Welt zerfällt heute in prosperierende und Krisengebiete, das wiedervereinte Deutschland in zwei Landesteile, die sich immer weiter auseinander entwickeln. Heiner Ganßmann warnte schon kurz nach 1989/90: „Die im Rahmen des Einigungsprozesses und seiner Folgen stattfindenden Bewegungen führen nicht zu einer Angleichung, sondern zu einer dauerhaften Verfestigung regionaler, grob mit der alten BRD-DDR-Grenze kongruenter Disparitäten."[307] Dabei blieb es nicht. Vielmehr steigern sich Prozesse sozialer Desintegration, die während der 90er-Jahre noch als notwendige „Durststrecke" oder „Durchgangsstadium" der Transformation akzeptiert wurden, bis zur Exklusion: „Die gespaltene Ungleichheit der neuen Bundesrepublik wird im abgekoppelten Osten zunehmend als Widerspruch in den normativen Gesellschaftsstrukturen erlebt. Dies gilt insbesondere in bezug auf die wohlfahrtsstaatlichen Versprechungen von Gleichheit und Sicherheit."[308] Die von einer „normalen" Existenz weitgehend Ausgeschlossenen dürften sich fortan in Ostdeutschland konzentrieren, wo die Wirtschaftsentwicklung hinter jener in Westdeutschland herhinkt. Längst reicht das Armutsrisiko bis in die gesellschaftlichen Mittelschichten hinein, was sich auch in der zunehmenden Überschuldung von Existenzgründer(inne)n, Kleingewerbetreibenden und Konsumenten manifestiert.[309] Gleichzeitig weitet sich jener Sektor aus, in dem totale Perspektivlosigkeit, Not und Verelendung vorherrschen. Richard Hauser hat schon vor Jahren auf die wachsende Zahl von Nichtsesshaften, Langzeitarmen und verarmten Ausländer(inne)n hingewiesen.[310]

Da sich regionale und soziale Disparitäten überlappen, droht Deutschland eine dreifache Spaltung: Neben dem West-Ost-Wohlfahrtsgefälle, das in beiden Landesteilen von einem traditionellen Süd-Nord-Wohlstandsgefälle überlagert wird, vertieft sich die Kluft zwischen Oben und Unten. 20 Jahre nach der DDR-„Wende" kann man von einer „postmodernen" Zweiklassengesellschaft sprechen, ohne damit einen dogmatisch-orthodoxen Klassenbegriff zu

---

307 Heiner Ganßmann, Einigung als Angleichung?, a.a.O.
308 Volker Offermann, Gespaltene Ungleichheit. Zur Entwicklung der Verteilungsverhältnisse in den neuen Bundesländern, in: Jürgen Zerche (Hrsg.), Warten auf die Soziale Marktwirtschaft, a.a.O., S. 117
309 Vgl. Gunter E. Zimmermann, Überschuldung privater Haushalte. Empirische Analysen und Ergebnisse für die alten Bundesländer. Eine Untersuchung des Deutschen Caritasverbandes und des Diakonischen Werkes der EKD, Freiburg im Breisgau 2000. Nach der Jahrtausendwende nahmen Offenbarungseide und Haftandrohungen besonders im Osten drastisch zu, während im Westen immer mehr Schuldner/innen die Privatinsolvenz als Ausweg wählten (vgl. Schuldenspirale dreht sich schneller. Rekord bei Eidesstattlichen Versicherungen von Verbrauchern, in: Frankfurter Rundschau v. 1.9.2004).
310 Richard Hauser, Das empirische Bild der Armut in der Bundesrepublik Deutschland – ein Überblick, a.a.O.

rehabilitieren und die kompliziertere, in sich sehr viel differenziertere Sozialstruktur der Bundesrepublik zu ignorieren. Während die Reichen (im Westen) noch reicher werden, werden die Armen (im Osten) ärmer und zahlreicher. Bedingt durch ökonomische Krisenerscheinungen, franst die kleinbürgerliche Mitte in den westlichen Bundesländern aus,[311] während sie in den östlichen erst gar nicht zum gesellschaftlichen Gravitationszentrum geworden ist. „Durch die Vereinigung der beiden deutschen Staaten ist ein *neues sozialstrukturelles Gebilde* entstanden, in dem der Mittelstand bzw. die Mittelschichten eine wesentlich geringere Rolle spielen als vordem in Westdeutschland allein."[312]

1.3.4.1 Folgen der sog. Hartz-Gesetze

Mit dem *Ersten Gesetz für moderne Dienstleistungen am Arbeitsmarkt* (Hartz I), das am 1. Januar 2003 in Kraft trat, wurden die Barrieren der Bedürftigkeitsprüfung erhöht, welcher sich Bezieher/innen von Arbeitslosenhilfe unterziehen mussten. Während die Vermögensfreibeträge deutlich gesenkt und die Mindestfreibeträge für verdienende (Ehe-)Partner/innen um 20 Prozent gekürzt wurden, entfiel der Erwerbstätigenfreibetrag ganz. Bis dahin wurde die Bemessungsgrundlage der Arbeitslosenhilfe, wie noch von der Kohl-Regierung verwirklicht, einmal im Jahr um 3 Prozent gekürzt, die so errechnete Leistung für Langzeitarbeitslose wegen der gesetzlich vorgesehenen Dynamisierung jedoch erhöht, was fortan unterblieb: „Alhi-Bezieher müssen künftig – ebenso wie die Empfänger von Arbeitslosengeld – auf Anpassungen ihrer Leistungen an die allgemeine Lohnentwicklung verzichten."[313] Dadurch stieg das Risiko von Langzeitarbeitslosen, sozialhilfebedürftig zu werden, drastisch.

Auf der Grundlage des *Zweiten Gesetzes für moderne Dienstleistungen am Arbeitsmarkt* (Hartz II) wurden „Ich-" bzw. „Familien-AGs" und „Mini-" bzw. „Midi-Jobs" eingeführt, auf der Grundlage des *Dritten Gesetzes für moderne Dienstleistungen am Arbeitsmarkt* (Hartz III), das am 1. Januar 2004 in Kraft trat, strukturierte man die seither „Bundesagentur für Arbeit" heißende Nürnberger Behörde nach dem Vorbild der Privatwirtschaft und mit Hilfe moderner Managementkonzepte zu einem Dienstleistungsunternehmen um. Die im Unterschied zu den „Markt-" sowie den (noch einmal in „zu aktivie-

---

311 Diese Einschätzung bestätigte eine DIW-Studie, über die zuerst der *Spiegel* berichtete: Michael Sauga/Benjamin Triebe, Wo ist die Mitte? – Jahrzehntelang prägte sie das Land. Nun zeigen neueste Zahlen: Die deutsche Mittelschicht leidet an akuter Auszehrung. Millionen rutschen ab. Das hat auch Folgen für die Politik, in: Der Spiegel v. 3.3.2008
312 Michael Hofmann/Dieter Rink, Das Problem der Mitte, a.a.O., S. 164 (Hervorh. im Original)
313 Johannes Steffen/Hans Nakielski, Die Demontage der Arbeitslosenhilfe. Schon drastische Kürzungen in diesem Jahr, in: Soziale Sicherheit 4/2003, S. 120

rende" und „zu fördernde" unterteilten) „Beratungskunden" als „Betreuungskunden" negativ klassifizierten Arbeitslosen werden gerade nicht wie Könige behandelt, sondern kaum noch reintegriert. Volker Hielscher zufolge verschleiert der nur intern gebrauchte, den Betroffenen gegenüber schamhaft verschwiegene Kundenbegriff die Tatsache, „dass sich die Adressaten der BA nicht an einem Markt bewegen, an dem sie über ‚voice' und ‚exit'-Optionen verfügen, und dass durch die rechtlichen Grundlagen zwischen Arbeitslosen und Arbeitsverwaltung ein Zwangsverhältnis konstituiert wird. Insofern besteht ein grundsätzlicher Unterschied zwischen der Inanspruchnahme der Dienstleistungen der BA und denen eines Frisörs."[314] Die neumodische, dem Marktmodell entlehnte „Kundenorientierung" der Arbeitsvermittler/innen läuft nicht bloß begrifflich auf eine „Abkehr vom Klienten" hinaus.[315] An dessen Stelle rücken bürokratische, verwaltungsinterne Vorgaben ins Zentrum der Vermittlungstätigkeit.

Durch den Verzicht auf eine Zielgruppenförderung und eine sozialpädagogische Zusatzbetreuung sowie die Konzentration auf den zu erwartenden Vermittlungserfolg (Festlegung einer prognostizierten „Verbleibsquote" von mindestens 70 Prozent sowohl als Voraussetzung für die Finanzierung von wie auch für die Teilnahme an Weiterbildungsmaßnahmen) bleiben gerade die sog. Hauptproblemgruppen des Arbeitsmarktes (Ältere, Langzeitarbeitslose, Migranten und Berufsrückkehrer/innen) fast gänzlich von Qualifizierungs- bzw. Fördermaßnahmen ausgeschlossen. Mütter werden unter Hinweis auf die Dauer ihrer Babypause und dadurch bedingte Qualifikationsdefizite stark diskriminiert, wodurch sich ihre Chancen auf eine Arbeitsmarktintegration weiter verschlechtern. Sie werden überproportional häufig auf eine befristete Stelle, sog. Mini- bzw. Midi-Jobs oder „Arbeitsgelegenheiten mit Mehraufwandsentschädigung" (sog. 1-Euro-Jobs) verwiesen, statt von ihrem Fallmanager eine Umschulung oder eine Qualifizierungsmaßnahme bewilligt zu bekommen.[316] „Es fehlt ein deutliches Signal für Frauen und Familien, dass sie sich unabhängig davon, wie ihre Lebensumstände künftig sein werden, darauf verlassen können, Unterstützung beim Wiedereinstieg in eine qualifizierte Berufstätigkeit zu erhalten."[317]

---

314 Volker Hielscher, Die Arbeitsverwaltung als Versicherungskonzern?, a.a.O., S. 357 (Fn. 6)
315 Siehe Wolfgang Ludwig-Mayerhofer/Ariadne Sondermann/Olaf Behrend, „Jedes starre Konzept ist schlecht und passt net' in diese Welt". Nutzen und Nachteil der Standardisierung der Beratungs- und Vermittlungstätigkeit in der Arbeitsvermittlung, in: PROKLA 148 (2007), S. 381
316 Vgl. Diana Auth/Bettina Langfeldt, Re-Familialisierung durch Arbeitslosengeld II?, in: Clarissa Rudolph/Renate Niekant (Hrsg.), Hartz IV – Zwischenbilanz und Perspektiven, Münster 2007, S. 148
317 Christel Degen/Christine Fuchsloch/Karin Kirschner, Die Frauen nicht vergessen! – Forderungen für das Vermittlungsverfahren der Hartzgesetze III und IV, in: Frankfurter Rundschau v. 26.11.2003

Das nach Peter Hartz benannte Gesetzespaket markiert eine historische Zäsur für die Entwicklung von Armut bzw. Unterversorgung in Ost- und Westdeutschland. Besonders mit Hartz IV waren grundlegende Änderungen im Arbeits- und Sozialrecht verbunden, die das politische Klima der Bundesrepublik auf viele Jahre, wenn nicht Jahrzehnte verschlechtern dürften. Gerhard Bäcker und Angelika Koch gelangten daher zu dem Ergebnis, „dass hier ein Weg eingeschlagen worden ist, der die gewachsenen Grundlagen und Prinzipien des Systems der sozialen Sicherung und der Arbeitsmarktpolitik radikal in Frage stellt und zu einem Richtungswechsel führt."[318]

Das wohlklingende Motto „Fördern und Fordern" wurde nur in seinem letzten Teil eingelöst: Während dieser Grundsatz bereits in Kapitel 1 Paragraf 2 SGB II niedergelegt ist, fällt die zuerst genannte Aufgabe des Staates in Kapitel 3 Paragraf 14 SGB II sehr viel kürzer und knapper aus. Noch rigider in dieser Beziehung war der von Hessen in den Bundesrat eingebrachte Entwurf für ein „Existenzgrundlagengesetz", das die (Re-)Kommunalisierung der Arbeitsmarktpolitik und die Ausweitung des staatlich geförderten Niedriglohnsektors nach dem Vorbild des US-Bundesstaates Wisconsin („From welfare to work") bezweckte. Langzeitarbeitslosen sollte jegliche Unterstützung (auch für die Unterbringung und Heizung) versagt werden, wenn sie ein kommunales Beschäftigungsangebot ablehnen.[319] Bezieht man die Landkreise und kreisfreien Städte noch stärker, als es das im Dezember 2007 vom Bundesverfassungsgericht wegen der unzulässigen Mischverwaltung für teilweise verfassungswidrig erklärte *Kommunale Optionsgesetz* tat, in den Bereich der Arbeitsvermittlung und Arbeitsmarktpolitik ein, wird Erwerbslosigkeit zum bloßen Fürsorge- und Finanzierungsproblem. „Je mehr die Dezentralisierung der sozialen Sicherung und Aktivierung der Langzeitarbeitslosen vorangetrieben würde, desto größer würde die Notwendigkeit, rechtliche Vorgaben und methodische Verfahren zu entwickeln, mit denen sich die Einhaltung qualitativer Standards im Bereich der Einkommenssicherung wie der Integrationshilfen auf der örtlichen Ebene kontrollieren ließe."[320] Auch die Kommunen können keine Arbeitsplätze aus dem Boden stampfen, was auch gar nicht bezweckt wurde. Vielmehr fand, wie von Gerhard Bäcker erwar-

---

318 Siehe Gerhard Bäcker/Angelika Koch, Absicherung bei Langzeitarbeitslosigkeit: Unterschiede zwischen zukünftigem Arbeitslosengeld II und bisheriger Arbeitslosen- und Sozialhilfe, in: Soziale Sicherheit 3/2004, S. 88
319 Vgl. Wilhelm Adamy, Zum Existenzgrundlagengesetz von CDU/CSU: Arbeit zu jedem Preis im Niedriglohnsektor, in: Soziale Sicherheit 11/2003, S. 388ff.; ergänzend: Alexander Graser, Aufgewärmtes aus der Armenküche. Roland Kochs Rezepte aus Wisconsin, in: Blätter für deutsche und internationale Politik 10/2001, S. 1250ff.
320 Walter Hanesch, Neuordnung der sozialen Sicherung bei Arbeitslosigkeit. Zur Integration von Arbeitslosenhilfe und Sozialhilfe, in: Irene Becker/Notburga Ott/Gabriele Rolf (Hrsg.), Soziale Sicherung in einer dynamischen Gesellschaft. Festschrift für Richard Hauser zum 65. Geburtstag, Frankfurt am Main/New York 2001, S. 664

tet,[321] eine massive Verschärfung des Drucks auf die (Langzeit-)Arbeitslosen statt. Die Hartz-Kommission hatte die Höhe des vorgeschlagenen Arbeitslosengeldes II, das ihr Bericht als „zur Sicherung des Lebensunterhalts" dienende „Fürsorgeleistung" bezeichnet,[322] offen gelassen. Bundeskanzler Schröder erklärte in seiner „Agenda 2010"-Rede, man müsse die Zuständigkeiten und Leistungen für Erwerbslose in einer Hand vereinigen, um die Chancen derjenigen zu erhöhen, die nicht nur arbeiten könnten, sondern auch wirklich wollten: „Das ist der Grund, warum wir die Arbeitslosen- und Sozialhilfe zusammenlegen werden, und zwar einheitlich auf einer Höhe – auch das gilt es auszusprechen –, die in der Regel dem Niveau der Sozialhilfe entsprechen wird."[323] Was wegen des Zwittercharakters der Arbeitslosenhilfe – sie war durch Beitragszahlungen begründet und von der früheren Höhe des Arbeitsentgelts ihres Beziehers abhängig, jedoch steuerfinanziert und bedürftigkeitsgeprüft – durchaus hätte sinnvoll sein können, um eine Politik der „Verschiebebahnhöfe" zwischen beiden Hilfesystemen zu beseitigen,[324] führte allerdings nicht zu einer Grundsicherung auf höherem Niveau, sondern einer Schlechterstellung von Millionen Menschen sowie einer gleichfalls problematischen Aufspaltung der bisherigen Sozialhilfeempfänger/innen in erwerbsfähige, die Alg II beziehen, einerseits und nichterwerbsfähige, die Sozialgeld bzw. -hilfe erhalten, andererseits. Daraus wiederum erwuchsen neue Gefahren einer Stigmatisierung nach dem Grad der Nützlichkeit bzw. nach der ökonomischen Verwertbarkeit dieser Personen.

Was die „Abweichler" innerhalb der SPD-Fraktion durch ihre Drohung mit Gegenstimmen aus dem Hartz-IV-Gesetzentwurf vorübergehend herausbekommen hatten, brachten CDU/CSU und FDP im Vermittlungsausschuss von Bundestag und Bundesrat, der sich in seiner berühmt-berüchtigten Nachtsitzung am 19. Dezember 2003 einigte, wieder hinein: Langzeitarbeitslose müssen jede Stelle annehmen, auch wenn die Bezahlung weder tarifgerecht ist noch dem ortsüblichen Lohn entspricht. Eingerichtet wurde damit eine Rutsche in die Armut: Nach der im *Gesetz zu Reformen am Arbeitsmarkt* auf maximal 18 Monate (rückwirkend seit 1. Januar 2008: 24 Monate) verkürzten Be-

---

321 Vgl. Gerhard Bäcker, Vorsicht Falle!, Niedriglöhne durch Kombi-Einkommen: steigende Armut statt mehr Beschäftigung, in: Claus Schäfer (Hrsg.), Geringere Löhne – mehr Beschäftigung?, Niedriglohn-Politik, Hamburg 2000, S. 170
322 Siehe Moderne Dienstleistungen am Arbeitsmarkt, a.a.O., S. 127
323 Presse- und Informationsamt der Bundesregierung (Hrsg.), Agenda 2010, a.a.O., S. 22
324 Siehe Walter Hanesch, Neuordnung der sozialen Sicherung bei Arbeitslosigkeit, a.a.O., S. 656. Hanesch hob freilich nicht nur die negativen Seiten, sondern auch die positiv zu bewertende „finanz- und strukturpolitische Ausgleichsfunktion" der Alhi hervor: Bundesmittel flossen in besonders stark von Langzeit- bzw. Dauerarbeitslosigkeit betroffene Regionen, Städte und Gemeinden, wo sie Kaufkraftverluste zu kompensieren halfen (S. 659). Dies galt für Sachsen und Thüringen genauso wie für Mecklenburg-Vorpommern.

zugszeit des Alg (I) bekamen Erwerbslose ein Arbeitslosengeld II, das präziser „Sozialhilfe II" heißen würde, weil es den Charakter einer reinen Fürsorgeleistung hat. Mit seinem Grundbetrag von 345 EUR monatlich für den Haushaltsvorstand im Westen bzw. 331 EUR im Osten (plus Erstattung der Aufwendungen für Unterkunft und Heizung, sofern sie „angemessen" sind) war das Alg II ebenso hoch wie der Sozialhilfe-Regelsatz. Zum 1. Juli 2006 wurde es auf das Westniveau angehoben, ein Jahr später um 2 EUR und zum 1. Juli 2008 auf 351 EUR erhöht. Kinder bis 13 Jahre erhielten zunächst ein Sozialgeld in Höhe von 207 EUR im Westen und 199 EUR im Osten (ab 1. Juli 2008 einheitlich 211 EUR), Jugendliche von 14 bis 18 Jahren 276 EUR im Westen und 265 EUR im Osten (ab 1. Juli 2008 einheitlich 281 EUR). Bastian Jantz, der die Umstellung von Arbeitslosenhilfe auf Arbeitslosengeld II nicht als kollektive bzw. pauschale Leistungskürzung für die Betroffenen wertet, sondern darin lediglich die Aufhebung einer ungerechtfertigten Bevorzugung der früheren Bezieher/innen hoher und mittlerer Einkommen sieht, bemerkt: „Nichtsdestotrotz wird die Einführung des Alg II Einsparungen in Milliardenhöhe realisieren, die insbesondere im Osten Deutschlands Kaufkraftverluste erzeugen, die nur schwer auszugleichen sind."[325]

Erst am 30. Juni 2004 einigte sich der Vermittlungsausschuss auf einen Kompromiss zwischen Rot-Grün und Schwarz-Gelb zur Umsetzung des Hartz-IV-Gesetzespaketes. Bis zur Einführung des Alg II, das die bisherigen Arbeitslosenhilfeempfänger/innen und erwerbsfähige Sozialhilfebezieher/innen auf Antrag erhalten können, blieb nur noch ein knappes halbes Jahr Zeit. Am nächsten Tag hielt Bundespräsident Horst Köhler seine Antrittsrede vor den Mitgliedern des Bundestages und -rates. Darin forderte Köhler, vorher Direktor des Internationalen Währungsfonds (IWF), einen „Mentalitätswandel" in Deutschland, das wieder „ein erfolgreiches Land" werden müsse: „Wir haben es nicht geschafft, den Sozialstaat rechtzeitig auf die Bedingungen vor allen Dingen einer alternden Gesellschaft und einer veränderten Arbeitswelt einzustellen."[326]

Köhler, der sich seither nach Kräften bemüht, die Bundesbürger/innen auf die Notwendigkeit der Modernisierung, Konsumverzicht und Leistungskürzungen einzustimmen, erntete nur verhaltenen Widerspruch, als er wenige Wochen später das Verfassungsgebot einer Angleichung der Lebensverhältnisse relativierte. Gegenüber dem Münchener Nachrichtenmagazin *Focus* bemerkte Köhler, dass es überall in der Bundesrepublik „große Unterschiede in den Lebensverhältnissen" gebe: „Wer sie einebnen will, zementiert den Subventionsstaat und legt der jungen Generation eine untragbare Schulden-

---

325 Bastian Jantz, Zusammenführung von Arbeitslosen- und Sozialhilfe, in: Werner Jann/Günther Schmid (Hrsg.), Eins zu Eins?, a.a.O., S. 42
326 „Deutschland braucht einen neuen Aufbruch". In seiner Antrittsrede fordert der neue Bundespräsident Horst Köhler, den mit der Agenda 2010 beschrittenen Weg fortzusetzen, in: Frankfurter Rundschau v. 2.7.2004

last auf."[327] Man müsse deshalb wegkommen vom Subventionsstaat, meinte Köhler weiter: „Worauf es ankommt, ist, den Menschen Freiräume für ihre Ideen und Initiativen zu schaffen."[328] Wer die menschliche Freiheit so sehr auf wirtschaftliche Entscheidungsautonomie reduziert, die nur eine kleine Minderheit hat, und den Markt mit seinen Entfaltungmöglichkeiten für ökonomisch Starke in den Mittelpunkt rückt, kann die Armen nur noch als Gescheiterte betrachten und sie bestenfalls der Wohlfahrt überantworten. Statt regionale und soziale Ungleichgewichte oder krasse Einkommens- bzw. Vermögensdisparitäten solidarisch auszugleichen, favorisieren Neoliberale wie Köhler ein Wettbewerbsmodell, das allen materielle Vorteile aufgrund einer forcierten Konkurrenz verspricht, aber die Wohlstandskluft innerhalb der Bundesrepublik noch vertieft.

Als der Bundesrat am 9. Juli 2004 über das *Gesetz zur optionalen Trägerschaft von Kommunen nach dem Zweiten Buch Sozialgesetzbuch (SGB II)* entschied, welches die Beziehungen der kreisfreien Städte und Landkreise zu den örtlichen Agenturen für Arbeit regelt, stimmten nicht zufällig Berlin und alle ostdeutschen Länder gegen den im Vermittlungsausschuss geschlossenen Kompromiss. Aufgrund ihres überdurchschnittlich hohen Anteils an Langzeit- bzw. Dauerarbeitslosen befürchteten sie, durch die „Zusammenlegung von Arbeitslosen- und Sozialhilfe" (Einführung des Alg II) Nachteile zu erleiden und noch mehr zurückzufallen. Gleichzeitig fühlte sich der Osten bei der Vergabe zentraler Finanzmittel gegenüber dem Westen, besonders seinen Stadtstaaten, benachteiligt. „In den neuen Bundesländern ist (anders als im Westen) die Zahl der Langzeitarbeitslosen um vieles höher als die der Empfänger von Sozialhilfe. Da der Bund aber nur die Kosten der Sozialhilfe übernimmt, kommen die ostdeutschen Länder schlecht weg."[329] Zu den Kritikern von Hartz IV bzw. der Form seiner Umsetzung gehörten auch der durch die Landtagswahl am 13. Juni 2004 im Amt als Ministerpräsident Thüringens bestätigte CDU-Politiker Dieter Althaus, sein Partei- und damaliger Amtskollege Georg Milbradt sowie Matthias Platzeck (SPD), die als sächsischer bzw. als brandenburgischer Ministerpräsident am 19. September 2004 jeweils einer Landtagswahl entgegensahen.

Nach breiten Massenprotesten bei den im Juli/August 2004 unter dem Motto „Weg mit Hartz IV – das Volk sind wir!" zuerst in Ostdeutschland wieder aufgenommenen Montagsdemonstrationen trafen sich – mitten in der Urlaubszeit von Bundeskanzler Gerhard Schröder eingeladen – Spitzenvertreter der rot-grünen Regierungskoalition am 11. August 2004 im Kanzler-

---

327 „Einmischen statt abwenden". Bundespräsident Horst Köhler kämpft gegen Politikverdrossenheit und für Reformen. Bürger in West und Ost müssten sich mehr anstrengen, in: Focus v. 13.9.2004, S. 23
328 Ebd.
329 Klaus-Peter Schmid, Auf Krücken vorwärts. Hartz IV wird den Osten Deutschlands härter treffen, als viele glauben, in: Die Zeit v. 22.7.2004

amt. In diesem Gespräch, das eine Reaktion auf die Vielzahl negativer Presseberichte zu Hartz IV und den „Druck der Straße" darstellte, verabredete man, den Betroffenen drei Konzessionen zu machen: Erstens schloss man eine beim Übergang von der Arbeitslosenhilfe, die am Monatsende rückwirkend ausgezahlt wurde, zum Arbeitslosengeld II, das am Monatsanfang gezahlt wird, drohende Auszahlungslücke. Andernfalls hätten die Betroffenen, weil sie Anfang Januar 2005 nicht als bedürftig angesehen worden wären, im 1. Monat des neuen Jahres überhaupt kein Geld erhalten. Außerdem wurde auch für Kinder ein Vermögensfreibetrag von 4.100 EUR eingeführt. Dadurch waren nicht nur die meisten Sparbücher, deren „Raub" durch die Regierung eine Boulevardzeitung an die Wand gemalt hatte, sondern auch von Eltern für ihre Kinder abgeschlossene Ausbildungsversicherungen weitgehend geschützt. Schließlich sollten die Zuverdienstmöglichkeiten für Langzeitarbeitslose durch Erhöhung der entsprechenden Freibeträge verbessert werden.

Für erheblichen Unmut in der Öffentlichkeit sorgte auch das 16-seitige Antragsformular, mit dem die Betroffenen ihre eigenen persönlichen, Wohn- sowie Einkommens- und Vermögensverhältnisse wie jene der mit ihnen in einem Haushalt lebenden Menschen darlegen müssen. Es verweist darauf, dass Langzeitarbeitslose hierzulande nicht etwa als mündige Sozialstaatsbürger/innen behandelt, sondern weitgehend entrechtet, scharf kontrolliert und mit allen möglichen bürokratischen Finessen drangsaliert werden. Bestimmungen des Datenschutzes wurden erst nach entsprechender Kritik ernster genommen. Dass die Nürnberger Bundesagentur für Arbeit im Juli 2004 ehemaligen Telekom-Beamten, die bei einer Beschäftigungsgesellschaft waren, eine Prämie in Höhe von 5.000 EUR anbot, wenn sie zwecks Bearbeitung der Anträge auf Alg II für mehrere Monate nach Ostdeutschland gingen, brachte dort nicht nur direkt Betroffene gegen Hartz IV auf.

Seit dem Inkrafttreten von Hartz IV müssen Langzeitarbeitslose – wie früher schon HLU-Bezieher bei der „Hilfe zur Arbeit" – gegen eine minimale „Mehraufwandsentschädigung" von einem halben, 1 oder 2 EUR pro Stunde gemeinnützige bzw. im öffentlichen Interesse liegende und zusätzliche Arbeit leisten, wollen sie ihren Anspruch auf Unterstützung nicht zu 30 Prozent (und später ganz) einbüßen. Da die Betroffenen aus der Arbeitslosenstatistik herausfallen, verbessert sich – für die Regierung ein wichtiger Nebeneffekt – gleichzeitig das zu Beginn eines jeden Monats von der Nürnberger Bundesagentur gezeichnete Bild der Lage auf dem Arbeitsmarkt. Selbst die meisten Wohlfahrtsverbände setzen Langzeitarbeitslose im sozialen und Pflegebereich ein, womit sie teilweise den Rückgang an Zivildienstleistenden kompensieren.[330] Auf dem Arbeitsmarkt führen die sog. 1-Euro-Jobs zu einem Verdrängungswettbewerb von oben nach unten. Geringqualifizierte in Normal-

---

330 Vgl. Thomas Maron, Langzeitarbeitslose sollen Zivis ersetzen. Zwei Ministerinnen auf der Suche nach sinnvollen Ein-Euro-Jobs/Differenzierte Bezahlung geplant, in: Frankfurter Rundschau v. 7.9.2004

arbeitsverhältnissen müssen gewärtigen, durch Alg-II-Bezieher/innen ersetzt zu werden, was Auswirkungen auf das gesamte Lohngefüge haben kann.

1.3.4.2 Ausweitung des Niedriglohnsektors

Achim Trube und Norbert Wohlfahrt werten das Hartz-Konzept im Rahmen eines Vergleichs der Situation mehrerer OECD-Länder als deutsche Variante einer „nachholenden Modernisierung" mit dem Ziel, die dort bereits vorexerzierte „Arbeitszwangpolitik" zu imitieren: „Die Verschärfung von Zumutbarkeitskriterien bei der Arbeitsaufnahme und die unbedingte Verpflichtung zur Arbeit bei Sozialhilfebezug führt konsequent zum Auf- und Ausbau eines Niedriglohnsektors, in dem sich der Anteil der Beschäftigten absolut und relativ kontinuierlich erhöht."[331] Durch die Umsetzung des im Vermittlungsausschuss von Bundestag und -rat weiter radikalisierten Konzepts der Hartz-Kommission (Ausweitung nicht nur „haushaltsnaher" Mini-Jobs sowie der Leih- bzw. Zeitarbeit durch Einrichtung von Personal-Service-Agenturen und „Entbürokratisierung" der Scheinselbstständigkeit) gewann dieses soziale Segment an Bedeutung. Den armen Erwerbslosen, die das Fehlen von oder die unzureichende Höhe der Entgeltersatzleistungen auf das Existenzminimum zurückwirft, traten massenhaft erwerbstätige Arme zur Seite. Ungefähr 6,5 Mio. geringfügig Beschäftigte, darunter etwa zwei Drittel weiblichen Geschlechts, bilden den Kern dieses sozialen Segments. Längst reichen selbst viele Vollzeitarbeitsverhältnisse (besonders in Ostdeutschland) nicht mehr aus, um „eine Familie zu ernähren", sodass man ein oder mehrere Nebenjobs übernimmt und nach Feierabend bzw. an Wochenenden (schwarz) weitergearbeitet wird. „Zwischen die Ausgegrenzten und die Arbeitnehmer mit zunächst noch gutem Einkommensniveau (bei Industrie, Banken und Versicherungen und beim Staat) schiebt sich die rapide wachsende Schicht der ‚working poor'. Auf mittlere Sicht wird diese schlecht bezahlte Arbeitnehmerschaft im Service-Sektor das Lohnniveau in Deutschland maßgeblich mitbestimmen."[332]

Auch in der Bundesrepublik hat sich, wenngleich mit erheblicher Verzögerung gegenüber anderen hoch entwickelten Industriestaaten, etwa den USA und Großbritannien, ein relativ breiter, seinem Umfang nach häufig unterschätzter Niedriglohnsektor herausgebildet, der schon längst nicht mehr nur typische Frauenarbeitsplätze umfasst.[333] Hartz IV sollte nicht nur durch Ab-

---

331 Achim Trube/Norbert Wohlfahrt, Prämissen und Folgen des Hartz-Konzepts, in: WSI-Mitteilungen 2/2003, S. 120
332 Stefan Welzk, Wie in Deutschland umverteilt und der Wohlstand ruiniert wird, in: Herbert Schui/Eckart Spoo (Hrsg.), Geld ist genug da. Reichtum in Deutschland, 3. Aufl. Heilbronn 2000, S. 28
333 Vgl. Gerhard Bosch/Claudia Weinkopf (Hrsg.), Arbeiten für wenig Geld, a.a.O.; Klaus Pape (Hrsg.), Arbeit ohne Netz. Prekäre Arbeit und ihre Auswirkungen, Hannover 2007

schaffung der Arbeitslosenhilfe und Abschiebung der Langzeitarbeitslosen in die Wohlfahrt den Staatshaushalt entlasten, sondern auch durch massive Einschüchterung der Betroffenen mehr „Beschäftigungsanreize" im Niedriglohnbereich schaffen. Man zwingt sie mit Hilfe von Leistungskürzungen sowie schärferen Zumutbarkeitsklauseln, fast jeden Job anzunehmen und ihre Arbeitskraft zu Dumpingpreisen zu verkaufen. „Arbeitslosengeld II ist ganz klar als ergänzende Sozialleistung zum Niedriglohn konzipiert."[334]

Wirtschaftsexperten, Parteien und Politiker gehen davon aus, dass die staatliche Subventionierung gering entlohnter Jobs zur Verringerung der Arbeitslosigkeit beitragen kann. Vorgeschlagen wird, extrem niedrige Löhne für Geringqualifizierte durch staatliche Transfers – beispielsweise in Form einer Negativen Einkommensteuer – aufzustocken, um ihre Beschäftigung für Arbeitgeber interessant zu machen und bisher (lange) Erwerbslosen eine Chance zur Rückkehr auf den Ersten Arbeitsmarkt zu eröffnen. Modelle eines sog. Kombi-Lohns sind für die Unternehmerverbände aber Mittel zum Zweck der Senkung des (Tarif-)Lohnniveaus, und zwar nicht nur im unteren Bereich, wo laut Wilhelm Adamy und Johannes Steffen eine „moderne Variante von Domestikenökonomie" geschaffen werden soll: „Kombi-Lohn und drastische Tarifsenkung sind (...) zwei Seiten ein und derselben Medaille; die eine ist nicht ohne die andere zu haben. Beide zusammen bewirken damit im Bereich des unteren Viertels bis unteren Drittels der Arbeitseinkommen ein nahezu flächendeckendes Lohndumping. Der finanzielle Arbeitsanreiz des Kombi-Modells schlüge am Ende um in blanken ökonomischen Arbeitszwang zu Billiglohn."[335]

Ein weiteres Absenken der Standards sozialer Sicherung und des Lohnniveaus würde die vorhandenen Arbeitsmarktprobleme nicht mildern, vielmehr bloß die sozialen Ausgrenzungsprozesse verschärfen: „Die über sozialpolitischen Druck vollzogene Etablierung eines breiten Segments von Niedriglöhnen und die Aushebelung tariflicher Mindeststandards wird sowohl die ‚Armut in der Arbeit' als auch – über die Folgewirkungen der äquivalenzorientierten Sozialversicherung – die ‚Armut ohne und nach der Arbeit' erhöhen."[336] Somit verstärkt ein staatlich subventionierter Niedriglohnsektor den Trend, dass sich die Armut von Kindern ausbreitet, statt auch nur ansatzweise zur Lösung dieses Kardinalproblems im vereinten Deutschland beizutragen. „Niedriglöhne führen häufig dazu, dass ihre Empfänger und deren Familien mit dem Einkommen nicht auskommen und deswegen einen Ausschluss von

---

334 Martin Bongards, Hartz IV – Realität des neuen Gesetzes, in: Holger Kindler/Ada-Charlotte Regelmann/Marco Tullney (Hrsg.), Die Folgen der Agenda 2010. Alte und neue Zwänge des Sozialstaats, Hamburg 2004, S. 63
335 Wilhelm Adamy/Johannes Steffen, Abseits des Wohlstands. Arbeitslosigkeit und neue Armut, Darmstadt 1998, S. 136
336 Gerhard Bäcker, Niedrige Arbeitseinkommen und soziale Sicherung. Wechselwirkungen zwischen Lohn- und Sozialpolitik, in: Gerd Pohl/Claus Schäfer (Hrsg.), Niedriglöhne. Die unbekannte Realität: Armut trotz Arbeit, Hamburg 1996, S. 236

der Teilhabe am sozialen, kulturellen und auch politischen Leben erfahren."[337] Manchmal könnten sich Menschen mit Hungerlöhnen durchschlagen; wenn sie eine Familie zu ernähren haben, reichen diese dazu aber nicht aus. Wenn man Arbeitslosigkeit, soziale Ausgrenzung und Armut hinnimmt oder sie gar als willkommenes Druckmittel einsetzt, um ökonomische Interessen durchzusetzen oder politische Ziele zu erreichen, bleiben Verunsicherungen und soziale Verwerfungen nicht aus. „Es droht eine Spaltung von Arbeitsmarkt und Gesellschaft. Einer schrumpfenden Zahl von Beschäftigten auf dem regulären Arbeitsmarkt steht eine wachsende Zahl von Menschen gegenüber, die zwischen Arbeitslosigkeit, prekären Beschäftigungsverhältnissen und Arbeitspflicht hin und her pendeln – mit nur geringen Chancen, in eine reguläre Arbeit zurückzufinden."[338]

Die neuen Bundesländer wurden zum Experimentierfeld für eine Niedriglohnökonomie, ohne dass es deshalb einen „Aufschwung Ost" gegeben hätte. Vielmehr erreichte die Arbeitslosigkeit gerade dort dauerhaft Rekordwerte, wo die überwiegende Mehrzahl der Unternehmen und ganze Branchen die „Fesseln des Flächentarifvertrages" längst abgestreift hatten. Ähnliches gilt auch für den Lebensstandard der abhängig Beschäftigten. „Das Lohngefälle zwischen beiden Teilen Deutschlands wächst, weil immer mehr Unternehmen im Osten aus der Tarifbindung fliehen oder ohnehin nie einem Arbeitgeberverband angehörten und unter Tarif oder selbst unter Mindestlohn zahlen."[339]

1.3.4.3 Kinderarmut in Ost- und Westdeutschland

Kindheit Ost und Kindheit West unterscheiden sich deutlich voneinander. Christian Alt beobachtet eine „Andersartigkeit hinsichtlich der Biographie bzw. des Ablaufs der Biographie", je nachdem, wo ein Kind im vereinten Deutschland geboren wurde.[340] Die aus Westdeutschland hinlänglich bekannte Hausfrauenehe hat in den östlichen Bundesländern nur eine marginale Bedeutung, wiewohl sich auch dort mittlerweile eine Orientierung auf das traditionelle Familienleben erkennen lässt. Für den Osten ist aber Folgendes kennzeichnend: „Verheiratete Eltern sind beide erwerbstätig."[341] Alt erwartet, dass sich die Lebensentwürfe im Osten denen im Westen angleichen und dass die Bedeutung nichtehelicher Gemeinschaften mit und ohne Kinder auch dort

---

337 Reinhard Bispinck/Claus Schäfer, Niedriglöhne und Mindesteinkommen: Daten und Diskussionen in Deutschland, in: Thorsten Schulten/Reinhard Bispinck/Claus Schäfer (Hrsg.), Mindestlöhne in Europa, Hamburg 2006, S. 288
338 Gerhard Bäcker, Soziale Sicherung bei Arbeitslosigkeit: Dezifite und Reformkonzeptionen, in: Hartmut Seifert (Hrsg.), Reform der Arbeitsmarktpolitik, a.a.O., S. 260
339 Dorothee Beck/Hartmut Meine, Armut im Überfluss, a.a.O., S. 308
340 Siehe Christian Alt, Kindheit in Ost und West. Wandel der familialen Lebensformen aus Kindersicht, Opladen 2001, S. 119
341 Ebd., S. 113

zunimmt: „Das Wegbrechen der staatlich geförderten Familienentwicklung müsste zu einer Pluralisierung der Lebensformen führen."[342]

Die Folgen der Hartz-Gesetzgebung für Kinder und Jugendliche werden immer noch kontrovers diskutiert. Der Paritätische Wohlfahrtsverband und der Deutsche Kinderschutzbund hatten die Öffentlichkeit frühzeitig darauf aufmerksam gemacht, dass durch die Abschaffung der Arbeitslosenhilfe bzw. die Einführung des Arbeitslosengeldes II neue Zonen der Armut entstehen würden, wovon die Familien mit Kindern natürlich nicht unberührt bleiben konnten.[343] Die beiden Verbände rechneten mit einer Zunahme der Anzahl von Kindern und Jugendlichen, die unterhalb der Armutsschwelle leben, um rund 500.000. Rudolf Martens gelangte in einer Expertise für den Paritätischen Wohlfahrtsverband zu folgendem Resultat: „Die Haushalte, Personen und Kinder, die nach einer Zusammenlegung von Sozialhilfe und Arbeitslosenhilfe auf Sozialhilfe-Niveau leben müssen, werden in der Größenordnung von 50% erhöht."[344] Da wegen fehlender amtlicher Statistiken niemand weiß, wie viele Kinder vor dem 1. Januar 2005 von der Arbeitslosenhilfe ihrer Eltern lebten und wie hoch diese war,[345] gibt es keinen empirischen Beweis für die These, dass Hartz IV zur Erhöhung der Kinderarmut geführt hat. Laut Modellrechnungen des Paritätischen Wohlfahrtsverbandes lebten im April 2003 bereits ca. 7,2 Prozent aller Minderjährigen in einem Haushalt, der auf Arbeitslosenhilfe angewiesen war. Mit deren Abschaffung würden zusätzlich zu ca. 2,8 Mio. Sozialhilfebezieher(inne)n rund 1,7 Mio. Menschen in die Einkommensarmut geschickt, warnte der Paritätische seinerzeit: „Die Zahl der darunter befindlichen Kinder und Jugendlichen steigt von einer auf 1,5 Millionen. Die Kinderarmutsquote steigt – gemessen am Sozialhilfeniveau – von 6,7 auf 9,2 Prozent."[346]

Tatsächlich hat die (Kinder-)Armut in Deutschland, seit der Sozialstaat um- bzw. abgebaut wird, dramatisch zugenommen. Besonders durch Hartz IV ist die Zahl der Betroffenen signifikant gestiegen, wie der Paritätische

---

342 Ebd.
343 Vgl. Dramatischer Anstieg der Armut befürchtet. Paritätischer Wohlfahrtsverband fordert Erhöhung der Sozialhilfe, in: Die Welt v. 27.12.2003; Jochen Kummer, 1,5 Millionen Kindern in Deutschland droht Armut. Experten erwarten, dass mit der Umsetzung der Reformpolitik die Zahl der von der Sozialhilfe lebenden Mädchen und Jungen um 500000 zunimmt, in: Welt am Sonntag v. 28.12.2003
344 Rudolf Martens, Der Paritätische Wohlfahrtsverband – Gesamtverband, Expertise „Der Einfluß der Agenda 2010 auf Personen und Haushalte mit Kindern in Deutschland: Zusammenlegung von Sozialhilfe und Arbeitslosenhilfe", Frankfurt am Main, 18.7.2003, S. 15
345 Vgl. Juliane Schoenherr, Kinderarmut durch Hartz IV schwer messbar. Wohlfahrtsverband sieht „Rekordniveau von 1,7 Millionen", muss sich aber auf Modellrechnungen stützen, in: Der Tagesspiegel v. 3.6.2006
346 Die armutspolitischen Folgen der Zusammenlegung von Arbeitslosenhilfe und Sozialhilfe – Ergebnisse der aktuellen Expertisen von Dr. Rudolf Martens und Dr. Ulrich Schneider (http://www.paritaet.org/gv/infothek/hartz_iv; 4.8.2004)

Wohlfahrtsverband ermittelte.[347] Wolfgang Clement, der die Hartz-Gesetze als zuständiger Ressortchef verantwortete, hat diesen Kausalzusammenhang jedoch immer wieder abgestritten.[348] Erstmals stellten auch zahlreiche Personen bei der für sie zuständigen ARGE einen Antrag auf Arbeitslosengeld II, die früher vor dem viel stärker tabuisierten Gang zum Sozialamt zurückgeschreckt und damit in der Armutsstatistik unberücksichtigt geblieben waren. „Grundsicherung für Arbeitsuchende" in Anspruch zu nehmen fällt natürlich leichter, als die im Volksmund abschätzig „Stütze" genannte Sozialhilfe zu beziehen. Man beschönigt und verharmlost die durch Hartz IV besonders für zahlreiche Frauen, Familien und Kinder entstandene Situation jedoch, wenn der Eindruck vermittelt wird, das Gesetzespaket habe nur mehr Klarheit in Bezug auf ihre schon vorher ohnehin bestehende, aber selbst keine neue Armut für sie oder bisher gar nicht Betroffenene geschaffen: „Die Zusammenlegung von Arbeitslosenhilfe und Sozialhilfe zum Arbeitslosengeld II hat viele Menschen aus der ‚versteckten Armut' geholt, die Statistiken transparenter gemacht und somit einen ungeschminkten Blick auf die Armut und Armutsgefährdung in Deutschland erleichtert."[349]

Irene Becker und Richard Hauser haben die Verteilungseffekte der Hartz-IV-Reform in empirischen Simulationsanalysen untersucht und insbesondere für Ostdeutschland eine „moderate Zunahme von Einkommensarmut" festgestellt. Zwar sei die relative Einkommensarmut gewachsen, jedoch „kein überdurchschnittlicher Anstieg von Kinderarmut" nachweisbar: „Innerhalb der Gruppe, welche die Armutsgrenze überschreitet, kommen aber Abstiege erheblich häufiger vor als Aufstiege, die Differenz erklärt die reformbedingte Zunahme des Ausmaßes relativer Einkommensarmut." „Reformgewinner" fänden sich hauptsächlich in Westdeutschland, während die „Verliererquote" in Ostdeutschland und unter Alhi-Empfängerinnen hoch sei.[350]

Mittlerweile wird kaum mehr bestritten, dass (ostdeutsche) Frauen und Kinder als Hauptverlierer/innen der rot-grünen Arbeitsmarktreform gelten können, was sich auch in entsprechenden Presseberichten niederschlug.[351]

---

347 Vgl. Der Paritätische Wohlfahrtsverband – Gesamtverband (Hrsg.), „Zu wenig für zu viele". Kinder und Hartz IV: Eine erste Bilanz der Auswirkungen des SGB II (Grundsicherung für Arbeitsuchende), Berlin, 24. August 2005
348 Vgl. Clement: Kein Anstieg der Kinderarmut. Streit um Auswirkungen von Hartz IV, in: Kölner Stadt-Anzeiger v. 29.8.2005
349 Gabriele Hiller-Ohm, Kinderarmut bekämpfen. Gemeinsame Aufgabe von Bund, Ländern und Kommunen!, in: spw – Zeitschrift für Sozialistische Politik und Wirtschaft 159 (2007), S. 48
350 Irene Becker/Richard Hauser, Verteilungseffekte der Hartz-IV-Reform. Ergebnisse von Simulationsanalysen, Berlin 2006, S. 97, 98 und 100
351 Vgl. z.B. „Zahl armer Kinder viel höher als befürchtet". Kinderschutzbund: 2,5 Millionen leben auf Sozialhilfeniveau, in: Neue Osnabrücker Zeitung v. 27.7.2006; Harald Biskup, Zahl der armen Kinder hat sich verdoppelt. Eine Folge der Hartz-IV-Gesetze, in: Kölner Stadt-Anzeiger v. 28.7.2006; Helmut Frangenberg, Fast jedes vierte Kind in Köln ist arm. Statistik über Sozialgeld-Empfänger, in: Kölner Stadt-

Auf dem Höhepunkt des konjunkturellen Aufschwungs lebten nach Angaben der Bundesagentur für Arbeit im März 2007 über 1,928 Mio. Kinder unter 15 Jahren (von ca. 11,441 Mio. dieser Altersgruppe insgesamt) in SGB-II-Bedarfsgemeinschaften, die landläufig „Hartz-IV-Haushalte" genannt werden. Rechnet man die übrigen Betroffenen (Kinder in Sozialhilfehaushalten, in Flüchtlingsfamilien, die nach dem *Asylbewerberleistungsgesetz* ein Drittel weniger als die Sozialhilfe erhalten, und von sog. Illegalen, die gar keine Transferleistungen beantragen können) hinzu und berücksichtigt außerdem die sog. Dunkelziffer (d.h. die Zahl jener eigentlich Anspruchsberechtigter, die aus Unwissenheit, Scham oder anderen Gründen keinen Antrag auf Sozialhilfe bzw. Arbeitslosengeld II stellen), lebten etwa 2,8 Millionen Kinder, d.h. mindestens jedes fünfte Kind dieses Alters, auf oder unter dem Sozialhilfeniveau. Verschärft wird das Problem der sozialen Polarisierung durch erhebliche regionale Disparitäten (Ost-West- und Nord-Süd-Gefälle). So lebten 31,0 Prozent der ost-, aber nur 14,3 Prozent der westdeutschen Kinder unter 15 Jahren in SGB-II-Bedarfsgemeinschaften; in der sächsischen Stadt Görlitz waren es sogar 44,1 Prozent aller Kinder, im wohlhabenden bayerischen Landkreis Starnberg hingegen bloß 3,9 Prozent.[352]

Ohne die Lage zu dramatisieren, kann man prognostizieren, dass es in der Bundesrepublik, die nach wie vor zu den reichsten Industrienationen der Welt gehört, künftig eher noch mehr (Kinder-)Armut geben wird, falls nicht entschlossen gegengesteuert wird. Dies gilt hauptsächlich für Ostdeutschland, wo sich der neoliberale Um- bzw. Abbau des Sozialstaates drastischer auswirkt als in Westdeutschland, weil die dortigen Familien stärker auf staatliche Transferleistungen angewiesen sind, um ihren Lebensunterhalt bestreiten zu können.[353] Karl August Chassé, Margherita Zander und Konstanze Rasch

---

Anzeiger v. 29.8.2006; Ralph Kohkemper, Der Strudel in die Armut. Viele Familien mit Kindern profitieren nicht vom Aufschwung, in: Kölnische Rundschau v. 24.4. 2007; Helmut Frangenberg, Kinderarmut erreicht Höchststand. Annähernd zwei Millionen Kinder unter 15 Jahren leben in Hartz-IV-Familien, in: Kölner Stadt-Anzeiger v. 16.8.2007; K. Sperber/M. Sievers, Zahl der armen Kinder steigt dramatisch. Aufschwung geht an Hartz-IV-Familien vorbei, in: Frankfurter Rundschau v. 16.8.2007; Rasmus Buchsteiner/Christoph Slangen, Weniger Steuern auf Windeln? – Ein trauriger Rekord: 1,93 Millionen Kinder bis 15 Jahren leben in Deutschland von Arbeitslosengeld II, in: Aachener Zeitung v. 17.8.2007; Kinderarmut extrem. 1,9 Millionen Kinder leben unter Hartz-IV-Bedingungen, in: taz v. 12.1.2008

352 Vgl. Bremer Institut für Arbeitsmarktforschung und Jugendberufshilfe (BIAJ)/Paul Schröder (Verfasser), Kurzmitteilung: Nicht erwerbsfähige Hilfebedürftige im Alter von unter 15 Jahren (SGB II) im Bund, in den Ländern und in den Kreisen: Maximum seit Januar 2005, Bestand und Quoten im März 2007 und in den ersten Quartalen der Jahre 2006 und 2007 (jeweils revidierte Daten), 15. August 2007 (sg-kinder-quartale-I-06-bisI-07r.pdf), S. 1, 3,7 und 10

353 Jan Goebel, Peter Krause und Tanja Zähle (Dynamik von Einkommen und Armut in Ost- und West-Deutschland, a.a.O., S. 202) drücken diesen Umstand so aus: „Infolge

vermuten wegen der auch heute immer noch relativ geringen Anzahl der Sozialhilfebezieher/innen, „dass in den Neuen Bundesländern eine hohe Quote Sozialhilfeberechtigter besteht, die ihren Anspruch nicht einlösen, Armut also durch die Sozialhilfestatistik noch weniger erfasst wird als in Westdeutschland."[354] Nur wenn eine umfassende Kurskorrektur im Regierungshandeln erfolgt, vermag die Wirtschafts- bzw. Sozialpolitik den Trend zur Exklusion eines wachsenden Bevölkerungsteils, darunter besonders vieler Kinder und Jugendlicher, die außerdem immer weniger berufliche Perspektiven haben, aufzuhalten.

Die Hartz-Gesetze konterkarieren Bemühungen zur Armutsbekämpfung. Besonders Hartz IV hat durch das Abdrängen der Langzeitarbeitslosen samt ihren Familienangehörigen in den Fürsorgebereich dazu beigetragen, dass Kinderarmut „normal" geworden ist, was sie schwerer skandalisierbar macht. Auf das Leben der Kinder, die zur „unteren Schicht" gehören, wirkt sich das Gesetzespaket wegen der katastrophalen Lage des Arbeitsmarktes in den östlichen Bundesländern besonders verheerend aus. So bezogen Mitte 2004 in Thüringen nicht weniger als 125.000 Menschen Arbeitslosenhilfe, das waren 62,5 Prozent aller dort gemeldeten Arbeitslosen im Leistungsbezug.[355] 44,4 Prozent der Alhi-Empfänger/innen lebten in Ostdeutschland, aber nur 29,2 Prozent der Alg-Bezieher/innen. Die finanzielle Lage von Familien mit Alhi-Empfänger(inne)n verschlechterte sich durch den Übergang zum Alg II, was erhebliche materielle Einschränkungen für betroffene Kinder einschloss. Gleichzeitig dürfte die aus einer solchen Situation resultierende Resignation von Erwachsenen, wie sie in empirischen Untersuchungen aufscheint, eine negative Vorbildwirkung für die Kinder nach sich gezogen haben.[356]

Eine soziale Grundsicherung, wie sie das Arbeitslosengeld II laut Gesetzestext sein möchte, muss vor Armut schützen, damit sie diesen Namen verdient. Das kann man in Anbetracht der äußerst niedrigen Grundbeträge beim Alg II allerdings nicht behaupten. Auf 2 Jahre befristete Übergangszuschläge in Höhe von maximal 160 EUR für Erwachsene und bis zu 60 EUR für Kinder monatlich, die nach einem Jahr halbiert werden, sowie auf 3 Jahre befristete Kinderzuschläge für Geringverdiener/innen in der Höhe von maximal 140 EUR monatlich verhinderten nicht, dass Familien, die darauf zurückgreifen mussten, an den Rand der Gesellschaft gedrängt wurden. So bemängelte

---

des sehr hohen Ungleichheitsanstiegs der Markteinkommen sind die neuen Länder derzeit in besonderer Weise auf effiziente sozialstaatliche Maßnahmen angewiesen."

354 Siehe Karl August Chassé/Margherita Zander/Konstanze Rasch, Meine Familie ist arm, a.a.O., S. 29

355 Bereits 43 Prozent aller Thüringer Arbeitslosen waren ein Jahr und länger ohne reguläres Beschäftigungsverhältnis. Vgl. Von Trendwende kann keine Rede sein. Arbeitslosenquote zwar auf 16,2 Prozent gesunken, aber mehr Langzeitarbeitslose, in: Thüringer Landeszeitung (Erfurt) v. 7.7.2004

356 Vgl. Ingrid Krieger/Bernd Schläfke, Sozialisation im Armutsklima, in: Klaus Lompe (Hrsg.), Die Realität der neuen Armut, a.a.O., S. 227

der Verband alleinerziehender Mütter und Väter (VAMV) denn auch in einer Stellungnahme zu Hartz IV: „Eine Orientierung am zuletzt ausgezahlten Arbeitslohn bzw. am Lebensstandard fehlt völlig – mit für das Aufwachsen von Kindern fatalen Folgen."[357] Betroffen waren auch diejenigen Kinder, deren Väter aufgrund ihres gegenüber der Arbeitslosenhilfe niedrigeren Arbeitslosengeldes II keinen oder weniger Unterhalt zahlen (können), denn die Unterhaltsvorschusskassen bei den Jugendämtern treten nur maximal 6 Jahre lang und auch nur bis zum 12. Lebensjahr des Kindes ein: „Anschließend kann die Mutter für Sohn oder Tochter Sozialgeld beantragen, aber nur, wenn sie nicht genug verdient, um den Lebensunterhalt für sich und das Kind zu bestreiten."[358]

Die mit Hartz IV einhergehenden Leistungskürzungen trafen hauptsächlich Langzeitarbeitslose bzw. Niedrigverdiener/innen (sog. Aufstocker/innen), ihre Familien und Kinder. „Ob die Absenkung der Transferleistungen an diesen Teil der Gesellschaft, der sowieso zu den Verlierern gehört, die soziale Kohärenz einer Gesellschaft erhöht, darf bezweifelt werden. Möglicherweise sind die Kosten, die sich aus potentiell höherer Kriminalität, geringeren Entwicklungschancen von Kindern aus diesem Segment der Gesellschaft etc. ergeben, höher als die Einsparungen – ganz abgesehen von immateriellen Schäden einer Gesellschaft."[359]

Von den „Ich-AGs", die in großer Zahl entstehen sollten, zum 1. August 2006 aber wieder abgeschafft wurden, versprach sich die Bundesregierung einen Schub an marktwirtschaftlicher Dynamik. Dass sich zunächst nur wenige Arbeitslose mit einem von 600 EUR pro Monat im 1. Jahr über 360 EUR pro Monat im 2. auf 240 EUR pro Monat im 3. Jahr sinkenden Förderungsbetrag als „Ich-AG"-Gründer/innen versuchten, verwundert einen kritischen Beobachter kaum. So bemängelte Albrecht Müller, dass sich die Erfinder des Konzepts nicht in die Mentalität der Betroffenen hineingedacht hätten: „Einer fünfzigjährigen arbeitslosen Verkäuferin oder einem arbeitslosen Chemiearbeiter etwa erscheint der Gedanke, eine Ich-AG zu gründen, eher fremd und wenig sinnvoll. Sie könnten die Umstände einer Selbständigkeit wahrscheinlich auch gar nicht bewältigen."[360]

---

357 Stellungnahme des Verbandes alleinerziehender Mütter und Väter, Bundesverband e.V. (VAMV) zum Vierten Gesetz für moderne Dienstleistungen am Arbeitsmarkt (SGB II); http://www.vamv-bundesverband.de/vamv.htm, 4.8.2004
358 Katharina Sperber, Kein Unterhalt mehr vom Vater. Hartz IV lässt den Empfängern nicht genug Geld für die Zahlung – allein erziehende Mütter müssen dann aufs Amt, in: Frankfurter Rundschau v. 27.7.2004
359 Hansjörg Herr, Arbeitsmarktreformen und Beschäftigung. Über die ökonomietheoretischen Grundlagen der Vorschläge der Hartz-Kommission, in: PROKLA 129 (2002), S. 521
360 Albrecht Müller, Die Reformlüge. 40 Denkfehler, Mythen und Legenden, mit denen Politik und Wirtschaft Deutschland ruinieren, München 2004, S. 31

Nicht nur die materielle Situation, sondern auch die Position von Frauen und (alleinerziehenden) Müttern auf dem Arbeitsmarkt verschlechterte sich. „Niedrig qualifizierten Frauen droht, verstärkt aus dem Arbeitsmarkt herausgedrängt zu werden, da sie aufgrund der veränderten Anrechnung des Partnereinkommens aus dem Bezug des Arbeitslosengeldes II und den Leistungen der Arbeitsämter herausfallen."[361] Die sog. Mini- und Midi-Jobs übernahmen größtenteils Frauen. „Haushaltsnahe Dienstleistungen", die sie erbringen sollen, heißt im Wesentlichen, dass ihnen Besserverdienende, denen dafür nach einem vorübergehenden Wegfall des sog. Dienstmädchenprivilegs nun auch wieder Steuervergünstigungen eingeräumt werden, geringe (Zu-) Verdienstmöglichkeiten als Reinigungskraft oder Haushälterin bieten. Ist die „Mini-Jobberin" mit einem sozialversicherungspflichtig Beschäftigten verheiratet, braucht sie wegen der kostenfreien Familienmitversicherung keine Krankenkassenbeiträge zu entrichten. Um die vollen Leistungen der Rentenversicherung in Anspruch nehmen zu können, muss eine (Putz-)Frau jedoch ergänzende Beiträge zahlen. „Sozialhilfebedürftigkeit und Altersarmut sind vorprogrammiert."[362] Gleichzeitig dürfte sich der Abstand zwischen den Altersrenten von Männern und Frauen weiter zulasten der Letzteren vergrößern.

Peter Wahl wies nach, dass Hartz IV Armut erzeugt, wenn auch zum Teil mit zeitlicher Verzögerung. Während der Absturz bei Paaren sofort stattfinde, trete er bei Alleinstehenden erst nach 2 Jahren auf. „Das trifft vor allem die älteren über 50 Jahre, von denen die wenigsten noch eine Chance auf dem Arbeitsmarkt haben."[363] Die Hartz-Gesetze hatten für Familien und Kinder auch noch andere Folgen. So bringen strengere Zumutbarkeitskriterien möglicherweise das ganze Familiengefüge durcheinander, wie Felix Welti anschaulich schildert: „Wird die Migration aus der eigenen Region zur Suche nach Arbeit als normal und zumutbar angesehen, kann man nicht mehr davon ausgehen, dass Kinder ihre Eltern pflegen oder Großeltern die Enkel betreuen."[364] Da die Zumutbarkeitsregelungen im *Vierten Gesetz für moderne Dienstleistungen am Arbeitsmarkt* erneut verschärft und die gültigen Mobilitätsanforderungen gegenüber (Langzeit-)Arbeitslosen nochmals erhöht wurden, verschlechtern sich die Möglichkeiten für Familien, ein geregeltes, nicht durch Zeitdruck, Stress und/oder räumliche Trennung von Eltern und Kin-

---

361 Anneli Rüling/Karsten Kassner/Peter Grottian, Geschlechterdemokratie leben, a.a.O., S. 13; vgl. ergänzend: Christel Degen/Christine Fuchsloch/Karin Kirschner, Die Frauen nicht vergessen!, a.a.O.
362 Gisela Notz, Familien. Lebensformen zwischen Tradition und Utopie, Neu-Ulm 2003, S. 38
363 Peter Wahl, Hartz macht arm. Vor allem Paare und ältere Erwerbslose sinken durch die Arbeitsmarktreformen unter die von der EU gezogenen Einkommensgrenzen, in: Frankfurter Rundschau v. 16.9.2004
364 Felix Welti, Wandel der Arbeit und Reform von Sozialstaat und Sozialrecht, in: Brigitte Stolz-Willig (Hrsg.), Arbeit und Demokratie. Solidaritätspotenziale im flexibilisierten Kapitalismus, Hamburg 2001, S. 139

dern beeinträchtigtes Leben zu führen. „Angesichts der ungenügenden Anzahl qualifizierter und existenzsichernder Arbeitsstellen (gerade auch Teilzeitstellen), einer bis vor kurzem vor sich hinschlummernden Beschäftigungspolitik, unflexibler Arbeitgeber bei der Gestaltung familienfreundlicher Arbeitsplätze, Arbeitsplätze abbauender Firmen und Betriebe sowie einer mehr als unzureichenden Infrastruktur an ganztägigen Kindertageseinrichtungen und Schulen ist es unverantwortlich, diese zum großen Teil gesellschaftspolitisch zu verantwortende Misere den Betroffenen selbst in solch rücksichtsloser Art und Weise aufzubürden."[365]

Hier soll eine in der öffentlichen und Fachdiskussion über die Arbeitsmarktreformen fast immer vernachlässigte Folge der Hartz-Gesetzgebung für Familien mit kleinen Kindern noch einmal besonders hervorgehoben werden. Durch den enormen (Zeit-)Druck, unter dem Langzeitarbeitslose, jene Niedriglohnempfänger/innen, die ergänzend zu ihrem kärglichen Lohn das Alg II erhalten, und auch Menschen stehen, die seither fürchten müssen, irgendwann von Hartz IV betroffen zu sein, fehlt ihnen häufig die Zeit, um sich intensiv mit ihrem Nachwuchs zu beschäftigen. Zeitarmut ist eine Armutsform, unter der gerade Kinder mit Lernschwierigkeiten und Verhaltensauffälligkeiten stark leiden, weil dadurch ihre soziokulturellen Entfaltungs- und Entwicklungschancen beeinträchtigt werden. Dasselbe gilt übrigens für die in fast allen Bundesländern mit 4 Jahren viel zu knapp bemessene Grundschulzeit, in der gleichaltrige Kinder unabhängig von ihrer sozialen und ethnischen Herkunft zusammen dieselbe Klasse besuchen und gemeinsam lernen. „*Zeit* ist eine wesentliche Voraussetzung dafür, die Entwicklungsressoucen von Kindern zu kultivieren, deren Hintergrund von Deprivation geprägt ist, die aus restriktiven Familienkulturen stammen oder aus Kulturen außerhalb des Mainstreams, in denen zum Beispiel diskursive Entscheidungsfindung oder die Beteiligung von Kindern am Gespräch der Erwachsenen tabuisiert ist."[366]

Die drastischen Verschlechterungen trafen nicht nur frühere Bezieher/innen von Arbeitslosenhilfe, z.B. Frauen, deren Ehemänner mit ihrem Einkommen über den neuen, niedrigeren Freibeträgen lagen. Auch jene Empfänger/innen von Sozialhilfe, die nicht erwerbsfähig sind, also nicht mindestens 3 Stunden täglich arbeiten können, mussten Einbußen hinnehmen. Sie erhielten zum Teil nach der ab 1. Januar 2005 gültigen Regelsatzverordnung weniger Geld, weil Einmalleistungen als pauschalierter Betrag im Regelsatz aufgingen. Beim HLU-Regelsatz stehen sich Kinder unter 7 Jahren seither zwar etwas besser, die übrigen Kinder und Jugendlichen jedoch schlechter als

---

365 Stellungnahme des Verbandes alleinerziehender Mütter und Väter, Bundesverband e.V. (VAMV) zum Vierten Gesetz für moderne Dienstleistungen am Arbeitsmarkt (SGB II), a.a.O.
366 Wolfgang Edelstein, Schule als Armutsfalle – wie lange noch?, in: Bernd Overwien/ Annedore Prengel (Hrsg.), Recht auf Bildung. Zum Besuch des Sonderberichterstatters der Vereinten Nationen in Deutschland, Opladen/Farmington Hills 2007, S. 131 (Hervorh. im Original)

bisher.[367] Unter dem Wegfall der „wiederkehrenden einmaligen Leistungen", etwa für Kleidungsstücke oder defekte Haushaltsgeräte, sowie ihre Einbeziehung in den neuen, gegenüber dem bisherigen Eckregelsatz nur leicht angehobenen Regelsatz leiden primär Familien mit Kindern, deren Bedarf in dieser Hinsicht ausgesprochen hoch ist.[368]

Seit die Berechnung des Regelsatzes der Sozialhilfe 1990 vom Warenkorb- auf das Statistikmodell umgestellt wurde, blieb er immer mehr hinter den ständig steigenden Lebenshaltungskosten und der Entwicklung des allgemeinen Lebensstandards zurück. Wiederholt wurden Kürzungen vorgenommen, längst fällige Anpassungen verschoben und mittels fragwürdiger, wenn nicht manipulativer Rechenmethoden willkürliche, aber politisch gewollte Ergebnisse erzielt.[369] Matthias Frommann hat errechnet, dass der Regelsatz fast doppelt so hoch gewesen wäre wie jene 345 EUR, die das Bundesministerium für Gesundheit und Soziale Sicherung für 2005 veranschlagte, hätte man bei der Ermittlung von Umfang und Höhe des Bedarfs die im Gesetz angegebenen Referenzgruppen zugrunde gelegt.[370] Daran sieht man, wie stark Transferleistungsbezieher/innen und ihre Familien inzwischen von der allgemeinen Wohlstandsentwicklung abgekoppelt worden sind und welche enormen materiellen, damit aber auch soziokulturellen und psychosozialen Beeinträchtigungen die Regierungspolitik armen Kindern in der Bundesrepublik zumutet.

---

367 Vgl. dazu: Rainer Roth, Ein Hartz für Kinder. Zur Senkung der Regelsätze für Schulkinder mit Einführung von Hartz IV. Broschüre, hrsgg. vom Rhein-Main-Bündnis gegen Sozialabbau und Bulliglöhne/Klartext e.V., 2. Aufl. o.O., April 2007
368 Vgl. Heide Oestreich, Klassenfahrten und andere Katastrophen. 2,1 Millionen Menschen, die bisher Arbeitslosenhilfe bezogen, leben bald unter Sozialhilfebedingungen. Für ihre Kinder kann das heißen: Beiträge für Sportclubs oder neue Fußballschuhe sind nicht mehr drin. Kinderschutzbund: Tendenz zur Isolation, in: taz v. 19.8.2004; Streit über Hartz-IV-Effekte. Wohlfahrtsverband widerspricht SPD-Arbeitsmarktexperten, in: Frankfurter Rundschau v. 15.9.2004
369 Vgl. Wilhelm Adamy/Johannes Steffen, Abseits des Wohlstands, a.a.O., S. 27ff.; Marie-Luise Hauch-Fleck, Rechnen, bis es passt. Die Bundesregierung manipuliert das Existenzminimum – zum Schaden aller Steuerzahler, in: Die Zeit v. 28.12.2006
370 Vgl. Matthias Frommann, Warum nicht 627 Euro? – Zur Bemessung des Regelsatzes der Hilfe zum Lebensunterhalt nach dem SGB XII für das Jahr 2005, in: Nachrichtendienst des Deutschen Vereins für öffentliche und private Fürsorge 7/2004, S. 246ff.

2. Forschungsstand zur Kinderarmut in Deutschland und im internationalen Vergleich

Gegenüber der traditionsreichen und zum Teil – theoretisch wie empirisch – weit entwickelten Armutsforschung vor allem im angloamerikanischen und im skandinavischen Sprachraum ist deren deutschsprachiges Pendant noch immer ein Stiefkind der Fachwissenschaft. Kinderarmut blieb selbst innerhalb der Armutsforschung lange Zeit ausgeblendet und wurde bis weit in die 1990er-Jahre hinein auch nicht als eigenständiges soziales Problem begriffen: „Kinder wurden allenfalls als Ursache von Familienarmut, als Angehörige von einkommensarmen und sozial benachteiligten Haushalten, kaum jedoch als eigenständige Subjekte in ihrer spezifischen Betroffenheit von Armutslagen in den Blick genommen."[1]

2.1 Konzepte der (Kinder-)Armutsforschung im Überblick: Ressourcen- und Lebenslagenansatz

Um das Ausmaß von Kinderarmut zu erfassen, legen Wissenschaftler/innen meistens das Einkommen der Eltern (arm ist dann beispielsweise jede Familie, die weniger als die Hälfte des durchschnittlichen Haushaltsnettoeinkommens zur Verfügung hat) oder den Sozialhilfebezug zugrunde.[2] Diese Methode bezeichnet man als *Ressourcen*ansatz. Einkommensarmut zum *alleinigen* Kriterium für Armut zu erklären macht aber schon deshalb wenig Sinn, weil so außer Acht bleibt, wie viel Geld beim Kind ankommt.[3] Den Sozialhilfebe-

---

[1] Karl August Chassé/Margherita Zander/Konstanze Rasch, Meine Familie ist arm. Wie Kinder im Grundschulalter Armut erleben und bewältigen, 3. Aufl. Wiesbaden 2007, S. 39

[2] Vgl. Konrad Gilges, Kinder im Armuts- und Reichtumsbericht der Bundesregierung, in: Unsere Jugend 9/2001, S. 362ff.

[3] Vgl. Hans-Jürgen Andreß/Gero Lipsmeier, Kosten von Kindern – Auswirkungen auf die Einkommensposition und den Lebensstandard der betroffenen Haushalte, in: An-

zug als Armutsindikator verwerfen Wissenschaftler/innen und Politiker, die ihn als „bekämpfte Armut" begreifen. Kritiker einer solchen Position wiederum weisen zu Recht darauf hin, dass es ungefähr noch einmal so viele Personen gibt, die bedürftig und nach dem SGB XII (früher: BSHG) anspruchsberechtigt sind, jedoch beispielsweise aus falsch verstandenem Stolz, Scham, Angst vor Stigmatisierung oder Unwissenheit keine Sozialhilfe beantragen (sog. verdeckte Armut),[4] was den Sozialhilfebezug als (einzigen) Armutsindikator im Grunde unbrauchbar erscheinen lässt.

In der Diskussion über Armutserscheinungen spielt das Einkommen eine Schlüsselrolle, doch sollte es nicht isoliert betrachtet werden. Vielmehr ist es in Relation zu weiteren Lebensbereichen wie „Arbeit", „Bildung", „Wohnen", „Gesundheit", „Freizeit" und „sozialen Netzwerken" zu setzen. Erst über das Zusammenfallen des Einkommenskriteriums mit anderen Unterversorgungslagen lassen sich Gruppen herauskristallisieren, die von Armut in einem umfassenderen Sinn betroffen sind. Dadurch entspricht das *Lebenslagen*konzept, wie dieser Ansatz heißt, eher der Alltagswirklichkeit von Kindern als der Ressourcenansatz.[5]

Als Urheber des Begriffs „Lebenslage" gilt der Nationalökonom und Philosoph Otto Neurath, der diesen Terminus schon Anfang der 1930er-Jahre zur soziologischen Gesellschaftsanalyse vorschlug. Aufgegriffen und für sozialpolitische Fragestellungen fruchtbar gemacht hat ihn 1950/51 der Kölner Sozialwissenschaftler Gerhard Weisser. Eine begriffliche Präzisierung erfuhr das Konzept Mitte der 1970er-Jahre durch Ingeborg Nahnsen, die das Weisser'sche Konzept unter Beibehaltung seiner sozialwissenschaftlichen Implikationen von einigen Unbestimmtheiten befreite.[6] Einer der ersten Operationalisierungsversuche für die empirische Forschung stammt von Klaus Lompe und seiner Forschergruppe, die eine Lebenslagenanalyse bei arbeitslosen Sozialhilfeempfänger(inne)n durchführten.[7] Trotz einer langen Geschichte des

---

dreas Klocke/Klaus Hurrelmann (Hrsg.), Kinder und Jugendliche in Armut. Umfang, Auswirkungen und Konsequenzen, 2. Aufl. Wiesbaden 2001, S. 29ff.

4 Vgl. Werner Schönig/Dirk Ruiss, Verdeckte Armut. Forschungsstand in einer Grauzone der Armutsforschung, in: Sozialer Fortschritt 5/2000, S. 122ff.

5 Vgl. Roland Merten, „Selektive Armut": Kinder und Jugendliche am Rande der Gesellschaft, in: Unsere Jugend 9/2001, S. 371ff.

6 Vgl. Ingeborg Nahnsen, Bemerkung zum Begriff der Sozialpolitik in den Sozialwissenschaften, in: Martin Osterland (Hrsg.), Arbeitssituation, Lebenslage und Konfliktpotential, Frankfurt am Main 1975, S. 145ff.

7 Vgl. Klaus Lompe (Hrsg.), Die Realität der neuen Armut. Analysen der Beziehungen zwischen Arbeitslosigkeit und Armut in einer Problemregion, Regensburg 1987. Zur historischen Entwicklung des Konzepts vgl. Werner Hübinger, Prekärer Wohlstand. Neue Befunde zu Armut und sozialer Ungleichheit, Freiburg im Breisgau 1996, S. 62ff. Zu einer möglichen Einordnung des Lebenslagenkonzepts in Entwicklungsstufen von Armutskonzepten vgl. Berthold Dietz, Soziologie der Armut. Eine Einführung, Frankfurt am Main/New York 1997, S. 104ff.

Ansatzes ist seine theoretische Fundierung und damit auch seine empirische Umsetzung noch wenig ausgearbeitet.[8]

Die grundlegende Definition des Begriffs „Lebenslage" stammt von Gerhard Weisser. Nach ihm ist darunter jener „Spielraum, den einem Menschen (einer Gruppe von Menschen) die äußeren Umstände nachhaltig für die Befriedigung der Interessen bieten, die den Sinn seines Lebens bestimmen", zu verstehen.[9] Somit hebt der Terminus nicht nur auf verschiedene objektive Aspekte der jeweiligen Lebensbedingungen ab, sondern betont auch den objektiv vorhandenen und subjektiv empfundenen Spielraum der Lebenswelt, den die Lebensbedingungen für die Befriedigung von Interessen in ihren je spezifischen Ausprägungen bieten können.

Als erstes Resultat dieser methodisch-theoretischen Vorüberlegungen kann man festhalten, dass jede eindimensionale Konzeptualisierung, etwa eine Fokussierung auf *Einkommens*armut, gerade in Bezug auf Kinder nur sehr begrenzt aussagekräftig ist. Die unterschiedlichen Ressourcenverteilungen in Haushalten zeigen die Problematik des Bezugspunktes. Mit der sog. dynamischen Armutsforschung unterschätzt selbst die gegenwärtig dominante Forschungsrichtung insofern die wahre Breite und das Ausmaß des Phänomens „Kinderarmut", als sie ihren Gegenstand mit Sozialhilfebezug gleichsetzt.[10]

2.1.1 Die dynamische Armutsforschung

Den aktuellen Forschungsstand repräsentiert wahrscheinlich am besten die „dynamische" bzw. „lebenslauftheoretische Armutsforschung".[11] Als Teil einer Soziologisierung der Armutsforschung halten die Vertreter/innen dieser Forschungsrichtung ihren Ansatz für geeignet, ein genaueres Bild der Armut zu zeichnen und herkömmliche Sichtweisen in der wissenschaftlichen Armuts*forschung* und der Öffentlichkeit in Frage zu stellen oder zu relativieren. Durch ihren Perspektivwechsel von einer *Quer*schnitt- zur *Längs*schnittbetrachtung glauben sie, das Phänomen präziser analysieren zu können. Denn nunmehr wird die Dimension der *Zeitlichkeit* – Dauer, Verlaufsformen und Ursachen der Entwicklungsdynamik – systematisch berücksichtigt, was bisher nicht oder unzureichend geschah.[12] Den methodischen Ausgangspunkt

---

8   Vgl. z.B. Walter Hanesch u.a., Armut in Deutschland. Der Armutsbericht des DGB und des Paritätischen Wohlfahrtsverbandes, Reinbek bei Hamburg 1994, S. 25
9   Siehe Gerhard Weisser, Wirtschaft, in: Werner Ziegenfuß (Hrsg.), Handbuch der Soziologie, Stuttgart 1956, S. 986
10 Vgl. Raphael L'Hoest, Infantilisierung der Armut?, Kinderarmut im Sozialstaat – ein Forschungsprojekt, in: Soziale Sicherheit 2/1999, S. 53
11 Vgl. Stephan Leibfried u.a., Zeit der Armut. Lebensläufe im Sozialstaat, Frankfurt am Main 1995
12 Vgl. hierzu und zum Folgenden: Lutz Leisering, Armutspolitik und Lebenslauf. Zur politisch-administrativen Relevanz der lebenslauftheoretischen Armutsforschung, in:

bildet hierbei die Annahme, „daß Armut kein Zustand oder keine Eigenschaft von Personen oder kein fester Bevölkerungsteil ist, sondern eine oder mehrere, kürzere oder längere Episoden im Leben von Menschen".[13]

Der lebenslauftheoretische Ansatz, welcher in Wissenschaft, Politik und Medien gleichermaßen Resonanz fand und noch findet, war im Rahmen der Ausdifferenzierung und der während des letzten Jahrzehnts geradezu boomartigen Entwicklung der Armutsforschung in der Bundesrepublik ein Vorreiter. Die von der dynamischen Armutsforschung besonders stark unterstrichenen Aspekte, wie zum Beispiel die Transitorität und subjektiv-biografische Verarbeitung von Sozialhilfebezug, haben den bisherigen Wissensstand auf diesem Forschungsfeld zweifellos bereichert, müssen aber um andere Momente ergänzt werden.[14] Ausgesprochen problematisch ist, dass die Forscher/innen am Zentrum für Sozialpolitik bzw. am Sonderforschungsbereich 186 der Universität Bremen ihren Gegenstand mit Sozialhilfebezug gleichsetzen, was zur Unterschätzung des wahren Ausmaßes sowie der Breite des Armutsphänomens führt. Völlig außer Acht bleiben Bedürftige, die aus unterschiedlichen Gründen keinen Antrag auf laufende Hilfe zum Lebensunterhalt (HLU) stellen. Zudem fehlt eine landesweite und zeitliche Absicherung der gewonnenen Erkenntnisse. Durch die fehlende Repräsentativität der Untersuchungen, die Konzentration auf Bremen als Großstadt mit extrem hoher Sozialhilfedichte und den relativ kurzen Beobachtungszeitraum wurde nur ein kleiner Ausschnitt der Armutsentwicklung beleuchtet. Die bis heute ungebrochene Beschränkung der dynamischen Armutsforschung auf das Phänomen „*Kurz*zeitarmut" hat dazu beigetragen, dass andere Formen der sozialen Ausgrenzung sowie das immer noch bzw. wieder prekäre Problem der *Lang*zeitarmut aus dem Blickfeld geriet.[15]

Die These einer Biografisierung der Armut, verstanden als „Armutskarriere", die Wege in, durch und aus Sozialhilfe heraus beinhaltet, bedarf einer Relativierung. Denn die starke Überbetonung der individuellen Lebenslagen verkürzt das Untersuchungskonzept auf Lebensphasen, Statuspassagen und Übergangsprobleme, wobei sich die Strukturen der gesellschaftlichen Ungleichheit zu bloßen Einzelschicksalen verflüchtigen. Fest umrissene *Gruppen* von Armen werden als Analyseobjekt aufgelöst und durch Armuts*formen* ersetzt, die den Charakter einer individuellen Befindlichkeit annehmen und „nur" von der jeweiligen Biografie abhängen. In armuts*politischer* Hinsicht führt die ausschließliche Thematisierung der Armut innerhalb des staatlichen

---

Walter Hanesch (Hrsg.), Sozialpolitische Strategien gegen Armut, Opladen 1995, S. 65ff.

13   Siehe ebd., S. 73
14   Vgl. Christoph Butterwegge, Nutzen und Nachteile der dynamischen Armutsforschung. Kritische Bemerkungen zu einer neueren Forschungsrichtung, in: Zeitschrift für Sozialreform 2/1996, S. 83
15   Vgl. ders., Armut und Armutsforschung im Wandel, in: Theorie und Praxis der sozialen Arbeit 11/1996, S. 20f.

Unterstützungssystems und des Lebenslaufregimes über die Verwechslung von situativen Anlässen mit den tieferliegenden Wurzeln von Armut zu einer analytischen Vernachlässigung der Ursachen im gesellschaftlichen, politischen und wirtschaftlichen Bereich.

Zwar mag ein kurzfristiger Bezug von Sozialhilfe bisweilen durch die Säumigkeit vorgelagerter Sicherungssysteme ausgelöst sein und so zu einer Verschärfung der prekären Lage von Betroffenen beitragen, die Unfähigkeit vieler Menschen zur Vermeidung dieser Mangellagen und ihre *existenzielle* Angewiesenheit auf solche Leistungen wurzelt aber tiefer.[16] Vor allem fehlt der Blick auf die subjektiven Formen der Verarbeitung erfahrener Armut. Nach einer genaueren Betrachtung der gesellschaftlichen und politischen Ursachen stehen diese Fragen im Mittelpunkt. Damit wird deutlich, welche Kopplung subjektiver und objektiver Aspekte eine alternative („duale") Armutsforschung beinhaltet.[17]

2.1.2 Begriff und Aufgaben der dualen Armutsforschung

Mit dem Begriff „duale Armutsforschung" und dem Konzept, auf das er sich bezieht, geht der Versuch einer, Armut in ihrer komplexen Struktur zu erfassen, sie also nicht, wie es in der Fachdiskussion praktisch ausnahmslos geschieht, aus einem verengten, biografisierenden und individualisierenden Blickwinkel zu betrachten. Bei der Herangehensweise unserer Untersuchung sind vier grundlegende Anforderungen zu beachten.[18] Denn die duale Armutsforschung sollte

1. eine fundierte Gesellschaftskritik mit anspruchsvoller Empirie verbinden;
2. die Dramatik der Kinderarmut in Deutschland und die Weltmarktdynamik im Zusammenhang betrachten;[19]
3. die „Dualisierung" der Armut untersuchen und dabei sowohl die von Dauerarbeitslosen, Obdachlosen etc. gebildete „underclass" wie auch die Niedriglohn beziehenden „working poor" (oftmals Migranten und ethnische Minderheiten) berücksichtigen;

---

16 Vgl. ebd., S. 22ff.
17 Vgl. Christoph Butterwegge, Armutsforschung, Kinderarmut und Familienfundamentalismus, in: ders. (Hrsg.), Kinderarmut in Deutschland. Ursachen, Erscheinungsformen und Gegenmaßnahmen, 2. Aufl. Frankfurt am Main/New York 2000, S. 27ff.
18 Vgl. hierzu und zum Folgenden: Christoph Butterwegge u.a., Armut und Kindheit. Ein regionaler, nationaler und internationaler Vergleich, 2. Aufl. Wiesbaden 2004, S. 35ff.
19 Vgl. dazu auch: H. Gerhard Beisenherz, Kinderarmut global und lokal: Armut als Exklusionsrisiko, in: Christoph Butterwegge (Hrsg.), Kinderarmut in Deutschland, a.a.O., S. 78ff.

4. durch ihre Lebenslagenorientierung Aussagen über sozialpolitische Handlungsperspektiven eröffnen sowie durch ihren Lebensweltbezug gleichzeitig subjektorientierte Handlungsansätze erschließen helfen.

2.1.2.1 Gesellschaftskritik und Empirie

Der sozialkritische Anspruch einer dualen Armutsforschung lässt sich nur mit einem Mikro-Makro-Ansatz realisieren, welcher in den Rahmen einer umfassenden Gesellschaftstheorie gestellt wird.[20] Die duale Armutsforschung verbindet die Gesellschaftstheorie mit der Empirie und stellt die strukturelle Beziehung zur Weltmarktdynamik her. „Von der unter dem (Tot-)Schlagwort ‚Globalisierung' diskutierten Wirtschaftsentwicklung ausgehend, sind Armut und Unterversorgung als Phänomene einer ‚sozialpolitischen Postmoderne', die teilweise mittelalterliche Züge trägt, neu zu vermessen."[21] Das heißt für die Sozialwissenschaften, namentlich die kritische Armutsforschung, sich von der rein deskriptiven Beschäftigung mit dem Armutsphänomen zu lösen und aufzuhören, sich im Streit um Definitionen und statistische Grundlagen um sich selbst zu drehen.[22] Vielmehr müssen ökonomische, politische und soziale Ursachen dargestellt und die sich daraus ergebenden gesamtgesellschaftlichen und individuellen Folgen thematisiert werden.

Ausgangs- und Orientierungspunkte für eine derartige Herangehensweise bilden die folgenden Fragen: Warum entsteht Armut, warum weitet sie sich aus und warum nimmt sie seit den 1970er-Jahren auch in hoch entwickelten westlich-kapitalistischen Ländern wieder messbar zu? Existiert ein Kausal- bzw. Wechselverhältnis zwischen Reichtum/Wohlstand einerseits und Armut andererseits; wenn ja, wie ist dieses beschaffen?

Hier wird Armut als Bestandteil einer Polarisierung innerhalb des forcierten „Modernisierungs"-Wettbewerbs thematisiert.[23] Dabei sollen auch Forschungsergebnisse kritisch hinterfragt werden, welche die Herausbildung einer „Zwei-Drittel-Gesellschaft" (Peter Glotz) entweder verharmlosend dar-

---

20 Darunter ist die Verknüpfung von quantitativen und qualitativen Daten zu verstehen, da eine Trennung quantitativer und qualitativer Herangehensweisen u.E. zur Ausblendung der durch die den einzelnen Verfahren jeweils eigenen Besonderheiten sozialer Wirklichkeit führt. Vgl. Christian Erzberger, Zahlen und Wörter. Die Verbindung quantitativer und qualitativer Daten und Methoden im Forschungsprozeß, Weinheim 1998, S. 73
21 Christoph Butterwegge, Armutsforschung, Kinderarmut und Familienfundamentalismus, a.a.O., S. 39
22 Vgl. Jens S. Dangschat/Ben Diettrich, Regulation, Nach-Fordismus und „global cities" – Ursachen der Armut, in: Jens S. Dangschat (Hrsg.), Modernisierte Stadt – gespaltene Gesellschaft. Ursachen von Armut und sozialer Ausgrenzung, Opladen 1999, S. 77; Jens S. Dangschat, Armut durch Wohlstand, in: ebd., S. 14
23 Vgl. Jens S. Dangschat/Ben Diettrich, Regulation, Nach-Fordismus und „global cities" – Ursachen der Armut, a.a.O., S. 73

stellen oder leugnen, das Problem der Armut aus rein monetärer Sicht analysieren und damit den gesellschaftspolitischen Aspekt außer Acht lassen oder die Existenz von Armut in der Bundesrepublik gänzlich bestreiten.[24]

Zudem muss Armut sowohl als spezifische Form der Klassenstrukturierung wie auch als spezifische Reproduktionsform struktureller sozialer Ungleichheit analysiert werden.[25] Die immer noch populäre Vorstellung von der Bundesrepublik als pluraler und mittelschichtsdominanter Wohlstandsgesellschaft ist korrekturbedürftig. „Unterhalb der säkularen Tendenz der Individualisierung und der Pluralisierung der Lebensformen ist die ungebrochene Kraft *ökonomischer* Ungleichheit heute wieder deutlicher zu ‚spüren'. Der Zugang zum oder der Ausschluß vom Arbeitsmarkt sowie deutliche Einkommensdifferenzen steuern nachhaltiger die soziale Lebenslage der Individuen und der Familien, als noch vor wenigen Jahren in der Ungleichheitsforschung allgemein angenommen."[26]

In diesem Zusammenhang ist das Struktur-Habitus-Praxis-Konzept des französischen Soziologen Pierre Bourdieu mit seinen Schlüsselkategorien „sozialer Raum", „Kapital(ien)", „Klassen" und „Habitus" aufschlussreich. Bourdieu sieht Gesellschaft als Geflecht von Beziehungen, die einen mehrdimensionalen sozialen Raum entwerfen, dessen Struktur sich aus der Verteilung verschiedener Kapitalformen ergibt.[27] Die daraus resultierenden Klassenstrukturen sind nicht im Sinne realer Formationen zu verstehen, sondern als sich nur wahrscheinlich zu sozialen Klassen entwickelnde Strukturierungen. Bei Individuen mit einer ähnlichen Klassenposition besteht für Bourdieu eine hohe Wahrscheinlichkeit, dass sich ein gemeinsamer Habitus herausbildet. Hierunter versteht er eine durch die gesellschaftlichen Strukturen vorgegebene Disposition, in einer spezifischen Art und Weise zu handeln.[28] Dem-

---

24 Vgl. Karen Ehlers, Armut in der Bundesrepublik. Die Entwicklung von Armutsdominanzrelationen ausgewählter Risikogruppen in den alten Bundesländern im Zeitraum 1984-1994, Frankfurt am Main 1997, S. 17 und 32; Walter Krämer, Armut in der Bundesrepublik. Zur Theorie und Praxis eines überforderten Begriffs, Frankfurt/New York 2000, S. 24ff.
25 Vgl. Jens S. Dangschat/Ben Diettrich, Regulation, Nach-Fordismus und „global cities" – Ursachen der Armut, a.a.O., S. 74
26 Andreas Klocke, Reproduktion sozialer Ungleichheit in der Generationenfolge, in: Peter A. Berger/Michael Vester (Hrsg.), Alte Ungleichheiten – neue Spaltungen, Opladen 1998, S. 215f. (Hervorh. im Original)
27 Pierre Bourdieu, Ökonomisches Kapital, kulturelles Kapital, soziales Kapital, in: Reinhard Kreckel (Hrsg.), Soziale Ungleichheit. Soziale Welt, Sonderband 2 (1983), S. 183ff., kennt außerdem das „symbolische Kapital". Während sich „ökonomisches" und „kulturelles Kapital" auf den Umfang des wirtschaftlichen und geistigen Einflusses eines Individuums beziehen, spiegelt sich im „sozialen Kapital" das Netz seiner zwischenmenschlichen Beziehungen wider. Das symbolische Kapital schließlich wird als Ebene der Repräsentation von den ersten drei Kapitalsorten abgeleitet.
28 Vgl. Ben Diettrich, Klassenfragmentierung im Postfordismus. Geschlecht – Arbeit – Rassismus – Marginalisierung, Hamburg/Münster 1999, S. 39

nach stellt der Habitus als Wahrnehmungs- und Handlungsmatrix eine „strukturierte Struktur" dar, die wiederum strukturierend auf andere Strukturen, beispielsweise gesellschaftliche Repräsentationssysteme, einwirkt. Ein zentraler Aspekt der Klassentheorie Bourdieus bildet folglich die Vermittlung von objektiven und subjektiven Strukturen über den Habitus. Dadurch bietet sie die Möglichkeit, psychosoziale Folgen von Armut bei Kindern und deren Strategien zu ihrer Bewältigung genauer zu untersuchen.[29] Bourdieu hat es jedoch – wie bisher nahezu alle Teilnehmer an der Fachdiskussion in Deutschland – versäumt, die Ursachen für eine unterschiedliche Kapitalausstattung bzw. „neue" soziale Ungleichheiten zu thematisieren.[30]

Veränderte gesellschaftliche Formierungen räumlicher und sozialer Ungleichheit sollten einer sorgfältigen Ursachenanalyse unterzogen werden. Dabei müssen neben den Bedingungen der Kapitalakkumulation insbesondere die politischen und gesellschaftlichen Regulationsweisen thematisiert werden, d.h. die Reproduktion von Klassenverhältnissen durch staatliche Intervention, Ideologisierung und gesellschaftliche Restrukturierung. Ein solcher Ansatz kann als Bindeglied „zwischen (überholter) traditioneller marxistischer Gesellschaftsanalyse einerseits und den Ansätzen, die ausschließlich die Reproduktionsformen und -mechanismen der Gegenwartsgesellschaften analysieren und daraus ‚Entstrukturierungen' bzw. die Restrukturierung innerhalb von Lebensstil-Konfigurationen wahrnehmen", fungieren.[31]

2.1.2.2 Kinderarmut und Weltmarktdynamik

Aufgrund der skizzierten Herangehensweise können das Ausmaß und die Art der Steuerung sowie die gezielte Beeinflussung sozialer Ungleichheitsstrukturen durch staatliche Akteure erfasst werden. Mittels dieser Interpretationsfolie lassen sich Veränderungen auf dem Arbeitsmarkt (überwiegend: Flexibilisierung) und der Politik (allgemeine Deregulierung, u.a. neue Arbeitsteilung zwischen den Ebenen der Gebietskörperschaften) sowie deren Auswirkungen auf die Klassenstrukturen und -reproduktionsformen verdeutlichen.[32] Auf diese Art und Weise kann der krisenhafte Übergang vom keynesiani-

---

29 Es stellt sich jedoch die Frage, ob bzw. inwieweit schon bei Kindern von einem Habitus gesprochen werden kann und wie stark dessen Verfestigung oder Dynamik ist. Praktische Relevanz hat diese Fragestellung auch für die Soziale Arbeit und die Pädagogik, lässt sie doch Ergebnisse erwarten, mit deren Hilfe Chancen und Grenzen von (Sozial-)Pädagogik für die Bearbeitung armutsrelevanter Lebenslagen bei Kindern und Jugendlichen neu bestimmt werden könnten.
30 Vgl. Jens S. Dangschat, Klassenstrukturen im Nach-Fordismus, in: Peter A. Berger/ Michael Vester (Hrsg.), Alte Ungleichheiten – Neue Spaltungen, a.a.O., S. 66 und 75. Zur weiteren Kritik an Bourdieus Kapitalien- und Klassenbegriff vgl. Ben Diettrich, Klassenfragmentierung im Postfordismus, a.a.O., S. 40f.
31 Siehe ebd., S. 66
32 Vgl. ebd., S. 74

schen Wohlfahrtsstaat der Nachkriegsära zum „nationalen Wettbewerbsstaat" (Joachim Hirsch) der Gegenwart in seiner Relevanz für Verarmungsprozesse im Kontext der Globalisierung nachgezeichnet werden. Die dadurch gewonnenen Erkenntnisse werden auf die deutsche Armuts- und Ungleichheitsforschung bezogen und mit der Globalisierungsdebatte verknüpft.[33]

2.1.2.3 „Dualisierung" der Armut – Arbeitslosigkeit vs. Billigjobs

Die Bedeutung der Verräumlichung von Armut (sozialräumliche Segregation) muss im Kontext der Flexibilisierung und Deregulierung des Sozialstaates analysiert werden,[34] weil nur so die spezifische „duale Armut" und ihre Ursachenkomplexe deutlich werden: Arbeitslosigkeit und Sozialhilfebezug auf der einen Seite und sog. Billigjobs (McJobs bzw. bad jobs) auf der anderen. Außerdem wird der Zusammenhang zwischen einer angebotspolitischen Umverteilung ökonomischer Ressourcen „nach oben" und einer Verteilung ökonomischer Risiken und Folgekosten „nach unten" deutlich. Letztere äußert sich vor allem in der forcierten Verarmung breiter Bevölkerungskreise.[35] So wird die steigende Armut nicht nur beschrieben und „beklagt", sondern – auch kausal – auf wachsenden Reichtum in der Gesellschaft bezogen.

Bei der Ursachenanalyse ist zu beachten, dass soziale Polarisierung und Pluralisierung zwei Seiten einer Medaille darstellen.[36] Wichtig erscheint deshalb die differenziertere Betrachtung der Ursachen und Folgen von Armut bzw. Ausgrenzung. Die üblicherweise als „Armut verursachend" bezeichneten Aspekte sozialer Wirklichkeit – Alleinerziehendenstatus, Arbeitslosigkeit etc. – sind in Wahrheit nur situative Anlässe bzw. Auslöser von Armut. Deren eigentliche Ursachen lassen sich im bestehenden Wirtschaftssystem und in seiner sozialpolitischen Regulationsweise verorten.[37] Strukturelle Veränderungen des Arbeitsmarktes, die Umorientierung der staatlichen Arbeits- und Sozialpolitik[38] sowie Individualisierung und Pluralisierung der Lebensformen als Zerfall „traditioneller" Sicherungen gehören in diesen Kontext.

---

33 Vgl. Christoph Butterwegge, Armutsforschung, Kinderarmut und Familienfundamentalismus, a.a.O., S. 21ff.
34 Vgl. Jens S. Dangschat/Ben Diettrich, Regulation, Nach-Fordismus und „global cities" – Ursachen der Armut, a.a.O., S. 83f. und 89f.
35 Vgl. Nils Mählmann, Differenzierung und Desintegration. Staatliche Regulierung auf ihrem Weg in die Krise! Wege aus der Krise?, in: Jens S. Dangschat (Hrsg.), Modernisierte Stadt – gespaltene Gesellschaft, a.a.O., S. 130f. und 135f.
36 Vgl. Gábor M. Hahn, Sozialstruktur und Armut in der nach-fordistischen Gesellschaft, in: Jens S. Dangschat (Hrsg.), Modernisierte Stadt – gespaltene Gesellschaft, a.a.O., S. 198f.
37 Vgl. Jens S. Dangschat/Ben Diettrich, Regulation, Nach-Fordismus und „global cities" – Ursachen der Armut, a.a.O., S. 79f.
38 Vgl. Gábor M. Hahn, Sozialstruktur und Armut in der nach-fordistischen Gesellschaft, a.a.O., S. 200f.

Besonders im Hinblick auf Kinder und Jugendliche in Armut liefert die dynamische Armutsforschung wenig fundierte Erkenntnisse. Sie sind dort als Haushaltsangehörige fast ausschließlich rechnerische Größen. Daher sollen im Rahmen unseres Projekts die möglicherweise einsetzende Verstetigung von Armutslagen bei Kindern und Jugendlichen, die *intergenerative* Dimension des Armutsphänomens sowie die objektiv und subjektiv vorhandenen Armutslagen beleuchtet werden. Mittels eines komparativen Ansatzes untersuchen wir die sozialräumliche Dimension (Ost- vs. Westdeutschland).

2.1.2.4 Lebenslage und -welt als Konzept zur Erhebung psychosozialer Folgen von Armut und der kindlichen Strategien zu ihrer Bewältigung

Armut wird hier dem Lebenslagenansatz gemäß als kumulative Unterversorgung in mindestens zwei von vier zentralen Lebensbereichen begriffen: Einkommen, Arbeit, Bildung/Ausbildung und Wohnen.[39] Für die einzelnen Lebensbereiche wird jeweils eine Unterversorgungsschwelle festgelegt. Der *mehrdimensionale* Ansatz geht von unterschiedlichen, für ein soziokulturell angemessenes Leben wichtigen Lebensbereichen aus und ist damit der bisher umfassendste und wissenschaftlich gehaltvollste. Für die Durchführung eines Forschungsprojekts zur Kinderarmut erscheint deshalb die Kooperation mit lokalen Behörden (Sozial- und Statistikämter u.a.) unumgänglich, weil sie wichtige Informationen hinsichtlich des Forschungsgegenstandes zur Verfügung stellen sollen. Auch ist die Nutzung überregionaler Daten, wie sie das SOEP (Sozio-ökonomisches Panel) und der Mikrozensus bieten, als Vergleichsbasis notwendig, denn nur durch ein Konzept, in dessen Rahmen der Begriff für ein empirisches Programm operationalisiert wird, kann soziale Wirklichkeit beschrieben und erklärt werden.

In seiner allgemeinen Ausdeutung als multidimensionales, verschiedene Ungleichheitsdimensionen umfassendes und auch handlungstheoretisch relevantes Konzept zur Erfassung und Beschreibung ungleicher Lebensverhältnisse dürfte der Begriff „Lebenslage" bzw. der Lebenslagenansatz geeignet sein, die komplexe soziale Realität – auch die von Kindern – sehr differenziert abzubilden. Außerdem kann er als Beschreibung der Gesamtheit individueller und sozialer Merkmale der Realität (soziale Mikroebene) den Klassen- oder Schichtbegriff ergänzen und ausdifferenzieren, weil in diesem eher die großflächige sozioökonomische Struktur einer Gesellschaft betrachtet wird.[40]

Im Weisser'schen Sinne ist eine an der Lebenslage ausgerichtete Armutsbestimmung mehr als der Nachweis von Benachteiligungen materieller und immaterieller Art, die mit Hilfe von Sozialindikatoren gemessen werden können. Diese rein sozialstatistische Beschreibung von Lebensverhältnissen auf der

---

39 Vgl. Walter Hanesch u.a., Armut in Deutschland, a.a.O., S. 25
40 Vgl. Werner Hübinger, Prekärer Wohlstand, a.a.O., S. 48f.

Basis mehrerer Indikatoren gibt höchstens Auskunft über den Umfang bzw. die Intensität der Benachteiligung. Entscheidend für Weisser ist aber das Verhältnis zwischen objektiv gegebenen Handlungsspielräumen und den subjektiv vorhandenen Interessenorientierungen (Lebenswelt).[41] Eine Lebenslage muss dem Menschen die Erfüllung seiner Lebenssinn stiftenden Bedürfnisse erlauben. Das damit konstituierte Armutsverständnis erlaubt denn auch eine sinnvolle Definition der Bekämpfung von Armut. Diese ist dann beseitigt, wenn allen Individuen die Handlungsmöglichkeiten zur Verbesserung ihrer Lebenslage bzw. zur adäquaten Befriedigung ihrer Grundanliegen offen stehen.[42]

Letztlich bleibt die Definition von Weisser aber unbestimmt, und die Umsetzungsprobleme für die empirische Forschung sind ganz offensichtlich.[43] Eine *vollständige* mehrdimensionale Definition von Armut als Kumulation oder Kombination von Unterversorgungen und Benachteiligungen scheint aus mehreren Gründen mit dem derzeitigen Forschungsstand nicht einlösbar zu sein:

- Die Festlegung von Mindeststandards in zentralen Lebensbereichen ist eine normative Entscheidung, abhängig von der jeweils aktuellen politischen Willensbildung, ebenso wie die Frage nach den Möglichkeiten der Kompensation von Defiziten.

---

41 Damit ist auch die Begründung für den im Projekt gewählten methodischen Zugang – Verbindung von qualitativer und quantitativer Forschung – gegeben. Die immer wieder vorgebrachte Kritik, qualitative Methoden würden wissenschaftlichen Grundsätzen nicht standhalten und könnten somit keinen Anspruch auf „Wahrheit" und stichhaltige Aussagekraft für sich verbuchen (vgl. Martin Wellenreuther, Quantitative Forschungsmethoden in der Erziehungswissenschaft. Eine Einführung, Weinheim/München 2000, S. 13), ist überzogen. Wir orientieren uns in diesem Zusammenhang an Arbeiten wie der von Michael Erzberger, Zahlen und Wörter, a.a.O., bzw. von Gerald Prein/Udo Kelle/Susann Kluge, Statuspassagen und Risikolagen im Lebensverlauf – Strategien zur Integration quantitativer und qualitativer Auswertungsverfahren. Arbeitspapier Nr. 19 des SFB 186 der Uni Bremen, Bremen 1993. Sie plädieren eindrücklich für eine Verbindung von qualitativen und quantitativen Methoden. In gleicher Weise argumentiert auch Pierre Bourdieu, Sozialer Sinn. Kritik der theoretischen Vernunft, Frankfurt am Main 1993, S. 53.
42 Vgl. Helmut Hartmann, Lebenslage Armut – ein Konzept zur Armutsbeschreibung und Armutspolitik, in: Theorie und Praxis der sozialen Arbeit 12/1992, S. 453ff.
43 Auch der Armutsbericht der Hans-Böckler-Stiftung, des DGB und des Paritätischen Wohlfahrtsverbandes weist darauf hin, dass das Lebenslagenkonzept „in vieler Hinsicht der Klärung bedarf" und somit weiterhin ein Feld für die künftige Forschung bleibt. Vgl. Walter Hanesch u.a., Armut und Ungleichheit in Deutschland. Der neue Armutsbericht der Hans-Böckler-Stiftung, des DGB und des Paritätischen Wohlfahrtsverbands, Reinbek bei Hamburg 2000, S. 24f. Dies nutzen vor allem ausschließlich quantitativ orientierte Forscher/innen in ihrer Kritik am Lebenslagenkonzept aus. So bemerkt Karen Ehlers, Armut in der Bundesrepublik, a.a.O., S. 17, dass es einerseits alternative Armutskonzepte (gemeint ist hier wohl das Lebenslagenkonzept) und andererseits die von ihr für anspruchsvoll erklärten Armutsindizes gebe.

- Eine allgemein plausible Armutsdefinition ist kaum möglich, weil die Gewichtung der einzelnen Lebenslagenbereiche einer stark sozial differenzierten Gesellschaft wie der heutigen nicht gerecht würde.
- Durch zu viele verschiedene Typen von Lebenslagen kann es zu einer weitgehenden Relativierung sozialer Ungleichheit kommen. Verwendet man umgekehrt zu wenige Lebenslagen, so wird die Komplexität des Ansatzes aufgegeben.[44]

Wie im Folgenden zu zeigen sein wird, eignet sich das Lebenslagenkonzept trotz dieser Kritik als Basis einer differenzierten empirischen Erfassung sozialer Ungleichheit. Notwendig ist jedoch ein *pragmatischer* Ansatz, der Ressourcen- und Lebenslagenansatz miteinander kombiniert.[45] Das Unterschreiten einer Einkommensgrenze bleibt dabei insofern das Hauptmerkmal von Armut, als Einkommen den Zugang zu und die Nutzung von anderen Ressourcen, etwa Bildung, zumindest beeinflusst, wenn nicht gar direkt regelt. Die unterschiedlichen Erscheinungsformen kommen daher in der Regel erst zum Tragen, wenn Einkommensgrenzen unterschritten werden.

Folgende *Kriterien bzw. Bedingungskomplexe* können aufgrund der vielfältigen empirischen Interpretationsmöglichkeiten als konstituierend für eine Lebenslage gelten:

- *Mehrdimensionalität* (Einbeziehung materieller und anderer wohlstands- und ungleichheitsrelevanter Dimensionen);
- *Handlungsspielräume* und ihre lebenslagenspezifischen *Grenzen*, u.a. resultierend aus der
- *Ressourcenausstattung* (mit dem Haushaltseinkommen als zentralem Merkmal).

---

44 Vgl. zu dieser Bewertung Wolfgang Clemens, „Lebenslage" als Konzept sozialer Ungleichheit. Zur Thematisierung sozialer Differenzierung in Soziologie, Sozialpolitik und Sozialarbeit, in: Zeitschrift für Sozialreform 3/1994, S. 150ff.
45 Den Ressourcenansatz kritisierend, argumentieren gegen das eindimensionale Armutsmaß der Einkommensmessung u.a. Beate Hock/Gerda Holz, Arm dran?! – Lebenslagen und Lebenschancen von Kindern und Jugendlichen. Erste Ergebnisse einer Studie im Auftrag des Bundesverbandes der Arbeiterwohlfahrt, Institut für Sozialarbeit und Sozialpädagogik (ISS) Frankfurt am Main, November 1998, S. 68ff., sowie Gunter E. Zimmermann, Ansätze zur Operationalisierung von Armut und Unterversorgung im Kindes- und Jugendalter, in: Christoph Butterwegge (Hrsg.), Kinderarmut in Deutschland, a.a.O., S. 59ff. Außerdem erscheint der Ressourcenansatz, der auf einem ökonomischen Modell mit einer freiwilligen Entscheidung zur Integration in ein System (Familie, Wohngemeinschaft etc.) basiert, für die Kinderarmutsforschung als wenig tauglich, da Kinder diese Entscheidungsfreiheit nicht haben, sondern per se in Systeme wie Familie, Heim etc. (mit mehr oder weniger gegebenen Möglichkeiten der Ressourcenpartizipation) eingebunden sind (vgl. Hans-Jürgen Andreß, Leben in Armut. Analysen der Verhaltensweisen armer Haushalte mit Umfragedaten, Opladen/Wiesbaden 1999, S. 41).

Konzepte der (Kinder-)Armutsforschung im Überblick 139

Die genannten Kriterien und Komplexe spiegeln sich u.a. in den potenziellen und realen *(Unter-)Versorgungslagen* wider, die nicht ausschließlich, aber eben auch abhängig von der *subjektiven Nutzungskompetenz sind*, welche die Betroffenen – angesichts ihrer Lage – aufbringen können.[46] Nicht vergessen werden darf der *Bezug zur Sozialpolitik* (verstanden als Gesellschaftspolitik, die durch Vermögens-, Bildungs-, Einkommenspolitik etc. die Lebenslagen der Bevölkerung beeinflusst).[47]

In einem nächsten Schritt müssen die Lebensbereiche festgelegt werden, für welche die Ressourcen- und Versorgungslage erfasst werden soll. Dabei orientieren wir uns an dem gleichfalls von Gerhard Weisser eingeführten Begriff der *Spielräume*.[48] Die nachhaltigste Wirkung für die weitere Verwendung dieses von Weisser noch sehr vage formulierten Terminus als Bestimmungsfaktor für die Lebenslage hatte die Präzisierung durch Ingeborg Nahnsen. Laut ihrer Definition umreißt „Lebenslage" die sozialen Chancen eines Menschen in der Gesellschaft. Fünf Spielräume bilden danach die Bedingungskomplexe der Lebenslage.[49]

Für die empirische Sozialforschung ist es wichtig, die Ausprägung der Spielräume zu untersuchen, den Befund auf die gesellschaftlichen Umstände zu beziehen und zu bewerten, ob und inwiefern die vorhandenen möglichen Spielräume als ausreichend oder als restringiert zu bezeichnen sind. Die *Spielräume* können mit einigen ausgewählten Variablen, die sie beeinflussen,[50] folgendermaßen zusammengefasst werden:

1. *Versorgungs- und Einkommensspielraum*: Grad und Verfügbarkeit materieller Güter; Gesamtumfang, Quelle, Höhe, Dauerhaftigkeit und Regelmäßigkeit; Alterssicherung; v.a. für Kinder: Betreuungssituation innerhalb der Familie; innerfamiliare Ressourcenverteilung (bzgl. Geld, Kleidung, Spielzeug, Essen, Möbel etc.).
2. *Kontakt- und Kooperationsspielraum*: Maß der sozialen privaten Kontakte; Chance und Möglichkeiten zu Kontakten; Kooperationsmöglich-

---

46 Vgl. zum Bereich Gesundheit: Klaus Hurrelmann, Gesundheitssoziologie. Eine Einführung in sozialwissenschaftliche Theorien von Krankheitsprävention und Gesundheitsförderung, Weinheim/München 2000
47 Vgl. Wolfgang Glatzer/Udo Neumann, Der Beitrag des Lebenslagenkonzepts zur Armuts- und Sozialberichterstattung, in: Walter Hanesch (Hrsg.), Lebenslagenforschung und Sozialberichterstattung in den neuen Bundesländern, Düsseldorf 1993, S. 44f.
48 Gerhard Weisser, Wirtschaft, a.a.O., S. 986
49 Vgl. Ingeborg Nahnsen, Bemerkung zum Begriff der Sozialpolitik in den Sozialwissenschaften, a.a.O.
50 Vgl. dazu: Ingrid Krieger, Zur Operationalisierung des Lebenslageansatzes für qualitative Forschung, in: Walter Hanesch (Hrsg.), Lebenslagenforschung und Sozialberichterstattung in den neuen Bundesländern, a.a.O., S. 117ff.; Wolfgang Clemens, „Lebenslage" als Konzept sozialer Ungleichheit, a.a.O., S. 144f.; Christoph Butterwegge u.a., Armut und Kindheit, a.a.O., S. 80ff.; Karl August Chassé/Margherita Zander/Konstanze Rasch, Meine Familie ist arm, a.a.O., S. 54ff.

keiten bzgl. Vereinen, Bürgerinitiativen und Gewerkschaften; Interaktionsmöglichkeiten während der Arbeit; v.a. für Kinder: Spiel- und Freizeitmöglichkeiten (bzgl. Sportvereinen, Musikvereinen, Jugendgruppen, Musikschule, Jugendtreffs, Schulfahrten und Fahrten von Jugendgruppen, z.b. Pfadfindern; dabei spielen die Mobilität und die finanzielle Ausstattung eine große Rolle sowie die Infrastruktur am Wohnort); partnerschaftliche Kontakte zu Gleichaltrigen.

3. *Lern- und Erfahrungsspielraum*: Chancen zur Interessenentfaltung und -realisierung durch Sozialisation; Bildung und Ausbildung; Erfahrungen in der Arbeitswelt; Bewusstsein und Interpretationsweisen der erlebten Umwelt; v.a. für Kinder: Bildungswegentscheidungen nach den Fähigkeiten der Kinder vs. den finanziellen Möglichkeiten ihrer Eltern; wichtig sind auch Erfahrungen in der Schule (Umgang von/mit Lehrern, Partizipation in der Klasse), Schulkultur, Förderung der Erfahrungen und des Lernens durch das Zuhause (Spiele, Zeit, Ausflüge, Material etc.)

4. *Regenerations- und Mußespielraum*: Wohnsituation und -umfeld; Möglichkeiten zur Gesundheitspflege; Freizeit/arbeitsfreie Zeit; Arbeitsverhältnisse; Umweltbedingungen; für Kinder stellt sich dies in Zugriffsmöglichkeiten auf eigene Wohn- und Spielräume sowie eigene (autonom zu nutzende) andere materielle Grundlagen (Spielzeug, Literatur etc.) dar; höchst interessant sind hier auch eigene Spielräume in und außerhalb der Wohnung (Garten, Balkon, Wald, Wiesen, Spielplätze etc.), eigener Wohnraum sowie Freizeit (arbeitsfreie Zeit) bei Kindern vs. Einbindung in Haushaltsarbeit, Betreuung der Geschwister etc., Geldverdienen durch Austragen von Zeitungen etc.

5. *Dispositions- und Entscheidungsspielraum*: formelle und individuelle Mitwirkungs- und Entscheidungsmöglichkeiten; tatsächlicher Gestaltungseinfluss; Freiheit von fremder Verfügungsgewalt; geistige und dispositive Potenz; soziale Distanz und Diskriminierung; Partizipation in Schule, Familie etc., Erziehungsstil der Eltern.

Angemerkt sei, dass diese Abgrenzungen rein analytische Trennungen darstellen. Bei der Erfassung der Lebenslagen werden grundsätzlich Interdependenzen und Verknüpfungen zwischen den Spielräumen ebenso festzustellen sein wie interne Beeinflussungen und Abhängigkeiten einzelner Variablen voneinander.[51]

Nach Erfassung der Spielräume kommt es zur empirischen Umsetzung in einem nächsten Schritt darauf an, für die relevanten Lebensbereiche bzw. die maßgeblichen Dimensionen der Ressourcen-/Versorgungslage *Indikatoren* zu entwickeln, die sie charakterisieren, sowie die *Grenzen der Unterausstattung* zu bestimmen. Die folgende Tabelle enthält für zentrale Bereiche einen mögli-

---

51 Vgl. Ingrid Krieger, Zur Operationalisierung des Lebenslageansatzes für qualitative Forschung, a.a.O., S. 119f.

Konzepte der (Kinder-)Armutsforschung im Überblick 141

chen Operationalisierungsversuch.[52] Dabei werden die einzelnen zu betrachtenden Dimensionen bzw. Lebensbereiche der Kinder differenziert nach „Objektivität" bzw. „Subjektivität" skizziert.[53]

Lebensbereich/ Problemdimensionen	Indikator/ Problemlagen (relative Standards)
Objektiv	
Einkommen	Relative Einkommensarmutsgrenze (z.B. 50 oder 60 Prozent); Verteilung des Einkommens in der Familie (verfügbare Ressourcen der Kinder: Taschengeld, Kleidung, Spielzeug, Möbel, Teilnahme an Schul- und anderen Veranstaltungen bzw. Vereinen)
Arbeit	Erwerbsstatus/registrierte Arbeitslosigkeit der Eltern und ihre Dauer,[54] Frage der Kinderarbeit (im Haushalt und außerhalb)
Wohnung	Wohnraumversorgung (weniger als ein Wohnraum pro Haushaltsmitglied) Wohnungsausstattung (kein Bad und/oder WC innerhalb der Wohneinheit; zu laut; bauliche Mängel) Wohnumwelt (z.B. sozialer Brennpunkt: sozialräumliche Segregation) Ort für Hausaufgaben (eigenes Zimmer)
Bildung	kein allgemeiner und/oder beruflicher Bildungsabschluss; „Bildungsvererbung",[55] Schulbesuch der Kinder
Sozialbeziehungen/Netzwerkhilfe	Alleinlebend und kein(e) wirklich enge/r Freund(in) vorhanden; kein regelmäßiger Kontakt zu Freund(inne)en, Verwandten, Caritas etc.
Gesundheit	Andauernde Behinderung oder Krankheit; regelmäßige Einnahme von Medikamenten Ernährung: „Fast Food"
Subjektiv	
Lebenszufriedenheit	Unzufriedenheit (Werte 0 bis 4 auf einer elfstufigen Skala)
Einsamkeit	Antwort „Stimmt ganz und gar" zur Aussage „Ich fühle mich oft einsam"
Niedergeschlagenheit	„Gewöhnlich unglücklich oder niedergeschlagen"
Ängste und Sorgen (insbesondere Zukunftsängste und -sorgen)	Bejahung der Frage „Kommen immer wieder Ängste und Sorgen über dich?"

52 Die Angaben sind zusammengestellt aus: Detlef Baum, Armut – Definitionen und theoretische Ansätze, in: Kind, Jugend und Gesellschaft 2/1999, S. 38f.; Gunter E. Zimmermann, Formen von Armut und Unterversorgung im Kindes- und Jugendalter, in: Andreas Klocke/Klaus Hurrelmann (Hrsg.), Kinder und Jugendliche in Armut. a.a.O., S. 51ff.; ders., Ansätze zur Operationalisierung von Armut und Unterversorgung im Kindes- und Jugendalter, a.a.O., S. 59ff.; Beate Hock/Gerda Holz, Arm dran?! – Lebenslagen und Lebenschancen von Kindern und Jugendlichen, a.a.O., S. 71f.
53 „Objektivität" meint in diesem Zusammenhang Fakten, die jenseits individueller Bewertung zu erheben sind, wohingegen „Subjektivität" die individuell eingeschätzten und interpretierten Dimensionen meint.
54 Vgl. Werner Schönig, Langzeitarbeitslosigkeit und Kinderarmut, in: Christoph Butterwegge (Hrsg.), Kinderarmut in Deutschland, a.a.O., S. 197ff.
55 Siehe Andreas Klocke, Reproduktion sozialer Ungleichheit in der Generationenfolge, in: Peter A. Berger/Michael Vester (Hrsg.), Alte Ungleichheiten – neue Spaltungen, a.a.O., S. 211ff.; Jürgen Mansel/Christian Palentien, Vererbung von Statuspositionen. Eine Legende aus vergangenen Zeiten?, in: ebd., S. 231ff.

Während manche Wissenschaftler/innen die Ressourcen in Form von Einkommen (aus Erwerbsarbeit oder Transferleistungen) als Messlatte für Armut bzw. Reichtum und als Trennlinie zur Abgrenzung zwischen Armen und Nichtarmen ansehen,[56] gelten die materiellen Verhältnisse im Lebenslagenansatz zwar auch als Schlüssel für die Zugänge zu anderen Spielräumen, werden aber nicht verabsolutiert, sondern mit weiteren Lebenslagedimensionen verknüpft.[57] Kinder, die „ein Leben aus sich heraus" haben, machen sich ihre eigenen Gedanken und erleben materielle Entbehrungen bzw. Deprivationen teils ganz anders als Erwachsene: „Um das Bedingungsgefüge von Armutsursachen und -wirkungen hinreichend zu verstehen, muss man Kinder nicht nur hinsichtlich einer ‚subjektiven Armutsdefinition' zu Wort kommen lassen, sondern auch die über Güter und Ressourcen hinausgehenden individuellen, sozialen und kulturellen Kapitalien als Bestandteil kindlicher Lebenswelten in Armut verstehen."[58]

2.2 Nationale und weltweite Verbreitung von Kinderarmut

Hinsichtlich der Lebenslagen von Kindern und Jugendlichen liegen sehr differenzierte, aber auch widersprüchliche Ergebnisse vor. Dabei reicht die inhaltliche Spannbreite von einer Schilderung des verschwenderischen Lebens der „Konsum-Kids" mit materiellen Spielräumen, die ihre Großeltern selbst als Erwachsene noch nicht kannten,[59] bis zu Studien über Armut, Unterversorgung sowie damit für die betroffenen Kinder und Jugendlichen verbundene Folgen. Hier sollen einige dieser Resultate in ihrer ganzen Vielfalt skizziert werden.[60]

„Kindheit 2001 – das LBS-Kinderbarometer", die größte regelmäßige Kinderstudie in Deutschland, belegt, dass „viel Geld (zu) haben" und „Markenkleidung (zu) tragen" für 9- bis 14-jährige Mädchen und Jungen in Nordrhein-Westfalen die geringste Bedeutung besitzen und weit hinter den Vorgaben „Eltern", „Freunde", „Spaß haben", „anderen Menschen helfen" und

---

56 Vgl. Daniel Eichler, Armut, Gerechtigkeit und soziale Grundsicherung. Einführung in eine komplexe Problematik, Wiesbaden 2001, S. 20ff.
57 Vgl. Andreas Klocke, Methoden der Armutsmessung. Einkommens-, Unterversorgungs-, Deprivations- und Sozialhilfekonzept im Vergleich, in: Zeitschrift für Soziologie 4/2000, S. 313ff.
58 Christoph Butterwegge u.a., Armut und Kindheit, a.a.O., S. 47
59 Vgl. Gerlinde Unverzagt/Klaus Hurrelmann, Konsum-Kinder. Was fehlt, wenn es an gar nichts fehlt, Freiburg im Breisgau/Basel/Wien 2001; als jüngeres Beispiel aus der Tagespresse: Kinder haben immer mehr Geld in der Tasche, in: Frankfurter Rundschau v. 6.7.2004
60 Zu weiteren Ergebnissen vgl. Christoph Butterwegge u.a., Armut und Kindheit, a.a.O., S. 11ff.

„ehrlich sein" rangieren.[61] Zwar lässt sich demnach ein allgemein gutes Wohlbefinden bei den Kindern konstatieren, allerdings gepaart mit der Sorge, später keine Lehrstelle bzw. keinen Arbeitsplatz zu finden. Gleichzeitig machen aber 30 Prozent der Kinder regelmäßig Erfahrung mit Mobbing in der Schule und befindet sich jede/r zehnte Schüler/in im täglichen Kleinkrieg mit Lehrer(inne)n. Überdies klagen ein Drittel der Jungen und fast jedes zweite Mädchen über regelmäßige Schmerzen, vor allem Kopf- und Bauchschmerzen.[62]

Die materiellen Existenzgrundlagen der meisten Kinder bzw. Jugendlichen und ihrer Familien konnten hierzulande seinerzeit als gesichert gelten.[63] Das Konsumpotenzial ist enorm: Allein die direkte Kaufkraft der Kinder in Deutschland zwischen 7 und 14 Jahren liegt nach Angaben der Ministerin für Frauen, Familie, Jugend und Gesundheit des Landes Nordrhein-Westfalen bei rund 11,5 Mrd. DM jährlich (5,88 Mrd. €).[64] Berichte über „Konsum-Kinder", die mit Markenprodukten quasi zwischen Nike und Nokia aufwachsen, sind also nicht aus der Luft gegriffen. „High Tech im Kinderzimmer, die Sparschweine voll und auch die Börse prall gefüllt: Kinder haben viel Geld und immer mehr von dem, was für Geld zu haben ist. (...) Das Geld in Kinderhand hat heute Rekordhöhe erreicht. 19,15 Milliarden Mark (etwa 9,79 Mrd. €; d. Verf.) konnten die Kinder zwischen sechs und 17 Jahren im vergangenen Jahr (2000; d. Verf.) ausgeben, so viel wie niemals zuvor."[65] Laut einer im Juli 2002 veröffentlichten Studie erhalten 14- bis 17-jährige Mädchen und Jungen hierzulande im Durchschnitt 25 EUR Taschengeld pro Monat. Dabei werden sie nur von ihren Altersgenoss(inn)en in Luxemburg übertroffen, die durchschnittlich 2 EUR mehr pro Monat erhalten.[66]

Kinder und Jugendliche haben grundsätzlich freien Zugang zur gesamten Palette des deutschen Krankenversorgungssystems und sind in der Regel gesund. Die überwiegende Mehrheit der Kinder und Jugendlichen ist soziokulturell eigenständig und genießt große Freiheiten sowie Gestaltungs- und Entfaltungsmöglichkeiten. Auch die Erziehungs- und Bildungsinstitutionen sind frei zugänglich; in Nordrhein-Westfalen verlässt z.B. mehr als die Hälfte aller

---

61 Vgl. LBS-Initiative Junge Familie (Hrsg.), Kindheit 2001 – das LBS-Kinderbarometer. Was Kinder wünschen, hoffen und befürchten, Opladen 2002
62 Vgl. Joachim Göres, Kinder sind braver als erwartet. Ergebnisse des Kinderbarometers 2001 dürften den Eltern gefallen, in: Süddeutsche Zeitung v. 2./3.3.2002; Jörg Schindler, Unter Kindern grassiert die Managerkrankheit. Hilfswerke fordern mehr Mitsprache für den Nachwuchs, in: Frankfurter Rundschau v. 12.12.2002
63 Inwieweit dies nach dem 1. Januar 2005 (Abschaffung der Arbeitslosenhilfe durch Hartz IV) noch zutrifft, ist umstritten.
64 Vgl. Birgit Fischer, Statt eines Vorwortes: Mit einer tief gespaltenen Gesellschaft ins 3. Jahrtausend?!, in: Christoph Butterwegge (Hrsg.), Kinderarmut in Deutschland, a.a.O., S. 12
65 Gerlinde Unverzagt/Klaus Hurrelmann, Konsum-Kinder, a.a.O., S. 55
66 Vgl. Deutsche Eltern recht großzügig, in: Thüringer Allgemeine (Erfurt) v. 4.7.2002

Jugendlichen die Schule mit der Fachoberschul- oder Hochschulreife. Die große Mehrheit der Schulabsolvent(inn)en findet einen Ausbildungs-, Hochschul- oder Arbeitsplatz.[67] Dagegen liegt der Anteil derjenigen, die keinen Schulabschluss erreichen, in Nordrhein-Westfalen bundesweit am niedrigsten (bei 6,1%, im Gegensatz zu 12,9% in Thüringen).[68]

Symptomatisch für die in manchen Medien kolportierte Vorstellung, alle Kinder und Jugendlichen in der Bundesrepublik lebten in „Saus und Braus", war ein SPIEGEL-Artikel über die „verwöhnten Kleinen". Danach bekamen laut einer Umfrage, die das Institut für Jugendforschung im Juni 2000 durchführte, 71 Prozent der 6- bis 14-jährigen im Durchschnitt 35 DM (17,90 €) monatlich; 9 Prozent erhielten Taschengeld nach Bedarf in Höhe von durchschnittlich 34 DM (17,38 €) pro Monat; gleichfalls 9 Prozent der Kinder bekamen kein Taschengeld, jedoch ab und zu etwas zugesteckt, was sich monatlich im Durchschnitt auf 22 DM (11,25 €) belief; 64 Prozent der Kinder nahmen durchschnittlich 128 DM (65,45 €) zu ihrem Geburtstag ein und 55 Prozent erhielten 156 DM (79,76 €) zu Weihnachten. Auch wenn die Kinderzimmer noch nicht durchgängig mit modernen Medien ausgestattet waren, hielten diese dort allmählich Einzug. Von den 3,7 Mio. Teenagern im Alter von 14 bis 17 Jahren besaßen 62 Prozent einen Fernseher, mehr als die Hälfte hatten eine HiFi-Anlage, mehr als ein Drittel einen Videorecorder. Jede/r fünfte aus der Altersgruppe von 10 bis 13 Jahren verfügte über einen eigenen PC. 56 Prozent der vom Hamburger Institut für Freizeitforschung befragten Jugendlichen erklärten, sie würden „zu viel Geld ausgeben". Jede/r fünfte Jugendliche behauptete von sich, manchmal „wie im Rausch" zu kaufen. Wie das Münchner Institut für Jugendforschung herausfand, besaßen die 6- bis 14-Jährigen 1997 ca. 3,9 Mrd. DM (1,99 Mrd. €) und 3 Jahre später schon 5,2 Mrd. DM (2,66 Mrd. €).[69]

Solche Darstellungen und Informationen wären jedoch unvollständig und verschleiernd, wenn sie nicht durch Schilderungen von Unterversorgung und Knappheit, Not und Elend ergänzt würden. Denn immerhin wuchsen 1997 mehr als die Hälfte der Kinder in Deutschland unter 15 Jahren unter prekären Wohlstandsbedingungen auf, was darauf hinweist, dass die soziale Polarisierung mit der Gesellschaft insgesamt auch ihren Nachwuchs in unterschiedliche Lager teilt.[70] Dies zeigt sich auch, wenn allein die Sozialhilfeabhängigkeit betrachtet wird. So betrug der Anteil der Kinder und Jugendlichen bis zum 15. Lebensjahr, die in Sozialhilfeabhängigkeit außerhalb von Einrichtungen lebten, am Stichtag 31. Dezember 2000 33,1 Prozent aller deutschen

---

67 Vgl. Birgit Fischer, Statt eines Vorwortes: Mit einer tief gespaltenen Gesellschaft ins 3. Jahrtausend?!, a.a.O.
68 Vgl. Wer schaut noch auf die Kellerkinder?, in: Frankfurter Rundschau v. 28.9.2000
69 Vgl. Kult ums Kind, in: Der Spiegel v. 14.8.2000, S. 102ff.
70 Vgl. Peter Krause/Roland Habich, Einkommen und Lebensqualität im vereinigten Deutschland, in: Vierteljahreshefte zur Wirtschaftsforschung 2/2000, S. 325

Sozialhilfeempfänger/innen. Bei den Nichtdeutschen sinkt der Anteil unwesentlich auf 30,5 Prozent. Insgesamt waren am 31. Dezember 2000 32,5 Prozent der Menschen, die HLU außerhalb von Einrichtungen bezogen, 15 Jahre alt oder jünger.[71]

Die Zahl der Sozialhilfebezieher/innen vervierfachte sich in Westdeutschland von 1973 bis 1998 auf 2,5 Mio. (insgesamt waren es etwa 2,88 Mio.).[72] Auch nahm das Ausmaß relativer Einkommensarmut seit Beginn der 1980er-Jahre kontinuierlich zu, variierend mit dem jeweiligen Berechnungsmaßstab. So lebten laut Angaben des ersten Armuts- und Reichtumsberichts der Bundesregierung nach der alten (Kinder und Jugendliche höher gewichtenden) OECD-Skala „1998 ungefähr 20% der westdeutschen Bevölkerung von weniger als 60% des durchschnittlichen Nettoäquivalenzeinkommens, aber nur 7% von weniger als der Hälfte des Median."[73] Der Bericht machte für Ostdeutschland differierende Armutswerte aus, je nachdem, ob der ost- oder der gesamtdeutsche Mittelwert zugrunde gelegt wurde. „Für die neuen Länder zeigten sich wesentlich geringere, aber tendenziell steigende Werte, wenn die Grenzen auf die jeweiligen ostdeutschen Mittelwerte bezogen wurden. Demgegenüber war bei Bezugnahme auf gesamtdeutsche Mittelwerte das Ausmaß relativer Einkommensarmut in den neuen Ländern deutlich größer als im früheren Bundesgebiet, wegen der Angleichung der Einkommensniveaus allerdings tendenziell rückläufig."[74] Dieter Korczak u.a. gingen für 1997 von 4,1 Mio. armen Haushalten in den ostdeutschen Bundesländern aus, gemessen an einem Netto-Geldvermögen von unter 2.500 DM (1.278,23 €).[75] Für das Armutsausmaß verantwortlich gemacht wurden die gestiegene Arbeitslosigkeit und sinkende Erwerbseinkommen.

---

71 Vgl. Statistisches Bundesamt (Hrsg.), Statistik der Sozialhilfe. Empfänger/innen von laufender Hilfe zum Lebensunterhalt am 31.12.2000, Arbeitsunterlage, Wiesbaden 2001, S. 8
72 Vgl. Bundesministerium für Arbeit und Sozialordnung (Hrsg.), Lebenslagen in Deutschland. Der erste Armuts- und Reichtumsbericht der Bundesregierung, Bonn, April 2001, S. 75
73 Siehe ebd., S. 25. Im Vergleich dazu hat die Studie „Armut und Ungleichheit in Deutschland" anhand des Konzepts der relativen Einkommensarmut – die bei weniger als 50 Prozent des durchschnittlichen Nettoäquivalenzeinkommens (d.h. des bedarfsgewichteten Pro-Kopf-Einkommens) beginnt – für die Gesamtbevölkerung der Bundesrepublik eine Armutsquote von 9,1 Prozent ermittelt (vgl. Walter Hanesch u.a., Armut und Ungleichheit in Deutschland, a.a.O., S. 81).
74 Bundesministerium für Arbeit und Sozialordnung (Hrsg.), Lebenslagen in Deutschland, a.a.O., S. 25
75 Vgl. Bundesministerium für Familie, Senioren, Frauen und Jugend (Hrsg.), Marktverhalten, Verschuldung und Überschuldung privater Haushalte in den neuen Bundesländern (Schriftenreihe, Bd. 145), Stuttgart/Köln/Berlin 1997, S. 52

In der Bundesrepublik ist eine tiefe soziale Spaltung feststellbar,[76] die sich auch auf die soziale Lage der Kinder negativ auswirkt. So betrug die Anzahl der Kinder und Jugendlichen unter 15 Jahren, die in den 90er-Jahren des letzten Jahrhunderts in der Bundesrepublik in Armut lebten, etwa 2,8 Millionen.[77] Damit wuchs bzw. wächst jedes fünfte Kind bzw. jede/r fünfte Jugendliche im Alter bis zu 15 Jahren in relativer (Einkommens-)Armut auf.

Im ersten Armuts- und Reichtumsbericht der Bundesregierung wird eindrucksvoll dokumentiert, welches Ausmaß die soziale Ungleichheit im vereinten Deutschland erreicht. Während es einer großen Mehrheit der Bevölkerung immer noch gut oder sogar sehr gut geht, wächst die Anzahl derer, die in relativer Armut, Unsicherheit und Existenzangst leben. Am unteren Ende der Wohlstandsskala befinden sich überdurchschnittlich viele Kinder und Jugendliche. Ein extrem hohes Armutsrisiko tragen junge Menschen, die in Ein-Elternteil- und/oder kinderreichen Familien aufwachsen. Ende 1998 bezogen insgesamt 1,1 Mio. Kinder und Jugendliche unter 18 Jahren laufende Hilfe zum Lebensunterhalt: „Die Sozialhilfequote von Kindern ist damit fast doppelt so hoch wie im Bevölkerungsdurchschnitt."[78]

Zu ähnlichen Ergebnissen gelangte das Statistische Bundesamt für 2003. Rund 2,81 Mio. Personen in 1,42 Mio. Haushalten erhielten Sozialhilfe (HLU), darunter 1,08 Mio. Kinder und Jugendliche; unter den alleinerziehenden Frauen waren es 26,3 Prozent; wenn diese drei und mehr Kinder haben, sind sogar über die Hälfte der Haushalte von Sozialhilfe abhängig.[79] Laut des vom Statistischen Bundesamt gemeinsam mit dem Wissenschaftszentrum Berlin für Sozialforschung (WZB) und dem Zentrum für Umfragen, Methoden und Analysen (ZUMA) in Mannheim erstellten „Datenreports 2004", der sich auch auf Zahlen des Deutschen Instituts für Wirtschaftsforschung (DIW) stützt, wächst die Armut in Deutschland. „Mehr als 13 Prozent der Bevölkerung leben inzwischen von weniger als 600 Euro im Monat."[80] Wie auch der

---

76 Vgl. Claus Schäfer, Ungleichheiten politisch folgenlos?, Zur aktuellen Einkommensverteilung, in: WSI-Mitteilungen 11/2001, S. 659ff.
77 Vgl. Statistisches Bundesamt (Hrsg.), Datenreport 1997, Bonn 1997, S. 523. Leider bot der Datenreport 1999 (Bonn 2000) keine Aufschlüsselung der Armuts-Altersgruppen mehr.
78 Bundesministerium für Arbeit und Sozialordnung (Hrsg.), Lebenslagen in Deutschland, a.a.O., S. 78
79 Vgl. Mehr Jugendliche brauchen Stütze. Sozialhilfe für Minderjährige, in: Weser-Kurier (Bremen) v. 10.8.2004; Allein erziehende Frauen erhalten am häufigsten Sozialhilfe, in: Die Welt v. 18.8.2004
80 Zit. nach: Die Deutschen werden zum Volk der Unzufriedenen. Neuer „Datenreport 2004" zur sozialen Lage vorgestellt. Wachsende Armut und sinkendes Vertrauen in soziale Sicherungssysteme, in: Die Welt v. 24.8.2004; vgl. ergänzend: Statistisches Bundesamt (Hrsg.), Datenreport 2004. Zahlen und Fakten über die Bundesrepublik Deutschland, Teil 2, Bonn 2004, S. 623ff.; Armut und soziale Schieflage wachsen. Sozialforscher stellen steigende Quoten schon vor der Hartz-Reform fest, in: Frank-

zweite Armuts- und Reichtumsbericht der Bundesregierung ausweist, ist die Zahl der Kinder, die von Sozialhilfe leben, im Jahr 2003 um 64.000 auf 1,08 Mio. angestiegen. Fast die Hälfte davon sind jünger als 7 Jahre.[81] Schließlich müssen nach einem Armutsbericht, den die Hans-Böckler-Stiftung, der DGB und der Paritätische Wohlfahrtsverband in Auftrag gegeben haben, ca. 2 Mio. Kinder bis zu 15 Jahren, d.h. mehr als 14 Prozent dieser Altersgruppe, als (einkommens)arm gelten.[82]

Hinsichtlich der Lebenslagen, Teilnahmedefizite und psychischen Belastungen junger Menschen diagnostiziert Andreas Klocke eine „Kumulation und Verstetigung von einerseits negativen und andererseits positiven Lebenssituationen".[83] Er prognostiziert für Europa eine weitere Verschärfung der sozialen Ungleichheit im Kindes- bzw. Jugendalter und spricht von der Gefahr zur Ausbildung einer „sozialen Unterschicht" (underclass) junger Erwachsener, wie man sie bisher nur aus den USA kenne, mit ähnlichen Gefahren ihrer Entfremdung von den konsensualen Normen.[84]

In ihrem Sozialbericht 2000 gelangte die Arbeiterwohlfahrt (AWO) zu dem Ergebnis, dass etwa 2 Mio. Kinder und Jugendliche (rund 15%) morgens oft ohne Frühstück in den Kindergarten oder die Schule kommen, häufig aufgrund von Fehl- und Mangelernährung krank sind, selten bis gar nicht an Klassenfahrten oder ähnlichen Ausflügen teilnehmen und deutlich eingeschränkte Zukunftschancen besitzen. Resümierend stellte der damalige AWO-Bundesvorsitzende Manfred Ragati fest: „Armut schlägt sich in unterschiedlichen Formen sozialer Ausgrenzung nieder. Die Einschränkung der Teilhabe an den materiellen und immateriellen Ressourcen der Gesellschaft begrenzt insgesamt die Lebenschancen von Kindern und Jugendlichen für eine selbstbestimmte Entwicklung, die Einpassung in die gesellschaftlichen Normen und Werte sowie die soziale Positionierung im späteren Berufsleben. Dies gilt besonders für (arme) Kinder und Jugendliche ohne deutschen Pass."[85]

Der erste Armuts- und Reichtumsbericht der Bundesregierung verwies auf das Problem der etwa 2,77 Mio. Ver- bzw. Überschuldungsfälle in Deutschland. „Der Weg in die Überschuldung beginnt (...) oft in jungen Jah-

---

furter Rundschau v. 24.8.2004; Immer ärmer und immer unzufriedener, in: Der Tagesspiegel (Berlin) v. 24.8.2004
81 Vgl. Armut in der Bundesrepublik nimmt zu. 13 Prozent gelten als arm, in: Welt am Sonntag v. 19.9.2004; Zahl bedürftiger Familien vergangenes Jahr gestiegen. Laut einem Regierungsbericht wächst die Armut in Deutschland, in: Süddeutsche Zeitung v. 20.9.2004
82 Vgl. Walter Hanesch u.a., Armut und Ungleichheit in Deutschland, a.a.O., S. 81ff.
83 Siehe Andreas Klocke, Die Bedeutung von Armut im Kindes- und Jugendalter – ein europäischer Vergleich, in: Andreas Klocke/Klaus Hurrelmann (Hrsg.), Kinder und Jugendliche in Armut, a.a.O., S. 287f.
84 Vgl. ebd., S. 287
85 Manfred Ragati, Sozialbericht 2000 der Arbeiterwohlfahrt. Jedes siebte Kind wächst in Armut auf, in: Soziale Sicherheit 11/2000, S. 369

ren. So hatten 1999 20% der Jugendlichen im Westen und 14% der Jugendlichen im Osten bereits Schulden."[86] Insgesamt rechnete man für 1994 mit einem Anteil von etwa 4,9 bis 5,3 Prozent überschuldeter Haushalte in den alten und 6,4 bis 7,6 Prozent überschuldeter Haushalte in den neuen Bundesländern.[87] Laut Angaben der Caritas befinden sich heute bereits 30 Prozent der Jugendlichen in Westdeutschland und 14 Prozent der Jugendlichen in Ostdeutschland in einer Verschuldungssituation, was die Gefahr millionenfacher „Schuldnerkarrieren" hervorrufen könne.[88] Diese Probleme können geballt zu erheblichen psychosozialen Belastungen führen und einen Ausschluss der Betroffenen aus wichtigen sozialen und kulturellen Lebensbereichen nach sich ziehen, was die Chancengleichheit innerhalb der Gesellschaft nachhaltig beeinträchtigt.

Feststellungen dieser Art werden von Walter Krämer jedoch als „Mythos" abgetan. Der Dortmunder Wirtschafts- und Sozialstatistiker hält es für „hochgradig pervers, in einer Zeit, in der weltweit 18 Millionen Menschen jährlich verhungern, einen deutschen Halbstarken nur deshalb ‚arm' zu nennen, weil er anders als seine Klassenkameraden keine Diesel-Lederjacke oder Nike-Turnschuhe besitzt".[89] Krämer behauptet, hierzulande gebe es eigentlich keine Armut, sondern nur eine „Jammerlobby der deutschen Presse", die nicht zur Kenntnis nehme, dass in der Bundesrepublik niemand verhungere, Sozialhilfe vollkommen ausreiche, sich „angeblich Arme" Pornohefte kauften, Reiche manchmal auch „arm dran" seien und jemand, der Schulden mache, selbst schuld sei. Zudem prognostiziert Krämer, dass in 100 Jahren „alle Armen mit Rolls-Royce zum Golfplatz fahren".[90]

Umgekehrt wird jedoch ein Schuh daraus: In einer Gesellschaft notleidend bzw. unterversorgt zu sein, in der keiner oder kaum einer viel hat, ist wahrscheinlich viel weniger bedrückend, diskreditierend und folgenreich, als in einer Gesellschaft arm zu sein, in der es scheinbar als „normal" gilt, dass Kinder ein Handy besitzen und teure Markenkleidung tragen.

Dass soziale Not- und Problemlagen nicht ausschließlich aus der nationalen Perspektive betrachtet werden können, scheint im wissenschaftlichen Diskurs weitgehend Konsens zu sein. So skizzierte der englische Armutsforscher Jonathan Bradshaw die Rahmenbedingungen, Chancen und Probleme einer international vergleichenden Kinderarmutsforschung: „Um Kinderarmut verstehen zu können, muss eine Vergleichsanalyse der Demographie,

---

86 Bundesministerium für Arbeit und Sozialordnung (Hrsg.), Lebenslagen in Deutschland, a.a.O., S. 73
87 Vgl. Bundesministerium für Familie, Senioren, Frauen und Jugend (Hrsg.), Marktverhalten, Verschuldung und Überschuldung privater Haushalte in den neuen Bundesländern, a.a.O., S. 54
88 Vgl. Caritas warnt vor Überschuldung der Jugend, in: Frankfurter Rundschau v. 8.6.2002
89 Vgl. Walter Krämer, Armut in der Bundesrepublik, a.a.O., S. 115f.
90 Siehe ebd., S. 33, 61/64, 24, 24/55 und 33

Arbeitsmärkte, Einkommen, Steuern und sozialen Unterstützungsleistungen durchgeführt werden. Leider lassen die zur Verfügung stehenden Quellen an mikrosozialen Daten sehr zu wünschen übrig. Die Kinderarmutsraten innerhalb der EU unterscheiden sich beträchtlich. Eine der großen Herausforderungen der Vergleichsforschung ist es, das Warum zu klären, d.h. Variationen bei den Kinderarmutsraten in Beziehung zu den Inputs zu setzen, also eine Verbindung zu der Reihe der politischen Maßnahmen, die sie beeinflussen, herzustellen."[91] Doch erfordert dies zunächst eine empirische Bestandsaufnahme im internationalen Maßstab.

In einer internationalen Studie zur Kinderarmut in 23 hoch entwickelten Industriestaaten der OECD für das Jahr 2000 hat die Kinderhilfsorganisation Unicef z.b. festgestellt, dass etwa 47 Mio. Kinder in den reichen Nationen der Erde als arm einzustufen waren. Gemäß der Armutsdefinition der Europäischen Union wuchs durchschnittlich jedes sechste Kind in einer Familie auf, die mit weniger als 50 Prozent des Durchschnittseinkommens auskommen muss. Dabei variierten jedoch die auf Basis der „Luxemburg Income Study" ermittelten Werte von Kinderarmut zwischen 2,6 Prozent aller Kinder in Schweden, 5,1 Prozent in Dänemark, 7,7 Prozent in den Niederlanden, 7,9 Prozent in Frankreich, 19,8 Prozent in Großbritannien und 22,4 Prozent in den USA.[92] In der Bundesrepublik machte die Studie Mitte der 1990er-Jahre einen Anteil von 10,7 Prozent Kinderarmut aus. Der – im Vergleich mit deutschen Untersuchungen – niedrigere Prozentanteil resultiert daraus, dass nationale Statistiken auf eine international vergleichbare Berechnungsgrundlage umgerechnet wurden und dabei der finanzielle Bedarf einzelner Familienmitglieder, wie z.B. der Kinder, niedriger gewichtet wurde als in deutschen Statistiken.[93]

Die Unicef-Studie kam zu dem Ergebnis, dass Kinder mit alleinerziehenden Eltern häufiger von Armut betroffen waren als Kinder aus „vollständigen" Familien. Dabei war ihr Armutsrisiko in Tschechien, Deutschland und Luxemburg acht Mal, in Norwegen und Kanada sechs Mal und in Australien, Belgien, Dänemark, Frankreich und Schweden vier Mal so hoch, obwohl z.B. in Schweden prozentual die meisten Kinder mit nur einem Elternteil zusammenlebten (21,3%).[94]

Entgegen der nahe liegenden Vermutung, dass die Kinderarmut auf der elterlichen bzw. väterlichen (Langzeit-)Arbeitslosigkeit beruht,[95] sind deren Auswirkungen in Bezug auf die kindlichen Lebenslagen sehr unterschiedlich:

---

91 Jonathan Bradshaw, Armut und Benachteiligung von Kindern im Vereinigten Königreich und im internationalen Vergleich, in: Andreas Klocke/Klaus Hurrelmann (Hrsg.), Kinder und Jugendliche in Armut, a.a.O., S. 163
92 Vgl. Unicef (United Nations Children's Fund), Child Poverty in rich Nations, Florenz 2000, S. 2ff.
93 Vgl. ebd., S. 4ff.
94 Vgl. ebd., S. 11
95 Vgl. Werner Schönig, Langzeitarbeitslosigkeit und Kinderarmut, a.a.O., S. 197ff.

So betrug die Kinderarmutsquote in den USA bei (offiziell registrierten) 5 Prozent Arbeitslosigkeit 22,4 Prozent, während in Finnland trotz einer sehr viel höheren Arbeitslosenquote (16%) nur 6,9 Prozent der Kinder als arm zu bezeichnen waren. Auch steht Kinderarmut im Zusammenhang mit einem Niedriglohnsektor, der etwa in den Vereinigten Staaten sehr breit ist (der Anteil von Vollzeitbeschäftigten in den USA mit weniger als zwei Drittel des Durchschnittseinkommens liegt bei 25%).[96] Arbeitslosenquoten und Alleinerziehendenstatus müssen folglich im Kontext der Verteilungsrelationen und sozialpolitischen (Gegen-)Maßnahmen betrachtet werden.

Auffallend lange dauert die Kinderarmut in den 23 OECD-Staaten. In fünf aufeinander folgenden Jahren gehörten 6 bis 9 Prozent aller Kinder dem untersten Fünftel der Gesellschaft an. „The data show that there is substantial persistence of low family incomes. In all countries, around six or seven out of every 10 children found in the poorest fifth in one year are still there the next year. Between 6 and 9 per cent of all children are in the poorest fifth for five consecutive years. The perpetuation of poverty year after year for these children gives great cause for concern. (…) And in both the US and Germany some 5 to 6 per cent of children were in the poorest fifth in each of 10 consecutive years."[97] Sich der Armut selbst entziehen können diese Kinder kaum.

Laut der Unicef-Studie „A Decade of Transition" („Ein Jahrzehnt des Übergangs") zu den osteuropäischen Transformationsgesellschaften im Jahre 2001 lebten 18 Mio. Kinder in den Nachfolgestaaten der früheren Sowjetunion und in Osteuropa unterhalb der Armutsgrenze.[98] Das Unicef-Forschungszentrum in Florenz hat den Lebensstandard von mehr als 400 Mio. Menschen in 27 Ländern der Region untersucht. Ca. 17 Prozent aller Kinder und Jugendlichen dort müssen demnach mit weniger als 2,15 US-Dollar pro Tag auskommen. Rund 16 Mio. leben in den GUS-Staaten. In Moldawien, Armenien, Kirgisien und Tadschikistan muss die Mehrheit mit weniger als 2 Dollar am Tag auskommen – der Betrag gilt der Studie als Maßstab der Armut. In Russland, Armenien und der Ukraine sei jedes siebte Kind unterernährt, in Albanien und Usbekistan sogar jedes dritte. Außerdem gebe es in den untersuchten 27 Ländern insgesamt 50 Prozent mehr Tuberkulosefälle als 1989.[99] Angesichts der Qualität und Quantität von (Kinder-)Armut sollte sich eine komparative Studie zunächst auf die hoch entwickelten Wohlfahrtsstaaten (der Europäischen Union) konzentrieren, um adäquate Vergleichsebenen zu berücksichtigen.

---

96 Vgl. Unicef (United Nations Children's Fund), Child Poverty in rich Nations, a.a.O., S. 13f.
97 Ebd., S. 18
98 Vgl. Unicef (United Nations Children's Fund), A Decade of Transition, Florenz 2001
99 Vgl. Millionen Kinder in Osteuropa leben in Armut. Unicef legte Studie zu Übergangsgesellschaften vor, in: Berliner Zeitung v. 30.11.2001

Typologisierend kann man zwischen drei Erscheinungsfeldern der gegenwärtigen Kinderarmut differenzieren. In der sog. Dritten bzw. Vierten Welt sind dafür Unterentwicklung, Not und Elend des betreffenden Landes verantwortlich. „Kinderarmut ist dort hoch, weil die Hälfte der Bevölkerung (oder mehr) jünger als 20 Jahre sind. Daneben gibt es auch hohe Kinderarmut, wenn – wie etwa in Brasilien – die Gesellschaft hochgradig polarisiert ist und die Armen viele Kinder haben." [100] In den USA, Großbritannien und den ostmitteleuropäischen Transformationsstaaten dominiert eine andere Form der Kinderarmut, die H. Gerhard Beisenherz zufolge wesentlich darauf beruht, dass die familiale Reproduktion gestört ist und das Aufwachsen immer seltener in einer „kompletten" Familie stattfindet. Solche Lebensgemeinschaften verfügen allerdings in der Regel nicht über genügend materielle Ressourcen: „Kinder wachsen alleine mit ihren Müttern und Geschwistern auf; Väter sind entweder nicht vorhanden oder kümmern sich nicht um die Kinder, und die Mütter verdienen allenfalls im Niedriglohnsektor."[101] Schließlich tritt Kinderarmut in den kontinentaleuropäischen Gesellschaften auf, die einen hoch entwickelten Wohlfahrtsstaat haben. Sie verbinde sich auch dort mit derjenigen „unvollständiger" Familien; ihre eigentliche Ursache sei aber die Besonderheit des Arbeitsmarktes, Erwerbslosigkeit bevorzugt nach dem Merkmal „Mutterschaft" zu verteilen und Mütter sonst mit Niedriglohnjobs abzuspeisen: „Die Armut von Haushalten mit Kindern beruht dann im wesentlichen darauf, dass durchschnittliche Haushaltseinkommen auf mehr als einem Erwerbseinkommen beruhen müssen, weil die Reproduktionskosten pro Haushalt – sobald er mehr als eine Person umfasst – mit einem Durchschnittseinkommen nicht mehr aufgebracht werden können."[102]

Der Europäische Sozialreport 2001 gelangte zu dem Ergebnis, dass durchschnittlich 21 Prozent aller Kinder in den EU-Mitgliedsstaaten arm waren. Außer in Dänemark lagen dabei die Armutsquoten unter Kindern höher als in den mittleren Altersgruppen. „Die Armutsrate unter Kindern in Alleinerziehendenhaushalten ist relativ hoch: über 45%. Eines von neun Kindern (arme und nichtarme) lebt mit nur einem Elternteil. 23% der armen Kinder lebt in einem Alleinerziehendenhaushalt."[103] Die mit Hilfe des „European Community Household Panel on Income and Living Condition" (ECHP) durch das Statistische Amt der Europäischen Gemeinschaft (EUROSTAT) in Luxemburg für das Jahr 1996 errechneten Armutswerte für Kinder unter 16 Jahren variierten zwischen 4 Prozent in Dänemark, 14 Prozent in den Nie-

---

100 H. Gerhard Beisenherz, Kinderarmut in der Wohlfahrtsgesellschaft. Das Kainsmal der Globalisierung, Opladen 2002, S. 53; vgl. dazu auch: Karin Holm/Uwe Schulz (Hrsg.), Kindheit in Armut weltweit, Opladen 2002
101 H. Gerhard Beisenherz, Kinderarmut in der Wohlfahrtsgesellschaft, a.a.O., S. 53f.
102 Ebd., S. 54
103 Europäische Kommission (Hrsg.), Beschreibung der sozialen Lage in Europa 2001, Luxemburg 2001, S. 49

derlanden, 18 Prozent in Frankreich, 20 Prozent in Deutschland und 26 Prozent in Großbritannien.[104] Die angegebenen Daten wiesen beachtliche Differenzen zur Unicef-Studie 2000 auf. Die Kinderarmutsquote in der Bundesrepublik stellte sich fast verdoppelt dar, während die französischen Werte gar um mehr als das Doppelte höher waren. Das lag an differierenden Armutsmessmethoden, aber auch daran, dass die Unicef-Studie Länderdaten unterschiedlicher Jahrgänge miteinander verglich. So stammten die Daten Dänemarks beispielsweise aus dem Jahr 1992, die der USA aus dem Jahr 1997 und die Frankreichs und Deutschlands aus dem Jahr 1994.[105] Zudem ist zu berücksichtigen, dass der europäische Sozialreport mit der 60- statt der 50-Prozent-Armutsschwelle rechnet.[106] Hierdurch sind weitere Verzerrungen erklärbar. Dennoch wird erkennbar, wie groß die Häufung von Einkommensarmen zwischen 50 und 60 Prozent des Durchschnittseinkommens ist. Es bestätigt sich erneut die These Bradshaws vom fehlenden bzw. mangelhaften und kaum vereinheitlichten Datenmaterial in Europa.

Strukturen und Folgen von Kinderarmut sind besonders abhängig von den länderspezifischen familien- und sozialpolitischen Traditionen, Leitbildern und Wohlfahrtsstaatsmodellen. Franz Xaver Kaufmann macht z.B. vier prototypische Familienpolitikregime in Europa aus: Den ersten Typus einer expliziten und effektiven Familienpolitik sieht er in Frankreich mit seinen hohen finanziellen Leistungen für Familien, seiner flächendeckenden Kinderbetreuung und fest institutionalisierten Ganztagsschule. Aufgrund der Zentralität der sog. Arbeiterfrage und der Tarifparteien, schwachen Familienverbänden und föderaler Zuständigkeit stellt Deutschland für Kaufmann den zweiten Typus einer zwar expliziten, aber im Wesentlichen symbolischen Familienpolitik dar. „Bis heute gibt es vorschulische und schulische Ganztagsbetreuung nur ausnahmsweise. Hinsichtlich dieses zentralen Hindernisses für eine Angleichung der Geschlechterrollen weichen die deutschsprachigen Länder vom Rest der entwickelten Länder Westeuropas ab."[107] Als drittes steht Schweden für den Typus einer effektiven, jedoch impliziten Familienpolitik. Die dominanten frauen- und kinderpolitischen Motive und eine geringere Eheorientierung werden flankiert durch substanzielle finanzielle Unterstützungen des Kinderhabens und ein ausgebautes Kinderbetreuungssystem. In Großbritannien, dem viertem Typus, gilt die Familie als Privatsache. Bei gleichzeitiger Schulspeisung in der Ganztagsschule erhalten Familien staatliche Leistungen fast ausnahmslos im Rahmen einer an Bedarfskriterien orientierten Politik der Armutsbekämpfung. Das britische Modell lässt sich

---

104 Ebd.
105 Vgl. Unicef (United Nations Children's Fund), Child Poverty in rich Nations, a.a.O., S. 25
106 Vgl. Europäische Kommission (Hrsg.), Beschreibung der sozialen Lage in Europa 2001, a.a.O., S. 49
107 Franz X. Kaufmann, Familienpolitik im europäischen Vergleich: Motive Interventionen, Wirkungen, in: ZeS report 1/2001, S. 9

Nationale und weltweite Verbreitung von Kinderarmut 153

nach Kaufmann einer impliziten Familienpolitik zuordnen, welche enorm selektiv ausgestaltet ist.[108]
Entlang der Typologisierung von Wohlfahrtsstaaten durch Gøsta Esping-Andersen lassen sich Deutschland und Frankreich als konservative, weil stark familienorientierte Typen begreifen. Schweden stellt in diesem Schema einen beispielhaften sozialdemokratischen, stark staatsfokussierten Regimetypus dar, während Großbritannien dem liberalen, marktpräferierenden Wohlfahrtsstaatsmodell zuzuordnen ist.[109] Mit den o.g. Kinderarmutsquoten in Bezug gesetzt, finden die Typologien Kaufmanns und Esping-Andersens ihre Bestätigung in den – bezogen auf alle vorfindbaren Messmethoden erhaltenen – positiven (niedrigen) Werten Schwedens. Die effektiven staatlichen Unterstützungsleistungen und das ausgebaute Kinderbetreuungssystem sind dafür verantwortlich. Auch die negativen (hohen) Quoten Deutschlands und Großbritanniens korrelieren mit den sozial- und familienpolitischen Modelltypen eher symbolischen bzw. impliziten Charakters. Nur die französischen Werte sind so unterschiedlich, dass sich kaum eine Schlussfolgerung daraus ziehen lässt, außer vielleicht derjenigen, dass hier eine ausgebaute Familienpolitik auf ein konservatives Wohlfahrtsstaatsmodell trifft. Die Auswirkungen hinsichtlich Kinderarmut müssten dabei zunächst aktualisiert und vergleichbar gemacht werden. Damit lässt sich die These von einer Korrelation zwischen Wohlfahrtsregimetypen einerseits und dem Umfang an Einkommensarmut allgemein und von Kinderarmut im Besonderen andererseits weitgehend (mit einem Fragezeichen bei Frankreich) bestätigen.[110]
Der Einfluss staatlicher Sozialleistungen lässt sich folglich dahingehend bestimmen, dass Kinderarmut unmittelbar durch Sozial-, Familien- und Kinderpolitik vermieden oder verringert werden kann.[111] Andreas Klocke weist für die Kinder von Alleinerziehenden in der Bundesrepublik die höchsten Armutsrisiken im europäischen Vergleich nach. „Offensichtlich greifen in den übrigen Staaten für diese Gruppe arbeitsorganisatorische Regelungen, finanzpolitische Entlastungen und sozialstaatliche Unterstützungssysteme besser als in der Bundesrepublik."[112]
Empirisch bestätigt wurde diese These durch Untersuchungen Jonathan Bradshaws. Beispielsweise wiesen die Kinder von Alleinerziehenden in den Niederlanden und Norwegen ohne erwerbstätige Bezugsperson niedrigere Armutsquoten auf als Kinder aus Paarfamilien ohne Einkommensbezieher. „Die skandinavischen Länder haben bemerkenswert niedrige Armutsraten

---

108 Vgl. Franz X. Kaufmann, Familienpolitik im europäischen Vergleich, a.a.O., S. 8ff.
109 Vgl. Gøsta Esping-Andersen, Three Worlds of Welfare Capitalism, Cambridge 1990, S. 74
110 Vgl. Walter Hanesch u.a., Armut und Ungleichheit in Deutschland, a.a.O., S. 454ff.
111 Vgl. Andreas Klocke, Die Bedeutung von Armut im Kindes- und Jugendalter – ein europäischer Vergleich, in: ders./Klaus Hurrelmann (Hrsg.), Kinder und Jugendliche in Armut, a.a.O., S. 276
112 Ebd., S. 277

sogar dann, wenn es keinen Einkommensbezieher in Paarfamilien gibt. Das Vorhandensein eines Erwerbstätigen macht in Frankreich beispielsweise einen größeren Unterschied bei den Armutsraten aus, als dies im Vereinigten Königreich der Fall ist. Diese Unterschiede stehen wahrscheinlich in einem Zusammenhang mit den Arbeitslosenraten, dem Ausmaß des Sozialschutzes, der den Familien außerhalb des Arbeitsmarktes zur Verfügung steht, und der Tatsache, ob diese Voll- oder Teilzeit beschäftigt sind, sowie mit der Höhe der Unterstützung, die aufgrund des Steuer- oder Leistungspakets zur Verfügung steht."[113]

Aufschlussreich ist an dieser Stelle ein deutscher Ost-West-Vergleich. So gehörte zu DDR-Zeiten Arbeitslosigkeit zu den unbekannten und Armut zu den zwar nicht ausschließlich, aber vornehmlich Ältere belastenden Phänomenen des Lebens.[114] Arbeitslosigkeit galt in der ersten Hälfte der 1990er-Jahre auch als Hauptursache für „Umbruchsarmut" in den östlichen Bundesländern. Die neuen Bundesbürger/innen litten unter Arbeitslosigkeit und Armut nicht zuletzt deshalb mehr, weil sie kaum Strategien zu deren Bewältigung entwickelt hatten. Dies betraf keineswegs nur Un- oder Angelernte, sondern „auch Facharbeiter und höher Qualifizierte aus ehedem monostrukturellen Wirtschaftsregionen".[115]

Die vorherrschende Richtung der Fachwissenschaft begreift die Transformation der staatssozialistischen Gesellschaften als „Modernisierung", ohne dies inhaltlich überzeugend zu begründen. Für Wolfgang Zapf, damals Präsident des Wissenschaftszentrums Berlin für Sozialforschung, beispielsweise war kurz nach der Vereinigung im Oktober 1990 „eine konflikttheoretisch ‚gehärtete' Modernisierungstheorie der geeignete Ansatz, um die Umbrüche im Osten sowie Gegenwartsprobleme und Zukunftschancen im Westen zu verstehen."[116] Als entsprechende Anpassungserfordernisse benennt der Siegener Soziologe Reiner Geißler den „Abbau leistungshemmender Nivellierungen, die Dezentralisierung der Macht, die Entpolitisierung der Statuszuweisung und die Beseitigung der Folgen politisierter Zuordnung (Allokation) von Qualifikationen, die Wiederbelebung vertikaler Mobilität, die Schließung der Tertiarisierungslücke und den Abbau von personellen Überhängen, den Wiederaufbau eines leistungsfähigen Mittelstandes sowie die Beseiti-

---

113 Jonathan Bradshaw, Armut und Benachteiligung von Kindern im Vereinigten Königreich und im internationalen Vergleich, a.a.O., S. 151
114 Vgl. Günter Manz, Armut in der „DDR"-Bevölkerung. Lebensstandard und Konsumtionsniveau vor und nach der Wende, Mit einem Vorwort von Wolfgang Voges, Augsburg 1992, S. 69ff.
115 Siehe ebd., S. 49
116 Siehe Wolfgang Zapf, Der Untergang der DDR und die soziologische Theorie der Modernisierung, in: Bernd Giesen/Claus Leggewie (Hrsg.), Experiment Vereinigung. Ein sozialer Großversuch, Berlin 1991, S. 46

gung des Abwanderungsdrucks."[117] Laut Zapf wurden dabei in den Jahren 1990 bis 1992 in Ostdeutschland „netto rund ein Drittel aller Arbeitsplätze abgebaut (drei Millionen von neun Millionen), brachen weite Teile der Industrie und große Bereiche der früheren Handelsbeziehungen zusammen. (...) Praktisch zeitgleich mit den wirtschaftlichen Rückschlägen reagierten die Ostdeutschen im Privatbereich mit einem dramatischen Rückgang der Eheschließungen und Geburten: insgesamt 1990-92 ein Rückgang um mehr als die Hälfte, für den es historisch kein Vorbild gibt. (...) Die letzten Jahre waren für Ostdeutschland ‚nachholende Modernisierung'. Westdeutschland erlebte 1990-92 einen Vereinigungsboom mit Wachstumsraten von 5,7% (1990) und 5,0% (1991) und einer Zunahme der Erwerbstätigen um 2 Mio. auf eine Rekordzahl von 30 Mio."[118]

Zwar führte der „Vereinigungsschock" in Ostdeutschland nach 1990 zu einer mit einschneidenden Veränderungen verbundenen Transformationskrise, Zapf zufolge nahmen jedoch „neben den Zusammenbrüchen (...) eine Reihe rapider Entwicklungsprozesse, die die Mangelwirtschaft überwunden haben, Einfluß; eine deutliche Einkommensverbesserung sowohl bei Beschäftigten als auch bei Beziehern von Sozialeinkommen; große Wellen nachholenden Konsums, eindeutige Verbesserungen der Infrastruktur, klar verbesserte Sozialleistungen, insbesondere gestiegene Renten".[119] Zapf geht von einer „sich stabilisierenden Transformation" aus, in welcher „Modernisierungs- und Wohlfahrtsgewinne" die Krise überwinden und dadurch die Transformation stabilisieren werden.[120] Die nach 1997 eingetretenen Probleme geringer Wachstumsraten und wieder steigender Arbeitslosigkeit sind aus diesem Blickwinkel rein temporärer Natur, aber nicht aus dem Transformationsprozess heraus zu verstehen. Eine mögliche Erklärung stellt für Zapf das sog. Tocqueville-Paradox dar, welches besagt, dass eine „steigende Sensibilität gegenüber verbleibenden Ungleichheiten gerade bei genereller Reduzierung von Unterschieden" zu verzeichnen sei.[121]

Während Zapf die ostdeutsche Transformation als Nachholen der westdeutschen Entwicklung ansieht, stellen andere Sozialwissenschaftler/innen die eher zunehmende als abnehmende Divergenz und Eigenheit der beiden Teilgesellschaften in den Vordergrund. So macht Michael Thomas den gewählten Transformationspfad für die Rückschläge des Angleichungsprozes-

---

117 Siehe Reiner Geißler, Die ostdeutsche Sozialstruktur unter Modernisierungsdruck, in: Aus Politik und Zeitgeschichte. Beilage zur Wochenzeitung *Das Parlament* 29-30/1992, S. 21f.
118 Wolfgang Zapf, Modernisierung und Transformation, in: Bernhard Schäfers/Wolfgang Zapf (Hrsg.), Handwörterbuch zur Gesellschaft Deutschlands, Bonn 1998, S. 479f. (Hervorh. im Original)
119 Siehe Wolfgang Zapf, Modernisierung und Wohlfahrtsentwicklung. WZB-Vorlesung, Berlin 2002, S. 21
120 Siehe ebd., S. 20
121 Siehe ebd., S. 25

ses verantwortlich, weil seiner Ansicht nach „Handlungskorridore für eigenständige endogene Impulse (...) verengt" wurden.[122] Ähnlich äußert sich Rolf Reißig, welcher als Resultat nicht die Angleichung der ostdeutschen an die westdeutsche Gesellschaft sieht, sondern die Herausbildung einer ostdeutschen „Teilgesellschaft" mit einer eigenen, neuen und stabilen „Ost-Identität", wie Gunnar Winkler es formuliert.[123] „Ein Staat, aber noch zwei Gesellschaften, zwei Wir-Gruppen, zwei kollektive Identitäten. Das heißt, der Systemintegration ist noch nicht die Sozialintegration, der staatlichen Einheit noch nicht die gesellschaftliche Einheit gefolgt."[124] Dabei werden laut Rainer Land die Wohlfahrtsgewinne der deutschen Einheit zwar nicht ausgeblendet, aber auch die Verluste berücksichtigt. Diese bestehen aus einer solchen Perspektive „vor allem im Verlust der Möglichkeit, eigene Ressourcen zu mobilisieren und eine selbstbestimmte Entwicklung einzuleiten. Das neue ‚Wir'-Gefühl der Ostdeutschen sei vor allem eine Reaktion auf die Einschränkung von Handlungsmöglichkeiten und die Erfahrung von Fremdbestimmtheit, die durch den eingeschlagenen Transformationspfad bedingt seien. Dieses Transformationskonzept – Integration Ostdeutschlands in die Bundesrepublik, wobei der Westen so bliebe und der Osten sich anzupassen habe – sei gescheitert. Zwar hätte auch ein ostdeutscher Sonderweg keine Chance, aber die Alternative sei der Wandel der gesamten Bundesrepublik, in welchen ostdeutsche Erfahrungen, Innovationen und Eigenheiten gleichberechtigt einzugehen hätten."[125]

Für Gunnar Winkler stellt die anhaltende Massenarbeitslosigkeit in Ostdeutschland die Hauptursache für die dortigen resignativen Tendenzen dar. „Die vom Bürger für das eigene Leben gesteckten Ziele erwiesen/erweisen sich für einen großen Teil der Bevölkerung als nicht erreichbar:

- einer Erwerbsarbeit nachgehen zu können, die es dem Einzelnen und seiner Familie ermöglicht, ein auf eigener Leistung erzieltes Einkommen zu realisieren;

---

122 Siehe Michael Thomas, Paradoxien der deutschen Transformationsdebatte, in: Berliner Debatte INITIAL 9 (1998), S. 115
123 Siehe Gunnar Winkler, Sozialreport 2002. Daten und Fakten zur sozialen Lage in den neuen Bundesländern, Berlin 2002, S. 12ff. Die fünf Kriterien für Ost-Identität sind für Winkler 1. eine starke Verbundenheit mit der „Region neue Bundesländer" (S. 14), 2. eine „hohe zunehmende Zukunftsverunsicherung", 3. eine stabile Wertestruktur – zentral „die Werte Arbeit, soziale und persönliche Sicherheit sowie Familie" (S. 17), 4. „systemkritisches Verhalten, das auf notwendige Veränderungen ... im Rahmen des Systems zielt, aber keineswegs auf dessen Überwindung" (S. 19) sowie 5. ein „Rückgang in der positiven Bewertung der Lebensverhältnisse" (S. 20).
124 Rolf Reißig, Die gespaltene Vereinigungsgesellschaft, Berlin 2000, S. 61
125 Rainer Land, Ostdeutschland – fragmentierte Entwicklung, in: Berliner Debatte INITIAL 14 (2003), S. 79; vgl. auch Rolf Reißig, Die gespaltene Vereinigungsgesellschaft, a.a.O., S. 106f.

Nationale und weltweite Verbreitung von Kinderarmut 157

- Bedingungen vorzufinden, die es den Familien/Müttern ermöglichen, Erwerbsarbeit und
- familiäre Verpflichtungen miteinander verbinden zu können;
- mit der eigenen Arbeit ein soziales Sicherungssystem zu gewähren, das entsprechend dem Generationenvertrag, der Solidarität und auf paritätischer Grundlage soziale Sicherungen bei Krankheit, Arbeitslosigkeit und im Alter gewährleistet;
- teilzunehmen an den Produktivitätszuwächsen und Betriebsgewinnen durch eine entsprechende Einkommensentwicklung, die dem individuellen Leistungsanteil entspricht."[126]

Die tiefen Enttäuschungen fielen umso mehr ins Gewicht, als in Ostdeutschland nach wie vor eine stärkere Erwerbsorientierung bestehe als im früheren Bundesgebiet.

Der gegenwärtige Prozess sozialen Wandels in Ostdeutschland zeichnet sich laut Volker Offermann „durch die Überlagerung von Transformations-(folge)- mit allgemeinen Strukturproblemen aus. Das aus Westdeutschland bekannte System sozialer Ungleichheit tritt in Ostdeutschland in zugespitzerem Maße und mit regionalspezifischen inhaltlichen Schwerpunkten auf. Armut als spezifische Form sozialer Ungleichheit verdient in diesem Kontext besondere Aufmerksamkeit, weil gerade im unteren Segment einer Gesellschaft zahlreiche gesellschaftliche, ökonomische und sozialpolitische Probleme kumulieren."[127]

In ihrer Untersuchung zur Wohlfahrtsentwicklung von Kindern in den neuen und alten Bundesländern kommt Magdalena Joos zu dem Ergebnis, dass Kinder in Ostdeutschland generell weniger stark an dem enormen Einkommensanstieg nach der Vereinigung partizipieren konnten als die Erwachsenen: „Kinder fielen durch die Zunahme der ungleichen Einkommensentwicklung häufiger als Erwachsene unter die berechnete Armutsgrenze, wobei der Anteil der als relativ arm zu bezeichnenden Kinder nicht nur absolut höher, sondern auch stärker angestiegen ist als bei den Erwachsenen. Im Ost-West-Vergleich lagen allerdings die Einkommen der Kinder weniger weit auseinander als die der Erwachsenen."[128] Darauf aufbauend beschreibt Joos die Entwicklung in Ostdeutschland als kollektiven Einkommensanstieg zur Angleichung an die westdeutschen Einkommen bei gleichzeitiger Vergrößerung der sozialen Ungleichheit, „wobei der Angleichungsprozess für die Kin-

---

126 Gunnar Winkler, Sozialreport 2002. Daten und Fakten zur sozialen Lage in den neuen Bundesländern, Berlin 2002, S. 72

127 Volker Offermann, Kinderarmut als Ausdruck sozialer Heterogenisierung in den östlichen Bundesländern: das Beispiel Brandenburg, in: Christoph Butterwegge (Hrsg.), Kinderarmut in Deutschland, a.a.O., S. 118f.

128 Magdalena Joos, Wohlfahrtsentwicklung von Kindern in den neuen und alten Bundesländern, in: Christoph Butterwegge (Hrsg.), Kinderarmut in Deutschland, a.a.O., S. 111

der einen geringeren Einkommensanstieg und eine überproportional größere Betroffenheit von den negativen Folgen der zunehmenden Ungleichheit bedeutete."[129]

Mit dem Transformationsprozess ging für die Kinder in Ostdeutschland eine Angleichung an das Armutsniveau westdeutscher Kinder einher, wobei gleichzeitig ein Anstieg der Kinderarmut in Ost- wie Westdeutschland zu verzeichnen war.[130] Magdalena Joos sieht einen engen Zusammenhang zwischen der relativen ökonomischen Deprivation von Kindern und der Familienform, in der sie aufwachsen, wobei Kinder außerhalb ehelicher Gemeinschaften am stärksten betroffen seien. Durch die Übertragung der westdeutschen sozial- und familienpolitischen Institutionen auf die ostdeutschen Bundesländer habe sich diese Entwicklung 5 Jahre nach der Vereinigung verstärkt und dem westdeutschen Niveau angepasst. „Die empirischen Befunde belegen somit, dass die Erosion der Familie als Schutz- und Sicherungssystem an den Unterversorgungslagen von Kindern in erheblichem Maße beteiligt ist. Durch die Pluralisierung der familialen Lebensformen und die zunehmende Erosion des ‚Normalarbeitsverhältnisses' tritt die Bevölkerungsgruppe Kinder in diesem Prozess des sozialen Wandels (‚Krise der Arbeitsgesellschaft') als eine besonders vulnerable Gruppe in Erscheinung – vor allem in den neuen Bundesländern, wo bestehende kulturelle Muster (z.B. die lose Kopplung von Ehe und Elternschaft, die mit einem höheren Anteil an Kindern in Ein-Elternteil-Familien und in nichtehelichen Lebensgemeinschaften einhergeht), die Übertragung der westdeutschen Institutionen auf Ostdeutschland und die Umstrukturierung auf dem Arbeitsmarkt für Kinder bedeutende Wohlfahrtsverluste implizieren."[131]

Demnach zeigt die Entwicklung der Kinderarmut bzw. die ihr zugrunde liegende soziale Heterogenisierung der Lebensverhältnisse in Ostdeutschland eine zwar noch unvollständige, aber deutliche Tendenz zur negativen Angleichung an Westdeutschland. „Zugleich verdeutlicht die Analyse der Ursachen von Kinderarmut, dass strukturelle Defekte bezüglich der Übernahme von soziokulturellen Aufwendungen für Kinder im Rahmen eines modernisierungsbedürftigen Familienlastenausgleichs zu einer problematischen Normalisierung führen."[132]

Nach Johann Bacher und Claudia Wenzig ergaben sich für Minderjährige um die Jahrtausendwende Armutsrisiken von 12 Prozent in West- und 9,4 Prozent in Ostdeutschland. „Das Risiko, arm zu sein, war 1999 für Kinder in den alten Bundesländern fast doppelt so hoch wie für Erwachsene. In den neuen

---

129 Siehe ebd.
130 Vgl. Volker Offermann, Kinderarmut als Ausdruck sozialer Heterogenisierung in den östlichen Bundesländern: das Beispiel Brandenburg, a.a.O., S. 115ff.
131 Magdalena Joos, Wohlfahrtsentwicklung von Kindern in den neuen und alten Bundesländern, a.a.O., S. 114
132 Volker Offermann, Kinderarmut als Ausdruck sozialer Heterogenisierung in den östlichen Bundesländern: das Beispiel Brandenburg, a.a.O., S. 121f.

Bundesländern betrug die Relation 2,4. Kinder sind somit in einem besonderen Ausmaß armutsgefährdet."[133] In Westdeutschland sind Kinder in Ein-Elternteil-Familien, in Haushalten mit mehr als zwei Erwachsenen, Familien mit mehreren Erwerbslosen, mit geringem Bildungsniveau und mit hoher Geschwisterzahl einem besonderen Armutsrisiko ausgesetzt. „Gibt es im Haushalt keine Person ab 16 Jahre, die eine Realschule oder eine darüber hinausgehende Schulform abgeschlossen hat, so liegt das Armutsrisiko bei 20,2%. Bei zwei Geschwistern beträgt es 14,3% und erhöht sich bei drei und mehr auf 34,4%."[134]

Auch in den ostdeutschen Ländern unterliegen Kinder bei hoher Geschwisterzahl, Arbeitslosigkeit und geringer Bildung im Haushalt einem besonderen Armutsrisiko. Johann Bacher und Claudia Wenzig gehen davon aus, dass Kinder in Ein-Elternteil-Familien jedoch – im Unterschied zu Westdeutschland – kein erhöhtes Armutsrisiko haben. „Armut nimmt allerdings zu, wenn kleine Kinder im Haushalt leben. Dies zeigt sich auch darin, dass eine Geburt im Haushalt im letzten Jahr vor der Befragung zu einem deutlichen Anstieg des Armutsrisikos führt. Trennung und Scheidung tragen zu keiner statistisch bedeutsamen Zunahme des Armutsrisikos bei."[135] Dem widerspricht Michael Klein, wenn er – unter Bezug auf Richard Hauser und Werner Hübinger – schreibt, dass „alleinerziehende Frauen (...) in den neuen Bundesländern eine der Hauptgruppen der Armutsbevölkerung" bildeten.[136] Auch Magdalena Joos und Wolfgang Meyer verweisen auf das erhöhte Armutsrisiko für Kinder von Alleinerziehenden; ihr Anteil an den in relativer Armut lebenden Kindern ist überproportional hoch und im Osten noch höher als im Westen: „Der wesentliche Ost-West-Unterschied für die Bedeutung des Risikofaktors ist (...) in der geringeren relativen Wahrscheinlichkeit eines Abstiegs in Armut für die ostdeutschen Kinder von Alleinerziehenden zu sehen, da sie überproportional häufig bereits im Vorjahr unter der Armutsgrenze lagen."[137]

Nach dem Haushaltseinkommen stellt Erwerbslosigkeit den größten Risikofaktor für Haushalte mit Kindern dar. In der Transformationsforschung wird allerdings zusätzlich darauf verwiesen, dass Erwerbstätigkeit allein kein hinreichendes Kriterium ist, da sie differenziert zu betrachten sei. So schreibt

---

133 Johann Bacher/Claudia Wenzig, Sozialberichterstattung über die Armutsgefährdung von Kindern, in: Hans Rudolf Leu (Hrsg.), Sozialberichterstattung zu Lebenslagen von Kindern, Opladen 2002, S. 119
134 Ebd., S. 120
135 Ebd.
136 Siehe Michael Klein, Familie und Armut, in Ronald Lutz/Matthias Zeng (Hrsg.), Armutsforschung und Sozialberichterstattung in den neuen Bundesländern, Opladen 1998, S. 106
137 Magdalena Joos/Wolfgang Meyer, Die Entwicklung der relativen Einkommensarmut von Kindern, in: Jürgen Mansel/Georg Neubauer (Hrsg.), Armut und soziale Ungleichheit bei Kindern, Opladen 1998, S. 30

Dietmar Dathe, dass „innerhalb des Feldes ‚Arbeit' (...) eine bemerkenswerte sozialstrukturelle Differenzierung in Abhängigkeit von Vollzeit-, Teilzeitbeschäftigung, Leiharbeit, Kurzarbeit, ABM-Tätigkeit, Fortbildung und Umschulung, prekären Beschäftigungsverhältnissen generell, selbständige oder unselbständige Arbeit usw. feststellbar" ist.[138] Allerdings lassen sich für ost- und westdeutsche Familien unterschiedliche Auslöser der Armut ausmachen. „In den neuen Bundesländern folgt (als Risikofaktor; *d. Verf.*) nach der Erwerbslosigkeit an nächster Stelle die Zahl der Kinder, Bildung ist weniger bedeutsam. Der Bildung kommt dagegen in den alten Bundesländern eine stärkere Bedeutung zu. Überraschend ist auch, dass die Zahl der Erwachsenen und damit unterschiedliche Familienformen einen geringen Einfluss auf das Armutsrisiko haben."[139]

Anhand des Familientyps, der Kinderanzahl, des Alters der Kinder und des Beschäftigungsstatus der Eltern macht Bradshaw in und zwischen den einzelnen europäischen Ländern beträchtliche Unterschiede hinsichtlich der Kinderarmutsquoten aus. „Kinderarmut ist nicht unvermeidbar; die einzelnen Länder haben mehr oder weniger explizit die Wahl, ob sie soziale und steuerliche Maßnahmen ergreifen, um die Einflüsse des Marktes abzuschwächen. Einige Länder haben darin mehr Erfolg als andere. Man könnte von einem Abwägen zwischen der Investition in Maßnahmen gegen Kinderarmut oder gegen die Armut von älteren Menschen sprechen, wenn man davon ausgeht, dass dies die beiden größten Gruppen sind, die von der Sozialhilfe abhängig sind."[140] Als reine Gegenüberstellung von Jung und Alt ist diese Methode jedoch fragwürdig und unvollständig, weil z.B. intragenerationale Verteilungsverhältnisse gänzlich außen vor bleiben.[141]

Nach Anthony Giddens stellt sich immer mehr ein Phänomen dualer bzw. doppelter Exklusion her: „Zwei Formen der Exklusion zeichnen sich in modernen Gesellschaften immer deutlicher ab. Eine ist der Ausschluß derer am unteren Ende, die vom Gros der Gesellschaft angebotenen Chancen abge-

---

138 Siehe Dietmar Dathe, Die Einkommenslage ausgewählter Haushaltstypen in den neuen Bundesländern, in: Hans Bertram/Stefan Hradil/Gerhard Kleinhenz (Hrsg.), Sozialer und demographischer Wandel in den neuen Bundesländern, Opladen 1996 (KSPW-Veröffentlichung), S. 72f.
139 Johann Bacher/Claudia Wenzig, Sozialberichterstattung über die Armutsgefährdung von Kindern, a.a.O., S. 126
140 Jonathan Bradshaw, Armut und Benachteiligung von Kindern im Vereinigten Königreich und im internationalen Vergleich, a.a.O., S. 152f.
141 Vgl. Andreas Motel-Klingebiel, Alter und Generationenvertrag im Wandel des Sozialstaats. Alterssicherung und private Generationenbeziehungen in der zweiten Lebenshälfte, Berlin 2000, S. 285ff.; Gertrud M. Backes, „Gerechtigkeit" zwischen den Generationen?, Oder: Herausforderungen an ihr Zusammenleben, in: Perspektiven ds 4/2000, S. 6ff.; Christoph Butterwegge/Michael Klundt, Armut bei Kindern und Jugendlichen. Folge eines Mangels an Generationengerechtigkeit oder eines Übermaßes an sozialer Ungleichheit (auch innerhalb der Generationen)?, in: Arbeit und Sozialpolitik 9-10/2001, S. 54ff.

schnitten sind. Am oberen Ende findet sich die zweite Form, ein freiwilliger Ausschluß: Die ‚Revolte der Eliten' besteht im Rückzug reicher Gruppen aus den öffentlichen Institutionen und einem vom Rest der Gesellschaft abgeschirmten Leben. Privilegierte Teile der Bevölkerung verschanzen sich in ihren Lebensbereichen und ziehen sich aus dem öffentlichen Bildungs- und Gesundheitssystem zurück."[142]

In einem internationalen Vergleich demokratischer Wohlfahrtsstaaten nennt Manfred G. Schmidt unterschiedliche Faktoren der Behinderung eines erfolgreichen Sozialstaatsarrangements. So stellt ethnische Heterogenität für ihn eine Konfliktkonstellation dar, die der sozialpolitischen Entwicklung wenig förderlich ist. „Das ist beispielsweise bei ethnischer Heterogenität und intensivem ethnischen Konflikt der Fall. Unter diesen Bedingungen fehlen der Konsensus und die Bereitschaft, in solidarische Sicherungssysteme zu investieren."[143] Dagegen sollte daran erinnert werden, dass Immigration, ethnische Vielfalt und Wohlfahrtsstaat keine Antagonismen darstellen müssen. Wohlfahrtsstaat und Zuwanderung stehen in einer sinnvollen Wechselbeziehung, sofern der Erstere universalisiert und die Letztere gleichermaßen als Handlungsoption jedes Individuums wie einer Gruppe von Menschen akzeptiert wird. Migration muss als Menschenrecht begriffen werden, wiewohl die dadurch auftretenden Probleme praktischer wie theoretischer Natur nicht zu übersehen sind.[144] Das würde die Debatte über eine neue Weltordnung notwendig machen, in der die Weltwirtschafts-, Weltsozial- und Weltmigrationsordnung miteinander verknüpft werden müssten. Denn eigentlich ist nicht einzusehen, dass der „weltweiten Verbreitung von Waren und Geldmärkten (...) keine potentielle weltweite Ausdehnung der Sozialstaatlichkeit, der Demokratie oder des Umweltschutzes" entspricht.[145]

2.3 Psychosoziale Folgen der Armut für Kinder

Der erste Armuts- und Reichtumsbericht der Bundesregierung kam im Frühjahr 2001 ganz allgemein zu dem Schluss, dass „belastete Lebensbedingun-

---

142 Anthony Giddens, Der dritte Weg. Die Erneuerung der sozialen Demokratie, Frankfurt am Main 1999, S. 121
143 Manfred G. Schmidt, Demokratische Wohlfahrtsstaaten – neuere Befunde des internationalen Vergleichs in neun Thesen, in: ZeS report 1/2001, S. 11
144 Vgl. Christoph Butterwegge, Zuwanderung und Wohlfahrtsstaat im Zeichen der Globalisierung – antagonistischer Widerspruch oder nützliche Wechselbeziehung?, in: ders./Gudrun Hentges (Hrsg.), Zuwanderung im Zeichen der Globalisierung. Migrations-, Integrations- und Minderheitenpolitik, Opladen 2000, S. 280
145 Siehe Kiros Abeselom/Markus Ottersbach, Migration und Globalisierung. Zur „Halbierung" der Globalisierung durch Migrationsschranken, in: Die Brücke 101 (1998), S. 34

gen durch niedrige Einkommen, schlechten Zugang zu Bildung, mangelhafte Wohnsituation oder Arbeitslosigkeit (...) Auswirkungen auf die Gesundheit und das Gesundheitsverhalten (haben) und zu einem schlechteren Zugang zur gesundheitlichen Versorgung führen" können.[146] Im Hinblick auf die Folgen der Armut für Kinder und Jugendliche arbeitet Andreas Klocke heraus, „dass keine unmittelbare Koppelung von sozialen Lebensbedingungen und subjektivem Verhalten bzw. emotionalem Empfinden erwartet werden kann, sondern insbesondere der Familie und den Eltern-Kind-Beziehungen sowie der jugendlichen Alltagswelt eine moderierende Funktion" zukomme.[147]

In einer Studie, die Großbritannien (errechnet: 21,3% Kinderarmut), Deutschland (11,6%) und Schweden (3,7%) miteinander vergleicht, macht Klocke deutlich, welche Belastungs- und Beeinträchtigungsfaktoren bei Armut von Kindern und Jugendlichen wirken können. „Geringere Lebenszufriedenheit, Gefühle der Hilflosigkeit und der Einsamkeit sowie ein geringeres Selbstvertrauen sind überproportional häufig bei Kindern und Jugendlichen in Armutsfamilien zu beobachten. Dass nicht alle Kinder und Jugendliche Armut als gleichermaßen belastend empfinden und entsprechend stabil und unbeeindruckt Armut verarbeiten, ist ebenfalls erkennbar (...). So berichten beispielsweise in Deutschland knapp ein Viertel der Kinder und Jugendlichen in Armutsfamilien, dass sie ihre aktuelle Lebenszufriedenheit als ‚nicht sehr glücklich' einschätzen, drei Viertel geben aber eine positivere Bewertung ab. Im Aggregat betrachtet ist jedoch der Zusammenhang von Armut und sozialpsychologischer Belastung unübersehbar."[148] Klocke gelangt im Hinblick auf die Zusammenhänge zwischen der Verbreitung und den Auswirkungen von Armut zu dem interessanten Resultat, dass die psychosozialen Belastungen im Kindes- und Jugendalter umso geringer sind, je höher die nationalen Kinderarmutsquoten ausfallen: „In Schweden, wo die Kinderarmutsquote 3,7% beträgt, ist das ‚mittlere relative Risiko', psychosoziale Belastungen auf Grund der Armutslage zu erleiden, um das 2,2-fache erhöht. In Deutschland nimmt dieser Quotient mit steigender Kinderarmutsquote auf das 1,9-fache ab, und in Großbritannien ist er mit einem Wert von 1,4 bei der insgesamt höchsten Kinderarmutsquote am geringsten. Das heißt, die Auswirkungen der Armut auf das Wohlbefinden und die Lebensfreude der jungen Generation weisen in den einzelnen Ländern graduelle Unterschiede auf, und zwar dergestalt, dass mit der allgemeinen Verbreitung von Kinderarmut im jeweiligen Land die Auswirkungen (inverser Zusammenhang) abnehmen."[149] Eine mögliche Erklärung dafür scheint in der Tatsache zu liegen, „dass in

---

146 Siehe Bundesministerium für Arbeit und Sozialordnung (Hrsg.), Lebenslagen in Deutschland, a.a.O., S. 188
147 Siehe Andreas Klocke, Die Bedeutung von Armut im Kindes- und Jugendalter – ein europäischer Vergleich, a.a.O., S. 278
148 Ebd., S. 282f.
149 Ebd., S. 285f.

hochgradig klassen- und milieuunabhängigen Gesellschaften wie der Bundesrepublik Deutschland und auch des schwedischen Wohlfahrtsstaates (...) Armut von den Menschen isolierter aufgenommen und individueller interpretiert wird und so vermutlich diskriminierender auf der individuellen Ebene wirkt. Damit sind diese Gesellschaften zugleich anfälliger für die Auswirkungen der gesellschaftlichen Fragmentierungen, wie wir sie gegenwärtig in Europa beobachten."[150]

2.3.1 Gesundheitliche und psychosoziale Beeinträchtigungen

Bei allen Einschränkungen hinsichtlich methodischer und empirischer Schwierigkeiten der Sozial- und Gesundheitsberichterstattung in der Bundesrepublik kann als gesichert gelten, dass materielle Armut immer auch Auswirkungen auf die Gesundheit hat. Personen, die in sozial benachteiligten Verhältnissen leben, sind gleich in mehrfacher Hinsicht gefährdet. Festzuhalten ist bei ihnen:

– eine deutlich höhere postnatale Säuglingssterblichkeit als in den oberen sozialen Schichten;
– eine deutlich höhere Zahl jener Kinder, die mit einem Gewicht von weniger als 2.500 Gramm geboren werden;
– eine zwei Mal höhere Mortalitätsrate durch Unfälle als bei Kindern aus privilegierteren Schichten;
– ein sehr viel häufigeres Auftreten akuter Erkrankungen;
– eine höhere Anfälligkeit für chronische Erkrankungen.[151]

In einer Jugendgesundheitsstudie wies der Berufsverband der Ärzte für Kinderheilkunde und Jugendmedizin darauf hin, dass Hauptschüler/innen häufiger krank würden als Jugendliche von Realschulen und Gymnasien.[152] Gerade bei psychosomatischen Beschwerden wie Bauch- oder Kopfschmerzen und Müdigkeit, aber auch bei Übergewicht und dem Konsum von Zigaretten seien Hauptschüler/innen besonders betroffen. Als Ursachen werden u.a. der niedrige soziale Status, die Unzufriedenheit mit den Zukunftsaussichten und ein geringeres Gesundheitsbewusstsein in sozial benachteiligten Familien genannt.

---

150 Ebd., S. 286
151 Vgl. Birgit Fischer, Statt eines Vorwortes: Mit einer sozial tief gespaltenen Gesellschaft in 3. Jahrtausend?!, a.a.O., S. 16; Andreas Mielck, Armut und Gesundheit bei Kindern und Jugendlichen: Ergebnisse der sozial-epidemiologischen Forschung in Deutschland, in: Andreas Klocke/Klaus Hurrelmann (Hrsg.), Kinder und Jugendliche in Armut, a.a.O., S. 230ff.; Ministerium für Frauen, Jugend, Familie und Gesundheit des Landes Nordrhein-Westfalen (Hrsg.), 7. Kinder- und Jugendbericht der Landesregierung NRW, Düsseldorf 1999, S. 115f.
152 Vgl. Hauptschüler häufiger krank als andere, in: Frankfurter Rundschau v. 9.2.2001

Zu ähnlichen Ergebnissen kam eine Längsschnittuntersuchung in Brandenburg.[153] Dort wurden verschiedene Aspekte im Gesundheitsverhalten und medizinisch relevante Befunde bei Kindern sowie deren sozialer Status im Rahmen von Einschulungsuntersuchungen in den Jahren 1994 bis 1998 (mit Ausnahme von 1996) analysiert. Die genannte Studie belegte einmal mehr signifikante Zusammenhänge zwischen prekären Lebenslagen und einem schlechteren Gesundheitszustand. So sind Kinder aus Familien mit niedrigem sozialem Status signifikant häufiger an Unfällen im Straßenverkehr beteiligt als Kinder aus Familien mit höherem sozialem Status. Gleichfalls höher ist die Belastung bei Verbrühungsunfällen. Übereinstimmende Erkenntnisse zur Unfallhäufigkeit lieferten auch Holger Spieckermann und Herbert Schubert in einer Studie zur Verkehrssicherheit von Kindern in Abhängigkeit zu deren sozialem Umfeld.[154]

Ferner nehmen sozial benachteiligte Personengruppen die bestehenden Gesundheitsangebote, z.b. Vorsorgeuntersuchungen, deutlich weniger wahr. In den Kommunen treten diese Probleme immer häufiger auf. So hat das Kölner Sozial- und Gesundheitsdezernat auf den Rückgang der Teilnahme an Krankheitsfrüherkennungsuntersuchungen in sozial benachteiligten Stadtteilen hingewiesen. Auch Sprachauffälligkeiten, -störungen, Koordinationsschwierigkeiten und Übergewicht treten in diesen Stadtteilen bei Kindern vergleichsweise häufiger auf als in wohlhabenderen Gebieten.[155] Ein Modellversuch an 18 Kölner Kindertagesstätten in sozial benachteiligten Gebieten hat gezeigt, dass gerade dort die Betreuung durch Kinderärzte nicht ausreichend ist.[156] Gleichzeitig nehmen bis zu 52 Prozent der Vier- bis Fünfjährigen, die in ärmeren Stadtteilen Kölns aufwachsen, nicht an den Früherkennungsuntersuchungen im Kindergarten teil.[157] Christian Palentien, Andreas Klocke und Klaus Hurrelmann gelangten durch Befragung von Kindern und Jugendlichen an nordrhein-westfälischen Schulen zu vergleichbaren Resultaten. Sie stellten fest, dass Kinder und Jugendliche in sozial benachteiligten Lebenslagen weniger gesund sind als Kinder und Jugendliche aus mittleren und oberen Schichten. Damit ist ein deutlich geringeres Wohlbefinden verbunden, was sich in größerer Lebensunzufriedenheit, stärkeren Einsamkeits-

---

153 Vgl. Ministerium für Arbeit, Soziales, Gesundheit und Frauen des Landes Brandenburg (Hrsg.), Einschüler in Brandenburg: Soziale Lage und Gesundheit 1999, Potsdam 2000
154 Vgl. Holger Spieckermann/Herbert Schubert, Verkehrssicherheit in Abhängigkeit vom sozialen Umfeld, in: Jürgen Mansel/Georg Neubauer (Hrsg.), Armut und soziale Ungleichheit bei Kindern, a.a.O., S. 169
155 Vgl. Martina Abel, Stadtteilorientierte Projekte zur Verbesserung der Gesundheitschancen von Kindern, in: Thomas Altgeld/Petra Hofrichter (Hrsg.), Reiches Land – kranke Kinder?, Gesundheitliche Folgen von Armut bei Kindern und Jugendlichen, Frankfurt am Main 2000, S. 179ff.
156 Vgl. Kinderbetreuung nicht ausreichend, in: 20 Minuten Köln v. 6.6.2001
157 Vgl. Kölns Kids sind immer öfter krank, in: Kölner Morgen v. 6.6.2001

Psychosoziale Folgen der Armut für Kinder 165

gefühlen, größerer Niedergeschlagenheit sowie massiveren Ängsten und Sorgen (insbesondere die Zukunft betreffend) manifestiert.[158]

Andreas Klocke hält die Gesundheitsrisiken armer Kinder und Jugendlicher für höher als jene wohlhabender Altersgenoss(inn)en, und zwar unabhängig davon, welcher Indikator dafür gewählt wird. Folglich beeinflusse die Armutslage das gesundheitliche Befinden und die Lebensfreude der Heranwachsenden durchgängig negativ: „Die erhöhte psychosoziale Morbidität der Kinder und Jugendlichen aus den sozial schwachen Familien weist auf Konsequenzen für die kindlichen und jugendlichen Sozialbeziehungen und die Sozialisation hin. Rückzug aus sozialen Kontakten und eine zunehmende Einsamkeit, wie es als Reaktionsmuster von armen Menschen im Erwachsenenalter bekannt ist, zeigt nach den präsentierten Befunden seine Gültigkeit auch für die Gruppe der Kinder und Jugendlichen in Armutsfamilien."[159]

Nicht nur die gesundheitliche Situation, sondern auch das (spätere) Gesundheitsverhalten von Kindern und Jugendlichen wird durch Armut negativ beeinflusst: „So ist der Anteil der Kinder und Jugendlichen, die als regelmäßige (tägliche) Raucher anzusehen sind, in der Armutsgruppe erhöht. Ähnliche, auf Grund der geringen Prävalenzraten jedoch nur mit Vorsicht zu interpretierende Unterschiede zeigen sich beim regelmäßigen Alkoholkonsum. Die Zahnhygiene (...) ebenso wie die nur geringe Teilnahme an sportlichen Aktivitäten (außerhalb des Schulsports) oder der überdurchschnittliche TV-Konsum belegen hingegen klar ein ungünstigeres Gesundheitsverhalten der Kinder und Jugendlichen aus den sozial schwachen Familien."[160] Gleiches lässt sich bezüglich eines ungünstigen Ernährungsverhaltens (Fast Food, Mangel-, Fehl- bzw. Überernährung) feststellen.[161]

Aufgrund zunehmender sozialräumlicher Segregation wachsen immer mehr Kinder und Jugendliche in Wohnquartieren auf, die von der (Mittelschicht-)Normalität weit entfernt sind. Da sie aber an dieser gemessen werden, ist ihr Scheitern vorprogrammiert und eine intergenerative Weitergabe der Armut sehr wahrscheinlich. Abgesehen vom geringen psychosozialen Wohlbefinden der Kinder und Jugendlichen wegen mangelnder Zukunftsperspektiven, hat die sozialräumliche Segregation eine weitere negative Folge: Sie entzieht der Gesellschaft den Blick auf die alltäglich in ihr stattfindende

---

158 Vgl. Christian Palentien/Andreas Klocke/Klaus Hurrelmann, Armut im Kindes- und Jugendalter, in: Aus Politik und Zeitgeschichte 18/1999, S. 33ff.
159 Andreas Klocke, Armut bei Kindern und Jugendlichen und die Auswirkungen auf die Gesundheit, in: Robert Koch-Institut (Hrsg.), Gesundheitsberichterstattung des Bundes 3/2001, S. 9
160 Ebd., S. 9
161 Vgl. ebd., S. 10

Ausgrenzung. Demzufolge ist eine gesellschaftliche Spaltung zu prognostizieren, weil Solidarität nicht mehr gelebt werden kann.[162]

2.3.2 Bildungsbenachteiligung

Mit Blick auf soziale Unterschiede im Bildungsbereich konstatierte der erste Armuts- und Reichtumsbericht der Bundesregierung: „Der Zugang zu höherwertigen Schul-, Ausbildungs- und Berufsabschlüssen wie auch der Zugang zum Studium ist nach wie vor stark durch Herkunft, Bildungsstand und berufliche Stellung der Eltern bestimmt. Im langfristigen Trend haben sich die Anteile von Kindern ausländischer Herkunft an den höheren allgemeinbildenden Abschlüssen verbessert, gleichwohl erreichen sie immer noch vergleichsweise geringerwertige Abschlüsse. Geringere Arbeitsmarktbeteiligung und schlechtere Erwerbschancen mit einem erhöhten Armutsrisiko sind die Folge."[163]

Obwohl sich die meisten Eltern zunächst selbst einschränken, bevor sie an den Ausgaben für ihre Kinder sparen, bedeutet Armut im Familienverband, dass sich gerade die Lebensperspektiven von dessen jüngsten Mitgliedern verdüstern. Neben den materiellen Handlungsmöglichkeiten sind ihre Bildungschancen deutlich eingeschränkt, was sich vor allem im Übergang von der Grundschule zur Sekundarstufe I zeigt: „Arme Kinder können wahrscheinlich keine oder nur niedrige schulische Bildungszertifikate erwerben, die beim anschließenden Übergang vom Bildungssystem in den Arbeitsmarkt ein hohes Arbeitslosigkeitsrisiko bergen oder nur den Zugang zu beruflichen Positionen eröffnen, die niedrig entlohnt werden."[164] Von einem „Teufelskreis der Armut" kann man insofern sprechen, als sich Benachteiligungen über Generationen hinweg „vererben". Sozial deprivierte und arme Kinder entwickeln sich auch bloß im Ausnahmefall zu Persönlichkeiten ohne die geringsten Minderwertigkeitskomplexe. „Früh im Leben erfahrene Armut beeinflusst das Selbstwertgefühl der hiervon betroffenen Kinder langfristig negativ."[165]

---

162 Vgl. AWO-Bundesverband (Hrsg.), AWO-Sozialbericht 2000. Gute Kindheit – schlechte Kindheit. Armut und Zukunftschancen von Kindern und Jugendlichen in Deutschland, Bonn 2000, S. Xf.
163 Bundesministerium für Arbeit und Sozialordnung (Hrsg.), Lebenslagen in Deutschland, a.a.O., S. 135
164 Wolfgang Lauterbach/Andreas Lange/Rolf Becker, Armut und Bildungschancen: Auswirkungen von Niedrigeinkommen auf den Schulerfolg am Beispiel des Übergangs von der Grundschule auf weiterführende Schulstufen, in: Christoph Butterwegge/Michael Klundt (Hrsg.), Kinderarmut und Generationengerechtigkeit. Familien- und Sozialpolitik im demografischen Wandel, 2. Aufl. Opladen 2003, S. 160
165 Roland Merten, Psychosoziale Folgen von Armut im Kindes- und Jugendalter, in: ebd., S. 148

In besonderer Weise sind Schulkinder von Armut in ihren Elternhäusern betroffen. Zwischen 1984 und 1995 lebten in Westdeutschland fast 14 Prozent der 10- bis 12-Jährigen in relativer Armut,[166] rund 17 Prozent in prekärem (d.h. nicht gesichertem) Wohlstand und beim Übergang von der Grundschule auf eine weiterführende Schule fast 70 Prozent in gesichertem Wohlstand. Dagegen befanden sich am Ende der Grundschulzeit rund 7 Prozent der ostdeutschen Schulkinder in Armut, 14 Prozent waren mit der prekären Einkommenslage ihres Elternhauses konfrontiert, und 79 Prozent lebten in gesichertem Wohlstand.[167] Während die mittlere Armutsquote ostdeutscher Schulkinder im gesamten Beobachtungszeitraum bei 7 Prozent lag, betrug sie 1992 fast 4 Prozent und 1994 bereits über 12 Prozent. Auch unter diesen Schulkindern hat sich das Armutsrisiko im Laufe des gesellschaftlichen Transformationsprozesses spürbar erhöht.[168] Gemessen an der Gesamtbevölkerung sind sie sowohl in Ost- wie auch in Westdeutschland innerhalb der Armutspopulation deutlich überrepräsentiert. Auch befinden sich überproportional viele Schulkinder in prekärem Wohlstand.[169]

Wolfgang Lauterbach und Andreas Lange haben 1998 die Konsequenzen von materieller Armut und sorgenbelastetem Familienklima für den Schulerfolg von Kindern am Beispiel des Übergangs in die Sekundarstufe I unter-

---

166 Vgl. Wolfgang Lauterbach/Andreas Lange, Aufwachsen in materieller Armut und sorgenbelastetem Familienklima. Konsequenzen für den Schulerfolg von Kindern am Beispiel des Übergangs in die Sekundarstufe I, in: Jürgen Mansel/Georg Neubauer (Hrsg.), Armut und soziale Ungleichheit bei Kindern, a.a.O., S. 120
167 Vgl. Rolf Becker, Kinder ohne Zukunft?, Kinder in Armut und Bildungsungleichheit in Ostdeutschland seit 1990, in: Zeitschrift für Erziehungswissenschaft 2/1999, S. 273; ders., Dynamik rationaler Bildungsentscheidungen im Familien- und Haushaltskontext. Eine empirische Untersuchung zum Bildungserfolg von ostdeutschen Jugendlichen in Armut, in: Zeitschrift für Familienforschung 3/1998, S. 5ff.; Rolf Becker/Markus Nietfeld, Arbeitslosigkeit und Bildungschancen von Kindern im Transformationsprozess. Eine empirische Studie über die Auswirkungen sozio-ökonomischer Deprivation auf intergenerationale Bildungsvererbung, in: Kölner Zeitschrift für Soziologie und Sozialpsychologie 1/1999, S. 55ff.; Isolde Heintze, Der Einfluss der Arbeitslosigkeit und der sozialökologischen Kontexte auf die Bildungschancen von Kindern in Ostdeutschland, in: Kölner Zeitschrift für Soziologie und Sozialpsychologie 2/2004, S. 232ff.
168 Vgl. Hartmut M. Griese, Familiale Polarisierungsprozesse. Eine vernachlässigte Strukturkategorie in der soziologischen Mainstream-Diskussion um Pluralisierung und Individualisierung, in: Alois Herlth u.a. (Hrsg.), Spannungsfeld Familienkindheit. Neue Anforderungen, Risiken und Chancen, Opladen 2000, S. 246ff.
169 Vgl. ebd., S. 251 ff.; Wolfgang Lauterbach/Andreas Lange/David Wüest-Rudin, Familien in prekären Einkommenslagen. Konsequenzen für die Bildungschancen von Kindern in den 80er und 90er Jahren, in: Zeitschrift für Erziehungswissenschaft 2/1999, S. 361ff.; Wolfgang Lauterbach/Andreas Lange, Aufwachsen in materieller Armut und sorgenbelastetem Familienklima, a.a.O., S. 106ff.

sucht.[170] Sie stellten fest, dass zwischen 1984 und 1995 im Durchschnitt nur etwa 41 Prozent der Kinder im Alter von 10 bis 12 Jahren die Hauptschule besuchten; unter den armen Kindern waren es allerdings fast 55 Prozent, und von denen, die im prekären Wohlstand leben, fast 53 Prozent. Genau umgekehrt verhielt es sich mit dem Besuch eines Gymnasiums. Während im Durchschnitt fast 29 Prozent der 10- bis 12-jährigen das Gymnasium besuchten, waren es von den armen nur etwa 16 Prozent und denen, die im prekären Wohlstand lebten, nur 14 Prozent. Die Unterschiede in Bezug auf andere Schultypen waren marginal.[171] Besonders starken Einfluss auf die Bildungskarriere des Kindes üben Lauterbach und Lange zufolge die berufliche Ausbildung des Vaters und das Vorhandensein wirtschaftlicher Sorgen bei der Mutter aus. Je geringer der Bildungsstatus des Vaters ist und je größer die wirtschaftlichen Sorgen der Mutter sind, desto wahrscheinlicher wird ein Hauptschulbesuch des Kindes und entsprechend unwahrscheinlicher das Erreichen einer Gymnasialbildung.[172]

Noch gravierender stellt sich der Vergleich zwischen autochthonen und Schüler(inne)n ausländischer Herkunft dar. Besuchten 1998 in Deutschland rund 40 Prozent aller Kinder und Jugendlichen das Gymnasium, etwa 23 Prozent die Realschule, 20 Prozent die Hauptschule und 17 Prozent die integrierte Gesamtschule, so waren nur 9,4 Prozent der Kinder ausländischer Herkunft auf dem Gymnasium vertreten, 8,4 Prozent auf der Realschule, jedoch 67,7 Prozent auf der Hauptschule.[173] Somit hat die Schulbesuchsverteilung eine deutlich herkunftsspezifische Komponente, was dem Prinzip der Chancengleichheit natürlich Hohn spricht. Stattdessen sind weiterhin migrationsspezifische, berufliche und sozioökonomische Positionen der Haushalte bzw. ihrer Vorstände ausschlaggebend für die Frequentierung der unterschiedlichen Schultypen.

Warum treffen arme Eltern für ihre Kinder andere Bildungswegentscheidungen als wohlhabendere Eltern? Lauterbach und Lange führen neben finanziellen Erwägungen, die gegen eine längere und teurere Ausbildung sprechen, vor allem mentale Einschränkungen der Zukunftserwartungen an, die in Apathie münden können. Störungen innerhalb der elterlichen Beziehung stünden in enger Verbindung mit dem Erziehungsverhalten; fehlende Unterstützung und mangelnde Überwachung bildungsbezogener Aktivitäten seien die Folge.[174]

---

170 Vgl. Wolfgang Lauterbach/Andreas Lange, Aufwachsen in materieller Armut und sorgenbelastetem Familienklima, a.a.O., S. 106ff.
171 Vgl. ebd., S. 123f.
172 Vgl. ebd., S. 127ff.
173 Vgl. Bundesministerium für Arbeit und Sozialordnung (Hrsg.), Lebenslagen in Deutschland, a.a.O., S. 121
174 Vgl. Wolfgang Lauterbach/Andreas Lange, Aufwachsen in materieller Armut und sorgenbelastetem Familienklima, a.a.O., S. 113ff.

Psychosoziale Folgen der Armut für Kinder 169

Klaus Lompe und seine Mitarbeiter/innen haben bereits 1987 auf die Spirale von Sozialhilfebedürftigkeit bzw. Armut und ungünstigen Sozialisationsbedingungen (Überforderung bei der Erziehung etc.) aufmerksam gemacht, welche tendenziell zu einer intergenerationellen Verfestigung von Armut führe. Als nachdrückliches Beispiel führen sie die Aussage eines 25-jährigen Vaters an (zitiert aus einem Interview): „Und was nachher mit der Ausbildung wird, ich hab schon gesagt, Janina, wenn du nachher keine Arbeit hast, gehst'e zum Sozialamt."[175]

Auch im deutschen Ost-West-Vergleich werden weitere Gemeinsamkeiten und Differenzen deutlich.[176] So haben Peter Büchner und Heinz-Hermann Krüger soziale Ungleichheiten beim Bildungserwerb 10- bis 15-jähriger Schüler/innen untersucht. In ihrer empirischen Studie, die Hessen und Sachsen-Anhalt betraf, gelangten sie zu dem Resultat, dass unabhängig von Ost-West-Unterschieden die Chancen, ein Gymnasium zu besuchen, mit abnehmendem sozialem Status der Herkunftsfamilie sinken. Gleichermaßen eingeschränkt wird mit der beschriebenen Tendenz das vorhandene Belastungspotenzial, wie auch die Partizipation an – besonders in Westdeutschland zahlreich vorhandenen – (außerschulischen) Freizeitangeboten in Vereinen und anderen Institutionen abnimmt. Die subjektiv wahrgenommene schulische Belastung war in Sachsen-Anhalt deutlich ausgeprägter als in Hessen. So berichteten im Osten mehr Schüler/innen von dem Gefühl, in der Schule weniger zu leisten, die Lehrer/innen nie zufrieden stellen zu können, vor Prüfungen und Klassenarbeiten Magen- oder Kopfschmerzen zu haben und sorgenvoll in ihre schulische Zukunft zu schauen. Dennoch stellen die Autoren eine wesentlich eindeutigere Beeinträchtigung durch herkunftsbedingte Ungleichheiten als durch Ost-West-Differenzen fest, welche offenbar weniger ins Gewicht fallen. „Die Heranwachsenden aus der niedrigen sozialen Statusgruppe sind somit nicht nur beim Besuch höherer Bildungsgänge deutlich benachteiligt. Auch die Schulform, die sie de facto besuchen, erleben sie – wie die Schule insgesamt – als deutlich stärker belastend als Kinder und junge Jugendliche aus Familien mit hohem sozialen Status."[177] Im Gefolge dieser subjektiv wahrgenommenen Belastung ist von einer negativen Prägung des

---

175 Zit. nach: Ingrid Krieger/Bernd Schläfke, Sozialisation im Armutsklima, in: Klaus Lompe (Hrsg.), Die Realität der neuen Armut. Analysen der Beziehungen zwischen Arbeitslosigkeit und Armut in einer Problemregion, Regensburg 1987, S. 227
176 Vgl. Hansgünter Meyer, Transformation der Sozialstruktur in Ostdeutschland, in: Wolfgang Glatzer/Ilona Ostner (Hrsg.), Deutschland im Wandel. Sozialstrukturelle Analysen, Opladen 1999, S. 65ff.; Renate Wald, Kindheit in der Wende – Wende der Kindheit?, Heranwachsen in der gesellschaftlichen Transformation in Ostdeutschland, Opladen 1998, S. 25ff.
177 Peter Büchner/Heinz-Hermann Krüger, Soziale Ungleichheiten beim Bildungserwerb innerhalb und außerhalb der Schule. Ergebnisse einer empirischen Untersuchung in Hessen und Sachsen-Anhalt, in: Aus Politik und Zeitgeschichte 11/1996, S. 27

gesamten Schulerlebens sowie der Einstellung zum schulischen und außerschulischen Lernen auszugehen.

Wolfgang Lauterbach, Andreas Lange und David Wüest-Rudin haben in einer weiteren Studie die spezifischen schulischen Übergänge zum Sekundarbereich I/II in Abhängigkeit von prekären Einkommenslagen untersucht. Sie kommen zu dem Ergebnis, dass Kinder durch Armut oder prekäre Wohlstandsverhältnisse an beiden wichtigen Nahtstellen des deutschen mehrgliedrigen Bildungssystems benachteiligt werden. Während die Armut beim Übergang von der Grundschule zur Sekundarstufe I besonders stark in Richtung Hauptschule wirkt, beeinflusst eine prekäre ökonomische Lebenslage vornehmlich den Übergang zur Sekundarstufe II. „Sowohl Jungen als auch Mädchen haben eine deutlich geringere Wahrscheinlichkeit, eine qualifizierte berufliche Ausbildung zu absolvieren, als Kinder in finanziell gesicherten Lagen. Zusätzlich hat bei diesen Kindern auch die Dauer der erlebten Armut einen negativen Einfluß. Sie sind also doppelt benachteiligt. Nicht nur, dass das Zusammentreffen einer Armutsphase mit dem Abschluß der 10. Klasse Hauptschule sich negativ auswirkt, zusätzlich hat die erlebte Dauer auch negative Folgen."[178] Insofern ist für die berufliche Zukunft von Schüler(inne)n mit Armutserfahrungen von niedrigeren und ungesicherteren Erwerbs- sowie schlechteren Einkommenschancen auszugehen.

Auch der 11. Kinder- und Jugendbericht, den die Bundesregierung im Jahr 2002 vorlegte, konstatiert gravierende Folgen von ökonomischer Ungleichheit und sozialer Ausgrenzung für die Entwicklung von Kindern und Jugendlichen. Neben den niedrigeren Bildungsabschlüssen und einem weniger erfolgreichen Berufsstart nennt der Bericht weitere bildungsrelevante Aspekte: „Nachgewiesen sind Zusammenhänge zwischen sozioökonomischen Mängellagen und Schulverweigerung bzw. Schulversagen, Bildungserfolg, Arbeitslosigkeit, physischen und psychosozialen Beeinträchtigungen, erfasster Delinquenz, Freizeitverhalten etc."[179]

Die relativ schlechten Ergebnisse für Deutschland bei der PISA-Studie, einem internationalen Schülerleistungsvergleich der Organisation für wirtschaftliche Zusammenarbeit und Entwicklung (OECD), können gleichfalls herangezogen werden, um zu belegen, wie stark das hiesige Bildungssystem nach der sozialen Herkunft selektiert. So kommen die Forscher/innen hinsichtlich der Lesekompetenz im internationalen Vergleich zu folgendem Ergebnis: „Betrachtet man das Niveau und den sozialen Gradienten der Lesekompetenz gleichzeitig, gehört Deutschland zu den Ländern, in denen die 15-Jährigen ein unterdurchschnittliches Kompetenzniveau erreichen und in de-

---

178 Wolfgang Lauterbach/Andreas Lange/David Wüest-Rudin, Familien in prekären Einkommenslagen, a.a.O., S. 379
179 Bundesministerium für Familie, Senioren, Frauen und Jugend (Hrsg.), Elfter Kinder- und Jugendbericht. Bericht über die Lebenssituation junger Menschen und die Leistungen der Kinder- und Jugendhilfe in Deutschland, Berlin 2002, S. 147

Psychosoziale Folgen der Armut für Kinder 171

nen gleichzeitig die engste Kopplung von sozialer Herkunft und Kompetenzerwerb nachweisbar ist. Im internationalen Vergleich steigt tendenziell die Lesekompetenz mit einer sich lockernden Kopplung von sozialer Herkunft und Kompetenzerwerb."[180]

Wolfgang Lauterbach und andere weisen in diesem Kontext auf die Notwendigkeit hin, Änderungen in der Ausbildung von Lehrer(inne)n vorzunehmen, die ihrer Meinung nach dazu befähigt werden sollten, „die Prägekraft von Armutserfahrungen" zu kennen und zu verstehen, um so eventuell negative Bildungswegentscheidungen der Eltern in Gesprächen mit diesen revidieren zu können.[181] Außerdem steht für sie die Frage eines Überdenkens des gegliederten Schulsystems auf der Agenda. Dass das Bildungsproblem gerade von Kindern in prekären Lebensverhältnissen auch oder gerade mit der starken Gliederung des deutschen Schulsystems im Zusammenhang gesehen werden muss, legen die Ergebnisse der IGLU-Studie nahe. Demnach weisen Mädchen und Jungen in der Grundschule bessere Leseleistungen auf. Erst nach dem Wechsel in die Sekundarstufe I wird der Leistungsabfall spürbar.[182] Der PISA-Koordinator Andreas Schleicher machte bereits 2002 das gegliederte Schulsystem als Teil des deutschen Bildungsproblems aus.[183]

Selbst bei der Betrachtung von Einschulungsrückstellungen lässt sich diese Abhängigkeit bereits bemerken. „Das relative Risiko eines verzögerten Schulbeginns ist ähnlich verteilt wie die relativen Chancen eines Hauptschulbesuchs im Vergleich zum Realschulbesuch. Für Kinder aus Familien der oberen und unteren Dienstklasse ist das Risiko, zurückgestellt zu werden, nur halb so groß wie für Kinder aus Arbeiterfamilien."[184] Auf diese Weise wirkt die soziale Selektivität des deutschen Bildungssystems also schon zu einem Zeitpunkt, wo die Bildungssozialisation noch gar nicht richtig angefangen hat, und beeinflusst selbige außerordentlich stark.

Angesichts obiger Zahlen muss die westdeutsche Bildungsreform der 1970er-Jahre, soweit sie den Anspruch erhob, ausgeprägte soziale Ungleichheiten in Bezug auf Bildung im Allgemeinen und den Schulbesuch im Besonderen zu beseitigen, zumindest auf lange Sicht als gescheitert gelten. Auch an den Hochschulen macht sich die intragenerationelle soziale Un-

---

180 Jürgen Baumert u.a., PISA 2000. Basiskompetenzen von Schülerinnen und Schülern im internationalen Vergleich, Opladen 2001, S. 402; vgl. Bernhard Schimpl-Neimanns, Soziale Herkunft und Bildungsbeteiligung, in: Kölner Zeitschrift für Soziologie und Sozialpsychologie 4/2000, S. 636ff.
181 Siehe Wolfgang Lauterbach/Andreas Lange/David Wüest-Rudin, Familien in prekären Einkommenslagen, a.a.O., S. 380
182 Vgl. Grundschüler im Lesen getestet, in: Thüringer Allgemeine (Erfurt) v. 9.4.2003; Nach der Grundschule geht es steil bergab, in: ebd.; Note: Zwei minus. Deutsche Grundschüler lesen gut – und landen oft trotzdem auf der falschen Schule. Fragen an den Iglu-Experten Wilfried Bos, in: Die Zeit v. 10.4.2003
183 Vgl. Thomas Kerstan/Martin Spiewak, Ganz dicht dran, in: Die Zeit v. 10.4.2003
184 Jürgen Baumert u.a., PISA 2000, a.a.O., S. 359

gleichheit heute wieder stärker bemerkbar. So kommt eine Studie im Auftrag des Bundesbildungsministeriums und des Deutschen Studentenwerks zu dem Ergebnis, dass die Sprösslinge ärmerer Familien immer seltener den Weg an die Hochschulen finden.[185] Der Anteil der Studierenden aus der sozial höchsten Herkunftsgruppe hat sich demnach von 1982 bis 2000 von 17 auf 33 Prozent fast verdoppelt, während der Anteil der unteren Schichten von 23 auf 13 Prozent zurückgegangen ist.

2.3.3 Folgen von Armutslagen im Spannungsfeld unterschiedlicher Determinanten

Die psychosozialen Folgen von Armut und die Bewältigungsstrategien der Kinder hängen nach den vorliegenden Erkenntnissen sehr stark von den Familienverhältnissen (Beziehungsqualität und Belastungsfähigkeit), der Armuts*dauer* sowie dem Verhältnis der (Unter-)Versorgungslagen zueinander (Einkommen, Arbeit, Bildung, Gesundheit, Wohnen und soziale Netzwerke) ab. Es lassen sich verschiedene, auf die Lebenslage und -welt der Kinder bezogene Armutstypen herausfiltern. Dadurch gelingt eine Vermittlung zwischen Strukturen und Handlungen (sog. Bewältigungsstrategien) der Kinder.

Im Dritten Zwischenbericht zu einer im Auftrag des AWO-Bundesverbandes angefertigten Studie werden mehrere, die Lebenssituation von (armen) Kindern beeinflussende Faktoren aufgeführt. Dazu gehören neben den gesellschaftlichen Rahmenbedingungen die Lebenssituation in der Familie, das private Umfeld, die sozialen Netzwerke und die Bedingungen von Hilfe.[186] Die institutionellen Rahmenbedingungen und professionellen Unterstützungsstrukturen sind oft gekennzeichnet von nicht familiengerechten präventiven Angeboten (z.B. kurzen und wenig hilfreichen Öffnungszeiten der Kindertagesstätten in den alten Bundesländern) sowie der Einschränkung von Handlungsmöglichkeiten kommunaler Ämter und Dienste, z.B. wegen Sparmaßnahmen. Besonders zu nennen ist hier der Mangel an auf die Bedingungen und Bedürfnisse der Familien abgestimmter Langzeitbetreuung.[187]

Die verschiedenen Einflussfaktoren verweisen auf unterschiedliche Dimensionen der Armut bei Kindern und Jugendlichen, welche zu jeweils spe-

---

185 Vgl. Bericht zeigt soziale Schieflage an Unis auf, in: Frankfurter Rundschau v. 19.7.2001
186 Vgl. Gerda Holz, Armut hat auch Kindergesichter. Zu Umfang, Erscheinungsformen und Folgen von Armut bei Kindern in Deutschland, in: Winfried M. Zenz/Korinna Bächer/Renate Blum-Maurice (Hrsg.), Die vergessenen Kinder. Vernachlässigung, Armut und Unterversorgung in Deutschland, Köln 2002, S. 24ff.
187 Vgl. Beate Hock/Gerda Holz/Werner Wüstendörfer, Folgen familiärer Armut im frühen Kindesalter: eine Annäherung anhand von Fallbeispielen. Dritter Zwischenbericht zu einer Studie im Auftrag des Bundesverbandes der Arbeiterwohlfahrt, Frankfurt am Main 2000, S. 136f.

zifischen Erscheinungsformen von Armut bzw. Armutstypen führen. Bestimmte, dadurch ausgelöste psychosoziale Folgen werden wiederum von den Kindern mit jeweils spezifischen Bewältigungsstrategien „beantwortet".

Einen wichtigen Gegenstandsbereich der Armutsforschung sollten künftig die kindspezifischen Bewältigungsstrategien bilden. Dazu hat Antje Richter in einer qualitativen Studie bei Grundschulkindern in einer ländlichen Kleinstadt (Kreisstadt Brake des Landkreises Wesermarsch in Niedersachsen) die folgenden vier Kategorien von Bewältigungsstrategien herausgearbeitet:

- „Mit sich selbst ausmachen" mit internalisierenden und problemvermeidenden Eigenschaften (hinsichtlich geschlechtsspezifischer Ausprägung herrscht Gleichverteilung vor);
- „Soziale Unterstützung suchen/gewähren" mit emotionalem Ausdruck und interaktionsbezogenen Eigenschaften (vorwiegend weiblich);
- „Anstatt-Handlung/Haltung" mit selbsttäuschenden und distanzierenden Eigenschaften (vorwiegend weiblich);
- „An die Umwelt weitergeben" mit externalisierenden Eigenschaften (gleich verteilt zwischen den Geschlechtern).[188]

Kinder in Unterversorgungslagen versuchen laut Richter zuallererst, Belastungen und Probleme zu internalisieren, zu vermeiden und nicht aktiv anzugehen. Fortgesetzte Unterversorgungserfahrungen können bei Kindern und Jugendlichen jedoch auch zu externalisierendem – teils delinquentem – Verhalten führen. Durch Desintegrationserfahrungen und schleichende Ausgrenzung werden Kinder in der Regel von gesellschaftlicher, kultureller und wirtschaftlicher Teilhabe abgekoppelt, was sich in unterschiedlichen Lebensbereichen niederschlägt. Bei einer beeinträchtigten Problembewältigungskompetenz und Selbsthilfefähigkeit kann dies soziale, psychische und somatische Konflikte nach sich ziehen, welche die Betroffenen ohne Unterstützung von außen nicht zu bewältigen vermögen. Für Richter sind politische Lösungen notwendig, die „ein gesellschaftliches Klima erzeugen, das es Kindern ermöglicht, vielfältige selbstwertstärkende Erfahrungen von Erfolg und Leistung in sozialen Aktivitäten auch unabhängig von schulischen Bezügen zu erlangen."[189]

Sportvereine als Orte sozialer Integration in eine Gleichaltrigengruppe erlangen in diesem Zusammenhang einen besonderen Stellenwert. Sie haben allerdings weniger Mitglieder aus unteren sozialen Lagen. „Je privilegierter die Soziallage der Herkunftsfamilie ist, desto wahrscheinlicher ist auch die

---

188 Vgl. Antje Richter, Wie erleben und bewältigen Kinder Armut?, Erfolgreiche Coping-Modelle im ländlichen Raum, in: Thomas Altgeld/Petra Hofrichter (Hrsg.), Reiches Land – kranke Kinder?, a.a.O., S. 215ff.
189 Siehe ebd., S. 226f.

Mitgliedschaft in einem Sportverein."[190] Dies konnten Klaus-Peter Brinkhoff und Jürgen Mansel in einer Erhebung feststellen. Demnach waren Jugendliche aus der unteren sozialen Lage nur zu 25,8 Prozent in Sportvereinen organisiert, aber 53,6 Prozent aus der Mittelschicht und 51,6 Prozent aus einer gehobenen Soziallage. So kann Sport in der Schule, der Freizeit oder in Vereinen auch ebenso gut ausgrenzend und Benachteiligung verstärkend wirken. Selbst eine angeblich durch Sportvereine geförderte ablehnende Haltung gegenüber Drogen lässt sich nicht nachweisen.[191] Dies hängt mit den wenig problemadäquaten Ausbildungen der Übungsleiter/innen zusammen.

Obgleich der Wirkungsprozess sozialer Benachteiligung noch nicht als hinreichend geklärt betrachtet werden kann, gibt es doch für Roland Merten „keinen Zweifel an der Tatsache, dass Deprivationen unterschiedlichster Art die Entwicklung, Lernmöglichkeiten und Bildungschancen von Kindern, Jugendlichen und auch Erwachsenen beeinflussen."[192] Kinder armer Familien sind jedoch nicht automatisch schulisch benachteiligt, unglücklicher, häufiger krank und psychisch labiler als ihre wohlhabenderen Altersgefährt(inn)en. Vielmehr können sie dieses Handikap dann kompensieren, wenn ihnen die Eltern das Gefühl von emotionaler Nähe, Schutz und Geborgenheit vermitteln. Hans Weiß warnt deshalb zu Recht vor einer „einseitige(n) Defizit- und Opferperspektive", die Selbsthilfepotenziale und Problemlösungskompetenzen der Betroffenen ignoriert: „Selbst in chronisch desolaten Lebensverhältnissen zeigen sich bei Erwachsenen wie Kindern nicht selten ein (Über-)Lebenswille, eine Zähigkeit, sich nicht (völlig) unterkriegen zu lassen, ferner Eigeninitiative, auch wenn sie sich immer wieder an engen Barrieren festbeißen, in – gemessen an gesellschaftlich abverlangten Kriterien erfolgreicher Lebensführung – tradierten, wenig effektiven (sub)kulturellen Mustern verfangen und ihnen wegen unzureichender Ressourcen die Kraft zum Durchhalten auszugehen droht."[193]

Obwohl die familiären Verhältnisse eine maßgebliche Rolle als Puffer für oder als Verstärker von deprivierten Lebenslagen spielen, sollte Eltern nicht einfach die Schuld für Armutsfolgen ihrer Kinder gegeben werden.

---

190 Klaus-Peter Brinkhoff/Jürgen Mansel, Soziale Ungleichheit, Sportengagement und psychosoziales Befinden im Jugendalter, in: dies. (Hrsg.), Armut im Jugendalter. Soziale Ungleichheit, Gettoisierung und die psychosozialen Folgen, Weinheim/München 1998, S. 183
191 Vgl. Niels Barnhofer, „Seine Anti-Drogen-Kampagne sollte der DFB besser einstellen". Wissenschaftler kritisiert zu hohe Erwartungen an Sportvereine. Positiver Einfluss auf Jugendliche geringer als erwartet, in: Frankfurter Rundschau v. 23.10.2001
192 Siehe Roland Merten, Psychosoziale Folgen von Armut im Kindes- und Jugendalter, a.a.O., S. 139
193 Hans Weiß, Kindliche Entwicklungsgefährdungen im Kontext von Armut und Benachteiligung. Erkenntnisse aus psychologischer und pädagogischer Sicht, in: ders. (Hrsg.), Frühförderung mit Kindern und Familien in Armutslagen, München/Basel 2000, S. 69

Vielmehr gilt es zu berücksichtigen, unter welchen enormen Belastungen die Eltern unfähig sind, ihren Kindern ein ausreichendes Maß an Zuneigung, Wärme und Förderung zukommen zu lassen. Insofern wäre es für Hans Weiß „verfehlt, im Sinne eines ‚Vorwurfes an die Opfer' (‚blaming the victims') die Verantwortung für ökonomische und gesellschaftlich-kulturelle Bedingungen von Armut auf die Menschen zu verlagern, die sie zu ertragen haben (...), und Eltern einseitig die Schuld für mögliche Entwicklungsbeeinträchtigungen ihrer Kinder zuzuordnen."[194]

In einer Umgebung, die viel Wert auf den privaten Konsum, Luxusgüter und teure Statussymbole legt, wirkt schon eine schlechte(re) Ausstattung mit Kinderspielzeug und/oder Markenkleidung diskriminierend. Wer als Kind auf Nike und Nokia verzichten muss (oder solche Prestigeobjekte besonders demonstrativ zur Schau stellt, obwohl bzw. gerade weil sie mit Opfern etwa im Bereich der Grundnahrungsmittel, des Wohnens, der Bildung usw. erkauft wurden), wird im Kreis seiner Schul- und Spielkameraden nicht ernst genommen, vielleicht sogar völlig isoliert. Diese moderne Form der Ausgrenzung ist die wohl schlimmste Konsequenz von Armut und Unterversorgung im Kindesalter.

Die bisherigen Forschungsergebnisse zeigen erhebliche Differenzen in der Bewertung von Armut, prekären Lebenslagen sowie im Hinblick auf deren mehr oder weniger direkte und indirekte Folgen für Kinder. Roland Merten hält es für falsch und irreführend, von psychosozialen Folgen der Armut zu sprechen, weil dadurch ein eindeutiger Zusammenhang suggeriert werde, der so nicht bestehe. Armut könne als Begleitumstand des Aufwachsens von Kindern und Jugendlichen zwar für deren weitere Entwicklung verheerende Folgen haben. „Aber immer wieder muss auf den *Möglichkeitscharakter* negativer Auswirkungen bezüglich der Entwicklung von Kindern und Jugendlichen hingewiesen werden. Denn es sind sowohl personale als auch soziale Bedingungsfaktoren, die moderierend – d.h. sowohl abschwächend als auch verstärkend – auf die Risikobedingungen und deren Auswirkungen Einfluss nehmen."[195] Merten macht deutlich, wo die Leerstellen in der bisherigen Forschung liegen. So ist davon auszugehen, dass eben nicht allein die innerfamiliären Beziehungsgefüge für die Sozialisation von Kindern und Jugendlichen prägend sind, vielmehr auch die Beziehungen in den Peergroups.

Auf diesen Gleichaltrigen-Kontext weist auch Sabine Walper hin. Seine Rolle als Vermittler von Risiken und Ressourcen bei der Bewältigung von Armutsfolgen wurde ihrer Meinung nach bislang zugunsten der Familie vernachlässigt: „Es liegt nahe zu vermuten, dass die Bedeutung familiärer Faktoren abnimmt, sobald Kinder auch vermehrt in andere Kontexte wie Schule

---

194 Siehe ebd., S. 60f.
195 Roland Merten, Psychosoziale Folgen von Armut im Kindes- und Jugendalter, a.a.O., S. 151 (Hervorh. im Original)

und Freundesgruppe eingebunden sind."[196] Diese könnten alternative, kompensatorische Erfahrungen bieten, jedoch auch armutsbedingte Belastungen, unabhängig von den innerfamiliären Problemen, verstärken. Den nötigen Paradigmenwandel rückt Hans Weiß ins Zentrum einer psychologischen und pädagogischen Untersuchung zu Gefährdungen der kindlichen Entwicklung durch Armut und soziale Benachteiligung: „Insofern ist der Perspektivenwechsel in der kindbezogenen Armutsforschung hin zu einer Sichtweise, die betroffene Kinder als Akteure in ihren prekären Lebensverhältnissen wahrnimmt und (be)achtet, dennoch aber ihre Entwicklungsrisiken nicht klein schreibt, überfällig."[197]

Kinderarmut als gesellschaftspolitisches Problem stellt sich im Spiegel der Forschung demnach als ebenso heterogen dar wie die Gruppe der Betroffenen selbst. Neben gesicherten Erkenntnissen, die sich an Hand von statistischem Material detailliert belegen lassen, gibt es eine Vielzahl von Aspekten, für die empirische Belege noch ausstehen. Von einer monokausal-deterministischen Erklärung „Armut = psychosoziale Einschränkung" kann jedenfalls keine Rede sein. Dies bedeutet jedoch mitnichten eine Entwarnung und die Möglichkeit des Übergehens zur Tagesordnung. Deutlich wird vielmehr ein erheblicher Forschungsbedarf zu Armut/Unterversorgung und deren Folgen im Allgemeinen sowie bezogen auf Kinder und Jugendliche im Besonderen.

---

196 Sabine Walper, Psychosoziale Folgen von Armut für die Entwicklung von Jugendlichen, in: Unsere Jugend 9/2001, S. 386
197 Hans Weiß, Kindliche Entwicklungsgefährdungen im Kontext von Armut und Benachteiligung, a.a.O., S. 69

3. Methodik und Datenbasis der empirischen Untersuchung

Um die Ursachen und psychosozialen Folgen von Kinderarmut in Ost- und Westdeutschland zu erforschen, wurden die Auswirkungen von Armut bzw. prekären Lebenslagen bei Kindern im Grundschulalter mittels qualitativer und quantitativer Methoden vergleichend in Köln und Erfurt erhoben.[1] Die Datenerhebung erfolgte in drei Schritten:

- In einer ersten Phase wurden in verschiedenen Klassen der Jahrgangsstufe 4 an Grundschulen in Erfurt und Köln nichtteilnehmende Beobachtungen durchgeführt. Während dieser Phase erklärten die Mitarbeiter/innen des Projektteams den Kindern in den Schulklassen das Vorhaben und seine Ziele, um auf diese Weise eine Kooperations- und Mitwirkungsbereitschaft bei den Kindern zu wecken.
- Der zweite Schritt beinhaltete die Durchführung leitfadengestützter themenzentrierter Interviews mit den Kindern. Aufwändig gestaltete sich das Prozedere zur Erlangung der Zustimmung der Eltern. Die Interviews wurden an von Eltern und/oder Kindern festgelegten Orten durchgeführt. Dies konnten – in sehr wenigen Fällen in Erfurt – die Kinderzimmer oder aber von den Schulen zur Verfügung gestellte separate Räume ohne Störanfälligkeit sein. Insgesamt wurden in Erfurt 20 und in Köln 40 Mädchen und Jungen jeweils zwischen 15 und 45 Minuten lang interviewt.
- Im dritten Schritt wurde anhand erster Ergebnisse aus den Interviews ein Fragebogen für eine quantitative Befragung entwickelt, die in Erfurt und Köln zusammen 309 Kinder jeweils einzeln erfasste. Für eine solche Befragung mit einem geschlossenen Fragebogen gaben – wie vermutet – deutlich mehr Eltern ihre Einwilligung als für Interviews. Da jedoch in den für den ersten Erhebungsschritt ausgewählten Schulen insgesamt nicht genug Eltern dazu bereit waren, mussten weitere Schulen in Erfurt

---

1 Dabei handelt es sich nicht um eine repräsentative Untersuchung. Repräsentativität war in dem gegebenen Zeitrahmen und mit den verfügbaren Ressourcen nicht zu gewährleisten.

und Köln um ihre Mitwirkung gebeten werden. In diesen Schulen entfiel zwar die Kontaktaufnahme über eine Beobachtungsphase, gleichwohl war die Bereitschaft der Kinder für eine solche Befragung ausgesprochen groß. Dagegen erteilten die Eltern in mehreren Fällen keine Einwilligung zu einer Befragung.

Die hinsichtlich der psychosozialen Folgen von Kinderarmut zu untersuchende Gruppe ergab sich u.a. aus den mehr oder weniger gesicherten Ergebnissen der Armuts- und Ungleichheitsforschung, aber auch der neueren Kindheitsforschung.[2] Nach diesen Forschungsresultaten beeinflusst der Übergang von der Grundschule in die Sekundarstufe I mit seiner Bildungswegentscheidung den späteren Zugang zur oder den Ausschluss von der – nach dem Lebenslagenbegriff als Ungleichheit konstituierend oder verhindernd herausgearbeiteten – Ressource Bildung und ist ganz entscheidend für die künftigen Lebenschancen und -risiken. Demgemäß konzentrierte sich das Projekt auf die Untersuchung der Lebenssituation von 9- bis 11-jährigen Schulkindern. Methodisch orientierte es sich an dem „Phasenmodell", das Udo Kelle, Susann Kluge und Thorsten Sommer beschrieben haben.[3]

3.1 Erhebungsinstrumente

Bei der angewandten Beobachtungsmethode handelt es sich um eine unstrukturierte, hauptsächlich nichtteilnehmende Beobachtung.[4] In jener Phase, wo den Kindern das Projekt erklärt wurde, fand eine teilnehmende Beobachtung statt. Beobachtet wurde vor allem die Kommunikation der Schüler/innen untereinander und mit den Lehrer(inne)n. Darüber sollten Sprachmuster herausgefiltert werden, die in den Interviews bzw. den Fragebögen genutzt werden konnten, um mit den Kindern auf einer gemeinsamen Ebene zu kommunizieren. Außerdem dienten teilnehmende und nichtteilnehmende Beobachtungen dazu, mit den zu Befragenden bekannt zu werden. Ihnen und dem Team soll-

---

2   Vgl. Stefan Hradil, Soziale Ungleichheit in Deutschland, Opladen 1999, S. 150f.; Wolfgang Lauterbach/Andreas Lange, Aufwachsen in materieller Armut und sorgenbelastetem Familienklima. Konsequenzen für den Schulerfolg von Kindern am Beispiel des Übergangs zur Sekundarstufe I, in: Jürgen Mansel/Georg Neubauer (Hrsg.), Armut und soziale Ungleichheit bei Kindern, Opladen 1998, S. 116; Elisabeth Schlemmer, Risikolagen von Familien und ihre Auswirkungen auf Schulkinder, in: ebd., S. 138ff.

3   Vgl. Udo Kelle/Susann Kluge/Thorsten Sommer, Integration qualitativer und quantitativer Verfahren in der Lebenslaufforschung, in: Walter R. Heinz u.a. (Hrsg.), Was prägt Berufsbiographien? – Lebenslaufdynamik und Institutionenpolitik, Nürnberg 1998, S. 336

4   Vgl. zu den Beobachtungsmethoden: Andreas Diekmann, Empirische Sozialforschung. Grundlagen, Methoden, Anwendungen, 5. Aufl. Reinbek bei Hamburg 1999, S. 469ff.

te es ermöglicht werden, Kontakt miteinander aufzunehmen, was zumindest für die Durchführung der Interviews von erheblicher Bedeutung war.

Für die Interviews wurde ein themenzentrierter Frageleitfaden erarbeitet,[5] dessen inhaltliche Ausgestaltung auf Ergebnissen der Lebenslagenforschung basierte und dessen Benutzung von den in der Beobachtungsphase gesammelten Erfahrungen bestimmt war. Die gewählte Interviewform kombinierte leitfadengestützte Interviews und narrative Elemente, weshalb von problemzentrierten narrativen Interviews gesprochen werden soll. Der Begriff „problemzentriertes Interview" wurde von Andreas Witzel geprägt.[6] Dabei handelt es sich um eine offene, halbstrukturierte Befragung, die den/die Interviewer/in das Grundthema des Gespräches bestimmen lässt und den Befragten die Möglichkeit eröffnet, eigene Schwerpunkte zu setzen. Über das Grundthema gibt es unter den Forscher(inne)n ein entsprechendes Vorwissen, welches in die Interviewstruktur eingelassen wird und somit spezielle Fragestellungen ermöglicht. Narrative Interviews hingegen sind Stegreiferzählungen, in denen der oder die Interviewte ohne systematische Vorbereitung sein/ihr eigenes Leben bzw. Perioden daraus schildert.[7] Diese Form der Interviewführung wurde mit der Problemzentrierung verknüpft, um das Interview so am Forschungsgegenstand, den Wahrnehmungs- und Bewältigungsstrategien von Kindern in prekären bzw. deprivierten Lebenslagen, zu orientieren.

Ausgehend von einer Analyse der Interviews wurde ein Fragebogen für die quantitative Befragung entwickelt, mit dem das Team die Kinder jeweils einzeln befragte. Die Form der Einzelbefragung wurde gewählt, um den trotz intensiver Vorbereitungen auftretenden Verständnisproblemen auf Seiten der Kinder direkt begegnen zu können, ohne dabei eine Beeinflussung des Antwortverhaltens der Mitschüler/innen auszulösen. Zudem war die Einzelbefragung nötig, weil nicht alle Eltern einer Befragung ihres Kindes in der Klasse zugestimmt hatten.

Der Fragebogen gliedert sich in unterschiedliche Themenkomplexe. Um die Aufmerksamkeit der Kinder zu erhalten, wurden die einzelnen Komplexe jedoch nicht systematisch geordnet, sondern zum Teil mit Fragen aus anderen aufgelockert. Insgesamt enthält der Bogen 102 Fragen, die zum Teil mit Mehrfachnennungen oder Bewertungen auf Vierer-Skalen zu beantworten waren.

---

5 Vgl. zu den Interviewmethoden: ebd., S. 443ff.
6 Vgl. Philipp Mayring, Einführung in die qualitative Sozialforschung, Weinheim 1999, S. 50
7 Vgl. Hans-Jürgen Glinka, Das narrative Interview: Eine Einführung für Sozialpädagogen, Weinheim/München 1998, S. 9

3.2 Die soziale Situation in den Untersuchungsgebieten

Jenseits der subjektiven Kinderperspektive lassen sich einige Informationen über die objektiven Lebenslagen von Kindern in Köln und Erfurt gewinnen. Wie in der gesamten Bundesrepublik ist auch in Nordrhein-Westfalen und Thüringen eine tiefe soziale Spaltung festzustellen, die sich auf die soziale Lage der Kinder verschärfend auswirkt. Viele Kinder und Jugendliche wachsen in Armut oder prekären Lebenslagen auf.

Die Auswahl der Untersuchungsgebiete in Köln und Erfurt ergab sich ebenso wie jene der Untersuchungsgruppe aus dem Erkenntnisinteresse. Darüber hinaus wurde eine zentrale Aussage der Armutsforschung in die Überlegungen einbezogen, wonach (Kinder-)Armut vor der Folie von Reichtum bzw. Wohlstand,[8] also auf einer Vergleichsebene, zu betrachten ist. Dementsprechend wurden in Erfurt und Köln sowohl Grundschulen in Stadtteilen mit überdurchschnittlich hohen Zahlen bezüglich Arbeitslosigkeit und HLU-Abhängigkeit als auch solche Grundschulen erfasst, die in Stadtteilen mit durchschnittlichen bzw. unterdurchschnittlichen Werten liegen.

3.2.1 Umfang und Erscheinungsformen von (Kinder-)Armut in Köln

Bei seiner Bilanzierung der Armut bezieht sich der Kölner Sozialbericht 1998 auf die Anzahl aller Sozialhilfeempfänger/innen im Januar 1997 (HLU, ohne Asylsuchende: 36.320 Haushalte und geschätzte 68.280 Personen), die Haushalte mit Wohngeldbezug am 31. Dezember 1996 (Tabellenwohnungen ohne Sozialhilfebezug und Arbeitslose: 14.700 Haushalte und etwa 29.000 Personen), Zugang an Wohnungssuchenden mit geringem Einkommen 1996 (7.000 Haushalte und ca. 15.740 Personen), Köln-Pass-Inhaber/innen 1996 (ohne Personen mit Sozialhilfe: 28.880 Personen) sowie gemeldete Arbeitslose im Januar 1997 (ohne Sozialhilfehaushalte: 40.635 Haushalte und 80.050 Personen). Der Bericht geht davon aus, dass etwa die Hälfte der arbeitslos gemeldeten Personen über ein (Haushalts-)Einkommen verfügten, das deutlich über der „Armutsgrenze" nach der EU-Definition lag (50% des Durchschnittseinkommens). Er kommt zu dem Ergebnis, dass in Köln Anfang 1997 insgesamt rund 78.300 Haushalte bzw. 180.000 Personen, d.h. ca. 18 Prozent der Kölner Bevölkerung, an der Armutsgrenze lebten oder potenziell gefährdet waren.[9]

---

8 Vgl. Michael Klein, Familie und Armut, in: Ronald Lutz/Matthias Zeng (Hrsg.), Armutsforschung und Sozialberichterstattung in den neuen Bundesländern, Opladen 1998, S. 96; Ernst-Ulrich Huster, Neuer Reichtum und alte Armut, Düsseldorf 1993, S. 47

9 Vgl. Stadt Köln (Hrsg.), Kölner Sozialbericht. Sicherung des Lebensunterhalts und Einkommenssituation, Bd. 1, Köln 1998, S. 61

Die soziale Situation in den Untersuchungsgebieten

Jürgen Friedrichs und Jörg Blasius haben die Lebensbedingungen von Menschen in benachteiligten Kölner Wohngebieten untersucht, besonders deren Einfluss auf die Bewohner/innen. Dabei verwendeten sie ausschließlich den Sozialhilfebezug als Armutsindikator.[10] Wie in allen bundesdeutschen Großstädten stieg die Zahl der Sozialhilfeempfänger/innen in Köln seit 1980 kontinuierlich an. Wurde die Hilfe zum Lebensunterhalt 1980 von 13.135 Personen in Anspruch genommen, so nahm diese Zahl um 126 Prozent auf 29.638 im Jahre 1990 zu und wuchs um noch einmal 34 Prozent auf 39.791 im Juli 1997 (was zwischen 1980 bis 1997 einem Wachstum um 203 Prozent entspricht).[11] Ein besonders hohes Risiko, auf Sozialhilfe angewiesen zu sein, haben dabei Alleinerziehende und Migrant(inn)en. So bezogen 1997 in Köln rund ein Drittel der Alleinerziehenden-Haushalte Sozialhilfe; im Stadtteil Meschenich waren es über die Hälfte und in den Stadtteilen Seeberg, Kalk und Vingst sogar zwei Drittel.[12]

Bemerkenswert ist nicht nur die Zunahme der Armut, sondern auch deren ungleiche Verteilung auf die Stadtteile, was auf eine sozialräumliche Segregation bzw. eine Konzentration und Verstetigung von Armut bezüglich der Wohnlage wie der Betroffenen hindeutet. Besonders viele Sozialhilfeempfänger/innen leben in peripheren Neubausiedlungen und innenstadtnahen, alten Arbeiterquartieren, wo sich hohe Anteile von Sozialwohnungen, von Migrant(inn)en und von Personen mit niedriger Schulbildung finden.[13]

Laut Kölner Sozialbericht gab es anteilsmäßig besonders viele Sozialhilfebezieher/innen (über 10%) in den Stadtteilen Meschenich (21,5%), Chorweiler (20,9%), Seeberg, Lindweiler, Roggendorf-Thenhoven, Bilderstöckchen, Ostheim, Bickendorf, Porz, Kalk, Vingst, Höhenberg, Humboldt-Gremberg, Mülheim, Neubrück und Buchheim. Die Dichtewerte bei Kindern und Jugendlichen lagen hier weit über dem gesamtstädtischen Durchschnitt von 15,6 Prozent bei den Unter-6-Jährigen bzw. 14,3 Prozent bei den 6- bis 18-Jährigen.[14] Besonders hoch war die Zahl der Sozialhilfe empfangenden Kinder und Jugendlichen unter 18 Jahren in den bevölkerungsstarken linksrheinischen Bezirken Ehrenfeld und Nippes sowie in den rechtsrheinischen Bezirken Kalk und Mülheim. Jede dritte auf Sozialhilfe angewiesene Person war hier noch keine 18 Jahre alt. Im Porzer Ortsteil Poll stellten die Minderjährigen einen Anteil von 36 Prozent aller Sozialhilfebezieher/innen; 35 Prozent aller Sozialhilfeabhängigen waren im Mülheimer Stadtteil Stammheim unter 18 Jahre alt. Auffällig ist außerdem, dass die Zahl der Kinder und Jugendlichen im Alter zwischen 6 und 18 Jahren, die Sozialhilfe bezogen, im Bezirk

---

10 Vgl. Jürgen Friedrichs/Jörg Blasius, Leben in benachteiligten Wohngebieten, Opladen 2000, S. 11
11 Vgl. Stadt Köln (Hrsg.), Kölner Sozialbericht, Bd. 1, a.a.O., S. 60
12 Vgl. ebd., S. 69
13 Vgl. Jürgen Friedrichs/Jörg Blasius, Leben in benachteiligten Wohngebieten, a.a.O., S. 12
14 Vgl. Stadt Köln (Hrsg.), Kölner Sozialbericht, a.a.O., S. 64f.

Chorweiler vergleichsweise hoch war. Vier von zehn Sozialhilfeempfänger(inne)n waren hier jünger als 18 Jahre. Demgegenüber war die Zahl der Sozialhilfe beziehenden Kinder und Jugendlichen im Bezirk Lindenthal besonders klein. Bezogen auf die Altersgruppe aller Kinder und Jugendlichen des jeweiligen Bezirks bedeutet dies, dass in Ehrenfeld 17,7 Prozent, in Nippes 15,4 Prozent, in Kalk 17,7 Prozent, in Mülheim 14,3 Prozent, in Chorweiler 16,7 Prozent, in Porz 13 Prozent und in Lindenthal 7,7 Prozent aller Minderjährigen zwischen 6 und 18 Jahren von Sozialhilfe abhängig waren.[15]

Die Dynamik der Armut in Köln von 1995 bis 1999 kennzeichnet Friedrichs und Blasius zufolge eine Erhöhung der Anzahl jener Stadtteile, die einen Armenanteil von über 12 Prozent aufweisen. Waren es 1995 noch drei, so sind 1999 elf Kölner Stadtteile betroffen. Darunter befinden sich Stadtteilsgebiete wie Nord-Chorweiler und Nord-Meschenich, wo der Anteil sogar über 20 Prozent liegt. Demzufolge lässt sich nicht nur eine Zunahme der Zahl der Armutsgebiete feststellen, sondern auch eine Erhöhung des Anteils Armer in den Armutsgebieten.[16] Von den 84 Stadtteilen Kölns hatten laut Friedrichs und Blasius „zwischen 1995 und 1999 nur 15 einen geringeren Anteil Armer, doch sind diese Veränderungen sehr gering: in zwei Stadtteilen (Godorf, Mauenheim) geht die Armut um 3,2 bzw. 2,8 Prozentpunkte zurück, in den restlichen sind es Werte zwischen 0,1 und 1,4 Prozentpunkten."[17] Die beiden Kölner Soziologen kommen zu dem Ergebnis, dass kein Stadtteil, der 1995 einen überdurchschnittlichen Anteil Armer aufwies, 1999 einen niedrigeren Anteil hatte. „Die Gebiete haben sich demnach nicht aus der Armut befreien können."[18] Verantwortlich für diese Entwicklung machen Friedrichs und Blasius drei unterschiedliche Prozesse:

1. „eine zunehmende Verarmung der Bewohner,
2. selektive Fortzüge aus den Gebieten und
3. selektive Zuzüge in die Gebiete."[19]

Dabei ist zu berücksichtigen, dass auch eine wohlmeinende städtische Sozialpolitik (wie die Kölner) zur Verschärfung dieser Prozesse beitragen kann. Durch die Art der Belegung von Sozialwohnungen findet unter der Hand eine Konzentration von Sozialhilfeempfänger(inne)n statt. Anderseits wandern diejenigen, welche es sich leisten können, in attraktivere Wohngebiete ab.[20]

Während im Lebenslagenansatz das Kriterium der Wohnlage und des Wohnumfeldes sowie der sozialen Netzwerke (Nachbarschaft) als Teil einer

---

15 Vgl. ebd., S. 62f.
16 Vgl. Jürgen Friedrichs/Jörg Blasius, Leben in benachteiligten Wohngebieten, a.a.O., S. 12
17 Siehe ebd., S. 12/15
18 Ebd., S. 15
19 Ebd.
20 Vgl. ebd., S. 16

Die soziale Situation in den Untersuchungsgebieten 183

kumulativen Unterversorgung angesehen wird, trennen Friedrichs und Blasius methodisch die Armen und ihre sozial benachteiligte Wohn- und Nachbarschaftsumgebung. Dann fragen sie, ob arme Wohnviertel ihre Bewohner/innen ärmer machen.[21] Sozialräumlich segregierte Stadtteile (auch „Armutsviertel", „arme Wohngebiete", „Problemgebiete" oder „soziale Brennpunkte" genannt) sind durch einen überdurchschnittlich hohen Anteil von Haushalten gekennzeichnet, die Sozialhilfe erhalten, eine überdurchschnittlich hohe Arbeitslosenquote, eine schlechte Ausstattung der Wohnungen, niedrige Schulbildung (hoher Schulabbrecheranteil), hohe Kriminalität und einen überdurchschnittlich hohen Anteil von Teenagern mit Kind.[22] Hier leben die Betroffenen mit ihren eigenen (Existenz-)Problemen zusammen mit anderen sozial Benachteiligten in einer armutskonzentrierten, psychosozial belastenden Umgebung. Ihr Deprivationsprofil zeichnet sich laut Blasius und Friedrichs durch Einschränkungen in der Bekleidung, der Ernährung („Büchsenkram") und Störungen der Befindlichkeit (Ängste und Sorgen) aus.[23]

Um eine Vergleichsebene zwischen den Lebenssituationen und -perspektiven von Kindern in Armut und solchen im Wohlstand zu schaffen, wurden die Schulen in Köln so ausgewählt, dass sowohl Kinder aus Schulen in von ihrer Sozialstruktur her stärker belasteten Stadtgebieten als auch Kinder aus einem weniger belasteten Stadtteil befragt werden konnten. Gerade Schulen in sozial benachteiligten Stadtteilen reagierten bezüglich einer Zusammenarbeit sehr zurückhaltend, was nicht zuletzt auf Befürchtungen im Hinblick auf eine durch das Forschungsprojekt drohende Stigmatisierung zurückzuführen sein dürfte.

3.2.2 Die soziale Situation in Erfurt

Für Erfurt liegen zur Analyse der sozialen Situation in den einzelnen Stadtteilen kleinräumig organisierte Daten für die Jahre 1998 bis 2001 aus dem Amt für Datenverarbeitung und Statistik vor. Es kann also nicht nur die aktuelle Situation analysiert, vielmehr auch eine – zeitlich allerdings sehr kurze – Entwicklungslinie nachgezeichnet werden.

Die Stadt Erfurt ist in 44 Stadtteile gegliedert, von denen 16 als Kernstadt verstanden werden können; bei den übrigen handelt es sich um eingemeindete, auch als Ortsteile bezeichnete Dörfer an der Peripherie. Im Zuge der Jugendhilfeplanung 1999 wurden die einzelnen Stadtteile in sechs Planungsräumen zusammengefasst.[24] Die folgende Darstellung der soziodemografischen Daten lehnt sich an diese Gliederung an. Die für den Auswahlpro-

---

21 Vgl. ebd., S. 19
22 Vgl. ebd., S. 26
23 Vgl. ebd.
24 Jugendamt der Stadt Erfurt, Jugendhilfeplanung, Dokumentation 1999, S. 3

zess zur Verfügung stehenden Daten basieren auf Veröffentlichungen bzw. Datensätzen des bereits erwähnten Amtes für Datenverarbeitung und Statistik, die jeweils per 31. Dezember des Jahres ausgewiesen sind. Die genannten Planungsräume werden im „Konzept der Jugendhilfeplanung 1999" als „City", „Gründerzeit Ost", „Plattenbau Nord", „Plattenbau Südost", „Gründerzeit Süd" und „Ortsteile" bezeichnet. Beim Planungsraum „Ortsteile" handelt es sich wie gesagt um die eingemeindeten Dörfer an der Peripherie von Erfurt. Die Stadt verzeichnete zwischen 1998 und 2001 einen Bevölkerungsverlust von 201.069 auf 196.815 Personen, also 2,1 Prozent.

Die soziale Entwicklung Erfurts lässt sich anhand der Veränderungen in der Sozialhilfequote beschreiben, die zwischen 1998 und 2001 einen (regional unterschiedlich verteilten) erheblichen Anstieg aufweist. Erfurt insgesamt erreichte 2001 mit 4,0 Prozent die Sozialhilfequote der westlichen Bundesländer. Innerhalb der Stadt finden sich aber erhebliche Diskrepanzen. So sind in den Plattenbaugebieten und in den Altstadtgebieten größere Zuwächse zu verzeichnen als in anderen Wohngebieten. Die beiden großen Plattenbaukomplexe weisen als Besonderheit einen kontinuierlichen Anstieg der Sozialhilfequote von 1998 bis 2001 auf, während in der Gesamtstadt und den anderen drei Planungsräumen 1999 ein Rückgang der Quote zu verzeichnen war. Dieser Umstand deutet auf eine besondere Problemkonstellation in den Plattenbaugebieten hin.

Abb. 1: Sozialhilfequoten der Planungsräume in Erfurt

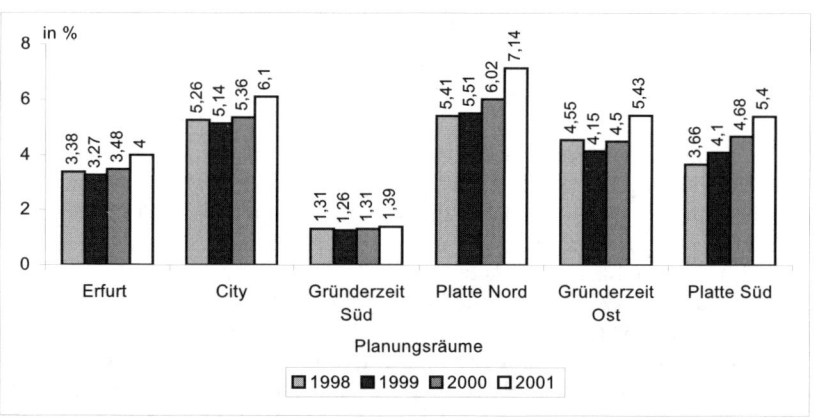

Quelle: Amt für Datenverarbeitung und Statistik Erfurt (eigene Berechnungen)

Für die Untersuchung von zentraler Bedeutung sind die Zahlen der von Sozialhilfe abhängigen Kinder in der untersuchten Altersgruppe. Sie werden in Abbildung 2 vergleichend dargestellt. Auch hier ist, bezogen auf die betrachteten 4 Jahre, eine Dynamik zu verzeichnen.

Die soziale Situation in den Untersuchungsgebieten 185

Abb. 2: Anteile der 7- bis 14-Jährigen an den HLU-Empfänger(inne)n in Erfurt

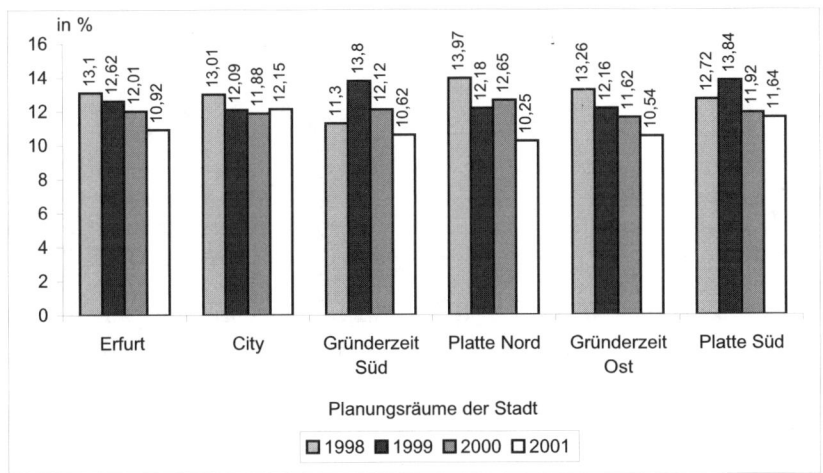

Quelle: Amt für Datenverarbeitung und Statistik Erfurt (eigene Berechnungen)

Wie in Abbildung 2 gut zu erkennen ist, hat Erfurt einen sehr hohen Anteil an 7- bis 14-jährigen Kindern im Sozialhilfebezug. Ihr Anteil an allen HLU-Empfänger(inne)n in Erfurt liegt im gesamten Beobachtungszeitraum über der 10-Prozent-Marke. Gleichzeitig ging in der Stadt Erfurt der Anteil dieser Altersgruppe an der Gesamtbevölkerung von 8,19 Prozent im Jahr 1998 auf 5,89 Prozent im Jahr 2001 zurück. Von dieser Entwicklung waren bis auf den Planungsraum „Platte Nord" alle anderen Gebiete gleichermaßen betroffen; der Rückgang betrug durchschnittlich 2,3 Prozentpunkte. Nur im genannten Planungsraum erreichte der Rückgang lediglich 1,7 Prozentpunkte. Daraus lässt sich ableiten, dass die Sozialhilfeabhängigkeit der Kinder und Jugendlichen in der Stadt Erfurt zwischen 1998 und 2001 zugenommen hat.

Abb. 3: Anteile der 7- bis 14-Jährigen Erfurter HLU-Empfänger(inne)n an ihrer Altersgruppe

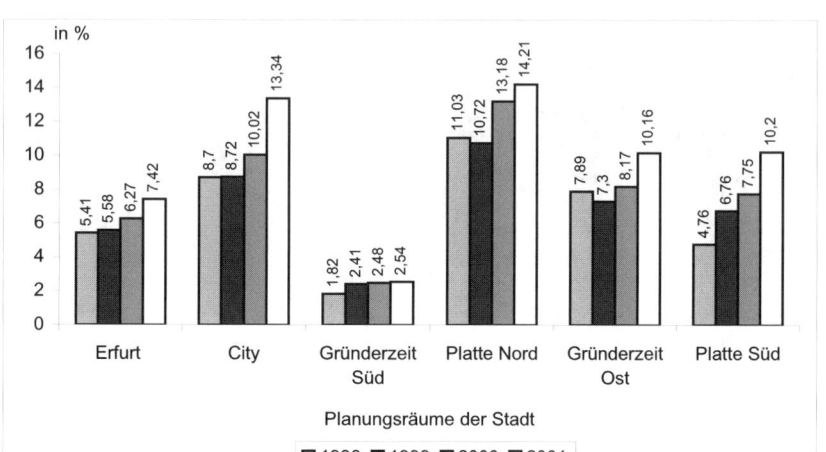

Quelle: Amt für Datenverarbeitung und Statistik Erfurt (eigene Berechnungen)

Immer mehr Kinder dieser Altersgruppe sind von Sozialhilfe abhängig. Die Steigerungsraten fallen jedoch sehr unterschiedlich aus. Einzig im Planungsraum „Gründerzeit Süd" gab es eine nur marginale Zunahme auf einem sehr niedrigen Niveau. So lag die Sozialhilfeabhängigkeit innerhalb der Altersgruppe in der „City" um 6 Prozentpunkte über dem städtischen Durchschnitt, im Plattenbaugebiet Nord mit den Stadtteilen Berliner Platz, Rieth, Moskauer Platz und Roter Berg sogar um 7 Prozentpunkte höher. Hier war der Anteil der Mädchen und Jungen in der betrachteten Altersgruppe also doppelt so groß wie im städtischen Durchschnitt.

In die Untersuchung waren in Erfurt sechs Schulen aus vier der fünf dargestellten Planungsräume einbezogen (Tabelle 1). Eine Analyse der Daten nach Stadtteilen unterbleibt aus Gründen des Datenschutzes. Fünf der beteiligten Schulen liegen in Planungsräumen, deren Stadtteile eine hohe Arbeitslosigkeit, eine hohe Sozialhilfedichte und eine überdurchschnittliche Sozialhilfeabhängigkeit von Kindern in der zu untersuchenden Altersgruppe aufweisen. Eine Schule liegt in dem sich aus Stadtteilen mit einer wohlhabenderen Bevölkerung zusammensetzenden Planungsraum. Hier ist der Anteil der 7- bis 14-Jährigen an den HLU-Empfänger(inne)n gesunken, obwohl die Sozialhilfedichte im Planungsraum insgesamt zugenommen hat.

Tab. 1: Zusammensetzung des Untersuchungssamples nach den Erfurter Planungsräumen, aus denen Schulen am Projekt beteiligt waren

		Häufigkeit	Prozent	Gültige Prozente	Kumulierte Prozente
Gültig	Plattenbau Nord	58	44,6	44,6	44,6
	Gründerzeit Süd	22	16,9	16,9	61,5
	Gründerzeit Ost	29	22,3	22,3	83,8
	City	21	16,2	16,2	100,0
	Gesamt	130	100,0	100,0	

3.3 Das Untersuchungssample

Für die Untersuchung wurden die beteiligten Schulen nach den o.g. Kriterien ausgewählt und die Eltern aller Kinder in Klasse 4 dieser Schulen um ihr Einverständnis zur Befragung ihrer Kinder gebeten. Der positive Rücklauf lag bei etwa 35,8 Prozent in Erfurt und 25 Prozent in Köln. Eine Fallauswahl unter dem Aspekt von Armutsbetroffenheit der Kinder war aus Gründen der zeitlichen und finanziellen Ausstattung des Projekts nicht möglich, da u.a. der Fachbegriff „Armut" für Lehrer/innen eine eher untergeordnete Rolle spielt, was sich auch in den Deutungen der Lebenssituationen von Kindern ihrer Klasse widerspiegelte. Dem Verfahren entsprechend setzt sich das Untersuchungssample aus Kindern in unterschiedlichen Lebenssituationen zusammen, was auch innerhalb des Samples anhand konstruierter Soziallagen[25] Vergleiche ermöglicht, ohne dass eine spezielle Vergleichsgruppe befragt worden wäre.

Insgesamt wurden in Erfurt und Köln 311 Jungen und Mädchen kurz vor Beendigung der 4. Klasse befragt. Aufgrund fehlender geschlechtsspezifischer Angaben mussten in der Datenbereinigung zwei der 181 Kölner Fälle gestrichen werden, sodass letztlich die Daten von 97 Mädchen und 82 Jungen, die in Köln befragt wurden, in die Untersuchung eingingen. In Erfurt konnten 66 Mädchen und 64 Jungen befragt und diese Daten verwendet werden (Tabelle 2).

---

25 Der Darstellung dieses Untersuchungsschrittes ist ein eigener Abschnitt in diesem Kapitel gewidmet.

Tab. 2: Befragte Kinder in Erfurt und Köln

			Stadt		Gesamt
			Erfurt	Köln	
Geschlecht	Mädchen	Anzahl	66	97	163
		% von Stadt	50,8%	54,2%	52,8%
		% der Gesamtzahlen	21,4%	31,4%	52,8%
	Jungen	Anzahl	64	82	146
		% von Stadt	49,2%	45,8%	47,2%
		% der Gesamtzahlen	20,7%	26,5%	47,2%
Gesamt		Anzahl	130	179	309
		% von Stadt	100,0%	100,0%	100,0%
		% der Gesamtzahlen	42,1%	57,9%	100,0%

3.3.1 Konstruktion der sozialen Lagen: „untere" und „obere Schicht" als Vergleichsgruppen für die quantitative Analyse

Das Sample setzt sich aus drei Gruppen zusammen, die über den Zusammenhang von zwei an das Lebenslagenkonzept angelehnten Indikatoren gebildet wurden: die Wohnraumversorgung, gemessen anhand der Verfügbarkeit über ein eigenes Kinderzimmer, und die Erwerbssituation der Eltern (Erwerbstätigkeit bzw. Arbeitslosigkeit). Diese Vorgehensweise orientiert sich an vergleichbaren Untersuchungen. So stellte Andreas Klocke fest, dass „der Haushaltskontext für die Lebenslage der Haushaltsmitglieder entscheidend" sei.[26] Da jedoch Kinder befragt wurden, ergaben sich einige Schwierigkeiten der Zuordnung, vor allem hinsichtlich der Erwerbsarbeitszugänge und Berufspositionen der Familien (erst recht der Einkommen). Gleichwohl erscheint die Vorgehensweise schlüssig, da eine näherungsweise Schichtenbildung innerhalb des Samples möglich war. Ähnlich gingen auch andere Untersuchungen, etwa die zu Wohnungslosigkeit von Günter Albrecht u.a., vor.[27]

In einem ersten, am Lebenslagenansatz orientierten Schritt wurden für die weitere Analyse eine „untere" sowie eine „obere Schicht" konstruiert, die allerdings mit gewissen Einschränkungen bei der Indikatorenauswahl verbunden sind.[28] Die aktuelle Fachdebatte geht davon aus, dass bei einer Unterversorgung in zwei von vier zentralen Lebensbereichen (Arbeit/Ausbildung,

---

26 Siehe Andreas Klocke, Methoden der Armutsmessung. Einkommens-, Unterversorgungs-, Deprivations- und Sozialhilfekonzept im Vergleich, in: Zeitschrift für Soziologie 4/2000, S. 317f.; vgl. ergänzend: Uta Meier/Heide Preuße/Eva Maria Sunnus, Steckbriefe von Armut. Haushalte in prekären Lebenslagen, Wiesbaden 2003, S. 34
27 Vgl. Thomas Specht, Bedingungen, Verlauf und Folgen von Sozialisationsprozessen in Kindheit und Jugend, in: Günter Albrecht u.a., Lebensläufe. Von der Armut zur „Nichtseßhaftigkeit" oder wie man „Nichtseßhafte" macht, Bielefeld 1990, S. 188ff.
28 Vgl. dazu Wolfgang Voges u.a., Methoden und Grundlagen des Lebenslagenansatzes. 1. Zwischenbericht im Bundesministerium für Arbeit und Sozialordnung, Bremen 2001

Wohnen, Gesundheit und Einkommen) Armut zu konstatieren ist.[29] Aufgrund des Untersuchungsdesigns – empirische Basis sind die Aussagen der befragten 9- bis 11-jährigen Mädchen und Jungen – wurden zwei dieser Indikatoren zur Konstruktion ausgewählt: Wohnen und Erwerbsarbeit der Eltern.

Die „untere Schicht" umfasste im ersten Analyseschritt alle Fälle, wo den befragten Mädchen und Jungen kein eigenes Kinderzimmer zur Verfügung stand und mindestens ein Elternteil zum Zeitpunkt der Befragung ohne Erwerbsarbeit war.[30] Dazu gerechnet werden auch Maßnahmen der Fortbildung und Umschulung sowie der Arbeitsbeschaffung nach dem Arbeitsförderungsgesetz (AFG) bzw. dem Sozialgesetzbuch (SGB III), die sowohl angesichts ständiger Einschränkungen der Leistungen als auch aufgrund beruflicher Perspektivlosigkeit der Teilnehmer daran – besonders in den ostdeutschen Bundesländern – als ungesichert angesehen werden müssen und in der Fachdiskussion eher der Arbeitslosigkeit zugerechnet werden.[31] Erfasst sind auch die Haushalte, in denen alleinerziehende Mütter und Väter mit ihren minderjährigen Kindern zusammenleben und einer Erwerbsarbeit nachgehen. Besonderes Augenmerk wird in der anschließenden Ergebnisdarstellung auf die in der Armutsdebatte als „Risikogruppen" betrachteten Haushalte gelegt, etwa jene mit drei und mehr Kindern, jene mit Migrationshintergrund oder die bereits in den konstruierten Risikogruppen enthaltenen Alleinerziehenden-Haushalte.

Die zuletzt genannten Gruppen sind in der Analyse nicht als Indikatoren zum Auswahl- oder besser Einschränkungskriterium bestimmt worden, weil damit Zwei-Elternteil-Familien mit weniger als drei Kindern bzw. solche ohne Migrationshintergrund in der Betrachtung nicht ausreichend berücksichtigt würden. Darüber hinaus wären die entstehenden Untergruppen aufgrund der Samplegröße zu klein, um relevante Aussagen treffen zu können. Bei dem gewählten Vorgehen finden diese Risikogruppen jedoch Beachtung in der Untersuchung kumulativer Unterversorgungslagen, u.a. auch in den genannten Sektoren, ausgehend von Unterversorgung im Wohn- und Arbeitsbereich als materiellen Grundlagen zur Gestaltung des Lebens.[32]

Die Konstruktion vernachlässigt Fakten, die durch Befragung der Mädchen und Jungen nicht erhoben wurden bzw. nicht erhoben werden konnten,[33]

---

29 Vgl. Walter Hanesch u.a., Armut in Deutschland. Der Armutsbericht des DGB und des Paritätischen Wohlfahrtsverbandes, Reinbek bei Hamburg 1994, S. 25; Andreas Klocke, Methoden der Armutsmessung, a.a.O.
30 Vgl. Andreas Klocke, Methoden der Armutsmessung, a.a.O.
31 Vgl. dazu Berthold Vogel, Strukturen der Arbeitswelt. Erfahrungen der Arbeitslosigkeit: Ostdeutsche Perspektiven, in: Matthias Zeng (Hrsg.), Sozialberichterstattung in den neuen Bundesländern. Betrachtungen eines unübersichtlichen Feldes, Oldenburg 2001, S. 151
32 Vgl. Wolfgang Voges u.a., Methoden und Grundlagen des Lebenslagenansatzes, a.a.O., S. 34f.
33 Vgl. Jens Lipski, Zur Verläßlichkeit der Angaben von Kindern bei standardisierten Befragungen, in: Friederike Heinzel (Hrsg.), Methoden der Kindheitsforschung. Ein

z.B. die materiellen Grundlagen in den Familien bezüglich der Einkommen (ausgedrückt in DM-Beträgen) bzw. Sozialhilfebezug, die Kosten für die Wohnung sowie der Bildungsabschluss der Eltern. Damit entspricht sie den Mindestanforderungen an eine Vergleichbarkeit von Daten nach dem Lebenslagenkonzept.[34] Aufgrund der Angaben zum Arbeitsumfang (Vollzeit/Teilzeit/erwerbslos) und Beruf bzw. zum Arbeitsplatz der Eltern (unqualifiziert/ qualifiziert/hoch qualifiziert) kann auf die Einkommenslage und das (prekäre) Beschäftigungsverhältnis der Eltern geschlossen werden.

Anhand dieser Informationen wurde die Konstruktion der „unteren Schicht" erneut überprüft und dabei festgestellt, dass in die Erfurter „untere Schicht" zwei Fälle Eingang fanden, wo die Väter zum Zeitpunkt der Befragung einer Erwerbsarbeit nachgingen und die Mütter eine Umschulung absolvierten. Die beiden Fälle verblieben dennoch in dieser Gruppe, da Umschulungen als zeitlich befristete Maßnahmen nicht unbedingt längerfristige Perspektiven bieten und somit nach dem Auslaufen der Maßnahmen Einkommenseinbußen für die betroffenen Familien anzunehmen waren. In einem der beiden Fälle kam hinzu, dass der Vater Architekt ist, also einen hoch qualifizierten Beruf ausübt. Da aber das Kind nicht über ein eigenes Zimmer verfügte und die Mutter eine Umschulung absolvierte (s.o.), wurde dieser Fall zu dem Zeitpunkt der Diskussion noch in der „unteren Schicht" belassen.

In der Kölner „unteren Schicht" findet sich dagegen kein Fall, in dem von einem zweiten Erwerbseinkommen ausgegangen werden kann. Dagegen gab es mindestens eine Familie, in der Vater und Mutter – und damit auch das befragte Kind und seine drei Geschwister – Sozialhilfe bezogen.

Dieser eben beschriebenen Gruppe – in Erfurt handelt es sich um 14 (10,8%) und in Köln um 48 (26,8%) der befragten Schüler/innen – ist in diesem Schritt der Analyse eine konstruierte „obere Schicht" gegenübergestellt worden. Die Mitglieder dieser Gruppe lebten in Doppelverdiener-Haushalten und verfügten über ein eigenes Kinderzimmer. In Erfurt betraf es im ersten Schritt 54 (41,5% aller Erfurter Kinder) und in Köln 49 (27,4% aller befragten Kölner Kinder) befragte Schüler/innen. Die Gruppe hatte damit einen relativ hohen Anteil am Sample.

Im zweiten Analyseschritt sollte eine genauere Definition und damit eine Eingrenzung der „unteren" bzw. „oberen Schicht" erreicht werden. Er umfasste die Analyse der von den Kindern angegebenen Berufe sowie des von ihnen angegebenen Arbeitszeitumfangs der Eltern, dem die Kategorien „Vollzeit" und „Teilzeit" zugewiesen wurden. Dies führte zu dem Ergebnis, dass in der Erfurter „oberen Schicht" sieben Fälle enthalten waren, wo entweder die Mütter einer Teilzeitbeschäftigung nachgingen oder sowohl Mutter

---

Überblick über Forschungszugänge zur kindlichen Perspektive, Weinheim/München 2000, S. 77ff.

34 Vgl. Wolfgang Voges u.a., Methoden und Grundlagen des Lebenslagenansatzes, a.a.O., S. 36

Das Untersuchungssample 191

als auch Vater in Geringverdiener-Jobs bzw. gering qualifizierten Berufen tätig waren. Nach der Herausnahme dieser Fälle verblieben in der „oberen Schicht" in Erfurt noch 35 Fälle (26,9%). In der gleichen Kölner Gruppe waren 25 Fälle als problematisch bezüglich ihrer Gruppenzugehörigkeit anzusehen. In den meisten dieser Fälle übten die Mütter gering bezahlte Hilfsarbeiten als Putzfrauen, Lagerarbeiterinnen oder Küchenhilfen aus, manchmal auch nur in Teilzeit. In einem Fall war der Vater Rentner und hatte einen Nebenverdienst im Kino, war zur Zeit der Befragung aber krank. Bei Herausnahme dieser Fälle verblieben in Köln noch 27 (15,1% aller) Fälle in der als „obere Schicht" bezeichneten Gruppe.

Eine dritte Gruppe ergibt sich aus den Fällen, wo

– die Kinder zwar über ein eigenes Zimmer verfügten, aber der Vater oder die Mutter oder auch beide ohne Erwerbseinkommen waren oder
– beide Eltern (sofern es sich nicht um einen Ein-Elternteil-Haushalt handelte) über ein Erwerbseinkommen verfügten, die befragten Kinder aber kein eigenes Zimmer hatten.

Diese zwischen der „unteren" und der „oberen Schicht" zu verortende Gruppe enthielt nach dem ersten Analyseschritt 144 Fälle, was 46,6 Prozent entsprach. Davon entfielen 62 Fälle oder 47,7 Prozent[35] auf das Erfurter und 82 Fälle oder 45,8 Prozent auf das Kölner Sample. Aus dieser Gruppe wurden nun die Fälle ermittelt und ihre Zuordnung zu einer der drei Gruppen problematisiert, in denen Kinder über ein eigenes Zimmer verfügten, aber nur ein bzw. kein Elternteil ein Erwerbseinkommen hatte oder aber das Kind nicht über ein eigenes Zimmer verfügte und beide Elternteile einer Erwerbsarbeit nachgingen.

Aus dem diskutierten analytischen Entwicklungsprozess heraus wurden nun die drei Gruppen mit den aus den Indikatoren „Wohnen", „Erwerbsarbeit" und (geschätzter) „Einkommenshöhe der Familie" (anhand der angenommenen Qualifizierung) konstruierten unterschiedlichen „sozialen Lagen" gebildet und ihnen die Labels „untere Schicht", „obere Schicht" und „mittlere Schicht" als der dazwischen liegenden Gruppe zugewiesen.

In der Kategorie „untere Schicht" sind alle Fälle erfasst, bei denen das befragte Kind

– über ein eigenes Zimmer verfügte, aber nur ein Elternteil eine gering qualifizierte/gering bezahlte Erwerbsarbeit hatte bzw. es sich um eine Ein-Elternteil-Familie mit gering qualifizierter Tätigkeit von Vater oder Mutter handelte;
– über ein eigenes Zimmer verfügte, aber nur ein Elternteil einer gering qualifizierten „Vollzeit"-Tätigkeit und der andere einer geringfügigen

---

35 Bezogen auf alle Erfurter Fälle (dito in Köln)

Beschäftigung mit niedrigen Qualifikationsanforderungen nachging oder sich in einer AFG-Maßnahme befand;
- über ein eigenes Zimmer verfügte, aber ein Elternteil in einer AFG-Maßnahme und der andere arbeitslos war;
- nicht über ein eigenes Zimmer verfügte und nur ein oder kein Elternteil eine Erwerbsarbeit hatte bzw. es sich um eine Ein-Elternteil-Familie handelte;
- nicht über ein eigenes Zimmer verfügte und nur ein Elternteil einer „Vollzeit"-Tätigkeit und der zweite einer geringfügigen Beschäftigung mit geringen Qualifikationsanforderungen nachging oder sich in einer AFG-Maßnahme befand.

Die Kategorie „mittlere Schicht" enthält die Fälle, wo das befragte Kind
- nicht über ein eigenes Zimmer verfügte, aber beide Eltern einer qualifizierten Erwerbsarbeit nachgingen;
- nicht über ein eigenes Zimmer verfügte, aber der alleinerziehende Elternteil einer Vollzeiterwerbsarbeit mit höherem bis hohem Qualifikationsniveau nachging;
- nicht über ein eigenes Zimmer verfügte, der eine Eltern-/Stiefelternteil einer höher qualifizierten Tätigkeit nachging und der andere Eltern-/Stiefelternteil als Hausfrau/mann oder wegen Arbeitslosigkeit zu Hause war;
- nicht über ein eigenes Zimmer verfügte, der eine Eltern-/Stiefelternteil einer qualifizierten Erwerbsarbeit nachging und der andere Eltern-/Stiefelternteil an einer AFG-Maßnahme teilnahm oder Hausfrau/mann war;
- über ein eigenes Zimmer verfügte, aber nur der Vater/Stiefvater eine qualifizierte Vollzeiterwerbsarbeit und die Mutter/Stiefmutter[36] eine Teilzeitarbeit oder eine Voll-/Teilzeitarbeit mit geringen oder ohne Qualifizierungsansprüche(n) hatte;
- über ein eigenes Zimmer verfügte, aber beide Eltern jeweils einer kaum oder gering qualifizierten Tätigkeit nachgingen;
- über ein eigenes Zimmer verfügte und bei einem alleinerziehenden Elternteil mit Erwerbsarbeit in qualifiziertem/höher qualifiziertem Beruf lebte;
- über ein eigenes Zimmer verfügte, aber der Erwerbsstatus[37] der Familie nicht geklärt werden konnte.

In der Kategorie „obere Schicht" sind schließlich die Fälle erfasst, wo die befragten Mädchen und Jungen

---

36 Aufgrund der geschlechtsspezifischen Lohnunterschiede ist diese genaue Formulierung unserer Ansicht nach notwendig.
37 Die Kinder waren in diesen Fällen nicht in der Lage oder bereit, darüber eine Aussage zu treffen, ob ihre Eltern eine Erwerbsarbeit hatten.

Das Untersuchungssample 193

- über ein eigenes Zimmer verfügten und beide Eltern einer qualifizierten, höher qualifizierten oder hoch qualifizierten Erwerbsarbeit nachgingen;
- über ein eigenes Zimmer verfügten und mindestens ein Elternteil einer hoch qualifizierten Vollzeiterwerbsarbeit nachging oder
- über ein eigenes Zimmer verfügten und in einer Ein-Elternteil-Familie lebten, wo der/die Alleinerziehende eine hoch qualifizierte Tätigkeit ausübte.

Aus dieser neuen Kategorisierung ergibt sich folgendes Bild:

Tab. 3: Soziale Lage der Haushalte, in denen die befragten Mädchen und Jungen in Erfurt und Köln lebten

			Stadt				
			Erfurt			Köln	
			Geschlecht		Gesamt	Geschlecht		Gesamt
			Mädchen	Jungen		Mädchen	Jungen	
Soziale Lage	Untere Schicht	Anzahl	11	15	26	32	25	57
		% von Geschlecht	16,7%	23,4%	20,0%	33,0%	30,5%	31,8%
	Mittlere Schicht	Anzahl	32	37	69	50	45	95
		% von Geschlecht	48,5%	57,8%	53,1%	51,5%	54,9%	53,1%
	Obere Schicht	Anzahl	23	12	35	15	12	27
		% von Geschlecht	34,8%	18,8%	26,9%	15,5%	14,6%	15,1%
Gesamt		Anzahl	66	64	130	97	82	179
		% von Geschlecht	100,0%	100,0%	100,0%	100,0%	100,0%	100,0%

In Erfurt lebten 20 Prozent der befragten Mädchen und Jungen in einer sozialen Lage, die als „armutsgefährdet/arm", also als „untere Schicht", eingestuft werden kann, in Köln dagegen knapp 32 Prozent. Dass die soziale Situation des untersuchten Samples in Köln prekärer als in Erfurt zu sein schien, wird auch bei der Gruppe jener deutlich, die in der „oberen Schicht" lebten: Sie war im Erfurter Sample fast doppelt so groß wie die Gruppe in Köln. Wenn man diese Zahlen mit denen Rolf Beckers vergleicht,[38] wird deutlich, dass sich unser Befragungssample in seiner Zusammensetzung davon nicht erheblich abhebt.

---

38 Vgl. Rolf Becker, Kinder ohne Zukunft?, Kinder in Armut und Bildungsungleichheit in Ostdeutschland seit 1990, in: Zeitschrift für Erziehungswissenschaft 2/1999, S. 273

Tab. 4: Soziale Lage und Migrationshintergrund der befragten Mädchen und Jungen in Erfurt und Köln

Soziale Lage				Erfurt			Stadt Köln		
				Geschlecht			Geschlecht		
				Mädchen	Jungen	Gesamt	Mädchen	Jungen	Gesamt
Untere Schicht	Migrationshintergrund	ja	Anzahl		2	2	23	17	40
			% von Geschlecht		13,3%	7,7%	71,9%	68,0%	70,2%
		nein	Anzahl	11	13	24	9	8	17
			% von Geschlecht	100,0%	86,7%	92,3%	28,1	32,0%	29,8%
	Gesamt		Anzahl	11	15	26	32	25	57
			% von Geschlecht	100,0%	100,0%	100,0%	100,0%	100,0%	100,0%
Mittlere Schicht	Migrationshintergrund	ja	Anzahl	2	4	6	21	19	40
			% von Geschlecht	6,3%	10,8%	8,7%	42,0%	42,2%	42,1%
		nein	Anzahl	30	33	63	29	26	55
			% von Geschlecht	93,8%	89,2%	91,3%	58,0%	57,8%	57,9%
	Gesamt		Anzahl	32	37	69	50	45	95
			% von Geschlecht	100,0%	100,0%	100,0%	100,0%	100,0%	100,0%
Obere Schicht	Migrationshintergrund	ja	Anzahl	2		2	1	5	6
			% von Geschlecht	8,7%		5,7%	6,7%	41,7%	22,2%
		nein	Anzahl	21	12	33	14	7	21
			% von Geschlecht	91,3%	100,0%	94,3%	93,3%	58,3%	77,8%
	Gesamt		Anzahl	23	12	35	15	12	27
			% von Geschlecht	100,0%	100,0%	100,0%	100,0%	100,0%	100,0%

Das Untersuchungssample 195

Das Erfurter Befragungssample wies mit 7,7 Prozent einen überdurchschnittlich hohen Anteil an Mädchen und Jungen ausländischer Herkunft auf, denn der Anteil der Migrant(inn)en an der Wohnbevölkerung betrug 2001 in der Hauptstadt des Freistaates Thüringen 2,0 Prozent. In der Domstadt am Rhein lag der Anteil von Kindern mit Migrationshintergrund im Sample bei 48 Prozent; laut Angaben des Kölner Amtes für Statistik waren im Jahr 2000 18,6 Prozent aller Einwohner und 29,1 Prozent aller Grundschulkinder „Ausländer".[39] Die erhebliche Differenz könnte zum Teil daher rühren, dass die amtliche Statistik sich auf den Pass konzentriert, hier aber der Migrationshintergrund auch bei Aussiedlerkindern bzw. Kindern mit deutscher Staatsbürgerschaft berücksichtigt wurde, bei denen mindestens ein Elternteil nichtdeutscher Herkunft war.

Während in Erfurt in allen drei sozialen Lagen der Anteil von Kindern mit Migrationshintergrund relativ konstant und in der „mittleren Schicht" sogar am höchsten ist, haben in Köln mit 70,2 Prozent überproportional viele Kinder der „unteren Schicht" einen Migrationshintergrund, während es in der „oberen Schicht" mit 22,2 Prozent deutlich weniger sind als im Gesamtsample.

Tab. 5: Soziale Lage der befragten Mädchen und Jungen mit Migrationshintergrund in Erfurt und Köln

			Stadt					
			Erfurt			Köln		
			Geschlecht		Gesamt	Geschlecht		Gesamt
			Mädchen	Jungen		Mädchen	Jungen	
Soziale Lage	Untere Schicht	Anzahl		2	2	23	17	40
		% von Geschlecht		33,3%	20,0%	51,1%	41,5%	46,5%
	Mittlere Schicht	Anzahl	2	4	6	21	19	40
		% von Geschlecht	50,0%	66,7%	60,0%	46,7%	46,3%	46,5%
	Obere Schicht	Anzahl	2		2	1	5	6
		% von Geschlecht	50,0%		20,0%	2,2%	12,2%	7,0%
Gesamt		Anzahl	4	6	10	45	41	86
		% von Geschlecht	100,0%	100,0%	100,0%	100,0%	100,0%	100,0%

Von den Kindern mit Migrationshintergrund gehörten in Erfurt 20 Prozent zur „unteren Schicht"; der Anteil war also genauso groß wie im Erfurter Gesamtsample. Außerdem fanden sich 60 Prozent in der „mittleren Schicht" und 20 Prozent in der „oberen Schicht". In Köln lag der Anteil der Kinder mit Migrationshintergrund in der „unteren Schicht" mit 46,5 Prozent über dem des Kölner Gesamtsamples (mit ca. 32%). Nur 7 Prozent der Kölner Mädchen und Jungen ausländischer Herkunft gehören zur „oberen Schicht", be-

---

39 Vgl. Kölner Amt für Stadtentwicklung und Statistik (Hrsg.), Einwohnerstruktur in Köln am 31.12.2000, Köln 2001; Kölner Amt für Stadtentwicklung und Statistik (Hrsg.), Schüler an allgemeinbildenden Schulen, Köln 2001

zogen auf alle befragten Kölner Kinder waren es aber 15,1 Prozent. Es wird also somit bereits eine klare herkunftsspezifische Soziallagenabhängigkeit bzw. Benachteiligung der Migrantenkinder deutlich.

3.3.2 Indikatoren für kindliche Lebenslagen

3.3.2.1 Familienform

Als ein Risikofaktor für Armut wird in der aktuellen Debatte die Familienform angesehen. So sind beispielsweise Kinder von Alleinerziehenden dem erhöhten Risiko ausgesetzt, mindestens zeitweise von Armut betroffen zu sein.[40]

Tab. 6: Familienformen, in denen die befragten Mädchen und Jungen in Erfurt und Köln lebten

			Stadt				
			Erfurt			Köln	
			Geschlecht		Gesamt	Geschlecht	Gesamt
			Mädchen	Jungen		Mädchen	Jungen	
Familienform	Familie	Anzahl	47	45	92	76	70	146
		% von Geschlecht	71,2%	70,3%	70,8%	78,4%	85,4%	81,6%
	Stieffamilie	Anzahl	11	5	16	9	4	13
		% von Geschlecht	16,7%	7,8%	12,3%	9,3%	4,9%	7,3%
	Ein-Elternteil-Familie	Anzahl	8	13	21	12	8	20
		% von Geschlecht	12,1%	20,3%	16,2%	12,4%	9,8%	11,2%
	andere Erziehungsberechtigte	Anzahl		1	1			
		% von Geschlecht		1,6%	0,8%			
Gesamt		Anzahl	66	64	130	97	82	179
		% von Geschlecht	100,0%	100,0%	100,0%	100,0%	100,0%	100,0%

Im Falle „anderer Erziehungsberechtigter" lebte der Junge bei seinen Großeltern.

Demnach wuchsen sowohl in Erfurt als auch in Köln die meisten Kinder in „Normalfamilien" auf,[41] wobei es aber erhebliche Unterschiede gab. Während in Erfurt ca. 71 Prozent der befragten Mädchen und Jungen in solchen Familien lebten, waren es in Köln knapp 82 Prozent. In Erfurt liegen die Anteile der Kinder, die in Stief- bzw. Ein-Elternteil-Familien lebten, jeweils um knapp 5 Prozentpunkte über denen in Köln. Laut Daten des Mikrozensus lebten im April 1999 in der Bundesrepublik 81,9 Prozent aller ledigen Kinder unter 18 Jahren bei ihren verheirateten Eltern und 18,1 Prozent bei ihren al-

---

40 Vgl. Pitt von Bebenburg, Mehr Horte sollen Familien den Weg aus der Armut bereiten, in: Frankfurter Rundschau v. 31.1.2002
41 Hier wird aus Gründen der Lesbarkeit der Begriff „Familie" verwendet, wenn verheiratete oder unverheiratete Eltern mit ihren minderjährigen Kindern gemeint sind.

Das Untersuchungssample 197

leinerziehenden Müttern oder Vätern bzw. in nichtehelichen Lebensgemeinschaften. Einschränkend muss jedoch bemerkt werden, dass von den „Mitte der 70er Jahre geborenen Kindern (...) schätzungsweise 27% in den alten und 36% in den neuen Bundesländern nicht ständig bei ihren beiden leiblichen Eltern aufgewachsen" sind. „Bei den in den 80er und 90er Jahren geborenen Kindern dürfte dieser Anteil noch höher sein."[42] In Thüringen lebten seinerzeit ca. 13 Prozent der Kinder in Ein-Elternteil-Familien, 83 Prozent mit ihren verheirateten Eltern und 4 Prozent in nichtehelichen Lebensgemeinschaften.[43]

In der Gruppe, die hier als „untere Schicht" bezeichnet wird, stellt sich die Familienstruktur etwas anders dar. Der Anteil jener Kinder, die in Familien lebten, geht im Vergleich zum Gesamtsample drastisch zurück, wobei der Rückgang in Erfurt sehr viel stärker ausfällt als in Köln. Dagegen war der Anteil der befragten Mädchen und Jungen, die in Ein-Elternteil-Familien aufwuchsen, deutlich größer. Demnach lebten in Erfurt 38,5 Prozent und in Köln 28,1 Prozent der Kinder aus der „unteren Schicht" in Ein-Elternteil-Familien.

In der „oberen Schicht" ergab sich folgendes Bild: Während in Erfurt über 85 Prozent der befragten Mädchen und Jungen dieser Gruppe in „Normalfamilien" lebten, waren es in Köln knapp 93 Prozent. Die anderen wuchsen in Stieffamilien auf. Nur einer der befragten Jungen dieser Gruppe aus Köln lebte in einer Ein-Elternteil-Familie. Dass dies nicht der Konstruktion der Gruppe geschuldet ist, zeigt die Analyse der Daten zu den Fällen, wo die befragten Mädchen und Jungen mit ihren alleinerziehenden Müttern oder Vätern zusammenlebten.

So hatte nur in 81 Prozent der Fälle in Erfurt, wo die Kinder in Ein-Elternteil-Familien lebten, die Mutter oder der Vater eine Erwerbsarbeit, in Köln sogar lediglich in 55 Prozent der Fälle. In Erfurt verfügten knapp 24 Prozent der befragten Mädchen und Jungen in Ein-Elternteil-Haushalten nicht über ein eigenes Kinderzimmer, was in Köln sogar für 60 Prozent gilt.

---

42 Volkswagen AG/Deutscher Kinderschutzbund (Hrsg.), Taschenbuch der Kinderpresse 2001, Hannover 2001, S. 70
43 Jedes dritte Kind ist Einzelkind, in: Thüringer Allgemeine (Erfurt) v. 16.7.2002

Tab. 7: Familienformen, in denen die Mädchen und Jungen lebten

Soziale Lage				Erfurt			Stadt Köln			
				Geschlecht				Geschlecht		
				Mädchen	Jungen	Gesamt		Mädchen	Jungen	Gesamt
Untere Schicht	Familienform	Familie	Anzahl	7	7	14		20	20	40
			% von Geschlecht	63,6%	46,7%	53,8%		62,5%	80,0%	70,2%
		Stieffamilie	Anzahl	1	1	2		1		1
			% von Geschlecht	9,1%	6,7%	7,7%		3,1%		1,8%
		Ein-Elternteil-Familie	Anzahl	3	7	10		11	5	16
			% von Geschlecht	27,3%	46,7%	38,5%		34,4%	20,0%	28,1%
	Gesamt		Anzahl	11	15	26		32	25	57
			% von Geschlecht	100,0%	100,0%	100,0%		100,0%	100,0%	100,0%
Mittlere Schicht	Familienform	Familie	Anzahl	20	28	48		42	39	81
			% von Geschlecht	62,5%	75,7%	69,6%		84,0%	86,7%	85,3%
		Stieffamilie	Anzahl	7	2	9		7	4	11
			% von Geschlecht	21,9%	5,4%	13,0%		14,0%	8,9%	11,6%
		Ein-Elternteil-Familie	Anzahl	5	6	11		1	2	3
			% von Geschlecht	15,6%	16,2%	15,9%		2,0%	4,4%	3,2%
		andere Erziehungsberechtigte	Anzahl		1	1				
			% von Geschlecht		2,7%	1,4%				
	Gesamt		Anzahl	32	37	69		50	45	95
			% von Geschlecht	100,0%	100,0%	100,0%		100,0%	100,0%	100,0%
Obere Schicht	Familienform	Familie	Anzahl	20	10	30		14	11	25
			% von Geschlecht	87,0%	83,3%	85,7%		93,3%	91,7%	92,6%
		Stieffamilie	Anzahl	3	2	5		1		1
			% von Geschlecht	13,0%	16,7%	14,3%		6,7%		3,7%
		Ein-Elternteil-Familie	Anzahl						1	1
			% von Geschlecht						8,3%	3,7%
	Gesamt		Anzahl	23	12	35		15	12	27
			% von Geschlecht	100,0%	100,0%	100,0%		100,0%	100,0%	100,0%

Tab. 8: Verfügbarkeit eines eigenen Kinderzimmers bei den befragten Mädchen und Jungen aus Ein-Elternteil-Haushalten

		Stadt					
		Erfurt			Köln		
		Geschlecht		Gesamt	Geschlecht		Gesamt
		Mädchen	Jungen		Mädchen	Jungen	
Hast du ein eigenes Zimmer?	ja Anzahl	6	10	16	3	5	8
	% von Geschlecht	75,0%	76,9%	76,2%	25,0%	62,5%	40,0%
	nein Anzahl	2	3	5	9	3	12
	% von Geschlecht	25,0%	23,1%	23,8%	75,0%	37,5%	60,0%
Gesamt	Anzahl	8	13	21	12	8	20
	% von Geschlecht	100,0%	100,0%	100,0%	100,0%	100,0%	100,0%

Bei den Kölner Daten fällt besonders auf, dass vor allem Mädchen in Ein-Elternteil-Familien kein eigenes Zimmer hatten, während in Erfurt der Unterschied zwischen Mädchen und Jungen nicht erheblich war.

In der Gruppenkonstruktion auf Basis des Samples findet sich ein Kölner Junge aus einem Ein-Elternteil-Haushalt, der zur Gruppe „obere Schicht" gehört. Vier Fünftel dieser Kinder in Köln und fast die Hälfte in Erfurt sind dagegen als der „unteren Schicht" zugehörig anzusehen. Nach den Ergebnissen des 11. Kinder- und Jugendberichts befanden sich in den östlichen Bundesländern 36 Prozent der Ein-Elternteil-Haushalte in Armut, in den westlichen Bundesländern 42 Prozent. Die Daten dieses Samples weichen damit in Erfurt mit ca. 12 Prozentpunkten von denen des Berichts ab, in Köln aber sehr stark (38 Prozentpunkte mehr).[44]

Zieht man in diesem Zusammenhang die von den Kindern aus Haushalten alleinerziehender Mütter und Väter angegebenen Berufe der Eltern heran, so ist festzustellen, dass lediglich ein Vater – der aber nicht mit dem befragten Kind und seiner Familie zusammenlebte – als Beamter ein höheres Berufsprestige erlangt hatte; bei den Müttern finden sich drei Fälle, in denen die Kinder „Sozialarbeiterin", „Anästhesistin" bzw. „Steuerberaterin" angaben. Es ist somit davon auszugehen, dass Verzerrungen bezüglich der Familienformen und der sozialen Lage in unseren Daten als nicht relevant einzustufen sind.

---

44 Vgl. Bundesministerium für Familie, Senioren, Frauen und Jugend (Hrsg.), 11. Kinder- und Jugendbericht. Bericht über die Lebenssituation junger Menschen und die Leistungen der Kinder- und Jugendhilfe in Deutschland, Berlin 2002, S. 141

Abb. 4: Schichtzuordnung der Fälle nach Familienformen

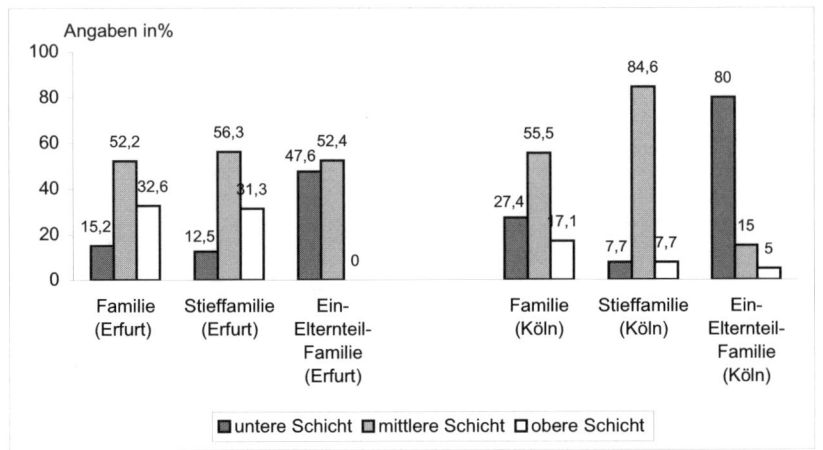

Während in Erfurt in allen drei Familienformen jeweils mehr als die Hälfte der befragten Mädchen und Jungen der „mittleren Schicht" zuzuordnen sind, stellt sich dies in Köln völlig anders dar. Dort lebte der höchste Anteil von Kindern aus der mittleren Schicht in Stieffamilien, während in den Ein-Elternteil-Familien die „mittlere Schicht" als soziale Lage mit einem Anteil von 15 Prozent den geringsten Wert aufweist. Sowohl in Köln (80%) als auch in Erfurt (47,6%) war der Anteil jener Kinder in Ein-Elternteil-Familien, die der „unteren Schicht" zuzuordnen sind, am höchsten.

Bezüglich der Familienformen in der „mittleren Schicht" ist festzustellen, dass in Köln der Anteil der Ein-Elternteil-Familien um 8 Prozentpunkte niedriger lag als im Gesamtsample; in Erfurt war er fast gleich. In Erfurt findet sich dagegen in allen Schichten ein höherer Anteil an Stieffamilien als in Köln. Insgesamt ist bezüglich der Stiefelternfamilien zu vermuten, dass die Kinder nicht in jedem Falle klare Aussagen getroffen haben. Dies war möglich, weil in der Befragung nicht direkt nach Stiefeltern gefragt wurde, sondern nach den im Haushalt lebenden Personen. So können Kinder auch dann Mutter und Vater benannt haben, wenn es sich dabei um den Stiefvater bzw. die Stiefmutter handelte, was aber wiederum für eine starke soziale Bindung sprechen würde.

3.3.2.2 Haushaltsgröße und Geschwisterzahl

Als ein weiterer wichtiger Indikator für Armutsrisiken wird die Haushaltsgröße betrachtet. Familien mit drei und mehr Kindern sind einem erhöhten Risiko ausgesetzt, (zeitweilig) in Armut zu geraten. Auslöser dafür können neben dem Verlust des Arbeitsplatzes eines oder beider Elternteile Krankheiten oder Todesfälle in der Familie sein. Aber auch eine intensive zeitliche

Das Untersuchungssample 201

Betreuung der Kinder, gepaart mit der Schwierigkeit, öffentliche oder bezahlbare private und den zeitlichen Bedarfen des Arbeitsmarktes angepasste Betreuungsplätze für die Kinder zu finden, begünstigen einen sozialen Abstieg, weil die Fortsetzung oder der erneute Einstieg ins Erwerbsleben schwierig zu bewerkstelligen ist. Darüber hinaus sind auch die finanziellen Aufwendungen dieser Familien, z.B. bei Mieten, höher als in kleineren. Manchmal kann der Wohnraum aufgrund mangelnder finanzieller Ressourcen in seiner Größe nicht den Anforderungen der Familie angepasst werden. Die höheren Aufwendungen werden in der Regel nicht vom Kindergeld gedeckt und sind daher vielfach Auslöser prekärer Lebenssituationen.

Tab. 9: Zahl der Haushaltsmitglieder bei den befragten Mädchen und Jungen in Erfurt und Köln

		Stadt					
		Erfurt			Köln		
		Geschlecht		Gesamt	Geschlecht		Gesamt
		Mädchen	Jungen		Mädchen	Jungen	
Anzahl der Haushaltsangehörigen							
2	Anzahl	4	5	9	2	4	6
	% von Geschlecht	6,1%	7,8%	6,9%	2,1%	4,9%	3,4%
3	Anzahl	22	19	41	15	13	28
	% von Geschlecht	33,3%	29,7%	31,5%	15,5%	15,9%	15,6%
4	Anzahl	30	28	58	46	29	41
	% von Geschlecht	45,5%	43,8%	44,6%	47,4%	35,4%	22,9%
5	Anzahl	5	8	13	15	26	41
	% von Geschlecht	7,9%	12,5%	10,0%	15,5%	31,7%	22,9%
6	Anzahl	4		4	12	6	18
	% von Geschlecht	6,1%		3,1%	12,4%	7,3%	10,1%
7	Anzahl	1	3	4	6	2	8
	% von Geschlecht	1,5%	4,7%	3,1%	6,2%	2,4%	4,5%
8	Anzahl				1	2	3
	% von Geschlecht				1,0%	2,4%	1,7%
9	Anzahl		1	1			
	% von Geschlecht		1,6%	0,8%			
Gesamt	Anzahl	66	64	130	97	82	179
	% von Geschlecht	100,0%	100,0%	100,0%	100,0%	100,0%	100,0%

Wie der Tabelle 9 zu entnehmen ist, leben in Erfurt nur 17 Prozent der Befragten in Haushalten mit fünf und mehr Personen, während es in Köln 39,2 Prozent sind. Dies lässt sich u.a. damit erklären, dass die Geburtenrate in den ostdeutschen Bundesländern am Ende des 20. Jahrhunderts sehr viel stärker zurückgegangen ist als in den westdeutschen.[45] Relevant erscheint auch der Anteil an Familien mit Migrationshintergrund, die häufiger in größeren Haushalten leben. Er lag in Köln bedeutend höher als in Erfurt. Sowohl

---

45 Vgl. Bundesministerium für Familie, Senioren, Frauen und Jugend (Hrsg.), 11. Kinder- und Jugendbericht, a.a.O., S. 116f.

in Erfurt als auch in Köln finden sich vier Haushalte, in denen neben den Eltern mit ihren Kindern andere Familienangehörige wie Großeltern oder die Tante/der Onkel lebten. Insgesamt gesehen lebte aber die Mehrzahl der befragten Kinder in kleineren Haushalten mit bis zu vier Personen.

Tab. 10: Zahl der Haushaltsmitglieder bei Mädchen und Jungen aus der als „untere Schicht" bezeichneten Gruppe in Erfurt und Köln

		Stadt					
		Erfurt			Köln		
		Geschlecht		Gesamt	Geschlecht		Gesamt
		Mädchen	Jungen		Mädchen	Jungen	
Anzahl der Haushaltsangehörigen							
2	Anzahl	1	2	3	2	2	4
	% von Geschlecht	9,1%	13,3%	11,5%	6,3%	8,0%	7,0%
3	Anzahl	3	5	8	6	3	9
	% von Geschlecht	27,3%	33,3%	30,8%	18,8%	12,0%	15,8%
4	Anzahl	3	4	7	6	6	12
	% von Geschlecht	27,3%	43,8%	44,6%	47,4%	35,4%	22,9%
5	Anzahl	2	3	5	8	8	16
	% von Geschlecht	18,2%	20,0%	19,2%	25,0%	32,0%	28,1%
6	Anzahl	1		1	5	3	8
	% von Geschlecht	9,1%		3,8%	15,6%	12,0%	14,0%
7	Anzahl	1	1	2	4	1	5
	% von Geschlecht	9,1%	6,7%	7,7%	12,5%	4,0%	8,8%
8	Anzahl				1	2	3
	% von Geschlecht				3,1%	8,0%	5,3%
Gesamt	Anzahl	11	15	26	32	25	57
	% von Geschlecht	100,0%	100,0%	100,0%	100,0%	100,0%	100,0%

Aus der als „untere Schicht" klassifizierten Gruppe lebten in Erfurt 30,7 Prozent der befragten Mädchen und Jungen in Haushalten mit fünf und mehr Personen, was eine Zunahme gegenüber dem Gesamtsample um knapp 14 Prozentpunkte bedeutet. In Köln lebten über 56 Prozent der Kinder aus dieser Gruppe in einem solchen Haushalt; die Zunahme betrug damit 17 Prozentpunkte, war also der in Erfurt ähnlich. In dieser Gruppe gab es in Erfurt nur noch einen Fall, wo Verwandte mit im Haushalt lebten. In Köln gehörten dagegen alle vier Fälle, in denen Verwandte mit im Haushalt der Familien der befragten Kinder lebten, zur „unteren Schicht".

Die Betrachtung der Geschwisterzahlen und der Gruppenzuordnung ergibt, dass in Erfurt mehr als ein Drittel der befragten Kinder mit zwei und mehr Geschwistern zur „unteren Schicht" gehörten; in Köln waren es dagegen über 46 Prozent. Damit weichen die Daten von denen des 11. Kinder- und Jugendberichts ab, wonach die Armutsquoten für diese Familien 46 Prozent in Ost- und 31 Prozent in Westdeutschland betragen.[46] In Erfurt lag der

---

46 Vgl. ebd., S. 141

Das Untersuchungssample 203

Wert also 8,5 Prozentpunkte unter dem im 11. Familienbericht angegebenen, während für Köln ein 15 Prozentpunkte höherer Wert vorlag. Diese Diskrepanz lässt sich über regionale Unterschiede auch innerhalb der östlichen und westlichen Bundesländer erklären.

Tab. 11: Befragte Mädchen und Jungen mit zwei und mehr Geschwistern und deren Anteile hinsichtlich der sozialen Lage in Erfurt und Köln

			Stadt					
			Erfurt			Köln		
			Geschlecht		Gesamt	Geschlecht		Gesamt
			Mädchen	Jungen		Mädchen	Jungen	
Soziale Lage	Untere Schicht	Anzahl	5	4	9	18	14	32
		% von Geschlecht	41,7%	33,3%	37,5%	52,9%	40,0%	46,4%
	Mittlere Schicht	Anzahl	5	7	12	15	18	33
		% von Geschlecht	41,7%	58,3%	50,0%	44,1%	51,4%	47,8%
	Obere Schicht	Anzahl	2	1	3	1	3	4
		% von Geschlecht	16,7%	8,3%	12,5%	2,9%	8,6%	5,8%
Gesamt		Anzahl	12	12	24	34	35	69
		% von Geschlecht	100,0%	100,0%	100,0%	100,0%	100,0%	100,0%

Von den Kindern, die in Erfurt in Ein-Elternteil-Familien lebten und zur „unteren Schicht" gehörten, hatten 60 Prozent mindestens einen Bruder oder eine Schwester; in Köln waren es 68,9 Prozent.

Tab. 12: Geschwisterzahlen bei den befragten Mädchen und Jungen der „unteren Schicht" in Ein-Elternteil-Haushalten

			Stadt					
			Erfurt			Köln		
			Geschlecht		Gesamt	Geschlecht		Gesamt
			Mädchen	Jungen		Mädchen	Jungen	
Anzahl Geschwister	0	Anzahl	1	3	4	2	3	5
		% von Geschlecht	33,3%	42,9%	40,0%	18,2%	60,0%	31,3%
	1	Anzahl	1	3	4	7	2	9
		% von Geschlecht	33,3%	42,9%	40,0%	63,6%	40,0%	56,3%
	2	Anzahl	1		1	1		1
		% von Geschlecht	33,3%		10,0%	9,1%		6,3%
	3	Anzahl				1		1
		% von Geschlecht				9,1%		6,3%
	6	Anzahl		1	1			
		% von Geschlecht		14,3%	10,0%			
Gesamt		Anzahl	3	7	10	11	5	16
		% von Geschlecht	100,0%	100,0%	100,0%	100,0%	100,0%	100,0%

Werden dagegen alle Ein-Elternteil-Familien des Samples in Erfurt und Köln betrachtet, so ist festzustellen, dass in Erfurt ca. 52 Prozent der befragten Mädchen und Jungen aus diesen Familien mindestens ein Geschwisterkind hatten, also fast 8 Prozentpunkte weniger als in der „unteren Schicht". In Köln waren es knapp zwei Drittel aller Kinder dieser Gruppe. Hier war ein Rückgang gegenüber der „unteren Schicht" um 3 Prozentpunkte zu verzeichnen.

Tab. 13: Geschwisterzahlen bei den befragten Mädchen und Jungen aus Ein-Elternteil-Haushalten

			Stadt				
			Erfurt			Köln	
			Geschlecht		Gesamt	Geschlecht	Gesamt
			Mädchen	Jungen		Mädchen	Jungen	
Anzahl Geschwister								
	0	Anzahl	4	6	10	2	5	7
		% von Geschlecht	50,0%	46,2%	47,6%	16,7%	62,5%	35,0%
	1	Anzahl	3	4	7	7	3	10
		% von Geschlecht	37,5%	30,8%	33,3%	58,3%	37,5%	50,0%
	2	Anzahl	1		1	2		2
		% von Geschlecht	12,5%		4,8%	16,7%		10,0%
	3	Anzahl		2	2	1		1
		% von Geschlecht		15,4%	9,5%	8,3%		5,0%
	6	Anzahl		1	1			
		% von Geschlecht		7,7%	4,8%			
Gesamt		Anzahl	8	13	21	12	8	20
		% von Geschlecht	100,0%	100,0%	100,0%	100,0%	100,0%	100,0%

Tab. 14: Zahl der Haushaltangehörigen bei den befragten Mädchen und Jungen der „oberen Schicht" in Erfurt und Köln

			Stadt				
			Erfurt			Köln	
			Geschlecht		Gesamt	Geschlecht	Gesamt
			Mädchen	Jungen		Mädchen	Jungen	
Anzahl der Haushaltangehörigen								
	2	Anzahl					1	1
		% von Geschlecht					8,3%	3,7%
	3	Anzahl	9	4	13	4	1	5
		% von Geschlecht	39,1%	33,3%	37,1%	26,7%	8,3%	18,5%
	4	Anzahl	13	7	20	10	7	17
		% von Geschlecht	56,5%	58,3%	57,1%	66,7%	58,3%	63,0%
	5	Anzahl	1	1	2		1	1
		% von Geschlecht	4,3%	8,3%	5,7%		8,3%	3,7%
	6	Anzahl				1	1	2
		% von Geschlecht				6,7%	8,3%	7,4%
	7	Anzahl					1	1
		% von Geschlecht					8,3%	7,4%
Gesamt		Anzahl	23	12	35	15	12	27
		% von Geschlecht	100,0%	100,0%	100,0%	100,0%	100,0%	100,0%

Das Untersuchungssample

Noch deutlicher wird der Unterschied in der „oberen Schicht". In dieser Gruppe lebten 39,1 Prozent der befragten Mädchen und Jungen in Erfurt und 30,4 Prozent in Köln in Haushalten mit drei Personen, knapp 54 Prozent (Erfurt) bzw. 61 Prozent (Köln) in Haushalten mit vier Personen und nur 6,5 Prozent (Erfurt) bzw. 8,6 Prozent (Köln) in Haushalten mit mehr als vier Personen.Aus dieser Gruppe lebte, wie bereits erwähnt, eines der Kölner Kinder in einer Ein-Elternteil-Familie.

In Erfurt wuchsen 40 Prozent und in Köln 22,2 Prozent als Einzelkinder auf. Im gesamten Sample fanden sich dagegen in Erfurt nur 34,6 Prozent Einzelkinder; in Köln waren es sogar nur 14 Prozent. In der „unteren Schicht" sank der Anteil nochmals auf ca. 30,8 Prozent in Erfurt und 8,8 Prozent in Köln.

Tab. 15: Zahl der Geschwister von Mädchen und Jungen der „oberen Schicht" in Erfurt und Köln

			Stadt				
			Erfurt			Köln	
			Geschlecht		Gesamt	Geschlecht		Gesamt
			Mädchen	Jungen		Mädchen	Jungen	
Anzahl Geschwister								
	0	Anzahl	10	4	14	4	2	6
		% von Geschlecht	43,5%	33,3%	40,0%	26,7%	16,7%	22,2%
	1	Anzahl	11	7	18	10	7	17
		% von Geschlecht	47,8%	58,3%	51,4%	66,7%	58,3%	63,0%
	2	Anzahl	1	1	2		1	1
		% von Geschlecht	4,3%	8,3%	5,7%		8,3%	3,7%
	3	Anzahl	1		1	1	1	2
		% von Geschlecht	4,3%		2,9%	6,7%	8,3%	2,4%
	5	Anzahl					1	1
		% von Geschlecht					8,3%	3,7%
Gesamt		Anzahl	23	12	35	15	12	27
		% von Geschlecht	100,0%	100,0%	100,0%	100,0%	100,0%	100,0%

3.3.2.3 Erwerbsstatus

Der Erwerbsstatus einer Familie wird nach den Kriterien „beide Eltern erwerbstätig", „ein Elternteil erwerbstätig" bzw. „keiner erwerbstätig" unterschieden. In acht Fällen war der Erwerbsstatus nicht festzustellen, da die befragten Kinder darüber keine Auskunft geben konnten (Tabelle 16).

Tab. 16: Erwerbsstatus der Familien bei den Mädchen und Jungen in Erfurt und Köln

			Stadt					
			Erfurt			Köln		
			Geschlecht		Gesamt	Geschlecht		Gesamt
			Mädchen	Jungen		Mädchen	Jungen	
Erwerbs- status d. Familie	beide Eltern er- werbstätig	Anzahl % von Geschlecht	35 53,0%	28 43,8%	63 48,5%	53 54,6%	40 48,8%	93 52,0%
	ein Elternteil erwerbstätig	Anzahl % von Geschlecht	22 33,3%	27 42,2%	49 37,7%	36 37,1%	35 42,7%	71 39,7%
	keiner er- werbstätig	Anzahl % von Geschlecht	5 7,6%	6 9,4%	11 8,5%	8 8,2%	6 7,3%	14 7,8%
	unklar	Anzahl % von Geschlecht	4 6,1%	3 4,7%	7 5,4%		1 1,2%	1 0,6%
Gesamt		Anzahl % von Geschlecht	66 100,0%	64 100,0%	130 100,0%	97 100,0%	82 100,0%	179 100,0%

Diese Tabelle spiegelt deutlich die bessere Situation auf dem Arbeitsmarkt der alten Bundesländer wider. In allen Kategorien waren die Werte in Erfurt bezüglich des Zugangs zu Erwerbsarbeit in den über die befragten Kinder erfassten Familien schlechter als in Köln. Während in Erfurt in weniger als der Hälfte der Familien zwei erwachsene Personen einer Erwerbstätigkeit nachgingen, waren es in Köln 52 Prozent. Der ungefähr gleich hohe Anteil an Familien mit einem Erwerbseinkommen war auf den in Erfurt höheren Anteil an Alleinerziehenden mit einem Erwerbseinkommen zurückzuführen. Am deutlichsten traten die Unterschiede bei der Arbeitsmarksituation jedoch in den Kategorien „keiner erwerbstätig" und „unklar" hervor. Während in diesen beiden Kategorien in Erfurt 13,9 Prozent der Fälle zu verorten waren, fanden sich in Köln „nur" 8,4 Prozent in dieser Kategorie.

Bei mehr als der Hälfte der Erfurter Kinder der „unteren Schicht" (53,8%), aber über 73 Prozent der Kölner Jungen und Mädchen in Armut(sgefährdung) war mindestens ein Elternteil erwerbstätig. Der Anteil von Familien der „unteren Schicht", wo kein Elternteil einer Erwerbsarbeit nachging, war in Erfurt mit 42,3 Prozent etwa fünf Mal so hoch wie im Gesamtsample; in Köln lag er mit 24,6 Prozent ungefähr drei Mal so hoch. In Erfurt fand sich keine Familie in dieser Gruppe, wo beide Elternteile arbeiteten, in Köln waren es drei Familien. Die Mütter arbeiteten in diesen Fällen als Putzfrau/Reinigungskraft, während die Väter auf dem Flughafen,[47] als „Zeitungsmann" bzw. als Reinigungskraft tätig waren. Auch diese Tabelle dokumentiert die gegenüber Köln

---

47 Eine genauere Berufsbezeichnung wurde dabei nicht angegeben.

Das Untersuchungssample

schlechtere Arbeitsmarktsituation in Erfurt, vor allem durch die unterschiedlich hohen Anteile von Familien, in denen nur ein oder auch kein Elternteil eine Erwerbsarbeit hatte.

Abb. 5: Erwerbsstatus der Familien und soziale Lage bei den befragten Mädchen und Jungen in Erfurt und Köln

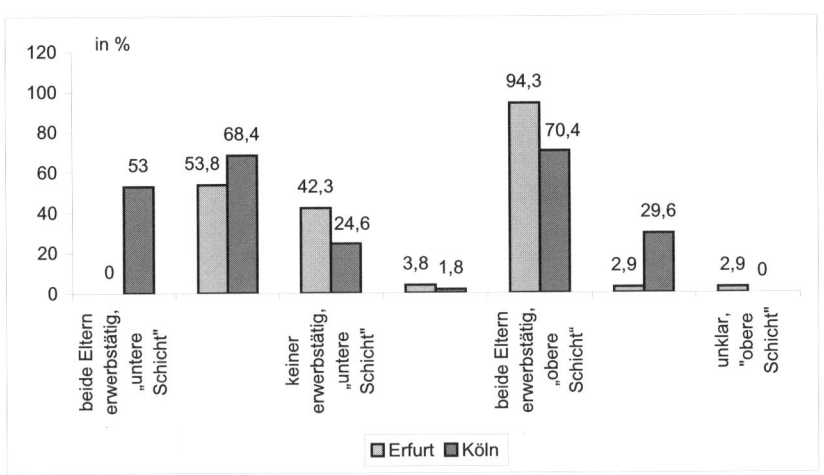

In Erfurt gab es in der „oberen Schicht" nur einen Fall mit bloß einem Erwerbseinkommen in der Familie. In Köln existierten dagegen acht Fälle, wo die Familien nur über ein Erwerbseinkommen verfügen. Die Väter in sieben dieser Fälle hatten hoch qualifizierte Berufe, im achten war die Mutter Fachärztin. Einerseits wird erneut das Lohn/Gehalts-Gefälle zwischen den alten und neuen Bundesländern sichtbar,[48] andererseits entspricht es wohl auch einer tradierten und verbreiteteren Überzeugung in Ostdeutschland, dass Erwerbsarbeit nicht nur der Sicherung des Lebensunterhalts dient, sondern auch als Zeichen von Partizipation und Selbstständigkeit gilt.

---

48 Vgl. Walter Hanesch u.a., Armut und Ungleichheit in Deutschland. Der neue Armutsbericht der Hans-Böckler-Stiftung, des DGB und des Paritätischen Wohlfahrtsverbands, Reinbek bei Hamburg 2000, S. 54ff.; Thüringen bleibt am Ende der bundesweiten Lohnskala. DGB sieht Angleichung 2010/Verschuldung im Freistaat steigt, in: Thüringer Allgemeine (Erfurt) v. 7.6.2001. Demnach waren im bundesweiten Vergleich die Löhne und Gehälter in Thüringen am niedrigsten.

3.3.2.4 Wohnraumversorgung

Um deutlich zu machen, dass die Versorgung der Kinder mit angemessenem Wohnraum in engem Zusammenhang mit dem Zugang der Eltern zum Arbeitsmarkt steht, wurde der Erwerbsstatus der Familien, in denen Kinder über ein eigenes Zimmer verfügten bzw. in denen sie über ein solches nicht verfügten, verglichen.

Abb. 6: Zugang zu eigenem Kinderzimmer nach Erwerbsstatus der Familien

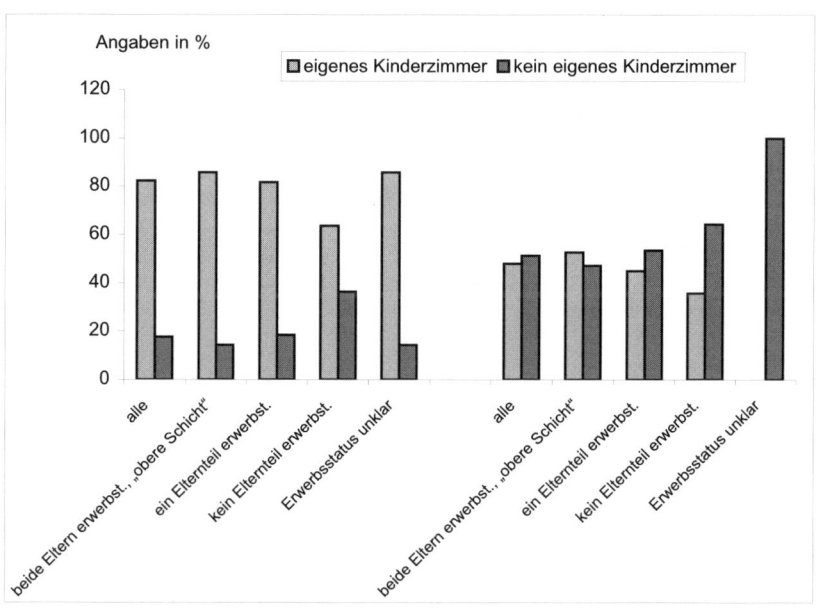

Während im Gesamtsample in Erfurt ca. 82,3 Prozent der Schüler/innen über ein eigenes Kinderzimmer verfügten, waren es in der „unteren Schicht" nur knapp 61,5 Prozent, in der „oberen Schicht" dagegen 100 Prozent. In Köln sah es ähnlich aus. Dort verfügten im Gesamtsample 48 Prozent über ein eigenes Zimmer, in der „unteren Schicht" aber nur 12,3 Prozent, in der „oberen Schicht" dagegen ebenfalls 100 Prozent. Insgesamt fällt auf, dass die befragten Kinder in Köln überhaupt zu einem höheren Anteil kein eigenes Zimmer hatten.

Das Untersuchungssample

Abb. 7: Kinderzimmer nach sozialer Lage der Familien der Schüler/innen in Erfurt und Köln

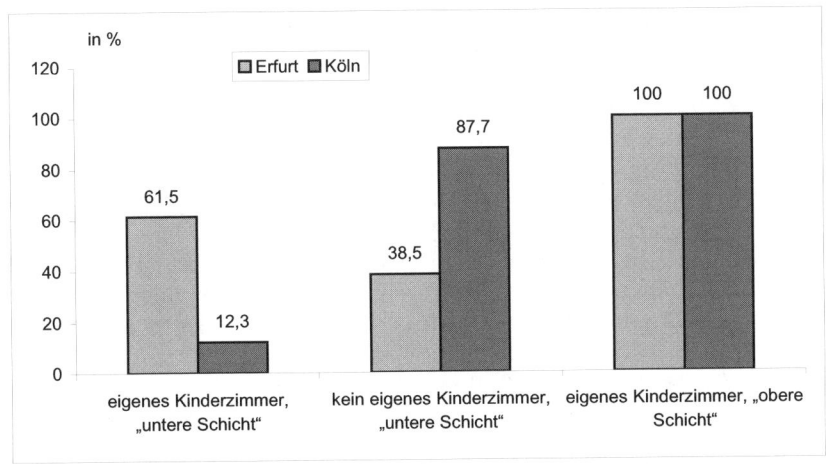

In Köln machte ein Kind keine Angabe zur Frage nach dem eigenen Zimmer.

Aus der Erfurter „unteren Schicht" hatten 18 Kinder (69,2%) mindestens einen Bruder oder eine Schwester. Davon verfügten noch acht (44,4%) über ein eigenes Zimmer.

Tab. 17: Zugang zu eigenem Kinderzimmer bei den Mädchen und Jungen der „unteren Schicht" mit mindestens einem Geschwisterkind in Erfurt und Köln

				Stadt					
				Erfurt			Köln		
				Geschlecht		Gesamt	Geschlecht		Gesamt
				Mädchen	Jungen		Mädchen	Jungen	
Soziale Lage									
Untere Schicht	Hast du ein eigenes Zimmer?	ja	Anzahl	3	5	8	2	3	5
			% von Geschlecht	37,5%	50,0%	44,4%	6,7%	13,6%	9,6%
		nein	Anzahl	5	5	10	28	19	47
			% von Geschlecht	62,5%	50,0%	55,6%	93,3%	89,4%	90,4%
Gesamt			Anzahl	8	10	18	30	22	52
			% von Geschlecht	100,0%	100,0%	100,0%	100,0%	100,0%	100,0%

In Köln lebten 52 Kinder der „unteren Schicht" (91,2%) mit mindestens einer Schwester oder einem Bruder zusammen. Davon verfügten nur 9,6 Prozent über ein eigenes Zimmer. Die Wohnsituation für die Kinder aus der Kölner „unteren Schicht" war offenbar beengter als jene der Kinder in Erfurt. In der „oberen Schicht" hatten sowohl in Erfurt als auch in Köln alle Kinder ein eigenes Zimmer, unabhängig davon, ob sie als Einzelkinder oder mit Geschwistern aufwuchsen.

3.3.2.5 Ethnische Herkunft

In der Fachliteratur wird darauf hingewiesen, dass Familien mit Migrationshintergrund einem stark erhöhten Armutsrisiko ausgesetzt sind.[49] Einen Migrationshintergrund nahmen wir auch dann an, wenn nur einer der beiden Elternteile eines befragten Kindes nicht aus Deutschland stammte. In Erfurt hatten 7,7 Prozent und in Köln 48 Prozent der befragten Schüler/innen einen Migrationshintergrund. In der Erfurter „unteren Schicht" waren es gleichfalls 7,7 Prozent, in der Kölner allerdings 70,2 Prozent.

Im Gegensatz dazu lebten in der „oberen Schicht" nur 5,7 Prozent (Erfurt) bzw. 22,2 Prozent (Köln) der befragten Kinder in Familien mit Migrationshintergrund.

Da in der einschlägigen Literatur vor allem Kinder aus türkischen Familien als solche mit einem erhöhten Armutsrisiko angesehen werden, haben wir noch eine Trennung nach Herkunft aus EU- bzw. Nicht-EU-Staaten[50] vorgenommen. 63,2 Prozent der Kinder der „unteren Schicht" in Köln standen mindestens im Zusammenhang mit einem Migrationshintergrund aus Nicht-EU-Staaten.[51] In Erfurt waren es wie oben 7,7 Prozent.

---

49 Vgl. z.B. Ursula Boos-Nünning, Armut von Kindern aus Zuwandererfamilien, in: Christoph Butterwegge (Hrsg.), Kinderarmut in Deutschland, a.a.O., S. 150ff.; ergänzend: Bundesministerium für Familie, Senioren, Frauen und Jugend (Hrsg.), 11. Kinder- und Jugendbericht, a.a.O., S. 142; Ausländische Kinder kommen schlecht weg, in: Frankfurter Rundschau v. 6.8.2002, wo auf den hessischen Migrationsreport 2002 Bezug genommen wird, welcher die Benachteiligung ausländischer Kinder im (Aus-) Bildungs- und Wohnbereich verdeutlicht.
50 Bei der Codierung dieser Variable haben wir aus Gründen der Vereinfachung nicht zwischen der Bundesrepublik und anderen EU-Staaten unterschieden.
51 Wir haben hier nicht genau analysiert, ob die Kinder selbst in Nicht-EU-Staaten geboren sind, die ganze Familie aus solchen Ländern kommt oder nur ein Elternteil. Nicht alle diese Kinder sind türkischer Abstammung.

Tab. 18: Migrationshintergrund der Familien, in denen die befragten Mädchen und Jungen in Erfurt und Köln lebten, aufgeschlüsselt nach der sozialen Lage

Soziale Lage				Stadt					
				Erfurt			Köln		
				Geschlecht			Geschlecht		
				Mädchen	Jungen	Gesamt	Mädchen	Jungen	Gesamt
Untere Schicht	Migrationshintergrund	ja	Anzahl		2	2	23	17	40
			% von Geschlecht		13,3%	7,7%	71,9%	68,0%	70,2%
		nein	Anzahl	11	13	24	9	8	17
			% von Geschlecht	100,0%	86,7%	92,3%	28,1	32,0%	29,8%
	Gesamt		Anzahl	11	15	26	32	25	57
			% von Geschlecht	100,0%	100,0%	100,0%	100,0%	100,0%	100,0%
Mittlere Schicht	Migrationshintergrund	ja	Anzahl	2	4	6	21	19	40
			% von Geschlecht	6,3%	10,8%	8,7%	42,0%	42,2%	42,1%
		nein	Anzahl	30	33	63	29	26	55
			% von Geschlecht	93,8%	89,2%	91,3%	58,0%	57,8%	57,9%
	Gesamt		Anzahl	32	37	69	50	45	95
			% von Geschlecht	100,0%	100,0%	100,0%	100,0%	100,0%	100,0%
Obere Schicht	Migrationshintergrund	ja	Anzahl	2		2	1	5	6
			% von Geschlecht	8,7%		5,7%	6,7%	41,7%	22,2%
		nein	Anzahl	21	12	33	14	7	21
			% von Geschlecht	91,3%	100,0%	94,3%	93,3%	58,3%	77,8%
	Gesamt		Anzahl	23	12	35	15	12	27
			% von Geschlecht	100,0%	100,0%	100,0%	100,0%	100,0%	100,0%

Abb. 8: EU-Staaten-Herkunft der Familien, in denen die Kinder in Erfurt und Köln lebten, aufgeschlüsselt nach der Schichtzugehörigkeit

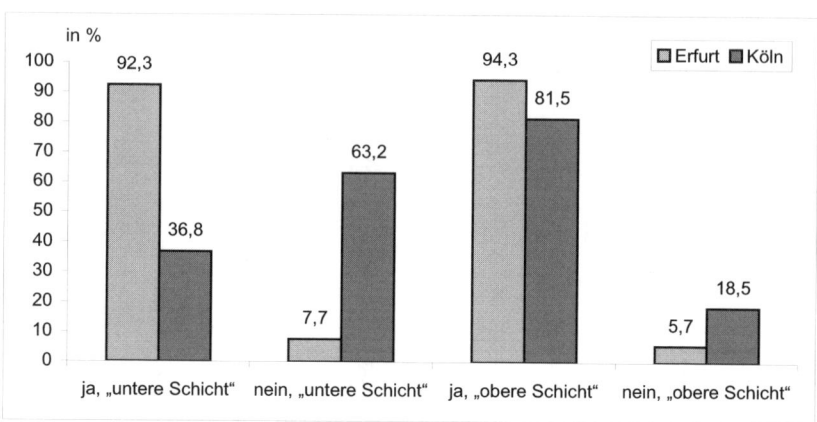

3.3.3 Zusammenfassung

Wie sich zeigt, ermöglicht die Konstruktion einer „unteren" und einer „oberen Schicht" Aussagen zum Ausmaß von Armutsgefährdungen der befragten Kinder. Die Breite der Zusammensetzung – sowohl „vollständige" Familien, Ein-Elternteil- oder Stieffamilien mit oder ohne Migrationshintergrund, Familien mit einem bzw. mehr als drei Kindern; sie sind in allen drei Gruppen der Konstruktion zu finden – lässt erkennen, dass Armut und prekäre Lebenslagen nicht ausschließlich bestimmte Teile der Gesellschaft betreffen, obwohl einige Gruppen besonders gefährdet sind.[52] Zwar lässt sich nicht beziffern, wie viele Kinder des Untersuchungssamples in Armut oder in prekärem Wohlstand leben, eine Annäherung erscheint aber möglich. Dementsprechend können Folgen von Armut oder prekärem Wohlstand anhand der Aussagen der Kinder, die auf ihrer Selbstwahrnehmung und nicht auf Fakten wie Zensurenspiegeln, Einkommenstabellen und in Quadratmetern gemessenen Wohnungsgrößen beruhen, beschrieben werden.

---

52 Vgl. Gerda Holz, Armut hat auch Kindergesichter. Zu Umfang, Erscheinungsformen und Folgen von Armut bei Kindern in Deutschland, in: Winfried M. Zenz/Korinna Bächer/Renate Blum-Maurice (Hrsg.), Die vergessenen Kinder. Vernachlässigung, Armut und Unterversorgung in Deutschland, Köln 2002, S. 26ff.

4. Die soziale Situation von Kindern in Ost- und Westdeutschland – Ergebnisse der Lebenslagenanalyse

Die familiäre Situation (Familiengröße und Anzahl der Geschwister), die Familienkonstellation, also die Frage, ob alleinerziehende Mütter bzw. Väter oder (Ehe-)Paare mit einem oder mehreren Kindern zusammenleben, aber auch die Erwerbssituation in den Familien haben erheblichen Einfluss auf die soziale Lage der Kinder. Die aus den o.g. Konstellationen resultierenden Bedingungen, wie etwa die Wohnsituation oder die materielle Ausstattung der Kinder und psychosoziale Folgen im Bereich der Bildung und Gesundheit, spielen gleichfalls eine Schlüsselrolle.

4.1 Familienformen und Haushaltsgrößen

Da die Kategorisierung der Familienformen ausschließlich auf Äußerungen der Kinder beruht, kann es zu leichten Verzerrungen gerade bei der Identifikation von Familien und Stieffamilien kommen. Denn womöglich sprechen Kinder auch dann von ihrem Vater und ihrer Mutter, wenn es sich dabei um einen Stiefelternteil handelt. Entsprechend vorsichtig sind die getroffenen Aussagen zu interpretieren.

4.1.1 Familienform

Hinsichtlich der Familie existieren im vereinten Deutschland weiterhin zwei Gesellschaften: Während im Westen die Ernährerehe bzw. die Hausfrauenfamilie (und damit ein patriarchalischer Familientyp) nach wie vor dominiert, besitzen im Osten viel mehr Frauen einen Erwerbsarbeitsbezug.[1] Hier leiden besonders alleinerziehende, früher berufstätige Frauen unter dem Wegfall

---

1 Vgl. Franz-Xaver Kaufmann, Zukunft der Familie im vereinten Deutschland. Gesellschaftliche und politische Bedingungen, München 1995

von Arbeitsplätzen und der Reduzierung von Betreuungsangeboten für Kinder vor allem im Vorschul- und jüngeren Schulalter nach der „Wende".

Den einschlägigen Erkenntnissen der Familienforschung für Ost- und Westdeutschland gemäß unterschieden sich die Formen der Familien, in denen die befragten Mädchen und Jungen des Erfurter und Kölner Untersuchungssamples lebten, erheblich voneinander. So gaben in Köln deutlich mehr Kinder (81,6%) an, in Familien[2] zu leben, als in Erfurt (70,8%). In Erfurt hingegen war der Anteil jener Mädchen und Jungen, die in einer Stieffamilie[3] lebten, mit 12,3 Prozent signifikant höher als bei den Kindern in Köln mit 7,3 Prozent.

Auch bei den Kindern in Ein-Elternteil-Familien war in Erfurt mit einem Anteil von 16,2 Prozent ein um 5 Prozentpunkte höherer Wert zu konstatieren als in Köln (11,2%). Von diesen hatten in Erfurt 90,5 Prozent (19) und in Köln 90 Prozent (18) einen weiblichen Haushaltsvorstand. Dies korrespondierte in der Tendenz mit repräsentativen Daten, wonach 84 Prozent der Alleinerziehenden (ohne Partner) Frauen sind.[4]

Abb. 1: Familienformen, in denen die Mädchen und Jungen lebten

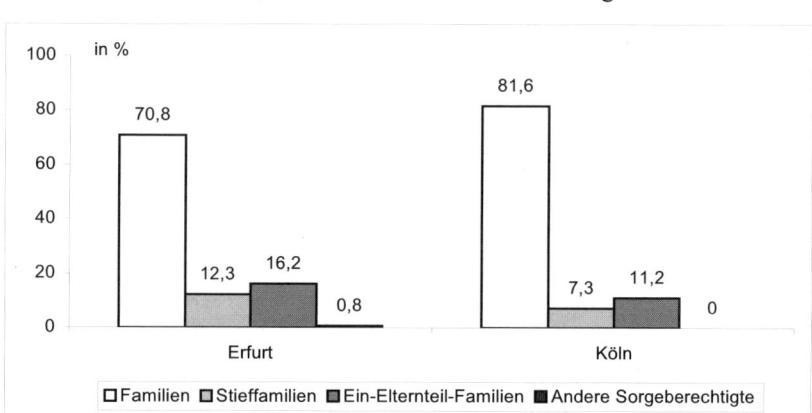

Der Anteil jener Kinder, die in Ein-Elternteil-Familien lebten, war sowohl in Erfurt als auch in Köln in der „unteren Schicht" jeweils mehr als doppelt so

---

2   Hier als zwei Erwachsene im Haushalt mit einem oder mehreren Minderjährigen verstanden, unabhängig davon, ob es sich um ein verheiratetes oder unverheiratetes Paar handelt.
3   Stieffamilien wurden dann gezählt, wenn die befragten Mädchen und Jungen explizit benannten, dass eine der erwachsenen Bezugspersonen nicht leiblicher Elternteil ist.
4   Vgl. Bundesministerium für Arbeit und Sozialordnung (Hrsg.), Lebenslagen in Deutschland. Der erste Armuts- und Reichtumsbericht der Bundesregierung, Bonn 2001, S. 98

hoch wie im Gesamtsample (38,5% vs. 16,2% in Erfurt und 28,1% vs. 11,2% in Köln). Kinder aus Ein-Elternteil-Familien waren – dies entspricht den Ergebnissen anderer Untersuchungen – verstärkt dem Risiko ausgesetzt, mit ihren Familien mindestens zeitweise in prekären Lebenslagen zu existieren.[5]

Abb. 2: Familienformen, in denen die Kinder aus der „unteren" bzw. der „oberen Schicht" lebten

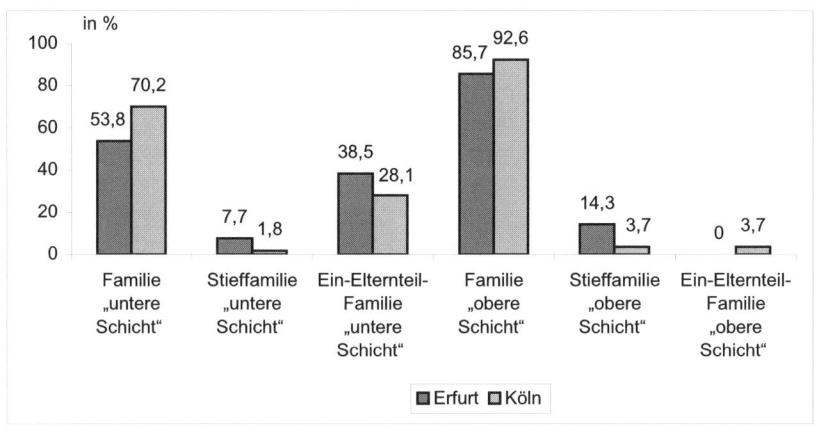

In der „unteren Schicht" sank der Anteil der Stieffamilien, was darauf hindeuten könnte, dass in dieser Lebenssituation Frauen eher von einer neuen Beziehung Abstand nehmen oder mehr Schwierigkeiten haben, eine solche aufzubauen, als Frauen in besseren Soziallagen. Damit aber erhöht sich das Risiko, in der sozial prekären Lebenssituation zu verbleiben.[6]

4.1.2 Haushaltsgröße und Geschwisterzahl

Im „Normalfall" – dies betraf sowohl in Erfurt (46,9%) als auch in Köln (47,5%) fast die Hälfte aller befragten Kinder – lebten zwei minderjährige Kinder im Haushalt; die klassische Zwei-Kinder-Familie existierte also nach wie vor. Es gab allerdings auch erhebliche Unterschiede zwischen den befragten Gruppen in Erfurt und Köln. Während mit 34,6 Prozent etwas mehr

---

5 Vgl. Bundesministerium für Familien, Senioren Frauen und Jugend (Hrsg.), Elfter Kinder- und Jugendbericht, Berlin 2002, S. 141
6 Vgl. z.B. Thüringer Ministerium für Soziales, Familie und Gesundheit (Hrsg.), Materialband zum 3. Thüringer Sozialbericht, Erfurt o.J., S. 11. Die Autoren der Studie, Reiner Braun und Lucas Porsch, stellen darin fest: „Etwa die Hälfte der Kinder entkommt der Armut dadurch, dass der alleinerziehende Elternteil einen Partner findet."

als ein Drittel der Erfurter Mädchen und Jungen zum Zeitpunkt der Befragung als Einzelkinder aufwuchsen, hatten in der Kölner Gruppe lediglich 14 Prozent keine Geschwister. Darin dürfte sich der drastische Einbruch der Geburtenzahlen in Erfurt nach 1989/90 widerspiegeln, den es in den westlichen Bundesländern zu jener Zeit so nicht gegeben hat.

Abb. 3: Anzahl der Geschwister, mit denen die Kinder zusammenlebten

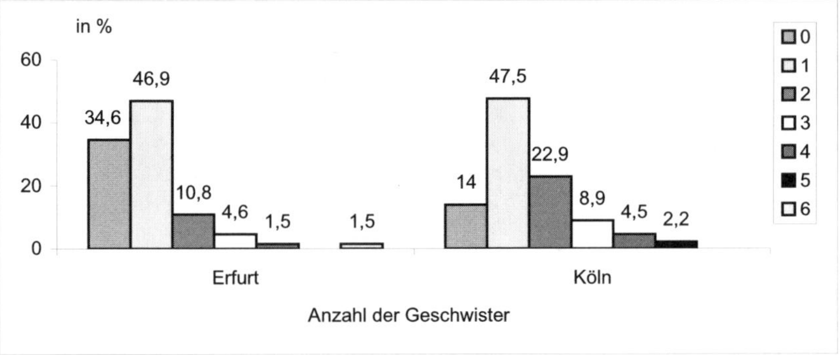

```
in %
                                                              □ 0
60                                                            □ 1
         46,9                         47,5                    ■ 2
40  34,6                                                      □ 3
                                              22,9            ■ 4
20                                      14                    ■ 5
         10,8                                      8,9        □ 6
              4,6  1,5      1,5                        4,5 2,2
 0
         Erfurt                       Köln
              Anzahl der Geschwister
```

Nur 18,4 Prozent der befragten Erfurter Kinder hatten zwei und mehr Geschwister; in Köln waren es mit 38,5 Prozent mehr als doppelt so viele. Wird dagegen nur die „untere Schicht" betrachtet, so liegt der Anteil der befragten Mädchen und Jungen mit zwei und mehr Geschwistern in Erfurt bei 34,6 Prozent, also fast doppelt so hoch wie im Gesamtsample, und in Köln bei 56,1 Prozent. Kinder aus Haushalten mit drei oder mehr Kindern sind nach den Ergebnissen verschiedener Studien verstärkt von Armut und Unterversorgung bedroht.[7] Mehr als ein Drittel der Kinder in der Erfurter „unteren Schicht" lebten in einer solchen Familie, wobei sehr viel mehr Mädchen als Jungen davon betroffen waren. In Köln lebten sogar über die Hälfte der befragten Kinder der „unteren Schicht" in Haushalten mit drei oder mehr Kindern. In der „oberen Schicht" lag sowohl in Erfurt als auch in Köln der Anteil der Kinder aus Familien mit drei oder mehr Kindern im Haushalt deutlich unter dem im Gesamtsample. In Erfurt betrug er gerade noch 7,6 Prozent und in Köln 14,8 Prozent, lag also um mehr als die Hälfte unter dem jeweiligen Anteil im Gesamtsample.

---

7   Vgl. Gerda Holz, Armut hat auch Kindergesichter. Zu Umfang, Erscheinungsformen und Folgen von Armut bei Kindern in Deutschland, in: Winfried M. Zenz/Korinna Bächer/Renate Blum-Maurice (Hrsg.), Die vergessenen Kinder. Vernachlässigung, Armut und Unterversorgung in Deutschland, Köln 2002, S. 26ff.; Werner Freigang/ Brigitta Michel-Schwartze, Sozialberichterstattung in Mecklenburg-Vorpommern, in: Ronald Lutz/Matthias Zeng (Hrsg.), Armutsforschung und Sozialberichterstattung in den neuen Bundesländern, Opladen 1998, S. 172

Familienformen und Haushaltsgrößen 217

Kinder von Alleinerziehenden sind dem Risiko, mindestens temporär in Armut aufzuwachsen, in sehr hohem Maße ausgesetzt. Besonders problematisch wird die Lebenssituation häufig dann, wenn dem Haushalt mehrere Kinder angehören. In Erfurt lebten knapp 20 Prozent der befragten Schüler/innen in Ein-Elternteil-Familien mit drei oder mehr Kindern, in Köln waren es immerhin noch 15 Prozent. Der Existenz von Ein-Elternteil-Familien gehen, wie Werner Freigang und Brigitta Michel-Schwartze feststellen, häufig Brüche mit alten Strukturen voraus, die sowohl für die beteiligten Erwachsenen als auch die Kinder großen Schmerz und Trauer bedeuten, aber auch (für den erziehenden Elternteil) Doppelbelastungen mit sich bringen: „Die Lebensform Ein-Elternfamilien beginnt demnach sozusagen als Normalität mit einer Krise und den dort angelegten Gefahren."[8] Was dies für die betroffenen Kinder und ihre Entwicklungmöglichkeiten bedeutet, lässt sich nicht detailliert erörtern. Ergebnisse anderer Untersuchungen gehen aber von erheblichen Problemen für einen Teil der Mädchen und Jungen aus. Dies kann u.a. mit einem Leben in „verdeckter Armut" zusammenhängen, von dem 7,5 bis 8,5 Prozent aller Kinder in Haushalten mit mehreren Kindern oder in Alleinerziehenden-Haushalten betroffen sind.[9]

4.1.3 Migrationshintergrund und Familiengröße

Da die Migration in der modernen Armutsforschung als ein Grund für die Betroffenheit von Armut, auch und gerade bei Kindern, herausgestellt wird, spielt die Frage nach dem Migrationshintergrund in der vorliegenden Studie ebenfalls eine Rolle. Unter den Haushalten im Kölner Befragungssample bestanden 39,1 Prozent aus fünf oder mehr Personen; 57,1 Prozent davon hatten offenbar einen Migrationshintergrund. Das Erfurter Untersuchungssample wies dagegen nur in 16,9 Prozent der Fälle fünf oder mehr Personen im Haushalt auf, von denen wiederum nur 18,2 Prozent einen Migrationshintergrund hatten. Dies hängt auch mit den Herkunftsländern und den dort üblichen, kulturell bedingten Familiengrößen zusammen. Während in Köln ein sehr hoher Anteil der befragten Kinder mit Migrationshintergrund aus Familien kam, deren Wurzeln in der Türkei liegen, gab es diese im Erfurter Sample gar nicht.

Über 45 Prozent aller befragten Kölner Schüler/innen mit Migrationshintergrund, aber nur etwa 32 Prozent aller Kinder ohne Migrationshintergrund lebten in Haushalten mit fünf und mehr Personen. In Erfurt stammten 40 Prozent der befragten Schüler/innen mit Migrationshintergrund aus Familien mit

---

8 Werner Freigang/Brigitta Michel-Schwartze, Sozialberichterstattung in Mecklenburg-Vorpommern, a.a.O., S. 174
9 Vgl. Bundesministerium für Familien, Senioren Frauen und Jugend (Hrsg.), Elfter Kinder- und Jugendbericht, a.a.O., S. 139

fünf und mehr Personen, von denen ohne Migrationshintergrund aber nur 15 Prozent.

4.1.4 Zusammenfassung

Aufgrund der Tatsache, dass die Scheidung einer Ehe zu DDR-Zeiten leichter fiel, haben sich die Familienformen in Ostdeutschland bereits stärker gewandelt als in den alten Bundesländern.[10] Dies dürfte auch in einem stärkeren Erwerbsstreben der Frauen begründet liegen, die durch ein eigenes Einkommen unabhängiger in ihren Entscheidungen, z.B. in Bezug auf Scheidung, waren. Auch existierte in der DDR eine flächendeckend geregelte Kinderbetreuung für Kinder ab dem dritten Lebensjahr, die es den Frauen erleichterte, einer Erwerbsarbeit – auch einer Vollzeittätigkeit, die ohnehin erwünscht und eher zu bekommen war – nachzugehen.

In Erfurt gaben erheblich mehr Befragte (34,6%) an, Einzelkinder zu sein, als in Köln (13,4%). Da es sich um Schüler/innen im Alter von 9 bis 11 Jahren handelte, kann man davon ausgehen, dass in den wenigsten Fällen später noch Geschwisterkinder (als Nachzügler) geboren wurden.

4.2 Erwerbssituation

Die Erwerbssituation in den Familien der befragten Mädchen und Jungen war sehr heterogen, sowohl zwischen Erfurt und Köln wie auch innerhalb beider Städte.

In Erfurt und Köln lebten 48,5 bzw. 52 Prozent der Mädchen und Jungen in Doppelverdiener-Haushalten. Nur ein erwerbstätiger Elternteil fand sich nach Aussagen der Kinder in Erfurt bei 37,7 Prozent und in Köln bei 39,7 Prozent der Familien. Keinen erwerbstätigen Elternteil hatten – bezogen auf das Gesamtsample – immer noch 8,5 Prozent der Erfurter und 7,8 Prozent der Kölner Kinder.

---

10 Vgl. Rüdiger Peuckert, Familienformen im sozialen Wandel, 7. Aufl. Wiesbaden 2008, S. 351f.

Erwerbssituation

Tab. 1: Erwerbsstatus jener Familien in Erfurt und Köln, deren Kinder nicht über ein eigenes Zimmer verfügten

			Stadt					
			Erfurt			Köln		
			Geschlecht		Gesamt	Geschlecht		Gesamt
			Mädchen	Jungen		Mädchen	Jungen	
Erwerbs-	beide Eltern	Anzahl	4	5	9	23	21	44
status d.	erwerbstätig	% von Geschlecht	40,0%	38,5%	39,1%	44,2%	52,5%	47,8%
Familie								
	ein Elternteil	Anzahl	3	6	9	22	16	38
	erwerbstätig	% von Geschlecht	30,0%	46,2%	39,1%	42,3%	40,0%	41,3%
	keiner	Anzahl	3	1	4	7	2	9
	erwerbstätig	% von Geschlecht	30,0%	7,7%	17,4%	13,5%	5,0%	9,8%
	unklar	Anzahl		1	1		1	1
		% von Geschlecht		7,7%	4,3%		2,5%	1,1%
Gesamt		Anzahl	10	13	23	52	40	92
		% von Geschlecht	100,0%	100,0%	100,0%	100,0%	100,0%	100,0%

Das Modell der „Normalfamilie" mit dem erwerbstätigen Familienvater und der Mutter als Hausfrau war im Sample nicht in dem erwarteten Umfang stärker in Köln vorhanden. Dafür gibt es vermutlich mehrere Gründe: vor allem die gestiegene Erwerbsorientierung der Frauen (besonders in den Städten) der alten Bundesländer und die Zunahme prekärer, einen „Zuverdienst" der Mütter erzwingender Beschäftigungsverhältnisse. Dass es in Erfurt in fast dem gleichen Ausmaß Haushalte mit nur einer Erwerbsperson gab, dürfte weniger an dem sich wandelnden Familienmodell als an der schlechten Arbeitsmarktlage in den neuen Bundesländern liegen.

Tab. 2: Erwerbsstatus der Familien mit alleinerziehenden Müttern bzw. Vätern

			Stadt					
			Erfurt			Köln		
			Geschlecht		Gesamt	Geschlecht		Gesamt
			Mädchen	Jungen		Mädchen	Jungen	
Erwerbs-	ein Elternteil	Anzahl	7	10	17	7	4	11
status d.	erwerbstätig	% von Geschlecht	87,5%	76,9%	81,0%	58,3%	50,0%	55,0%
Familie								
	keiner	Anzahl	1	3	4	5	4	9
	erwerbstätig	% von Geschlecht	12,5%	23,1%	19,0%	41,7%	50,0%	45,0%
Gesamt		Anzahl	8	13	21	12	8	20
		% von Geschlecht	100,0%	100,0%	100,0%	100,0%	100,0%	100,0%

Ein-Elternteil-Familien wiesen in Erfurt eine Erwerbslosigkeit von 19 Prozent und in Köln von 45 Prozent auf. Entsprechend hoch war der Anteil erwerbstätiger Alleinerziehender in Erfurt mit 81 Prozent im Vergleich zu 55 Prozent in Köln. Diese Zahlen deuten auf unzureichende Betreuungsmöglichkeiten vor allem im Westen hin. Trotz einer höheren Erwerbslosigkeit in den östlichen Bundesländern war die Arbeitslosenquote der alleinerziehenden Mütter und Väter im Kölner Sample mehr als doppelt so hoch wie im Erfurter.

4.2.1 Familien

Sowohl in Erfurt als auch in Köln erklärten knapp 60 Prozent der Kinder, die in Familien oder Stieffamilien lebten, dass beide Elternteile einer Erwerbsarbeit nachgingen. Somit decken sich diese Daten nicht mit jenen von Bernd Eggen, wonach in den neuen Bundesländern in 66 Prozent und in den westlichen Bundesländern nur in 52 Prozent der Familien zwei Personen erwerbstätig sind.[11]

Tab. 3: Erwerbsstatus der Familien in Erfurt und Köln

			Stadt				
			Erfurt		Köln		
			Geschlecht	Gesamt	Geschlecht		Gesamt
			Mädchen	Jungen		Mädchen	Jungen	
Erwerbs-	beide Eltern	Anzahl	35	28	63	53	40	93
status d.	erwerbstätig	% von Geschlecht	64,8%	58,3%	61,8%	62,4%	54,8%	58,9%
Familie								
	ein Elternteil	Anzahl	15	17	32	29	31	60
	erwerbstätig	% von Geschlecht	27,8%	35,4%	31,4%	34,1%	42,5%	38,0%
	keiner	Anzahl	4	3	7	3	2	5
	erwerbstätig	% von Geschlecht	7,4%	6,3%	6,9%	3,5%	2,7%	3,2%
Gesamt		Anzahl	54	48	102	85	73	158
		% von Geschlecht	100,0%	100,0%	100,0%	100,0%	100,0%	100,0%

In Erfurt konnte aus den Aussagen von sieben Kindern und in Köln von einem Kind nicht auf den Erwerbsstatus der Familien geschlossen werden. In Erfurt lebt ein Junge bei seinen berufstätigen Großeltern.

Der Anteil jener (Stief-)Familien, in denen kein Elternteil einer Erwerbsarbeit nachging, war in Erfurt mehr als doppelt so hoch wie in Köln. Der Anteil an Haushalten mit zwei Erwerbslosen in Erfurt entsprach mit 6,9 Prozent ungefähr dem von Eggen referierten Anteil (6%) für die östlichen Bundesländer, während der Anteil in Köln mit 3,2 Prozent deutlich unter jenem der repräsentativen Daten der westlichen Bundesländer (6%) lag.[12] Diese Gruppe dürfte auch am stärksten prekären Lebenssituationen ausgesetzt gewesen sein.

---

11 Bernd Eggen, Familien in der Sozialhilfe und auf dem Arbeitsmarkt, in: Sozialer Fortschritt 7/2000, S. 152
12 Vgl. ebd.

4.2.2 Mütter

In Erfurt gaben deutlich mehr Kinder an, dass ihre Mutter erwerbstätig sei (71,7%), als in Köln (62,7%).[13] Ebenso verhielt es sich bei der Erwerbslosigkeit. In Erfurt waren deutlich mehr befragte Kinder der Meinung, dass ihre Mütter arbeitslos seien (18,1%), als in Köln (6,8%). Werden die Frauen in AB-Maßnahmen und Umschulungen hinzugerechnet, so ergibt sich für das Befragungssample eine Frauenerwerbslosigkeit im Sample von 20,3 Prozent für Erfurt bzw. 7,8 Prozent für Köln. Dagegen gaben signifikant weniger Mädchen und Jungen in Erfurt an, dass ihre Mütter Hausfrauen seien (5,5%). In Köln nahmen knapp fünf Mal so viele Kinder (29,9%) ihre Mutter als Hausfrau wahr. Allerdings wurde der Anteil erwerbsloser Mütter in Köln umso geringer, je höher die soziale Lage war.

Abb. 4: Erwerbsstatus der Mütter befragter Schüler/innen der „unteren" und der „oberen Schicht" in Erfurt und Köln

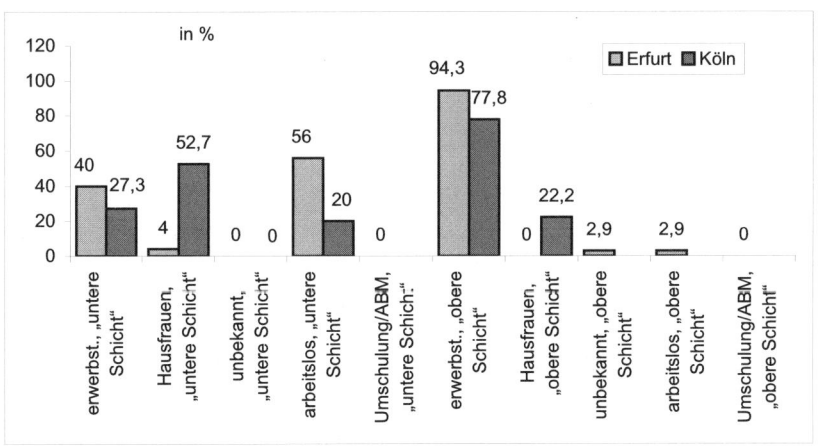

Der Anteil der Hausfrauen war in den drei Gruppen in Köln jedoch sehr unterschiedlich hoch. Mit knapp 33 Prozent ist er in der „unteren Schicht" wie in der „oberen Schicht" mit etwas mehr als 20 Prozent größer als im Kölner Gesamtsample. In Erfurt kann dies so nicht festgestellt werden. Zwar geht auch hier in der „oberen Schicht" der Anteil der von den befragten Kindern als erwerbslos angesehenen Mütter gegenüber dem Gesamtsample, noch mehr jedoch gegenüber der „unteren Schicht", zurück. Dagegen gab kein(e) der befragten Schüler/innen der „oberen Schicht" an, dass die Mutter Hausfrau sei. In der „unteren Schicht" waren es immerhin 4 Prozent.

---

13 Werte bezogen auf die Fälle, in denen eine (Stief-)Mutter im Haushalt lebt

Neben einer bekanntlich höheren Frauenerwerbslosigkeit in den neuen Bundesländern mögen Themen wie Erwerbslosigkeit überhaupt in den neuen Ländern eine größere Rolle im Familienkreis spielen und die befragten Mädchen und Jungen in Erfurt aus diesem Grunde eher fähig sein, zu erkennen, warum die Mutter zu Hause bleibt. Gleichzeitig könnte dies aber auf eine höhere emotionale Belastung der Kinder hindeuten.

Eine Betrachtung des Erwerbsstatus der Mütter dieser Gruppe in Abhängigkeit von der Familienform ergibt, dass Mütter der „unteren Schicht" in Erfurt und Köln vor allem in Ein-Elternteil-Familien einer Erwerbsarbeit nachgingen. In kompletten (Stief-)Familien dagegen überwog in Erfurt Arbeitslosigkeit, in Köln aber nicht. Dort waren nach Angaben der Kinder mit 65 Prozent weitaus mehr Mütter Hausfrauen als in Erfurt (7,1%).

In den Familien mit nur einem Elternteil war – nach Angaben der Kinder – eine hohe Arbeitslosigkeit zu verzeichnen, die in Köln wie in Erfurt bei 33,3 Prozent lag (bezogen auf die alleinerziehenden Mütter). Die Mütter der „unteren Schicht" waren sowohl in Köln (21,4%) als auch in Erfurt (56%) sehr viel stärker als im Gesamtsample (7,8% bzw. 20,3%) von Erwerbslosigkeit betroffen.

Abb. 5: Erwerbsumfang der Mütter aller Kinder in Erfurt und Köln, aufgeschlüsselt nach der sozialen Lage

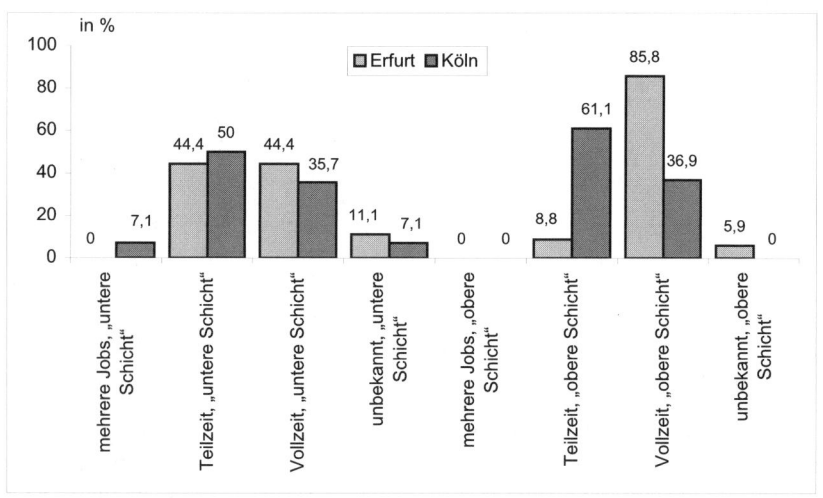

Anhand des Beschäftigungsumfangs der Mütter können Aussagen zur möglichen Betreuungssituation der Kinder durch die Mütter getroffen werden. Unberücksichtigt blieben die Fälle, wo die Kinder bei ihren alleinerziehenden Vätern lebten bzw. die Mütter keine Erwerbsarbeit hatten.

Erwerbssituation 223

Im Gesamtsample berichteten die Schüler/innen von einer Mutter in Erfurt und einer in Köln, die mehrere Jobs hat. 74,5 Prozent der befragten Kinder in Erfurt sagten, dass ihre Mütter Vollzeit arbeiteten, 12,8 Prozent nannten Teilzeit und 11,7 Prozent konnten zum Erwerbsumfang ihrer Mütter keine Aussage treffen. Demgegenüber gaben 32,7 Prozent der befragten Schüler/innen in Köln an, dass ihre Mütter vollzeitbeschäftigt seien; 65,3 Prozent nannten ein Teilzeitarbeitsverhältnis. In Köln traf nur ein Kind zu dieser Frage keine Aussage. Im Verhältnis dazu reduziert sich der Anteil Vollzeit erwerbstätiger Mütter in der „unteren Schicht" in Erfurt auf 44,4 Prozent (gleichfalls 44,4% Teilzeit) und in Köln auf 35,7 Prozent (7,1% mehrere Jobs und 50% Teilzeit).

Dagegen erhöhte sich in der Erfurter „oberen Schicht" der Anteil der in Vollzeit erwerbstätigen Mütter auf 85,3 Prozent (8,8% Teilzeit), während in der gleichen Gruppe in Köln – ähnlich wie im Gesamtsample und der „unteren Schicht" – 38,9 Prozent der Mütter Vollzeit und 61,1 Prozent in Teilzeit erwerbstätig waren.

Tab. 4: Erwerbsstatus der alleinerziehenden Mütter von Mädchen und Jungen in Erfurt und Köln

Familienform				Stadt					
				Erfurt			Köln		
				Geschlecht		Gesamt	Geschlecht		Gesamt
				Mädchen	Jungen		Mädchen	Jungen	
Ein-Elternteil-Familie	Erwerbsstatus d. Mutter	erwerbstätig	Anzahl	7	9	16	6	4	10
			% von Geschlecht	100,0%	75,0%	84,2%	54,5%	57,1%	55,6%
		Hausfrau/ Kindererziehung	Anzahl				2	1	3
			% von Geschlecht				18,2%	14,3%	16,7%
		arbeitslos	Anzahl		3	3	3	2	5
			% von Geschlecht		25,0%	15,8%	27,3%	28,6%	27,8%
Gesamt			Anzahl	7	12	19	11	7	18
			% von Geschlecht	100,0%	100,0%	100,0%	100,0%	100,0%	100,0%

In Köln und Erfurt lebten jeweils zwei der befragten Kinder bei dem alleinerziehenden Vater.

Während in Erfurt „nur" 71,7 Prozent der befragten Kinder angaben, dass ihre Mütter erwerbstätig seien, trafen bei den Kindern aus Ein-Elternteil-Familien 84,2 Prozent diese Aussage. In Köln ging dagegen der Anteil bei den Alleinerziehenden nach Aussagen der Kinder von 62,7 Prozent im Gesamtsample auf 55,6 Prozent unter den Alleinerziehenden zurück. Allerdings gaben in Köln mehr Kinder aus Ein-Elternteil-Haushalten an, dass ihre Mütter arbeitslos seien, als im Gesamtsample (6,8% vs. 27,8%). In Erfurt war eine leicht gegenläufige Tendenz festzustellen (18,1% vs. 15,8%). Kein Kind dieser Gruppe glaubte in Erfurt, dass die Mutter Hausfrau sei; in Köln waren es 16,7 Prozent.

Abb. 6: Erwerbsstatus alleinerziehender Mütter der Kinder in Erfurt und Köln, aufgeschlüsselt nach der sozialen Lage

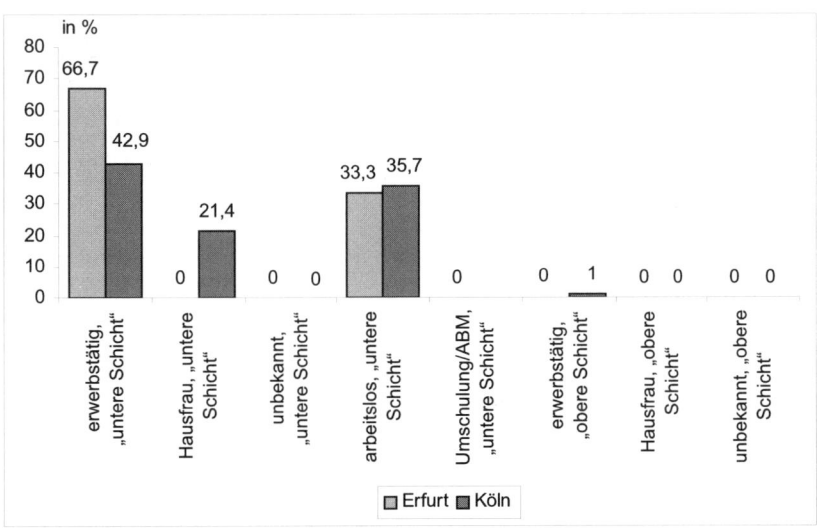

In Erfurt lebten ein und in Köln zwei der befragten Kinder dieser Gruppe beim alleinerziehenden Vater.

In der „unteren Schicht" benannten die Kölner häufiger als die Erfurter Kinder Arbeitslosigkeit ihrer Mütter. Zu fragen wäre in diesem Kontext nach dem Einfluss der unterschiedlichen Ausstattung mit Ganztagsbetreuungsplätzen in Ost- und Westdeutschland. Die deutlich höhere Erwerbsquote der Alleinerziehenden in der „unteren Erfurter Schicht" könnte sowohl auf eine immer noch bessere Situation dort bzw. in den östlichen Bundesländern allgemein hindeuten. Freilich könnte auch die höhere Erwerbsneigung der Frauen im Osten, verbunden mit einer geringeren Unterhaltszahlung durch die Väter der Kinder aufgrund eigener Erwerbslosigkeit die Frauen ohne Betreuungsangebote in das Erwerbsleben zurückkehren lassen.

Dieser Trend lässt sich auch – mit Einschränkung aufgrund der geringen Fallzahlen – beim Erwerbsumfang der alleinerziehenden Mütter erkennen: Von ihnen waren laut Angabe der Kinder 57,1 Prozent in Erfurt vollzeitbeschäftigt, aber nur 37,5 Prozent in Köln. Auch in Bezug auf Teilzeiterwerbstätigkeit waren die Unterschiede signifikant. So berichteten 35,7 Prozent der Erfurter und 62,5 Prozent der Kölner Kinder von alleinerziehenden Müttern, dass diese einer Teilzeitbeschäftigung nachgingen.

Außerdem rückt die prekäre Situation in den östlichen Bundesländern bei Teilzeitstellen ins Blickfeld. Das Angebot an solchen Stellen ist sehr viel geringer als in den westlichen Bundesländern.[14] Noch gravierender dürfte sich aber das Lohngefälle auswirken. Thüringen hat nach wie vor die bundesweit niedrigsten Löhne und Gehälter.[15] Eine Angleichung an die übrigen östlichen Bundesländer prognostiziert eine Studie des DGB bei gleichbleibender Entwicklung erst für das Jahr 2010.[16] Die wenigen Teilzeitstellen in Thüringen dürften daher noch weniger als in Nordrhein-Westfalen existenzsichernde Einkommen garantieren. Darauf finden sich auch Hinweise im ersten Armuts- und Reichtumsbericht der rot-grünen Regierung, wo es für das Jahr 1998 heißt, dass bei den Bezieher(inne)n ergänzender Hilfe zum Lebensunterhalt in den westlichen Bundesländern der „Teilzeitanteil zwischen 56% und 59%", in den östlichen Bundesländern aber mit 26 Prozent deutlich niedriger liege.[17]

Darüber hinaus wäre ein Vergleich der jeweiligen Ernährermodelle von Interesse.[18] Auch im deutschen Ost-West-Vergleich sind Ungereimtheiten dadurch besser zu verstehen.[19] So verzeichnen die neuen Bundesländer zwar eine höhere Arbeitslosen-, aber eine niedrigere Sozialhilfequote als die westdeutschen. Bernd Eggen erklärt dies mit dem Hinweis darauf, dass sich die Wahrscheinlichkeit für Familien verringert, Sozialhilfe zu benötigen, wenn beide Elternteile erwerbstätig sind: „Die stärkere Erwerbsbeteiligung der ostdeutschen Frauen mit minderjährigen Kindern verhinderte bislang trotz hoher Arbeitslosigkeit eine entsprechend häufigere Sozialhilfebedürftigkeit der Familien."[20] Im Osten ist der Anteil an Familien – hier Ehepaaren – mit zwei Erwerbseinkommen mit 66 Prozent deutlich höher als im Westen mit 52 Prozent. Dadurch bedeutet z.B. die Erwerbslosigkeit des Mannes im Osten bei Fortbestand eines Erwerbseinkommens der Ehefrau nicht zwangsläufig Sozi-

---

14 Vgl. Petra Elis, Alleinerziehende in Thüringen, dargestellt aus dem Blickwinkel der Frauenerwerbstätigkeit, Münster 2003, S. 86f. Gleiches lässt sich auch an den Zugängen in der Arbeitslosenstatistik ablesen. Während im Dezember 2001 17,1 Prozent oder 8.942 von 52.210 Betroffenen in Nordrhein-Westfalen aus Teilzeit-Arbeitsverhältnissen heraus erwerbslos wurden, waren es in Thüringen „nur" 1,6 Prozent oder 529 von 32.846 Betroffenen (http://www.arbeitsamt.de/hst/services/statistik/detail/index.html).
15 Laut Elftem Kinder- und Jugendbericht (a.a.O., S. 142) liegen die Niedriglohngebiete „noch überwiegend in Ostdeutschland".
16 Vgl. DGB-Landesbezirk Thüringen (Hrsg.), Löhne und Einkommen von Arbeitern und Angestellten in Thüringen, Erfurt 2001, S. 1
17 Siehe Bundesministerium für Arbeit und Sozialordnung (Hrsg.), Lebenslagen in Deutschland, a.a.O., S. 89
18 Vgl. Andrea Becker, Mutterschaft im Wohlfahrtsstaat. Familienbezogene Sozialpolitik und die Erwerbsintegration von Frauen in Deutschland und Frankreich, Berlin 2000, S. 50ff.
19 Vgl. Stefan Sell, Sozialhilfe, Familienpolitik und Arbeitsmarktintegration. Schnittstellen und ausgewählte Lösungsansätze, in: Sozialer Fortschritt 7/2000, S. 154ff.
20 Bernd Eggen, Familien in der Sozialhilfe und auf dem Arbeitsmarkt, a.a.O., S. 151

alhilfeabhängigkeit, wie dies in den Alleinernährer-Haushalten im Westen der Fall ist.[21]

Bei den Kindern aus der „unteren Schicht" war der Unterschied noch erheblicher. In Erfurt waren mehr alleinerziehende Mütter in dieser Gruppe erwerbstätig (66,7% gegenüber 40% bezogen auf alle Mütter der „unteren Schicht"). Dass ihre Mütter arbeitslos seien, gab sowohl in Köln als auch in Erfurt ein Drittel der befragten Mädchen und Jungen aus dieser Gruppe an. Hausfrauen fehlten in dieser Gruppe in Erfurt, während in Köln ein Fünftel der Kinder dieser Gruppe berichteten, dass die Mütter Hausfrauen seien.

Im Befragungssample gehörten in Erfurt die Familien von 45 Prozent der alleinerziehenden Frauen und deren Kinder der „unteren Schicht" an, in Köln waren es hingegen 78,9 Prozent.[22] Dies dürfte mit der hohen Erwerbslosenquote von Alleinerziehenden zusammenhängen, die vor allem ein weibliches Problem ist. Betrachtet man die Daten jener Kinder, deren Eltern von Erwerbslosigkeit betroffen waren, ist festzustellen, dass Kinder alleinerziehender Mütter darunter besonders häufig litten. In Erfurt lebten 38 Kinder in 19 Ein-Elternteil-Haushalten mit weiblichem Haushaltsvorstand, in Köln waren es 33 Kinder in 18 Ein-Elternteil-Haushalten mit weiblichem Haushaltsvorstand. Von diesen Kindern berichteten in Erfurt 15,8 Prozent von der Erwerbslosigkeit ihrer Mütter, in Köln waren es sogar 51,5 Prozent. Damit liegen die Werte der Projekt-Daten höher als in den für das Jahr 1996 erfassten Daten des Mikrozensus.[23] Demnach waren in Deutschland insgesamt 15,7 Prozent der Kinder alleinerziehender Mütter von deren Erwerbslosigkeit betroffen; in den westlichen Bundesländern lag der Wert bei 10,4 Prozent, in den östlichen dagegen bei 27,3 Prozent. Laut Mikrozensus lag die gleiche Quote für Haushalte alleinerziehender Väter in Deutschland bei 12,1 Prozent, in den westlichen Bundesländern bei 11,2 Prozent, in den östlichen bei 16 Prozent. Die erhebliche Diskrepanz zwischen den Daten bezüglich der Erwerbslosigkeit alleinerziehender Frauen und Männer in den westlichen Bundesländern lassen sich damit erklären, dass bei den westdeutschen Frauen ein geringerer Erwerbszugang zu verzeichnen ist als bei den Frauen in den östlichen Bundesländern.

So lag 1998 die Sozialhilfequote der alleinerziehenden Männer, bezogen auf alle männlichen Ein-Elternteil-Haushalte im früheren Bundesgebiet, bei 6,5 Prozent (0,7% aller Sozialhilfehaushalte) und die der alleinerziehenden Frauen bei 32,1 Prozent (21,8% aller Sozialhilfehaushalte). In den ostdeutschen Bundesländern ist die Tendenz mit einer Sozialhilfequote der alleinerziehenden Männer von 4,7 Prozent (0,7% aller Sozialhilfehaushalte) und einer Sozialhilfequote von 17 Prozent bei den weiblichen Ein-Elternteil-Haus-

---

21 Vgl. ebd., S. 152
22 Bezogen auf alle alleinerziehenden Kölner Frauen im Sample
23 Vgl. Volkswagen AG/Deutscher Kinderschutzbund (Hrsg.), Taschenbuch der Kinderpresse 2001, Hannover 2001, S. 176f.

halten (25,8% aller Sozialhilfehaushalte) ähnlich. Im Bundesdurchschnitt liegt die Sozialhilfequote der alleinerziehenden Männer bei 6,2 Prozent (0,7% aller Sozialhilfehaushalte) und diejenige der alleinerziehenden Frauen bei 28,1 Prozent (22,4% aller Sozialhilfehaushalte).[24]

Für die Mütter der „unteren Schicht" nannten die Schüler/innen in Erfurt sowohl einen deutlich höheren Anteil an Erwerbstätigen wie auch an Arbeitslosen als in Köln. Die Angabe „Hausfrau" spielte dagegen in Erfurt mit 4 Prozent nur eine Nebenrolle, wohingegen in Köln knapp 53 Prozent der befragten Kinder dieser Gruppe angaben, dass ihre Mütter Hausfrauen seien.

Im Unterschied zu den alleinerziehenden Müttern der „unteren Schicht" war in Erfurt der Anteil aller Mütter der „unteren Schicht" mit Teilzeitbeschäftigung genauso hoch wie der Anteil jener, die einer Vollzeitbeschäftigung nachgingen.[25] Dies deutet darauf hin, dass hier das Einkommen vor allem als Ergänzung des Einkommens der Väter angesehen werden kann.

In der „oberen Schicht" war nach den Aussagen der befragten Schüler/innen sowohl in Erfurt als auch in Köln eine hohe Erwerbsbeteiligung der Mütter zu verzeichnen. In Köln gab es in dieser Gruppe des Samples überhaupt keine erwerbslosen Mütter, in Erfurt war nur eine Mutter ohne Erwerbsarbeit. Hausfrauen gab es in Erfurt nach Aussagen der Kinder nicht; in Köln hatten sie mit ca. 26 Prozent einen geringeren Anteil als im Gesamtsample für Köln.

Im Erwerbsumfang der Mütter der „oberen Schicht" zeigte sich ein deutliches Ost-West-Gefälle. Während in Köln ca. 61 Prozent der Mütter aus dieser Gruppe einer Teilzeitbeschäftigung nachgingen, waren es in Erfurt nur knapp 9 Prozent. Umgekehrt standen in Erfurt mehr als doppelt so viele Frauen aus dieser Gruppe (90,6%) in einem Vollzeitarbeitsverhältnis (Köln: 38,9%). Gründe dafür könnten sein:

- eine bessere Infrastruktur der Kinderbetreuung in Erfurt,
- zu geringe Arbeitsentgelte für Teilzeitarbeit in Erfurt aufgrund des Lohngefälles zwischen Ost- und Westdeutschland,
- fehlende Teilzeitstellen im Osten (s.o.),
- eine stärkere Erwerbsorientierung im Osten.[26]

4.2.3 Väter

In Köln gaben mehr Kinder an, dass ihre Väter erwerbstätig seien (90,7%), als in Erfurt (81,1%). Einschließlich der Teilnahme an AFG-Maßnahmen wa-

---

24 Vgl. Bundesministerium für Arbeit und Sozialordnung (Hrsg.), Lebenslagen in Deutschland. Der erste Armuts- und Reichtumsbericht der Bundesregierung, Bd. 2, Bonn 2001, S. 136
25 Bei Vernachlässigung eines Falls, wo das Mädchen dazu nichts Genaues sagen konnte
26 Vgl. Bernd Eggen, Familien in der Sozialhilfe und auf dem Arbeitsmarkt, a.a.O., S. 151

ren in Erfurt 14,4 Prozent der Väter des Samples nach Aussagen der Kinder ohne reguläre Erwerbsarbeit, in Köln dagegen „nur" 7,4 Prozent. Die Zahlen korrespondieren in etwa mit den offiziellen Statistiken. So sahen die Erwerbslosenquoten im Befragungsmonat (Mai 2001) wie folgt aus: In Erfurt betrug die Quote für alle Beschäftigten 15,9 Prozent und für alle abhängig Beschäftigten 17 Prozent, in Köln dagegen „nur" 10,1 bzw. 11,2 Prozent. Die Frauenerwerbslosigkeit lag im Befragungsmonat in Erfurt bei 15,9 Prozent und in Köln bei 9,5 Prozent.[27] Für die Männer betrugen die Quoten 18 bzw. 12,7 Prozent.[28]

Tab. 5: Erwerbsstatus der Väter der Mädchen und Jungen in Erfurt und Köln

		Stadt					
		Erfurt			Köln		
		Geschlecht		Gesamt	Geschlecht		Gesamt
Erwerbsstatus des Vaters		Mädchen	Jungen		Mädchen	Jungen	
	erwerbstätig	Anzahl	48	42	90	78	68	146
		% von Geschlecht	81,4%	80,8%	81,1%	90,7%	90,7%	90,7%
	Hausmann/ Kindererziehung	Anzahl	1		1			
		% von Geschlecht	1,9%		0,9%			
	Weiß ich nicht	Anzahl	1	2	3		1	1
		% von Geschlecht	1,7%	3,8%	2,7%		1,3%	0,6%
	arbeitslos	Anzahl	9	4	13	7	4	11
		% von Geschlecht	15,3%	7,7%	11,7%	8,1%	5,3%	6,8%
	Umschulung/ ABM	Anzahl	1	2	3	1		1
		% von Geschlecht	1,7%	3,8%	2,7%	1,2%		0,6%
	Rentner/ EU-Rentner	Anzahl		1	1		2	2
		% von Geschlecht		1,9%	0,9%		2,7%	1,2%
Gesamt		Anzahl	59	52	111	86	75	161
		% von Geschlecht	100,0%	100,0%	100,0%	100,0%	100,0%	100,0%

Unberücksichtigt blieben die Fälle, wo Kinder bei ihren alleinerziehenden Müttern lebten oder keine Angabe gemacht haben.

Katastrophal sah die Erwerbsquote der Väter der „unteren Schicht" vor allem in Erfurt aus. Während im Vergleich zum Gesamtsample in Köln die Erwerbsquote von 90,7 auf 72,1 Prozent sank und die Arbeitslosenquote auf 23,3 Prozent stieg (ohne Väter, bei denen es die Kinder nicht wussten), lag der Anteil erwerbstätiger Väter in Erfurt bei nur noch 23,5 Prozent und die Erwerbslosigkeit (inklusive Umschulung) betrug 58,8 Prozent.

Die Erwerbsquoten der Väter dieser Gruppe spiegelten in den Befragungsergebnissen das gleiche Bild wider, welches schon für die Mütter be-

---

27 Diese Angaben beziehen sich – ebenso wie bei den Männern – auf abhängig Beschäftigte. Die Quoten für alle Beschäftigten wurden nicht geschlechterdifferent ausgeworfen.
28 Vgl. die auf http://www.arbeitsamt.de/hst/services/statistik/detail/index.html abrufbaren Daten

Erwerbssituation

schrieben wurde – die Spaltung des Arbeitsmarktes in einen der östlichen und einen der westlichen Bundesländer. Noch gravierender erscheinen die Unterschiede, wenn man in Betracht zieht, dass der Anteil jener Kinder, die nicht in der Lage waren, etwas zum Erwerbsstatus ihrer Väter auszusagen, in Erfurt höher als in Köln war.

Abb. 7: Erwerbsstatus der Väter von Kindern der „unteren" und der „oberen Schicht" in Erfurt und Köln

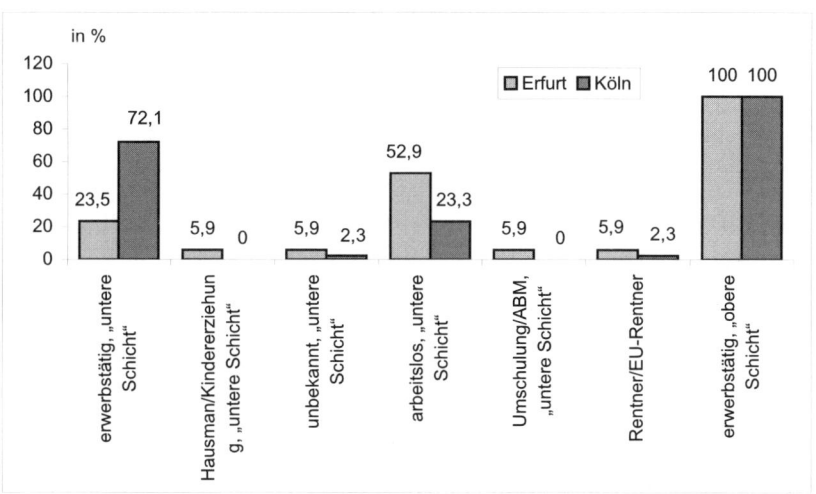

Alle Väter der „oberen Schicht" hatten Zugang zum Erwerbsarbeitsmarkt, was aber nur zum Teil mit der Gruppenkonstruktion zu tun hat. Um in diese Gruppe aufgenommen zu werden, hätte auch allein die Mutter einer höher qualifizierten Tätigkeit nachgehen können, während der Vater ohne Erwerbseinkommen geblieben wäre. Einen solchen Fall gab es aber im Sample nicht, was die These der geschlechtsspezifischen Spaltung des Arbeitsmarktes untermauert.

4.2.4 Zusammenfassung

Der Erwerbsstatus jener Väter, die der „unteren Schicht" zugerechnet werden, stellte sich am problematischsten dar. Sowohl in Erfurt als auch in Köln liegt der Anteil der Väter ohne reguläre Erwerbsarbeit deutlich höher – in Erfurt um 44,4 Prozentpunkte und in Köln um 15,9 Prozentpunkte – als im Gesamtsample. In der „oberen Schicht" ist Arbeitslosigkeit für die Väter der befragten Schüler/innen erwartungsgemäß kein Problem; alle Väter der Kinder aus dieser Gruppe waren erwerbstätig.

4.3 Wohnsituation

Die Antworten auf diesen Fragenkomplex spiegeln weniger die reale Wohnsituation der befragten Kinder als deren Wahrnehmungen und Interpretationen wider. Harte Fakten zur Wohnsituation – Wohnungsgröße in qm, Anzahl der Zimmer und deren Nutzung – wurden nicht erhoben.

4.3.1 Vorhandensein eines (eigenen) Kinderzimmers

Insgesamt haben in Erfurt mehr Kinder ein eigenes Zimmer als in Köln, was bei der skizzierten Situation – mehr Kinder in Erfurt als in Köln wuchsen als Einzelkinder auf – auch nicht verwundern sollte. Auffallend waren dabei die geschlechtsspezifischen Unterschiede. Nur knapp 46 Prozent der Kölner Mädchen hatten ein eigenes Zimmer, aber 51,2 Prozent der Jungen. In Erfurt waren dagegen die Mädchen mit 84,8 Prozent besser gestellt, weil bei ihnen der Anteil mit eigenem Zimmer 5 Prozentpunkte über dem der Jungen (79,7%) lag.

Während in Erfurt auch in der „unteren Schicht" noch mehr als 60 Prozent der Kinder ein eigenes Zimmer hatten – gegenüber 82,3 Prozent im Gesamtsample –, sank der Anteil in Köln von 48,3 auf 12,3 Prozent. Die Wohnsituation scheint gerade für Kinder dieser Gruppe in Köln dramatisch schlechter zu sein, was mit der Lage auf dem lokalen Wohnungsmarkt korrespondiert. In Erfurt mit seiner in dieser Beziehung noch relativ entspannten Situation ist es offenbar auch für Familien in prekären Lebenssituationen möglich, eine der Familiengröße angemessene Wohnung zu mieten. Es muss allerdings davon ausgegangen werden, dass dies nicht so bleibt. Im Rahmen des Programms „Stadtumbau Ost" und im Zuge der Altschuldenregelung sind Wohnungsunternehmen gehalten, Plattenbauten abzureißen („rückzubauen"). In diesem Kontext ist eine Passage im Materialband des Dritten Thüringer Sozialberichts interessant, die entgegen der Prognose des Landesamtes für Statistik von einer Zunahme der Zahl der Haushalte zwischen 2003 und 2010 ausgeht.[29] Damit dürfte auch ein erhöhter Bedarf an Wohnungen verbunden sein, die jedoch in großer Zahl abgerissen werden sollen.

---

29 Thüringer Ministerium für Soziales, Familie und Gesundheit (Hrsg.), Materialband zum 3. Thüringer Sozialbericht, a.a.O., S. 22f.

Wohnsituation

Tab. 6: Antworten der Kinder in Erfurt und Köln auf die Frage nach dem eigenen Zimmer, aufgeschlüsselt nach dem Geschlecht und der sozialen Lage

Soziale Lage				Stadt					
				Erfurt			Köln		
				Geschlecht		Gesamt	Geschlecht		Gesamt
				Mädchen	Jungen		Mädchen	Jungen	
Untere Schicht	Hast du ein eigenes Zimmer?	ja	Anzahl	6	10	16	3	4	7
			% von Geschlecht	54,5%	66,7%	61,5%	9,4%	16,0%	12,3%
		nein	Anzahl	5	5	10	29	21	7
			% von Geschlecht	45,5%	33,3%	38,5%	90,6%	84,0%	87,7%
	Gesamt		Anzahl	11	15	26	32	25	57
			% von Geschlecht	100,0%	100,0%	100,0%	100,0%	100,0%	100,0%
Mittlere Schicht	Hast du ein eigenes Zimmer?	ja	Anzahl	27	29	56	26	26	52
			% von Geschlecht	84,4%	78,4%	81,2%	53,1%	57,8%	55,3%
		nein	Anzahl	5	8	13	23	19	42
			% von Geschlecht	15,6%	21,6%	18,8%	46,9%	42,2%	44,7%
	Gesamt		Anzahl	32	37	69	49	45	94
			% von Geschlecht	100,0%	100,0%	100,0%	100,0%	100,0%	100,0%
Obere Schicht	Hast du ein eigenes Zimmer?	ja	Anzahl	23	12	35	15	12	27
			% von Geschlecht	100,0%	100,0%	100,0%	100,0%	100,0%	100,0%
	Gesamt		Anzahl	23	12	35	15	12	27
			% von Geschlecht	100,0%	100,0%	100,0%	100,0%	100,0%	100,0%

Indessen werden unter Berücksichtigung des Migrationshintergrundes bemerkenswerte Differenzen deutlich. Reduziert sich die Verfügbarkeit eines eigenen Zimmers in der „unteren Schicht" in Erfurt auf 50 Prozent, so liegt der Anteil der Migrantenkinder mit eigenem Zimmer in Köln gerade noch bei 10 Prozent, d.h. gegenüber dem Kölner Gesamtsample um knapp 40 Prozentpunkte niedriger.

Auch sinkt der Anteil der Kinder mit eigenem Zimmer im Vergleich zum Gesamtsample, wenn in Erfurt und Köln die Angaben derjenigen Schüler/innen betrachtet werden, die mit einem oder gar mehreren Geschwistern im Haushalt aufwachsen.

Tab. 7: Antworten von Mädchen und Jungen mit mindestens einem Geschwisterkind in Erfurt und Köln auf die Frage nach dem eigenen Zimmer

Soziale Lage				\multicolumn{3}{c}{Erfurt}	\multicolumn{3}{c}{Köln}
				Geschlecht		Gesamt	Geschlecht		Gesamt
				Mädchen	Jungen		Mädchen	Jungen	
Untere Schicht	Hast du ein eigenes Zimmer?	ja	Anzahl	3	5	8	2	3	5
			% von Geschlecht	37,5%	50,0%	44,4%	6,7%	13,6%	9,6%
		nein	Anzahl	5	5	10	28	19	47
			% von Geschlecht	42,5%	50,0%	55,6%	93,3%	86,4%	90,4%
	Gesamt		Anzahl	8	10	18	30	22	52
			% von Geschlecht	100,0%	100,0%	100,0%	100,0%	100,0%	100,0%
Mittlere Schicht	Hast du ein eigenes Zimmer?	ja	Anzahl	16	17	33	22	16	38
			% von Geschlecht	76,2%	68,0%	71,7%	48,9%	45,7%	47,5%
		nein	Anzahl	5	8	13	23	19	42
			% von Geschlecht	23,8%	32,0%	28,3%	51,1%	54,3%	52,5%
	Gesamt		Anzahl	21	25	46	45	35	80
			% von Geschlecht	100,0%	100,0%	100,0%	100,0%	100,0%	100,0%
Obere Schicht	Hast du ein eigenes Zimmer?	ja	Anzahl	13	8	21	11	10	21
			% von Geschlecht	100,0%	100,0%	100,0%	100,0%	100,0%	100,0%
	Gesamt		Anzahl	13	8	21	11	10	21
			% von Geschlecht	100,0%	100,0%	100,0%	100,0%	100,0%	100,0%

Noch niedriger sind die Werte für Kinder mit eigenem Zimmer in der jeweiligen „unteren Schicht" der Erfurter und Kölner Kinder mit mindestens einem Geschwisterkind. So hatten in Erfurt weniger als 45 Prozent der befragten Kinder dieser Gruppe ein eigenes Zimmer; in Köln waren es nicht einmal 10 Prozent.

Die Konstruktion der „oberen Schicht" basiert zwar auf der Verfügung über ein eigenes Zimmer bei den befragten Schüler(inne)n. Gleichwohl ist bemerkenswert, dass selbst Kinder mit zwei und mehr Geschwistern über ein eigenes Zimmer verfügten. In Erfurt lag ihr Anteil bei 8,6 Prozent und in Köln sogar bei 14,8 Prozent.

Werden diese Zahlen ins Verhältnis zu jenen der „unteren Schicht" gesetzt, so ergibt sich folgendes Bild: Während in der „unteren Schicht" in Erfurt 34,6 Prozent der befragten Kinder mit zwei und mehr Geschwistern lebten, hatten nur 11,5 Prozent der Kinder dieser Gruppe zwei oder mehr Geschwister und ein eigenes Zimmer. In der Erfurter „oberen Schicht" hatten dagegen nur 8,6 Prozent der befragten Mädchen und Jungen zwei oder mehr Geschwister, wobei alle über ein eigenes Zimmer verfügten. In Köln lebten 57 Prozent der befragten Mädchen und Jungen in der „unteren Schicht" mit zwei oder mehr Geschwistern, aber nur in einem Fall dieser Gruppe (1,8%) hatte das Kind mehr als zwei Geschwister und ein eigenes Zimmer. In der Kölner „oberen Schicht" dagegen hatten 14,8 Prozent der befragten Mädchen und Jungen mindestens zwei Geschwister. Von diesen besaßen aber alle ein

Wohnsituation

eigenes Zimmer, was zwar mit der Gruppenkonstruktion zusammenhängt, aber nicht mit dieser allein zu begründen ist, vielmehr Hinweise auf die unterschiedlichen Wohnungsgrößen in den beiden Gruppen liefert.

4.3.2 Beurteilung der Wohnung

Da ein eigenes Zimmer nicht unbedingt Indikator für Wohnzufriedenheit ist, wurden die Kinder danach gefragt, wie sie selbst die Wohnung finden, in der sie leben. Als Antwortmöglichkeiten stand eine Vierer-Skala zur Verfügung, wie in der Abbildung 8 dargestellt. Insgesamt gesehen erscheint die Wohnsituation der Jungen und Mädchen in Erfurt und Köln demnach nicht problematisch. Fast 94 Prozent der Kinder in Erfurt und über 88 Prozent in Köln gaben an, dass ihnen die Wohnung, in der sie leben, „gut" bis „sehr gut" gefällt. Nur 6,2 Prozent der Erfurter Kinder fanden keinen Gefallen an ihrer Wohnung, in Köln waren es aber knapp 12 Prozent.

Abb. 8: Beurteilung der Wohnung durch die Kinder, aufgeschlüsselt nach der Schichtzugehörigkeit

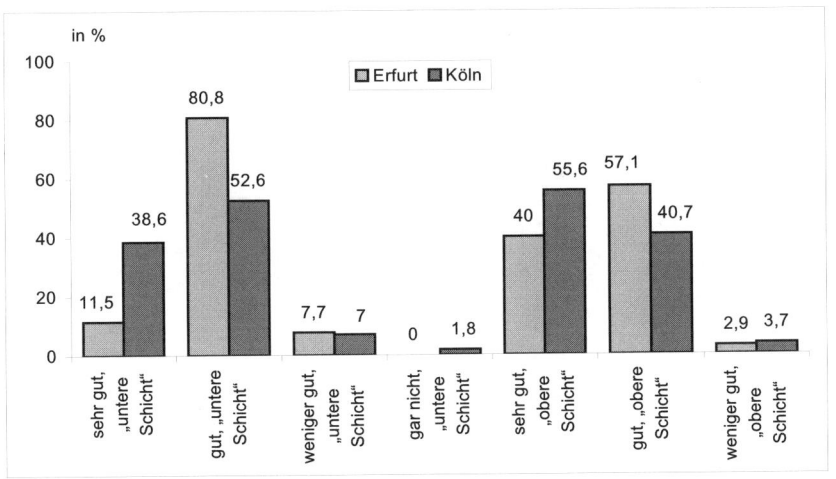

Ein Junge in Köln machte zu dieser Frage keine Angabe.

In der „unteren Schicht" verändert sich dieses Bild insofern, als der Anteil jener Erfurter Kinder, die mit ihrer Wohnung nicht ganz zufrieden waren, etwas zunahm, in Köln dagegen sank. Auch die uneingeschränkte Zufriedenheit – „sehr gut" – nahm in Erfurt und Köln ab; in Erfurt war ein um mehr als 20 Prozentpunkte niedrigerer Wert für dieses Item gegenüber dem Gesamtsample zu verzeichnen. Allerdings fanden sich die meisten Antworten bei „sehr gut/gut", während kein Erfurter Mädchen und nur noch zwei Jungen „weniger gut/gar nicht" mit ihrer Wohnung zufrieden waren. In Köln verlief die Entwicklung tendenziell ähnlich.

In der „oberen Schicht" ist für die Erfurter Kinder eine – im Vergleich zum Gesamtsample – (von 93,8% auf 97,1%) gewachsene Zufriedenheit zu verzeichnen, die in Köln noch stärker ausgeprägt war (Anstieg von 88,2 auf 96,3%). In beiden Städten liegt der Anteil jener Kinder, denen die Wohnung „weniger gut" bis „gar nicht" gefiel, unter dem in der „unteren Schicht".

Darüber hinaus wollten wir von den Kindern wissen, wie sie die Wohnungsgröße einschätzen. Um ein genaueres Bild zeichnen zu können, werden die Antworten der Kinder betrachtet, die über ein eigenes Zimmer verfügten. Dabei ist festzustellen, dass die Zufriedenheit mit der Wohnung allgemein in Erfurt gegenüber der Gesamtgruppe nahezu unverändert bei 93,4 Prozent liegt, in Köln dagegen mit 90,4 Prozent leicht zunimmt.

Abb. 9: Beurteilung der Wohnung durch die Kinder mit eigenem Zimmer

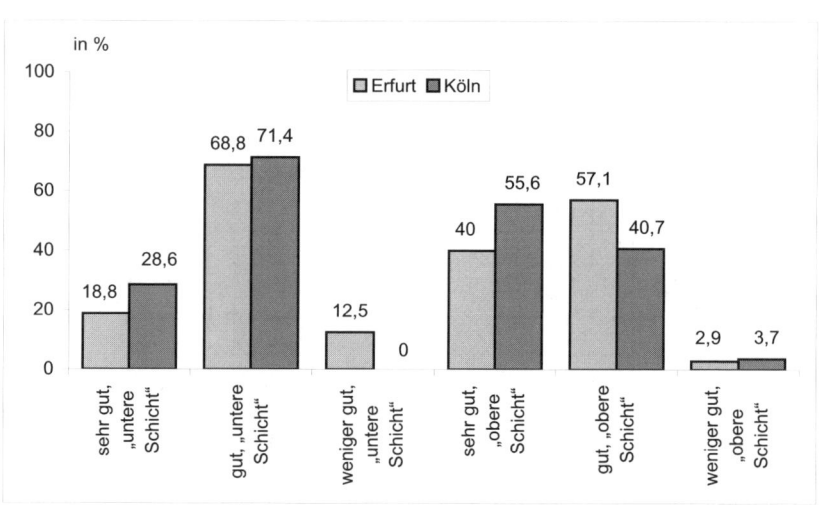

Bei der Betrachtung dieser Gruppe entlang der sozialen Lagen fällt auf, dass die Kinder der „unteren Schicht" in Köln und Erfurt nicht in gleichem Maße Zufriedenheit bzw. Unzufriedenheit signalisierten. In Erfurt war die Zufriedenheit mit der eigenen Wohnung in der „oberen Schicht" mit 96,3 Prozent am größten und in der „unteren Schicht" mit 87,6 Prozent am geringsten.

Erstaunlicherweise wurde die eigene Wohnung nicht nur in der Kölner „oberen Schicht" sehr positiv bewertet, sondern die Zufriedenheit der Kinder

Wohnsituation 235

der „unteren Schicht" war mit 100 Prozent in dieser Hinsicht sogar noch ausgeprägter. Demnach legten die Kinder in der rheinischen Metropole und in Erfurt unterschiedliche Bewertungsmaßstäbe an. Gleichzeitig wird deutlich, dass das Vorhandensein eines Kinderzimmers allein nicht die Zufriedenheit mit der Wohnung bestimmt. Vielmehr scheinen hier auch mehrere andere Faktoren – etwa der Zustand der Wohnung, ihre Größe, die Lage in der Stadt u.Ä. – eine gewisse Rolle zu spielen.

Von den Kindern ohne eigenes Zimmer bewerteten in Erfurt 95,7 Prozent und in Köln 85 Prozent ihre Wohnung als „gut" bis „sehr gut". In Erfurt war demnach zwischen den Kindern mit und ohne eigenes Zimmer kaum ein Unterschied in der Bewertung der eigenen Wohnung festzustellen, wohingegen in Köln von denjenigen ohne eigenes Zimmer weniger mit der eigenen Wohnung zufrieden waren als von denjenigen mit einem Kinderzimmer. Dabei waren es in Erfurt „nur" 90 Prozent der Mädchen, aber 100 Prozent der Jungen. In Köln machten weniger als 80 Prozent der Mädchen solche Angaben, bei den Jungen dagegen fast 95 Prozent.

4.3.3 Einschätzung der Wohnungsgröße

Der größte Teil der befragten Schüler/innen war mit der Größe ihrer Wohnung zufrieden, wobei es einerseits einen erheblichen Unterschied zwischen Erfurt und Köln gab und andererseits eine starke Differenz zwischen Mädchen und Jungen – sowohl hier wie dort. So waren in Erfurt 88,5 Prozent der befragten Mädchen und Jungen mit der Größe der elterlichen Wohnung zufrieden, wobei mit 92,2 Prozent der Anteil jener Jungen, die diese Einschätzung geäußert haben, deutlich höher ist als jener der Erfurter Mädchen mit 84,8 Prozent.

In Köln stimmten mit 79,7 Prozent erheblich weniger der befragten Schüler/innen der Aussage zu, dass die elterliche Wohnung groß genug sei, als in Erfurt. Der Unterschied zwischen Mädchen und Jungen war hier sehr viel deutlicher – nur 71,9 Prozent der befragten Kölner Mädchen äußerten sich zufrieden mit der Wohnungsgröße, aber 88,9 Prozent der Jungen.

Abb. 10: Einschätzung der Wohnungsgröße durch die befragten Kinder in Erfurt und Köln

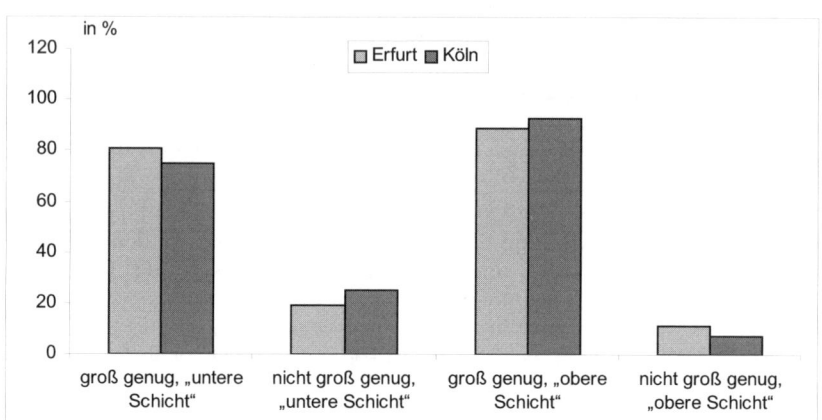

Zwei Kinder in Köln machten zu dieser Frage keine Angabe.

Wie die Analyse der Antworten entsprechend der konstruierten sozialen Lagen zeigt, stimmen die Mitglieder der „unteren Schicht" sowohl in Erfurt als auch in Köln der Aussage, dass die elterliche Wohnung groß genug sei, weniger zu als diejenigen der „oberen Schicht". In Erfurt – hier stimmten dieser Aussage nur 80,8 Prozent der befragten Mädchen und Jungen (72,7% vs. 86,7%) zu – fällt diese Differenz stärker aus als in Köln. Dort sind nur noch 75 Prozent der befragten Mädchen (65,6%) und Jungen (87,5%) der „unteren Schicht" dieser Meinung. Einzig in der „oberen Schicht" waren sowohl in Erfurt als auch in Köln mehr Mädchen als Jungen der Ansicht, dass die elterliche Wohnung groß genug sei.

In Köln ist der Unterschied in der Einschätzung der Wohnungsgröße durch die Kinder am deutlichsten. Entsprechend der Wohnungsmarktlagen in Erfurt und Köln könnte somit für Erfurt noch von einer geringeren Belastung der Kinder ausgegangen werden. Wie lange dies noch so bleiben wird, kann hier aber wegen der oben erwähnten Entwicklung – Rückbau von Plattenbauten, wachsende Zahl von Haushalten, materielle Einschränkungen von Haushalten im Alg-II-Bezug, usw. – nicht eingeschätzt werden.

4.3.4 Platz zum Spielen

Der Platz zum Spielen in der eigenen Wohnung reicht insgesamt mehr Kölner als Erfurter Kindern aus (87,4% gegenüber 79,1%), was mit der Wohnungsgröße allgemein zusammenhängen könnte. Denn die Versorgungsquote

Wohnsituation

bezüglich der Fläche pro Person dürfte aufgrund der gerade in Plattenbauten sehr kleinen Wohnungen in Erfurt deutlich unter jener in Köln liegen.

Abb. 11: Auskunft der Kinder in Erfurt und Köln über ihren Platz zum Spielen in der Wohnung

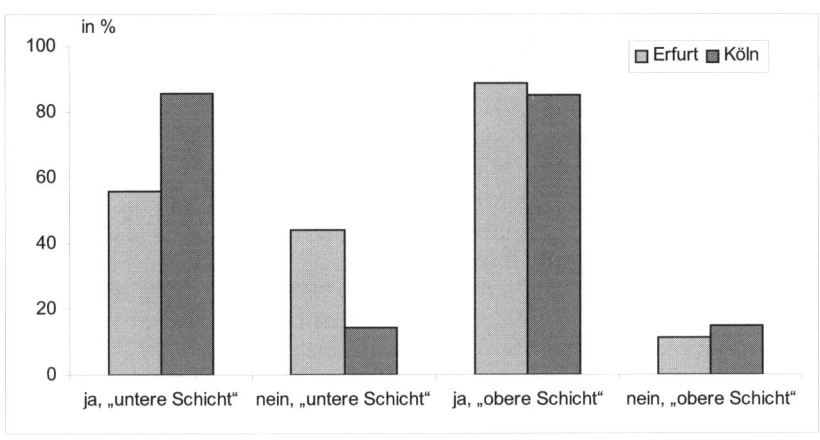

In Erfurt machten ein und in Köln fünf Kinder zu dieser Frage keine Angaben.

Eine Aufschlüsselung der Antworten nach der sozialen Situation zeigt nicht das erwartete Ergebnis. Während in Erfurt bedeutend mehr Kinder der „oberen Schicht" mit dem Platz zum Spielen in der elterlichen Wohnung zufrieden waren als solche der „unteren Schicht", lagen die Werte in beiden Kölner Gruppen erstaunlicherweise praktisch gleich. In Erfurt ist wiederum in beiden Schichten eine stärkere Zufriedenheit mit dem Platzangebot bei den Jungen festzustellen. In Köln gilt dies nur für die Kinder der „unteren Schicht". In der „oberen Schicht" waren dagegen anteilig mehr Mädchen als Jungen der Ansicht, dass sie genug Platz zum Spielen hätten.

Kinder mit eigenem Zimmer gaben in Köln mit einem Anteil von fast 90 Prozent öfter an, dass ihnen der Platz zum Spielen in der Wohnung ausreiche, als diejenigen in Erfurt mit „nur" knapp 80 Prozent. Auch in der „unteren Schicht" ergab sich – bei einem noch drastischeren Abstand von fast 30 Prozentpunkten – das gleiche Bild. Demnach scheinen Kinder der „unteren Schicht" in Köln zufriedener zu sein als die Mitglieder der Vergleichsgruppe in Erfurt.

Ganz anders stellt sich der Sachverhalt in der „oberen Schicht" dar. Dort ist der Anteil jener Kinder mit eigenem Zimmer, die bei dieser Frage zustimmend geantwortet haben, in Erfurt deutlich größer als in der „unteren Schicht"; in Köln ist er dagegen beinahe gleich hoch. Möglicherweise sind die Kinder der „oberen Schicht" in Köln trotz einer besseren materiellen Situation unzufriedener, was als „Unzufriedenheits-Dilemma" beschrieben werden kann.

In der „unteren Schicht" reicht den Kölner Kindern der Platz zum Spielen in 85,7 Prozent der Fälle aus, sofern sie ein eigenes Zimmer haben; in Erfurt bleibt die Zufriedenheit in der gleichen Gruppe mit nur 56,3 Prozent ziemlich gering. Das kann z.B. an der Wohnungs- und Zimmergröße liegen, die in Erfurt – vor allem in den von der „unteren Schicht" bewohnten genormten Plattenbauten – sehr gering ist.[30]

4.3.5 Zusammenfassung

Insgesamt erscheint die Wohnsituation für die Erfurter Schüler/innen – gerade der „unteren Schicht" – (noch) etwas besser zu sein als für die Kinder in Köln. Dabei sind konsequenterweise deutlich mehr Kinder der „oberen Schicht" in Erfurt und Köln mit der Wohnungsgröße zufrieden als in der jeweiligen „unteren Schicht". Dies korrespondiert mit dem Wohnungsmarkt. In Erfurt mit seiner in dieser Beziehung noch relativ entspannten Situation erscheint es auch für Familien in prekären Lebenssituationen möglich, eine der Familiengröße angemessene Wohnung zu mieten. Dem stehen jedoch die Ausführungen zur Wohnraumversorgung im 11. Kinder- und Jugendbericht gegenüber, wonach „die Wohnraumversorgung und die Wohnungsausstattung (...) in Ostdeutschland im Durchschnitt merklich unter dem westlichen Niveau" liegen.[31] Nichts ausgesagt werden kann an dieser Stelle zur Ausstattung der Wohnung und damit zu sonstigen Problembereichen bei Wohnungsnotfällen.

Es scheint plausibel, wenn Kinder ohne eigenes Zimmer häufiger mit dem ihnen zur Verfügung stehenden Platz zum Spielen unzufrieden sind. Dass aber im Gegensatz zu den Erfurter Mädchen und Jungen – bei denen nur knapp 70 Prozent jener, die kein eigenes Zimmer hatten, den Platz zum Spielen für ausreichend hielten – fast 83 Prozent der Kölner Schüler/innen ohne eigenes Kinderzimmer angaben, sie hätten genug Platz zum Spielen, kann man einerseits als Ausdruck eines „Zufriedenheits-Paradoxons" deuten, wovon die Literatur zum Lebenslagenansatz in solchen Fällen spricht.[32] Gemeint ist damit, dass das Wohlbefinden bei objektiv schlechteren Bedingungen – in diesem Fall dem Fehlen eines eigenen Zimmers – besser ist. Andererseits sind Wohnungen in den westlichen Bundesländern durchschnittlich

---

30 Vgl. Statistisches Bundesamt (Hrsg.), Datenreport 1999. Zahlen und Fakten über die Bundesrepublik Deutschland, Bonn 2000, S. 134ff.
31 Vgl. Bundesministerium für Familien, Senioren Frauen und Jugend (Hrsg.), Elfter Kinder- und Jugendbericht, Berlin 2002, S. 143
32 Vgl. Wolfgang Voges u.a., Methoden und Grundlagen des Lebenslagenansatzes. 1. Zwischenbericht im Bundesministerium für Arbeit und Sozialordnung, Bremen 2001, S. 25f.

größer als im Osten. Dies könnte auch die Kinderzimmer betreffen, womit die Aussagen – auch beim Teilen der Zimmer mit einem Geschwisterkind – wiederum als schlüssig angesehen werden könnten.

Interessant sind die geschlechtsspezifischen Unterschiede. Während in Erfurt nur 50 Prozent der Mädchen ohne eigenes Zimmer den Platz zum Spielen für ausreichend hielten, waren es knapp 85 Prozent der Jungen. Dies könnte ein weiteres Indiz für eine stärkere Außenorientierung der Jungen sein. Wenn die Jungen öfter draußen spielen als die Mädchen, reicht ihnen der Platz zum Spielen in der Wohnung vielleicht, obwohl sie kein eigenes Zimmer besitzen. Auch in Köln ergab sich bei den Jungen eine größere Zufriedenheit, die mit einem Unterschied von 6,4 Prozentpunkten aber nicht so stark ausfiel wie in Erfurt.

4.4 Taschengeld, Freizeit und Unterhaltung

Über einen größeren Fragenkomplex zum (Taschen-)Geld, zur materiellen Ausstattung sowie zu deren Bewertung durch die Schüler/innen wurde versucht, die Bedeutung materieller Einschränkungen für Kinder zu ergründen und damit auch Verknüpfungen zu den kulturellen Ressourcen herzustellen.

4.4.1 Taschengeld

Die Ausgabe von Taschengeld kann ganz unterschiedliche Beweggründe bei den Eltern haben. So mag Taschengeld einen Aspekt auf dem Weg zum Erlernen von Selbstständigkeit darstellen, es dürfte aber auch einfach deshalb gegeben werden, weil „alle Kinder" Taschengeld erhalten. Im Befragungssample erhielten die meisten Kinder Taschengeld, aber in Köln (89,9%) deutlich mehr als in Erfurt (76%). Dabei waren sowohl hier wie auch dort Unterschiede zwischen den Geschlechtern festzustellen.

Während in Erfurt bei den Jungen der Anteil jener, die (Taschen-)Geld erhielten, mit 79,7 Prozent um 6,5 Prozentpunkte höher lag als bei den Mädchen mit 72,3 Prozent, war es in Köln umgekehrt – dort lag der Anteil der Mädchen mit 93,8 Prozent um 8,4 Prozentpunkte über dem der Jungen mit 85,4 Prozent. Die vorgegebene Aussage „Kriege Geld, wenn ich es brauche" trafen in Erfurt 8,5 Prozent und in Köln 3,4 Prozent der Kinder.

Tab. 8: (Taschen-)Gelderhalt bei den Mädchen und Jungen in Erfurt und Köln

			Stadt					
			Erfurt			Köln		
			Geschlecht		Gesamt	Geschlecht		Gesamt
			Mädchen	Jungen		Mädchen	Jungen	
Bekommst du Taschengeld?	ja	Anzahl	47	51	98	91	70	161
		% von Geschlecht	72,3%	79,7%	76,0%	93,8%	85,4%	89,9%
	nein	Anzahl	11	8	19	3	9	12
		% von Geschlecht	16,9%	12,5%	14,7%	3,1%	11,0%	6,7%
	brauche keins	Anzahl	1		1			
		% von Geschlecht	1,5%		0,8%			
	krieg Geld, wenn ich es brauche	Anzahl	6	5	11	3	3	6
		% von Geschlecht	9,2%	7,8%	8,5%	3,1%	3,7%	3,4%
Gesamt		Anzahl	65	64	129	97	82	179
		% von Geschlecht	100,0%	100,0%	100,0%	100,0%	100,0%	100,0%

Ein Kind in Erfurt machte zu dieser Frage keine Angabe.

Abb. 12: (Taschen-)Gelderhalt der Kinder in Erfurt und Köln, aufgeschlüsselt nach der Schichtzugehörigkeit

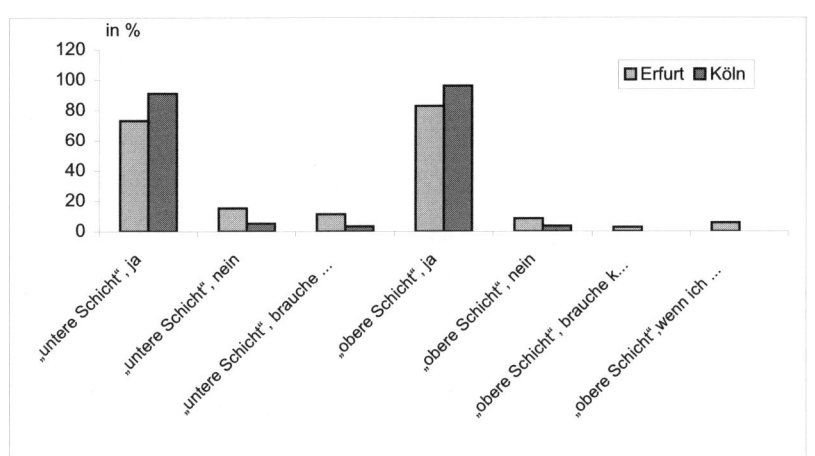

Ein Kind in Erfurt machte dazu keine Angabe.

Bei einer Analyse der Verfügbarkeit von (Taschen-)Geld nach sozialen Lagen waren Verschiebungen und Konstanzen festzustellen. In Erfurt lag der Anteil jener Kinder der „unteren Schicht", die (Taschen-)Geld erhielten, mit 73,1 Prozent unter dem der Gesamtgruppe, in Köln dagegen mit 91,2 Prozent etwas darüber.

Während in der Erfurter „unteren Schicht" der Anteil jener Mädchen, die (Taschen-)Geld erhielten, mit 81,8 Prozent den Anteil der Jungen mit (Taschen-)Geld (66,7%) um 15,1 Prozentpunkte übertraf, war die Differenz zwischen Mädchen (93,8%) und Jungen (88%) dieser Gruppe in Köln mit 5,8 Prozentpunkten etwas geringer als in der Gesamtgruppe. Während in Erfurt der Anteil jener Kinder (nur 26,7% der Jungen) der „unteren Schicht", die angaben, kein (Taschen-)Geld zu bekommen, mit 15,4 Prozent höher lag als im Gesamtsample, war er in Köln mit 5,3 Prozent (ohne Mädchen) etwas geringer. In der „oberen Schicht" war sowohl in Erfurt mit 82,9 Prozent als auch in Köln mit 96,3 Prozent der Anteil jener Schüler/innen, die angaben, (Taschen-)Geld zu erhalten, höher als in der Gesamtgruppe und der „unteren Schicht".

In die Auswertung zur Frage nach der Zufriedenheit mit dem Taschengeld wurden nur die Fälle einbezogen, in denen die Kinder auch angaben, (Taschen-)Geld zu erhalten. Im Erfurter Gesamtsample waren 84,3 Prozent der befragten Kinder mit ihrem (Taschen-)Geld zufrieden, 9,3 Prozent fanden es mehr oder weniger ausreichend, und ein Junge war völlig unzufrieden mit seinem (Taschen-)Geld. In Köln waren nur 67,6 Prozent der Mädchen und Jungen, die (Taschen-)Geld erhielten, mit seiner Höhe zufrieden, 16,5 Prozent waren mehr oder weniger zufrieden. Jedes zehnte Kind dieser Gruppe in Köln nutzte das Item „brauche nicht mehr" zur Beantwortung der Frage und 5,3 Prozent (6,3% der Mädchen und 4% der Jungen) waren völlig unzufrieden.

Abb. 13: Zufriedenheit der Kinder mit dem (Taschen-)Geld, aufgeschlüsselt nach der Schichtzugehörigkeit

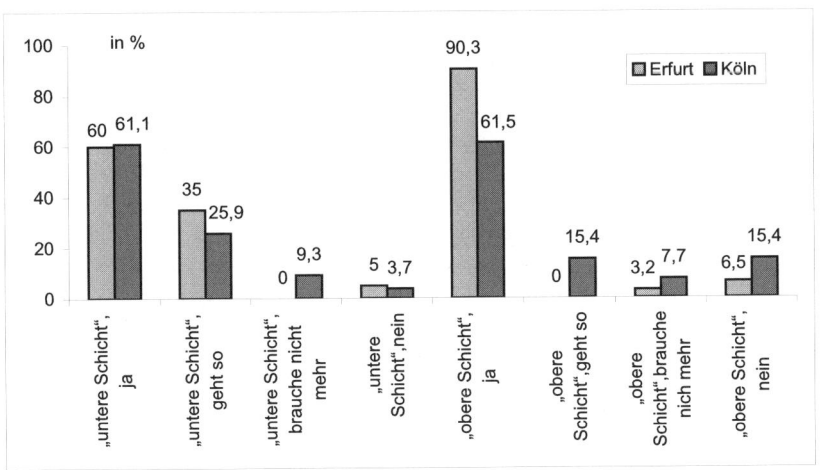

Zwei Kinder in Erfurt machten zu dieser Frage keine Angaben. 20 Kinder in Erfurt und zwölf in Köln gaben an, kein (Taschen-)Geld zu erhalten.

In Erfurt und Köln hielten anteilig mit 60 bzw. 61,1 Prozent deutlich weniger Kinder der „unteren Schicht" ihr (Taschen-)Geld für ausreichend, während Unzufriedenheit nur zu 5 Prozent in Erfurt und zu 3,7 Prozent in Köln geäußert wurde. In dieser Gruppe wichen sowohl in Erfurt als auch in Köln über ein Drittel der Kinder (35% in Erfurt und 35,2% in Köln) auf die unklaren Antwortmöglichkeiten aus.

Für die „obere Schicht" lässt sich konstatieren, dass in Erfurt 90,3 Prozent der Mädchen und Jungen – es gab keine Unterschiede zwischen den Geschlechtern – Zufriedenheit mit dem ihnen zur Verfügung stehenden (Taschen-)Geld signalisierten; in Köln dagegen sahen „nur" 61,5 Prozent (Mädchen: 73,3%; Jungen: 45,5%) ihr (Taschen-)Geld als ausreichend an. Knapp ein Drittel der Kinder aus dieser Gruppe gab in Köln ambivalente Antworten, in Erfurt waren es nur 6,5 Prozent (ein Mädchen und ein Junge).

Die nunmehr zu vergleichenden Mittelwerte der Höhe des zur Verfügung stehenden (Taschen-)Geldes ergaben sich aus Berechnungen entsprechend der Angaben der Kinder zu seiner Höhe und dem Zeitrahmen. Es wurde berechnet, wie hoch die Beträge im Monat sein dürften. Die Jungen erhielten in Ost- wie Westdeutschland durchschnittlich deutlich mehr (Taschen-)Geld als die Mädchen. Dabei werden ganz erhebliche Ost-West-Unterschiede deutlich, die verschiedene Ursachen haben können. So lag der Mittelwert in Erfurt für die Jungen bei 24,20 DM (12,37 €) und für die Mädchen bei 17,17 DM (8,78 €), wobei der niedrigste Betrag für einen Jungen im Monat 5 DM (2,56 €) und für ein Mädchen 2 DM (1,02 €) betrug. Noch weiter auseinander lagen die Spitzenwerte: 173 DM (88,45 €) bei einem Jungen und 43 DM (21,99 €) bei einem Mädchen.

In Köln erhielten die befragten Jungen im Mittel 31,91 DM (16,32 €), die Mädchen aber nur 27,67 DM (14,15 €). Die (Taschen-)Geldmittelwerte der Erfurter Jungen lagen demnach sogar noch weit unter denen der Mädchen in Köln. Die Spitzenwerte wiesen ebenso wie in Erfurt eine erhebliche Differenz auf. Während der Höchstbetrag bei den Jungen mit 217 DM (110,95 €) auch über dem Erfurter Spitzenbetrag lag, war er bei den Kölner Mädchen mit 108 DM (55,22 €) niedriger als jener der Erfurter Jungen, aber weit höher als jener der Erfurter Mädchen.

Die befragten Kinder in Köln erhielten mit 29,53 DM (13,05 €) im Mittel deutlich mehr (Taschen-)Geld als die befragten Kinder in Erfurt mit 20,68 DM (10,57 €). In Erfurt war eine größere Differenz der Mittelwerte der (Taschen-)Geldhöhe zwischen den Jungen (24,20 DM bzw. 12,37 €) und Mädchen (17,17 DM = 8,78 €) zu verzeichnen als in Köln (31,91 DM vs. 27,67 DM = 16,32 € vs. 14,15 €).

Tab. 9: Mittelwerte des (Taschen-)Geldes der Kinder in Erfurt und Köln, aufgeschlüsselt nach dem Geschlecht

Stadt	Geschlecht	Mittelwert	N	Minimum	Maximum
Erfurt	Mädchen	17,1739	46	2,00	43,00
	Jungen	24,1957	46	5,00	173,00
	Insgesamt	20,6848	92	2,00	173,00
Köln	Mädchen	27,6685	89	2,00	108,00
	Jungen	31,9143	70	5,00	217,00
	Insgesamt	29,5377	159	2,00	217,00
Insgesamt	Mädchen	24,0926	135	2,00	108,00
	Jungen	28,8534	116	5,00	217,00
	Insgesamt	26,2928	251	2,00	217,00

Berücksichtigt wurden nur die Fälle, wo die Kinder angaben, (Taschen-)Geld zu erhalten.

Die Differenzierung nach sozialen Lagen lässt erhebliche Diskrepanzen zwischen den Erfurter und Kölner Daten erkennen. Sowohl im Vergleich zwischen beiden Städten als auch im innerstädtischen Vergleich werden frappante Unterschiede – auch zwischen Mädchen und Jungen – deutlich.

In Erfurt lag der Durchschnittswert für die „untere Schicht" mit 21,50 DM (10,99 €) über dem des Erfurter Samples. In dieser Gruppe erhielten die Mädchen mit 18,63 DM (9,53 €) jedoch weniger als im Erfurter Gesamtsample. Der Mittelwert des (Taschen-)Geldes der Jungen lag mit 25,33 DM (12,95 €) über dem Wert des Erfurter Gesamtsamples; sie erhielten im Mittelwert die höchsten (Taschen-)Gelder im Erfurter Befragungssample. In Köln war Ähnliches festzustellen. Dort lag der Mittelwert in der „unteren Schicht" mit 34,91 DM (17,85 €) deutlich höher als im Gesamtsample mit 29,54 DM (15,10 €). Der Mittelwert war bei den Mädchen dieser Gruppe mit 27 DM (13,80 €) aber geringer als jener der Jungen, welcher mit 45,70 DM (23,47 €) höher lag als der Mittelwert im Kölner Gesamtsample für die Jungen.

In der „oberen Schicht" war für Erfurt mit 19,43 DM (9,93 €) ein niedrigerer Mittelwert zu verzeichnen als für die Erfurter „untere Schicht". Dabei erhielten die Jungen dieser Gruppe in Erfurt im Mittelwert mit 24 DM (12,27 €) mehr (Taschen-)Geld als die Mädchen mit 17,26 DM (8,83 €). Somit erreichten die Jungen in dieser Gruppe nicht den Mittelwert der Jungen des Erfurter Gesamtsamples; die Mädchen lagen jedoch darüber. In Köln dagegen erhielten die befragten Kinder der „oberen Schicht" bei einem Mittelwert von 25,29 DM (12,93 €) das niedrigste (Taschen-)Geld. Die Mädchen hatten dabei mit 27,40 DM (14,01 €) deutlich mehr als die Jungen mit 22,41 DM (11,46 €).

Tabelle 10: Mittelwerte des (Taschen-)Geldes der Kinder in Erfurt und Köln, aufgeschlüsselt nach Geschlecht und Schichtzugehörigkeit

soziale Lage	Geschlecht	Erfurt				Stadt Köln				Insgesamt			
		Mittelwert	N	Minimum	Maximum	Mittelwert	N	Minimum	Maximum	Mittelwert	N	Minimum	Maximum
untere Schicht	Mädchen	18,6250	8	2,00	43,00	27,0000	30	2,00	108,00	25,2368	38	2,00	108,00
	Jungen	25,3333	6	10,00	65,00	45,7045	22	10,00	217,00	41,3393	28	10,00	217,00
	Insgesamt	21,5000	14	2,00	65,00	34,9135	52	2,00	217,00	32,0682	66	2,00	217,00
mittlere Schicht	Mädchen	16,4737	19	5,00	43,00	28,2159	44	8,00	100,00	24,6746	63	5,00	100,00
	Jungen	24,0323	31	5,00	173,00	26,5405	37	10,00	87,00	25,3971	68	5,00	173,00
	Insgesamt	21,1600	50	5,00	173,00	27,4505	81	8,00	100,00	25,0496	131	5,00	173,00
obere Schicht	Mädchen	17,2632	19	5,00	43,00	27,4000	15	8,00	69,00	21,7353	34	5,00	69,00
	Jungen	24,0000	9	9,00	87,00	22,4091	11	5,00	87,00	23,1250	20	5,00	87,00
	Insgesamt	19,4286	28	5,00	87,00	25,2885	26	5,00	87,00	22,2500	54	5,00	87,00
Insgesamt	Mädchen	17,1739	46	2,00	43,00	27,6685	89	2,00	108,00	24,0926	135	2,00	108,00
	Jungen	24,1957	46	5,00	173,00	31,9143	70	5,00	217,00	28,8534	116	5,00	217,00
	Insgesamt	20,6848	92	2,00	173,00	29,5377	156	2,00	217,00	26,2928	251	2,00	217,00

Berücksichtigt wurden nur die Fälle, wo die Kinder angaben, (Taschen-)Geld zu erhalten.

Taschengeld, Freizeit und Unterhaltung

Während also in Erfurt und Köln die Kinder der „unteren Schicht" im Mittel das höchste (Taschen-)Geld – auch bezogen auf das Gesamtsample – erhielten, war in der „mittleren Schicht" noch ein höherer Mittelwert als in der „oberen Schicht" zu verzeichnen, welcher in Erfurt durch jenen der Jungen und in Köln durch den Mittelwert bei den Mädchen geprägt war.

Über die Hälfte der Kölner Kinder im Gesamtsample (54,9%) bekam mehr als 20 DM (10,23 €) (Taschen-)Geld im Monat; in Erfurt waren es mit 22,2 Prozent nicht mal ein Viertel der befragten Mädchen und Jungen.

Tab. 11: Höhe des (Taschen-)Geldes der Kinder in Erfurt und Köln (gruppiert)

			Stadt				
			Erfurt			Köln	
			Geschlecht		Gesamt	Geschlecht		Gesamt
			Mädchen	Jungen		Mädchen	Jungen	
Taschengeld pro Monat	bis 5,00 DM	Anzahl	5	2	7	1	1	2
		% von Geschlecht	10,9%	4,3%	7,6%	1,1%	1,4%	1,3%
	über 5,00 DM bis 10,00 DM	Anzahl	9	11	20	11	5	16
		% von Geschlecht	19,6%	23,9%	21,7%	12,4%	7,1%	10,1%
	über 10,00 DM bis 15,00 DM	Anzahl	5	8	13	3	9	12
		% von Geschlecht	10,9%	17,4%	14,1%	3,4%	12,9%	7,5%
	über 15,00 DM bis 20,00 DM	Anzahl	17	10	27	22	12	34
		% von Geschlecht	37,0%	21,7%	29,3%	24,7%	17,1%	21,4%
	über 20,00 DM bis 25,00 DM	Anzahl	5	8	13	16	17	33
		% von Geschlecht	10,9%	17,4%	14,1%	18,0%	24,3%	20,8%
	über 25,00 DM bis 30,00 DM	Anzahl	1	2	3	11	5	16
		% von Geschlecht	2,2%	4,3%	3,3%	12,4%	7,1%	10,1%
	über 30,00 DM	Anzahl	4	5	9	25	21	46
		% von Geschlecht	8,7%	10,9%	9,8%	28,1%	30,0%	28,9%
Gesamt		Anzahl	46	46	92	89	70	159
		% von Geschlecht	100,0%	100,0%	100,0%	100,0%	100,0%	100,0%

Berücksichtigt wurden nur die Fälle, wo die Kinder angaben, (Taschen-)Geld zu erhalten.

Aus der „unteren Schicht" erhielten in Erfurt 27,2 Prozent und in Köln 61,1 Prozent der Kinder mehr als 20 DM (10,23 €) (Taschen-)Geld monatlich. Damit fanden sich in dieser Gruppe in beiden Städten anteilig mehr Kinder mit (Taschen-)Geld als in der „oberen Schicht", in welcher in Erfurt 16,2 Prozent und in Köln 44,4 Prozent der Kinder mehr als 20 DM (10,23 €) (Taschen-)Geld im Monat erhielten. Andere Studien ergaben, dass Jugendliche aus sozial benachteiligten Familien mehrheitlich über ein höheres finanzielles Budget verfügen können als nichtarme Jugendliche, weil sie mit diesen finanziellen Mitteln auch den alltäglichen Bedarf (Kleidung, Essen, Schulmittel usw.) decken müssen.[33]

---

33 Vgl. Jürgen Mansel, Zukunftsperspektive und Wohlbefinden von sozial benachteiligten Jugendlichen, in: ders./Klaus-Peter Brinkhoff (Hrsg.) Armut im Jugendalter. So-

4.4.2 Besitz von Sport- und Spielgeräten

Hier sollen die Zugänge zu einigen ausgewählten Produkten wie Fahrrädern, Personalcomputern (PCs), elektronischem Spielzeug oder Handys dargestellt werden, weil deren Verfügbarkeit heute zunehmend als Bedingung für eine gelingende Kindheit gilt.[34]

Tab. 12: Angaben der Mädchen und Jungen in Erfurt und Köln zum Besitz eines Fahrrades, aufgeschlüsselt nach Geschlecht und sozialer Lage

Soziale Lage				Stadt					
				Erfurt			Köln		
				Geschlecht		Gesamt	Geschlecht		Gesamt
				Mädchen	Jungen		Mädchen	Jungen	
Untere Schicht	Fahrrad	ja	Anzahl	11	13	24	26	21	47
			% von Geschlecht	100,0%	86,7%	92,3%	81,3%	84,0%	82,5%
		nein	Anzahl		2	2	6	4	10
			% von Geschlecht		13,3%	7,7%	18,8%	16,0%	17,5%
	Gesamt		Anzahl	11	15	26	32	25	57
			% von Geschlecht	100,0%	100,0%	100,0%	100,0%	100,0%	100,0%
Mittlere Schicht	Fahrrad	Ja	Anzahl	28	34	62	47	40	87
			% von Geschlecht	87,5%	91,9%	89,9%	94,0%	88,9%	91,6%
		nein	Anzahl	4	3	7	3	5	8
			% von Geschlecht	12,5%	8,1%	10,1%	6,0%	11,1%	8,4%
	Gesamt		Anzahl	32	37	69	50	45	95
			% von Geschlecht	100,0%	100,0%	100,0%	100,0%	100,0%	100,0%
Obere Schicht	Fahrrad	ja	Anzahl	23	12	35	15	11	26
			% von Geschlecht	100,0%	100,0%	100,0%	100,0%	91,7%	96,3%
		nein	Anzahl					1	1
			% von Geschlecht					8,3%	3,7%
	Gesamt		Anzahl	23	12	35	15	12	27
			% von Geschlecht	100,0%	100,0%	100,0%	100,0%	100,0%	100,0%

Zunächst wurde ausschließlich gefragt, welche von den aufgeführten Gegenständen die Kinder selbst besaßen. Zwar barg diese Fragestellung die Möglichkeit, dass Kinder z.B. angaben, keinen eigenen PC zu besitzen, obwohl sie in der Familie durchaus Zugang zu einem Computer hatten. Da vermittelte Zugänge aber stets einer gewissen Reglementierung unterliegen – etwa der Abhängigkeit von größeren Geschwistern oder der Erlaubnis der Eltern –, war dies hinzunehmen. Dass aus dem Besitz bestimmter Dinge allein nicht auf eine adäquate Versorgung der Kinder geschlossen werden kann, versteht sich von

---

ziale Ungleichheit, Gettoisierung und die psychosozialen Folgen, Weinheim/München 1998, S. 152f. Der Autor bezieht sich dabei auf Jugendliche der Sekundarstufe II.
34 Vgl. LBS-Initiative Junge Familie (Hrsg.), Kindheit 2001 – das LBS-Kinderbarometer. Was Kinder wünschen, hoffen und befürchten, Opladen 2002, S. 177f.

Taschengeld, Freizeit und Unterhaltung

selbst. Ebenso ist durch den Nichtbesitz einzelner der im Folgenden aufgeführten Sport- und Spielgeräte nicht zwangsläufig auf eine Unterversorgung zu schließen, kann doch zum Beispiel auch mangelndes Interesse der Kinder an einzelnen Gütern dazu führen, dass sie deren Besitz gar nicht anstreben.

In Erfurt verfügten 93,1 Prozent und in Köln 89,4 Prozent der befragten Schüler/innen über ein eigenes Fahrrad. Aus der „unteren Schicht" hatten in Erfurt mit 92,3 Prozent geringfügig weniger Kinder ein Fahrrad, in Köln dagegen mit 82,5 Prozent aus der gleichen Gruppe deutlich weniger. Dagegen lag der Anteil jener Kinder, die ein Fahrrad besaßen, in der Erfurter „oberen Schicht" bei 100 Prozent und in der gleichen Kölner Gruppe bei 96,3 Prozent. Mitglieder der „oberen Schicht" hatten demnach sowohl in Erfurt als auch in Köln deutlich größere Chancen, ein Fahrrad zu besitzen, als die Angehörigen der „unteren Schicht". Ein möglicher Grund für die bessere Ausstattung der Schüler/innen mit Fahrrädern in Erfurt liegt darin, dass Radfahren dort für Kinder aufgrund weniger großer, nicht so stark befahrener Straßen und abgeschlossener Wohngebiete[35] auch ohne elterliche Aufsicht ungefährlicher ist als in Köln.

Tab. 13: Angaben der Kinder in Erfurt und Köln zum Besitz von Lego-Spielzeug, aufgeschlüsselt nach Geschlecht und sozialer Lage

Soziale Lage				Stadt					
				Erfurt			Köln		
				Geschlecht		Gesamt	Geschlecht		Gesamt
				Mädchen	Jungen		Mädchen	Jungen	
Untere Schicht	Lego	ja	Anzahl	3	12	15	13	16	29
			% von Geschlecht	27,3%	80,0%	57,7%	40,6%	64,0%	50,9%
		nein	Anzahl	8	3	11	19	9	28
			% von Geschlecht	72,7%	20,0%	42,3%	59,4%	36,0%	49,1%
	Gesamt		Anzahl	11	15	26	32	25	57
			% von Geschlecht	100,0%	100,0%	100,0%	100,0%	100,0%	100,0%
Mittlere Schicht	Lego	ja	Anzahl	16	30	46	16	36	43
			% von Geschlecht	50,0%	81,1%	66,7%	32,0%	80,0%	54,7%
		nein	Anzahl	16	7	23	34	9	8
			% von Geschlecht	50,0%	18,9%	33,3%	68,0%	20,0%	45,3%
	Gesamt		Anzahl	32	37	69	50	45	95
			% von Geschlecht	100,0%	100,0%	100,0%	100,0%	100,0%	100,0%
Obere Schicht	Lego	ja	Anzahl	10	10	2	3	10	13
			% von Geschlecht	43,5%	83,3%	57,1%	20,0%	83,3%	48,1%
		nein	Anzahl	13	2	15	12	2	14
			% von Geschlecht	56,5%	16,7%	42,9%	80,0%	16,7%	51,9%
	Gesamt		Anzahl	23	12	35	15	12	27
			% von Geschlecht	100,0%	100,0%	100,0%	100,0%	100,0%	100,0%

---

35 Vor allem die Plattenbaugebiete in Erfurt bilden in sich geschlossene räumliche Strukturen mit teilweise nur geringem externen Verkehr. Sie vermitteln daher in einigen Bereichen den Eindruck verkehrsberuhigter Zonen, ohne dass solche Gebiete explizit ausgewiesen wären.

Im Erfurter Sample besaßen 62,3 Prozent und im Kölner 52,5 Prozent der Schüler/innen das z.T. sehr kostenintensive Lego-Spielzeug, wobei der Anteil bei den Jungen jeweils deutlich über dem bei den Mädchen liegt. Auch Lego scheint demnach eher ein Spielzeug der Jungen zu sein. In der „unteren Schicht" lag der Anteil jener Kinder, die Lego besitzen, mit 57,7 Prozent in Erfurt und 50,9 Prozent in Köln niedriger, wobei immer noch 80 Prozent der Jungen dieser Gruppe in Erfurt angaben, solches Spielzeug zu besitzen, während es bei den Mädchen nur 27,3 Prozent waren. In Köln gaben dagegen mehr Mädchen aus der „unteren Schicht" als aus dem Gesamtsample an, Lego zu haben.

In der „oberen Schicht" lag der Anteil jener Kinder, die Lego zur Verfügung hatten, mit 57,6 Prozent (Erfurt) bzw. 48,1 Prozent (Köln) unter dem des Gesamtsamples. In der „mittleren Schicht" gaben sowohl in Erfurt als auch in Köln die meisten Kinder an, Lego-Spielzeug zu besitzen. Eine Erklärung für die stärkere Präsenz der Jungen bezüglich des Besitzes von Lego-Spielzeug über alle Gruppen sowohl in Erfurt als auch in Köln dürfte in der verstärkten Technisierung und Computerisierung der Lego-Produkte zu suchen sein. Die Frage, warum mehr Kinder aus der „unteren" als der „oberen" Schicht" über Lego verfügen, muss allerdings offen bleiben.

Brettspiele sind traditionell als Gesellschaftsspiele in vielen Haushalten zu finden. Ihre z.T. hohen Preise – vor allem bei den prämierten Spielen – lassen aber Differenzierungen vermuten. Gleichzeitig deutet der Besitz derartiger Spiele auch an, dass gemeinschaftlich gespielt wird, egal ob innerhalb der Familie oder mit Freund(inn)en.

Mehr Erfurter als Kölner Kinder (88,5% gegenüber 73,2%) verfügten über Brettspiele. In Erfurt sind dabei keine Unterschiede zwischen Mädchen und Jungen festzustellen; dagegen liegt der Anteil jener Kölner Jungen, die angaben, Brettspiele zu besitzen, um 18 Prozentpunkte über dem entsprechenden Mädchenanteil. Insgesamt scheinen gemeinsame Aktivitäten, wie sie für Brettspiele notwendig sind, in Erfurt eine größere Rolle zu spielen als in Köln. Auch in der „unteren Schicht" bleibt der Anteil jener Kinder, die angaben, Brettspiele zu besitzen, in Erfurt mit 88,5 Prozent gleich. In Köln liegt er dagegen mit 64,9 Prozent in der „unteren Schicht" um mehr als 8 Prozentpunkte unter dem Wert des Kölner Gesamtsamples. In der „oberen Schicht" ist der Anteil jener Kinder, die Brettspiele besaßen, sowohl in Erfurt mit 94,3 Prozent als auch in Köln mit 85,2 Prozent am höchsten.

Tab 14: Angaben der Kinder in Erfurt und Köln zum Besitz von
Brettspielen, aufgeschlüsselt nach Geschlecht und sozialer Lage

Soziale Lage				Stadt					
				Erfurt			Köln		
				Geschlecht		Gesamt	Geschlecht		Gesamt
				Mädchen	Jungen		Mädchen	Jungen	
Untere Schicht	Brettspiele	ja	Anzahl	11	12	23	19	18	37
			% von Geschlecht	100,0%	80,0%	88,5%	59,4%	72,0%	64,9%
		nein	Anzahl		3	3	13	7	20
			% von Geschlecht		20,0%	11,5%	40,6%	28,0%	35,1%
	Gesamt		Anzahl	11	15	26	32	25	57
			% von Geschlecht	100,0%	100,0%	100,0%	100,0%	100,0%	100,0%
Mittlere Schicht	Brettspiele	Ja	Anzahl	26	33	59	32	39	71
			% von Geschlecht	81,3%	89,2%	85,5%	64,0%	86,7%	74,7%
		nein	Anzahl	6	4	10	18	6	24
			% von Geschlecht	18,8%	10,8%	14,5%	36,0%	13,3%	25,3%
	Gesamt		Anzahl	32	37	69	50	45	95
			% von Geschlecht	100,0%	100,0%	100,0%	100,0%	100,0%	100,0%
Obere Schicht	Brettspiele	ja	Anzahl	21	12	33	12	11	23
			% von Geschlecht	91,3%	100,0%	94,3%	80,0%	91,7%	85,2%
		nein	Anzahl	2		2	3	1	4
			% von Geschlecht	8,7%		5,7%	20,0%	8,3%	14,8%
	Gesamt		Anzahl	23	12	35	15	12	27
			% von Geschlecht	100,0%	100,0%	100,0%	100,0%	100,0%	100,0%

Der Zugang zu elektronischen Spielen birgt einerseits die Gefahr der Vereinzelung von Kindern; andererseits stellen sie Statussymbole dar, deren (Nicht-)Besitz den Zugang zu Gruppen steuern kann. In der Untersuchung wurde unterschieden zwischen Nintendo-, Gameboy- und/oder Sega-Spielen sowie den kostenintensiveren Playstation-Konsolen.

Abb. 14: Angaben der Kinder in Erfurt und Köln zum Besitz eines
Nintendo-, Gameboy- und/oder Sega-Spiels, aufgeschlüsselt nach
der Schichtzugehörigkeit

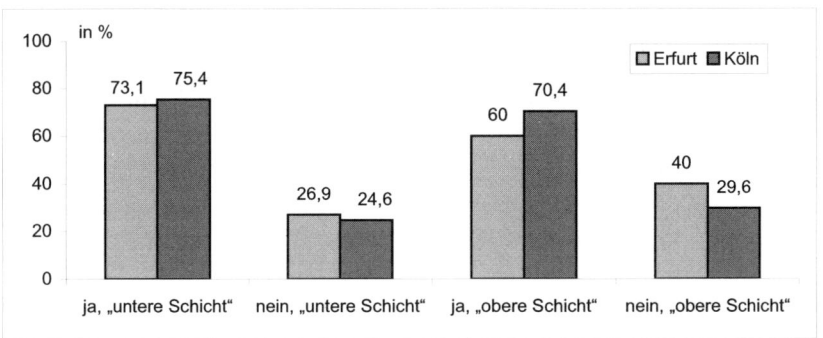

Der Besitz eines Nintendo-, Gameboy- und/oder Sega-Spiels erreichte im Erfurter Gesamtsample 71,5 Prozent und in Köln 73,2 Prozent. Während dieser Anteil in der „unteren Schicht" in Erfurt mit 73,1 Prozent und in Köln mit 75,4 Prozent höher lag, waren die entsprechenden Werte in der „oberen Schicht" in Erfurt mit 60 Prozent deutlich und in Köln mit 70,4 Prozent geringfügig niedriger.

Abb. 15: Angaben der Mädchen und Jungen in Erfurt und Köln zum Besitz einer Playstation

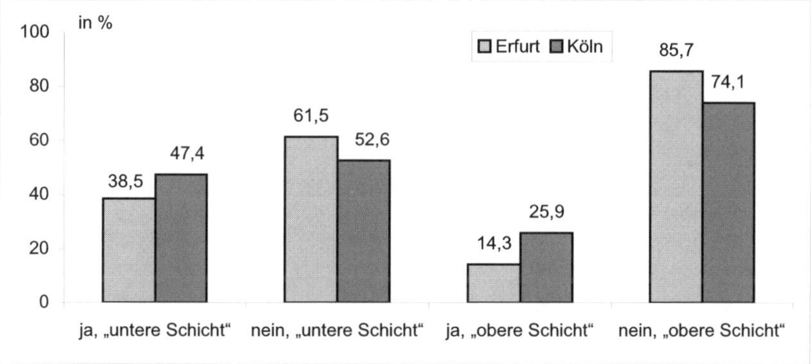

	ja, „untere Schicht"	nein, „untere Schicht"	ja, „obere Schicht"	nein, „obere Schicht"
Erfurt	38,5	61,5	14,3	85,7
Köln	47,4	52,6	25,9	74,1

Eine der kostenintensiven Playstation-Konsolen besaßen im Erfurter Gesamtsample 23,8 Prozent und in Köln 40,8 Prozent der befragten Kinder, wobei sowohl in Erfurt als auch in Köln der Anteil bei den Jungen jeweils deutlich über dem bei den Mädchen liegt. In der „unteren Schicht" Erfurts und Kölns sind die Werte mit 38,5 bzw. 47,4 Prozent bedeutend höher als im jeweiligen Gesamtsample und in der jeweiligen „oberen Schicht" (in Erfurt 14,3% und in Köln 25,9%).

Aufgrund seiner hohen Kosten erscheint eine Playstation-Konsole als relativ prestigeträchtig. Eine Anschaffung gerade in den unteren sozialen Lagen könnte demnach auf eine Kompensationsfunktion hindeuten. So lag in Erfurt und in Köln der Anteil jener Jungen, die ein solches Gerät besaßen, in der jeweiligen „unteren Schicht" deutlich über dem Anteil der Jungen im Gesamtsample. Die gleichzeitige Geschlechtsspezifik drückt sich darin aus, dass erheblich mehr Jungen als Mädchen eine Playstation besaßen.

4.4.3 Besitz von Informations- und Kommunikationsmitteln

Der Besitz von Informations- und Kommunikationsmitteln allein sagt zwar nicht unbedingt etwas über kulturelle Kompetenzen aus, deutet aber zumin-

Taschengeld, Freizeit und Unterhaltung 251

dest an, dass entsprechende Potenziale vorhanden sein könnten. Zwar lässt sich nichts über die Art der Bücher und der anderen Erzeugnisse oder deren Anzahl aussagen, gleichwohl verspricht ein Vergleich hinsichtlich der Frage, ob das Lesen zu den ausgeübten Freizeitbeschäftigungen gehört, Aufschluss über die Bedeutung von Büchern für die Kinder.

Tab. 15: Angaben der Mädchen und Jungen in Erfurt und Köln zum Besitz von Büchern, aufgeschlüsselt nach der sozialen Lage

Soziale Lage				Stadt					
				Erfurt			Köln		
				Geschlecht		Gesamt	Geschlecht		Gesamt
				Mädchen	Jungen		Mädchen	Jungen	
Untere Schicht	Bücher	ja	Anzahl	11	14	25	30	24	54
			% von Geschlecht	100,0%	93,3%	96,2%	93,8%	96,0%	94,7%
		nein	Anzahl		1	1	2	1	3
			% von Geschlecht		6,7%	3,8%	6,3%	4,0%	5,3%
	Gesamt		Anzahl	11	15	26	32	25	57
			% von Geschlecht	100,0%	100,0%	100,0%	100,0%	100,0%	100,0%
Mittlere Schicht	Bücher	ja	Anzahl	32	37	69	48	44	92
			% von Geschlecht	100,0%	100,0%	100,0%	96,0%	97,7%	96,8%
		nein	Anzahl				2	1	3
			% von Geschlecht				4,0%	2,2%	3,2%
	Gesamt		Anzahl	32	37	69	50	45	95
			% von Geschlecht	100,0%	100,0%	100,0%	100,0%	100,0%	100,0%
Obere Schicht	Bücher	ja	Anzahl	23	12	35	15	12	27
			% von Geschlecht	100,0%	100,0%	100,0%	100,0%	100,0%	100,0%
	Gesamt		Anzahl	23	12	35	15	12	27
			% von Geschlecht	100,0%	100,0%	100,0%	100,0%	100,0%	100,0%

In Erfurt gaben im Gesamtsample mit 99,2 Prozent etwas mehr Kinder als in Köln mit 96,6 Prozent an, Bücher zu besitzen, wobei eine geschlechterdifferente Betrachtung kaum Unterschiede erkennen lässt. Es ist ein insgesamt sehr hoher Ausstattungsgrad mit Büchern zu verzeichnen. In der jeweiligen „unteren Schicht" liegen die Anteile der Mädchen und Jungen, die Bücher besaßen, mit 96,2 Prozent in Erfurt und 94,7 Prozent in Köln am niedrigsten. In der „oberen Schicht" gaben jeweils 100 Prozent der befragten Mädchen und Jungen an, Bücher zu besitzen. Da die Unterschiede zwischen den Schichten relativ gering sind, wären in weiteren Untersuchungen Fragen des Leseverhaltens der Mädchen und Jungen sowie der Art ihrer Bücher – eher Bücher mit Texten oder comicartige Publikationen mit hohem Illustrationsanteil – einzubeziehen, um so genauere Ergebnisse zu erlangen.

Einen eigenen Fernsehapparat im Zimmer zu haben scheint für Kinder des ausgewählten Alters immer mehr zum Standard zu gehören – knapp die Hälfte aller befragten Kinder in Erfurt und Köln verfügte über ein solches Gerät. Die regionale Verteilung war jedoch nicht gleich. Im Erfurter Sample besaßen 46,9 Prozent der Kinder einen eigenen Fernseher (34,8% der Mädchen und 59,4% der Jungen), in Köln 52,5 Prozent (40,2% der Mädchen und 67,1% der Jungen).

Abb. 16: Angaben der Kinder in Erfurt und Köln zur Verfügbarkeit eines Fernsehers im eigenen Zimmer, aufgeschlüsselt nach der Schichtzugehörigkeit

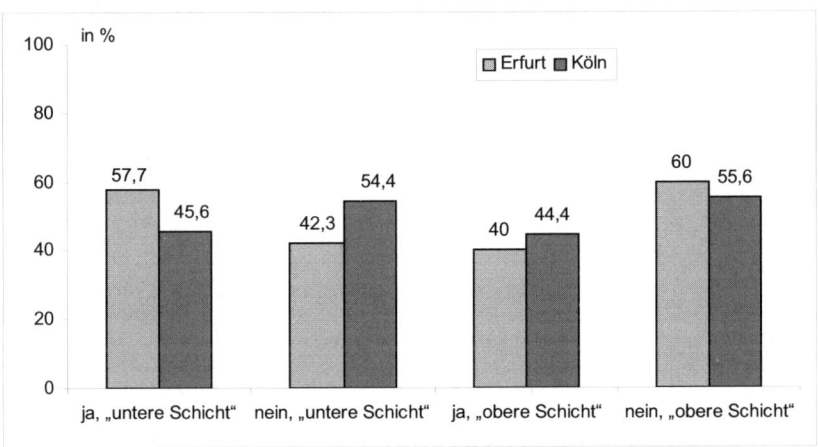

In Erfurt finden sich in der „unteren Schicht" mit 57,7 Prozent anteilig die meisten Kinder mit einem eigenen Fernsehgerät, wohingegen in Köln mit 45,6 Prozent deutlich weniger Kinder ein solches Gerät besaßen. Dieser Wert liegt unter dem des Gesamtsamples in Köln. In der „oberen Schicht" besaßen von den befragten Kindern 40 Prozent in Erfurt und 44,4 Prozent in Köln ein eigenes Fernsehgerät. Damit hatten in dieser Gruppe sowohl in Köln als auch in Erfurt anteilig die wenigsten Kinder einen Fernseher zur freien Verfügung. Dies könnte darauf hindeuten, dass Kinder in einer privilegierten Soziallage lieber andere Informations-, Unterhaltungs- und Zerstreuungsmöglichkeiten nutzen, aber auch einem stärkeren pädagogischen Aspekt hinsichtlich der Mediennutzung geschuldet sein.

In allen Soziallagen und in beiden Orten besaßen weniger Mädchen als Jungen einen Fernseher. Dass die Bildungswerte weiblicher Personen bis zum Abitur anteilig höher liegen als die der männlichen,[36] könnte darauf hindeuten, dass Mädchen im Kinderzimmer anteilig häufiger ein Buch lesen, statt sich vor die „Flimmerkiste" zu setzen.

---

36 Vgl. Sabine Etzold, Die neuen Prügelknaben. Nicht Mädchen, sondern Jungen werden in Schule und Elternhaus benachteiligt. Doch die Erkenntnis setzt sich bei Pädagogen nur zögernd durch, in: Die Zeit v 25.7.2002

Bei den Angaben über den Besitz eines Computers, der für Kinder fast schon „normal" ist, ebenso wie die Nutzung des Internets,[37] werden sowohl Ost-West- als auch geschlechts- und soziallagenspezifische Differenzen deutlich. Während in Erfurt nur 43,1 Prozent der Schüler/innen über einen PC verfügten (47% der Mädchen, aber nur 39,1% der Jungen), waren es im Kölner Gesamtsample 59,2 Prozent (55,7% der Mädchen, aber 63,4% der Jungen). Ein Vergleich der Daten mit denen des Statistischen Bundesamtes für das Befragungsjahr[38] ergibt, dass der Ausstattungsgrad ostdeutscher Haushalte mit PCs 48,1 Prozent betrug, im Erfurter Sample also weniger Kinder angaben, einen PC zu besitzen, als für die östlichen Bundesländer und Berlin-Ost angegeben. In den westdeutschen Haushalten lag der Ausstattungsgrad im Jahr 2001 bei 54,7 Prozent. Damit waren die Kinder im Kölner Sample deutlich besser mit PCs ausgestattet als die Haushalte der westlichen Bundesländer überhaupt. Wenn nun noch angenommen wird, dass auch Haushalte, in denen die befragten Kinder nicht über einen eigenen PC verfügten, mit einem PC (der Eltern oder der älteren Geschwister) ausgestattet waren, so ergeben sich sowohl für Erfurt als auch für Köln überdurchschnittliche Ausstattungsgrade der im Sample erfassten Haushalte.

Abb. 17: Angaben der Kinder in Erfurt und Köln zum Besitz eines PC, aufgeschlüsselt nach der Schichtzugehörigkeit

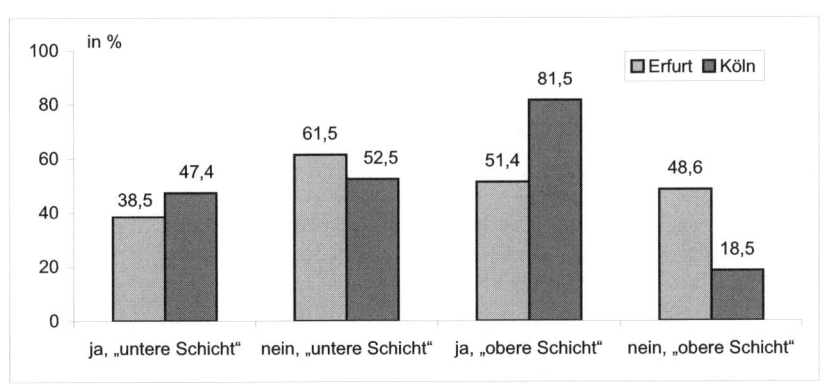

Die Kinder der „unteren Schicht" hatten sowohl in Erfurt als auch in Köln geringere Chancen, über einen eigenen PC zu verfügen. In Erfurt gaben nur 38,5 Prozent (45,5% der Mädchen und 33,3% der Jungen) an, einen eigenen

---

37 Vgl. Susanne Richter, Die Nutzung des Internets durch Kinder. Eine qualitative Studie zu internetspezifischen Nutzungsstrategien, Kompetenzen und Präferenzen von Kindern im Alter zwischen 11 und 13 Jahren, Frankfurt am Main 2004
38 Vgl. http://www.destatis.de/cgi-bin/printview.pl, 29.10.2002

PC zu haben; in Köln waren es 47,4% (46,9% der Mädchen und 48% der Jungen). Den höchsten Ausstattungsgrad mit einem PC wiesen im Sample die Kinder der „oberen Schicht" auf. In Erfurt verfügten 51,4 Prozent (56,5% der Mädchen und 41,7% der Jungen), in Köln 81,5 Prozent (66,7% der Mädchen und 100% der Jungen) über einen eigenen Computer.

Es ist davon auszugehen, dass gerade Kinder in prekären Lebensverhältnissen im Umgang mit Computern gegenüber Kindern aus wohlhabenderen Familien benachteiligt sind. Damit besteht aber die Gefahr, dass sie im späteren Bildungsprozess nur mit großen Anstrengungen das Niveau ihrer Mitschüler/innen erreichen, diese Bemühungen aber auch scheitern können, sofern die Schule und andere Institutionen nicht kompensierend wirken. An dieser Stelle kann keine Aussage zur aktuellen Nutzung der PCs – ausschließlich für Spiele oder auch für und mit Lernprogrammen, mit oder ohne Internetzugang – getätigt werden.

Handys im Besitz von Kindern und Jugendlichen gelten vielfach als Ursache oder Auslöser von Ver- und Überschuldung bereits im frühen Lebensalter. Teilweise lockt man die kleinen Konsumenten z.B. über die Werbung für teure SMS-Chats gezielt in die Schuldenfalle.[39] Gleichzeitig stellen Handys ein wichtiges, wenn nicht das wichtigste Statussymbol für junge Menschen dar.[40]

Abb. 18: Angaben der Kinder in Erfurt und Köln zum Besitz eines Handys, aufgeschlüsselt nach der Schichtzugehörigkeit

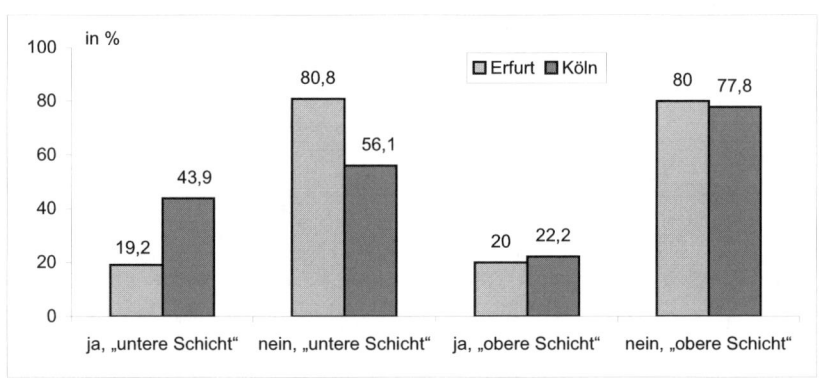

Ein Handy zu besitzen kann zwar aus unterschiedlichen Gründen auch für Kinder im Grundschulalter angebracht sein, in vielen Fällen wird es sich aber

---

39 Vgl. Jan Hildebrand, Großes Geld mit kurzen Nummern. Flirts per SMS: Jugendliche tippen sich reihenweise in die Schuldenfalle, in: Die Zeit v. 22.7.2004
40 Vgl. Bundesministerium für Arbeit und Sozialordnung (Hrsg.), Lebenslagen in Deutschland, a.a.O., S. 78

Taschengeld, Freizeit und Unterhaltung 255

bloß um ein Statussymbol handeln. Im Erfurter und Kölner Gesamtsample gaben die Mädchen und Jungen zu 26,2 Prozent bzw. 35,8 Prozent an, ein Handy zu besitzen (Erfurt: 31,8% der Mädchen und 20,3% der Jungen; Köln: 39,2% der Mädchen und 31,7% der Jungen). In der „unteren Schicht" war in Erfurt der Anteil von Schüler(inne)n mit einem eigenen Handy mit 19,2 Prozent deutlich niedriger (27,3% der Mädchen und 13,3% der Jungen) und in der gleichen Kölner Gruppe mit 43,9 Prozent höher (40,6% der Mädchen und 48% der Jungen) als im Gesamtsample. In der Gruppe, die als „obere Schicht" bezeichnet wird, besaßen in Erfurt 20 Prozent ein Handy (30,4% der Mädchen und kein Junge) und in Köln 22,2 Prozent (26,7% der Mädchen und 16,7% der Jungen).

Gerade im Osten scheint zumindest in der betrachteten Altersgruppe die Ausstattung mit Handys noch deutlich geringer zu sein als in den westlichen Bundesländern, wobei gleichzeitig ein signifikanter Unterschied zwischen den Geschlechtern auftritt, weil fast durchgängig mehr Mädchen als Jungen über Handys verfügen. Eine Ausnahme bilden die Jungen der „unteren Schicht" in Köln.

4.4.4 Urlaub und Ferienfahrten

(Nicht stattfindende) Ferien- und Urlaubsfahrten mit den Eltern/der Familie sieht Andreas Klocke in Bezug auf Kinder als einen Indikator im Lebenslagenkonzept an.[41] Für diese Untersuchung wurde eine Item-Batterie entwickelt, die zum Teil auf der rein subjektiven Wahrnehmung der befragten Kinder – z.B. hinsichtlich der Häufigkeit gemeinsamer Fahrten – abhob, gleichwohl – bei der Frage nach einem Familienurlaub im Sommer 2001 – auch harte Fakten berücksichtigte.

In Erfurt gaben knapp 40 Prozent der befragten Kinder an, „weniger oft" bis „gar nicht" mit ihren Eltern/Familien in den Urlaub zu fahren, in Köln waren es knapp 37 Prozent. In beiden Befragungsorten gaben signifikant mehr Mädchen – in Erfurt 42,4 Prozent gegenüber 37,1 Prozent der befragten Jungen und in Köln 39,2 Prozent gegenüber 34,1 Prozent – an, „weniger oft" bis „gar nicht" in Urlaub zu fahren.

Beachtenswert ist, dass mehr Kinder in Erfurt als in Köln angaben, mit ihren Eltern gar nicht in den Urlaub zu fahren. Dies könnte an einer größeren Zahl organisierter Gruppenreisen mit Gleichaltrigen liegen, aber auch mit unsichereren Arbeitsplätzen und/oder erheblichen finanziellen Einschränkungen beim Bezug von Arbeitslosengeld/Arbeitslosenhilfe wegen geringerer Ausgangslöhne zusammenhängen. Insgesamt gab ein erheblicher Anteil der Kin-

---

41 Vgl. Andreas Klocke, Aufwachsen in Armut. Auswirkungen und Bewältigungsformen der Armut im Kindes- und Jugendalter, in: Zeitschrift für Sozialisationsforschung und Erziehungssoziologie 4/1996, S. 396

der an, von Einschränkungen im Urlaubsbereich betroffen zu sein. Für diese Kinder könnte es zum Beispiel eine nicht unerhebliche Belastung darstellen, wenn am Beginn des neuen Schuljahres die immer noch übliche Frage nach dem schönsten Ferienerlebnis gestellt wird.

Abb. 19: Häufigkeit gemeinsamer familiärer Ferien- und Urlaubsfahrten, aufgeschlüsselt nach der sozialen Lage

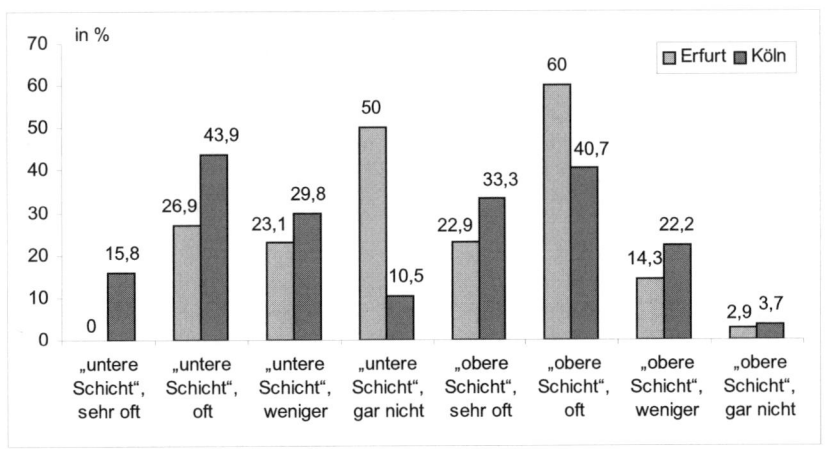

Wird im Weiteren die „untere Schicht" betrachtet, so ist eine erhebliche Diskrepanz zwischen Erfurt und Köln festzustellen. Während in Erfurt 73,1 Prozent der befragten Mädchen (72,7%) und Jungen (73,4%) in dieser Gruppe angaben, „weniger oft" bis „gar nicht" in den Urlaub zu fahren, waren es in Köln „nur" 40,3 Prozent (40,7% der Mädchen und 40% der Jungen).

In beiden Städten sind in der „oberen Schicht" die Anteile der „weniger oft" bis „gar nicht" gemeinsam mit den Eltern in den Urlaub fahrenden Kinder mit 17,2 bzw. 25,9 Prozent – sowohl im Vergleich zum Gesamtsample als auch zur jeweiligen „unteren Schicht" – am niedrigsten. Demnach stieg die von den Kindern wahrgenommene Häufigkeit von Ferienfahrten mit der sozialen Lage der Familien.

Mit der Frage nach der letzten Ferienfahrt sollte auf indirektem Weg herausgefunden werden, ob es Kinder im Sample gab, die noch nie im Urlaub waren, bzw. ob Kinder bereits seit längerer Zeit nicht mehr gemeinsam mit ihren Eltern (und Geschwistern) verreist waren. Sie wurde von zwölf Kindern gar nicht beantwortet. Hier kann vermutet werden, dass diese Kinder nicht sagen wollten, dass sie schon lange nicht mehr oder noch nie im Urlaub waren.

Tab. 16: Letzte Ferienfahrt nach Angabe der Mädchen und Jungen

			Stadt					
			Erfurt			Köln		
			Geschlecht		Gesamt	Geschlecht		Gesamt
			Mädchen	Jungen		Mädchen	Jungen	
Wann war die letzte gemeinsame Ferienfahrt?	in den letzten Ferien	Anzahl	18	19	37	18	14	32
		% von Geschlecht	29,5%	31,7%	30,6%	18,9%	17,3%	18,2%
	in den letzten Sommerferien	Anzahl	25	31	56	41	45	86
		% von Geschlecht	41,0%	51,7%	46,3%	43,2%	55,6%	48,9%
	das ist schon lange her	Anzahl	9	4	13	20	13	33
		% von Geschlecht	14,8%	6,7%	10,7%	21,1%	16,0%	18,8%
	das weiß ich nicht mehr	Anzahl	5	4	9	10	6	16
		% von Geschlecht	8,2%	6,7%	7,4%	10,5%	7,4%	9,1%
	noch nie	Anzahl	4	2	6	6	3	9
		% von Geschlecht	6,6%	3,3%	5,0%	6,3%	3,7%	5,1%
Gesamt		Anzahl	51	60	121	95	81	176
		% von Geschlecht	100,0%	100,0%	100,0%	100,0%	100,0%	100,0%

Zu dieser Frage machten in Erfurt fünf Mädchen und vier Jungen, in Köln zwei Mädchen und ein Junge keine Angaben.

Abb. 20: Letzte Ferienfahrt nach Angabe der befragten Kinder in Erfurt und Köln, aufgeschlüsselt nach der sozialen Lage

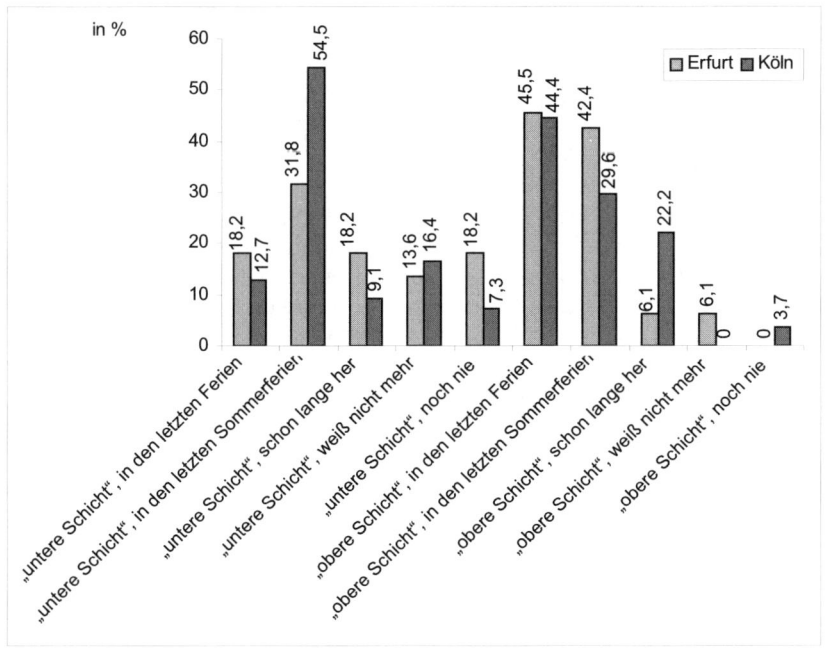

Im Erfurter und Kölner Gesamtsample gaben mit 5 bzw. 5,1 Prozent nur sehr wenige Kinder an, noch nie mit ihrer Familie in den Urlaub gefahren zu sein. In Erfurt sagten mit 76,9 Prozent mehr Kinder, wenigstens in den letzten Sommerferien im Familienurlaub gewesen zu sein, als in Köln mit 67,1 Prozent.

In der „unteren Schicht" stieg in Erfurt der Anteil jener Kinder, die nach eigenen Angaben noch nie im Urlaub waren, sehr stark auf 18,2 Prozent, während in Köln eine moderate Steigerung auf 7,3 Prozent zu verzeichnen war. In der „oberen Schicht" spielte diese Frage eigentlich keine Rolle. Lediglich ein Mädchen dieser Gruppe aus Köln gab an, noch nie im Urlaub gewesen zu sein. Somit stieg die Wahrscheinlichkeit, noch nie im Urlaub gewesen zu sein, bei den befragten Kindern in Erfurt und Köln mit schlechterer sozialer Lage, in Erfurt deutlicher als in Köln. Was dies für die Kinder bedeutet, ist jedoch schwer zu ermessen. Problematische Situationen könnten, wie beschrieben, nach den Ferien auftreten, wenn in einigen Schulen die Kinder zum Beispiel nach ihrem schönsten Ferienerlebnis oder nach ihren Aufenthaltsorten gefragt werden. Um derartige, für die Kinder peinliche Situationen zu vermeiden, fragen die Lehrer/innen in einigen besonders belasteten Stadtteilen gar nicht mehr danach.

Insgesamt war im Sample eine relativ große Gruppe von Kindern, die im Mai/Juni 2001 angaben, in den Sommerferien nicht mit ihren Eltern gemeinsam wegzufahren. Sie lag in Erfurt mit 23,3 Prozent bei knapp einem Viertel aller befragten Mädchen und Jungen, wobei der Anteil der Mädchen mit 30,8 Prozent fast doppelt so hoch war wie jener der Jungen (mit 15,6%). In Köln lag dieser Anteil bei fast einem Drittel (30,9%), wobei es keine relevanten Unterschiede zwischen Mädchen (30,2%) und Jungen (31,7%) gab. Sowohl in Erfurt als auch in Köln konnten (oder wollten) relativ viele Kinder nichts über eine gemeinsame Ferienfahrt sagen. In Erfurt war der Unterschied zwischen Mädchen (13,8%) und Jungen (12,5%) unbedeutend, in Köln dagegen lag der Anteil jener Mädchen (16,7%), die keine Aussage dazu treffen konnten, um ca. 7 Prozentpunkte höher als bei den Jungen (9,8%).

In der „unteren Schicht" war in Erfurt eine dramatische Zunahme des Anteils (50%) der Kinder zu verzeichnen, die angaben, 2001 nicht in den Sommerurlaub zu fahren; in Köln lag dieser Anteil mit 32,1 Prozent nur unwesentlich über dem im Gesamtsample. Der Anteil jener Kinder dieser Gruppe, die keine Antwort auf die Frage geben konnten oder wollten, steigt sowohl in Erfurt als auch in Köln auf ein Fünftel an.

Abb. 21: Gemeinsame Ferienfahrt im Befragungsjahr, aufgeschlüsselt nach der sozialen Lage

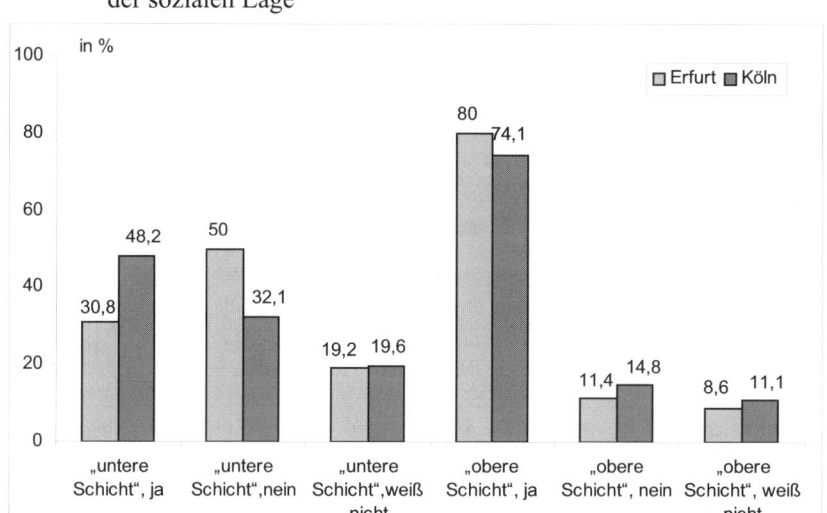

In der „oberen Schicht" dagegen gaben in Erfurt 11,4 Prozent und in Köln 14,8 Prozent der befragten Kinder an, im Jahre 2001 nicht mit ihrer Familie in den Sommerurlaub zu fahren. Aufgrund der besonderen Werte in der „mittleren Schicht" sollen auch die Antworten der Kinder aus dieser Gruppe genannt werden. Während in Erfurt knapp ein Fünftel der Kinder dieser Gruppe sagten, dass sie im Sommer 2001 mit ihren Eltern nicht wegfahren würden, waren es in Köln mehr als ein Drittel (34,7%).

Mädchen und Jungen, die angaben, nicht in den Sommerurlaub zu fahren, oder für die dies unklar erschien, wurden auch nach den von ihnen vermuteten Gründen dafür gefragt. Die in den Tabellen aufgeführten möglichen Gründe wurden den Kindern dabei aber nicht genannt.

Das Item „kein Geld" spielte in Erfurt und Köln eine gleichermaßen große Rolle für (vermutlich) nicht eingeplante Urlaubsfahrten in den Sommerferien 2001. Das Item „Eltern haben keine Zeit" wurde nur in Erfurt relativ häufig (18,9%) gewählt; in Köln war es nur ein Zehntel der Kinder, das meinte, die Eltern hätten im Sommer keine Zeit für einen Urlaub.

Tab. 17: Begründungen der Mädchen und Jungen in Erfurt und Köln für das Ausfallen der Ferienfahrt

			Stadt					
			Erfurt			Köln		
			Geschlecht		Gesamt	Geschlecht		Gesamt
			Mädchen	Jungen		Mädchen	Jungen	
Warum fahrt ihr nicht gemeinsam weg?	Eltern haben keine Zeit	Anzahl	5	1	6	3	2	5
		% von Geschlecht	25,0%	10,0%	20,0%	10,3%	7,7%	9,1%
	Kein Geld	Anzahl	7	5	12	12	10	22
		% von Geschlecht	35,0%	50,0%	40,0%	41,4%	38,5%	40,0%
	Weiß ich nicht	Anzahl	2	2	4	6	2	8
		% von Geschlecht	10,0%	20,0%	13,3%	20,7%	7,7%	14,5%
	Andere Gründe	Anzahl	6	2	8	8	12	20
		% von Geschlecht	30,0%	20,0%	26,7%	27,6%	46,2%	36,4%
Gesamt		Anzahl	20	10	30	29	26	55
		% von Geschlecht	100,0%	100,0%	100,0%	100,0%	100,0%	100,0%

Unberücksichtigt blieben Kinder, die angaben, 2001 gemeinsam mit ihren Eltern wegzufahren, und die keine Angabe zu dieser Frage machten.

In der „unteren Schicht" in Erfurt und Köln gaben weniger Kinder mangelnde Zeit der Eltern an (14,3% in Erfurt und 4% in Köln), dafür spielte Geldmangel als Begründung für den Verzicht auf einen Sommerurlaub eine erhebliche Rolle (57,1% in Erfurt und 36% in Köln). Umgekehrt war es in der „oberen Schicht". Hier wurde die mangelnde elterliche Zeit von 40 Prozent der befragten Mädchen und Jungen in Erfurt und von 14,3 Prozent in Köln genannt, während die Anteile jener, die „kein Geld" als Grund ankreuzten, mit 20 Prozent in Erfurt und 28,6 Prozent in Köln im Vergleich zum Gesamtsample und zur jeweiligen „unteren Schicht" am niedrigsten waren.

Tab. 18: Begründungen für das Ausfallen der Ferienfahrt, aufgeschlüsselt nach Geschlecht und sozialer Lage

Soziale Lage				Stadt						
				Erfurt			Köln			
				Geschlecht		Gesamt	Geschlecht		Gesamt	
				Mädchen	Jungen		Mädchen	Jungen		
Untere Schicht	Warum fahrt ihr nicht gemeinsam weg?	Eltern haben keine Zeit	Anzahl	2		2				
			% von Geschlecht	28,6		15,4%				
		kein Geld	Anzahl	4	3	7	3	4	7	
			% von Geschlecht	57,1%	50,0%	53,8%	33,3%	44,4%	38,9%	
		Weiß ich nicht	Anzahl	1	2	3	2	1	3	
			% von Geschlecht	14,3%	33,3%	23,1%	22,2%	11,1%	16,7%	
		andere Gründe	Anzahl		1	1	4	4	8	
			% von Geschlecht		16,7%	7,7%	44,4%	44,4%	44,4%	
	Gesamt		Anzahl	7	6	13	9	9	18	
			% von Geschlecht	100,0%	100,0%	100,0%	100,0%	100,0%	100,0%	
Mittlere Schicht	Warum fahrt ihr nicht gemeinsam weg?	Eltern haben keine Zeit	Anzahl	2	1	3	3	2	5	
			% von Geschlecht	20,0%	33,3%	23,1%	16,7%	13,3%	15,2%	
		kein Geld	Anzahl	3	1	4	7	6	13	
			% von Geschlecht	30,0%	33,3%	30,8%	38,9%	40,0%	39,4%	
		Weiß ich nicht	Anzahl	1		1	4		4	
			% von Geschlecht	10%		7%	22%		12,1%	
		andere Gründe	Anzahl	4	1	5	4	7	11	
			% von Geschlecht	40,0%	33,3%	38,5%	22,2%	46,7%	33,3%	
	Gesamt		Anzahl	10	3	13	18	15	33	
			% von Geschlecht	100,0%	100,0%	100,0%	100,0%	100,0%	100,0%	
Obere Schicht	Warum fahrt ihr nicht gemeinsam weg?	Eltern haben keine Zeit	Anzahl	1		1				
			% von Geschlecht	33,3%		25,0%				
		kein Geld	Anzahl		1	1	2		2	
			% von Geschlecht		100,0%	25,0%	100,0%		50,0%	
		Weiß ich nicht	Anzahl					1	1	
			% von Geschlecht					50,0%	25,0%	
		andere Gründe	Anzahl	2		2		1	1	
			% von Geschlecht	66,7%		50,0%		50,0%	25,0%	
	Gesamt		Anzahl	3	1	4	2	2	4	
			% von Geschlecht	100,0%	100,0%	100,0%	100,0%	100,0%	100,0%	

Berücksichtigt wurden nur die Fälle, in denen die Kinder angaben, 2001 nicht in Urlaub zu fahren.

4.4.5 Zusammenfassung

Insgesamt erhielten die Mädchen in Erfurt die im Durchschnitt geringsten (Taschen-)Gelder und die Jungen in Köln die höchsten. Das (Taschen-)Geld der Erfurter Jungen lag in seinem Durchschnittswert unter jenem der Kölner Mädchen. Zudem ist davon auszugehen, dass gerade in der „unteren Schicht" in Erfurt und Köln einem Teil der Kinder mit erheblichem (Taschen-)Geld die eigenverantwortliche alltägliche Versorgung übertragen wurde. Außerdem könnte man darin den Versuch einer Kompensation von Benachteiligungen gegenüber Gleichaltrigen aus besseren sozialen Lagen sehen.

Für Erfurt lässt sich demnach festhalten, dass die Zufriedenheit mit dem (Taschen-)Geld mit der sozialen Lage stieg. In Köln war sie dagegen in einer hohen ebenso wie in einer niedrigen sozialen Lage sehr ähnlich. Resümieren lässt sich: Anteilig mehr Kölner als Erfurter Kinder erhielten (Taschen-)Geld, aber die allgemeine Zufriedenheit mit dem (Taschen-)Geld war in Erfurt größer. Die Anteile jener Kinder, die mit ihrem (Taschen-)Geld unzufrieden waren, lagen dagegen in beiden Orten eher gleich hoch.

Hinsichtlich von Ferienausflügen wird deutlich, dass die Erwartung, im Jahr der Befragung gemeinsam mit der Familie in den Urlaub zu fahren, in prekären Soziallagen in Erfurt wie Köln sehr gering und in wohlhabenderen Lebenssituationen sehr hoch ist. Die von den Kindern wahrgenommene Häufigkeit von Ferienfahrten korreliert positiv mit der sozialen Lage der Familien, wobei sich diese Situation für die Erfurter Kinder schlechter darstellte als für die Kinder aus Köln.

Eine Gesamtbetrachtung der materiellen Ausstattung der befragten Kinder in Erfurt und Köln führt zu folgendem Ergebnis: Etwas mehr Erfurter als Kölner Schüler/innen besaßen ein Fahrrad, wobei die Werte der Mädchen in beiden Städten geringfügig höher waren als diejenigen der Jungen. Der Besitz elektronischer Spiele ist vor allem bei den Jungen in den alten Bundesländern anzutreffen. So besaßen etwas mehr Kölner als Erfurter Kinder Nintendo/Gameboy/Sega-Spiele; die Werte lagen bei den Jungen höher als bei den Mädchen. Bei dem Besitz einer Playstation waren die Ost-West-Unterschiede zugunsten der Kölner Kinder noch signifikanter. Auch hier verfügten mehr Jungen als Mädchen über das Spielgerät. Computer waren in Köln häufiger vorhanden als in Erfurt, wobei in Erfurt mehr Mädchen und in Köln mehr Jungen darüber verfügten. Auch einen eigenen Fernseher besaßen mehr Kölner als Erfurter Kinder; allerdings jeweils mehr Jungen als Mädchen. Deutlich mehr Kölner als Erfurter Kinder besaßen ein Handy, in Erfurt und in Köln mehr Mädchen als Jungen. Dafür besaßen etwas mehr Erfurter als Kölner Kinder Bücher – in Erfurt mehr Mädchen und in Köln mehr Jungen. Lego-Spielzeug befand sich ebenfalls häufiger in den Händen der befragten Erfurter Kinder als in jenen der Kölner; jeweils waren es deutlich mehr Jungen als Mädchen (in Prozentpunkten fast doppelt so viele). Ebenso hatten mehr Erfurter als Kölner Kinder Brettspiele (in Erfurt etwas und in Köln deutlich mehr Jungen als Mädchen).

Die Ausstattung mit neuen Medien und modernen Technikgeräten scheint in Köln dichter zu sein als in Erfurt, was auf einen noch stärkeren Statusdruck und einen höheren Grad an Vereinzelung in den alten Bundesländern hindeuten könnte. Dafür scheinen in Erfurt Dinge, die Bewegung und Kreativität bzw. soziale Kontakte erfordern, stärker verbreitet zu sein als in Köln. Hier könnten Potenziale liegen, die kompensatorisch wirken. Ob und welche Zusammenhänge mit Betreuungsnetzen bestehen, müsste näher untersucht werden.

4.5 *(Schul-)Bildung*

Bildungsbeteiligung und schulisches Wohlbefinden spielen bezüglich der Entwicklung von Kindern eine Schlüsselrolle. Dies gilt auch und gerade im Zusammenhang mit Armut oder prekären Soziallagen für die Zukunftsperspektiven der Betroffenen. (Schul-)Bildung und Bildungszugänge stellen wichtige Kriterien für den Ausschluss von oder die Teilhabe an gesellschaftlich als normal oder regelhaft angesehenen Gütern dar. Der Ausschluss von Bildungschancen führt zu einer Verfestigung von Armut über den immer stärker an Bildungs- und Ausbildungsabschlüsse gebundenen Zugang zum Arbeitsmarkt.

Die Einschätzung der eigenen Leistungen in der Schule gibt Hinweise auf das Selbstbild der Kinder und ermöglicht im Zusammenhang mit Aussagen zum geplanten Bildungsübergang auch Aussagen zum Selbstvertrauen der Kinder. Dabei ist aber zu bedenken, dass Bildungswegentscheidungen nicht (allein) von den Kindern getroffen werden. Über den Entscheidungsprozess selbst sind keine Aussagen möglich, weil danach nicht gefragt wurde. Zusätzlich ist zu beachten, dass in den östlichen Bundesländern anscheinend eine erheblich stärkere Tendenz zum Wechsel auf ein Gymnasium als in den westlichen besteht, auch wenn die Leistungen der Kinder den dort gestellten höheren Anforderungen nicht immer entsprechen. Daher sind die Zusammenhänge zwischen der eigenen Leistungseinschätzung und dem geplanten Schulwechsel vorsichtig zu interpretieren. Die von einer inadäquaten Bildungswegentscheidung der Eltern für die betroffenen Kinder ausgehenden Versagenssituationen und Frustrationserlebnisse – sie können im Extremfall zu einem neuerlichen Schulwechsel führen – lassen sich hier nicht thematisieren.

4.5.1 Schulisches Wohlbefinden

Die erste Frage zu diesem Komplex sollte herauszufinden helfen, wie zufrieden die Kinder in der Schule waren. In Erfurt fühlten sich 20,8 Prozent der Befragten in der Schule nicht besonders wohl, in Köln waren es 18,1 Prozent. Eine genauere Betrachtung zeigt aber, dass in Erfurt mit 7,7 Prozent deutlich mehr

Kinder angaben, sich in der Schule „nicht so gut" zu fühlen; in Köln waren es dagegen nur 2,3 Prozent. Das Item „geht so" wählten in Erfurt 13,1 Prozent und in Köln 15,8 Prozent der Befragten. Sowohl in Erfurt wie auch in Köln schien es den Jungen schlechter zu gehen als den Mädchen. Während in Erfurt 18,2 Prozent der Mädchen die Items „geht so" (10,6%) bzw. „nicht so gut" (7,6%) wählten, waren es bei den Jungen 23,4 Prozent (15,6% bzw. 7,8%). In Köln nutzten 16,9 Prozent der Mädchen (15,8% bzw. 1,1%) die negativen Items, aber 19,6 Prozent (15,9% bzw. 3,7%) der Jungen. Der Unterschied in Erfurt war dabei mit mehr als 5 Prozentpunkten signifikanter als in Köln.

Abb. 22: Antworten der Kinder in Erfurt und Köln auf die Frage nach der Befindlichkeit in der Schule, aufgeschlüsselt nach der Schichtzugehörigkeit

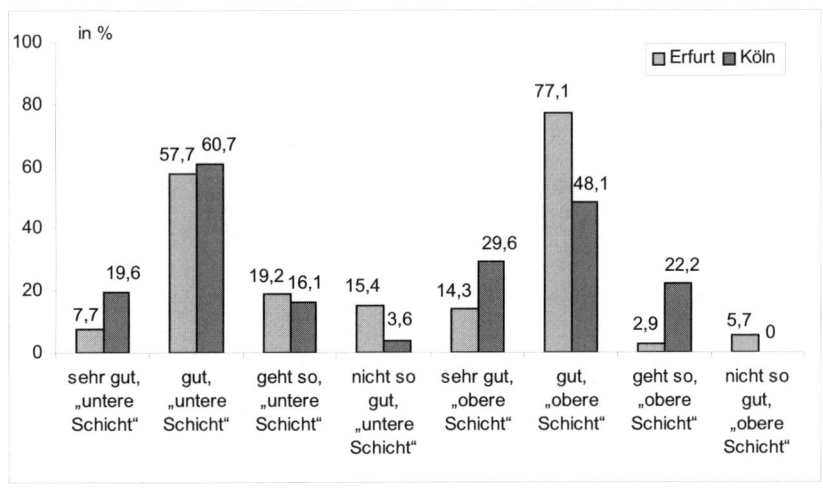

Bei einer Betrachtung jener Fälle, wo die Kinder der „unteren Schicht" zuzurechnen waren, ergab sich ein anderes Bild. Zunächst fiel auf, dass 34,6 Prozent in Erfurt (36,4% der Mädchen und 33,3% der Jungen) die beiden negativen Items zur Antwort nutzten, in Köln aber nur 19,7 Prozent (22,6% der Mädchen und 16% der Jungen). Demnach scheinen sich die Erfurter Kinder der „unteren Schicht" deutlich schlechter zu fühlen als die Kölner in ähnlicher Lage. Ein weiterer Unterschied gegenüber dem Gesamtsample war in der Domstadt am Rhein zu verzeichnen: Während dort die Mädchen der „unteren Schicht" das Item „nicht so gut" gar nicht benutzten, waren es immer noch 3,3 Prozent der Jungen, wohingegen der Anteil jener Mädchen, die das Item „geht so" wählten, in dieser Gruppe mit 22,6 Prozent mehr als doppelt so hoch ist wie jener der Jungen mit 8 Prozent.

(Schul-)Bildung

Insgesamt ist der Anteil jener Kinder, die sich in der Schule nicht wohl fühlten, in dieser Gruppe in Erfurt um 7,7 Prozentpunkte höher als im Gesamtsample, während er in Köln mit 1,3 Prozentpunkten nur geringfügig darüber liegt. Daraus lassen sich zwei Hypothesen ableiten, die im Folgenden überprüft werden:

1. In Erfurt ist eine höhere Arbeitslosigkeit – auch bei den Müttern – mit größeren Problemen für die Kinder verbunden als in Köln, wo in einem nicht unerheblichen Teil der Familien, wo mindestens eine Person keiner Erwerbsarbeit nachgeht, die Mütter mehr oder weniger bewusst Hausfrauen sind.
2. Mädchen sind sowohl in Erfurt als auch in Köln über die „doppelte Sozialisation" bereits in die Problemlagen ihrer Familien stärker eingeweiht und fühlen sich daher in der Schule weniger wohl als die Jungen.

Ein Vergleich der Daten für die „obere Schicht" ergibt eine Verschiebung der Ergebnisse. Während es in Erfurt mit 8,6 Prozent einem deutlich kleineren Anteil der Mädchen (8,6%) und Jungen (8,3%) in der Schule eher „nicht so gut" ging, waren es in Köln 22,2 Prozent (20% der Mädchen und 25% der Jungen), also mehr als im Kölner Gesamtsample. Auch in dieser Gruppe bestehen zwischen Erfurt und Köln deutliche Unterschiede.

4.5.2 Beurteilung der eigenen Leistungen

Bei der Einschätzung der eigenen Leistungen in der Schule besteht eine erhebliche Diskrepanz zwischen den Aussagen der Kinder in Erfurt und Köln. Während in Erfurt 45,6 Prozent aller befragten Schüler/innen meinten, dass ihre Leistungen nicht besonders gut seien, vertraten diese Ansicht in Köln nur 37,4 Prozent. Dabei liegt der Anteil jener Jungen, die ihre schulischen Leistungen mit „geht so" bis „nicht so gut" einschätzten, in Erfurt mit 47,5 Prozent über 3 Prozentpunkte höher als jener der Mädchen (43,8%), in Köln der Anteil der Mädchen mit 41,2 Prozent hingegen über 8 Prozentpunkte höher als jener der Jungen (32,9%); das Verhältnis war also genau umgekehrt.

Tab. 19: Beurteilung der eigenen Schulleistungen in Erfurt und Köln, aufgeschlüsselt nach dem Geschlecht

			Stadt				
			Erfurt			Köln	
			Geschlecht		Gesamt	Geschlecht	Gesamt
			Mädchen	Jungen		Mädchen	Jungen	
Wie würdest du deine Leistungen einschätzen?	sehr gut	Anzahl	5	6	11	12	8	20
		% von Geschlecht	7,8%	9,8%	8,8%	12,4%	9,8%	11,2%
	gut	Anzahl	31	26	57	45	47	92
		% von Geschlecht	48,4%	42,6%	45,6%	46,4%	57,3%	51,4%
	geht so	Anzahl	16	21	37	30	21	51
		% von Geschlecht	25,0%	34,4%	29,6%	30,9%	25,6%	28,5%
	nicht so gut	Anzahl	12	8	20	10	6	16
		% von Geschlecht	18,8%	13,1%	16,4%	10,3%	7,3%	8,9%
Gesamt		Anzahl	64	61	125	97	82	179
		% von Geschlecht	100,0%	100,0%	100,0%	100,0%	100,0%	100,0%

Fünf Kinder in Erfurt machten zu dieser Frage keine Angaben.

Werden die Aussagen der Kinder aus der „unteren Schicht" (Abbildung 23) betrachtet, so fällt auf, dass in Erfurt 54,2 Prozent die Ansicht vertraten, dass ihre schulischen Leistungen eher negativ („geht so" bzw. „nicht so gut") seien, und in Köln 42,1 Prozent. In Erfurt fand kein Kind dieser Gruppe seine Leistungen „sehr gut", in Köln waren es immerhin 7 Prozent. In beiden Städten stuften die Mädchen dieser Gruppe ihre Leistungen schlechter als die Jungen ein. Gegenüber dem Gesamtsample war ein erheblicher Anstieg bezüglich des Anteils an Kindern aus der „unteren Schicht" in beiden Städten zu verzeichnen, die ihre eigenen Leistungen eher negativ einschätzten. Die negative Selbsteinschätzung eines so großen Anteils von Kindern aus der „unteren Schicht" könnte darauf zurückzuführen sein, dass diese sowohl in Köln als auch in Erfurt von ihren Lehrer(inne)n, vielleicht aber auch von den eigenen Eltern als leistungsschwach eingestuft oder gar in ihren schulischen Leistungen abgewertet wurden und diese Sichtweise – sich den Erwachsenen anpassend – übernommen haben.[42]

---

42 Zur Wahrnehmung von Schulleistungen nach sozialen Gesichtspunkten vgl. Dominique Rössel/Melanie Bertz/Tina Siebert, Armut und Schule, in: Gerd Iben (Hrsg.), Kindheit und Armut. Analysen und Projekte, Münster 1998, S. 76ff.

(Schul-)Bildung 267

Abb. 23: Einschätzung der eigenen Schulleistungen, aufgeschlüsselt nach der sozialen Lage

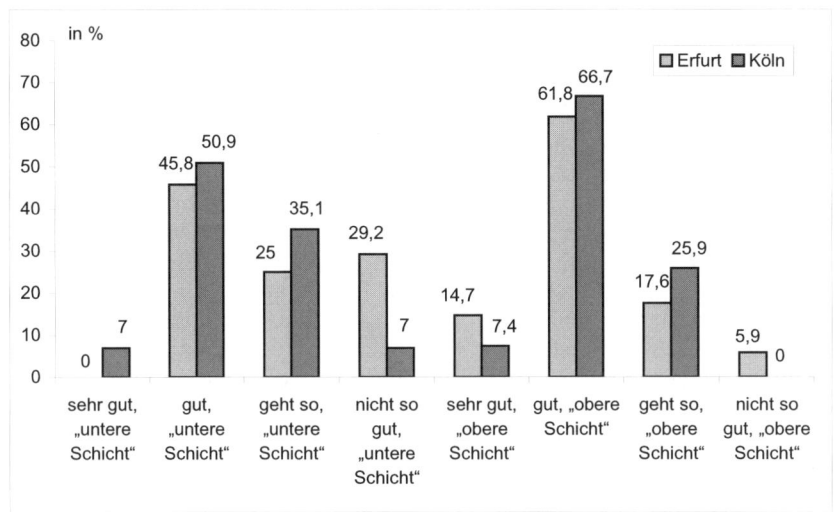

Ein Junge und ein Mädchen aus Erfurt machten keine Angaben.

Wenn die Annahme unterschiedlicher Rückmeldungen der Eltern oder Lehrer/innen stimmt (niedrigere Leistungsselbsteinschätzung der Erfurter Kinder in der „unteren Schicht" im Vergleich zu den Kölner Kindern der gleichen Gruppe), kann man davon ausgehen, dass im Osten der Republik die Kinder aus prekären Lebenslagen in der Schule einen schwereren Stand haben als ihre Altersgefährt(inn)en in den westlichen Bundesländern. Den Hintergrund dafür könnten fehlende oder nur schwach ausgeprägte Erfahrungen mit Armut und Unterversorgung sowie den damit im Zusammenhang stehenden Verhaltensmustern betroffener Kinder bilden, die in der Regel eher als Verhaltensauffälligkeiten wahrgenommen werden. Über diese Zuschreibungen erfolgt aber wiederum eher eine Abwertung erbrachter Leistungen oder eine geringere Förderung als bei Kindern mit angepassterem Verhalten. Diese Deutung legen auch die Resultate einer Studie zur Wahrnehmung und Deutung von Kinderarmut in ost- und westdeutschen Tagesstätten durch die Mitarbeiter/innen nahe.[43]

In der „oberen Schicht" bewerteten nur 23,5 Prozent der Erfurter und 25,9 Prozent der Kölner Schüler/innen ihre Leistungen eher negativ („geht so" oder „nicht so gut"), wobei in der Domstadt am Rhein kein Kind das Item

---

[43] Vgl. Hans-Peter Frühauf/Matthias Zeng, Wahrnehmung von Kinderarmut in Kindertagesstätten. Arm oder auffällig?, in: Soziale Arbeit 10/2001, S. 374ff.

„nicht so gut" wählte. Demgegenüber schätzten 76,5 Prozent (Erfurt) und 74,1 Prozent (Köln) ihre Leistungen als „gut" bis „sehr gut" ein. Abgesehen davon, dass die schulischen Leistungen in dieser Gruppe zum Teil wirklich besser gewesen sein könnten als in der „unteren Schicht", kommt hier ein stärkeres Selbstbewusstsein zum Ausdruck, das den Kindern in ihrer Entwicklung helfen dürfte, Niederlagen und Probleme besser zu verarbeiten. Außerdem könnten die Ursachen wieder in den Rückmeldungen von Eltern und Lehrer(inne)n zu suchen sein. Interessant ist, dass in der „oberen Schicht" in Erfurt die Mädchen mit 78,3 gegenüber 72,7 Prozent ihre schulischen Leistungen positiver einschätzten als die Jungen. In Köln war dies nicht der Fall; dort hatten die Jungen mit 83,3 gegenüber 76,7 Prozent eine bessere Meinung von ihren eigenen Leistungen als die Mädchen.

Die Kinder mit Migrationshintergrund in Erfurt und Köln bewerteten ihre Leistungen sehr unterschiedlich. In Erfurt, wo die Ergebnisse aufgrund der geringen Fallzahl zu relativieren sind, schätzten 70 Prozent der Kinder, vor allem die Jungen (83,3%), ihre Leistungen eher negativ ein. In Köln waren es dagegen nur 33,7 Prozent, wobei es keine erheblichen Unterschiede zwischen den Geschlechtern gab. Dies könnte darauf hindeuten, dass die Leistungen der Kinder mit Migrationshintergrund in Erfurt – anders als in Köln – kaum auf positive Resonanz bei den Lehrkräften stießen. Freilich legten die Gespräche mit den Lehrer(inne)n in Erfurt und Köln andere Schlussfolgerungen nahe. Denn in Erfurt wurden die befragten Kinder mit Migrationshintergrund – 50 Prozent von ihnen stammen aus Vietnam – als eher leistungsstark eingestuft.

In Köln bewirkten die unterschiedlichen Soziallagen kaum Veränderungen der Selbsteinschätzung; jeweils ca. 34 Prozent der Kinder in der „unteren" und in der „mittleren Schicht" waren der Ansicht, dass ihre schulischen Leistungen nicht so gut seien. In Erfurt nahmen die beiden Jungen ausländischer Herkunft, die zur „unteren Schicht" gehören, eine eher negative Einschätzung ihrer Leistungen vor. In der „mittleren Schicht" waren immer noch ca. 68 Prozent dieser Kinder der Meinung, in der Schule nicht gut genug zu sein.

Daraus lassen sich zwei Hypothesen ableiten: Einerseits hatten die Kinder mit Migrationshintergrund in der Grundschule in Erfurt offenbar stärkere Probleme als in Köln; andererseits wäre auch eine realistischere Einschätzung der eigenen Leistungen bei diesen Kindern in Erfurt denkbar.

4.5.3 Schulangst

Ein wichtiger Aspekt für die Lebenszufriedenheit von Kindern ist das Vorhandensein oder Fehlen von Ängsten. Diese sind in der Regel ein Zeichen für Verunsicherung. Wir haben die Mädchen und Jungen daher nach eventuell vorhandenen Ängsten vor der Schule gefragt.

(Schul-)Bildung

Abb. 24: Aussagen der Kinder in Erfurt und Köln zur Schulangst, aufgeschlüsselt nach der Schichtzugehörigkeit

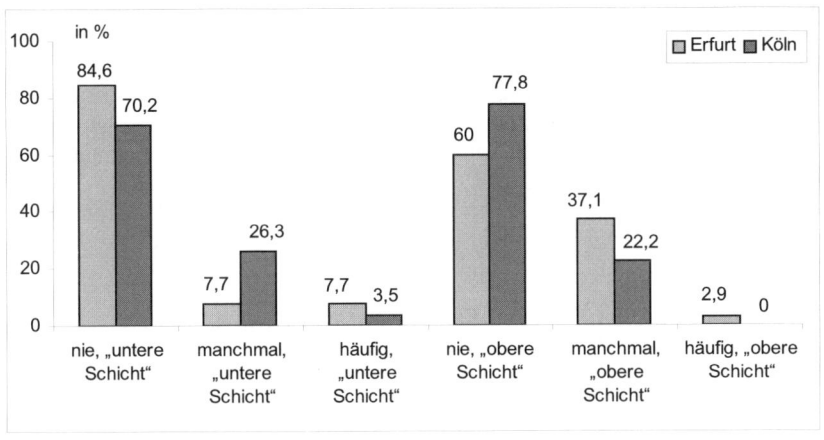

Ein Junge in Erfurt machte zu dieser Frage keine Angabe.

In Erfurt hatten 29,5 Prozent und in Köln 28,5 Prozent der Kinder „manchmal" bzw. „häufig" Angst vor der Schule. Sowohl in Erfurt als auch in Köln gaben anteilig erheblich mehr Mädchen (40% bzw. 37,2%) als Jungen (18,8% bzw. 18,3%) an, „manchmal" oder „häufig" Angst vor der Schule zu haben. „Häufig" Angst vor der Schule hatte in Erfurt und Köln mit 3,1 bzw. 1,7 Prozent nur eine ganz geringe Anzahl von Kindern. Dies könnte darauf hindeuten, dass Leistungsdruck und andere Angst auslösende Mechanismen in der Grundschule noch nicht in dem Maße greifen, wie es für ältere Schüler/innen nachgewiesen wurde. So stellte Jürgen Mansel in einer Studie über die Lebenssituation und das Wohlbefinden von Jugendlichen in Armut eine spezifische Verteilung von Schulangst fest. Demnach sind die ermittelten Differenzen zwischen Jugendlichen, die sich selbst als sozial benachteiligt ansehen, und solchen des allgemeinen Durchschnitts am deutlichsten: „Die subjektiv armen Jugendlichen sind hinsichtlich des Erreichens der schulisch gesteckten Ziele in besonderem Maße verunsichert, fühlen sich in stärkerem Ausmaß durch die schulischen Anforderungen belastet, sind seltener mit ihren Leistungen zufrieden, entwickeln in stärkerem Maße Schulangst und können z.B. vor Klassenarbeiten häufiger ‚keinen klaren Gedanken fassen' und/oder beteiligen sich aus Angst, etwas Falsches zu sagen, seltener aktiv am Unterrichtsgeschehen."[44]

---

44 Jürgen Mansel, Lebenssituation und Wohlbefinden von Jugendlichen in Armut, in: Christoph Butterwegge/Michael Klundt (Hrsg.), Kinderarmut und Generationengerechtigkeit. Familien- und Sozialpolitik im demografischen Wandel, 2. Aufl. Opladen 2003, S. 124

Aus der „unteren Schicht" gaben in Erfurt nur vier Kinder an, Ängste vor der Schule zu haben, was darauf hindeutet, dass Schule in dieser Gruppe eine unerhebliche oder positive Rolle für das Wohlbefinden spielt. Dagegen war der Anteil jener Kölner Kinder, die angaben, „manchmal" oder gar „häufig" Angst vor der Schule zu haben, mit 29,8 Prozent in der „unteren Schicht" etwas höher als im Kölner Gesamtsample. Demnach ist dort ein Zusammenhang zwischen der Einschätzung der eigenen Leistung und der Angst vor der Schule zu vermuten. In Erfurt kann von einem solchen Zusammenhang nicht ausgegangen werden, weil die Leistungseinschätzung in der „unteren Schicht" schlechter ausfiel als in der Gesamtgruppe, die Schulangst davon jedoch allem Anschein nach nicht beeinflusst wurde.

4.5.4 (Unterstützung bei der) Erledigung von Hausaufgaben

Da die Hausaufgaben – so umstritten sie unter Fachleuten sein mögen – einen Kernbestandteil der Lerntätigkeit von Kindern und Jugendlichen bilden, war zu ergründen, ob und wie den befragten Schüler(inne)n bei ihrer Erledigung geholfen wird. Kinder ohne Unterstützungsnetzwerke unterliegen hier stärker der Gefahr, in der Schule ihre Fähigkeiten weniger nutzen zu können, als solche mit gut funktionierenden Unterstützungsnetzwerken. Aber auch die Orte, an denen Hausaufgaben erledigt werden, erscheinen aus dieser Perspektive beachtenswert. Angesichts der besseren Ausstattung mit Betreuungsplätzen verwundert es nicht, dass in Erfurt erheblich mehr Kinder ihre Hausaufgaben im Schulhort erledigen als in Köln. Dies könnte auch auf die höhere Erwerbsneigung der Mütter in Erfurt zurückzuführen sein, was jedoch mit den hohen Arbeitslosenquoten gerade unter Frauen, aber eben nicht den alleinerziehenden des Samples, kollidiert.

Insgesamt waren in Erfurt nur die Aussagen zu den Items „zu Hause", „im Hort" sowie „zu Hause oder im Hort" interessant. Sie erreichen zusammen einen Anteil von 96,2 Prozent. Auch in Köln war eine ähnliche Tendenz, jedoch mit Abweichungen, zu verzeichnen. So gaben hier deutlich mehr Mädchen und Jungen (70,9% vs. 60% in Erfurt) an, ihre Schulaufgaben ausschließlich zu Hause zu erledigen. Ausgehend von den Angaben zu dieser Frage lässt sich schlussfolgern, dass in Erfurt mehr als ein Drittel der befragten Kinder noch wenigstens gelegentlich in den Hort gingen, in Köln dagegen nur 22,4 Prozent. Entweder besuchten im Sample verhältnismäßig viele Kölner Kinder den Hort, gab es in der rheinischen Metropole überdurchschnittlich viele Horte oder war eine Verbesserung in der Betreuungsstruktur der westlichen Bundesländer überhaupt seit Beginn der 1990er-Jahre zu verzeichnen.[45]

---

45 Vgl. Hartmut J. Zeiher/Helga Zeiher, Orte und Zeiten der Kinder. Soziales Leben im Alltag von Großstadtkindern, Weinheim/München 1998, S. 32. Anfang der 90er-Jahre

(Schul-)Bildung 271

Auffallend war, dass sowohl in Köln als auch in Erfurt der Anteil jener Mädchen, die mindestens gelegentlich in den Hort gingen, um 12,7 Prozentpunkte (Erfurt) bzw. um 12,1 Prozentpunkte (Köln) höher liegt als bei den Jungen. Dies könnte mit einer stärkeren Außenorientierung der Jungen zusammenhängen, die eine stärkere Bestrebung in Richtung Unabhängigkeit/ Unkontrolliertheit zeigen.[46]

Tab. 20: Angaben der Kinder in Erfurt und Köln zu den Orten, wo sie ihre Hausaufgaben erledigen, aufgeschlüsselt nach dem Geschlecht

			Stadt				
			Erfurt		Köln		
			Geschlecht	Gesamt	Geschlecht		Gesamt
			Mädchen	Jungen		Mädchen	Jungen	
Wo machst du Hausaufgaben?	Zu Hause	Anzahl	33	45	78	66	61	127
		% von Geschlecht	50,0%	70,3%	60,0%	68,0%	74,4%	70,9%
	Im Hort	Anzahl	16	12	28	18	12	30
		% von Geschlecht	24,2%	18,8%	21,5%	18,6%	14,6%	16,8%
	Bei Großeltern/ Verwandten	Anzahl	3		3		2	2
		% von Geschlecht	4,5%		2,3%		2,4%	1,1%
	sonstige	Anzahl	2		2	2	2	4
		% von Geschlecht	3,0%		1,5%	2,1%	2,4%	2,2%
	Zu Hause oder im Hort	Anzahl	12	7	19	9	1	10
		% von Geschlecht	18,2%	10,9%	14,6%	9,3%	1,2%	5,6%
	Hausaufgabenbetreuung	Anzahl				1	2	3
		% von Geschlecht				1,0%	2,4%	1,7%
	Nachhilfe	Anzahl				1	2	3
		% von Geschlecht				1,0%	2,4%	1,7%
Gesamt		Anzahl	66	64	130	97	82	179
		% von Geschlecht	100,0%	100,0%	100,0%	100,0%	100,0%	100,0%

Zwischen den Angaben der Kinder aus dem Gesamtsample und denen der „unteren Schicht" gibt es bezüglich der Orte, wo Hausaufgaben erledigt wurden, kaum Differenzen. In Erfurt wie auch in Köln verringert sich der Anteil jener Kinder, die ihre Hausaufgaben gelegentlich oder ausschließlich im Hort erledigen, nur unwesentlich. In Erfurt steigt der Anteil jener, die sie immer zu Hause erledigen, von 60 auf 65,4 Prozent, institutionelle Nachhilfe wurde von den Erfurter Kindern dieser Schicht dagegen nicht genutzt. In Köln gaben drei Kinder an, mit institutioneller Nachhilfe ihre Hausaufgaben anzufertigen – ungeklärt ist, ob es sich dabei um kommerzielle Einrichtungen handelte oder nicht.

---

besuchten demnach im Schnitt nur ca. 5 Prozent der 6- bis 10-jährigen Kinder in den westlichen Bundesländern einen Hort.
46 Vgl. ebd., S. 137. Hartmut J. und Helga Zeiher konstatieren ein wachsendes Bestreben nach Unabhängigkeit für Kinder der hier untersuchten Altersgruppe, ohne dabei auf geschlechtsspezifische Unterschiede einzugehen.

Während in Erfurt der Anteil jener Kinder, die ihre Schulaufgaben zu Hause erledigten, in der „oberen Schicht" mit 65,7 Prozent einen ähnlichen Wert aufweist wie in der Gruppe der „unteren Schicht", ist er in Köln mit 77,8 Prozent höher als für alle Kölner Fälle. Lediglich 14,8 Prozent der Kinder der Kölner „oberen Schicht" erledigten ihre Hausaufgaben mindestens teilweise im Hort; in Erfurt waren es 34,3 Prozent. Hier ist auch eine deutliche Geschlechterdifferenz in Richtung einer auf Selbstständigkeit bei den Jungen orientierten Handlungsstruktur zu konstatieren, die sich in abgeschwächter Form auch in Köln beobachten lässt. Sowohl in Erfurt (plus 14 Prozentpunkte) als auch in der Domstadt am Rhein (plus 10 Prozentpunkte) gaben die Jungen in deutlich höherem Maße als die Mädchen an, ihre Schulaufgaben zu Hause zu erledigen.

Abb. 25: Angaben von Kindern der „unteren" und der „oberen Schicht" in Erfurt und Köln zu den Orten, wo sie ihre Hausaufgaben erledigen

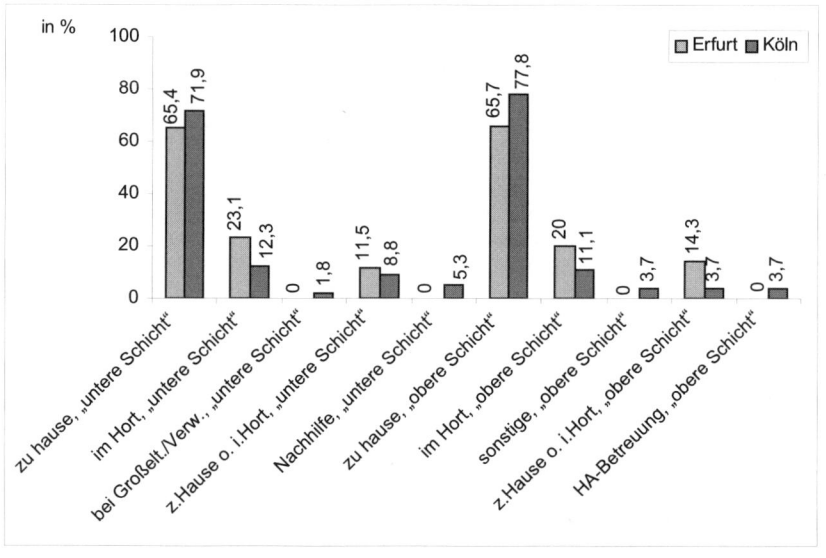

Knapp 36 Prozent der Erfurter Kinder gaben an, zumindest gelegentlich ihre Hausaufgaben im Hort zu erledigen; in Köln waren es nur knapp 22 Prozent. Die Differenz von 14 Prozentpunkten erklärt sich zum Teil über die Kategorie „zu Hause". In Erfurt gab es aber erhebliche Differenzen. Jungen schienen am Ende der 4. Klasse nicht mehr im selben Maße die Schulhorte zu besuchen wie Mädchen, was auf ihre größeren Selbstständigkeitsbestrebungen hindeuten könnte.

(Schul-)Bildung

Eine wichtige Voraussetzung für Erfolge in der Schule kann die Hilfe in schulischen Dingen, etwa bei den Hausaufgaben, darstellen. Zwar ist nicht davon auszugehen, dass alle Kinder, denen keine Hilfen bei den Hausaufgaben zur Verfügung stehen, im Schulerfolg gefährdet sind. Aber das Vorhandensein oder Fehlen solcher Hilfen gibt Hinweise in diese Richtung.

Abb. 26: Angaben zu Hilfen bei Hausaufgaben durch die Kinder in Erfurt und Köln, aufgeschlüsselt nach der sozialen Lage

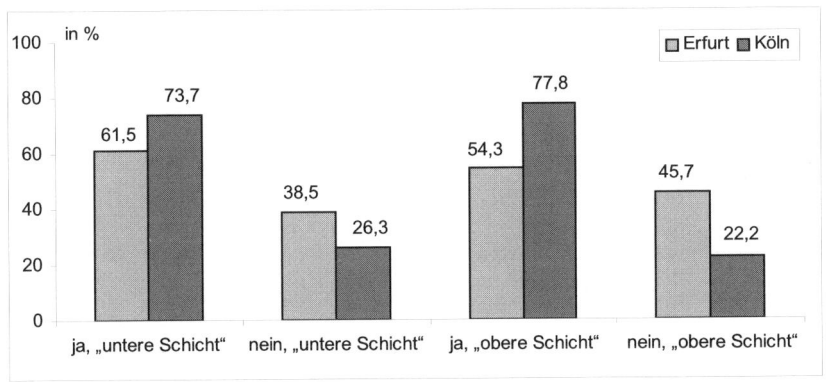

Ein Mädchen in Köln machte zu dieser Frage keine Angabe.

Während in Erfurt 60 Prozent der befragten Kinder angaben, wenigstens gelegentlich Unterstützung bei der Erledigung der Hausaufgaben zu erhalten, waren es in Köln knapp 75 Prozent. In Erfurt sind in diesem Zusammenhang kaum geschlechtsspezifische Unterschiede auszumachen, in Köln hingegen gaben Mädchen in signifikant höherem Maße als Jungen (79,2% vs. 69,5%) an, Hilfe bei den Hausaufgaben zu erhalten

Lassen sich in der Kölner „unteren Schicht" bezüglich der Angaben von Mädchen und Jungen zur Unterstützung bei der Hausaufgabenerledigung gegenüber dem Kölner Gesamtsample kaum Veränderungen feststellen, so ist in Erfurt eine geschlechtsspezifische Verschiebung zu verzeichnen. Der Anteil jener Kinder, die Unterstützung bei den Hausaufgaben erhielten, ist zwar mit 61,5 Prozent höher als im Erfurter Gesamtsample, profitiert haben aber nur die Mädchen, von denen 72,7 Prozent angaben, Hilfen zu erhalten. Der Anteil der Jungen lag mit 53,3 Prozent um 9 Prozentpunkte unter dem Wert des Erfurter Samples.

Die weitere Aufschlüsselung der Angaben von Kindern aus der „unteren Schicht" nach dem Erwerbsstatus der Eltern macht deutlich, dass Mädchen und Jungen von erwerbslosen Eltern in Erfurt und Köln mit 71,4 bzw. 54,5 Prozent im geringsten Maß Unterstützung bei den Hausaufgaben erhielten. War nur ein Elternteil erwerbstätig, so liegt der Anteil jener, die Unterstützung bei den Hausaufgaben erhielten, mit 74,4 in Erfurt und 71,4 Prozent in Köln höher. Während in der „unteren Schicht" in Köln kein Kind mit zwei erwerbstätigen Elternteilen zu finden ist, erhielten in der gleichen Erfurter Gruppe (bei geringer absoluter Zahl) alle Kinder Hilfe bei der Hausaufgabenerledingung.

Tab. 21: Von den Mädchen und Jungen der „unteren Schicht" in Erfurt und Köln genannte Orte, an denen sie Hausaufgaben erledigen

				Stadt				
				Erfurt			Köln	
				Geschlecht		Gesamt	Geschlecht	Gesamt
Soziale Lage				Mädchen	Jungen		Mädchen Jungen	
Untere Schicht	Wo machst du Hausaufgaben?	Zu Hause	Anzahl	2	5	7	6 7	13
			% von Geschlecht	66,7%	71,4%	70,0%	85,7% 87,5%	86,7%
		Im Hort	Anzahl		1	1		
			% von Geschlecht		14,3%	10,0%		
		Bei Großeltern/ Verwandten	Anzahl				1	1
			% von Geschlecht				12,5%	6,7%
		Zu Hause oder im Hort	Anzahl	1	1	2	1	1
			% von Geschlecht	33,3%	14,3%	20,0%	14,3%	6,7%
	Gesamt		Anzahl	3	7	10	7 8	15
			% von Geschlecht	100,0%	100,0%	100,0%	100,0% 100,0%	100,0%

Berücksichtigt wurden nur jene Befragten, die angaben, keine Hilfen bei den Hausaufgaben zu erhalten.

In der Erfurter „unteren Schicht" gaben 70 Prozent der Befragten an, ihre Schulaufgaben „zu Hause", 10 Prozent „im Hort", und 20 Prozent, „zu Hause oder im Hort" zu erledigen. Bei den Jungen findet sich ein erheblich höherer Anteil derer, die ihre Schulaufgaben ausschließlich zu Hause erledigten. Entsprechend hoch dürfte gerade der Anteil jener Jungen sein, die überhaupt keine Unterstützung bei der Erledigung ihrer Hausaufgaben erfuhren und damit verstärkt der Gefahr unterlagen, diese zu vergessen oder aber nicht richtig oder vollständig zu machen. Da Kinder in sozialen Randlagen vor allem dann, wenn sie sich selbst als benachteiligt ansehen („subjektiv arme Jugendliche"),[47] der Gefahr ausgesetzt sind, keine Akzeptanz zu finden, dürfte dies zur Verstärkung negativer Gefühle gegenüber der Schule und anderen Anforderungen führen, was wiederum Rückzugs- und Resignationstendenzen hervorrufen kann.

In der Kölner „unteren Schicht" machten 86,7 Prozent ihre Schulaufgaben „zu Hause", 6,7 Prozent „bei Großeltern oder Verwandten" und 6,7 Prozent „zu Hause oder im Hort". Unterschiede zwischen den Geschlechtern waren dabei nicht zu verzeichnen. Wegen der häufig höheren Motivation von Mädchen ist

---

47 Siehe Jürgen Mansel, Lebenssituation und Wohlbefinden von Jugendlichen in Armut, a.a.O., S. 125

(Schul-)Bildung

davon auszugehen, dass auch in Köln die Jungen der „unteren Schicht" einem erhöhten Risiko des späteren Versagens in der Schule ausgesetzt sind.

Von den Kindern der „oberen Schicht" gaben 54,3 Prozent in Erfurt – also weniger als bei allen Erfurter Kindern – und 77,8 Prozent in Köln – also mehr als bei allen Kölner Schüler(inne)n – an, Hilfe und Unterstützung bei den Hausaufgaben zu erhalten.

Tab. 22: Von den Mädchen und Jungen der „oberen Schicht" in Erfurt und Köln genannte Orte, an denen sie Hausaufgaben erledigen

Soziale Lage				Stadt					
				Erfurt			Köln		
				Geschlecht		Gesamt	Geschlecht		Gesamt
				Mädchen	Jungen		Mädchen	Jungen	
obere Schicht	Wo machst du Hausaufgaben?	Zu Hause	Anzahl	6	4	10	2	3	5
			% von Geschlecht	54,5%	80,0%	62,5%	66,7%	100,0%	83,3%
		Im Hort	Anzahl	6		3			
			% von Geschlecht	27,3%		18,8%			
		Zu Hause oder im Hort	Anzahl	2	1	3	1		1
			% von Geschlecht	18,2%	20,0%	18,8%	33,3%		16,7%
	Gesamt		Anzahl	11	5	16	3	3	6
			% von Geschlecht	100,0%	100,0%	100,0%	100,0%	100,0%	100,0%

Berücksichtigt wurden nur die Befragten, die angaben, keine Hilfen bei den Hausaufgaben zu erhalten.

Von den befragten Mädchen und Jungen der „oberen Schicht" in Erfurt und Köln, die angaben, keine Hilfen bei den Hausaufgaben zu erhalten, machten in Erfurt 62,5 Prozent ihre Aufgaben zu Hause, 18,8 Prozent im Hort und 18,8 Prozent zu Hause oder im Hort. In Köln machten 83,3 Prozent ihre Aufgaben zu Hause und 16,7 Prozent zu Hause oder im Hort.

Es fällt auf, dass in Erfurt der Anteil jener Kinder, die nach eigenen Aussagen keine Unterstützung bei den Hausaufgaben erhielten, deutlich höher ist als in Köln. Außerdem waren es in Erfurt verstärkt Mädchen, die eine solche Aussage trafen, in Köln dagegen die Jungen.

In der Erfurter „unteren Schicht" ist der Anteil jener Kinder, die keine Unterstützung bei der Erledigung der Hausaufgaben erfuhren, größer als in der „oberen Schicht" und im Gesamtsample. In Köln dagegen ist der Anteil Hilfe bei den Hausaufgaben erhaltender Kinder in der „oberen Schicht" höher als im Gesamtsample und in der „unteren Schicht".

4.5.5 Wiederholung von Klassen

Einen Einblick in den Umgang mit Leistungsproblemen von Schüler(inne)n bietet die Frage nach den ausgebliebenen Versetzungen. Die Wiederholung einer Klasse bedeutet für die betroffenen Kinder den Ausschluss aus der Gruppe und ist in der Regel mit dem Erlebnis des Scheiterns und der Frustration sowie dem Verlust einer wie auch immer erlebten Bezugsperson verbunden. Hinzu kommt die Gefahr einer Stigmatisierung in der neuen Klasse.

Tab. 23: Klassenwiederholung bei den Kindern in Erfurt und Köln, aufgeschlüsselt nach dem Geschlecht

			Stadt				
			Erfurt			Köln	
			Geschlecht	Gesamt	Geschlecht		Gesamt
			Mädchen	Jungen		Mädchen	Jungen	
Hast du eine Klasse wiederholt?	ja	Anzahl	7	5	12	6	11	17
		% von Geschlecht	10,6%	7,8%	9,2%	6,3%	13,4%	9,6%
	nein	Anzahl	59	59	118	90	71	161
		% von Geschlecht	89,4%	92,2%	90,8%	93,8%	86,6%	90,4%
Gesamt		Anzahl	66	64	130	96	82	178
		% von Geschlecht	100,0%	100,0%	100,0%	100,0%	100,0%	100,0%

Ein Mädchen in Köln machte zu dieser Frage keine Angabe.

Abb. 27: Klassenwiederholung bei den Kindern in Erfurt und Köln, aufgeschlüsselt nach der sozialen Lage

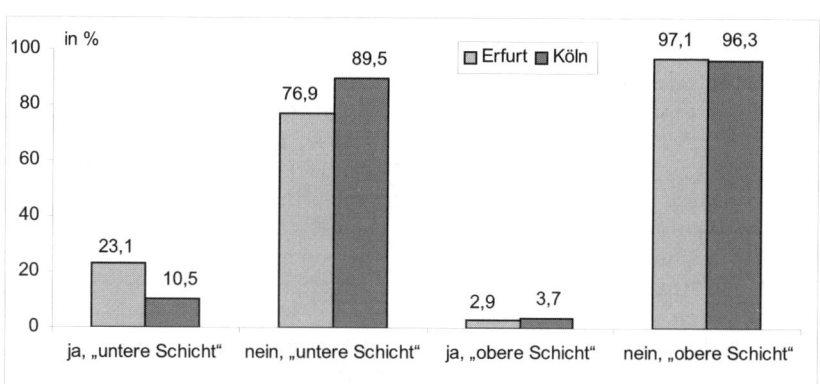

In der Erfurter „unteren Schicht" sind es mit 23,1 Prozent bedeutend mehr Kinder als im Gesamtsample, in der gleichen Kölner Gruppe mit 10,5 Prozent dagegen nur geringfügig mehr Kinder, die bereits vor dem Abschluss der Grundschule einmal eine Klasse wiederholt hatten. Dagegen war in der „oberen Schicht" der Anteil jener Kinder, die bereits eine Klasse wiederholt hatten, mit 2,9 Prozent in Erfurt (keine Jungen) und 3,7 Prozent in Köln (keine Jungen) am geringsten.

(Schul-)Bildung

Tab. 24: Von den Kindern in Erfurt und Köln angegebene Gründe für die Klassenwiederholung, aufgeschlüsselt nach Geschlecht und sozialer Lage

Soziale Lage				Stadt					
				Erfurt			Köln		
				Geschlecht			Geschlecht		
				Mädchen	Jungen	Gesamt	Mädchen	Jungen	Gesamt
Untere Schicht	Gründe für Klassenwiederholung	nicht versetzt	Anzahl	1		1		5	6
			% von Geschlecht	33,3%		16,7%		100,0%	85,7%
		lange krank	Anzahl	1	1	2			
			% von Geschlecht	33,3%	33,3%	33,3%			
		freiwillig	Anzahl		1	1			
			% von Geschlecht		33,3%				
		wiederholt	Anzahl	1	2	3			1
			% von Geschlecht	33,3%	66,7%	50,0%			14,3%
	Gesamt		Anzahl	3	3	6		5	7
			% von Geschlecht	100,0%	100,0%	100,0%		100,0%	100,0%
Mittlere Schicht	Gründe für Klassenwiederholung	nicht versetzt	Anzahl	1		2	2	3	5
			% von Geschlecht	33,3%		40,0%	66,7%	42,9%	50,0%
		lange krank	Anzahl	1		1			
			% von Geschlecht	33,3%		20,0%			
		freiwillig	Anzahl		1	2			
			% von Geschlecht		50,0%	40,0%			
		wiederholt	Anzahl	1	2		1	4	5
			% von Geschlecht	33,3%	50,0%		33,3%	57,1%	50,0%
	Gesamt		Anzahl	3	2	5	3	7	10
			% von Geschlecht	100,0%	100,0%	100,0%	100,0%	100,0%	100,0%
Obere Schicht	Gründe für Klassenwiederholung	nicht versetzt	Anzahl	1		1			
			% von Geschlecht	100,0%		100,0%			
		freiwillig	Anzahl				1		1
			% von Geschlecht				100,0%		100,0%
		wiederholt	Anzahl						
	Gesamt		Anzahl	1		1	1		27
			% von Geschlecht	100,0%		100,0%	100,0%		100,0%

Somit war das Risiko, eine Klasse wiederholen zu müssen, in der „unteren Schicht" höher als in der „oberen". Jürgen Mansel führt dies auf ein kognitives Nachhinken der betroffenen Schüler/innen zurück, bewirkt durch eine schlechtere Förderung und weniger ausgeprägte Beziehungen zwischen den Kindern und ihren Eltern. Dabei macht er deutlich, dass die subjektive Wahrnehmung der Kinder hinsichtlich ihrer Beziehungen zu den Eltern nicht sehr weit auseinander liegen.[48] Dass dies aber nicht verallgemeinert werden kann, zeigt die Analyse der Gründe für Klassenwiederholungen, welche sich in der „unteren Schicht" zwischen Köln und Erfurt ganz massiv unterscheiden.

Während in Erfurt „nur" 75 Prozent der Kinder aus Leistungsgründen bereits einmal eine Klasse wiederholt hatten – 33,3 Prozent gaben, an nicht versetzt worden zu sein; 41,7 Prozent sagten, dass sie die Klasse freiwillig wiederholt hätten –, verhinderten Leistungsprobleme in Köln bei allen Betroffenen die Versetzung in eine höhere Klassenstufe.

4.5.6 Bildungsübergang

Die Bildungswegentscheidung an der Schwelle zur Sekundarstufe I thematisieren eine Vielzahl von Publikationen.[49] Demnach werden Kinder aus Haushalten in prekären Lebenslagen eher auf kürzere, mit niedrigeren Abschlüssen verbundene Bildungswege verwiesen als Kinder aus Haushalten in sozial besserer Lage. Dafür gibt es mehrere Ursachen: Neben einer häufig schlechteren Bildung/Ausbildung der Eltern in prekären Lebenssituationen ist eine geringere Bildungsaspiration dieser Personengruppe maßgeblich. Außerdem dürften rein materielle Erwägungen – z.B. die mit einem Besuch des Gymnasiums verbundenen höheren Bildungskosten – die Entscheidungsfindung beeinflussen. Dass das Bildungsniveau der Eltern als eine der Ursachen von Armut in den östlichen Bundesländern aber eine geringere Rolle spielt als

---

48 Vgl. ebd., S. 125
49 Vgl. z.B. Wolfgang Lauterbach/Andreas Lange/Rolf Becker, Armut und Bildungschancen: Auswirkungen von Niedrigeinkommen auf den Schulerfolg am Beispiel des Übergangs von der Grundschule auf weiterführende Schulstufen, a.a.O., S. 153ff.; Wolfgang Lauterbach/Andreas Lange, Aufwachsen in materieller Armut und sorgenbelastetem Familienklima, a.a.O., S. 106ff.; Rolf Becker, Kinder ohne Zukunft?, Kinder in Armut und Bildungsungleichheit in Ostdeutschland seit 1990, in: Zeitschrift für Erziehungswissenschaft 2/1999, S. 251ff.; Wolfgang Lauterbach/Andreas Lange/David Wüest-Rudin, Familien in prekären Einkommenslagen, a.a.O., S. 361ff.; Ingrid Krieger/Bernd Schläfke, Sozialisation im Armutsklima, a.a.O., S. 224 ff.; Peter Büchner/Heinz-Hermann Krüger, Soziale Ungleichheiten beim Bildungserwerb innerhalb und außerhalb der Schule. Ergebnisse einer empirischen Untersuchung in Hessen und Sachsen-Anhalt, in: Aus Politik und Zeitgeschichte 11/1996, S. 21ff.; Jürgen Baumert u.a., PISA 2000. Basiskompetenzen von Schülerinnen und Schülern im internationalen Vergleich, Opladen 2001, S. 351ff.

materielle Aspekte wie Erwerbseinkommen bzw. -losigkeit oder die Anzahl der Kinder in einer Familie, betonen Johann Bacher und Claudia Wenzig.[50]

Da dieses Problem bei einer Untersuchung zur Lebenssituation von Kindern der hier betrachteten Altersgruppe von großer Relevanz ist, lautete eine Frage an die Mädchen und Jungen, auf was für eine Schule sie nach den Sommerferien wechseln würden. Dabei sind zwischen Erfurt und Köln einerseits sowie zwischen Mädchen und Jungen andererseits erhebliche Differenzen festzustellen. Einer der Unterschiede zwischen Erfurt und Köln wurde bereits angesprochen: der stärkere Drang in Richtung Gymnasium in Ostdeutschland, was mit den Ergebnissen von Bacher und Wenzig korrespondiert, weil der Bildungsabschluss der Eltern für die Bildungsaspiration im Osten eine geringere Rolle spielen könnte als in den westlichen Bundesländern. Er war in Erfurt nur in der „mittleren Schicht" weniger ausgeprägt. Der zweite Unterschied betraf die Schulsysteme und die sich daraus ergebenden Optionen hinsichtlich des Bildungsweges. Während ca. 15 Prozent aller befragten Kölner Schüler/innen allgemeinbildender Schulen ab Sekundarstufe I eine Gesamtschule besuchten,[51] stellten Gesamtschulen im stark gegliederten Thüringer Schulsystem die Ausnahme dar. In Erfurt gab es lediglich zwei und in ganz Thüringen nur sechs. Dies könnte einer der Gründe für den stärkeren Drang zum Gymnasium im Freistaat sein, weil spätere Übergänge zwischen einzelnen Schulformen eher in Richtung einer niedrigeren denn einer höheren realisiert werden.

Die Bildungswegentscheidungen im Gesamtsample ergeben folgendes Bild: Während in Köln 19,1 Prozent der befragten Kinder (Mädchen: 17,7%; Jungen: 20,7%) angaben, nach der 4. Klasse auf eine Gesamtschule zu gehen, waren es in Erfurt – wo es nur zwei solche Schulen gab – gerade einmal 10,8 Prozent (12,1% der Mädchen und 9,4% der Jungen).

In Erfurt ist der Anteil derjenigen, die angaben, auf ein Gymnasium zu wechseln, mit 44,6 Prozent deutlich höher als in Köln mit 32,6 Prozent. Sowohl in Erfurt als auch in Köln nannten mehr Mädchen als Jungen das Gymnasium als neue Schule. Damit lag der Anteil in Köln im allgemeinen Trend – 1998 besuchten nach Angaben des Statistischen Bundesamtes 30 Prozent aller 13-Jährigen in Gesamtdeutschland ein Gymnasium –, in Erfurt gaben dagegen überdurchschnittlich viele Kinder an, das neue Schuljahr auf einem Gymnasium zu beginnen. Diese Zahl übertrifft aber auch die für Thüringen,[52] wo der Anteil der Hochschulzugangsberechtigten an der gleichaltrigen Bevölkerungsgruppe bei 35 Prozent und damit um 3 Prozentpunkte unter dem

---

50 Vgl. Johann Bacher/Claudia Wenzig, Sozialberichterstattung über die Armutsgefährdung von Kindern, a.a.O., S. 126
51 Vgl. Kölner Amt für Stadtentwicklung und Statistik (Hrsg.), Schüler an allgemeinbildenden Schulen 2000, Köln 2001
52 Vgl. Thüringer Ministerium für Soziales, Familie und Gesundheit (Hrsg.), Materialband zum 3. Thüringer Sozialbericht, Erfurt o.J., S. 12f.

Durchschnitt der westlichen Bundesländer lag. Demnach besteht für einen erheblichen Teil der Erfurter Kinder, die auf ein Gymnasium wechselten, die Gefahr, dort zu scheitern und es in Richtung einer Regelschule zu verlassen. Das Thüringer Schulgesetz enthält zudem für Kinder, die den gymnasialen Leistungsanforderungen nicht gewachsen sind, auch in seiner neuen, nach dem Amoklauf von Robert Steinhäuser am 26. April 2002 im Erfurter Gutenberg-Gymnasium beschlossenen Fassung erhebliche Nachteile gegenüber Gleichaltrigen in anderen Bundesländern.

Tab. 25: Geplante Schulwegentscheidung der Kinder in Erfurt und Köln, aufgeschlüsselt nach dem Geschlecht

			Stadt				
			Erfurt			Köln	
			Geschlecht		Gesamt	Geschlecht		Gesamt
In welche Schule wechselst du?			Mädchen	Jungen		Mädchen	Jungen	
	Haupt-/Real-/	Anzahl	25	31	56	45	37	82
	Regelschule	% von Geschlecht	37,9%	48,4%	43,1%	46,9%	45,1%	46,1%
	Gesamtschule	Anzahl	8	6	14	17	17	34
		% von Geschlecht	12,1%	9,4%	10,8%	17,7%	20,7%	19,1%
	Gymnasium	Anzahl	32	26	58	32	26	58
		% von Geschlecht	48,5%	40,6%	44,6%	33,3%	31,7%	32,6%
	Sonderschule	Anzahl				2		2
		% von Geschlecht				2,1%		1,1%
	Weiß ich nicht	Anzahl	1	1	2		1	1
		% von Geschlecht	1,5%	1,6%	1,5%		1,2%	0,6%
	Klasse wird	Anzahl					1	1
	wiederholt	% von Geschlecht					1,2%	0,6%
Gesamt		Anzahl	66	64	130	96	82	178
		% von Geschlecht	100,0%	100,0%	100,0%	100,0%	100,0%	100,0%

Ein Mädchen aus Köln machte keine Angabe.

Sonderschulen bzw. Klassenwiederholungen spielten im Befragungssample weder in Erfurt noch in Köln, wo zwei Mädchen (2,1%) angaben, auf eine Sonderschule zu gehen, und ein Junge die Klasse wiederholen sollte, eine große Rolle.

Aus der „unteren Schicht" gab kein Erfurter Kind an, auf eine Gesamtschule zu wechseln. Dies könnte mit der exponierten Stellung der beiden Gesamtschulen in Erfurt zusammenhängen, die sich aufgrund der hohen Nachfrage ihre Schüler/innen aussuchen können, was dazu führt, dass sich Eltern damit auseinandersetzen und für einen solchen Wechsel engagieren müssen. Auch dann, wenn der Versuch eines Wechsels zur Gesamtschule unternommen wird, dürften die schulischen Leistungen der Kinder zumindest teilweise einen Hinderungsgrund bilden.

Insgesamt wechselten in Erfurt 69,2 Prozent der Kinder aus der „unteren Schicht"– also deutlich mehr als im Gesamtsample – auf eine mit der westdeutschen Haupt- und Realschule vergleichbare Regelschule (72,7% der Mäd-

(Schul-)Bildung 281

chen und 66,7% der Jungen) sowie 26,9 Prozent auf ein Gymnasium, wobei der Anteil der Jungen mit 33,3 Prozent deutlich höher ist als jener der Mädchen mit 18,2 Prozent.

Abb. 28: Geplante Schulwegentscheidung der Kinder aus der „unteren" und „oberen" Schicht" in Erfurt und Köln

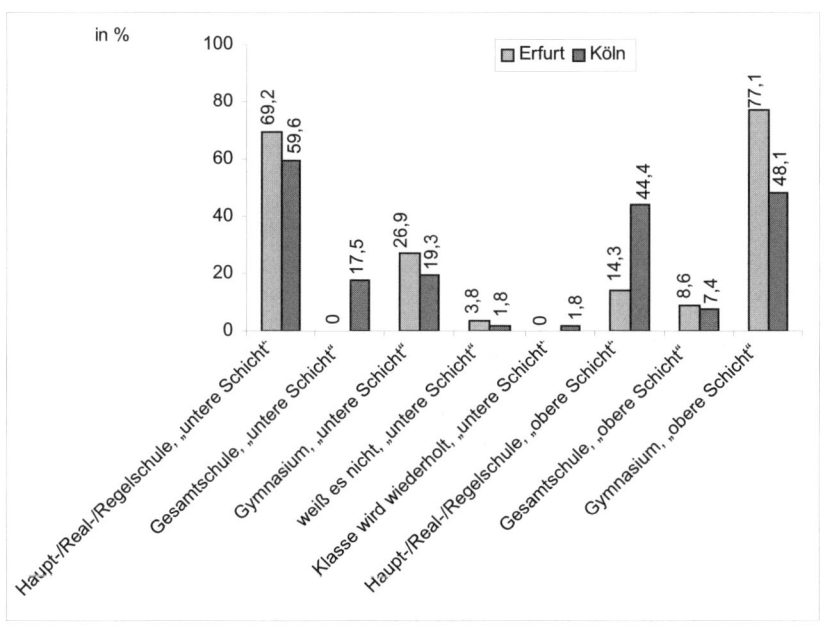

In Köln gaben 59,6 Prozent der Kinder aus der „unteren Schicht" (59,4% der Mädchen und 60% der Jungen) an, auf eine Haupt- oder Realschule zu gehen, und 17,5 Prozent besuchten eine Gesamtschule (18,8% der Mädchen und 16% der Jungen). Nur 19,3 Prozent der Kölner Kinder dieser Gruppe, also deutlich weniger als in Erfurt, verließen die Grundschule in Richtung Gymnasium (21,9% der Mädchen und 16% der Jungen). Ein Kind in Köln wiederholte die 4. Klasse.

Die Bildungs- und Ausbildungschancen der Schüler/innen der „unteren Schicht" waren vor allem in Erfurt gegenüber dem Gesamtsample deutlich geringer als in Köln. Da in Erfurt keines dieser Kinder auf eine Gesamtschule ging, hatten sie später kaum noch Chancen, einen höheren Bildungsabschluss zu erreichen. Das kann auch nicht durch den höheren Anteil jener Kinder kompensiert werden, die zum Gymnasium wechselten. Vielmehr deuten sich hier nochmals schlechtere Perspektiven für Kinder aus Familien in prekären Soziallagen an.

In der „oberen Schicht" sind die Unterschiede zwischen Köln und Erfurt gleichfalls erheblich. So wechselten 77,1 Prozent der Erfurter (Mädchen: 82,6%; Jungen: 66,7%), aber nur 48,1 Prozent der Kölner Kinder (Mädchen: 40%; Jungen: 58,3%) dieser Gruppe auf das Gymnasium. Demgegenüber besuchten nur 14,3 Prozent der Erfurter Kinder dieser Gruppe die Regelschule (Mädchen: 8,7%; Jungen: 25%), aber 44,4 Prozent der Kölner Kinder die Haupt- und Realschule (Mädchen: 60%; Jungen: 25%). Bezüglich des Wechsels auf eine Gesamtschule waren keine erheblichen Differenzen zu verzeichnen, was wiederum auf den höheren Status der Gesamtschulen in Erfurt verweist, weil diese erhebliche Zugangshürden (Auswahl nach Leistungsstand im Halbjahreszeugnis der 4. Klasse) haben, die sie aufgrund der geringen Platzzahl ausschöpfen können. Wenn unterstellt wird, dass wenigstens ein Teil der Kinder, die eine Gesamtschule besuchen, auch das Abitur schafft, kann für die „obere Schicht" in Erfurt eine Abiturquote von ca. 80 Prozent und in Köln von ca. 50 Prozent unterstellt werden (ohne Berücksichtigung möglicher späterer Wechsel einzelner Kinder auf Schulen mit Haupt- und Realschulzweigen).

Im Gesamtsample scheint für die Erfurter Kinder eine höhere Bildungsaspiration – 55,4 Prozent gaben an, auf eine Gesamtschule oder ein Gymnasium zu gehen – als für die Kölner Kinder – hier wechselten nur 51,7 Prozent auf eine Gesamtschule oder ein Gymnasium – angelegt zu sein. Aus der „unteren Schicht" berichtete zwar in Erfurt ein größerer Anteil der Kinder von einem Wechsel zum Gymnasium als aus der gleichen Gruppe in Köln. Allerdings wechselten mehrere Kinder aus der „unteren Schicht" in Köln zur Gesamtschule, was in Erfurt gar nicht vorkam. Dadurch ist die Chance, doch noch einen höheren Bildungsabschluss zu erlangen, für Kinder der Kölner „unteren Schicht" größer als in Erfurt.

Der in Erfurt insgesamt stärkere Wechsel in Richtung des Gymnasiums könnte u.a. mit dem Mangel an Ausbildungsplätzen zusammenhängen, der in den östlichen Bundesländern noch größer ist als in den westlichen. Hinzu tritt eine stärkere Selektion: Vermehrt werden auch für Ausbildungsberufe eher Jugendliche mit einem gymnasialen Abschluss als solche mit einem Realschulabschluss ausgewählt. Dies wiederum legt – bei Betrachtung der Befragungsergebnisse – eine Benachteiligung von Kindern aus Familien in prekären Soziallagen auch in späteren Lebensphasen nahe.

Je höher die soziale Lage der Kinder des Befragungssamples, desto größer ist ihre Chance, einen höheren Bildungsabschluss zu erwerben. Dies entspricht weitgehend den Aussagen von Andreas Lange und Wolfgang Lauterbach zu Konsequenzen von materieller Armut und sorgenbelastetem Familienklima für den Schulerfolg von Kindern beim Übergang von der Grundschule zur Sekundarstufe I. Demnach besuchten zwischen 1984 und 1995 im Durchschnitt nur etwa 41 Prozent der Kinder im Alter zwischen 10 und 12 Jahren die Hauptschule. Unter den armen Kindern waren es allerdings fast 55 Prozent und von denen, die in prekärem Wohlstand lebten, fast 53 Prozent. Umgekehrt verhielt es sich beim Besuch des Gymnasiums. Während im

Durchschnitt fast 29 Prozent der 10- bis 12-Jährigen das Gymnasium besuchten, waren es unter den armen nur etwa 16 Prozent und unter denen, die in prekärem Wohlstand lebten, sogar nur 14 Prozent. Die Unterschiede im Vergleich zu anderen Schultypen waren marginal.[53] Auf die Bildungskarriere des Kindes nehmen Lauterbach und Lange zufolge die berufliche Ausbildung des Vaters und die wirtschaftlichen Sorgen der Mutter besonders großen Einfluss: Je größer diese sind und je niedriger der Bildungsstatus des Vaters ist, desto eher besucht das Kind die Hauptschule und desto unwahrscheinlicher wird das Erreichen einer Gymnasialbildung.[54] Isolde Heintze gelangt in einer Untersuchung über den Einfluss der Arbeitslosigkeit und sozialökologischer Kontexte auf die Bildungschancen ostdeutscher Kinder zu dem Ergebnis, „dass die berufliche Stellung des befragten Elternteils einen hoch signifikanten Einfluss auf die Wahrscheinlichkeit des Wechsels auf das Gymnasium ausübt. Es ist für Kinder, deren Eltern der unteren oder oberen Dienstklasse angehören, signifikant wahrscheinlicher, ebenfalls die höheren Bildungslaufbahnen einzuschlagen, als für Kinder, deren Eltern der Klasse der un-/angelernten Arbeiter, Facharbeiter und Meister angehören."[55]

Unter Berücksichtigung des Migrationshintergrundes stellt man eine Verstärkung dieser Tendenz fest. 1998 besuchten in Deutschland rund 40 Prozent aller Kinder und Jugendlichen das Gymnasium, etwa 23 Prozent die Realschule, 20 Prozent die Hauptschule und 17 Prozent die integrierte Gesamtschule. Dagegen waren nur 9,4 Prozent der Kinder ausländischer Herkunft auf dem Gymnasium, 8,4 Prozent auf der Realschule, jedoch 67,7 Prozent auf der Hauptschule.[56] Somit hat die Verteilung auf unterschiedliche Schulformen eine deutlich herkunftsspezifische Prägung, welche dem Prinzip der Chancengleichheit widerspricht. Migrationsspezifische, berufliche und soziökonomische Positionen der Haushalte bzw. ihrer Vorstände sind für die Verteilung auf die unterschiedlichen Schulformen weiterhin ausschlaggebend. Im Kölner Sample – die Erfurter Daten lassen wegen der geringen Fallzahlen kaum Schlüsse zu – gaben mehr als ein Viertel der Kinder mit Migrationshintergrund an, im neuen Schuljahr auf ein Gymnasium zu wechseln, wobei der Anteil der Mädchen deutlich größer als jener der Jungen ist. Zwischen den Kindern mit und ohne Migrationshintergrund gab es beim Besuch einer Haupt- oder Realschule (46,5% mit und 45,7% ohne Migrationshintergrund) kaum Unterschiede, die bei einer klareren Differenzierung zwischen beiden Schularten aber deutlicher werden dürften.

---

53 Vgl. Wolfgang Lauterbach/Andreas Lange, Aufwachsen in materieller Armut und sorgenbelastetem Familienklima, a.a.O., S. 123f.
54 Vgl. ebd., S. 127ff.
55 Isolde Heintze, Der Einfluss der Arbeitslosigkeit und der sozialökologischen Kontexte auf die Bildungschancen von Kindern in Ostdeutschland, in: Kölner Zeitschrift für Soziologie und Sozialpsychologie 2/2004, S. 250 (Hervorh. im Original)
56 Vgl. Bundesministerium für Arbeit und Sozialordnung (Hrsg.), Lebenslagen in Deutschland, a.a.O., S. 121

4.5.7 Zusammenfassung

In der Befragung wurde einmal mehr die höhere Bildungsaspiration sozial besser gestellter Familien deutlich. Deren Nachwuchs hat somit mehr Chancen und unterliegt auch in Zukunft einem geringeren Risiko des Scheiterns auf dem Ausbildungs- und Arbeitsmarkt als Kinder in prekären Lebenslagen. Außerdem ist das Risiko, eine Klasse zu wiederholen, in der „unteren" höher als in der „oberen Schicht". Diesbezüglich scheint eine „Selektion" entlang der sozialen Lagen in den Grundschulen – jedenfalls im untersuchten Sample – in Köln sehr viel stärker ausgeprägt zu sein als in Erfurt.

Im Gesamtsample wie auch in der „oberen Schicht" scheint eine höhere Bildungsaspiration für die Erfurter als für die Kölner Kinder angelegt zu sein. Selbst in der Erfurter „unteren Schicht" ist ein stärkerer Drang zum Gymnasium erkennbar als in der gleichen Kölner Gruppe. Mit der sozialen Lage der Kinder steigt ihre Chance, einen höheren Bildungsabschluss zu erwerben. Demnach haben die Kinder in Erfurt bessere Bildungschancen als die in Köln. Dabei ist aber zu beachten, dass in Erfurt in der „unteren Schicht" eine größere Differenz zum Gesamtsample existiert als in Köln, was darauf hindeutet, dass gerade in der Erfurter „unteren Schicht" die Bildungschancen der Kinder stärker eingeschränkt sind als in Köln. Im Zusammenhang mit den erwähnten Problemen auf dem ostdeutschen Berufsausbildungsmarkt verringert sich damit auch die Chance der betroffenen Kinder, ihre Lebenssituation mittels eigener Ressourcen zu verbessern.

Jürgen Mansel und Georg Neubauer betonen gleichfalls den Zusammenhang zwischen der Lebenslage von Erwachsenen und jener ihrer Kinder. Demnach können Kinder ihre Situation nicht „aus eigener Kraft" verbessern. Die beiden Autoren stellen zwar darauf ab, dass Kinder über einen höheren Schulabschluss bessere Berufsperspektiven erreichen können.[57] Wenn ihnen aber die Entscheidung der Eltern für einen kurzen Bildungsweg diese Möglichkeit nimmt, verringern sich ihre Chancen nochmals. Andreas Lange, Wolfgang Lauterbach und Rolf Becker betonen, dass vor allem wegen der hohen Arbeitslosigkeit in den östlichen Bundesländern permanent fast 20 Prozent aller Kinder im Alter von 10 bis 13 Jahren in ungünstigen Einkommenslagen leben, insgesamt davon aber aufgrund der angenommenen Dynamik deutlich mehr betroffen sind.[58]

Hanna Haupt wiederum weist auf negative Folgen der Arbeitslosigkeit in Ostdeutschland hin, die aufgrund der „bisherigen Lebenserfahrungen nicht nur als materielle Armut, sondern auch als soziale Ausgrenzung, als Verlust sozialer Kontakte und als Emanzipations-Verlust, als neue Abhängigkeit und

---

57 Vgl. Jürgen Mansel/Georg Neubauer, Kinderarmut – Armutsrisiko Kinder, in: dies. (Hrsg.), Armut und soziale Ungleichheit bei Kindern, Opladen 1998, S. 11
58 Vgl. Andreas Lange/Wolfgang Lauterbach/Rolf Becker, Armut und Bildungschancen, a.a.O., S. 157f.

Unselbständigkeit gegenüber dem Partner/der Partnerin" erlebt werde.[59] Die damit verbundene Auflösung bisher durch Berufs- und Familienpflichten eingeübter Zeitstrukturen führt bei einem Teil der Betroffenen zur „Flucht in die Sucht" (Alkohol, Tabletten), was ein Verlassen der Armutssituation erschwert, weil die eigene Handlungskompetenz schwinde.[60] Finden diese Aspekte bei der Bewertung von Bildungswegentscheidungen angemessen Berücksichtigung, wird deutlich, welcher Eingrenzung und Beschränkung von Entwicklungsmöglichkeiten die Kinder in prekären Lebenslagen gerade in den östlichen Bundesländern ausgesetzt sind.

4.6 (Wohl-)Befinden und Gesundheit

Gesundheit ist eines der wichtigsten Güter des Lebens, die sie gewährleistende soziale medizinische Versorgung ein Grund- und Menschenrecht.[61] Soziale Gesundheitsversorgung ist auch in Deutschland unterschiedlich verteilt. Während Privatpatienten eine besondere Versorgung erhalten, werden die Leistungen der Gesetzlichen Krankenversicherung stärker reglementiert und angesichts wachsender Deckungslücken auch reduziert. Unterschiede gibt es dabei noch zwischen den Mitgliedern der einzelnen Kassen(arten). Erfahrungsgemäß sind gerade Menschen in prekären Lebenslagen in der jeweiligen Allgemeinen Ortskrankenkasse (AOK) versichert, während gut ausgebildete, besser verdienende und/oder jüngere Menschen eher den Ersatz- oder Betriebskrankenkassen angehören. Untersuchungen – so eine Panelstudie der Gmünder Ersatzkasse – zeigen, dass Menschen in prekären Lebenslagen nicht nur materiell schlechter gestellt sind als andere, sondern auch einen schlechteren Gesundheitszustand aufweisen.[62] Im Land Brandenburg wurde der Gesundheitszustand von Einschüler(inne)n analysiert und dabei nach sozialen Lagen differenziert. Erneut zeigte sich, dass sozial benachteiligte Kinder weniger gesund sind als Kinder aus wohlhabenderen Familien.[63] Gleichwohl weisen Gerd Marstedt und Reiner Müller darauf hin, dass nicht alle Erklärungsfaktoren, die zur Analyse von sozialer Ungleichheit und Gesundheit

---

59 Siehe Hanna Haupt, Umbruchsarmut in den neuen Bundesländern?, in: Ronald Lutz/ Matthias Zeng (Hrsg.), Armutsforschung und Sozialberichterstattung in den neuen Bundesländern, a.a.O., S. 59
60 Vgl. ebd.
61 Vgl. Christoph Steiner, Das Recht auf soziale Gesundheitsversorgung. Unter besonderer Berücksichtigung des Artikels 9 ICESCR, Frankfurt am Main 2004
62 Vgl. Gmünder Ersatzkasse (Hrsg.), GEK-Gesundheitsreport: Auswertung der GEK-Gesundheitsberichterstattung, Schwäbisch Gmünd 1999
63 Vgl. Ministerium für Arbeit, Soziales, Gesundheit und Frauen des Landes Brandenburg (Hrsg.), Einschüler in Brandenburg: Soziale Lage und Gesundheit 1999, 2. Aufl. Potsdam 2000, S. 12

bei Erwachsenen herangezogen werden, auch für Jüngere Verwendung finden sollten.[64]

Eine Vielzahl von Studien zur (Kinder-)Armut belegen die mehr oder weniger stark ausgeprägten Zusammenhänge zwischen Gesundheit, Wohlbefinden und sozialer Lage. Dass es hierbei keine Monokausalität gibt, wird zwar regelmäßig betont, kaum von der Hand weisen lässt sich aber die Tendenz zu einem schlechteren Gesundheitszustand, einem nicht so ausgeprägten Wohlbefinden oder einem weniger gesundheitsfördernden Verhalten bei Menschen in prekären Lebenslagen.

4.6.1 Gesundheitliches Wohlbefinden

Zur leichteren Beantwortung der Frage „Wie fühlst du dich im Allgemeinen?" wurden den Kindern vier Items vorgegeben: „fast immer wohl", „manchmal wohl", „manchmal unwohl" und „fast immer unwohl". Die Schüler/innen in Erfurt und Köln machten zu dieser Frage ähnliche Angaben. Es ging demnach über einem Zehntel der befragten Kinder (10,7% in Erfurt und 13% in Köln) im Allgemeinen nicht so gut („manchmal unwohl" und „fast immer unwohl"). In Erfurt schien es den Mädchen (13,6%) schlechter zu gehen als den Jungen (7,8%). In Köln spielte der Geschlechterunterschied dagegen keine große Rolle (13,5% der Mädchen und 12,5% der Jungen ging es nicht so gut). Das Item „fast immer unwohl" wurde in Erfurt von zwei Mädchen (3% der Erfurter Mädchen) und in Köln von zwei Jungen (2,5% der Kölner Jungen) gewählt.

Tab. 26: Antworten zum allgemeinen Wohlbefinden der Kinder in Erfurt und Köln, aufgeschlüsselt nach dem Geschlecht

			Stadt					
			Erfurt			Köln		
			Geschlecht		Gesamt	Geschlecht		Gesamt
			Mädchen	Jungen		Mädchen	Jungen	
Wie fühlst du dich allgemein?	fast immer wohl	Anzahl	35	40	75	52	51	103
		% von Geschlecht	53,0%	62,5%	57,7%	54,2%	63,8%	58,5%
	manchmal wohl	Anzahl	22	19	41	31	19	50
		% von Geschlecht	33,3%	29,7%	31,5%	32,3%	23,8%	28,4%
	manchmal unwohl	Anzahl	7	5	12	13	8	21
		% von Geschlecht	10,6%	7,8%	9,2%	13,5%	10,0%	11,9%
	fast immer unwohl	Anzahl	2		2		2	2
		% von Geschlecht	3,0%		1,5%		2,5%	1,1%
Gesamt		Anzahl	66	64	130	96	82	178
		% von Geschlecht	100,0%	100,0%	100,0%	100,0%	100,0%	100,0%

Ein Mädchen und zwei Jungen in Köln machten dazu keine Angaben.

---

64 Vgl. Gerd Marstedt/Rainer Müller, Soziale Ungleichheit im Jugendalter. Geschlecht und Bildungsniveau als Einflussdimensionen für Gesundheit und kulturelle Normen des Gesundheitsverhaltens, in: Uwe Helmert u.a. (Hrsg.), Müssen Arme früher sterben? – Soziale Ungleichheit und Gesundheit in Deutschland, Weinheim/München 2000, S. 187

(Wohl-)Befinden und Gesundheit

Eine soziallagenabhängige Betrachtung der Antworten ergibt ein völlig verändertes Bild. So sagten in der „unteren Schicht" 19,2 Prozent von den Erfurter Kindern, dass sie sich „manchmal" bis „fast immer unwohl" fühlten, wobei die Mädchen mit 36,4 Prozent davon sehr viel stärker betroffen zu sein scheinen als die Jungen mit 6,7 Prozent. In Köln meinten 17,6 Prozent der Kinder dieser Gruppe, dass es ihnen nicht besonders gut gehe. Auch hier scheinen die Mädchen mit 21,9 Prozent gegenüber den Jungen mit 12 Prozent stärker betroffen gewesen zu sein. Damit ist in beiden Städten der Anteil jener Jungen und Mädchen, denen es weniger gut ging, in der „unteren Schicht" größer als im jeweiligen Gesamtsample, wobei die Differenz in Erfurt mit 8,5 Prozentpunkten sehr viel größer ausfällt als in Köln mit 4,6 Prozentpunkten.

Abb. 29: Antworten zum allgemeinen Wohlbefinden der Kinder in Erfurt und Köln, aufgeschlüsselt nach der Schichtzugehörigkeit

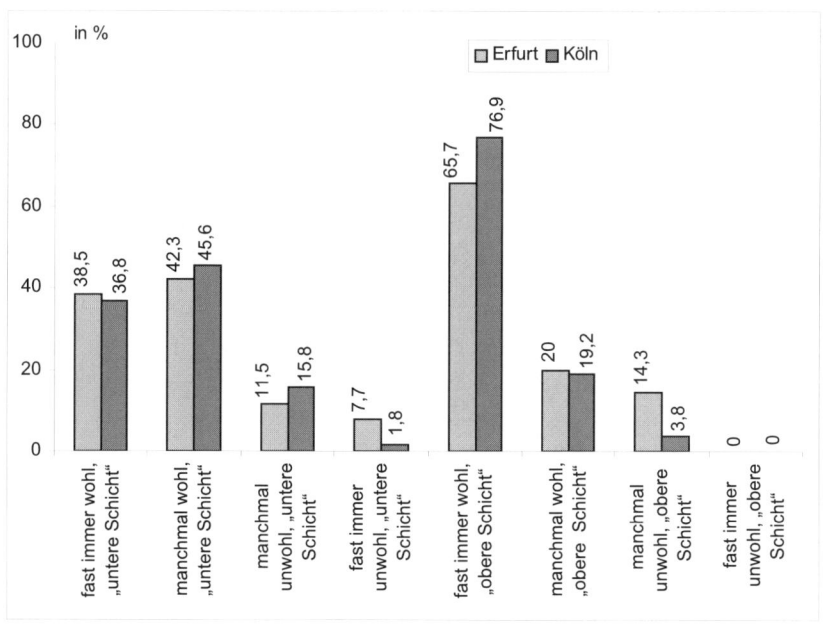

Mit einem Anteil von 14,3 Prozent in der „oberen Schicht" sagten ebenfalls mehr Kinder als im Gesamtsample in Erfurt, sie fühlten sich „manchmal unwohl". Hier stechen aber die Jungen mit 25 Prozent gegenüber den Mädchen mit 8,7 Prozent hervor. In Köln dagegen findet sich in dieser Gruppe lediglich ein Fall (3,8%), wo das Mädchen angab, sich gelegentlich unwohl zu fühlen.

In Erfurt finden sich mit nur 5,8 Prozent der Befragten, die angaben, sich „manchmal unwohl" zu fühlen, und in der „mittleren Schicht" die wenigsten Kinder mit eingeschränktem Wohlbefinden. In Köln sagten aus dieser Gruppe – ebenso wie im Gesamtsample – ca. 13 Prozent, dass sie sich im Allgemeinen nicht so wohl fühlten. Wenngleich sich die Kinder der „mittleren Schicht" am besten fühlten, wird deutlich, dass Kinder aus der „unteren Schicht" gegenüber diesen wie auch gegenüber jenen der „oberen Schicht" benachteiligt waren, da weit mehr als in den übrigen „Schichten" meinten, sich eher unwohl zu fühlen, also einem eingeschränkten Wohlbefinden unterlagen. Dabei sind kaum Unterschiede zwischen Ost und West feststellbar.

Die Kinder mit Migrationshintergrund scheinen sich insgesamt besser zu fühlen. In Erfurt gaben alle an, sich „manchmal" oder „fast immer wohl" zu fühlen. In Köln waren mit 80,2 Prozent zwar etwas weniger, aber doch deutlich mehr als im Kölner Gesamtsample dieser Überzeugung. Eine besondere Abhängigkeit von der sozialen Lage scheint es hier nicht zu geben: Aus der „unteren" und „mittleren Schicht" sagten ebenfalls 80 Prozent der Kinder mit Migrationshintergrund, dass sie sich „manchmal" oder „fast immer wohl" fühlten.

4.6.2 Kopf- und Bauchschmerzen

Die Antworten auf Fragen nach Kopf- oder Bauchschmerzen werden hier betrachtet, weil diese als Symptom neben somatischen auch psychosomatische Ursachen – Stress, psychische Belastung oder allgemein Überlastung – haben können. In der ersten Frage zur Gesundheit sollten die Kinder angeben, wie häufig sie unter Kopfschmerzen litten.

Tab. 27: Angaben der Kinder in Erfurt und Köln zu Kopfschmerzen, aufgeschlüsselt nach dem Geschlecht

			Stadt				
			Erfurt			Köln	
			Geschlecht		Gesamt	Geschlecht		Gesamt
			Mädchen	Jungen		Mädchen	Jungen	
Hast du gelegentlich Kopfschmerzen?	sehr oft	Anzahl	2	2	4	8	1	9
		% von Geschlecht	3,0%	3,1%	3,1%	8,2%	1,2%	5,0%
	oft	Anzahl	11	5	16	14	13	27
		% von Geschlecht	16,7%	7,8%	12,3%	14,4%	15,9%	15,1%
	weniger oft	Anzahl	45	37	82	57	48	1,5
		% von Geschlecht	68,2%	57,8%	63,1%	58,8%	58,5%	58,7%
	gar nicht	Anzahl	8	20	28	18	20	38
		% von Geschlecht	12,1%	31,3%	21,5%	18,6%	24,4%	21,2%
Gesamt		Anzahl	66	64	130	96	82	178
		% von Geschlecht	100,0%	100,0%	100,0%	100,0%	100,0%	100,0%

(Wohl-)Befinden und Gesundheit

Mehr als ein Fünftel aller Kölner Kinder gaben an, „oft" bis „sehr oft" Kopfschmerzen zu haben. Dazu gehören 22,6 Prozent der Mädchen, aber nur 17,1 Prozent der Jungen. In Erfurt erklärten dagegen 15,4 Prozent der Kinder, „oft" oder „sehr oft" Kopfschmerzen zu haben, also knapp 5 Prozentpunkte weniger als in Köln. Bei geschlechterdifferenter Betrachtung fällt ein erheblich höherer Unterschied in Erfurt auf. Hier gaben „nur" 10,9 Prozent der Jungen, aber 19,7 Prozent der Mädchen an, „oft" bzw. „sehr oft" Kopfschmerzen zu haben, was eine Differenz von 8,8 Prozentpunkten ausmachte.

Bei jenen Mädchen und Jungen, denen es im Allgemeinen nicht so gut ging, war der Anteil jener, die über häufigere Kopfschmerzen („oft" bzw. „sehr oft") klagten, mit je knapp 36 Prozent in Erfurt und Köln deutlich größer als im Gesamtsample. (Kopf-)Schmerzen scheinen einen erheblichen Einfluss auf die Einschätzung des Wohlbefindens seitens der Kinder zu haben. Dass sie das Wohlbefinden des Menschen beeinträchtigen, kann schwerlich verwundern, aber ihr Einfluss darauf bei Kindern dieses Alters ist beachtlich.

Abb. 30: Kopfschmerzen bei den Kindern in Erfurt und Köln, aufgeschlüsselt nach der Schichtzugehörigkeit

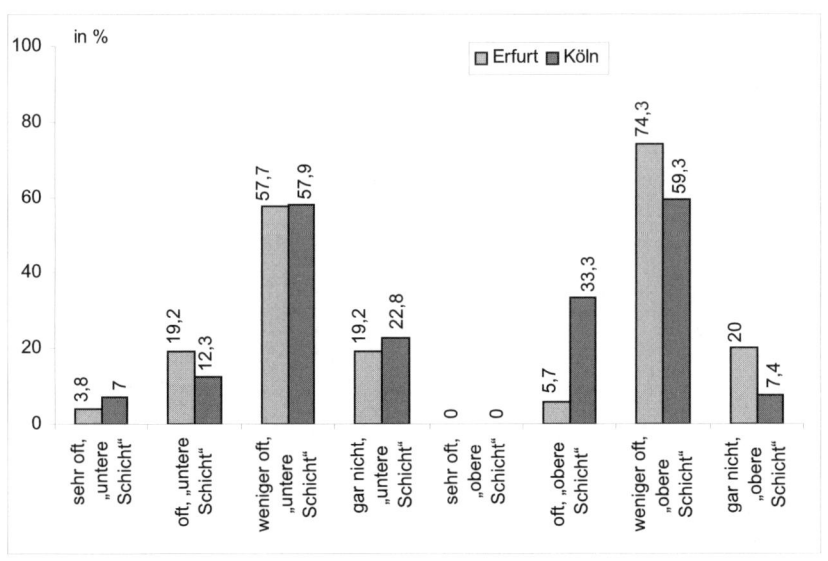

In der „unteren Schicht" ergibt sich ein etwas anderes Bild: Während in Erfurt der Anteil jener Kinder, die angaben, „oft" oder „sehr oft" Kopfschmerzen zu haben, auf 23 Prozent ansteigt, geht ihr Anteil in Köln geringfügig auf 19,3 Prozent zurück. Eine geschlechterdifferente Analyse der Daten lässt deutliche Unterschiede erkennen: In Erfurt steigt der Anteil jener Jungen, die sagten, dass sie „oft" bzw. „sehr oft" Kopfschmerzen hätten, von 10,9 auf 26,7 Prozent, während der Anteil bei den Mädchen kaum Veränderungen der Werte aufweist. In Köln gibt es eine ähnliche Verschiebung; auch hier war der Anteil der Mädchen mit häufigeren Kopfschmerzen aus der „unteren Schicht" mit 18,8 Prozent geringer als im Gesamtsample (22,6%); Jungen aus der „unteren Schicht" hatten hingegen häufiger Kopfschmerzen (20 vs. 17,1%).

In Erfurt geht der Anteil jener Kinder, die nach eigener Aussage „oft" Kopfschmerzen hatten, in der „oberen Schicht" stark zurück – von 15,4 Prozent im Gesamtsample auf 8,7 Prozent der Mädchen, die angaben, „oft" Kopfschmerzen zu haben. Jungen dieser Gruppe wählten keins der beiden „starken" Items. In Erfurt geht damit der Anteil jener Kinder, die „oft" bis „sehr oft" Kopfschmerzen hatten, um knapp 10 Punkte auf 5,7 Prozent zurück. In Köln ist eine stark gegenläufige Tendenz festzustellen: In der „oberen Schicht" wurde das Item „sehr oft" zwar nicht gewählt, dafür gaben aber 33,3 Prozent der befragten Kinder dieser Gruppe an, „oft" Kopfschmerzen zu haben, 13 Punkte mehr, als im Gesamtsample angaben, „oft" bis „sehr oft" unter Kopfschmerzen zu leiden. Bei einer geschlechtsspezifischen Betrachtung stellt sich heraus, dass die Mädchen in der „oberen Schicht" deutlich häufiger (46,7%) darüber klagten, „oft" Kopfschmerzen zu haben, als die Jungen (16,7%).

Der Anteil der Kinder mit „oft" oder „sehr oft" vorkommenden Kopfschmerzen ist recht hoch: in Erfurt bei 15,4 Prozent und in Köln bei 20,1 Prozent. Bei den Kindern aus der „unteren" und der „oberen Schicht" sind zwischen Erfurt und Köln gegenläufige Werte feststellbar: Während in Erfurt mit prekärer werdenden sozialen Bedingungen die Anteile der Kinder mit Kopfschmerzen zunehmen, sind in Köln bei Kindern mit besseren Lebensbedingungen höhere Werte zu finden. Die Gründe für diese Unterschiede können hier ebenso wenig geklärt werden wie jene in den Ergebnissen zur Häufigkeit von Bauchschmerzen, der nächsten Frage dieses Komplexes. Bauchschmerzen als in nicht unerheblichem Maße psychosomatisch bedingtes Symptom deuten – ebenso wie Kopfschmerzen – auf Belastungen hin, können aber sehr viel stärker als Kopfschmerzen auch somatisch bedingt sein. In Erfurt wie in Köln gaben die Kinder in deutlich geringerem Maße an, „oft" bis „sehr oft" Bauchschmerzen zu haben, als Kopfschmerzen: 13,8 Prozent in Erfurt (18,2% der Mädchen und 9,4% der Jungen), aber „nur" 9,5 Prozent der Kinder in Köln (10,3% der Mädchen und 8,5% der Jungen).

Tab. 28: Bauchschmerzen der Kinder in Erfurt und Köln, aufgeschlüsselt nach dem Geschlecht

			\multicolumn{5}{c}{Stadt}			
			Erfurt			Köln		
			Geschlecht		Gesamt	Geschlecht		Gesamt
			Mädchen	Jungen		Mädchen	Jungen	
Hast du gelegentlich Bauchschmerzen?	sehr oft	Anzahl	2		2	2		2
		% von Geschlecht	3,0%		1,5%	2,1%		1,1%
	oft	Anzahl	10	6	16	8	7	15
		% von Geschlecht	15,2%	9,4%	12,3%	8,2%	8,5%	8,4%
	weniger oft	Anzahl	46	38	84	69	48	117
		% von Geschlecht	69,7%	59,4%	64,6%	71,1%	58,5%	65,4%
	gar nicht	Anzahl	8	20	28	18	27	45
		% von Geschlecht	12,1%	31,3%	21,5%	18,6%	32,9%	25,1%
Gesamt		Anzahl	66	64	130	96	82	178
		% von Geschlecht	100,0%	100,0%	100,0%	100,0%	100,0%	100,0%

Werden diese Daten soziallagenabhängig betrachtet, stellt man fest, dass die Kinder in der „unteren Schicht" in Köln mit 10,6 Prozent zu einem geringfügig (9,4% der Mädchen und 12% der Jungen) höheren Anteil angaben, „oft" bis „sehr oft" Bauchschmerzen zu haben. In Erfurt geht dagegen der Anteil jener, die klagten, „oft" Bauchschmerzen zu haben, auf 11,5 Prozent (18,2% der Mädchen und 6,7% der Jungen) zurück. Wenn nur die Aussagen der Kinder aus der „oberen Schicht" analysiert werden, sind gegenteilige Werte in Erfurt und Köln feststellbar: Während die Kölner Kinder die Items „oft" und „sehr oft" überhaupt nicht wählten, gaben in Erfurt mehr Kinder dieser Gruppe an, „oft" oder „sehr oft" Bauchschmerzen zu haben. Vor allem Mädchen scheinen davon mit 21,7 Prozent sehr viel häufiger betroffen zu sein als Jungen mit 8,3 Prozent. Allgemein nahm in Erfurt der Anteil jener Kinder, die angaben, „oft" bzw. „sehr oft" Bauchschmerzen zu haben, mit Verbesserung der sozialen Lage zu, während in Köln genau das Gegenteil zu verzeichnen ist.

Es gibt einen relativ geringen Zusammenhang zwischen Kopf- und Bauchschmerzen. So sagten in Erfurt nur 5,4 Prozent der Kinder, sowohl „oft" Bauch- als auch Kopfschmerzen zu haben; in Köln waren es mit 2,8 Prozent noch weniger. Bei einer Analyse nach der sozialen Lage ergibt sich das folgende Bild: In Erfurt existiert bloß ein Fall in der „unteren Schicht", wo ein Junge angab, sowohl „oft" Kopf- als auch Bauchschmerzen zu haben. In Köln betrifft dies zwei Jungen der „unteren Schicht" – einer davon kreuzte an, „sehr oft" Kopfschmerzen und „oft" Bauchschmerzen zu haben, der andere beide Male „oft". Aus der „oberen Schicht" gaben nur in Erfurt zwei Mädchen an, „oft" Bauch- und Kopfschmerzen zu haben.

Abb. 31: Bauchschmerzen der Kinder in Erfurt und Köln, aufgeschlüsselt nach der Schichtzugehörigkeit

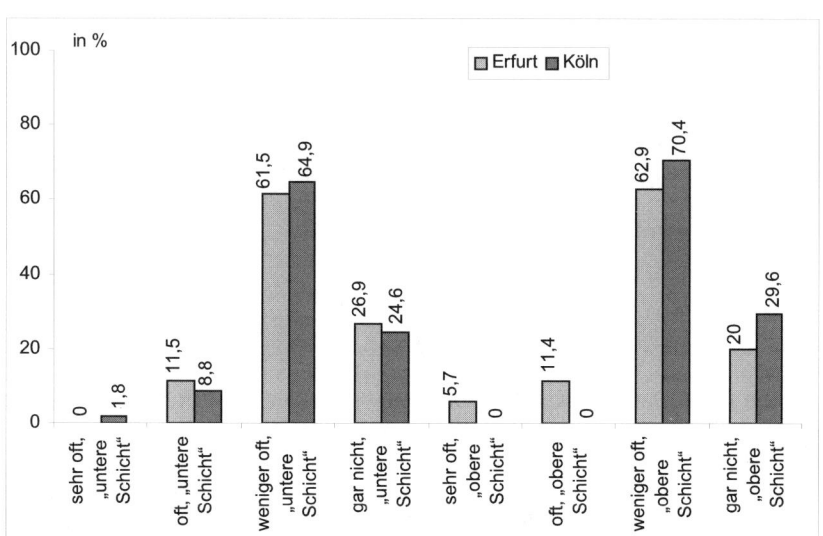

4.6.3 Konzentrationsschwierigkeiten

Konzentrationsfähigkeit ist u.a. ein Ausdruck für Ausgeglichenheit und Wohlbefinden: Wem es gut geht, der oder die kann sich eher konzentrieren als jemand, dem es gesundheitlich oder emotional nicht (so) gut geht.

Die Konzentrationsfähigkeit der Kinder scheint in Erfurt mit 29,3 Prozent, denen es „oft" bis „sehr oft" schwer fiel, dem Unterricht zu folgen, wesentlich schlechter gewesen zu sein als in Köln (mit immer noch 18%). Die Jungen gaben dabei mit 31,2 Prozent etwas häufiger an, „sehr oft" bis „oft" Schwierigkeiten bei der Konzentration auf den Unterricht zu haben, als die Mädchen (27,2%). Auch in Köln gaben mehr Jungen (19,5%) als Mädchen (16,5%) an, Konzentrationsprobleme zu haben.

Dieser Anteil steigt in Erfurt noch an, sofern nur die Kinder aus der „unteren Schicht" betrachtet werden: Dort waren es sogar 46,1 Prozent der Kinder (45,5% der Mädchen und 46,6% der Jungen). Der gegenteilige Effekt lässt sich in Köln verzeichnen: Hier waren es „nur" 15,8 Prozent der Kinder (12,5% der Mädchen und 20% der Jungen). Beim Vergleich der Werte der Kinder aus der „oberen Schicht" gehen die Anteile derer, die „oft" bzw. „sehr oft" Konzentrationsschwierigkeiten angaben, sowohl in Köln (um ca. 7 Prozentpunkte auf 11,1%) als auch in Erfurt (um 15 Prozentpunkte auf 14,3%) zurück.

Abb. 32: Angaben der Kinder in Erfurt und Köln zur Konzentrationsfähigkeit im Unterricht, aufgeschlüsselt nach der Schichtzugehörigkeit

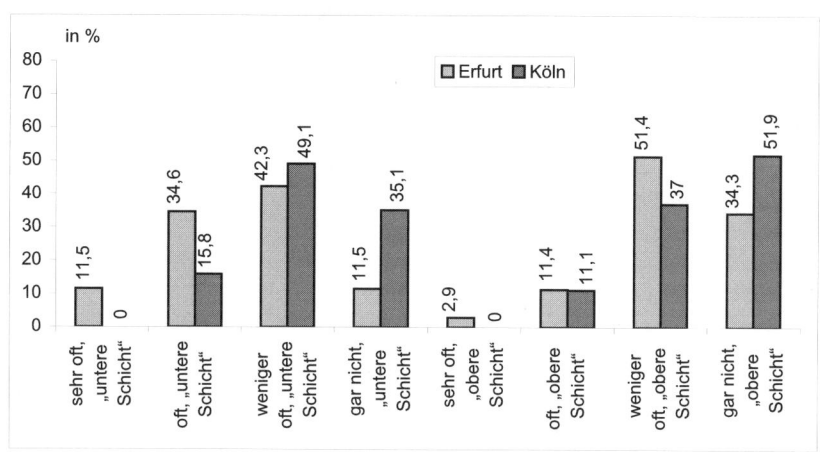

In Erfurt stieg somit die Konzentrationsfähigkeit der Kinder nach deren eigenen Aussagen mit der sozialen Lage, in Köln war sie dagegen sowohl in der höheren als auch in der niedrigeren sozialen Lage besser als im Gesamtsample. Eine Verschlechterung der Konzentrationsfähigkeit findet sich in der Kölner „mittleren Schicht". Dies macht es jedenfalls für Köln schwierig, Zusammenhänge zwischen Konzentrationsfähigkeit und sozialer Lage herzustellen, wohingegen in Erfurt eine ganz klare Tendenz dahin zu verzeichnen war.

4.6.4 (Ein-)Schlafprobleme

Schlafschwierigkeiten können auf übermäßige Belastungen der Betroffenen hindeuten. Gefragt wurde, ob die Kinder gut schlafen konnten. Sowohl in Erfurt als auch in Köln gaben ca. 15 Prozent der Kinder an, Schlafprobleme zu haben, also weniger, als von Georg Neubauer genannt werden.[65] Sowohl in Köln wie auch in Erfurt waren mehr Mädchen (16,7% in Erfurt und 18,5% in Köln) als Jungen (12,5% in Erfurt und 11% in Köln) davon betroffen.

---

65 Vgl. Georg Neubauer, Armut macht krank – Reichtum erhält gesund?, in: Jürgen Mansel/Georg Neubauer (Hrsg.), Armut und soziale Ungleichheit bei Kindern, a.a.O., S. 191

Tab. 29: Angaben der Kinder in Erfurt und Köln zu Schlafproblemen, aufgeschlüsselt nach dem Geschlecht

			Stadt					
			Erfurt			Köln		
			Geschlecht		Gesamt	Geschlecht		Gesamt
			Mädchen	Jungen		Mädchen	Jungen	
Kannst du gut schlafen?	gar nicht	Anzahl	1		1	1		1
		% von Geschlecht	1,5%		,8%	1,0%		,6%
	weniger oft	Anzahl	10	8	18	17	9	26
		% von Geschlecht	15,2%	12,5%	13,8%	17,5%	11,0%	14,5%
	oft	Anzahl	33	28	61	29	33	62
		% von Geschlecht	50,0%	43,8%	46,9%	29,9%	40,2%	34,6%
	sehr oft	Anzahl	22	22	50	50	40	90
		% von Geschlecht	33,3%	43,8%	38,5%	51,5%	48,8%	50,3%
Gesamt		Anzahl	66	64	130	96	82	178
		% von Geschlecht	100,0%	100,0%	100,0%	100,0%	100,0%	100,0%

In der grafischen Darstellung wird die Reihenfolge der Antwortmöglichkeiten des besseren Überblicks wegen umgedreht. Dabei fällt auf, dass in Köln mit 21,1 Prozent mehr Kinder aus der „unteren Schicht" angaben, schlecht zu schlafen, als aus der „oberen Schicht" mit 7,4 Prozent. In Erfurt aber schienen Kinder der „oberen Schicht" schlechter zu schlafen. Hier gaben „nur" 15,4 Prozent aus der „unteren Schicht" an, „weniger oft" gut zu schlafen, in der „oberen" aber 17,1 Prozent.

Abb. 33: Schlafprobleme der Kinder in Erfurt und Köln, aufgeschlüsselt nach der Schichtzugehörigkeit

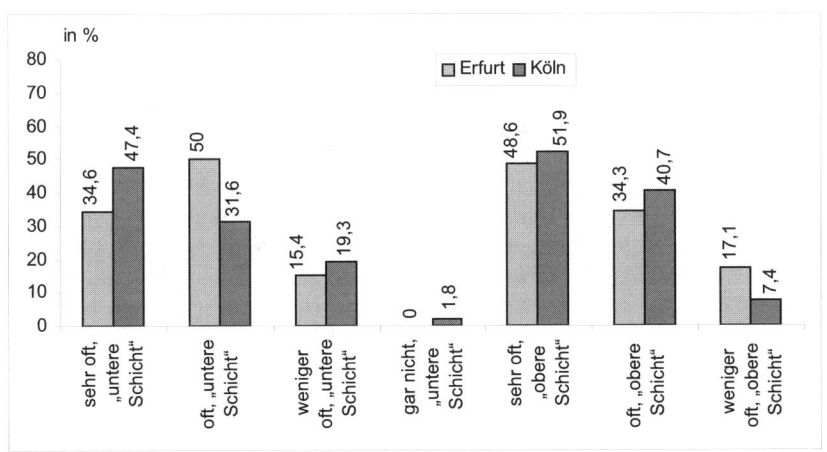

(Wohl-)Befinden und Gesundheit 295

In der „unteren Schicht" liegt der Erfurter Wert mit 15,4 Prozent geringfügig höher, wobei das Item „gar nicht" hier von keinem Kind benutzt wurde. Der entsprechende Kölner Wert liegt mit 21,1 Prozent um 6 Prozentpunkte höher. Auffällige geschlechtsspezifische Unterschiede sind in dieser Gruppe nur in Erfurt (18,2% vs. 13,3%) zu entdecken. In der „oberen Schicht" nannten in Köln erheblich weniger Kinder (7,4%, minus 7,7 Prozentpunkte) Schlafprobleme als im Gesamtsample. In Erfurt gaben in der „oberen Schicht" dagegen mehr Kinder an, Schlafprobleme zu haben, als im Gesamtsample und auch gegenüber der „unteren Schicht". Die Daten für Köln lassen sich mit den von Andreas Klocke genannten vergleichen,[66] während die Erfurter Ergebnisse zu dieser Frage völlig entgegengesetzt sind. Insgesamt ist festzustellen, dass Schlafstörungen in Erfurt vor allem ein Problem der Mädchen zu sein scheinen, in Köln dagegen nur bei den Kindern aus der „mittleren Schicht" und der „oberen Schicht" die Mädchen stärker betroffen sind als die Jungen. Schlafprobleme stellen in der untersuchten Altersgruppe offenbar ein gravierendes Problem dar. Dem standen allerdings die Antworten zur Frage nach Müdigkeit in der Schule entgegen.

Mädchen und Jungen wurden auch danach gefragt, wie sie abends einschlafen, da man Einschlafprobleme – wie auch die Schlafprobleme überhaupt – als Indiz für Stress und Überlastung ansehen kann. Sowohl in Erfurt als auch in Köln gaben fast ein Viertel der Kinder an, unter solchen Problemen zu leiden. Geschlechtsspezifische Unterschiede erscheinen dabei als wenig relevant.

Abb. 34: Angaben der Kinder in Erfurt und Köln zu Einschlafproblemen, aufgeschlüsselt nach der Schichtzugehörigkeit

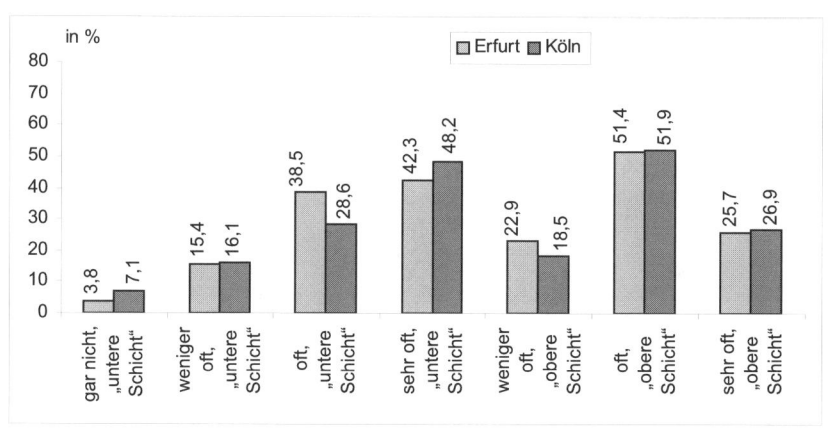

---

66 Vgl. Andreas Klocke, Armut bei Kindern und Jugendlichen und die Auswirkungen auf die Gesundheit, in: Robert Koch-Institut (Hrsg.), Gesundheitsberichterstattung des Bundes 3/2001, S. 8

In der „unteren Schicht" waren Einschlafprobleme nach Angaben der Kinder zwar etwas geringer ausgeprägt, aber dennoch als erheblich anzusehen und betrafen knapp ein Fünftel der Erfurter und Kölner Kinder dieser Gruppe. Besonders die Mädchen schienen hiervon betroffen zu sein (Erfurt: 27,3%, Köln: 25,8%). Bei den Jungen waren in Erfurt aus der „unteren Schicht" nur 13,4 Prozent betroffen, in Köln 20 Prozent.

Bei den Kindern aus der „oberen Schicht" sind in Erfurt kaum Abweichungen von den Ergebnissen des Gesamtsamples zu verzeichnen. In Köln dagegen nehmen die Einschlafprobleme mit 18,5 Prozent ab. Während in Köln aus dieser Gruppe mehr als drei Mal so viele Mädchen betroffen waren wie Jungen (26,7% zu 8,3%), hatten in Erfurt mehr Jungen (25%) als Mädchen (21,7%) derartige Probleme.

4.6.5 Müdigkeit in der Schule

Müdigkeit in der Schule kann von Schlafproblemen oder einer nicht altersgerechten Lebensführung (zu langes Aufbleiben allgemein bzw. zu langer Fernsehkonsum in den Abendstunden) herrühren, aber auch auf Fehlernährung – z.B. Mangel an Vitaminen – beruhen.

In Erfurt gab fast jedes fünfte Kind an, in der Schule „oft" oder „sehr oft" müde zu sein (20,8%), in Köln dagegen fast jedes vierte (23,4%). Geschlechtsspezifische Unterschiede gibt es: Sowohl in Erfurt als auch in Köln sind die Werte bei den Mädchen höher als bei den Jungen.

Tab. 30: Angaben der Kinder in Erfurt und Köln zur Müdigkeit in der Schule, aufgeschlüsselt nach dem Geschlecht

			Stadt					
			Erfurt			Köln		
			Geschlecht		Gesamt	Geschlecht		Gesamt
			Mädchen	Jungen		Mädchen	Jungen	
Bist du manchmal in der Schule müde?	sehr oft	Anzahl	6	1	7	8	1	9
		% von Geschlecht	9,1%	1,6%	5,4%	8,2%	1,2%	5,0%
	oft	Anzahl	13	7	20	18	15	33
		% von Geschlecht	19,7%	10,9%	15,4%	18,6%	18,3%	18,4%
	weniger oft	Anzahl	31	33	64	48	29	77
		% von Geschlecht	47,0%	51,6%	49,2%	49,5%	35,4%	43,0%
	gar nicht	Anzahl	16	22	38	23	37	60
		% von Geschlecht	24,2%	34,4%	29,2%	23,7%	45,1%	33,5%
	keine Angabe	Anzahl		1	1			
		% von Geschlecht		1,6%	,8%			
Gesamt		Anzahl	66	64	130	97	82	179
		% von Geschlecht	100,0%	100,0%	100,0%	100,0%	100,0%	100,0%

Bei den Kindern aus der „unteren Schicht" gaben in Erfurt mehr Befragte an, in der Schule müde zu sein, als im Gesamtsample (23,1%), in Köln weniger

(19,3%). Mädchen sind in dieser Gruppe sowohl in Köln als auch in Erfurt stärker von Müdigkeit in der Schule betroffen als Jungen. Unter den Kindern der „oberen Schicht" sind weniger von Schulmüdigkeit betroffen, wobei der Anteil in Erfurt mit 14,3 Prozent einen stärkeren Rückgang aufweist als in Köln (22,2%). Aber in Köln liegen die Werte dieser Gruppe höher als jene der „unteren Schicht". In Erfurt waren aus dieser Gruppe nur Mädchen betroffen, in Köln dagegen Mädchen (16,6%) und Jungen (16,7%) gleichermaßen.

Abb. 35: Angaben der Kinder in Erfurt und Köln zur Müdigkeit in der Schule, aufgeschlüsselt nach der Schichtzugehörigkeit

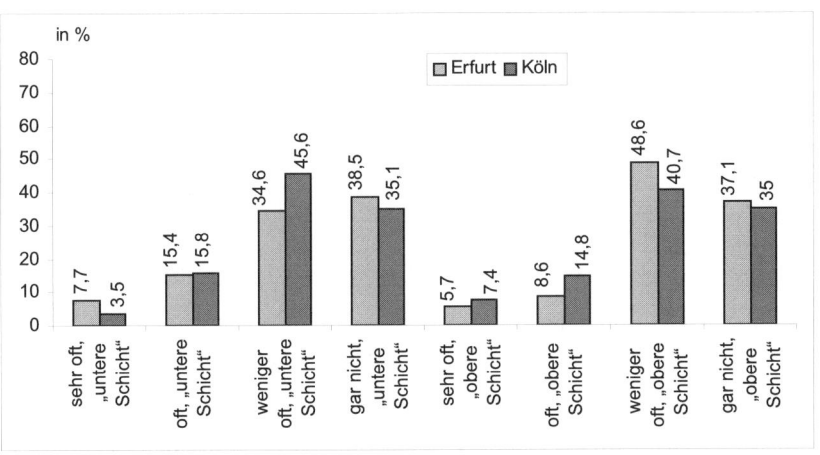

Ein Zusammenhang zwischen Schlafproblemen und Müdigkeit in der Schule lässt sich nur bei wenigen Kindern herstellen, was eher darauf hindeutet, dass Kinder, die angaben, in der Schule müde zu sein, nicht ausreichend schlafen, weil sie zu spät ins Bett gehen.

4.6.6 Zusammenfassung

Die Kinder aus der „unteren Schicht" sind hinsichtlich ihres gesundheitlichen Wohlbefindens sowohl gegenüber den Kindern der „mittleren Schicht" als auch gegenüber denen der „oberen Schicht" benachteiligt. Dabei gibt es kaum Unterschiede zwischen Ost und West. In Erfurt gaben die Kinder in besserer sozialer Lage weniger an, „oft" bis „sehr oft" an Kopfschmerzen zu leiden, als diejenigen aus prekäreren sozialen Lagen; dagegen fanden sich Bauchschmerzen häufiger bei Kindern aus der „oberen" als aus der „unteren Schicht". In Köln ist das Verhältnis umgekehrt: Die Kinder in höherer sozialer Lage gaben häufiger an, unter Kopfschmerzen zu leiden, als die sozial benachteiligten Kinder. Dafür nannten Letztere öfter Bauchschmerzen als die eher privilegierten Kölner Kinder. Diese Ergebnisse liegen partiell quer zu den Daten von Andreas Klocke. Dort gaben in einer Gruppe von 12- bis 16-Jährigen jeweils mehr Kinder der Armutsgruppe an, häufiger Kopf- bzw. Magenschmerzen zu haben, als die Kinder und Jugendlichen aus der als „Übrige" bezeichneten Gruppe nichtarmer Kinder und Jugendlicher.[67] Die Differenzen gegenüber den hier dargestellten Daten könnten z.B. mit dem unterschiedlichen Alter der Befragten und entsprechenden Belastungen in Schule und Familie zusammenhängen. So dürfte der als Belastung empfundene Druck hinsichtlich des Zugangs zu Markenbekleidung und anderen Konsumgütern bei 9- bis 11-Jährigen noch eine eher untergeordnete Rolle spielen. Auch könnten in diesem Alter die ungesünderen Lebensweisen, etwa durch den Konsum von Alkohol und Zigaretten, noch nicht so ausgeprägt sein wie in der Altersgruppe der 12- bis 16-Jährigen.

In Erfurt wird die Konzentrationsfähigkeit der befragten Kinder nach deren eigenen Aussagen in höherer sozialer Lage besser, in Köln dagegen sowohl in der höheren als auch in der niedrigeren sozialen Lage. Eine Verschlechterung der Konzentrationsfähigkeit findet sich in Köln dagegen in der „mittleren Schicht". Dies macht es zumindest für die Kölner Daten schwierig, Zusammenhänge zwischen Konzentrationsfähigkeit und sozialer Lage herzustellen, wohingegen in Erfurt eine ganz klare Entwicklung mit diesem Zusammenhang zu verzeichnen ist.

Sowohl die anteiligen Werte für Schlafprobleme als auch für Schulmüdigkeit sind in Erfurt und Köln – schicht- und geschlechtsunabhängig – außerordentlich hoch. Während in Köln die Kinder mit steigender Soziallage seltener Schlafprobleme nannten, gaben die Erfurter Kinder der „oberen Schicht" häufiger Schlafprobleme an als diejenigen der „unteren Schicht". Bei der Schulmüdigkeit ist es genau umgekehrt: Der Anteil von Erfurter Kindern der „unteren Schicht" liegt höher als jener der Kinder aus der „oberen Schicht", während die Kölner Kinder der „oberen Schicht" häufiger über Schulmüdigkeit klagten als die der „unteren Schicht".

Einschlafprobleme sind in der Erfurter „oberen Schicht" verbreiteter als in der dortigen „unteren Schicht" und anteilig häufiger in der Kölner „unteren Schicht" als in der dortigen „oberen Schicht"; insgesamt jedoch waren sie sehr hoch, aber geschlechtsspezifisch unterschiedlich. Schulwohlbefinden und -angst sind sowohl zwischen den Geschlechtern als auch zwischen den Schichten und nach Ost-West-Herkunft verschieden ausgeprägt. Die Anfertigung von Hausaufgaben war geschlechtsspezifisch, soziallagenabhängig und regional unterschiedlich. In der Erfurter und Kölner „oberen Schicht" schätzten die Kinder ihre schulischen Leistungen wesentlich besser ein als die Kinder der jeweiligen „unteren Schicht".

---

67 Vgl. ebd.

Jenseits aller zwischen Ost- und Westdeutschland sowie Mädchen und Jungen zu beobachtenden Differenzen zeigen die erhobenen Daten, dass Kinder in sozial benachteiligten Lebenslagen in den Bereichen „Gesundheit" und „Bildung" besonders starken Belastungen und Risiken ausgesetzt sind. Diese wiederum wirken sich in unterschiedlicher Art und Weise auf das Wohlbefinden sowie die Zukunftschancen der Kinder aus.

4.7 Gesamtbilanz der empirischen Untersuchung

Die skizzierten Ergebnisse der Untersuchung unterstreichen noch einmal, wie wichtig es ist, Armut als *mehr*dimensionales Phänomen zu betrachten. Das Verständnis für die unterschiedlichen Ursachen und Folgen von Armut bzw. Unterversorgung auch oder gerade bei Kindern war sowohl in Köln als auch in Erfurt unter Lehrer(inne)n nicht so ausgeprägt, wie es für ein problemadäquates Umgehen damit erforderlich wäre. Auch nehmen Pädagog(inn)en die materielle Unterversorgung bzw. Armut der Kinder – selbst bei Sozialhilfebezug – meist gar nicht als solche wahr.[68] Aufgrund ihrer eigenen Mittelschichtorientierung fehlen Pädagog(inn)en häufig einschlägige Erfahrungen. Sie verweisen bei Formen von Armut auf die Vernachlässigung und ungenügende Förderung seitens der Eltern. Auch durchaus wohlmeinende Lehrer/innen neigen dazu, vor allem die Eltern für das Schicksal der Kinder verantwortlich zu machen. Dahinter steht ein Selbstverschuldungsansatz, der auf die überkommene mitteleuropäische „Armutskultur" zurückgeht. Demnach sind die meisten Armen einfach nur „zu faul" und damit selbst an ihrer Lebenssituation schuld.[69] Dies deckt sich mit Ergebnissen einer Studie der FH Erfurt zur Wahrnehmung und Deutung von Kinderarmut bzw. deren Folgen bei Mitarbeiter(inne)n von Kindertagesstätten in Erfurt und Mainz.[70] Die befragten Erzieher/innen hatten in der Regel eine verhaltenszentrierte Wahrnehmung, bei der die Gründe für auffälliges Verhalten von Kindern kaum reflektiert werden.

Gerade die Lehrer/innen von Schulen in sozial benachteiligten Stadtteilen zeigten wenig oder gar keine Bereitschaft zur Zusammenarbeit mit den Projektmitarbeiter(inne)n, was nicht zuletzt auf Befürchtungen hinsichtlich einer drohenden Stigmatisierung beruhen mag. Da die Eltern sozial benachteiligter Kindern selten ihre Zustimmung für ein Interview im Rahmen des Forschungsprojekts erteilten, tendierte die Zusammensetzung der Untersu-

---

68 Vgl. Melanie Bertz/Dominique Rössel/Tina Siebert, Armut und Schule, a.a.O., S. 80
69 Vgl. Matthias Zeng, „Asoziale" in der DDR. Transformation einer moralischen Kategorie, Münster/Hamburg/London 2000, S. 21ff.
70 Vgl. Hans-Peter Frühauf/Matthias Zeng, Arm oder auffällig – Wahrnehmung und Deutung von Unterversorgung und Armut in Kindertagesstätten, a.a.O.

chungsgruppen für den qualitativen Teil der Studie vor allem in Köln stärker in Richtung „untere Mittelschicht". Dort ließ sich feststellen, dass die Offenheit der Pädagog(inn)en, über das Thema Kinderarmut zu sprechen, mit wachsender sozialer Problemdichte abnahm. Zumeist machten sie dabei – aus ihrer Sicht – gute Gründe geltend, wie z.B. Stigmatisierungsangst, Resignation und Überforderung. Außerdem offenbarten die Gespräche mit Lehrer(inne)n und Schulleiter(inne)n starke Tendenzen zur Tabuisierung und offensiven Verdrängung.

Aus ganz anderen Gründen warf die Befragung in wohlhabenderen Stadtteilen ebenfalls Probleme auf. Lehrer/innen der dortigen Schulen sprachen von einem immensen Druck, den stark leistungsorientierte Eltern auf sie ausübten, was die Befragung der Kinder eher behinderte. Es könnte also sein, dass die befragten Kinder in (unteren) Mittelschichtmilieus lebten, Kinder aus der oberen Mittelschicht aber ebenso wenig vertreten waren wie Kinder aus der Unterschicht. Dann wären in der Untersuchungsgruppe vor allem Kinder vertreten, deren Lage (zwischen Armutsschwelle und Wohlstandsdurchschnitt) mit „prekärem Wohlstand" bezeichnet wird. Auch wenn man vermuten kann, dass extreme soziale Positionierungen weniger erfasst wurden, ist doch eher davon auszugehen, dass die befragten Kinder in beiden Orten einem breiten sozialen Spektrum entstammen.

In Erfurt verwiesen sowohl Schulleitungen als auch die am Projekt beteiligten Lehrer/innen darauf, dass ein direkter Bezug des Projekts zum Thema „Armut" problematisch sein könnte. Man betonte u.a., dass Eltern ungern mit Armut in Verbindung gebracht werden möchten. Somit gab es Anlass zu der Befürchtung, dass gerade die Eltern armer Kinder den Befragungen nicht in ausreichendem Maße zustimmen würden. Wenn diese Vermutung zutrifft, leben in Erfurt noch mehr Kinder in der unteren Schicht, als in der entsprechenden Untersuchungsgruppe vertreten waren.

Während der Befragung ließen sich bereits Unterschiede zwischen den untersuchten Stadtteilen feststellen. So beteiligten sich die Kinder in den als gemischt oder wohlhabender einzustufenden Stadtteilen freier und/oder offener und (sprachlich) souveräner an den Interviews. Fast konnte der Eindruck entstehen, dass sich ein Teil der Kinder gegenüber den Interviewer(inne)n als gleichrangig empfand. Die Kinder aus sozial benachteiligten Stadtteilen erschienen dagegen einerseits verspielter („kindlicher") und andererseits zurückhaltender bzw. gehemmter als die Kinder in gemischten oder wohlhabenderen Gebieten. Gleichzeitig wurde in den meisten Schulen betont, dass die befragten Kinder keineswegs zu den am stärksten deprivierten Schüler(inne)n gehörten. Deren Eltern hatten nämlich einer Befragung fast durchgehend gar nicht zugestimmt. Auch waren das Defizitbewusstsein bzw. die Defizitwahrnehmung der Kinder sowie die geäußerten Wünsche in den wohlhabenderen Stadtteilen wesentlich ausdifferenzierter als in sozial benachteiligten Stadtteilen und bei Kindern in prekären Lebensverhältnissen.

5. Schlussfolgerungen für die Bekämpfung der Kinderarmut im vereinten Deutschland

Nur wenige soziale Probleme haben in letzter Zeit ähnlich viel öffentliche Aufmerksamkeit erregt wie die seit der Vereinigung von BRD und DDR in beiden Landesteilen spürbar zunehmende Kinderarmut. Diese wurde in den Armuts- und Reichtumsberichten, welche die Bundesregierung aufgrund eines Parlamentsbeschlusses der rot-grünen Koalition seit 2001 ungefähr zur Mitte jeder Legislaturperiode vorlegt, von Mal zu Mal stärker berücksichtigt, wiewohl Kinder dort nicht als eigene Subjekte, die Armut anders erleben als Erwachsene, sondern eher als Anhängsel ihrer Eltern, besonders alleinerziehender Mütter, im Haushalts- und Familienkontext auftauchen.[1] Auch war die Kinderarmut bereits Thema einer Kabinettssitzung, ohne dass die Regierung im August 2007 auf Schloss Meseberg oder bei anderer Gelegenheit wirksame Gegenmaßnahmen ergriffen hätte.

5.1 Vorüberlegungen und Ansatzpunkte für eine Gegenstrategie

Wer konzediert, dass es rund 20 Jahre nach der Vereinigung von BRD und DDR in beiden Landesteilen erheblich mehr Kinderarmut gibt als 1989/90, wird darum bemüht sein, sie zu verringern oder zu beseitigen. Dies muss nicht begründet werden, ergibt sich vielmehr aus einer moralischen Grundverpflichtung jedes Bürgers gegenüber den jüngsten Gesellschaftsmitgliedern. Gleichwohl soll auch theoretisch abgeleitet werden, warum dem politischen Kampf gegen (Kinder-)Armut höchste Priorität gebührt. Wie die Ge-

---

1 Vgl. Bundesministerium für Arbeit und Sozialordnung (Hrsg.), Lebenslagen in Deutschland. Der erste Armuts- und Reichtumsbericht der Bundesregierung, 2 Bde., Bonn, April 2001; Bundesministerium für Gesundheit und Soziale Sicherung (Hrsg.), Lebenslagen in Deutschland. Der 2. Armuts- und Reichtumsbericht der Bundesregierung, o.O.u.J. (2005); Bundesministerium für Arbeit und Soziales (Hrsg.), Lebenslagen in Deutschland. Der 3. Armuts- und Reichtumsbericht der Bundesregierung, o.O.u.J. (2008)

schichte der Armut lehrt,[2] vererbt sich diese sozial, und zwar oftmals über viele Generationen hinweg. „Kinder, die in Armut und Unsicherheit aufwachsen, werden mit hoher Wahrscheinlichkeit ihrerseits arme Eltern."[3] Zwischen den prekären Lebenslagen von Familien, dauerhaften Sozialisationsdefiziten und Langzeitfolgen für die Kinder besteht ein Kausal- bzw. Wechselverhältnis, das in einen „Teufelskreis der Armut" hineinführt und einen „intergenerationalen Schneeball-Effekt" hervorruft.[4] Durch eine Verringerung der Armut von Familien, Müttern und Kindern kann man diesen Kreislauf bzw. die „soziale Erbfolge" unterbrechen. Daraus resultiert die überragende Bedeutung der Zurückdrängung des als individuelles, persönliches Drama erlebten Problems, über das man ungern spricht, für die Gesellschaft. Gøsta Esping-Andersen konstatiert denn auch, „dass ein Frontalangriff auf Armut in Familien mit Kindern ein effektives Mittel im Kampf für größere Chancengleichheit wäre."[5]

Trotz der spürbaren Unterschiede im Hinblick auf die Lebenslagen von Kindern, wie sie unsere Studie empirisch belegt hat, verläuft der eigentliche Graben weniger zwischen den beiden Landesteilen als zwischen gesellschaftlichen Klassen und Schichten, die es hüben wie drüben gibt. „Kinderarmut steht im Schnittfeld mehrfacher gesellschaftlicher Spaltungsprozesse: zwischen kinderreichen und kinderlosen Lebensformen, zwischen Arbeiterklassen und höheren sozialen Klassen, zwischen Einheimischen und Zugewanderten."[6] Man kann mit Blick auf Ost- und Westdeutschland deshalb nicht von *zwei* Armutstypen (bei Kindern und Jugendlichen) sprechen, weil die Gemeinsamkeiten sowohl in quantitativer als auch in qualitativer Beziehung klar überwiegen. Die soziale Polarisierung führt hier wie dort zur Spaltung der Kindheit, denn das Leben junger Menschen wird entscheidend davon geprägt, in welchen Einkommensverhältnissen, Familienformen bzw. Haushaltstypen und Wohngebieten sie aufwachsen.

---

2   Vgl. dazu: Bronislaw Geremek, Geschichte der Armut. Elend und Barmherzigkeit in Europa, München 1991; Christoph Sachße/Florian Tennstedt, Bettler, Gauner und Proleten. Armut und Armenfürsorge in der deutschen Geschichte, Frankfurt am Main 1998; Robert Jütte, Arme, Bettler, Beutelschneider. Eine Sozialgeschichte der Armut in der Frühen Neuzeit, Weimar 2000
3   Gøsta Esping-Andersen, Aus reichen Kindern werden reiche Eltern. Wie die Politik dem Phänomen der Vererbung sozialer Nachteile entgegensteuern kann, in: Stephan Hebel/Wolfgang Kessler (Hrsg.), Zukunft sozial: Wegweiser zu mehr Gerechtigkeit, Frankfurt am Main/Oberursel 2004, S. 89
4   Siehe Michael Klein, Familie und Armut, in: Ronald Lutz/Matthias Zeng (Hrsg.), Armutsforschung und Sozialberichterstattung in den neuen Bundesländern, Opladen 1998, S. 113
5   Siehe Gøsta Esping-Andersen, Aus reichen Kindern werden reiche Eltern, a.a.O., S. 90
6   Olaf Groh-Samberg/Matthias Grundmann, Soziale Ungleichheit im Kindes- und Jugendalter, in: Aus Politik und Zeitgeschichte. Beilage zur Wochenzeitung *Das Parlament* 26/2006, S. 14

Vorüberlegungen und Ansatzpunkte für eine Gegenstrategie 303

Hieraus folgt, dass die Bekämpfung der Kinderarmut im Rahmen einer *kommunalen* Familien- bzw. Sozialpolitik, wie sie beispielsweise Detlef Baum präferiert,[7] zwar auf die konkreten Gegebenheiten „vor Ort" Rücksicht nehmen muss, sich aber keineswegs auf die Forderung nach Angleichung der Lebensverhältnisse in Ost- und Westdeutschland beschränken darf. Vielmehr muss es im Zuge einer stärkeren *Zielgruppen*orientierung darum gehen, schwerpunktmäßig all jene Kinder zu fördern, die aufgrund ihrer strukturellen Benachteiligung keine optimalen Entwicklungsmöglichkeiten haben, unabhängig davon, *wo* sie leben. Die politischen Weichen für die soziale Ex- oder Inklusion von Betroffenen werden jedoch auch im viel beschworenen „Zeitalter der Globalisierung" noch auf der national-, d.h. der zentralstaatlichen Ebene gestellt. Hier liegt deshalb auch das Schwergewicht der folgenden Erörterung möglicher Gegenmaßnahmen.[8]

Wenn die (Kinder-)Armut in Ost- und Westdeutschland, wie oben ausgeführt, primär eine Folge der Globalisierung bzw. der neoliberalen Modernisierung ist, kann sie nur durch die Beseitigung oder die Milderung der Folgen dieses Prozesses mit Erfolg bekämpft werden. Gegen die „Globalisierung der Unsicherheit", welche Elmar Altvater und Birgit Mahnkopf diagnostizieren,[9] muss die Forderung nach einer anderen, nicht von Verwertungs- und Machtinteressen bestimmten Variante der Globalisierung, zumindest aber deren sozialer Abfederung gesetzt werden. Da die Ursachen der (Kinder-)Armut im Bereich der materiellen Produktion (Aushöhlung des Normalarbeitsverhältnisses), der privaten Reproduktion (Auflösung der Normalfamilie) und der sozialen Intervention (Um- bzw. Abbau des Wohlfahrtsstaates) angesiedelt sind, müssen die Gegenmaßnahmen dort ansetzen. Um gleichzeitig dem Lebenslagenansatz zu entsprechen, sollten sie geeignet sein, Defizite junger Menschen durch entsprechende Programme und Projekte auf den entsprechenden Berufs- und Politikfeldern abzubauen oder auszugleichen. Außerdem geht es darum, ganz allgemein die Handlungsautonomie von Kindern und Jugendlichen zu erweitern und ihnen Möglichkeiten zu eröffnen, ihre eigenen Fähigkeiten und Fertigkeiten zu entwickeln. Wer die neuesten Ergebnisse der sog. Resilienzforschung in diesem Sinne versteht, stärkt die betroffenen Kinder und Familien, ohne das Armutsproblem seiner gesellschaftlichen Dimension zu berauben und die „Eliten", also die Entscheidungsträger in Politik, Verwaltung und Wirtschaft, aus ihrer Verantwortung zu entlas-

---

7   Vgl. Detlef Baum, Armut und Ausgrenzung von Kindern: Herausforderung für eine kommunale Sozialpolitik, in: Christoph Butterwegge/Michael Klundt (Hrsg.), Kinderarmut und Generationengerechtigkeit. Familien- und Sozialpolitik im demografischen Wandel, 2. Aufl. Opladen 2003, S. 173ff.
8   Nicht erörtert werden soll, wie man Kinderarmut auf der internationalen Ebene bekämpfen kann. Vgl. dazu: Christoph Butterwegge u.a., Armut und Kindheit. Ein regionaler, nationaler und internationaler Vergleich, 2. Aufl. Wiesbaden 2004, S. 271ff.
9   Siehe Elmar Altvater/Birgit Mahnkopf, Globalisierung der Unsicherheit. Arbeit im Schatten, schmutziges Geld und informelle Politik, Münster 2002

sen.[10] Letztere auf die sozial benachteiligten Familien abzuschieben, wie das teilweise im Rahmen der jüngsten Diskussion über Kindesverwahrlosung und -misshandlung geschah, ist eher kontraproduktiv, weil überlastete Eltern mit finanziellen, gesundheitlichen und psychosozialen Problemen noch weniger in der Lage sind, ihren Erziehungspflichten nachzukommen, wenn sie stigmatisiert und medial an den Pranger gestellt werden.

Weil punktuelle Interventionen der Problematik, die hier behandelt wird, nicht angemessen sind, plädiert Frank Bertsch für eine *integrale* Strategie der Armutsbekämpfung, die vor allem drei Ziele verfolgen sollte: die Sicherung der Chancen zur eigenständigen Lebensbewältigung, die Verteidigung des inneren Friedens und die Flankierung ökonomischer Modernisierungsprozesse. Dabei differenziert er zwischen Armuts*prävention*, zu der Bildung, Beratung und Beteiligung, das Erlernen von Bewältigungsstrategien sowie die Reorganisation der Infrastruktur in kommunalen Lebensräumen gehören, und Armuts*bekämpfung*, die nicht ausschließlich über Einkommenstransfers erfolgen kann, sondern auch durch (Wieder-)Herstellung der wirtschaftlichen, politischen und sozialen Handlungsfähigkeit von Betroffenen realisiert werden muss. „Armutsprävention und Armutsbekämpfung knüpfen an Spielräume von Lebenslagen an; mit Optionen, die Defizite benennen, Verhaltens-, Lern- und Handlungsmöglichkeiten aufzeigen, Reserven an humanen Fähigkeiten und materiellen Ressourcen mobilisieren und Angebote an externer Hilfe erschließen."[11]

Gerda Holz, die mehrere Forschungsprojekte zur Kinderarmut durchgeführt hat, sieht in der Prävention einen strategischen Ansatz, welcher in die Veränderung der strukturellen Rahmenbedingungen eingebettet sein muss, damit Ursachen und Risiken für Kinder, von Armut betroffen zu sein und unter Benachteiligungen mit Langzeitwirkungen zu leiden, beseitigt werden können: „Armutsprävention als übergreifendes Handlungskonzept setzt zum einen auf der Ebene der Gestaltung von Rahmenbedingungen (Verhältnisse) und zum anderen auf der Ebene der Beeinflussung individueller Lebensgestaltung (Verhalten) an. Es beinhaltet politische, pädagogische und planerische Elemente."[12] Schließlich müssen die Ressourcen und Kompetenzen der Kinder kontinuierlich gefördert werden, um ihre Resilienz zu stärken, d.h. ihre Fähigkeit, ungünstigen Einflüssen und Entwicklungsrisiken zu trotzen.

In der Armutsforschung hat sich die Erkenntnis durchgesetzt, dass besonders *Kinder*armut mehr heißt, als wenig Geld zu haben. Denn sie manifestiert sich in verschiedenen Lebensbereichen und führt zu vielfältigen Be-

---

10 Vgl. Margherita Zander, Armes Kind – starkes Kind?, Die Chance der Resilienz, Wiesbaden 2008, S. 128ff. und 216
11 Frank Bertsch, Staat und Familien. Familien- und Kinderarmut in Deutschland, in: Aus Politik und Zeitgeschichte 22-23/2002, S. 12
12 Gerda Holz, Lebenslagen und Chancen von Kindern in Deutschland, in: Aus Politik und Zeitgeschichte 26/2006, S. 11

nachteiligungen, Belastungen oder Beeinträchtigungen, etwa im Wohn-, Bildungs-, Ausbildungs-, Gesundheits- und Freizeitbereich. Was mittels des *Lebenslagen*ansatzes als relativ junger Richtung der Armutsforschung dokumentiert wird, bleibt für eine Bekämpfung der Kinderarmut nicht folgenlos: Sie muss auf mehreren Wirkungsebenen ansetzen, die miteinander zu verbinden sind. Es gibt zwar keinen Königsweg aus der (Kinder-)Armut, aber zahlreiche Maßnahmen, um sie zu reduzieren. Da sich Kinderarmut nicht *monokausal* erklären und auf *eine* Ursache reduzieren lässt, kann sie auch nur *mehr*dimensional bekämpft werden. Zu unterscheiden wäre nach unterschiedlichen Handlungsfeldern, auf denen die Maßnahmen gegen Kinderarmut ansetzen müssen. Gegenstrategien sind danach zu beurteilen, ob sie die Lebenssituation der Kinder umfassend und nachhaltig verbessern können. Armutsbekämpfung sollte mehr sein als „Knappheitsmanagement",[13] das die soziale Notlage der Betroffenen zwar im Einzelfall lindern, aber nicht verhindern kann, dass sich ihre gesellschaftlichen Ursachen reproduzieren. Notwendig wäre vielmehr eine in sich konsistente, aber auch konstruktiv miteinander verzahnte Arbeitsmarkt- und Beschäftigungs-, Bildungs-, Gesundheits-, Wohnungsbau- und Stadtentwicklungs-, Familien- und Sozialpolitik.

5.2 Arbeitsmarkt-, beschäftigungs- und sozialpolitische Maßnahmen

Die sich trotz konjunktureller Aufschwünge in allen entwickelten Industriestaaten verfestigende Massenarbeitslosigkeit zieht oft einen sozialen Abstieg nach sich, der meist stufenförmig verläuft und nicht nur direkt Betroffene, sondern auch deren Familien hart trifft, besonders dann, wenn es sich um Alleinernährer/innen oder Alleinerziehende handelt. „Insofern bedarf es zur effektiven Verhinderung von Verarmung und zur Bekämpfung bereits entstandener Armutslagen vor allem einer aktiven Arbeitsmarkt- und Beschäftigungspolitik, deren Kern die Umverteilung von Arbeit durch Arbeitszeitverkürzung und -flexibilisierung, der Abbau von Überstunden sowie die Ermöglichung flexibler Übergänge von Phasen der Erwerbs- und Nichterwerbstätigkeit ist."[14]

---

13 Siehe dazu: Ronald Lutz (Hrsg.), Knappheitsmanagement, Münster/Hamburg/London 2000
14 Volker Offermann, Kinderarmut als Ausdruck sozialer Heterogenisierung in den östlichen Bundesländern: das Beispiel Brandenburg, in: Christoph Butterwegge (Hrsg.), Kinderarmut in Deutschland. Ursachen, Erscheinungsformen und Gegenmaßnahmen, 2. Aufl. Frankfurt am Main/New York 2000, S. 132

5.2.1 Arbeitszeitverkürzung, Kräftigung des Flächentarifvertrages und Festlegung eines gesetzlichen Mindestlohns

Die spürbare und nachhaltige Senkung der Arbeitslosenquote wäre von zentraler Bedeutung für die Bekämpfung der (Kinder-)Armut. „Wo und so lange wie gute Möglichkeiten zur Erwerbsarbeit angeboten werden bzw. diesen entsprochen werden kann, funktionieren auch die bestehenden Sicherungssysteme. Dort, wo dies nicht, nicht durchgängig oder nur sporadisch möglich ist, fällt die Sicherheit weg, in solchen Systemen einen angemessenen Schutz zu finden."[15] Eine konsequente Beschäftigungspolitik würde nicht nur die Massenarbeitslosigkeit verringern, sondern auch der Kinderarmut nachhaltig entgegenwirken. Sie müsste von einer Umverteilung der Arbeit durch den Abbau von Überstunden und die Verkürzung der Wochen- wie der Lebensarbeitszeit über (kreditfinanzierte) Zukunftsinvestitionsprogramme des Bundes und der Länder bis zur Schaffung eines öffentlich geförderten Dienstleistungssektors alle Möglichkeiten wirtschaftspolitischen Staatsinterventionismus für die Schaffung von mehr Stellen nutzen.

Einen wichtigen Hebel zur Verringerung der Erwerbslosigkeit bildet die sukzessive Verkürzung der Wochenarbeitszeit, besonders in Ostdeutschland, wo länger als in Westdeutschland gearbeitet wird, ohne dass sich die Löhne zuletzt weiter angeglichen hätten. Dabei müsste – zumindest für die in den neuen Bundesländern ausgesprochen zahlreichen Geringverdiener/innen – voller Lohnausgleich das Ziel sein. „Ohne intelligente Modelle der Arbeitszeitverkürzung werden die Massenarbeitslosigkeit und die mit ihr wachsende Armut nicht zu überwinden sein. Denn selbst bei optimaler Ausnutzung der Wachstumschancen führt die hohe Produktivitätsentwicklung nicht zu ausreichendem Jobwachstum."[16] Durch ein gesetzliches Verbot *bezahlter* Überstunden könnte man erreichen, dass Mehrarbeit nur noch per Freizeitausgleich abgegolten wird.

Dysfunktional wirkt auch die Verlängerung der Wochen- und Lebensarbeitszeit, wie sie nach der Vereinigung propagiert und selbst im öffentlichen Dienst teilweise realisiert wurde. Dass die IG Metall im Kampf um die Übertragung der 35-Stunden-Woche auf die neuen Bundesländer nicht erfolgreich war, sondern ihren hierauf gerichteten Streik in der ostdeutschen Metall- und Elektroindustrie am 29. Juni 2003 vorzeitig abbrechen musste,[17] hat dieser Bewegung vorerst den Boden entzogen. Auch in Westdeutschland

---

15 Ernst-Ulrich Huster, Kinder zwischen Armut und Reichtum, in: Christoph Butterwegge/Michael Klundt (Hrsg.), Kinderarmut und Generationengerechtigkeit, a.a.O., S. 47
16 Rudolf Hickel, Standort-Wahn und Euro-Angst. Die sieben Irrtümer der deutschen Wirtschaftspolitik, Reinbek bei Hamburg 1998, S. 271
17 Vgl. Günter Könke, Die IG Metall nach dem Streik. Vorgeschichte und Folgen des Arbeitszeitkonflikts in der ostdeutschen Metallindustrie, in: Deutschland Archiv 2/2004, S. 220

Arbeitsmarkt-, beschäftigungs- und sozialpolitische Maßnahmen 307

nahm der Drang selbst prosperierender Unternehmen zu, der Siemens AG zu folgen, die im Juni 2004 nach massiven Drohungen, einen Großteil des Konzerns ins osteuropäische Ausland zu verlagern, in zwei nordrhein-westfälischen, Handys produzierenden Werken die zeitlich befristete Rückkehr zur 40-Stunden-Woche ohne Lohnausgleich durchsetzte. Dies wiederum zog Überlegungen von Politikern etablierter Parteien nach sich, ob die deutschen Arbeitnehmer/innen nicht auf einen Teil ihres Urlaubs und gesetzliche Feiertage verzichten könnten.

Armutsverschärfend wirkt gegenwärtig, „dass in Deutschland kein flächendeckendes Netz von tariflichen Mindeststandards zur Einkommensfestsetzung mehr existiert, auch wenn sich ein Teil der nicht an Tarifverträge gebundenen Arbeitgeber an den bestehenden Branchentarifverträgen orientiert."[18] Da die Aushöhlung bzw. Erosion des Normalarbeitsverhältnisses maßgeblich zur Verbreitung von (Kinder-)Armut beiträgt, ist die Festigung des Flächentarifvertrages, der vornehmlich in Ostdeutschland kaum noch Breitenwirkung entfaltet, ein weiteres Element ihrer wirkungsvollen und nachhaltigen Bekämpfung. Flächendeckend hinzutreten sollten Mindestlohnregelungen, wie sie in anderen Ländern bestehen.[19] „Die Bekämpfung von Arbeitslosigkeit, schlechten Arbeitsbedingungen und unfairer Entlohnung ist Voraussetzung, um den Teufelskreis ‚vererbter Armut' zu durchbrechen."[20]

Aus dem Umstand, dass die Armut nicht mehr nur Erwerbslose trifft, sondern längst in Teilbereiche der Arbeit vorgedrungen ist, muss EU-weit die Konsequenz eines gesetzlichen Mindestlohns gezogen werden. „Ohne Zweifel könnte mit solchen nationalen Mindestlöhnen nicht nur mehr Gerechtigkeit in der Arbeitswelt geschaffen werden; es könnte damit (...) auch Armut im herkömmlichen Sinn bzw. im Haushaltsverbund vermindert werden."[21] Trotz anfänglicher Zurückhaltung der Gewerkschaften, die offenbar staatliche Eingriffe in ihre Tarifautonomie fürchteten, wird die Notwendigkeit der *gesetzlichen* Garantie eines Mindestlohnes von ihnen heute erkannt. Gabriele Peter hat schon früh auf die durchweg positiven Erfahrungen mit entsprechenden Gesetzen in vielen EU-Staaten hingewiesen, was durch neuere Un-

---

18 Siehe Reinhard Bispinck/Claus Schäfer, Niedriglöhne und Mindesteinkommen: Daten und Diskussionen in Deutschland, in: Thorsten Schulten/Reinhard Bispinck/Claus Schäfer (Hrsg.), Mindestlöhne in Europa, Hamburg 2006, S. 271
19 Vgl. Wolfgang Strengmann-Kuhn, Armut trotz Erwerbstätigkeit in Deutschland – Folge der „Erosion des Normalarbeitsverhältnisses"?, in: Eva Barlösius/Wolfgang Ludwig-Mayerhofer (Hrsg.), Die Armut der Gesellschaft, Opladen 2001, S. 149
20 Gabriele Hiller-Ohm, Kinderarmut bekämpfen. Gemeinsame Aufgabe von Bund, Ländern und Kommunen!, in: spw – Zeitschrift für Sozialistische Politik und Wirtschaft 159 (2007), S. 49
21 Claus Schäfer, Armut in der Arbeit. Ein (höherer) Mindestlohn als Gerechtigkeits-Instrument?, in: Soziale Sicherheit 4/1994, S. 131f.

tersuchungen bestätigt wird.²² Was bereits in ca. 20 europäischen Staaten verbindlich geregelt ist, ein bei Vollzeitarbeit das Existenzminimum eines Menschen (und seiner Familie) sichernder Lohn, müsste eigentlich auch hierzulande möglich und machbar sein, ohne dass die stärkste Volkswirtschaft des Kontinents zusammenbricht.

Ein gesetzlicher Mindestlohn, der eine Notbremse gegen Verarmungsprozesse wäre, schließt weder die Möglichkeit der Tarifvertragsparteien aus, weitergehende Regelungen zu treffen, noch wird man der Forderung nach Schaffung von mehr Niedriglohnbereichen und dem ständigen Ruf nach einer Verschärfung des Lohnabstandsgebotes im Sozialhilferecht begegnen können, ohne einen Mindestlohn allgemeinverbindlich festzulegen. Ein gesetzlicher Mindestlohn würde wie eine kollektive Grundsicherung für Erwerbstätige wirken, was umso notwendiger erscheint, als die Reproduktionskosten von deren Arbeitskraft immer seltener durch Unternehmen und Staat getragen werden: „Mindestlöhne müssen gesetzlich festgelegt werden, wenn sie flächendeckend gelten sollen. Tarifvertraglich festgelegte Mindestlöhne gelten nur für bestimmte Branchen oder in bestimmten Regionen. Sie könnten in ihrem beschränkten Wirkungsbereich über die gesetzlichen Mindestlöhne hinausgehen."²³

Da sich die Angriffe der Unternehmer, ihrer mächtigen Verbände, liberalkonservativer Publizisten und etablierter Politiker auf den Flächentarifvertrag bzw. das *Tarifvertragsgesetz* in einer neuerlichen (Welt-)Wirtschaftskrise zuspitzen dürften, bietet eine gesetzliche Regelung wahrscheinlich mehr Sicherheit für die betroffenen Geringverdiener/innen als eine Vereinbarung zwischen den Tarifvertragsparteien. „Ein gesetzlicher Mindestlohn kann sich vor dem Hintergrund der zunehmenden Verteilungskämpfe innerhalb der Erwerbsbevölkerung und der Drohung mit der Konkurrenz billiger Arbeitskraft aus dem Ausland zu einem essentiellen Pfeiler der Lohnsicherung entwickeln."²⁴

Zwar hat die SPD im Unterschied zur LINKEN nicht zuletzt aufgrund der widersprüchlichen Haltung im Gewerkschaftsbereich lange gezögert, das Thema „Mindestlohn" aufzugreifen und gegen den Widerstand von CDU und CSU in der Großen Koalition auf die Tagesordnung zu setzen, sah sich aber spätestens durch die Erfolge der von Lothar Bisky, Gregor Gysi und Oskar Lafontaine geführten Konkurrenzpartei bei Landtagswahlen im Westen genötigt, das Thema gleichfalls zu besetzen, und wurde durch die hohe Zu-

---

22 Vgl. Gabriele Peter, Gesetzlicher Mindestlohn. Eine Maßnahme gegen Niedriglöhne von Frauen, Baden-Baden 1995, S. 146ff.; Thorsten Schulten/Reinhard Bispinck/ Claus Schäfer (Hrsg.), Mindestlöhne in Europa, a.a.O.
23 Rainer Roth, Über den Lohn am Ende des Monats. Armut trotz Arbeit: Ergebnisse einer Befragung von 211 Haushalten von ArbeiterInnen und Angestellten, 2. Aufl. Frankfurt am Main 1998, S. 193
24 Gabriele Peter, Mindestlohn ohne Gesetz?, in: Gerd Pohl/Claus Schäfer (Hrsg.), Niedriglöhne. Die unbekannte Realität: Armut trotz Arbeit, Hamburg 1996, S. 249

Arbeitsmarkt-, beschäftigungs- und sozialpolitische Maßnahmen 309

stimmung in Meinungsumfragen motiviert, daraus ihrerseits eine Wahlkampfforderung zu machen. Nach zähem Ringen mit der Union, privaten Postdienstleistern wie TNT oder PIN AG und daran beteiligten Zeitungsverlegern wie der Axel Springer AG gelang es ihr zwar im Dezember 2007, wie auf der Kabinettsklausur in Meseberg verabredet, einen Mindestlohn für Briefzusteller/innen durchzusetzen. Der von Bundesarbeitsminister Franz Müntefering und seinem Amtsnachfolger Olaf Scholz im zähen Ringen mit dem Koalitionspartner eingeschlagene Weg, nach entsprechenden Novellierungen über das aus dem Jahr 1996 stammende *Arbeitnehmer-Entsendegesetz* und das sogar aus dem Jahr 1952 stammende, früher nie angewendete *Mindestarbeitsbedingungsgesetz* für immer mehr Branchen sukzessive Lohnuntergrenzen festzulegen, ist aufgrund der geringen Nachfrage auf der Arbeitgeberseite jedoch als gescheitert anzusehen. Bis zum Ende der von CDU, CSU und SPD vereinbarten Meldefrist (31. März 2008) hatten nur der Zeit- bzw. Leiharbeitssektor, das Wach- und Sicherheitsgewerbe sowie einige Nischenbranchen, aber nicht – wie von der SPD erhofft – Branchen wie der Einzelhandel, die Gastronomie und die Landwirtschaft ihr Interesse an der Aufnahme ins *Entsendegesetz* bekundet. Die sozialdemokratische Strategie branchenspezifischer Mindestlöhne, die auf der Basis wirksamer und die Mehrheit der Beschäftigten erfassender Tarifverträge per Allgemeinverbindlichkeitserklärung durch das Bundeskabinett zustande kommen, stößt an ihre Grenze, weil sie starke Gewerkschaften dort voraussetzt, wo diese den Mindestlohn gerade aufgrund ihrer Schwäche brauchen. Ob es gelingt, das *Gesetz über die Festsetzung von Mindestarbeitsbedingungen* so zu modifizieren, dass Lohnuntergrenzen auch in Wirtschaftszweigen eingezogen werden, wo (flächendeckende) Tarifverträge fehlen, ist mehr als zweifelhaft.

5.2.2 Der „aktivierende (Sozial-)Staat" – Garant einer Verringerung der Arbeitslosigkeit und der Kinderarmut?

Nicht nur Neoliberale gehen davon aus, dass primär „Überregulierungen" und „Verkrustungen" auf dem Arbeitsmarkt an der Massenerwerbslosigkeit schuld sind. Auch viele als „Modernisierer" bezeichnete Sozialdemokraten, Bündnisgrüne und Konservative sehen in der angeblichen Passivität bzw. Apathie und der mangelnden Bereitschaft vieler Betroffener, jeden ihnen angebotenen Arbeitsplatz zu besetzen, einen Hauptgrund für die hohe (Dauer der) Erwerbslosigkeit. Sie glauben, das Problem u.a. durch eine „Aktivierung" der Erwerbslosen lösen zu können. Träger einer solchen Politik des „Förderns und Forderns" ist der „ermunternde Staat", welcher mehr und stärkere (monetäre) Anreize zur Arbeitsaufnahme mit wirksameren Sanktionen für den Weigerungsfall kombiniert. Bodo Hombach, enger Berater von Gerhard Schröder und nach dem Regierungswechsel im Herbst 1998 sein Kanzleramtsminister, schrieb beispielsweise: „Wir brauchen Gleichheit beim Start, nicht im Ergebnis, eine Politik der zweiten Chance. Das Stichwort ist der aktivierende Staat. Wir müssen Instrumente in die Hand nehmen, die Selbsthilfe, Eigeninitiative und Unternehmertum fördern."[25]

Rolf G. Heinze verortet das von ihm propagierte Konzept des „aktivierenden Staates" in der Mitte zwischen etatistischen Vorstellungen eines Maximalstaates und neoliberalen Minimalvorstellungen, die auf „immer weniger Staat" hinausliefen: „Ziel ist stattdessen ein umgestalteter und in seinen Zielen neu konzipierter Staat. Im Kern geht es darum, Gerechtigkeit, Effizienz und gesellschaftliche Wohlfahrt zu steigern, und zwar durch eine Neuaufteilung der Verantwortlichkeiten zwischen Markt, Staat und Zivilgesellschaft."[26]

Hingegen heben Achim Trube und Norbert Wohlfahrt die Janusköpfigkeit der eng damit verbundenen, in den USA bereits seit längerem mit fragwürdigem Erfolg (Anwendung von Arbeitszwang, Senkung des Lohnniveaus und Entlassung von bisher regulär Beschäftigten) praktizierten „Welfare-to-work-Strategie" hervor: „Während Markt und Wettbewerb ideologisch aufgewertet werden und den Maßstab der Reorganisation sozialer Dienstleistungen liefern sollen, stärkt der Staat seine Möglichkeiten, aufsichtsführende und kontrollierende Funktionen wahrnehmen zu können, bis hin zur Entwicklung eines Arsenals von Zwangsmaßnahmen, die in erster Linie darauf gerichtet sind, die Inanspruchnahme sozialer Leistungen zu verhindern oder einzugrenzen und die Verpflichtung zur Arbeitsaufnahme, wo immer es möglich ist, durchzusetzen."[27]

Waltraud Schelkle steht „Workfare"-Konzepten als Mittel gegen (Kinder-)Armut skeptisch gegenüber, weil sie „das Problem der Armut ohne Arbeit in eines der Armut trotz Arbeit" verwandelten, wovon ihrer Einschätzung nach eher noch mehr Personen betroffen seien: „Aus der Sozialhilfefalle für wenige wird tendenziell eine Workfare-Falle für eine größere Zahl. Die Sozialisierung von Arbeitskosten hat unvermeidlich Mitnahmeeffekte bei Unternehmen zur Folge, die bestehende Billigarbeitsplätze, etwa für Zweitverdienerinnen, nun mit subventionierten Arbeitskräften besetzen."[28] Im Unterschied zur Subventionierung öffentlicher Beschäftigung verzichten solche Ansätze auf Steuerungsmöglichkeiten im Hinblick auf die zu fördernden

---

25 Bodo Hombach, Aufbruch. Die Politik der Neuen Mitte, 3. Aufl. München/Düsseldorf 1998, S. 12
26 Rolf G. Heinze, Der schwere Abschied von „Vater Staat". Zur Überwindung der institutionellen Trägheit des deutschen Wohlfahrtsstaates, in: Neue Praxis 2/2003, S. 155
27 Achim Trube/Norbert Wohlfahrt, „Der aktivierende Sozialstaat" – Sozialpolitik zwischen Individualisierung und einer neuen politischen Ökonomie der inneren Sicherheit, in: WSI-Mitteilungen 1/2001, S. 28
28 Waltraud Schelkle, Das große Sparschwein des Robin Hood. Die Rezession setzt den Wohlfahrtsstaat unter Druck: welchen Leitbildern soll die soziale Hilfe folgen?, in: FAZ v. 20.11.2001

Produktionen und Dienstleistungen. Hinzu kommen laut Schelkle höchst unsichere Einspareffekte, da Workfare eine Ausweitung von Lohnsubventionen bedeutet.

H. Gerhard Beisenherz moniert, „daß der ‚aktivierende Sozialstaat' auf die Förderung der Selbst-Integration setzt und als Kehrseite, wenn dies nicht erreicht wird, Exklusion als selbstverschuldete in Kauf nimmt."[29] Der bisherige Wohlfahrtsstaat hat sich durch die Reformen von Grund auf verändert, was sich weniger im ehrgeizigen Anspruch seiner Gesamtkonzeption als in der ernüchternden Wirklichkeit zeigt: „Die neue Sozialpolitik tritt an als ein auf Inklusion gerichtetes Projekt, basiert aber – bei näherer Betrachtung – vor allem auf einer Vielzahl exkludierender Mechanismen (Strafen, Ausschluss von Leistungen, Verkürzung der Bezugsdauer, Abbau protektiver Mechanismen)."[30] Michael-Sebastian Honig und Ilona Ostner zufolge bewirkt der „aktivierende Staat" dadurch, dass er soziale Leistungen für Kinderlose kürzt und sie von diesen zu den Familien mit erwerbstätigen Eltern umlenkt, einen Umbau der Kindheit, und zwar auf zwei durch Dreiecke zu veranschaulichenden Ebenen: „Im Wohlfahrtsdreieck von Markt, Staat und Familie lässt sich die Neujustierung von Subsidiarität darstellen, das heißt: der Umbau von Verantwortlichkeiten für Kinder. In einem zweiten Dreieck geht es um die inhaltliche Konkretisierung des Kindeswohls, das heißt um die normativen Maßstäbe von Sorgeverhältnissen. (...) In diesem Dreieck lässt sich die Neujustierung des Modus sozialer Integration von Kindheit in der Spannung zwischen einer durch die Gesellschaft gefährdeten bzw. schutzbedürftigen und für die Gesellschaft gefährlichen bzw. der Kontrolle bedürftigen Kindheit darstellen."[31]

Während der rot-grünen Reformperiode (1998 bis 2005) wurden Arbeitslosigkeit und Armut mittels des Mottos „Fördern und Fordern" sozialdarwinistisch zu Problemen der Individuen, ihrer Charakterschwäche und fehlenden Leistungsbereitschaft umgedeutet. Durch das am 1. Januar 2002 in Kraft getretene Job-AQTIV-Gesetz rückten mit dem Aktivieren, Qualifizieren, Trainieren, Investieren und Vermitteln „Eigenverantwortlichkeit", „Privatinitiative" und „Selbstbestimmung" in den Vordergrund.[32] Der „aktivierende

---

29 Siehe H. Gerhard Beisenherz, Kinderarmut in der Wohlfahrtsgesellschaft. Das Kainsmal der Globalisierung, Opladen 2002, S. 195
30 Heinz-Jürgen Dahme/Norbert Wohlfahrt, Aporien staatlicher Aktivierungsstrategien. Engagementpolitik im Kontext von Wettbewerb, Sozialinvestition und instrumenteller Governance, in: Forschungsjournal Neue Soziale Bewegungen 2/2007, S. 28
31 Michael-Sebastian Honig/Ilona Ostner, Das Ende der fordistischen Kindheit, in: Andreas Klocke/Klaus Hurrelmann (Hrsg.), Kinder und Jugendliche in Armut. Umfang, Auswirkungen und Konsequenzen, 2. Aufl. Wiesbaden 2001, S. 302
32 Vgl. Holger Schatz, „Manche muss man halt zu ihrem Glück zwingen". Arbeitszwang im aktivierenden Staat, in: Kai Eicker-Wolf u.a. (Hrsg.), „Deutschland auf den Weg gebracht". Rot-grüne Wirtschafts- und Sozialpolitik zwischen Anspruch und Wirklichkeit, Marburg 2002, S. 166ff.

Sozialstaat", wie ihn auch die nach ihrem Vorsitzenden Peter Hartz benannte Kommission „Moderne Dienstleistungen am Arbeitsmarkt" beschwor,[33] bedeutet im Grunde das Ende des *aktiven*, intervenierenden und materiell umverteilenden Sozialstaates. Mit dem zum 1. August 2006 durch einen Gründungszuschuss ersetzten Existenzgründungszuschuss („Ich-AG") erhob man die (Schein-)Selbstständigkeit von Hilfebedürftigen zum Programm, war jedoch darauf bedacht, diese möglichst schnell aus dem Leistungsbezug zu entlassen und gleichzeitig die Kosten für ihre Unterstützung zu senken.

Aufgrund der sog. Eingliederungsvereinbarungen, die Erwerbslose schließen müssen, ohne darauf maßgeblich Einfluss nehmen zu können,[34] sollten sie früher als bisher Angebote zur Arbeitsaufnahme bzw. zur beruflichen Weiterbildung erhalten. Man erlegte ihnen jedoch die Beweislast auf, wenn es darum ging, die Verhängung einer Sperrzeit wegen der Ablehnung einer Stelle zu verhindern. Erleichtert durch den Skandal um gefälschte Vermittlungsbilanzen der Bundesanstalt für Arbeit im Frühjahr 2002, gelang es den „Modernisierern" im rot-grünen Regierungslager, an der Spitze dieser Behörde einen Personalwechsel (von Bernhard Jagoda zum damaligen rheinland-pfälzischen Sozialminister Florian Gerster, der seinerseits nach Unregelmäßigkeiten bei der Vergabe von Beratungsaufträgen im Januar/Februar 2004 abberufen und durch Frank-Jürgen Weise ersetzt wurde), ihre Reorganisation zu einer modernen Dienstleistungsagentur nach privatwirtschaftlichem Muster und eine weitere Teilprivatisierung der Arbeitsvermittlung durchzusetzen.

Vorschläge, die auf Deregulierung und einen „schlank(er)en" Staat orientieren,[35] verfehlen fast zwangsläufig das Ziel einer Verringerung von Armut. Dem neoliberalen Konzept eines „beschäftigungsorientierten" Umbaus des Sozialstaates ist eine integrierte, bedarfsorientierte Strategie der Armutsbekämpfung entgegenzustellen.[36] Ersteres zielt darauf ab, die Integration von

---

33 Vgl. Bundesministerium für Arbeit und Sozialordnung (Hrsg.), Moderne Dienstleistungen am Arbeitsmarkt. Vorschläge der Kommission zum Abbau der Arbeitslosigkeit und zur Umstrukturierung der Bundesanstalt für Arbeit, Berlin 2002, S. 45 und passim

34 Wolfgang Ludwig-Mayerhofer/Ariadne Sondermann/Olaf Behrend, „Jedes starre Konzept ist schlecht und passt net' in diese Welt". Nutzen und Nachteil der Standardisierung der Beratungs- und Vermittlungstätigkeit in der Arbeitsvermittlung, in: PROKLA 148 (2007), S. 370 (Fn. 3), bemerken hinsichtlich des Verhältnisses zwischen Erwerbslosen und Arbeitsvermittlern bzw. Fallmanagern als „Vertragspartnern" zutreffend, „dass ein Herrschaftsverhältnis ein Herrschaftsverhältnis ist und keine Dienstleistungs- oder Kundenbeziehung."

35 Vgl. dazu: Tim Engartner, Privatisierung und Liberalisierung – Strategien zur Selbstentmachtung des öffentlichen Sektors, in: Christoph Butterwegge/Bettina Lösch/Ralf Ptak, Kritik des Neoliberalismus, 2. Aufl. Wiesbaden 2008, S. 87ff.

36 Vgl. zum Folgenden: Walter Hanesch u.a., Armut und Ungleichheit in Deutschland. Der neue Armutsbericht der Hans-Böckler-Stiftung, des DGB und des Paritätischen Wohlfahrtsverbands, Reinbek bei Hamburg 2000, S. 525ff.

Arbeitsmarkt-, beschäftigungs- und sozialpolitische Maßnahmen 313

Arbeitslosen in den Arbeitsmarkt zu optimieren. Als einziger Ausweg aus der Massenarbeitslosigkeit gilt hier die Beschäftigung von noch mehr Geringqualifizierten im Bereich haushalts- und personenbezogener Dienste (sog. Mini- bzw. Midijobs). Arbeitgeber hätten dadurch geringere Lohn(neben)kosten, während die öffentlichen Kassen enorm belastet würden. Gerhard Bäcker hält von der Empfehlung, durch eine weitere Absenkung des Lohnniveaus, die Schaffung neuer Einfacharbeitsplätze im Dienstleistungssektor und die Aufstockung der Niedrigeinkommen mittels Kombilöhnen die Arbeitslosigkeit zu bekämpfen, denn auch nicht viel: „Die Beschäftigungswirkungen sind ungewiß und die finanziellen Belastungen (für den Staatshaushalt bzw. die Steuerzahler/innen; *d. Verf.*) unkalkulierbar."[37]

Da es zu wenige Arbeitsplätze gibt, um alle Erwerbsfähigen zu beschäftigen, hat ein sog. Kombilohn vor allem das Sinken des Lohnniveaus, Konsumausfälle und ein Steigen der Erwerbslosigkeit zur Folge. Inzwischen nehmen ca. 1,2 Mio. Menschen, darunter die Hälfte sogar Vollzeit erwerbstätige, das Arbeitslosengeld II als sog. Hartz-IV-Aufstocker/innen ergänzend zu ihrem Lohn bzw. Gehalt in Anspruch, also nicht etwa deshalb, weil sie arbeitslos wären. Baut man dieses System weiter aus, nimmt die arbeitslosigkeitsbedingte Armut schwerlich ab, sondern wird nur in eine Armut trotz Erwerbstätigkeit transformiert. Gegen den „Kombilohn" sprechen im Wesentlichen zwei Gründe: Erstens subventioniert der Staat damit die Unternehmen und eröffnet ihnen zusätzliche Mitnahme- bzw. Missbrauchsmöglichkeiten, zweitens motiviert er sie gerade nicht, Arbeitnehmer(inne)n höhere, sondern unter Hinweis auf staatliche Leistungsansprüche eher noch geringere Löhne und Gehälter zu zahlen, was den Beschäftigten keine Vorteile bringt, sie vielmehr in die Abhängigkeit von staatlichen Transferleistungen zwingt. Ein (transfergestützter) Niedriglohnsektor ist abzulehnen, weil er das soziale Gefüge der Gesellschaft insgesamt verschiebt und für den Lebensstandard einen Sog nach unten auslöst: „Einerseits ist anzunehmen, dass es zu einer massiven Verlagerung von heute schon gering entlohnten Arbeitsplätzen in diesen Sektor kommt, andererseits ist ein weiterer Anstieg der Einkommensheterogenität innerhalb der (Gruppe der; *d. Verf.*) abhängig Beschäftigten und damit eine Zunahme sozialer Ungleichheit zu erwarten."[38]

Armutsbekämpfung darf nicht auf den Arbeitsmarkt beschränkt bleiben. Setzt man die Bekämpfung von Kinderarmut aber mit der Arbeitsmarktintegration von Eltern und Alleinerziehenden gleich, wird nicht nur Armut auf

---

37 Gerhard Bäcker, Niedrig- und Kombi-Löhne: soziale Spaltung statt Abbau der Arbeitslosigkeit, in: Alexander Grasse/Carmen Ludwig/Berthold Dietz (Hrsg.), Soziale Gerechtigkeit. Reformpolitik am Scheideweg. Festschrift für Dieter Eißel zum 65. Geburtstag, Wiesbaden 2006, S. 177
38 Volker Offermann, Regressive Modernisierung und Herausforderungen der Verteilungspolitik, in: Frank Schulz-Nieswandt/Gisela Schewe (Hrsg.), Sozialpolitische Trends in Deutschland in den letzten drei Dekaden. Eve-Elisabeth Schewe zum 70. Geburtstag, Berlin 2000, S. 189

Erwerbslosigkeit und Sozialhilfeabhängigkeit reduziert, vielmehr auch das sehr viel komplexere Phänomen zum reinen Beschäftigungsproblem uminterpretiert, und zwar ohne Berücksichtigung der Tatsache, dass die „Sozialhilfe-Klientel" keineswegs bloß aus Erwerbslosen bzw. aufgrund von Erwerbslosigkeit besteht.[39] Eine integrierte und am Bedarf orientierte Strategie der Armutsbekämpfung bezieht sich deshalb nicht nur auf den Arbeitsmarkt, sondern umfassender auf sämtliche Aspekte der Armut. Allgemeine Lebensrisiken werden, noch bevor es zur Inanspruchnahme von Sozialhilfe kommt, von vorgelagerten Auffangnetzen gemindert (z.b. durch ein modifiziertes Wohngeld, den Familienlastenausgleich usw.). Wenn die Feststellung zutrifft, dass sich Armut „sozial entgrenzt", also nicht nur sog. Randgruppen (Bettler, Obdachlose, Drogenabhängige usw.) davon betroffen sind, sondern vor allem in Ostdeutschland auch „ganz gewöhnliche" Familien, reicht das Merkmal „(Sozialhilfe-)Bedürftigkeit" ohnehin kaum aus, um den Kreis jener Menschen zu bestimmen, welche die Unterstützung staatlicher Stellen brauchen.

5.2.3 Schritte zur Verbesserung der Vereinbarkeit von Familien- und Erwerbsarbeit

Kinderarmut lässt sich in der Regel auf Frauen- bzw. Mütterarmut zurückführen,[40] sodass ein Hebel zu ihrer Verringerung in einer Erhöhung der weiblichen Erwerbsbeteiligung liegt, was eine nachhaltige Verbesserung der Vereinbarkeit von Familienarbeit und Berufstätigkeit durch Schaffung von mehr (Teilzeit-)Stellen einerseits sowie mehr öffentlichen Kinderbetreuungseinrichtungen, die kostengünstiger bzw. beitragsfrei zur Verfügung gestellt werden müssten, andererseits voraussetzt. Nötig wäre darüber hinaus eine (gesetzlich zu regelnde) Rückbindung der Arbeit selbst wie der Arbeitszeitregelungen in Betrieben und öffentlichen Verwaltungen an die Lebensbedürfnisse der Beschäftigten und ihrer Familien. Dies würde eine völlige Neujustierung des Normalarbeitsverhältnisses erfordern: Beschäftigte müssten im Laufe ihres Lebens zwischen Vollzeit-, Teilzeitarbeit und Arbeitsunterbrechung ohne Verluste an sozialer Sicherung und Weiterbildungsmöglichkeiten wechseln können, und Arbeitgeber sowohl in der Arbeitszeitgestaltung wie auch beim

---

39 Vgl. Werner Schönig, Langzeitarbeitslosigkeit und Kinderarmut, in: Christoph Butterwegge (Hrsg.), Kinderarmut in Deutschland, a.a.O., S. 197
40 Ursula Schröter, Soziale Probleme in den neuen Bundesländern, in: Memo-Forum. Zirkular der „Arbeitsgruppe Alternative Wirtschaftspolitik" 27, Schwerpunktheft: Zehn Jahre „Aufbau Ost" – widersprüchliche Ergebnisse, Probleme und Alternativen, Bremen, März 2000, S. 38: „Kinder sind arm, weil ihre Mütter arm sind, und Frauen sind arm, weil sie Kinder haben."

Arbeitsvolumen auf die unterschiedlichen, im Lebensverlauf wechselnden Interessen der Beschäftigten mehr Rücksicht nehmen.[41]

Nur die sog. Doppelernährer-Familien sind, wie Wolfgang Strengmann-Kuhn konstatiert,[42] heute vor Kinderarmut noch halbwegs gefeit; trotzdem ist eine ganztägige Betreuung der Kinder keineswegs gewährleistet. „Die Tatsache, daß in den alten Bundesländern immer noch mehr als die Hälfte aller Mütter mit Kindern unter 15 Jahren nicht erwerbstätig ist – ein im internationalen Vergleich sehr hoher Prozentsatz – sowie das verstärkte Abdrängen der Frauen und Mütter aus dem Erwerbsbereich in den neuen Bundesländern deuten darauf hin, daß in der Bundesrepublik Deutschland die sozialstrukturellen Hindernisse einer Vereinbarkeit von Familie und Erwerbstätigkeit noch stark ausgeprägt sind."[43] Zu einem ganz ähnlichen Ergebnis gelangte C. Katharina Spieß, die im Krippen- und Hortbereich, wo im Unterschied zum Kindergartenbereich kein Rechtsanspruch nach § 24 *Kinder- und Jugendhilfegesetz* (KJHG) bzw. *Sozialgesetzbuch* (SGB) VIII besteht, mit jeweils ca. 3 Prozent für das Altbundesgebiet eine ausgesprochen niedrige Versorgungsquote angab: „Der zunehmenden Erwerbstätigkeit von Müttern und dem erheblichen Anteil von Müttern mit einem Erwerbswunsch steht ein Angebot an Kindertageseinrichtungen gegenüber, das in dieser Hinsicht – zumindest in Westdeutschland – als nicht bedarfsgerecht bezeichnet werden kann."[44]

Selbst im Kindergartenbereich (3- bis 6-Jährige) gibt es keine völlige Bedarfsdeckung, noch weniger auf der kleinräumigen Ebene: „Unterversorgungslagen findet man zwangsläufig in vielen ländlichen Gebieten, aber auch gerade in den schnell wachsenden jungen Stadtteilen bzw. Bebauungsgebieten vieler Städte, da die existierenden Tageseinrichtungen häufig in den ehemals kinderreichen Stadtgebieten angesiedelt sind, während der Bedarf sich nunmehr räumlich verschoben hat."[45] Was die Höhe der zu entrichtenden Gebühren betrifft, ergab eine Untersuchung der Zeitschrift *Eltern* und der „Initiative Neue Soziale Marktwirtschaft" (INSM), dass sie je nach Region stark differiert und Kindergartenplätze in Ost- und Norddeutschland sowie Städten

---

41 Vgl. Brigitte Stolz-Willig, Generationen- und Geschlechtergerechtigkeit oder: Familienarbeit neu bewerten – aber wie?, in: Christoph Butterwegge/Michael Klundt (Hrsg.), Kinderarmut und Generationengerechtigkeit, a.a.O., S. 221

42 Vgl. Wolfgang Strengmann-Kuhn, Erwerbstätigkeit und Einkommensarmut: Armut trotz Erwerbstätigkeit?, in: Felix Büchel u.a. (Hrsg.), Zwischen drinnen und draußen. Arbeitsmarktchancen und soziale Ausgrenzungen in Deutschland, Opladen 2000, S. 150

43 Sarina Keiser, Vereinbarkeit von Familie und Beruf – nur eine Frauenfrage?, in: Lothar Böhnisch/Karl Lenz (Hrsg.), Familien. Eine interdisziplinäre Einführung, 2. Aufl. Weinheim/München 1999, S. 249

44 C. Katharina Spieß, Vereinbarkeit von Familie und Beruf – Fakten, Mängel und Reformen. Auch ein Plädoyer für eine Entideologisierung der Debatten, in: Sozialer Fortschritt 1/2003, S. 18

45 Stefan Sell, „Bedarfsorientierte" Modernisierung der Kinderbetreuungsinfrastruktur in Deutschland, in: WSI-Mitteilungen 3/2002, S. 149

mit vielen sozialen Brennpunkten, also ausgerechnet dort, wo sich die Kinderarmut konzentriert, besonders teuer sind.[46] Als erste (und bisher einzige) deutsche Großstadt hat Heilbronn den Kindergarten beitragsfrei gestellt. Ob es sinnvoll ist, eine allgemeine Kindergartenbesuchspflicht einzuführen und im Grundgesetz zu normieren, wie es Josef Hoffmann fordert,[47] soll hier nicht diskutiert werden, zumal sich die Frage wahrscheinlich in dem Moment erübrigt, wo für die Eltern keine Kosten entstünden und sich mit den politischen Mehrheiten dafür auch ein freundlicheres Betreuungsklima abzeichnete.

Für jedes Kleinkind, das außerhalb der Familie betreut werden soll, müsste in sämtlichen Bundesländern möglichst noch vor 2013 ein Krippenplatz zur Verfügung stehen. Erst wenn ein Rechtsanspruch darauf besteht, verringert sich die Gefahr, dass die Umsetzung des bestehenden Rechtsanspruchs auf einen Kindergartenplatz für Jungen und Mädchen ab 3 Jahren auf Kosten der Betreuung anderer Altersgruppen geht.[48] Argumentiert wird zum Teil, dass sich Mütter zwischen Erwerbsarbeit und öffentlicher Kinderbetreuung einerseits sowie häuslicher Kinderbetreuung in Eigenverantwortung frei entscheiden können müssten. Wahlfreiheit haben die Eltern von Kleinkindern aber erst, wenn eine Vollversorgung mit Krippenplätzen gewährleistet ist und diese für alle möglichst beitragsfrei, zumindest jedoch ohne größere materielle Barrieren zugänglich sind.

Ein in Thüringen seit der „Familienoffensive" von Ministerpräsident Dieter Althaus (CDU) 2006 zusammen mit einem Rechtsanspruch auf einen Krippenplatz als Landesleistung existierendes Betreuungsgeld in Höhe von 150 (bis 300) EUR, das die Unionsparteien bundesweit einführen wollen, zementiert wahrscheinlich das traditionelle „Alleinernährer"-Familienmodell. Zumindest ging der Anteil jener Eltern, die ihr Kind in eine Krippe geben, deutlich zurück, wie auch die Fürsprecher des Betreuungsgeldes einräumen.[49] Manch finanzschwache und bildungsferne Familie wird auf diese Weise davon abgehalten, ihre Kinder in eine Krippe zu geben, wo sie mehr geistige Anregungen bzw. für die Intelligenzentwicklung erforderliche Impulse erhalten könnten, was nicht nur antiemanzipatorisch wirkt, weil Frauen von der (Wieder-)Aufnahme einer Erwerbsarbeit abgehalten werden, sondern sich

---

46 Vgl. Oliver Steinbach, Kindergarten: der Gebühren-Wahnsinn, in: Eltern 4/2008, S. 68ff.; Cosima Schmitt, Gebühren-Willkür im Kindergarten. Eine Studie zeigt: Bei den Gebühren für einen Kindergartenplatz gibt es große Unterschiede, die schnell 3.000 Euro ausmachen können, in: taz v. 18.3.2008

47 Vgl. Josef Hoffmann, Soziale Gerechtigkeit für Kinder. Zur Chancengleichheit des Aufwachsens im Sozialstaat des Grundgesetzes, Baden-Baden 2006, S.185

48 Vgl. Bernd Eggen, Familienpolitische Leistungen der Länder Deutschlands für Familien mit Kindern unter drei Jahren, in: Sozialer Fortschritt 10/1999, S. 268

49 Vgl. „Eltern, die sich gut kümmern, nicht stigmatisieren". Ministerpräsident Althaus verteidigt Betreuungsgeld, in: Die Welt v. 26.3.2008; ergänzend: Dorothea Siems, Familienpolitisches Musterländle. Wie das umstrittene Betreuungsgeld wirkt – eine Stippvisite im Testlabor Thüringen, in: ebd.

auch im Hinblick auf die Bekämpfung der (Bildungs-)Armut von Kindern als fragwürdig erweist.

Kinder tragen nicht nur ein erhöhtes Armutsrisiko, bilden vielmehr manchmal quasi auch selbst eins, weil jene soziale Infrastruktur fehlt, die es ihren Eltern erlauben würde, neben der Haus- und Erziehungs- auch Erwerbsarbeit zu leisten. Hier liegt – unabhängig von der nötigen Erhöhung monetärer Transfers zugunsten sozial benachteiligter Kinder – ein zentraler Ansatzpunkt für Gegenmaßnahmen. In den Kindertageseinrichtungen müsste es mehr Plätze für die Sprösslinge von Alleinerziehenden und kinderreichen Familien geben, wobei die Beiträge der Eltern entweder ganz entfallen oder stärker nach deren Einkommen und der Familiengröße gestaffelt sein sollten, um der Armut entgegenzuwirken: „Die finanzielle Entlastung von Familien mit niedrigem Einkommen kann verhindern, daß insbesondere materiell unterprivilegierte Bevölkerungsgruppen vor einer Inanspruchnahme zu teurer Betreuungsangebote zurückschrecken, womit Berufstätigkeit erschwert und die Abhängigkeit von Sozialleistungen wahrscheinlicher wird."[50]

Durch die Bereitstellung von mehr außerhäuslichen Betreuungseinrichtungen als bisher verbessern sich zwar die Möglichkeiten für (alleinerziehende) Mütter, neben der Familien- und Erziehungsarbeit einer Berufstätigkeit nachzugehen. Gleichwohl belegen die Erfahrungen mit dem US-amerikanischen Modell „From welfare to work", wie Harry Kunz konstatiert, „dass eine Ausrichtung der Sozialpolitik auf Erwerbsarbeit um jeden Preis am gesellschaftlichen Skandal der Kinderarmut wenig ändert: Wo Arbeitslosigkeit durch einen Niedriglohnsektor verringert wird, verringert dies die Kinderarmut nicht, weil die Mehrheit der ‚working poor' dann aus Frauen mit Kindern in Niedriglohn- und Teilzeitsektoren besteht."[51]

5.2.4 Beseitigung der Familienarmut durch Vergütung der Eltern- bzw. Erziehungsarbeit?

Man kann zwei Strategien auf dem Weg zur besseren Vereinbarkeit von Berufstätigkeit und Familie unterscheiden: Während die *simultane* für den Ausbau öffentlicher Kinderbetreuungseinrichtungen optiert, favorisiert die *suk-*

---

50 Gitta Trauernicht, Armut von Kindern und Jugendlichen und kommunale Jugendpolitik, in: Karl-Jürgen Bieback/Helga Milz (Hrsg.), Neue Armut, Frankfurt am Main/ New York 1995, S. 225
51 Harry Kunz, Frisst die Globalisierung ihre Kinder?, Familien- und Kinderpolitik – Stand und nötige Veränderungen, in: Kommune 7/2002, S. 7; vgl. auch: Uwe Wilke, Sozialhilfe in den USA. Die Reform in Texas und Wisconsin, Frankfurt am Main/ New York 2002, S. 288f.

zessive ein „Erziehungsgehalt".[52] Hierbei handelt es sich um den Versuch, Familien- und Erwerbsarbeit in der Form gleichzustellen, dass beide, sei es vom Arbeitgeber oder vom Staat, entlohnt werden. Nicht nur Rechtsextreme und (National-)Konservative, sondern auch viele Bündnisgrüne erheben die Forderung nach einem „Elternsalär", welches auf der Überzeugung basiert, dass Erziehungs- mit normaler Erwerbsarbeit vergleichbar und daher vom Staat in ähnlicher Weise (und Höhe) zu entgelten sei.

In einem Gutachten, das der Deutsche Arbeitskreis für Familienhilfe e.V. (Freiburg im Breisgau) in Auftrag gegeben hatte, entwickelten Christian Leipert und Michael Opielka das von der damaligen CDU/CSU/FDP-Koalition 1986 eingeführte Erziehungsgeld zu einem Konzept „Erziehungsgehalt 2000" weiter. Die materielle Honorierung von Familienarbeit in Form eines „Erziehungsgehalts" gilt Leipert und Opielka als erster, möglicherweise entscheidender Schritt zum familiengerechten Umbau des Sozialstaates, durch den zwischen Jung und Alt, Eltern und Kinderlosen, Frauen und Männern sowie Erwerbs- und Nichterwerbstätigen ein neues Gleichgewicht hergestellt werden soll.[53]

Das steuerpflichtige, für Kinder vom 1. bis zum 7. Lebensjahr (bzw. bis zum Schuleintritt) vorgesehene „Erziehungsgehalt I" sollte einen Grundbetrag von 2.000 DM (1.022,58 €) pro Monat (für Alleinerziehende: 2.300 DM = 1.175,97 €), der Zusatzbetrag für jedes weitere Kind 1.000 DM (511,29 €) pro Monat (für Alleinerziehende: 1.150 DM = 587,99 €) umfassen. Ab dem 4. Lebensjahr sollte ein steuerfreier „Erziehungsgutschein" in Höhe von ca. 600 DM (306,77 €), der auf das Erziehungsgehalt I angerechnet würde, die Wahlfreiheit der Eltern, wie sie ihr Kind betreuen (lassen) wollen, erhöhen. Das vom 8. bis höchstens zum 18. Lebensjahr zu zahlende „Erziehungsgehalt II" würde auch erwerbszeitunabhängig, jedoch einkommensabhängig ausgezahlt, wobei der Grundbetrag für das erste Kind 1.400 DM (715,81 €) pro Monat, der Zusatzbetrag für jedes weitere Kind 600 DM (306,77 €) pro Monat betragen sollte.[54]

Angelika Krebs bescheinigte Leiperts und Opielkas Studie zwar, das am weitesten ausgearbeitete Konzept zur monetären Anerkennung der häuslichen Kindererziehung zu sein, kritisierte aber, dass seine Begründung eine „sexis-

---

52 Siehe Werner Schönig, Mitgliederorientierte Familienpolitik. Vereinbarkeitsstrategien als Akzenterweiterung in praktischer und konzeptioneller Hinsicht, in: Sozialer Fortschritt 2/2001, S. 38f.
53 Vgl. Christian Leipert/Michael Opielka, Erziehungsgehalt 2000. Ein Weg zur Aufwertung der Erziehungsarbeit, Bonn, April 1998, S. 9
54 Vgl. ebd., S. 27ff.; Michael Opielka, Bezahlte Elternschaft. Voraussetzungen und Folgen einer monetären Anerkennung der Erziehungsarbeit durch ein Erziehungsgehalt, in: Andreas Netzler/Michael Opielka (Hrsg.), Neubewertung der Familienarbeit in der Sozialpolitik, Opladen 1998, S. 103ff.; ders., Das Konzept „Erziehungsgehalt 2000", in: Aus Politik und Zeitgeschichte 3-4/2000, S. 14ff.

tische Schlagseite" habe.⁵⁵ Unabhängig davon, ob eine Umverteilung von Kinderlosen zu Familien über ein steuerfinanziertes Erziehungsgehalt moralisch gerechtfertigt ist oder nicht, wäre Letzteres nach einer international vergleichenden Studie von Nicola Dickmann deshalb widersinnig, weil es zusätzliche Anreize für Mütter bieten würde, dem Arbeitsmarkt möglichst lange fern zu bleiben.⁵⁶ Gerhard Bäcker stellte denn auch folgende Prognose, die das Konzept als wenig tauglich erscheinen lässt: „Es käme zu einer dauerhaften Verdrängung der Mütter vom Arbeitsmarkt, weil eine berufliche Wiedereingliederung nach einer derart langen Familientätigkeit schwer, wenn nicht unmöglich ist. Das wäre ein gleichstellungs- und arbeitsmarktpolitischer Rückschritt und würde die latente Armut vergrößern."⁵⁷ Außerdem befürchtete Volker Offermann angesichts der noch immer deutlich niedrigeren Einkommen und einer gegenüber dem Altbundesgebiet signifikant höheren Arbeitslosenquote in Ostdeutschland, dort werde man das Erziehungsgehalt vielfach zur Deckung des allgemeinen Lebensunterhalts benutzen: „Dadurch wären aber gerade Kinder aus benachteiligten Familien, die in besonderem Maße auf die Betreuung in einer Kindertagesstätte angewiesen sind, zusätzlich benachteiligt."⁵⁸

Mit dem Vorschlag, Erziehungsarbeit in einer gehaltsähnlichen Höhe bis zum 12., 16. oder gar 18. Lebensjahr des Kindes, zu entlohnen, eng verwandt ist die Idee eines Familiengeldes für Eltern minderjähriger Kinder, das alle anderen Transferleistungen des Staates in diesem Politikbereich zusammenfasst. CDU und CSU versprachen im Bundestagswahlkampf 2002, vorbehaltlich seiner Finanzierbarkeit, ein Familiengeld in Höhe von 600 EUR pro Kind im Alter bis zu 3 Jahren, von 300 EUR pro Kind bis zur Volljährigkeit und von 150 EUR für Über-18-Jährige, die sich noch in der Ausbildung befinden, zu zahlen. Renate Schmidt, von Oktober 2002 bis November 2005 Bundesfamilienministerin, hielt das auf den ersten Blick großzügige Angebot der Union für ungeeignet, Kinderarmut zu bekämpfen und die Leistungen von Familien besser zu honorieren, weil es als „Gebärprämie" besonders junge, beruflich kaum qualifizierte Frauen verleitet hätte, sich vom Arbeitsmarkt an den häuslichen Herd und auf die Mutterrolle zurückzuziehen: „Das Konzept droht (...) die Sozialhilfebedürftigkeit von Familien noch zu vergrößern."⁵⁹

---

55 Siehe Angelika Krebs, Arbeit und Liebe. Die philosophischen Grundlagen sozialer Gerechtigkeit, Frankfurt am Main 2002, S. 81
56 Nicola Dickmann, Einkommenslagen von Familien im internationalen Vergleich, in: Sozialer Fortschritt 7/2004, S. 171
57 Gerhard Bäcker, Armut und Unterversorgung im Kindes- und Jugendalter: Defizite der sozialen Sicherung, in: Christoph Butterwegge (Hrsg.), Kinderarmut in Deutschland, a.a.O., S. 267
58 Volker Offermann, Kinderarmut als Ausdruck sozialer Heterogenisierung in den östlichen Bundesländern: das Beispiel Brandenburg, a.a.O., S. 134
59 Renate Schmidt, S.O.S. Familie. Ohne Kinder sehen wir alt aus, Berlin 2002, S. 155

Thomas Ebert argumentiert sehr grundsätzlich gegen die (monetäre) Entlohnung der Elternschaft, weil sie seiner Meinung nach in einem „Familienfundamentalismus" begründet liegt, der Kinder in biologistischer Manier zur Quelle des gesellschaftlichen Reichtums erklärt. Ein solches Verständnis der Generationenbeziehungen sei antiquiert und habe höchstens den vormodernen Verhältnissen einer Agrargesellschaft entsprochen, trage der überragenden Rolle des wissenschaftlich-technischen Fortschritts für die Entwicklung der Arbeitsproduktivität im Gegenwartskapitalismus aber nicht Rechnung. „In der archaischen Subsistenzwirtschaft war die Familie (...) eine Generationen übergreifende Produktionseinheit und auch in der Lage, den reproduzierten Familiennachwuchs intern produktiv einzusetzen, ohne auf den Arbeitsmarkt gehen zu müssen und ohne die Leistungen eines öffentlichen Ausbildungssystems zu benötigen. Heute hingegen ist die Familie längst keine Generationen übergreifende Produktionseinheit mehr: Die Generationen leben nicht mehr unter einem Dach, Eltern und Kinder verrichten Lohnarbeit auf dem Arbeitsmarkt, und zwar in ganz unterschiedlichen Berufen, für die sie die Qualifikation im öffentlichen Ausbildungssystem erworben haben."[60]

5.3 Familien- und/oder Kinder(wohlfahrts)politik?

Bei der Bekämpfung der Kinderarmut gibt es unterschiedliche Ausgangspunkte: Geht man von den Interessen der Gesellschaft, der Nation oder des „Wirtschaftsstandortes" aus, gewinnt das Kind als solches im Zuge des demografischen Wandels zwar an Wert, es wird sich aber um eine Politik der Geburtenförderung und eine Stärkung der Familie als „Keimzelle des Staates" handeln.[61] Auch ohne biologistischen Beigeschmack gelten die Eltern häufig als Kern der Familie und einzig geeignete Anlaufstelle für die staatliche Förderung. Geht man hingegen von den Betroffenen aus,[62] steht das einzelne Subjekt samt seinen Bedürfnissen im Mittelpunkt der Aufmerksamkeit, und es dreht sich alles um das Kindeswohl, was eine Kompensation der strukturellen Benachteiligungen deprivierter Familien erfordert.

---

60 Thomas Ebert, Beutet der Sozialstaat die Familien aus? – Darstellung und Kritik einer politisch einflussreichen Ideologie, in: Christoph Butterwegge/Michael Klundt (Hrsg.), Kinderarmut und Generationengerechtigkeit, a.a.O., S. 105
61 Siehe Winfried Kösters, Demografischer Wandel – Wenn Kinder zur begehrten Mangelware werden ..., in: Deutsches Kinderhilfswerk e.V. (Hrsg.), Kinderreport Deutschland 2007. Daten, Fakten, Hintergründe, Freiburg 2007, S. 19ff.
62 Vgl. Christoph Butterwegge u.a., Armut und Kindheit, a.a.O., S. 47

5.3.1 Grundrichtungen und Zielsetzungen der Familienpolitik

Idealtypisch lassen sich drei Grundrichtungen der Familienpolitik unterscheiden: Diese will entweder die traditionelle Kernfamilie als Institution zur Reproduktion der bürgerlichen Gesellschaft bewahren, aus dieser Konstellation erwachsende Probleme der einzelnen Familienmitglieder lösen oder besonders das Kind als Person fördern, sein Wohlergehen sicherstellen und ihm gute Entwicklungsbedingungen garantieren. In diesem Zusammenhang kann man von einer patriarchalischen, einer kompensatorischen und einer emanzipatorischen Familienpolitik sprechen.

Eine pronatalistische Bevölkerungspolitik, die aufgrund des Geburtenrückgangs und einer wegen der höheren Lebenserwartung ihrer Mitglieder angeblich „vergreisenden" Gesellschaft zuletzt nicht mehr nur von (national)konservativen und neonazistischen Kreisen, sondern auch von manchen Liberalen, Bündnisgrünen und Sozialdemokraten ins Gespräch gebracht wurde,[63] strebt keine Umverteilung des vorhandenen Reichtums zugunsten benachteiligter Kinder, sondern zulasten aller Kinderlosen an, die ihrer Verantwortung für die biologische Reproduktion der Gesellschaft bzw. des „Volkskörpers" nicht gerecht geworden seien.

Autor(inn)en, für die das (deutsche) Kind als solches im Zentrum ihrer Bemühungen um eine bessere staatliche Förderung steht, werfen dem Wohlfahrtsstaat vor, im Rahmen seiner Politik die horizontale Familiengerechtigkeit zu missachten: „Der Sozial- und Steuerstaat macht Familien arm. Die ‚Reichen' sind demgegenüber in immer stärkerem Maße die Kinderlosen und Kinderarmen."[64] Da wird ganz pauschal von „den Familien" gesprochen, die sozial benachteiligt, vom Sozialstaat ausgeplündert und viel stärker als in der Vergangenheit üblich zu unterstützen seien, statt dass man zwischen reichen, mehr oder weniger wohlhabenden und armen Eltern differenziert.

Als bedeutendster Fürsprecher und beharrlicher Förderer der Familien gilt vielen Beobachter(inne)n das Bundesverfassungsgericht.[65] Schon mehr-

---

63 Vgl. hierzu: ders., Stirbt „das deutsche Volk" aus?, Wie die politische Mitte im Demografie-Diskurs nach rechts rückt, in: Christoph Butterwegge u.a., Themen der Rechten – Themen der Mitte. Zuwanderung, demografischer Wandel und Nationalbewusstsein, Opladen 2002, S. 207ff.
64 Matthias Pechstein, Familiengerechtigkeit und Sozialstaatlichkeit, in: Andreas Netzler/Michael Opielka (Hrsg.), Neubewertung der Familienarbeit in der Sozialpolitik, a.a.O., S. 23
65 Irene Gerlach (Politikgestaltung durch das Bundesverfassungsgericht am Beispiel der Familienpolitik, in: Aus Politik und Zeitgeschichte 3-4/2000, S. 31) möchte Karlsruhe als „notwendiges Korrektiv einer nicht immer am Ziel der Gerechtigkeit orientierten Demokratie" verstanden wissen; Jürgen Borchert betont seine „Rolle als gesellschaftlicher Patron der Familie", welcher trotz Widerstandes der Legislative und der Exekutive seit 1990 die Weichen in Richtung tiefgreifender Reformen stelle. Siehe Jürgen Borchert, Der „Wiesbadener Entwurf" einer familienpolitischen Strukturreform des

fach haben die Karlsruher Richter/innen einschlägige Normen bemängelt und den Gesetzgeber zu Modifikationen auf diesem Politikfeld gezwungen. Genannt seien hier nur die Urteile des Bundesverfassungsgerichts zur steuerlichen Freistellung des Erziehungs- und Betreuungsaufwands vom 10. November 1998 sowie zur Pflegeversicherung vom 3. April 2001, wonach Eltern (wegen ihres „generativen Beitrags") geringere Sozialbeiträge als Kinderlose zahlen müssen. Bei der zuerst genannten Entscheidung ging es nicht, wie in den Medien überwiegend mit lobendem Unterton berichtet, um die angeblich zu hohe Besteuerung der Familien, sondern um die vermeintliche Benachteiligung von (einkommensstarken) Ehepaaren mit Kindern gegenüber solchen ohne Kinder und gegenüber Alleinerziehenden. Was man als höchstrichterlichen Beitrag zur finanziellen Besserstellung von Eltern feierte, lief auf eine massive Umverteilung von unten nach oben hinaus. „Relativ wenigen Gewinner(inne)n – gut verdienenden Elternpaaren – stehen viele Verlierer/innen – Alleinerziehende und Niedrigeinkommensbezieher/innen – gegenüber."[66]

Statt die sozialen Unterschiede zwischen den Familien zu verringern, vertiefte die Einführung eines höheren Betreuungs-, Erziehungs- und Ausbildungsfreibetrages auch für wohlhabende Ehepaare (bei gleichzeitiger Abschmelzung des Haushaltsfreibetrages für Alleinerziehende) die Kluft zwischen Arm und Reich, was aber weder bedürftigen Kindern noch der Gesellschaft diente: Hauptnutznießer der neuen Regelung waren statt der *armen* Kinderreichen die *Reichen* mit vielen Kindern. Irene Dingeldey monierte daher zu Recht, dass die Reform des Familienlastenausgleichs durch die rot-grüne Koalition an horizontalen Gerechtigkeitsprinzipien orientiert war, bestehende Verteilungsungleichgewichte noch verstärkte und eine soziale Umverteilung zugunsten schwächerer Einkommensgruppen kaum verfolgte: „Durch die Reform verbessert sich (...) insbesondere die Einkommenssituation von Familien mit Kindern im mittleren und höheren Einkommensbereich."[67]

Auch die Arbeitslosen und ihren Familienangehörigen nach dem Auslaufen der Alhi im Rahmen des SGB II höchstens 2 Jahre lang gezahlten Übergangszuschläge in der Höhe von maximal 160 EUR monatlich sowie die Geringverdiener(inne)n ab 1. Januar 2005 zunächst höchstens 3 Jahre lang gewährten Kinderzuschläge in der Höhe von maximal 140 EUR monatlich än-

---

Sozialstaats, in: Hessische Staatskanzlei (Hrsg.), Die Familienpolitik muss neue Wege gehen! – Der „Wiesbadener Entwurf" zur Familienpolitik, Wiesbaden 2003, S. 144; vgl. ergänzend: Roland Lhotta, Das Bundesverfassungsgericht und die „Generationengerechtigkeit", in: Antonia Gohr/Martin Seeleib-Kaiser (Hrsg.), Sozial- und Wirtschaftspolitik unter Rot-Grün, Wiesbaden 2003, S. 307ff.
66 Gerhard Bäcker, Armut und Unterversorgung im Kindes- und Jugendalter: Defizite der sozialen Sicherung, a.a.O., S. 265
67 Irene Dingeldey, Familienbesteuerung in Deutschland. Kritische Bilanz und Reformperspektiven, in: Achim Truger (Hrsg.), Rot-grüne Steuerreformen in Deutschland. Eine Zwischenbilanz, Marburg 2001, S. 216

derten daran nichts. Nur wenig mehr als 100.000 Kinder kamen in deren Genuss, weil das Antragsverfahren viel zu kompliziert und die Berechnung überaus schwierig war: Entweder verdienten die Eltern zu viel oder – häufiger – zu wenig, um auf einen positiven Bescheid hoffen zu können. Ob die Entfristung des Kinderzuschlages und die Senkung der Mindesteinkommensgrenze für Eltern im Niedriglohnbereich durch die Große Koalition mehr als ein Tropfen auf einen heißen Stein ist, erscheint höchst zweifelhaft. So verlangte der DGB eine niedrigere Einkommensgrenze und einen höheren Zuschlag, damit die Wirkung der Maßnahme nicht verpufft.[68] Vermutlich handelt es sich nur um familienpolitischen Aktionismus, der am eigentlichen Problem, dass immer mehr Kinder aufgrund der prekären Einkommenssituation ihrer Eltern sozial absinken, nur wenig ändert. Irene Becker und Richard Hauser empfehlen daher, den Kinder- in einen Kindergeldzuschlag umzuwandeln, den alle Eltern unterhalb einer bestimmten Einkommensgrenze in voller Höhe erhalten sollen.[69]

Damit würde die arbeitsmarktpolitische Sonderregelung des Kinderzuschlages zu einem Bestandteil des allgemeinen Familienlastenausgleichs, von dem ca. 3 Mio. Kinder profitieren könnten, und als erster Schritt auf dem Weg zu einer allgemeinen Grundsicherung für Kinder fungieren. In dieselbe Richtung geht die Bundestagsfraktion der LINKEN, wenn sie verlangt, dass Kinder und Jugendliche unter 18 Jahren „nicht mehr als Teil der für den Bezug von Regelleistungen nach dem SGB II und XII maßgeblichen Bedarfsgemeinschaften" gelten und „Kinder von Eltern mit geringem Einkommen" eine „eigenständige soziale Sicherung" erhalten sollen.[70] Bis dahin wäre es sinnvoll, den Hartz-IV-Eckregelsatz auf mindestens 420, 450 oder 500 EUR monatlich zu erhöhen sowie den 60-Prozent-Anteil, welchen die Unter-14-Jährigen erhalten, gleichfalls anzuheben. Das gesamte Verfahren zur Ermittlung des Regelsatzes ist ausgesprochen intransparent, lässt die Bedürfnisse sozial benachteiligter Familien unberücksichtigt, bietet für die Anpassung an inflationäre Entwicklungen wenig Spielraum und macht den Eindruck, auf bürokratischer Willkür zu beruhen.[71] Ob man zur wirksamen Bekämpfung

---

68 Vgl. DGB fordert mehr Geld für arme Familien. Gewerkschaften verlangen Absenkung der Einkommensgrenzen für Kinderzuschlag, in: Die Welt v. 31.3.2008
69 Vgl. Irene Becker/Richard Hauser, Vom Kinderzuschlag zum Kindergeldzuschlag. Ein Reformvorschlag zur Bekämpfung von Kinderarmut, Gutachten für die Hans-Böckler-Stiftung, Düsseldorf, Dezember 2007
70 Siehe Kinderzuschlag sozial gerecht gestalten – Kinderarmut wirksam bekämpfen. Antrag der Abgeordneten Diana Golze, Dr. Barbara Höll, Karin Binder, Klaus Ernst, Elke Reinke, Jörn Wunderlich, Dr. Gregor Gysi, Oskar Lafontaine und der Fraktion DIE LINKE, BT-Drs. 16/2077 v. 29.6.2006, S. 1
71 Vgl. dazu: Ulrike Meyer-Timpe, Eine Frage des politischen Willens. Mit großem Aufwand werden jetzt Daten erhoben, um das Existenzminimum neu zu bestimmen – und damit den Betrag, den Hartz-IV-Familien erhalten. Ob das zu höheren Sätzen

der Armut von Kindern für diese spezifische Regelsätze beim Sozialgeld (SGB II) und bei der Sozialhilfe (SGB XII) braucht, ist umstritten.[72] Letztlich muss eine soziale Grundsicherung für Kinder geschaffen werden, die den Namen verdient. Dazu fehlt jedoch ganz offenbar der politische Wille.

In der Wissenschaft vollzog sich während der letzten beiden Jahrzehnte ein Paradigmenwechsel, der dazu geführt hat, dass man die Kinder als eigenständige Persönlichkeiten mit individuellen Bedürfnissen sah, wodurch der Wandel zu einer subjektorientierten Familien- und Sozialpolitik möglich wurde: „Bis Ende der 70er Jahre betrachtete man Kinder – im Sinne einer entwicklungspsychologischen und sozialisationstheoretischen Perspektive – als sich entwickelnde Gesellschaftsmitglieder und stellte den Prozess des Erwachsenwerdens und der Entwicklung von Fähigkeiten und Begabungen in den Vordergrund. Im Zentrum einer Kinderpolitik standen Aspekte der Erziehung, der Pflege, des Schutzes und der Betreuung von Kindern – und zwar aus einer Erwachsenenperspektive. Unmittelbare Adressaten waren in erster Linie die Eltern und weniger die Kinder selbst."[73] Durch die Betonung genuiner Kinderrechte sowie die rechtliche Gleichstellung von Mann und Frau bei der elterlichen Sorge wandelte sich die Familien- zur Familienmitgliederpolitik: „Dem gegenläufig wirken allerdings Tendenzen, die unter Berufung auf das Subsidiaritätsprinzip wieder mehr die Autonomie der Familie in den Vordergrund stellen und damit auch mehr familienbegleitende Kinderbetreuungsangebote durch Horte und Ganztagsschulen ablehnen."[74]

Eine zeitgemäße Familienpolitik rückt das Kindeswohl in den Mittelpunkt, was – wie Renate Schmidt bemerkte – lange versäumt wurde: „Familienpolitik in Deutschland war und ist erwachsenenorientiert, und sie beschränkt sich darüber hinaus allzu sehr auf die Gestaltung des Familienlastenausgleichs."[75] Für die meisten Modernisierer/innen wiederum muss sich Familienpolitik „rechnen", also die Rendite aus ihrer Sicht stimmen. „In erster Linie geht es um die Anpassung der gesellschaftlichen Verhältnisse an die

---

führt, ist fraglich – bislang gibt es beim Sozialgeld nicht einmal einen Inflationsausgleich, in: Die Zeit v. 13.3.2008

72 Vgl. Joachim Rock, Pro: Brauchen wir eigene Regelsätze für Kinder?, in: spw – Zeitschrift für Sozialistische Politik und Wirtschaft 160 (2007), S. 8; Rolf Stöckel, Contra: Brauchen wir eigene Regelsätze für Kinder?, in: ebd., S. 9; Ulrike Meyer-Timpe, Sparen an den Kindern. Sie brauchen viel weniger Unterstützung als Erwachsene, meint der Gesetzgeber. Juristisch ist das umstritten, in: Die Zeit v. 13.3.2008

73 Claudia Wenzig, Sozial-räumliche Kontexte des Aufwachsens – Implikationen für eine kinderorientierte Sozialpolitik, in: Georg Neubauer/Johannes Fromme/Angelika Engelbert (Hrsg.), Ökonomisierung der Kindheit. Sozialpolitische Entwicklungen und ihre Folgen, Opladen 2002, S. 139

74 Andreas Netzler, Familien, in: Jutta Allmendinger/Wolfgang Ludwig-Mayerhofer (Hrsg.), Soziologie des Sozialstaats. Gesellschaftliche Grundlagen, historische Zusammenhänge und aktuelle Entwicklungstendenzen, Weinheim/München 2000, S. 298

75 Renate Schmidt, S.O.S. Familie, a.a.O., S. 44

Familien- und/oder Kinder(wohlfahrts)politik?

Erfordernisse des flexibilisierten Kapitalismus."[76] Hier ergeben sich inhaltliche Schnittmengen mit denjenigen Eltern, die ihren Beruf weiter ausüben wollen und nach mehr, qualitativ besseren, ganztägig geöffneten und bezahlbaren Kinderbetreuungseinrichtungen suchen. Johanna Mierendorff und Thomas Olk befürchten aufgrund einer Erosion der *Familien*kindheit durch die berufliche Einbindung beider Elternteile, einer Ausdehnung der *Bildungs*kindheit in frühe Lebensphasen sowie einer fortschreitenden Vergesellschaftung von Kindern und Kindheit, dass diese „im ausschließlichen Interesse der Nachwuchssicherung von morgen" instrumentalisiert werden.[77] Die in Abgrenzung gegenüber der traditionellen Familienpolitik als „Kinderwohlfahrtspolitik" bezeichnete Parteinahme für junge Menschen, wie sie ihnen vorschwebt, rückt deren Interessen und Bedürfnisse in den Mittelpunkt staatlicher Förderungsmaßnahmen. „Eine derart verstandene Kinderwohlfahrtspolitik ist eine ressortübergreifende Querschnittsaufgabe, deren einzelne Elemente, Programmteile und Instrumente bislang unzureichend in ihren Wirkungen auf die Wohlfahrt und Lebenschancen von Kindern untersucht worden sind."[78]

Unterscheidet man mit Karin Müller-Heine zwischen einer institutions-, einer funktions- und einer mitgliederorientierten Familienpolitik,[79] so ist die zuletzt genannte wegen veränderter Arbeits- und Lebensbedingungen zu stärken. Nicht die Familie selbst, sondern ihre abhängigen Mitglieder, also Frauen und Kinder, sollte man mehr als bisher fördern. Eine zeitgemäße Sozialpolitik hat sich nicht „der Familie" als solcher zuzuwenden, sondern vordringlich jenen Familienmitgliedern, die unfähig sind, ihren Lebensunterhalt ohne fremde Hilfe selbstständig zu bestreiten. Es geht bei dieser Strategie also nicht um die Förderung der Familie an sich, sondern um die Ermöglichung einer „guten" Kindheit,[80] eines Aufwachsens junger Menschen ohne materielle Entbehrungen, Sozialisationsdefizite, gesundheitliche bzw. psychosoziale Beeinträchtigungen und Bildungsbenachteiligungen jedweder Art.

---

76 Annett Mängel, Kampf um die Krippe, in: Blätter für deutsche und internationale Politik 4/2007, S. 403
77 Siehe Johanna Mierendorff/Thomas Olk, Kinderwohlfahrtspolitik in Deutschland, in: Renate Kränzl-Nagl/Johanna Mierendorff/Thomas Olk (Hrsg.), Kindheit im Wohlfahrtsstaat. Gesellschaftliche und politische Herausforderungen, Frankfurt am Main/ New York 2003, S. 455
78 Ebd., S. 430
79 Vgl. Karin Müller-Heine, Ziele und Begründungen von Familienpolitik, in: Arbeit und Sozialpolitik 9-10/1999, S. 57ff.
80 Nicht einzusehen ist, weshalb es sich dabei um eine „Investition" des Wohlfahrtsstaates handeln soll. So aber – dem neoliberalen Zeitgeist folgend – Renate Kränzl-Nagl/Johanna Mierendorff/Thomas Olk, Die Kindheitsvergessenheit der Wohlfahrtsstaatsforschung und die Wohlfahrtsstaatsvergessenheit der Kindheitsforschung, in: dies. (Hrsg.), Kindheit im Wohlfahrtsstaat, a.a.O., S. 29

Tatsächlich lautet die zentrale Streitfrage: Beschränkt sich die Familienpolitik auf Maßnahmen zur Stärkung bzw. zur Wiederherstellung der Traditionsfamilie oder versteht man darunter Schritte zur Stabilisierung neuer Lebensformen und zur Unterstützung bestimmter, sozial benachteiligter oder bedürftiger Familien(mitglieder)? Anders gesagt: Soll die bürgerliche Kernfamilie als Institution perpetuiert oder sollen von Armut und Unterversorgung bedrohte Kinder durch den Staat aus ihrer prekären Situation befreit werden?

5.3.2 Kindergeld (und -freibeträge) als Kern des Familienlastenausgleichs

Thomas Ebert stellt der elternzentrierten Status- eine Familienpolitik gegenüber, welche sowohl die Lebensbedingungen für Kinder und Jugendliche zu verbessern wie auch die Gleichstellung der Geschlechter zu erreichen sucht. „Eine moderne Familienpolitik geht davon aus, dass die Eltern ihre Kinder nicht für die Gesellschaft oder den Staat und auch nicht um irgendeines fremden Zweckes willen, z.B. der Versorgung oder der Pflege im Alter, aufziehen, sondern in eigener Verantwortung und um ihrer selbst willen."[81] Margit Schratzenstaller weist darauf hin, „dass arbeitsmarktpolitische – insbesondere die Arbeitsmarktpartizipation von Frauen – und verteilungspolitische Ziele – insbesondere Armutsvermeidung – die maßgeblichen Leitlinien einer zeitgemäßen Familienpolitik sein sollten."[82]

Nötig wäre eine Neuordnung des Familienlastenausgleichs, welcher die folgenden Kriterien erfüllen müsste, um dem Ziel einer wirksamen Bekämpfung bzw. Vermeidung von Kinderarmut dienen zu können:

1. Transferleistungen und steuerliche Freistellungen haben sich an einem einheitlichen soziokulturellen Mindestbedarf für Kinder zu orientieren.
2. Sie dürfen nicht zu unterschiedlichen Entlastungs- und Unterstützungsleistungen führen, also Familien mit niedrigeren Einkommen benachteiligen.
3. Um die Verarmung von Familien auszuschließen, bedarf es eines nichtdiskriminierenden bzw. -stigmatisierenden Transfersystems, das die derzeitige Sozialhilfe ablöst.[83]

---

81 Thomas Ebert, Beutet der Sozialstaat die Familien aus?, a.a.O., S. 106
82 Siehe Margit Schratzenstaller, Steuer- und transferpolitische Aspekte aktueller Familienpolitik, in: Friederike Maier/Angela Fiedler (Hrsg.), Gender Matters. Feministische Analysen zur Wirtschafts- und Sozialpolitik, Berlin 2002, S. 185
83 Vgl. Margherita Zander, Kinderarmut und Existenzsicherung im Sozialstaat, in: Hans Weiß (Hrsg.), Frühförderung mit Kindern und Familien in Armutslagen, München/ Basel 2000, S. 100f.

Margherita Zander hat auch darüber hinausreichende Reformperspektiven für den Sozialstaat entwickelt, die auf einer Anerkennung genuiner Kinderrechte durch ihn und die Gesellschaft insgesamt gründen. Nach der am 5. April 1991 von der Bundesrepublik nur unter Vorbehalt ratifizierten UN-Konvention für die Rechte der Kinder müssen diese als eigenständige Subjekte der Politik gelten und ihre legitimen Ansprüche, in einem wohlhabenden Land frei von Armut, Not und Elend zu leben, verwirklicht werden. „Da Kinder immer noch überwiegend als ‚Privatsache' ihrer Eltern betrachtet werden und keinen unmittelbaren Anspruch auf Unterstützung an den Staat richten können, bedarf es einer konsequenten Umsetzung des bürgerrechtlichen Status von Kindern, damit sie – wie erwachsene Bürger auch – Teilhabeansprüche an die Gesellschaft und den Staat stellen können."[84]

Problematisch ist nicht etwa die (vermeintlich zu geringe) Höhe der familienpolitisch begründeten Transferleistungen,[85] sondern ausschließlich deren (gegenüber sozialen Unterschieden indifferente) Struktur. Dass gerade Superreiche, Kapitaleigentümer und Spitzenverdiener am meisten von Steuervorteilen bzw. Subventionen profitieren, die eigentlich *den Familien* – und das kann doch wohl nur heißen: solchen, die sie tatsächlich benötigen, um ihren Kindern unbillige Entbehrungen zu ersparen – zugute kommen sollten, wird aber selten kritisiert. Wie das Beispiel des Ehegattensplittings im Einkommensteuerrecht zeigt, hat sich die Bundesrepublik noch nicht auf die veränderten Lebens- und Liebesformen eingestellt: Auch verheiratete Paare ohne Kinder kommen in den Genuss dieser Vergünstigung, sofern ein Partner (möglichst viel) weniger als der andere verdient, während Paare mit Kindern davon ausgeschlossen bleiben, sofern sie unverheiratet sind.

„Umverteilung von oben nach unten!", nicht „Umverteilung von den Kinderlosen zu den Eltern!" müsste die Devise einer gerecht(er)en Familienpolitik lauten. Dafür bietet sich nur auf den ersten Blick eine massive Erhöhung des Kindergeldsatzes an, die etwa der Deutsche Kinderschutzbund verlangt. Kindergeld ist zwar die wichtigste Sozialleistung des Bundes zur Bekämpfung der Armut von Familien, deckt freilich nur einen Teil des soziokulturellen Mindestbedarfs junger Menschen: „Zudem ist es nach der Anzahl der Kinder in der Familie gestaffelt und nicht bedarfsorientiert konzipiert. Letzteres würde nämlich eine altersmäßige Niveaudifferenzierung erfordern,

---

84 Thomas Olk/Johanna Mierendorff, Kinderarmut und Sozialpolitik. Zur politischen Regulierung von Kindheit im modernen Wohlfahrtsstaat, in: Jürgen Mansel/Georg Neubauer (Hrsg.), Armut und soziale Ungleichheit bei Kindern, Opladen 1998, S. 253
85 Peter Bleses (Wirklich familienfeindlich? – Deutscher Wohlfahrtsstaat und Familienpolitik, in: Kommune 7/2001, S. 41) betont, dass es ein weit verzweigtes, obzwar unübersichtliches Netz familienpolitischer Leistungen und Dienste gibt, die soziale Sicherungen für Kinder und Eltern bieten. Nadescha Scharfenberg, Milliarden Euro für die Familien. Freibeträge, Zuschläge, Lohnausgleich: Wie der Staat Eltern und Kinder fördert, in: Süddeutsche Zeitung v. 12.2.2008, nennt unter Berufung auf das Bundesfamilienministerium einen Gesamtbetrag von 184 Mrd. EUR pro Jahr.

wie dies bei der Ausgestaltung der Kinder-Regelsätze in der Sozialhilfe der Fall ist."[86] Aufgrund der Tatsache, dass Kindergelderhöhungen auf die Hilfe zum Lebensunterhalt, das Arbeitslosengeld II bzw. das Sozialgeld und die Unterhaltszahlungen der Väter von nichtehelichen bzw. Scheidungskindern angerechnet werden, partizipieren gerade jene Familien nicht daran, deren Einkommen am niedrigsten ist. Bisher wurde nur ein Mal, nämlich im Rahmen der Haushaltsberatungen des Bundes für das Jahr 2000, zeitweilig vom gültigen Subsidiaritätsprinzip abgewichen, eine Sonderregelung getroffen und die damalige Erhöhung des Kindergeldsatzes von 250 DM (127,82 €) auf 270 DM (138,05 €) für das 1. und 2. Kind an die Bezieher/innen von Sozialhilfe weitergegeben.[87] Normalerweise entlasten Kindergelderhöhungen die durch steigende Kosten sowie eine falsche Steuerpolitik des Bundes und der Länder arg strapazierten Haushalte der Kommunen, nicht aber die von dieser Hilfeart abhängigen Familien.

Gerhard Engelbrech moniert, dass die finanzielle Förderung von Familien über die Erhöhung des Kindergeldes sowohl der Chancengleichheit von Frauen am Arbeitsmarkt wie auch einer Deckung des wachsenden Fachkräftebedarfs der Wirtschaft entgegenwirke. „Während das 1999 von der Bundesregierung vorgelegte Programm ‚Frau und Beruf' die Gleichstellung von Mann und Frau zum Ziel hatte, findet in der gegenwärtigen politischen Diskussion eine Schwerpunktverschiebung hin zu traditioneller Familienpolitik statt. Forderungen nach Chancengleichheit von Frauen treten gegenüber der Diskussion um bessere Förderung der Familien in den Hintergrund."[88] Dafür sei die stärkere Wahrnehmung des anhaltenden Geburten- und des für die Zeit nach 2010 prognostizierten Bevölkerungsrückgangs in der Öffentlichkeit verantwortlich, den Maßnahmen der Familienpolitik abzuschwächen suchten. Die weitere Erhöhung der Transferzahlungen an Familien, wie etwa des Kindergeldes, würde jedoch primär zu Mitnahmeeffekten, allerdings nicht zur erhofften Steigerung der Geburtenrate führen. „Vielmehr besteht die Gefahr, dass durch die Förderung individueller Kinderbetreuung dem Arbeitsmarkt Fachkräfte verloren gehen, sich tradiertes geschlechtsspezifisches Rollenverhalten verfestigt und die gleichberechtigte Teilhabe von Frauen am Arbeitsmarkt behindert wird."[89]

Zusammen mit dem steuerlichen Kinderfreibetrag, der das (gestiegene) Existenzminimum des Kindes von der Einkommensteuer befreien soll, wird das Kindergeld zum 1. Januar 2009 angehoben. Bisher betrug es je 154 EUR pro Monat für die ersten drei Kinder und 179 EUR für jedes weitere. Von der Erhöhung profitieren allerdings gerade jene Eltern nicht, die als Transferleis-

---

86 Margherita Zander, Kinderarmut und Existenzsicherung im Sozialstaat, a.a.O., S. 97
87 Vgl. ebd., S. 98
88 Gerhard Engelbrech, Transferzahlungen an Familien – demografische Entwicklung und Chancengleichheit, in: WSI-Mitteilungen 3/2002, S. 139
89 Ebd., S. 145

Familien- und/oder Kinder(wohlfahrts)politik? 329

tungsempfänger/innen am meisten auf finanzielle Unterstützung angewiesen sind, was sogar in Qualitätszeitungen fast durchgängig unerwähnt bleibt.[90] Umgekehrt nützt die Verbesserung der sozialen Infrastruktur (Schaffung von mehr und ganztägigen Betreuungsplätzen) Eltern von Jugendlichen und jungen Erwachsenen nichts, während sie von einer Kindergelderhöhung durchaus profitieren.

Kinderfreibeträge privilegieren zusätzlich ausgerechnet jene Einkommensbezieher/innen, die mindestens 62.800 EUR im Jahr verdienen, weil sie bei der Inanspruchnahme des steuerlichen Freibetrages von 5.008 EUR im Jahr eine Steuerersparnis von maximal 203 EUR pro Monat erzielen. Folglich ist das Kind des Einkommensmillionärs dem Staat knapp 50 EUR pro Monat mehr wert als das Kind des Durchschnittsverdieners bzw. der Durchschnittsverdienerin. Betreuungs-, Erziehungs- und Ausbildungsfreibeträge erhöhen im dualen System (Optionsmodell) wegen der Progression des Einkommensteuertarifs eher die soziale Ungleichheit und sind deshalb abzulehnen, es sei denn, sie würden nicht auf die Bemessungsgrundlage, also das zu versteuernde Einkommen, sondern im Sinne eines Kinder*grund*freibetrages bzw. auf die Steuerschuld gewährt und, falls eine solche gar nicht besteht, in eine Gutschrift umgewandelt und ausbezahlt.

Ob mehr soziale Gerechtigkeit erreichbar wäre, wenn das Kindergeld einkommensabhängig gewährt würde, wie Petra Beckerhoff meint,[91] ist fraglich. So plausibel dieser Vorschlag zunächst klingt, so wenig berücksichtigt er, dass der Sozialstaat womöglich seinen Rückhalt in anderen Teilen der Bevölkerung verliert, wenn er nur noch die Armen und Bedürftigen alimentiert. Gerade weil – und vermutlich: bloß wenn – die Mittelschichten selbst von Transfers wie dem Kindergeld profitieren, akzeptieren sie Programme für „randständige" Minderheiten: „Nur ein Sozialsystem, aus dem die Mehrheit der Bevölkerung Nutzen zieht, wird eine Staatsbürgermoral hervorbringen können. Wenn ‚Sozialstaat' ausschließlich negative Konnotationen hat und hauptsächlich für Arme da ist, wie es in den USA der Fall ist, wird er am Ende die Gesellschaft spalten."[92]

---

90 Vgl. z.B. Dorothee Siems, Wem nutzt ein höheres Kindergeld? – Die Parteien streiten um den richtigen Weg zu mehr Familienförderung, in: Welt am Sonntag v. 17.2.2008; Felix Berth, Die Kinderreichen sind die Armen. Der lange Streit ums Kindergeld: Von der Gebärprämie zur Förderung für alle. Vor allem Großfamilien würden von der geplanten Erhöhung der staatlichen Zuwendung profitieren, in: Süddeutsche Zeitung v. 18.2.2008; als löbliche Ausnahme: Ulrike Meyer-Timpe, Armutszeugnis für ein reiches Land. Zehn Euro Kindergeld ändern nichts daran: 2,5 Millionen Kinder leben in miserablen Verhältnissen, in: Die Zeit v. 22.11.2007
91 Vgl. Petra Beckerhoff, Kein Kindergeld für Besserverdienende: ein Weg zu mehr Gerechtigkeit, in: Soziale Sicherheit 9-10/1999, S. 311ff.
92 Anthony Giddens, Der dritte Weg. Die Erneuerung der sozialen Demokratie, Frankfurt am Main 1999, S. 126

Sinnvoll wäre ein für sämtliche Eltern gleiches, einheitliches Kindergeld, das allerdings nicht durch (Eltern mit Spitzeneinkommen wegen des Prinzips der Progression stärker als andere begünstigende) Steuerfreibeträge konterkariert werden dürfte. Diese werden von liberal-konservativen Autor(inn)en meist damit gerechtfertigt, dass kindbedingte Kosten einer Familie mit deren sozialem Status steigen. Deshalb würden den Familien, heißt es, im Sinne einer horizontalen Gerechtigkeit bloß „zuvor zuviel gezahlte Steuern" zurückerstattet, wohingegen das Kindergeld ein „Transfer mit sozialpolitischer Ausgleichsfunktion" sei.[93] Das steuerliche Existenzminimum der Kinder zu erhöhen, würde gleichfalls wenig Positives bewirken, denkt man an die von Armut und Unterversorgung betroffenen Familien. „Wenn die Forderung, das den Kindern zustehende Einkommen steuerfrei zu machen, Sinn für mehr als eine Minderheit machen soll, dann muss erst einmal das Einkommen der wachsenden Zahl von Männern und Frauen in Deutschland, die von niedrigen Löhnen, in prekären Arbeitsverhältnissen, von Arbeitsamtsmaßnahmen, von Arbeitslosengeld oder Sozialhilfe leben, so stark erhöht werden, dass sie von einer solchen Vergünstigung Gebrauch machen können."[94]

Bisher war und ist das Kindergeld für alle Eltern, wenn man so will, der am weitesten nach vorn geschobene Brückenkopf des hiesigen Wohlfahrtsstaates, auch wenn es nicht als genuine Sozialleistung, vielmehr als bloßes Pendant zu den steuerlichen Kinderfreibeträgen gilt, die wiederum nur die Mehrkosten zur Bestreitung des Lebensunterhalts der jüngsten Familienmitglieder ausgleichen sollen. Würde man den Kreis seiner Bezugsberechtigten einschränken, wäre das Kindergeld entwertet und dies ein falsches gesellschaftspolitisches Signal sowie ein schwerlich zu rechtfertigender Rückschritt. Finanztransfers, die der Staat an Familien zahlt, haben jedoch den Nachteil, dass sie die am meisten von Armut betroffenen Kinder nicht immer erreichen, weil das den Empfänger(inne)n an allen Ecken und Enden fehlende Geld womöglich für andere, mehr oder weniger sinnvolle Zwecke ausgegeben wird. Dies gilt auch für das Kindergeld, die finanziell bedeutsamste Leistung im Rahmen des Familienlastenausgleichs.

5.3.3 Ehegatten- und Familiensplitting: (zu) wenig Unterstützung für arme Familien

Statt *alle* Eltern materiell besser zu stellen, wie es die traditionelle Familienpolitik – insbesondere jene (national)konservativer und reaktionärer Prägung – tut, müssen sozial benachteiligte Kinder besonders gefördert werden. Dabei sollte ihre Unterstützung unabhängig von der Familienform wie von der Er-

---

93 Siehe Irene Gerlach, Familienpolitik, Wiesbaden 2004, S. 217
94 Hanna Behrend, „Deutschland gehen die Kinder aus". Familie in der *Zeit*, in: Das Argument 247 (2002), S. 482

Familien- und/oder Kinder(wohlfahrts)politik? 331

werbsbiografie der Eltern erfolgen. Denn die Rechte eines Kindes leiten sich aus seiner Identität als Kind, nicht aus seinem Verhältnis zu einem anspruchsberechtigten Elternteil ab.[95] Deshalb muss die Rechtsposition der Kinder verbessert und akzeptiert, aber auch institutionell verankert werden, dass sie autonome Subjekte mit eigenen Bedürfnissen und Ansprüchen sind.

In der öffentlichen Diskussion über missbrauchte und verwahrloste, teilweise unter tragischen Umständen gestorbene Kinder wie Jessica in Hamburg, Kevin in Bremen und Lea-Sophie in Schwerin, die aufgrund entsprechender Medienberichte manchmal hysterische Züge annahm, wurde der Vorschlag unterbreitet, eigene Schutzrechte für die Jüngsten zu schaffen und sie im Grundgesetz zu verankern. Die 1992/93 mit dessen Revision beauftragte Gemeinsame Verfassungskommission von Bundestag und -rat hatte sich dazu nicht durchringen können. In sämtlichen ostdeutschen und den meisten Bundesländern überhaupt besitzen Kinderrechte allerdings längst Verfassungsrang. Kinderrechte auch in die zentralstaatliche Verfassung aufzunehmen, wäre zumindest dann keine hilflose, unwirksame und bloß symbolische Geste, wenn es sich dabei um einklagbare Grundrechte statt um ein relativ unverbindliches Staatsziel handeln würde. Man darf die Signalwirkung einer solchen Entscheidung vielmehr nicht unterschätzen: „Kein Gesetzgeber, kein Jugendamt, kein Familienrichter könnte hinter eine solche Linie zurück."[96]

Für die Bündnisgrünen entwickelte Ekin Deligöz, damals Vorsitzende der Kinderkommission des Bundestages, im Jahr 2000 das Modell einer Grundsicherung, die Armut von Heranwachsenden beseitigen soll, ohne ähnlich horrende Kosten zu verursachen wie eine pauschale Erhöhung des Kindergeldes auf das Niveau des Existenzminimums. Ausgehend vom Konzept einer allgemeinen bedarfsorientierten Grundsicherung und der Forderung des Deutschen Kinderschutzbundes nach einem Kindergeld in Höhe von 600 DM (306,77 €), schlug die Bundestagsabgeordnete vor, solchen Familien einen an den konkreten Bedarf gekoppelten Zuschlag zum bisherigen Kindergeld zu zahlen, „deren Einkommen unter oder knapp über dem soziokulturellen Existenzminimum liegt. Das ist um ein Vielfaches kostengünstiger als die Variante des Kinderschutzbundes und kostet auch nur einen Bruchteil einer umfassenden Grundsicherung, die für alle Bevölkerungsgruppen greift."[97] Deligöz bezifferte die zu erwartenden Kosten auf 5,9 Mrd. DM (3,017 Mrd. €), welche nach dem gültigen Schlüssel der Einkommensteuerverteilung von

---

95 Vgl. Magdalena Joos, Armutsentwicklung und familiale Armutsrisiken von Kindern in den neuen und alten Bundesländern, in: Ulrich Otto (Hrsg.), Aufwachsen in Armut. Erfahrungswelten und soziale Lagen von Kindern armer Familien, Opladen 1997, S. 76

96 Sebastian Sedlmayr, Kinderrechte ins Grundgesetz. Kinder müssen auch in Deutschland endlich ihre Rechte einklagen können. Damit würde die Machtbalance zwischen Eltern, Nachwuchs und Staat in der Verfassung hergestellt, in: taz v. 7.1.2008

97 Ekin Deligöz, Mit einer Grundsicherung gegen Armut. Wie die Lebenschancen von Kindern verbessert werden können, in: Frankfurter Rundschau v. 4.12.2000

Bund, Ländern und Gemeinden zu tragen seien, und wies auf Möglichkeiten der Gegenfinanzierung, etwa durch Reduzierung des Ehegattensplittings im oberen Einkommensbereich, hin: „Beim Ehegattensplitting anzusetzen macht Sinn, denn es unterstützt einseitig die Ehe, während der Schwerpunkt des sozialpolitischen Handlungsbedarfs eindeutig auf dem Zusammenleben mit Kindern liegt."[98]

Tatsächlich gilt die Ehe- statt einer Kinderförderung zumindest aufgeschlosseneren Zeitgenoss(inn)en als Fehlorientierung der Familienpolitik.[99] Denn das Ehegattensplitting ist nicht nur sozial ungerecht, weil sich der Splittingvorteil umso stärker auswirkt, je ungleicher das Einkommen der beiden Partner ist, sondern setzt auch negative Arbeitsanreize und begünstigt damit einseitig die Hausfrauenehe, welche zum Zeitpunkt seiner Einführung 1958 in Westdeutschland und Berlin (West) absolut dominierte. Ausgelöst wurde die damalige Novellierung des *Einkommensteuergesetzes* durch ein Urteil des Bundesverfassungsgerichts, das am 17. Januar 1957 die Benachteiligung von Eheleuten gegenüber unverheirateten Paaren mit gleich hohem Einkommen durch den Progressionseffekt bei ihrer steuerlichen Zusammenveranlagung gerügt hatte, ohne jedoch zur Abhilfe ein bestimmtes Modell vorzuschreiben.

Das neue Grundsatzprogramm der CDU verlangt die Aufrechterhaltung und Weiterentwicklung des Ehegatten- zu einem Familiensplitting: „Wir treten (...) dafür ein, das Ehegattensplitting voll zu erhalten und zu einem Familiensplitting zu erweitern, damit die besonderen Belastungen von Familien mit Kindern besser ausgeglichen werden. Familien mit Kindern müssen steuerlich besser gestellt sein als kinderlose. Zudem sollen alle Familien mit Kindern einen Splitting-Vorteil haben. Außerdem müssen gezielt Anreize gesetzt werden, damit sich Eltern für mehrere Kinder entscheiden."[100] Im nächsten Bundestagswahlkampf, der nicht zuletzt mit familienpolitischen Themen bestritten werden dürfte, wird die Forderung nach Umwandlung des Ehegatten- in ein Familiensplitting vermutlich eine Schlüsselrolle spielen. Sie bietet aber keine Lösung, sondern würde geradezu Teufel mit Beelzebub austreiben, wäre Letzteres doch hinsichtlich seiner Verteilungswirkung eher noch ungerechter als die bisherige Regelung. Renate Schmidt argwöhnt nämlich zu Recht, dass ein Familiensplitting die Steuerbelastung kinderreicher Spitzenverdiener und Einkommensmillionäre deutlich verringern, kinderreichen Durchschnittsverdiener(inne)n, Arbeitslosen und Sozialhilfeempfänger(inne)n jedoch wenig oder gar nichts bringen würde: „Alleinerziehende würden davon (...) profitieren, aber nur minimal, weil die wenigsten in Einkommens-

---

98 Ebd.
99 Vgl. Margit Schratzenstaller, Kinder statt Ehe fördern. Steuerpolitische Aspekte aktueller Familienpolitik, in: Soziale Sicherheit 1/2001, S. 9ff.
100 CDU-Bundesgeschäftsstelle, Marketing und Interne Kommunikation (Hrsg.), Freiheit und Sicherheit. Grundsätze für Deutschland. Grundsatzprogramm der CDU Deutschlands, beschlossen am 3. Dezember 2007 in Hannover, Berlin o.J., S. 31

Familien- und/oder Kinder(wohlfahrts)politik? 333

kategorien verdienen, wo ein Familien-Splitting deutliche Steuervorteile bringt."[101]

Soll genügend Finanzmasse für sozial benachteiligte Familien vorhanden sein, muss die einzelne Person statt der Institution „bürgerliche Ehe" im Fokus stehen. Nur wenn das mit Steuerausfällen in Höhe von ca. 20 Mrd. EUR pro Jahr verbundene Ehegattensplitting zur Disposition gestellt wird, existiert überhaupt der finanzielle Spielraum, um sozial benachteiligte Familien stärker zu fördern. Franziska Vollmer plädiert denn auch für eine Individualisierung der Ehegattenbesteuerung: „Sowohl Eheleute als auch PartnerInnen einer hetero- oder homosexuellen Lebensgemeinschaft sollten ihren Existenzminimumfreibetrag auf den Partner bzw. die Partnerin übertragen können, soweit sie ihn selbst der Höhe nach nicht in Anspruch nehmen. Die Kinderbetreuungskosten insbesondere infolge Erwerbstätigkeit sind vom ersten Euro an und ohne Beschränkung in der Höhe zum Abzug zuzulassen. Das Einsparvolumen infolge der Neugestaltung der Ehebesteuerung sollte vollständig für eine Erhöhung des Kindergeldes verwendet werden. Für Alleinerziehende ist ein spezieller Entlastungsbetrag – zumindest bei Fortgeltung des Splittings – beizubehalten."[102]

Es würde sich dabei um eine Individualbesteuerung mit übertragbarem Grundfreibetrag handeln. Falls sich das Ehegattensplitting aufgrund verfassungsrechtlicher Hindernisse nicht durch eine Individualbesteuerung ersetzen lässt, wäre an ein sog. Mindest-Realsplitting zu denken,[103] bei dem der Splittingvorteil durch einen gar nicht erwerbstätigen oder erheblich weniger als der Haushaltsvorstand verdienenden Ehepartner stärker begrenzt wird. „Dadurch würden die negativen Anreizeffekte deutlich gemildert und der Splittingvorteil – insbesondere für höhere Einkommen – begrenzt."[104] Ganz allgemein hätte ein *Grund*freibetrag (in Höhe des Existenzminimums der Kinder) nicht die Progressionswirkung solcher Freibeträge, wie sie die beiden Familienförderungsgesetze der rot-grünen Koalition gewährten.

---

101 Renate Schmidt, S.O.S. Familie, a.a.O., S. 157; vgl. ergänzend dazu: Markus Sievers, Beim Ehegattensplitting sind die Meinungen gespalten, in: Frankfurter Rundschau v. 16.6.2006; ders., Die neue Ungerechtigkeit. Vom Familiensplitting würden Besserverdiener vermutlich am meisten profitieren, in: Frankfurter Rundschau v. 20.6.2006
102 Franziska Vollmer, Das Ehegattensplitting ist antastbar, in: Gewerkschaftliche Monatshefte 7-8/2004, S. 433; ergänzend: dies., Das Ehegattensplitting, Baden-Baden 1998
103 Vgl. Rudolf Hickel, Die Solidarische Einfachsteuer. Wie Attac und Ver.di der Expertokratie Paroli bieten, in: Blätter für deutsche und internationale Politik 7/2004, S. 859
104 Irene Dingeldey, Das deutsche System der Ehegattenbesteuerung im europäischen Vergleich, in: WSI-Mitteilungen 3/2002, S. 158

5.4 Ausbau der öffentlichen Kinderbetreuung – nicht bloß ein Mittel gegen Bildungsarmut

Für Wolfgang Edelstein ist Kinderarmut ein Konglomerat von Einkommens- und Bildungsarmut, die man wiederum in Zertifikats- und Kompetenzarmut unterteilen kann.[105] Bildungsarmut, die in der Bundesrepublik besonders stark unter Kindern zugewanderter Familien grassiert,[106] lässt sich nur verringern, wenn Schul- bzw. Weiterbildung nach angloamerikanischem Vorbild als Kernelement der Sozialpolitik verstanden und diese so mit der Bildungspolitik verzahnt wird, dass strukturelle Benachteiligungen deprivierter Kinder – wie sie das mehrgliedrige Schulsystem aufgrund seiner sozialen Selektivität mit sich bringt – unterbleiben, institutionelle Barrieren für berufliche Aufstiege durchlässiger werden und Noten, Zeugnisse bzw. vergleichbare offizielle Abschlüsse dafür unwichtiger sind. Jutta Allmendinger betont zu Recht, „daß bei der Frage nach der zukünftigen Bildungspolitik nicht nur der konkrete Gebrauchswert von Bildung für den (jeweiligen) Arbeitsmarkt im Vordergrund stehen darf. Viele sogenannte Schlüsselqualifikationen drücken sich zunehmend mehr in persönlichen, durch Zertifikate gar nicht meßbaren Eigenschaften aus."[107] Was die gesellschaftliche Integration bzw. Inklusion von Kindern aus unterprivilegierten Elternhäusern betrifft, wirken Bildungs- und Sozialpolitik komplementär. Sie dürfen allerdings nicht, wie es die Autorin in einem zusammen mit Stephan Leibfried verfassten Buchbeitrag tut, als „Bildungssozialpolitik" und „nachträglich ausgleichende Sozialpolitik" bezeichnet und gegeneinander ausgespielt werden.[108] Wer im Zusammenhang mit Bildungsprozessen von einer „Fortentwicklung des Humankapitals" spricht, leistet der Inhumanität darüber hinaus bewusst oder ungewollt Vorschub.

Um ein höheres Maß an Chancengleichheit zu verwirklichen, ist der freie Zugang zu sämtlichen Bildungseinrichtungen unabdingbar, was wiederum die Bereitstellung materieller Ressourcen für Familien voraussetzt, die darüber nicht selbst verfügen. „Zum Zweck der Eröffnung von Zugängen in das gesellschaftliche Netzwerk für alle Bürger ist eine Umverteilung von Geld-

---

105 Vgl. Wolfgang Edelstein, Schule als Armutsfalle – wie lange noch?, in: Bernd Overwien/Annedore Prengel (Hrsg.), Recht auf Bildung. Zum Besuch des Sonderberichterstatters der Vereinten Nationen in Deutschland, Opladen/Farmington Hills 2007, S. 123
106 Vgl. dazu: Georg Auernheimer (Hrsg.), Schieflagen im Bildungssystem. Die Benachteiligung der Migrantenkinder, 2. Aufl. Wiesbaden 2006
107 Jutta Allmendinger, Bildungsarmut: Zur Verschränkung von Bildungs- und Sozialpolitik, in: Soziale Welt 1/1999, S. 46
108 Dies./Stephan Leibfried, Bildungsarmut im Sozialstaat, in: Günter Burkart/Jürgen Wolf (Hrsg.), Lebenszeiten. Erkundungen zur Soziologie der Generationen, Opladen 2002, S. 291f.

mitteln, sind staatliche Transferzahlungen erforderlich."[109] Ungeklärt ist, ob Finanzmittel, die der (ganzen) Familie dienen sollen, den bedürftigen Kindern wirklich helfen oder nur die Haushaltsvorstände erreichen. Nicht zuletzt deshalb fordert Claudia Pinl statt höherer Zuwendungen des Staates an die Eltern einen Ausbau öffentlicher Einrichtungen, die auch (sonst womöglich leer ausgehenden) Kindern ohne den benötigten familiären Rückhalt zugute kommen würden: „Der ‚Familienleistungsausgleich' entzieht den Kindern Geld an den Stellen, wo gerade sie es am meisten brauchen: in Erziehungsberatungsstellen und schulpsychologischen Diensten, in Ganztagsschulen, Ki-Tas, Horten, Krippen und Freizeiteinrichtungen für Jugendliche."[110] Ulla Knapp möchte die Eheförderung abschaffen, Chancengleichheit für Kinder herstellen und außerdem einen „geschlechterpolitischen Modellwechsel" herbeiführen.[111]

Bisher basiert die Familienpolitik in der Bundesrepublik hauptsächlich auf monetären Transfers des Staates: „Finanzielle Familienförderung und das Ehegattensplitting machen mit mehr als zwei Dritteln den größten Anteil des familienpolitischen Budgets aus."[112] Betreuungs- und Bildungsangebote für sozial benachteiligte Familien sind zweifellos wirksamer als eine weitere Anhebung des Kindergeldes bzw. steuerlicher Freibeträge. „Monetäre Transfers können zwar, wenn sie zielgruppenorientiert und degressiv ausgestaltet sind, den Zugang zum ersten Arbeitsmarkt flankieren. Eine mindestens ebenso große Bedeutung kommt indes den *Real*transfers zu (...). Als infrastrukturelle Realtransfers sind hier zum einen Angebote der Fortbildung und Umschulung und zum anderen Kinderbetreuungseinrichtungen zu nennen."[113]

5.4.1 Krippen, KiTas und Horte: Orte (früh)kindlicher Bildung

Sigrid Bächler betont die Schlüsselrolle der Bildung, Betreuung und Erziehung im Hinblick auf (gleiche) Zukunftschancen aller Mitglieder der Gesellschaft wie dieser selbst. Nur ein auch im Elementarbereich grundlegend reformiertes Bildungssystem könne die sich in der Bundesrepublik deutlich abzeichnende soziale Spaltung verhindern: „Denn sonst etabliert sich – vermittelt über unterschiedlichen finanziellen Einsatz der Eltern – naturwüchsig ein

---

109 Josef Hoffmann, Soziale Gerechtigkeit für Kinder, a.a.O., S. 103
110 Claudia Pinl, Wieviele Ernährer braucht das Land? – Familienpolitik als Wahlkampfschlager, in: Blätter für deutsche und internationale Politik 9/2001, S. 1130
111 Siehe Ulla Knapp, Sozialstaat, Kinder und Familie, in: spw – Zeitschrift für Sozialistische Politik und Wirtschaft 114 (2000), S. 48f.
112 Anneli Rüling/Karsten Kassner/Peter Grottian, Geschlechterdemokratie leben. Junge Eltern zwischen Familienpolitik und Alltagserfahrungen, in: Aus Politik und Zeitgeschichte 19/2004, S. 12
113 Werner Schönig, Langzeitarbeitslosigkeit und Kinderarmut, a.a.O., S. 219 (Hervorh. im Original)

System, wonach die Gesellschaft schon bei den Kindern zerfällt in zukünftige High-Potentials und Kinder aus sozial schwachen Familien und Familien mit Migrationshintergrund, die von Anfang an keine Chancen haben und ihr Leben lang auch nie welche bekommen werden."[114]

Zu den Einrichtungen, die soziale, kulturelle und kognitive Defizite der jüngsten Mitglieder armer Familien wenigstens teilweise auszugleichen vermögen, gehört der Kindergarten. Künftig wird der Elementarbereich des Bildungswesens eine sehr viel größere Bedeutung haben, als man ihm in der Bundesrepublik bislang zugestand. Denn er ist mitnichten nur eine Institution, welche die Kinder auf ihre Schullaufbahn vorbereitet,[115] erfüllt vielmehr weit darüber hinausgehende Kompensations- und Sozialisationsfunktionen. Entsprechend hoch und schwer zu erfüllen sind die Anforderungen, welche dem Kindergarten in (sozial)pädagogischer Hinsicht heute gestellt werden.

Gøsta Esping-Andersen weist darauf hin, dass die nordeuropäischen Wohlfahrtsstaaten große Erfolge im Kampf gegen die Vererbung sozialer Nachteile und Privilegien verzeichnen, weil sie bereits seit Jahrzehnten eine allgemeine Versorgung der Kinder im Vorschulalter mit Betreuungsmöglichkeiten gewährleisten. „Bei nahezu ausgeschöpften weiblichen Erwerbsquoten quer durch alle Bildungsgruppen profitieren die Kinder aus wirtschaftlich und/oder kulturell schwächeren Haushalten grundsätzlich von denselben pädagogischen Standards und kognitiven Impulsen wie Kinder mit privilegiertem Hintergrund. Deshalb bringen skandinavische Kinder bei der Einschulung unabhängig von ihrer sozialen Herkunft weit gehend homogene Voraussetzungen mit."[116]

Gegenüber den Tendenzen, die Kindertageseinrichtungen als bloße Verwahranstalten mit dem erklärten Ziel zu begreifen, das weibliche Erwerbspotenzial zwecks Sicherung des heimischen Wirtschaftsstandortes besser ausschöpfen zu können, erscheint der Hinweis angebracht, dass die Kindertagesstätte, verstanden als substanzielles Bildungsangebot für sämtliche Kinder,[117] nicht nur die aktuell bestehende Familienarmut zu bekämpfen hilft, sondern auch einer Heranwachsenden erst in ferner Zukunft drohenden Verarmung durch Lerndefizite, Qualifikationsmängel und geringe Chancen auf

---

114 Sigrid Bächler, Lokale Bündnisse für Familie. Beitrag des DGB zur Verbesserung der Chancengleichheit, in: Gewerkschaftliche Monatshefte 7-8/2004, S. 472

115 Vgl. Lothar Krappmann, Bildung als Ressource der Lebensbewältigung. Der Beitrag von Familie, Schule und der Einrichtungen der Kinder- und Jugendhilfe zum Bildungsprozess in Zeiten der Pluralisierung und Flexibilisierung der Lebensverhältnisse, in: Richard Münchmeier/Hans-Uwe Otto/Ursula Rabe-Kleberg (Hrsg.), Bildung und Lebenskompetenz. Kinder- und Jugendhilfe vor neuen Aufgaben, Opladen 2002, S. 37f.

116 Gøsta Esping-Andersen, Aus reichen Kindern werden reiche Eltern, a.a.O., S. 92

117 Vgl. Wilma Aden-Grossmann, „Pädagogische Erfolge brauchen einen langen Atem" – neue Anforderungen an den Kindergarten, in: Marita Kampshoff/Beatrix Lumer (Hrsg.), Chancengleichheit im Bildungswesen, Opladen 2002, S. 37ff.

dem Arbeitsmarkt frühzeitig entgegenwirkt. Werner Schönig schreibt der Bildungsförderung bei (armen) Kindern drei positive Effekte zu: „Sie könnte die weitere Einkommensspreizung eindämmen, die qualifikationsbedingte Arbeitslosigkeit vermindern und nicht zuletzt die gesamtwirtschaftliche Leistungsfähigkeit erhöhen."[118] Zweifellos kann Bildungsförderung ausgleichende Verteilungspolitik sein. Sie sollte jedoch gerade nicht als Beitrag zur „Humankapitalbildung" missverstanden, von den Grundrechten der sozial Benachteiligten abgelöst und nur noch als Wachstumsfaktor für „unseren" Wirtschaftsstandort begriffen werden. „Gerechtigkeit ist auch in modernen Gesellschaften letztlich mehr als Verfahrensgerechtigkeit und Bildung ist mehr als ökonomisch verwertbare Qualifikation."[119]

Die deutsche Familienpolitik sollte wieder stärker von den sozial Benachteiligten und direkt Betroffenen aus gedacht und keineswegs im Namen eines anonymen Kollektivs gemacht werden, sei es das Volk, das Vaterland oder der Wirtschaftsstandort. Ihr Leitmotiv darf denn auch nicht „Deutschland braucht mehr Kinder!" lauten, wie der im November 2005 zwischen CDU, CSU und SPD geschlossene Koalitionsvertrag behauptet,[120] sondern müsste heißen: „Deutschland braucht weniger arme Kinder!" oder „Kinder in Deutschland brauchen optimale Entwicklungs- und Entfaltungsmöglichkeiten, für die ein so reiches Land wie die Bundesrepublik besser als bisher Sorge zu tragen hat!"

Hierzu gehört auch der Anspruch auf einen Krippenplatz für Kinder, die das 1. Lebensjahr noch nicht vollendet haben. Die institutionalisierte „Fremdbetreuung" der Kleinsten stieß und stößt jedoch in der Öffentlichkeit hierzulande auf tief verwurzelte Ressentiments – die für andere Sprachen undenkbare „Rabenmutter" lässt grüßen – und erbitterten Widerstand. „Das war der pädagogische Sündenfall schlechthin, der Assoziationen an Sozialismus und staatliche Frühdoktrinierung auslöste."[121] Besonders verbohrte Konservative und Kleriker wie der Augsburger Bischof Walter Mixa oder der Kölner Erzbischof Joachim Kardinal Meisner glauben, dass die Ausweitung der – im Unterschied zu anderen Ländern immer noch sehr spärlichen – öffentlichen Betreuungsangebote die Kinder der Erziehung durch ihre Eltern beraube und zur Zerstörung der Familie führe. Aber auch progressive Autor(inn)en haben Einwände gegen die staatliche Gewährleistung der Kinderbetreuung. So schreiben Michael-Sebastian Honig und Ilona Ostner: „Das Recht auf einen

---

118 Werner Schönig, Bildungsförderung als ausgleichende Verteilungspolitik. Die Utopie der Verfahrensgerechtigkeit unterliegt der Logik der Bildungssegregation, in: Neue Praxis 1/2004, S. 69
119 Ebd., S. 72
120 CDU Deutschlands/CSU Landesleitung/SPD Deutschlands (Hrsg.), Gemeinsam für Deutschland. Mit Mut und Menschlichkeit. Koalitionsvertrag von CDU, CSU und SPD, Rheinbach o.J. (2005), S. 79
121 Elisabeth Beck-Gernsheim, Kinder, Krippen und Kulturkampf, in: Blätter für deutsche und internationale Politik 4/2007, S. 857

Kindergartenplatz hilft nicht nur – wie es gemeinhin diskutiert wird – Müttern und Vätern, ihren Kinderwunsch zu verwirklichen, sondern rückt die Kindheit näher an den Markt, indem es die ökonomische Unsicherheit antizipiert, der immer mehr Haushalte ausgesetzt sein werden."[122] Harry Kunz glaubt einen „Konflikt zwischen Angebotsausweitung und Qualitätsverbesserung" zu sehen, der sich unter dem Diktat knapper öffentlicher Ressourcen noch zuspitzen werde: „Sowohl bei der Fixierung auf ‚Problemgruppen' wie bei flächendeckenden Betreuungsangeboten sucht man heute inhaltliche Orientierungen, pädagogische Standards und Maßnahmen zur Qualitätssicherung vergebens."[123]

Begrüßenswert wäre es, würden große Unternehmen durch Schaffung betrieblicher Kinderbetreuungsplätze, wie sie in DDR-Kombinaten zur Verfügung standen, ihre sozialen Pflichten jenen Mitarbeiter(inne)n gegenüber erfüllen, die solcher Einrichtungen bedürfen, um eine (Vollzeit-)Erwerbstätigkeit ausüben zu können. Weder hinsichtlich der Rückverlagerung in die Familie noch hinsichtlich der Vermarktlichung von Betreuungsdienstleistungen sollte die Kinderbetreuung jedoch (re)privatisiert werden. Unter den Varianten zur Finanzierung und Organisation institutioneller Kinderbetreuung befindet sich ein sog. Neues Steuerungsmodell auf dem Vormarsch, das die Objektförderung durch Subjektsubventionierung ersetzt.[124] Es würde mit dem Elementarbereich wieder einen Kernbestandteil des Bildungssystems „marktgängig" machen und ihn längerfristig notwendiger öffentlicher Kontrolle entziehen. Durch die Steuerung der Nachfrage über ein Gutscheinsystem, wie es Hamburg als erste Großstadt der Bundesrepublik am 1. August 2003 eingeführt hat, verschärft man die Konkurrenz unter den freien Trägern der Jugendhilfe und verschlechtert die Arbeitsbedingungen der Beschäftigten; das Angebot an Betreuungsmöglichkeiten verbessert sich aber nicht. Vielmehr wirkt der KiTa-Gutschein zumindest bei einem budgetierten Betreuungsangebot rationierend.[125] Höchst problematisch ist die einen Quasimarkt schaffende Ausgabe von Betreuungsgutscheinen, weil sie den Eltern vorgaukelt, sich in der Kundenrolle für das beste Angebot entscheiden und damit gleichzeitig die Qualität aller KiTas verbessern zu können. Waren den Trägern vorher die Selbstkosten erstattet worden, sollen nunmehr die nachfragenden Eltern als Konsumenten über die Höhe der Refinanzierung entscheiden und

---

122 Michael-Sebastian Honig/Ilona Ostner, Das Ende der fordistischen Kindheit, a.a.O., S. 294
123 Harry Kunz, Frisst die Globalisierung ihre Kinder?, a.a.O., S. 9
124 Vgl. den allgemeinen Überblick bei Michaela Kreyenfeld/C. Katharina Spieß/Gert G. Wagner, Finanzierungs- und Organisationsmodelle institutioneller Kinderbetreuung. Analysen zum Status quo und Vorschläge zur Reform, Neuwied/Kriftel/Berlin 2001
125 Vgl. Stefan Sell, Weiterentwicklung der Finanzierung statt Systemwechsel. Was kann man aus dem Hamburger Gutschein-Desaster aus ökonomischer Sicht lernen?, in: Standpunkt: sozial. Hamburger Forum für Soziale Arbeit 1/2004, S. 41

Ausbau der öffentlichen Kinderbetreuung 339

Konkurrenzmechanismen den Standard der Anbieterseite positiv beeinflussen. Auf der Strecke bleiben dabei soziale und pädagogische Aspekte.

Magdalena Joos befürchtet als Folge der Übernahme von Marktelementen im Kinderbetreuungsbereich eine Zunahme der sozialen Ungleichheit unter Kindern und die Negierung nichtmonetärer Folgelasten. Gerade wenn man Tageseinrichtungen für Kinder als Bildungsinstitutionen verstehen wolle, die für solche aus sozial benachteiligten und Familien mit Migrationshintergrund bessere Lebenschancen zu schaffen hätten, müsse man, meint sie, den Elementarbereich unentgeltlich zur Verfügung stellen, aber auch für eine hohe pädagogische Qualität sorgen.[126]

Eine weitere Ökonomisierung der Vorschulerziehung wird dem Bedürfnis vor allem benachteiligter Kinder nach sehr viel persönlicher Zuwendung, intensiver Betreuung und früher Bildung nicht gerecht. Vielmehr erweckt der Voucher bzw. die „KiTa-Card" den Eindruck, dass es dabei weniger um die Interessen des Kindes oder seiner Eltern als um betriebswirtschaftliche Effizienz und Kostenersparnis für die öffentlichen Kassen geht. „Die Bildungsprozesse der Kinder und die Planungssicherheit der Eltern stehen nicht mehr im Mittelpunkt bildungspolitischer Planung, sondern Marktmechanismen, die den Haushalt von bildungspolitischen Kosten entlasten sollen."[127] Es macht freilich keinen Sinn, den Elementarbereich wegen der für die Bundesrepublik alarmierenden PISA-Resultate als Einstiegsstufe des Bildungssystems aufzuwerten, ihn jedoch gleichzeitig anonymen Marktkräften, kommerziellen Anbietern, die nur auf ihren eigenen Profit bedacht sind, und für pädagogische Zielsetzungen blinden Konkurrenzmechanismen zu überantworten.

5.4.2 Ganztags- und Gemeinschaftsschulen

Ganztagsschulen, die (preisgünstig oder kostenlos zur Verfügung gestellte) Kindergarten-, Krippen- und Hortplätze ergänzen sollten, hätten einen Doppeleffekt: Einerseits würden von Armut betroffene oder bedrohte Kinder umfassender betreut und systematischer gefördert, andererseits könnten ihre Eltern leichter als sonst einer Vollzeitbeschäftigung nachgehen, was sie finanzielle Probleme besser meistern ließe. Durch die Ganztags- als Regelschule lassen sich soziale Benachteiligungen insofern kompensieren, als eine bessere Versorgung der Kinder mit Nahrung (gemeinsame Einnahme des Mittagessens), eine gezielte Förderung leistungsschwächerer Schüler/innen etwa bei der Erledigung von Hausaufgaben und eine sinnvollere Gestaltung der

---

126 Vgl. Magdalena Joos, Der Umbau des Sozialstaates und Konsequenzen für die Konstituierung von Kindheit – diskutiert am Beispiel des Gutscheinmodells für Kindertageseinrichtungen, in: Renate Kränzl-Nagl/Johanna Mierendorff/Thomas Olk (Hrsg.), Kindheit im Wohlfahrtsstaat, a.a.O., S. 142f.
127 Claus Reichelt, Alle Kinder haben ein Recht auf Bildung von Geburt an. Kita-Gutschein-System und Globalisierung der Bildung, in: Standpunkt: sozial 1/2004, S. 64

nachmittäglichen Freizeit erfolgen würden. „Für die Familien selbst kann die Inanspruchnahme der Tagesbetreuung Entlastung bedeuten und damit Regenerationsmöglichkeiten schaffen, die das Familiensystem gerade noch in der Balance halten oder auch die Überwindung zugespitzter Belastungen möglich machen. Zugleich wird mit der Inanspruchnahme der Tagesbetreuung die Isolation aufgebrochen, in die sich ‚arme Familien' häufig begeben."[128]

So wichtig mehr öffentliche Ganztagsbetreuung für Kinder aller Jahrgangsstufen ist, so wenig reicht sie aus, um Bildung stärker von der sozialen Herkunft zu entkoppeln. Gleichwohl stößt die öffentliche Reformdebatte selten bis zu den Wurzeln des Problems, der Mehrgliedrigkeit des Schulwesens in Deutschland, vor. Wer von der Gesamt- bzw. Gemeinschaftsschule für Kinder aller Bevölkerungsschichten jedoch nicht sprechen will, sollte auch von der Ganztagsschule schweigen. Letztere war stets ein Ziel reformpädagogischer Bemühungen, degeneriert aber zur bloßen Verwahranstalt, wenn sie nicht in ein bildungspolitisches Alternativkonzept integriert wird, das soziale Selektion ausschließt. Nötig wäre eine umfassende Strukturreform, die der sozialen Selektion durch das hierarchisch gegliederte deutsche Schulsystem ein Ende bereiten müsste, wie sie Vernor Muñoz Villalobos, UN-Sonderberichterstatter für das Recht auf Bildung, moniert hat, als er im Februar 2006 die Bundesrepublik besuchte und im März 2007 seinen Bericht darüber vorlegte.[129] Bisher besuchen Kinder aus höheren Gesellschaftsschichten und Akademikerfamilien in aller Regel ein Gymnasium, während sich die Kinder aus sozial benachteiligten Elternhäusern in den Haupt- und den Sonder- bzw. Förderschulen sammeln.[130] In „einer Schule für alle" nach skandinavischem Vorbild wäre kein Platz für die frühzeitige Aussonderung „dummer" Kinder, die arm sind bzw. aus sog. Problemfamilien stammen. Mit einer inklusiven Pädagogik, die keine „Sonderbehandlung" für bestimmte Gruppen mehr kennt,[131] könnte man sozialer Desintegration und damit dem Zerfall der Gesellschaft insgesamt entgegenwirken.

Neben den (reform)pädagogischen Ansprüchen, die sich eigentlich seit jeher mit dem Konzept der Ganztagsschule verbinden, gibt es familien-, gesundheits- und sozialpolitische Argumente zur Unterstützung dieses in Deutschland bislang immer stiefmütterlich behandelten Schultyps. „Vor allem die mit der Veränderung der Familie und mit veränderten Erwerbsstrukturen in Zusammenhang stehende notwendige Betreuung häuslich unversorgter Kinder, die

---

128 Gitta Trauernicht, Armut von Kindern und Jugendlichen und kommunale Jugendpolitik, a.a.O.
129 Vgl. dazu verschiedene Beiträge in: Bernd Overwien/Annedore Prengel (Hrsg.), Recht auf Bildung, a.a.O.
130 Vgl. dazu: Thomas Müller, Armut von Kindern an Förderschulen. Beschreibung und Analyse des Phänomens der Armut von Kindern an Förderschulen sowie empirische Untersuchung seiner Wahrnehmung bei Förderschullehrern, Hamburg 2005
131 Vgl. dazu: Andrea Platte/Simone Seitz/Karin Terfloth (Hrsg.), Inklusive Bildungsprozesse, Bad Heilbrunn 2006

Entlastung von Familien in erzieherischer Hinsicht, der Abbau schulischer Belastungen, aber auch der Ausgleich unzureichender Bewegungsmöglichkeiten im Freien sind heute entscheidende Gründe, die für einen Ausbau von Ganztagsschulen sprechen: Aufgabe des Staates ist es, jede Form von Familie zu unterstützen, unabhängig davon, welche religiöse, rechtliche oder soziale Konstellation von den betreffenden Menschen gewählt wird."[132] Erleichtern würde die Ganztagsschule zudem Maßnahmen der gesundheitlichen Prävention, die gar nicht früh genug beginnen können und möglichst umfassend angelegt sein müssen.

Wer sozial benachteiligt ist, läuft eher Gefahr, krank zu werden, als jener Mitbürger, der im Wohlstand lebt. Dies gilt erst recht für Kinder, deren Körper und Psyche noch nicht fähig sind, aus materieller Not resultierende Belastungen ohne Spätfolgen zu ertragen.[133] Da viele Erwachsene, deren Anzahl auch nach der Einführung des Kontrahierungszwangs für gesetzliche und Privatkassen im Jahr 2007 immer noch weit über 100.000 betragen dürfte,[134] keinen Krankenversicherungsschutz genießen, wachsen auch die Gesundheitsrisiken unterprivilegierter Kinder. Hieran ändert die Tatsache nichts, dass Kinder in der Bundesrepublik schon frühzeitig und regelmäßig ärztlich untersucht werden. Die zumindest bisher freiwilligen und kostenlosen, weil von den Krankenkassen finanzierten Früherkennungs- bzw. Vorsorgeuntersuchungen (U 1 bis U 9) beginnen am Tag der Geburt und enden mit dem 64. Lebensmonat des Kindes.[135] Sie werden ganz überwiegend wahrgenommen, allerdings nur sehr begrenzt von den sozial Marginalisierten. Häufig zeigen erst die Schuleingangsuntersuchungen, welche gesundheitlichen Beeinträchtigungen die Kinder aus unterprivilegierten Schichten schon nach wenigen Lebensjahren aufweisen und welchen extremen psychosozialen Belastungen sie ausgesetzt sind, wenn ihnen keine Unterstützung zuteil wird und protektive bzw. Resilienzfaktoren fehlen.[136] Trotzdem erscheint der Vorschlag, die Früherkennungsuntersuchungen obligatorisch zu machen und die Nichtteil-

---

132 Christian Palentien, Kinder- und Jugendarmut in Deutschland, Wiesbaden 2004, S. 308
133 Vgl. dazu: Thomas Altgeld/Petra Hofrichter (Hrsg.), Reiches Land – kranke Kinder?, Gesundheitliche Folgen von Armut bei Kindern und Jungendlichen, Frankfurt am Main 2000; Monika Jungbauer-Gans/Peter Kriwy (Hrsg.), Soziale Benachteiligung und Gesundheit bei Kindern und Jugendlichen, Wiesbaden 2004; Claudia Wenzig, Armut, Gesundheit und sozialer Kontext von Kindern, Hamburg 2005
134 Vgl. Wenn der Arztbesuch unbezahlbar wird. Das Gesundheitsministerium startet eine Kampagne zur Rückkehr in die Krankenversicherung. Das Problem: Viele scheuen die hohen Nachzahlungen, in: taz v. 14.2.2008
135 Vgl. hierzu und zum Folgenden: Gerda Holz, Gesundheitsdefizite und Gesundheitspotenziale sozial benachteiligter und armer Kinder im frühen Kindesalter, in: Antje Richter/Gerda Holz/Thomas Altgeld (Hrsg.), Gesund in allen Lebenslagen. Förderung von Gesundheitspotenzialen bei sozial benachteiligten Kindern im Elementarbereich, Frankfurt am Main 2004, S. 29ff.
136 Vgl. dazu: Margherita Zander, Armes Kind – starkes Kind?, a.a.O.

nahme mit Sanktionen zu belegen, unangemessen. Gesundheitsprävention ist zweckmäßig, muss aber primär mit Anreizen statt mit Strafen erfolgen.

Bildungs-, besonders Schulpolitik, und (Sozial-)Pädagogik sind gleichermaßen gefordert, für alle Menschen befriedigende Lebensverhältnisse und ein Höchstmaß an Chancengleichheit zwischen Kindern unterschiedlicher sozialer wie ethnischer Herkunft zu schaffen. Bildung ist kein politisches Patentrezept im Kampf gegen die Armut, kann aber gerade im Zeichen der Globalisierung, wo (Arbeits-)Produktivität und eine hohe Qualifikation des „Humankapitals" als „Standortfaktoren" fungieren, zur Verbesserung der Aufstiegschancen von Kindern aus sog. Problemfamilien beitragen, allerdings nur dann, wenn sie nicht Marktgesetzen bzw. privaten Verwertungsinteressen unterworfen und für eine zahlungskräftige Kundschaft reserviert wird.

Bildungs-, Erziehungs- und Kultureinrichtungen sind für eine gedeihliche Entwicklung und freie Entfaltung der Persönlichkeit sozial benachteiligter Kinder unentbehrlich, weshalb sie nicht – dem neoliberalen Zeitgeist entsprechend – privatisiert, sondern weiterhin öffentlich finanziert und noch ausgebaut werden sollten. Bildung ist jedoch keine Wunderwaffe im Kampf gegen die Kinderarmut, zumal sie immer mehr zur Ware wird.[137] Auch vor der Kinder- und Jugendhilfe macht die Ökonomisierung, Privatisierung und Kommerzialisierung weiter Gesellschaftsbereiche nicht Halt,[138] was die Möglichkeiten, die Entstehung von Armut zu verhindern und bestehende zu verringern, stark einschränkt. Studiengebühren, Transportkosten und Schul- oder Büchergeld schrecken gerade die Kinder aus sozial benachteiligten Familien vom Besuch einer weiterführenden bzw. einer Hochschule ab.

„Aufstieg durch Bildung" lautet das Motto einer am 9. Januar 2008 von der Bundesregierung beschlossenen, breit angelegten Qualifizierungsoffensive, welche die soziale Benachteiligung und materielle Unterversorgung von arbeitslosen (Migranten-)Jugendlichen kompensieren will. Zwar kann ein Individuum durch die Beteiligung an (Aus-)Bildungsprozessen einer prekären Lebenslage entkommen, eine gesamtgesellschaftliche Lösung bieten sie allein freilich nicht. Denn wenn alle Kinder und Jugendlichen in Deutschland – was zweifelsohne sinnvoll und anzustreben ist – bessere Bildungsmöglichkeiten erhalten, konkurrieren sie am Ende womöglich auf einem höheren Bildungsniveau, aber nicht mit besseren Chancen um weiterhin fehlende Lehrstellen und Arbeitsplätze. Es ist nicht nur politisch unredlich, sondern auch purer Zynismus, den Armen „Bildet euch!" zu predigen und Erwachsenen

---

137 Vgl. z.B. Ingrid Lohmann/Rainer Rilling (Hrsg.), Die verkaufte Bildung. Kritik und Kontroversen zur Kommerzialisierung von Schule, Weiterbildung, Erziehung und Wissenschaft, Opladen 2002; Gisela Kubon-Gilke, Wi(e)der Elitebildung. Bildung aus ökonomischer Perspektive, Marburg 2006; Jochen Krautz, Ware Bildung. Schule und Universität unter dem Diktat der Ökonomie, Kreuzlingen/München 2007
138 Vgl. dazu: Gregor Hensen (Hrsg.), Markt und Wettbewerb in der Jugendhilfe. Ökonomisierung im Kontext von Zukunftsorientierung und fachlicher Notwendigkeit, Weinheim/München 2006

wie Kindern beim Hartz-IV-Regelsatz (Arbeitslosengeld II bzw. Sozialgeld) dafür exakt 0,0 EUR zu gewähren.

Eine die weiterführenden Schulen durchlässiger machende Bildungspolitik wäre ein zentraler Baustein zur Bekämpfung der Kinderarmut. Man sollte sich wenigstens aufgrund des schlechten Abschneidens der Bundesrepublik bei PISA (Programme for International Student Assessment), das die soziale Selektivität des hiesigen Bildungssystems bestätigte,[139] sowie bei anderen internationalen Schulleistungsvergleichen darum bemühen, vor allem Kinder aus Unterschichten bzw. migrierten Familien umfassender sowie gezielter zu unterstützen: „Eine wichtige Funktion könnte auch der außerschulischen Bildungsarbeit zukommen, indem sie Kindern und Jugendlichen Kompetenzen im Bereich der Kultur und der Kunst vermittelt, die zur Selbstwertsteigerung beitragen können."[140]

Um das Problem der Kinderarmut zu lösen, muss man die (besonders in Ostdeutschland weiterhin erschreckend) hohe Arbeitslosigkeit verringern, die (in Westdeutschland nach wie vor relativ niedrige) Frauenerwerbsquote erhöhen und vor allem jene Systeme der sozialen Sicherung stärken, die geeignet sind, Ungleichgewichte zwischen wohlhabenden und (mehrfach) deprivierten Familien auszugleichen. Marc Szydlik weist in diesem Kontext auf das Ergebnis der PISA-Studie hin, wonach hierzulande mehr als irgendwo sonst im Bereich der Organisation für wirtschaftliche Zusammenarbeit und Entwicklung (OECD), die den Auftrag dazu gab, die soziale Herkunft über die Bildungschancen von Kindern entscheidet. „Die immensen Leistungen, die Familien vollbringen, sind hoch anzuerkennen und nach Kräften zu fördern. Gleichzeitig muss es aber auch eine gesellschaftspolitische Aufgabe sein, für eine Verringerung der Ungleichheit qua Geburt zu sorgen. Dabei sind diejenigen zu unterstützen, die nicht von Haus aus das Glück haben, in Familien aus mittleren und höheren Sozialschichten hineingeboren worden zu sein."[141] Um dieses Ziel auch in Zeiten knapper Kassen wie gegenwärtig zu erreichen, werde man nicht umhin kommen, die Solidarität zwischen armen und reichen Familien auszuweiten. Dazu gehöre neben der speziellen Förderung benachteiligter Kinder während der Schulzeit die Erhöhung der im Ver-

---

139 Vgl. Jürgen Baumert u.a., PISA 2000. Basiskompetenzen von Schülerinnen und Schülern im internationalen Vergleich, Opladen 2001; ders./Petra Stanat/Rainer Watermann, Herkunftsbedingte Disparitäten im Bildungswesen. Differenzielle Bildungsprozesse und Probleme der Verteilungsgerechtigkeit. Vertiefende Analysen im Rahmen von PISA 2000, Wiesbaden 2006
140 Andreas Lange/Wolfgang Lauterbach/Rolf Becker, Armut und Bildungschancen. Auswirkungen von Niedrigeinkommen auf den Schulerfolg am Beispiel des Übergangs von der Grundschule auf weiterführende Schulstufen, in: Christoph Butterwegge/Michael Klundt (Hrsg.), Kinderarmut und Generationengerechtigkeit, a.a.O., S. 170
141 Mark Szydlik, Familie – Lebenslauf – Ungleichheit, in: Aus Politik und Zeitgeschichte 22-23/2002, S. 9

gleich mit anderen Staaten sehr niedrigen Erbschaftsteuer. Eine auf die Umverteilung des gesellschaftlichen Reichtums gerichtete Erbschaftsteuerreform ist nicht zuletzt deshalb nötig, weil bei der anstehenden Erbschaftswelle auch im deutschen Ost-West-Vergleich „regressive Verteilungswirkungen" erwartet werden: „Hauptschulabgänger in den neuen Bundesländern erben wesentlich seltener und deutlich weniger als Akademiker in den alten Bundesländern."[142]

5.5 Jugendhilfe, Gemeinwesenarbeit und Quartiersmanagement

Roland Merten konstatiert, dass zwar vom 20. als „Jahrhundert des Kindes" (Ellen Key) gesprochen, aber bisher noch „keine Kinder- und Jugendhilfepolitik entfaltet und realisiert worden ist, die tatsächlich beanspruchen kann, eine Politik für Kinder und Jugendliche zu sein."[143] Sozialpolitik für Kinder und Jugendliche kranke nicht an quantitativer Unzulänglichkeit, sei vielmehr durch ein strukturelles Defizit gekennzeichnet. Aufgrund der „strukturellen Exklusion" von Kindern und Jugendlichen, die Merten beklagt,[144] geht es nicht nur um die materielle Unterstützung, sondern auch die rechtliche Aufwertung und politische Emanzipation junger Menschen. Tatsächlich muss Politik für Kinder auch Politik von und mit Kindern sein, sollen diese als gegenwärtig am häufigsten und am stärksten von Armut bzw. Unterversorgung in zentralen Lebenslagen betroffene Subjekte wirklich ernst genommen werden.[145] Dabei können Kinder- und Jugendforen, die mancherorts eingerichtet wurden,[146] eine Schlüsselrolle spielen, wenn sie Partizipationscharakter und mehr als eine Alibifunktion haben.

Möglich wäre eine sehr viel intensivere Zusammenarbeit bzw. eine stärkere Verzahnung von Schule und Jugendhilfe, als sie bisher besteht.[147] Karl August Chassé, Margherita Zander und Konstanze Rasch formulieren eine

---

142 Werner Schönig, Bildungsförderung als ausgleichende Verteilungspolitik, a.a.O., S. 65
143 Siehe Roland Merten, Kinder- und Jugendhilfepolitik als Politik gegen Kinder- und Jugendarmut: Möglichkeiten und Grenzen, in: Andreas Klocke/Klaus Hurrelmann (Hrsg.), Kinder und Jugendliche in Armut, a.a.O., S. 312
144 Ebd., S. 313
145 Vgl. Heinz Sünker, Kindheit heute – die Zukunft von Kinderpolitik, in: Friedhelm Güthoff/Heinz Sünker (Hrsg.), Handbuch Kinderrechte. Partizipation, Kinderpolitik, Kinderkultur, Münster 2001, S. 68ff.
146 Vgl. dazu: Wolf-Dietrich Bukow/Susanne Spindler (Hrsg.), Die Demokratie entdeckt ihre Kinder. Politische Partizipation durch Kinder- und Jugendforen, Opladen 2000
147 Vgl. dazu: Angelika Henschel u.a. (Hrsg.), Jugendhilfe und Schule. Handbuch für eine gelingende Kooperation, Wiesbaden 2008

doppelte Aufgabe: „Öffnungen der Schule gegenüber dem Stadtteil bzw. dem Freizeitbereich könnten einerseits zu einer gemeinwesenorientierten Schule führen. Auf der anderen Seite müssten die Institutionen der Kinder- und Jugendhilfe – sicherlich oft in Kooperation mit den Schulen, vor allem im Kontext von Ganztagsschulen – lebensweltnahe attraktive Freizeit-, Förder- und Bildungsangebote entwickeln, mit denen die Kinder erreicht werden können, die von herkömmlichen Vereinen und kommerziellen Angeboten keinen Gebrauch machen können."[148] Nötig ist nach Überzeugung der Verfasser/innen „eine Neustrukturierung des gesamten Bildungs- und Jugendhilfebereichs", was die Beziehungen zwischen den beiden genannten Bereichen (Elementarbereich, Vorschule und Schule einerseits sowie Kinder- und Jugendhilfe andererseits) betrifft: „Eine Neubestimmung des Verhältnisses von Bildung und Jugendhilfe muss sich an einer übergreifenden Integrationsperspektive orientieren und wird vermutlich nur im Zusammenwirken der unterschiedlichen Bildungsinstitutionen und mit dem Ausbau kommunaler Infrastrukturangebote für benachteiligte Kinder, Jugendliche und Familien zu erreichen sein."[149]

Das deutsche System der sozialen Sicherung ist erwerbsarbeits-, ehe- und erwachsenenzentriert. Eine *kind*orientierte Sozialpolitik darf nicht zulassen, dass kommunale Betreuungsangebote aufgrund staatlicher Sparmaßnahmen und leerer öffentlicher Kassen weiter verringert werden. Detlef Baum sieht denn auch die zentrale Herausforderung und adäquate Strategie zur Bekämpfung der Armut und ihrer Folgen für Kinder darin, den fatalen Zusammenhang zwischen räumlicher und sozialer Ausgrenzung zu durchbrechen. „Will der Staat die individuelle rechtliche und ökonomische Position von Personen verbessern, muss die kommunale Sozialpolitik die sozialräumlichen Strukturen zu gestalten suchen, unter denen Menschen leben bzw. aufwachsen, und die pädagogischen Beziehungen zu optimieren oder zu konstituieren suchen, die das Aufwachsen von Kindern und Jugendlichen in einer Kommune gelingen lassen."[150] Finanziell ausgeblutete, oft dem Haushaltssicherungsrecht unterworfene Städte und Gemeinden, in denen mittlerweile der Kämmerer statt des zuständigen Fachdezernenten die Sozialpolitik macht, sind jedoch häufig nicht in der Lage, armen Kindern/Familien durch die Einrichtung kommunaler Lernmittelfonds oder Sozialtarife bzw. -tickets den günstigen Bezug von Gas und Strom, die freie Benutzung des öffentlichen Personennahverkehrs sowie den regelmäßigen Besuch von Schwimmbädern, Theatern und Museen zu ermöglichen bzw. zu erleichtern.

---

148 Karl August Chassé/Margherita Zander/Konstanze Rasch, Meine Familie ist arm. Wie Kinder im Grundschulalter Armut erleben und bewältigen, 3. Aufl. Wiesbaden 2007, S. 342
149 Ebd., S. 343
150 Detlef Baum, Armut und Ausgrenzung von Kindern: Herausforderung für eine kommunale Sozialpolitik, a.a.O., S. 182

Ob eine Bund-Länder-Offensive, wie sie das 1999 aufgelegte Gemeinschaftsprogramm „Stadtteile mit besonderem Entwicklungsbedarf – die Soziale Stadt" darstellt, geeignet ist, strukturelle Probleme nach Art der sozialen Benachteiligung bzw. Verarmung von Alleinerziehenden und kinderreichen Familien zu lösen oder zu mildern, bleibt umstritten.[151] Zumindest bedarf es einer Anerkennung der Erledigung solcher Aufgaben als Regelleistung, denn Soziale Arbeit kann nicht als Feuerwehr fungieren und muss unabhängig von familien- und sozialpolitischen Konjunkturen einerseits sowie parlamentarischen Mehrheiten andererseits garantiert sein. Gemeinwesenarbeit und Quartiersmanagement müssten sozialraumbezogene Angebote machen und dafür sorgen, dass Unterstützungs- und Austauschnetzwerke entstehen: „Im Kontext der Programme zur ‚Sozialen Stadt' sind eine Fülle von Instrumenten und Konzepten erarbeitet worden, die es zu systematisieren und hinsichtlich ihrer Relevanz für die Verbesserung von kindlichen Lebenslagen, von Erfahrungs- und Gestaltungsoptionen, zu sichten und zu entwickeln gilt."[152]

„Quartiers- bzw. Stadtteil*management*" sollte nicht, wie es dieser neoliberal anmutende Modebegriff suggeriert, „von oben" (bzw. außen) erfolgen und Bewohner/innen „aktivieren" oder nur eine kontrollierte Partizipation im Sinne von „Empowerment" stärken, sondern muss noch mehr auf basisdemokratische und systemkritische Impulse „von unten" setzen. Hilfreich wäre eine sozialräumliche Sichtweise, die auch das Problem der Kinderarmut in den Kontext von Stadtentwicklung und Raumplanung stellt. „Sie fragt (...) nach Anregungen, Belastungen und Ressourcen in der Nahumwelt der Personen und öffnet den Blick für Mängel in Einrichtungen bzw. im Umfeld von Personen und Gruppen. Damit geht ein Perspektivwechsel einher, der auch Interventionsformen erweitert. Nun sind nicht mehr die Klienten Alleinadressaten methodischen Handelns, sondern zusätzlich Nachbarn, kommunale und freie Träger sozialer Arbeit oder auch Schule und Kindergarten."[153]

Ronald Lutz plädiert für eine moderne Form der Gemeinwesenarbeit, die stärker als bisher auf sozial benachteiligte Kinder und deren spezielle Bedarfe ausgerichtet sein müsste: „Über ein lebenslagenah konzipiertes Quartiersmanagement, über eine sich lebenslagenah entwickelnde sozialraumbezogene Soziale Arbeit kann eine Nahtstelle des Austauschs und der Vernetzung zwischen personenbezogenen Hilfen und sozialräumlichen Unterstützungen er-

---

151 Vgl. dazu: Uwe-Jens Walther (Hrsg.), Soziale Stadt – Zwischenbilanzen. Ein Programm auf dem Weg zur Sozialen Stadt?, Opladen 2002; Sylvia Greiffenhagen/Katja Neller (Hrsg.), Praxis ohne Theorie?, Wissenschaftliche Diskurse zum Bund-Länder-Programm „Stadtteile mit besonderem Entwicklungsbedarf – die Soziale Stadt", Wiesbaden 2005
152 Ronald Lutz, Kinder, Kinder ...! – Bewältigung familiärer Armut, in: Neue Praxis 1/2004, S. 58
153 Michael Krummacher u.a., Soziale Stadt – Sozialraumentwicklung – Quartiersmanagement. Herausforderungen für Politik, Raumplanung und soziale Arbeit, Opladen 2003, S. 187

Jugendhilfe, Gemeinwesenarbeit und Quartiersmanagement 347

reicht werden."[154] Monika Alisch wiederum legt Wert darauf, dass ein solches Konzept mehr sein muss als ein innovativer Ansatz der Sozialarbeit. Sie betont, dass es sich um eine Quartierspolitik handelt, die Aushandlungsprozesse von Interessengegensätzen und die Entwicklung von Projekten moderiert bzw. unterstützt, die lokalen Akteure sowohl untereinander wie auch mit den verschiedenen Ebenen des öffentlichen Sektors vernetzt, Anreize für intensivere Kooperation schafft und Chancen für eigenverantwortliche Partizipation bietet.[155]

Gut ausgestattete Eltern-Kind-Zentren mit qualifiziertem Personal könnten dazu beitragen, dass neben der Bildung und Betreuung (für die Kleinen) auch die Beratung (für die Erwachsenen) verbessert wird. Alles möglichst wohnortnah und aus einer Hand anzubieten, muss das Ziel der Kinder-, Jugend- und Familienhilfe sein. Ein pädagogisch sinnvoller Übergang zur Ganztagsschule sollte mehr beinhalten als die Einführung von Hausaufgabenhilfe und nachmittägliche Freizeitgestaltung. Denn sonst würden Schulen zu bloßen Verwahranstalten für Kinder. Auch reicht es nicht, den bisherigen Schulunterricht fortzusetzen und zeitlich zu strecken. „Ohne pädagogisch konzipierte Projekte, die Selbstwirksamkeit, Aushandlung, Handlungskontrolle und Planungsfähigkeit durch gemeinsames Leben, Verwalten und Haushalten in Schule, Klasse und Arbeitsgemeinschaft herausfordern, dürfte der Fortschritt eher gering sein."[156]

Eine flächendeckende, nicht auf „soziale Brennpunkte" beschränkte Schulsozialarbeit würde bewirken, dass arme Kinder die aus ihrer (multiplen) Deprivation und sozialen Exklusion resultierenden Probleme zumindest leichter bewältigen könnten. „Die Kombination präventiver Ansätze und aktiver Unterstützung in Krisensituationen kann gerade in der Schule dazu beitragen, ein Scheitern der Jugendlichen zu verhindern und so die Chance auf eine spätere eigenständige Existenzsicherung zu gewährleisten."[157] Auch müsste der Allgemeine Sozialdienst (ASD) im Jugendamt mit den Schulen und Schulbehörden kooperieren, etwa mittels regelmäßig stattfindender Konferenzen, um Kindern und Jugendlichen bessere Entwicklungschancen zu eröffnen.[158] Sozialarbeiter/innen bzw. -pädagog(inn)en können bei der Entwicklung einer Lebens- und Kommunikationskultur helfen, die es benachteiligten

---

154 Ronald Lutz, Kinder, Kinder ...!, a.a.O.
155 Vgl. Monika Alisch, Stadtteilmanagement. Zwischen politischer Strategie und Beruhigungsmittel, in: dies. (Hrsg.), Stadtteilmanagement. Voraussetzungen und Chancen für die soziale Stadt, 2. Aufl. Opladen 2001, S. 13
156 Lothar Krappmann, Kompetenzförderung im Kindesalter, in: Aus Politik und Zeitgeschichte 9/2003, S. 19
157 Petra Hölscher, „Immer musst du hingehen und praktisch betteln". Wie Jugendliche Armut erleben, Frankfurt am Main/New York 2003, S. 263
158 Vgl. Ortrud Merseburger, Kooperationen des ASD am Beispiel der Schule, in: Hilde von Balluseck (Hrsg.), Familien in Not. Wie kann Sozialarbeit helfen?, Freiburg im Breisgau 1999, S. 209

Kindern ermöglicht, Schule anzunehmen und als wichtig für ihr Leben zu erkennen; Lehrer(inne)n können sie deutlich machen, dass Schulversagen nicht zwangsläufig Ausdruck und Folge von Gleichgültigkeit bzw. Desinteresse der Betroffenen ist, sondern dass diese den Schulalltag meist als permanente Erniedrigung und Demütigung erleben, weil ihre Anstrengungen, Lernerfolge zu erzielen, nicht oder nicht genügend anerkannt, sie selbst vielmehr durch bestimmte Rituale ausgegrenzt werden.[159]

5.6 Wohngeld, Städtebau und Stadtentwicklung

Sehr positiv bewerten Ulrich Otto und Eberhard Bolay das seit dem Jahr 2001 nicht mehr erhöhte Wohngeld: „Es gibt kaum einen anderen Transfer, der so direkt einer Verbesserung der Lebenslage von Kindern und Jugendlichen zugute kommt, so daß schon deshalb dringend seine inzwischen aufgelaufene Unterausstattung behoben werden muß, wobei die einschlägige Debatte auf zusätzliche Reformnotwendigkeiten verweist."[160] Hiergegen wäre einzuwenden, dass diese Subvention letztlich weniger bedürftigen Familien als den Eigentümern jener Häuser nützt, in denen sie zur Miete leben. Dass sich die Bundesregierung von einer Erhöhung des Wohngeldes, seiner Ergänzung um eine Heizkostenkomponente, die den gestiegenen Energiekosten Rechnung tragen soll, und einer Anhebung der Miethöchstgrenzen zum 1. Januar 2009 eine spürbare Verringerung der (Kinder-)Armut verspricht, dokumentiert ihre Unfähigkeit, das Problem an der Wurzel zu fassen, also seine strukturellen Ursachen zu bekämpfen. Sehr viel wirkungsvoller als die Objekt- wäre eine Subjektförderung: Der soziale Mietwohnungsbau wurde seit den 1980er-Jahren immer stärker eingeschränkt, müsste allerdings wieder aufgenommen und auf Familien konzentriert werden, um die Kinderarmut eindämmen zu können.

Mit dem Bund-Länder-Programm „Soziale Stadt" suchte man die soziale Polarisierung der Metropolen und die Marginalisierung benachteiligter Quartiere abzufedern oder zu kompensieren. In einigen „sozialen Brennpunkten" verzeichneten die Modellprojekte durchaus Teilerfolge, wenngleich sie den Teufelskreis zwischen der Armut und der Unterversorgung von Familien mit Wohnraum letztlich nicht aufbrechen konnten. Das „Soziale Stadt"-Programm vermittelt den Bewohner(inne)n stigmatisierter und diese stigmatisierender Quartiere, dass der Staat sie nicht im Stich lässt und abgeschrie-

---

159 Vgl. August Chassé/Margherita Zander/Konstanze Rasch, Meine Familie ist arm, a.a.O., S. 338 (Fn. 3)
160 Ulrich Otto/Eberhard Bolay, Armut von Heranwachsenden als Herausforderung für Soziale Arbeit und Sozialpolitik – eine Skizze, in: Ulrich Otto (Hrsg.), Aufwachsen in Armut, a.a.O., S. 31

ben hat, vielmehr bemüht ist, sie in den Ersten Arbeitsmarkt zu (re)integrieren. Trotz seiner Orientierung am Konzept des „aktivierenden Sozialstaates" und technokratischer Züge der Umsetzung trägt das Bund-Länder-Programm in vielen Kommunen zur Integration von marginalisierten Bevölkerungsgruppen (Drogenabhängigen, jugendlichen Subkulturen, Obdachlosen usw.) bei. Wo das „Quartiersmanagement" im Sinne einer aufsuchenden Gemeinwesenarbeit verstanden und mit niedrigschwelligen Angeboten für die Bewohner/innen verbunden wird, gehören arme Kinder und Jugendliche zu den Gruppen, die davon profitieren.

Stadtentwicklungspolitik darf nicht an den Verwertungsinteressen von (Groß-)Investoren, muss vielmehr an den Bedürfnissen der (potenziellen) Bewohner/innen von Stadtteilen orientiert sein. Selbst das Programm „Soziale Stadt" fördert allerdings unternehmerische Geschäftspraktiken, weil private Planungsbüros als Träger der Quartiersentwicklung etabliert wurden, während die Bürgerbeteiligung inszeniert wirkt und sich die Ungleichheitslogik neoliberaler Stadtentwicklungsmodelle reproduziert: „Die selektive Privilegierung von Inhalten im Instrument ‚Quartiersmanagement' kann deshalb maximal für ein begrenztes Gebiet und einen begrenzten Zeitraum die schlimmsten Fehler der ‚normalen' Stadtentwicklungspolitik abmildern. Die ‚Soziale Stadt' ist aber weder Allheilmittel noch sollte sie als Substitut für eine kohärente, strategische und mit ausreichenden Ressourcen ausgestattete Stadtentwicklungspolitik aufgefasst werden."[161]

Wenn aufgrund der Privatisierung kommunalen Eigentums immer mehr städtische Wohneinheiten in den Besitz von Finanzinvestoren (sog. Private-Equity-Gesellschaften, Hedge- und Pensionsfonds) übergehen, wie besonders spektakulär in Dresden geschehen, dürfte sich die sozialräumliche Segregation noch verstärken und der für Familien bzw. ihre Kinder fatale Verdrängungsprozess fortsetzen. Wer die Stadt nur als einen Wirtschaftsstandort wahrnimmt, vornehmlich ihre Wettbewerbsfähigkeit und Wachstumspotenziale im Auge hat, übersieht die sozialräumliche Konzentration der Kinderarmut und kann dieser nicht adäquat beggenen. Die urbane Lebensqualität wächst durch Kinderfreundlichkeit der Quartiere, die Stadtplaner/innen und verantwortliche Kommunalpolitiker/innen wieder sehr viel stärker ins Auge fassen sollten.

---

161 Matthias Bernt/Miriam Fritsche, Von Programmen zu Projekten: Die ambivalenten Innovationen des Quartiersmanagements, in: Sylvia Greiffenhagen/Katja Neller (Hrsg.), Praxis ohne Theorie?, a.a.O., S. 217

5.7 Verantwortung der Medienmacher/innen und (sozial)pädagogische Handlungsanforderungen

Es kommt ganz entscheidend darauf an, wie die deutsche Öffentlichkeit, Politik und Massenmedien künftig mit dem Thema „Kinderarmut" umgehen. Zunächst berichteten Journalist(inn)en eher sporadisch und in der Regel kurz vor Weihnachten über die Armut von Familien und Kindern, beschränkten sich meist auf die Schilderung einzelner Problemfälle und beruhigten sich ebenso wie ihr Publikum mit dem Argument, es handle sich dabei weniger um materielle Not als um fehlende Zuwendung, mentale Verwahrlosung und Vernachlässigung durch die Eltern.[162] Mittlerweile wird aber nicht nur häufiger und ausführlicher, sondern auch sehr viel differenzierter als noch vor wenigen Jahren über die Armut der jüngsten Gesellschaftsmitglieder berichtet.

Während sich audiovisuelle Medien stärker auf situative Erfahrungs- und Stimmungsberichte konzentrieren, die rein deskriptiv zu vermitteln suchen, was Armut in einem reichen Land bedeutet und welche Auswirkungen sie im Alltag davon betroffener Familien hat, zeichnen viele Printmedien ein umfassenderes Bild. Vor allem die Lokalzeitungen, aber auch überregionale Tageszeitungen und wöchentlich erscheinende Nachrichtenmagazine veröffentlichen ungefähr seit der Jahrtausendwende immer häufiger Artikel über sozial benachteiligte Familien und das wachsende Leid ihrer jüngsten Mitglieder.[163] Von anerkannten Qualitätszeitungen wie der *Frankfurter Rundschau* und der *Süddeutschen Zeitung* über Wochenzeitungen wie die *Zeit* und Nachrichtenmagazine wie *Focus*, *Spiegel* und *stern* bis zu Boulevardblättern wie der *tz* und Frauen- bzw. Modemagazinen wie der *Brigitte* brachten alle bedeutsamen Publikationsorgane des Landes umfangreiche Reportagen und manchmal rührselige Berichte über Kinderarmut.[164] Viele der aufrüttelndsten und

---

162 Vgl. z.B. Elisabeth Niejahr, Die große Not der Kleinen. In Deutschland wächst die Kinderarmut. Über eine Million Minderjährige leben bereits von der Sozialhilfe. Das größere Problem aber ist die fehlende Zuwendung, in: Die Zeit v. 13.12.2001

163 Vgl. z.B. Norbert Freund, Kinder aufgepasst: Das Taschengeld schrumpft. Experten: Schlechte Wirtschaftslage schmälert „Einkommen" von Kindern und Jugendlichen, in: Saarbrücker Zeitung v. 23.5.2003; Bernd Vorländer, Am Monatsende gibt es fast nur noch Kartoffeln. Wie eine Familie so eben über die Runden kommt. Hungern muss hier zu Lande keiner, doch von der „deutschen Armut" sind vor allem Kinder betroffen, in: Aachener Nachrichten v. 3.6.2004; Patrick Guyton, Für den Sportverein fehlt das Geld. Geringe Bildung und Perspektivlosigkeit zerstören das Selbstwertgefühl, in: Südwest Presse (Ulm) v. 23.10.2007

164 Vgl. z.B. Martin Knobbe, Mit den Kindern kam die Not, in: stern v. 8.1.2004; Klaus Rimpel, „Ich weiß gar nicht mehr, wie ein Apfel schmeckt". Arm sein: Eine Münchnerin macht klar, was das bedeutet, in: tz (München) v. 3.5.2005; Matthias Drobinski, Vor verschlossenen Türen. Kaum jemand muss in Deutschland hungern – soziale Ungleichheit zeigt sich eher in Lebenschancen, in: Süddeutsche Zeitung v. 7.12.2006; Uli Hauser, „Es reicht nicht". Jedes sechste Kind in Deutschland lebt in Armut, so die

einfühlsamsten Artikel über die Armut von Kinder haben übrigens Journalist*innen* verfasst,[165] die das Schicksal der Kleinen, wie die Leser/innen merken konnten, nicht kaltließ.

Gleichwohl oder gerade deshalb blieben die politische und die mediale Debatte häufig auf der Erscheinungsebene, wo man weder die gesellschaftlichen Ursachen des Problems erfassen noch Erfolg versprechende Strategien zu seiner Lösung entwickeln kann. Nur selten wurde auf einem hohen theoretischen Niveau über die Notwendigkeit und die Möglichkeit wirksamer Gegenmaßnahmen reflektiert.[166] Es hilft jedoch wenig, sich moralisch über Not und Elend in einem reichen Land zu empören, wenn (Kinder-)Armut konstitutiver Bestandteil des bestehenden Wirtschaftssystems ist. Und was bringt der zweifellos gut gemeinte Appell an die nationale Verantwortungsgemeinschaft unter Titeln wie „Deutschland, deine armen Kinder",[167] wenn die stark von Armut betroffenen Halbwüchsigen eben (noch) keine „Leistungsträger" des Wirtschaftsstandortes, sondern als „teure Kostgänger" eines „überbordenden" Wohlfahrtsstaates diskriminierte Angehörige der gesellschaftlichen Unterschichten sind?

Wenn der „Standort D" im Mittelpunkt steht, kommen arme Kinder und schlecht (aus)gebildete Jugendliche höchstens als fehlendes „Humankapital" vor. Zwar kann man auch im nationalen bzw. im Standortinteresse durchaus Kritik an der Kinderarmut üben,[168] läuft aber unter diesen Umständen leicht Gefahr, den Bock zum Gärtner zu machen und Ratschlägen neoliberaler Ökonomen zu folgen, die das Problem eher verschärfen. Sehr viel sinnvoller erscheint der Versuch, von den betroffenen Kindern und ihren fundamentalen Rechten auszugehen, um auf diese Weise den politischen Druck von unten zu

---

    Statistik. Aber wie fühlt sich das an, arm zu sein?, in: stern v. 20.12.2007; Astrid Joosten/Eva Meschede, Alleinerziehende Mütter (Dossier), in: Brigitte v. 16.1.2008; Ulrike Plewnia, Das unsichtbare Elend, in: Focus v. 2.2.2008

165 Vgl. z.B. Kirsten Boldt, Zum Leben zu wenig. In Deutschland nimmt die Kinderarmut zu – Immer häufiger trifft es die Jüngsten, in: Kölner Stadt-Anzeiger v. 30.5.2005; Cathrin Kahlweit, „Ich will Hartz IV werden". Armut als Lebensform, in: Süddeutsche Zeitung v. 7.12.2006; Katharina Sperber, Kinder sind mit Hartz IV besonders arm dran, in: Frankfurter Rundschau v. 17.8.2007; Julia Schaaf, Der Mangel, die Scham und das Glück. Ein kinderarmes Land kann sich Kinderarmut nicht leisten. Jetzt merkt die Politik: Die Zukunft der Kinder ist in Gefahr, in: Frankfurter Allgemeine Sonntagszeitung v. 26.8.2007

166 Vgl. als löbliche Ausnahme: Felix Berth, Ein Leben ohne Aussicht. Wer die hoffnungslose Lage von Kindern verbessern will, muss die Chancen der Mütter erhöhen, in: Süddeutsche Zeitung v. 5./6.5.2007

167 Vgl. z.B. Bernd Mathieu, Deutschland, deine armen Kinder. Wer ist für diesen Skandal verantwortlich, und warum behandeln wir die Leistungsträger unserer Gesellschaft so schlecht?, in: Aachener Nachrichten v. 24.12.2007

168 Vgl. z.B. Ulrike Meyer-Timpe, Verlierer von Geburt. In Deutschland leben rund drei Millionen Kinder in Armut. Ihre Zahl wächst beständig. Das kommt die Volkswirtschaft teuer zu stehen, in: Die Zeit v. 9.8.2007

verstärken. Gerade die Hegemonie des Marktradikalismus und die Dominanz der neoliberalen Leistungsideologie verhindern nämlich bisher zusammen mit einem dementsprechend modifizierten bzw. deformierten Gerechtigkeitsbegriff,[169] dass mehr als Krokodilstränen über fehlende Bildungschancen der Kinder mit Migrationshintergrund vergossen und wirksame Gegenmaßnahmen ergriffen werden.

Wurde die Existenz von (Kinder-)Armut hierzulande um die Jahrtausendwende noch schlicht geleugnet,[170] scheint heute unter Fachleuten und in der Öffentlichkeit weitgehend Konsens darüber zu bestehen, dass ihr Ausmaß in einer kaum mehr tolerablen Weise wächst. Um sie eindämmen zu können, muss die Kinderarmut als gesellschaftlich relevantes und brisantes Problem (an)erkannt werden. Wenn die Bedeutung der Armut hingegen relativiert und die (Haupt-)Verantwortung dafür den Betroffenen zugeschoben wird,[171] kann man ihrer kaum Herr werden. Hans Weiß warnt denn auch vor einer „Pädagogisierung" und „Therapeutisierung" der Problematik, die im öffentlichen bzw. Mediendiskurs über eine „neue Unterschicht" angelegt ist: „Darin werden Armut und Unterschichtszugehörigkeit und ihre Auswirkungen auf Kinder, abstrahiert von den sozioökonomischen Bedingungen, z.B. vom Zusammenhang mit Dauerarbeitslosigkeit, primär als Folge der Verhaltensweisen der betroffenen Menschen, ihrer ‚Unterschichtskultur' betrachtet und damit letztlich ihnen die ‚Schuld' für ihre Situation zugeordnet."[172]

Wenigstens behauptet bisher niemand, dass arme, in sozial benachteiligten Familien und Stadtteilen aufwachsende *Kinder* an ihrem Schicksal selbst schuld sind. Deshalb wird auch kein „aktivierender Sozialstaat" bemüht, um ihnen durch „Fördern und Fordern" mehr Eigenverantwortung abzuverlangen. Bei der Kinderarmut handelt es sich um ein Problem, dem man letztlich nur *politisch* Einhalt gebieten kann, wiewohl es durch individuelle Fördermaßnahmen und (sozial)pädagogische Unterstützung zweifellos zu lindern ist. Nötig sind mehr Sensibilität für Verarmungs-, Marginalisierungs- bzw. Prekarisierungsprozesse sowie eine höhere Sozialmoral, die bis in die Mittel-

---

169 Vgl. hierzu: Christoph Butterwegge, Rechtfertigung, Maßnahmen und Folgen einer neoliberalen (Sozial-)Politik, in: ders./Bettina Lösch/Ralf Ptak, Kritik des Neoliberalismus, 2. Aufl. Wiesbaden 2008, S. 154ff.; Jörg Reitzig, „Eine Kategorie des Unsinns ...". Die soziale Gerechtigkeit im Visier der neoliberalen Theorie, in: Christoph Butterwegge/Bettina Lösch/Ralf Ptak (Hrsg.), Neoliberalismus. Analysen und Alternativen, Wiesbaden 2008, S. 132ff.
170 Vgl. Walter Krämer, Armut in der Bundesrepublik, Frankfurt am Main/New York 2000
171 Vgl. z.B. Paul Nolte, Das große Fressen. Nicht Armut ist das Hauptproblem der Unterschicht. Sondern der massenhafte Konsum von Fast Food und TV, in: Die Zeit v. 17.12.2003
172 Hans Weiß, „Frühe Hilfen" für entwicklungsgefährdete Kinder in Armutslagen, in: Margherita Zander (Hrsg.), Kinderarmut. Einführendes Handbuch für Forschung und soziale Praxis, Wiesbaden 2005, S. 183

schichten hineinreichende Desintegrations-, Exklusions- und Deprivationstendenzen als Gefahr für den gesellschaftlichen Zusammenhalt begreift. Kinderarmut ist ein viel zu ernstes Problem, um seine Lösung den unmittelbar betroffenen Familien sowie meistenteils gleichfalls hilflosen Erzieher(inne)n und Lehrer(inne)n zu überlassen.

Betrachtet man das bisherige Medienecho auf die Armut von Familien, Kindern und Jugendlichen, ist eine noch größere Aufmerksamkeit der Journalist(inn)en für das Problem wünschenswert. Diese könnten das soziale Verantwortungsbewusstsein der Bevölkerung wie der zuständigen Regierungen und Verwaltungen beispielsweise schärfen, indem sie Kinderarmut als ein *gesellschaftliches* Problem darstellen, das in aller Regel weder individuell verschuldet noch durch die (meist völlig überforderten) Eltern der Betroffenen zu lösen ist. Statt die Kinderarmut in der Bundesrepublik mit der Not und dem Elend in Entwicklungsländern zu vergleichen und damit – manchmal sicherlich ungewollt – zu verharmlosen, könnten Massenmedien ihren Rezipient(inn)en zu vermitteln suchen, dass das Aufwachsen in abgelegenen, verwahrlosten und verfallenden Hochhaussiedlungen (ost)deutscher Großstädte ebenso trostlos sein kann wie das Aufwachsen in ärmlichen Hütten von Ländern der sog. Dritten Welt. Zwar ist die (relative) Armut in der Bundesrepublik etwas qualitativ anderes als die (absolute) Armut in Mosambik, Burkina Faso oder Bangladesch. Kinder leiden darunter in Kiel, Kassel oder Köln aber nicht weniger als in Kalkutta, weil sie einem sehr viel stärkeren Druck der Werbeindustrie wie ihrer Spiel- bzw. Klassenkamerad(inn)en ausgesetzt sind, immer das neueste Fotohandy, den tollsten Heimcomputer oder die teuerste Markenkleidung zu besitzen. Die nötige Solidarisierung mit wie unter den Marginalisierten selbst kann nur stattfinden, wenn ihre Stigmatisierung, Ausgrenzung und Kriminalisierung durch die wohlhabende Mehrheitsgesellschaft aufhört, was entsprechende öffentliche Diskurse erfordert, die von einflussreichen Journalist(inn)en organisiert bzw. moderiert werden müssen.

Auch in Kindergärten, Krippen und Horten gibt es Bemühungen, das leidige Problem zu tabuisieren oder gar zu vertuschen. Wie eine auf zwei Städte in Ost und West (Erfurt und Mainz) bezogene empirische Untersuchung zur Wahrnehmung von Armut in Kindertagesstätten ergab, gehen die meisten Erzieher/innen hierbei von „Verhaltensauffälligkeiten" ihrer Klientel aus, was dazu führt, „dass Armut subjektiviert und das Problem damit auch externalisiert wird. Folglich werden auch, wenn überhaupt, nur unzureichend adäquate pädagogische Angebote entwickelt und umgesetzt, die an die Lebens- und Problemlagen der Kinder anschließen."[173]

In einer Befragung wurden Einrichtungen der öffentlichen Erziehung weniger als „sozialpädagogische Hilfeinstanzen", vielmehr als „Instanzen des Lernens und der Vorbereitung auf die Schule" begriffen. Hieraus ziehen

---

173 Hans-Peter Frühauf/Matthias Zeng, Wahrnehmung von Armut in Kindertagesstätten. Arm oder auffällig?, in: Soziale Arbeit 10/2001, S. 378

Hans-Peter Frühauf und Matthias Zeng den Schluss, dass eine bessere Qualifizierung der Mitarbeiter/innen durch Fortbildungsmaßnahmen im Beruf notwendig sei. „Es besteht Bedarf an der Entwicklung eines originär sozialpädagogisch geprägten Armutsbegriffes, der den Blick auf die Bedingungen des Aufwachsens schärft und so neue Perspektiven für die Arbeit im Bereich der öffentlichen Kindererziehung eröffnet."[174]

Helgard Andrä bemerkt zu Recht, „dass die Schule stärker für die sich ausweitende Armut bzw. deren Folgeerscheinungen sensibilisiert werden muss."[175] Lehrer/innen, die meist aus der Mittelschicht stammen und nicht in „sozialen Brennpunkten", vielmehr privilegierten Stadtvierteln wohnen, sind darauf überwiegend schlecht vorbereitet. Folglich muss das Thema „Kinderarmut" im Rahmen der Lehreraus- und -weiterbildung stärker berücksichtigt werden. Wer dort mit diesem Problem, seinen Hintergründen und Auswirkungen nie auch nur ansatzweise befasst war, kann als Pädagoge keinen ihm adäquaten Unterricht geben. „Probleme wären leichter zu bewältigen, wenn in der Schule offen über Armut, deren Ursachen und mögliche Folgen gesprochen und damit gegenseitiges Verständnis geweckt und für Unterstützung gesorgt würde. Das Thema ‚(Kinder-)Armut' sollte deshalb ausführlicher als bisher Teil der Curricula werden, und zwar nicht mehr nur bezogen auf das Elend der sogenannten Dritten Welt."[176]

Zwar kann die Pädagogik eine konsequente Politik gegen Armut nicht ersetzen, sie muss aber dafür sorgen, dass diese Problematik trotz emotionaler Barrieren und rationaler Bedenken auf die Agenda gesetzt wird: „Die weitgehende Nichtthematisierung der (Kinder-)Armut ist ein Armutszeugnis für die schulische und außerschulische Bildungsarbeit!"[177] Fächerübergreifend hätte der Schulunterricht zu vermitteln, welche Ursachen die neue (Kinder-)Armut hat und dass die Betroffenen in aller Regel keine persönliche Verantwortung dafür trifft, sondern individuelle Schuldzuweisungen nur von den gesellschaftlichen und politischen Hintergründen (Globalisierung, neoliberale Hegemonie, ungerechte Verteilung des Reichtums) ablenken. So wichtig beispielsweise die Stärkung der Kompetenzen zur Führung eines Familienhaushalts ist,[178] so notwendig wäre es, darüber hinausgehende Schritte einer Veränderung der Gesellschaft einzuleiten.

---

174 Ebd., S. 380
175 Siehe Helgard Andrä, Begleiterscheinungen und psychosoziale Folgen von Kinderarut: Möglichkeiten pädagogischer Intervention, in: Christoph Butterwegge (Hrsg.), Kinderarmut in Deutschland, a.a.O., S. 281
176 Ebd., S. 282f.
177 Ellen Esen, Über Armut reden!, Pädagogisch-didaktisches Material zum Thema „(Kinder-)Armut" für Schule und Weiterbildung, in: Christoph Butterwegge/Michael Klundt (Hrsg.), Kinderarmut und Generationengerechtigkeit, a.a.O., S. 203
178 Vgl. Uta Meier/Heide Preuße/Eva Maria Sunnus, Steckbriefe von Armut. Haushalte in prekären Lebenslagen, Wiesbaden 2003

5.8 Armutsverhinderung durch Gesellschaftsveränderung

Die in Öffentlichkeit, Politik und Massenmedien zirkulierenden Vorschläge zur Verringerung der Kinderarmut reichen von aus dem Mund einer Ministerin leicht zynisch wirkenden Tipps für Hartz-IV-Bezieher/innen, wie sie ihre Kinder mit Eintopf statt mit Fast Food billiger und gesünder ernähren könnten,[179] bis zu Rufen nach umfassender staatlicher Alimentierung der Mutterschaft. So forderte Christa Meves, Kinderpsychologin und Mitherausgeberin des *Rheinischen Merkurs*, bereits Mitte der 90er-Jahre in der rechtsextremen Wochenzeitung *Junge Freiheit* ein Programm zur Sanierung der Familie und zur Unterstützung der Kinder: „Zur Elternschaft sollte in Kursen ausgebildet werden. Für die Mütter sollten sie als Ausbildung zum Beruf ‚Mutter' mit einer Abschlußprüfung gewertet werden. (...) Die Mutter wird als eine Beamtin von größter Wertigkeit anerkannt und mit einer Pension bedacht."[180]

Neben solchen kuriosen Empfehlungen wurden in der Diskussion über (Kinder-)Armut eine ganze Fülle sinnvoller Ideen entwickelt.[181] Besonders seit langem auf diesem Feld engagierte Verbände, sei es der Deutsche Kinderschutzbund, das Deutsche Kinderhilfswerk, das Kinderhilfswerk der Vereinten Nationen (Unicef Deutschland) oder der Paritätische Wohlfahrtsverband, aber auch die im „Zukunftsforum Familie" zusammengeschlossenen Organisationen,[182] taten sich damit hervor, stießen bei der Bundesregierung

---

179 Vgl. z.B. Renate Schmidt, „Armut hängt nicht nur vom Geld ab", in: Bild am Sonntag v. 27.2.2005; Claudia Lehnen, „Dann gibt es arme Ritter". Wie gesund kann eine Mutter, die mit Hartz IV auskommen muss, ihre Kinder ernähren?, in: Kölner Stadt-Anzeiger v. 17.8.2007
180 Christa Meves, Der Widerstand der Familie, in: Junge Freiheit v. 21.1.1994
181 Vgl. z.B. Martin Spiewak, Kita kostenlos! – Gespräch mit Thomas Rauschenbach, dem Leiter des Deutschen Jugendinstituts, in: Die Zeit v. 7.12.2006; Detlef Kolze, Gewerkschaft beklagt große Kinderarmut in Bremerhaven. Appell an Senat: Kostenloses Essen in Schulen gewährleisten, in: Weser-Kurier/Bremer Nachrichten v. 3.1.2007; Sven Loerzer, Sozialhilfe-Empfänger bekommen mehr Geld. Laut Gutachten darf der Betrag von 347 auf 371 Euro steigen – 17000 Münchner profitieren davon, in: Süddeutsche Zeitung v. 27.2.2007; Dorothea Siems, Kinderschutzbund verlangt mehr Hilfen für arme Kinder. Trotz der Hochkonjunktur steigt die Zahl von Jugendlichen, die auf Sozialgeld angewiesen sind – Ruf nach schnellerem Ausbau der Ganztagsbetreuung, in: Die Welt v. 28.8.2007
182 Vgl. z.B. Deutscher Paritätischer Wohlfahrtsverband – Gesamtverband e.V. (Hrsg.), „Zum Leben zu wenig ..." – Für eine offene Diskussion über das Existenzminimum beim Arbeitslosengeld II und in der Sozialhilfe. Expertise von Dr. Rudolf Martens: Der Vorschlag des Paritätischen Wohlfahrtsverbandes für einen sozial gerechten Regelsatz als sozialpolitische Grundgröße. Neue Regelsatzberechnung 2006, Berlin, 19. Mai 2006; „Wir brauchen eine Politik, die alle Kinder fördert". Das Ehegattensplitting gehört abgeschafft, Kinder müssen vor Armut geschützt und ihre Bildung muss endlich ordentlich finanziert werden/Ein Appell an die Bundesregierung, in: Frankfurter Rundschau v. 15.5.2007

jedoch weitgehend auf taube Ohren. Eine durchdachte Konzeption fehlt der Politik bisher ebenso wie eine realistische Umsetzungsstrategie, und der mehrfach überholte Nationale Aktionsplan „Für ein kindergerechtes Deutschland 2005-2010" reicht nicht aus, um einen Durchbruch zu erzielen. Erschwert wird der Kampf gegen die Kinderarmut durch eine „Zersplitterung der Verantwortlichkeiten" im föderalen System, die Gabriele Hiller-Ohm beklagt: „So ist der Bund beispielsweise für die Festlegung des Existenzminimums zuständig, die Länder bestimmen über die bildungspolitischen Rahmenbedingungen und die Kommunen organisieren die Kinderbetreuung."[183] Hiller-Ohm fordert daher ein gesamtstaatliches „Bündnis gegen Kinderarmut", dessen Ausgangspunkt das Kindeswohl sein soll: „Bund, Länder und Gemeinden müssen sich im Rahmen dieses Bündnisses auf gleichwertige Standards einigen, die dann für alle Kinder in Deutschland, unabhängig vom jeweiligen Bundesland, in dem sie leben, gelten und umgesetzt werden."[184]

Will man nicht nur die Auswüchse der (Kinder-)Armut mildern, sondern die ökonomischen und sozialen Wurzeln für ihre Fortexistenz beseitigen, muss die mehrfache Spaltung in Deutschland durch eine grundlegende Umgestaltung der Gesellschaft aufgehoben werden. Kinderarmut darf vor allem nicht isoliert gesehen, sollte vielmehr in einen gesamtgesellschaftlichen Rahmen gestellt werden, will man das Problem als solches begreifen und mit Erfolg bekämpfen. Hierzu gehört auch, die soziale Ungleichheit allgemein zu thematisieren, weil sie eine ständig sprudelnde Quelle für Armut, Unterversorgung und Not darstellt. Heute trifft es vorwiegend Familienhaushalte, Kinder und Jugendliche; morgen oder übermorgen sind es vielleicht schon andere Gesellschaftsgruppen bzw. Alterskohorten, die unter materiellen Entbehrungen und sozialer Ausgrenzung leiden.

Vieles spricht dafür, dass sich die demografische Struktur der Armutspopulation aufgrund der Zunahme diskontinuierlicher Erwerbsverläufe, der zahlreichen Kürzungen im Sozialbereich (z.B. Wegfall der Arbeitslosenhilfe und Verringerung des Schonvermögens durch Hartz IV; drastische Kürzung der Rentenversicherungsbeiträge, welche die Bundesagentur für Arbeit im Falle der Erwerbslosigkeit entrichtet; Senkung des Rentenniveaus durch den als „Nullrunde" verharmlosten Verzicht auf die jährliche Rentenanpassung 2004 ff.; Einführung des sog. Nachhaltigkeitsfaktors, des sog. Nachholfaktors und der nachgelagerten Rentenbesteuerung; Fälligwerden höherer Abschläge durch die Anhebung des Rentenzugangsalters von 65 auf 67 Jahre), aber auch des Anstiegs von Scheidungen und der Zahl aufgrund ihrer geringfügigen Beschäftigungsverhältnisse unzureichend gesicherter Frauen wieder mehr in Richtung der Älteren verschiebt. Außerdem dürften vor allem Frauen in den ostdeutschen Bundesländern nie mehr ähnlich günstige Erwerbsbiografien aufweisen wie sog. Bestandsrentner/innen, die zu DDR-Zeiten erwerbstätig

---

183 Gabriele Hiller-Ohm, Kinderarmut bekämpfen, a.a.O., S. 48
184 Ebd.

waren. Es ist zu befürchten, „dass rentennahe Jahrgänge und Neuzugänge in zunehmendem Maße Bürger mit Armutsrisiken einschließen werden. Nicht zuletzt deshalb, weil die Chancen Über-50-Jähriger auf entsprechende Vorsorge stark eingegrenzt sind, ebenso wie Zugriffe auf eigenes Vermögen."[185]

Neuerdings thematisieren auch die Massenmedien häufiger das Problem einer künftig drohenden Altersarmut, welches sie jedoch nicht selten fälschlicherweise auf die Überforderung der Gesetzlichen Rentenversicherung und des Generationenvertrages zurückführen.[186] Für eine (Re-)Seniorisierung der Armut spricht schließlich, dass in der Diskussion über die nächste Rentenreform radikale Vorstellungen bezüglich der Privatisierung sozialer Risiken an Boden gewinnen dürften, weil ihre Protagonisten nicht nur die Demografie als Mittel der Demagogie, sondern auch die Unterversorgung vieler Familien als Waffe im sich zuspitzenden gesellschaftlichen Verteilungskampf benutzen: So wird unter Hinweis auf die heute angeblich bestehende Generationenungerechtigkeit eine weitere Kürzung von Altersrenten verlangt, staatliche „Sparpolitik" legitimiert und Kinderarmut im Sinne einer Spaltung der Armutspopulation in Jung und Alt instrumentalisiert.[187]

Um die Kinderarmut in Ost- und Westdeutschland zu reduzieren, sollte eine politische Doppelstrategie verfolgt werden: Man muss einerseits mehr (sozialversicherungspflichtige) Vollzeitarbeitsplätze mit existenzsichernden Löhnen bzw. Gehältern für Männer und Frauen bzw. Mütter und Väter sowie andererseits mehr beitragsfreie bzw. bezahlbare öffentliche (Ganztags-)Betreuungseinrichtungen für Kinder schaffen, möglichst nicht nur die Ersteren dort und die Letzteren hier. Längerfristig sollte ein neues, zukunftsfähiges Normalarbeitsverhältnis konstituiert und gleichzeitig dafür gesorgt werden, dass die Normalfamilie ihre frühere Monopolstellung im Rahmen der sozia-

---

185 Gunnar Winkler, Die Region der neuen Alten. Fakten und Positionen zur sozialen Situation älterer Bürger in den neuen Bundesländern 1990 bis 2005, Berlin 2006, S. 308

186 Vgl. z.B. Zeitbombe Altersarmut. Minister fordert Reformen im Rentensystem und Kapitalbeteiligung von Arbeitnehmern, in: Ruhr-Nachrichten (Dortmund) v. 10.5. 2007; Altersarmut trotz Riester. Privatvorsorge lohnt sich für Geringverdiener gar nicht, weil sie mit staatlicher Grundsicherung verrechnet wird, in: taz v. 11.1.2008; Daniela Kuhr, Arm und alt. Die Politik verdrängt, dass künftig immer mehr Menschen von ihrer Rente nicht mehr leben können, in: Süddeutsche Zeitung v. 14.1.2008; Elisabeth Niejahr, Alt werden wir später ... ... und arm vielleicht auch: Drei gebildete Menschen, denen es gut geht – doch ihre Rente ist alles andere als sicher, in: Die Zeit v. 21.2.2008; Rainer Rudolph, Die finanzielle Not im Alter wächst. Seniorenvertreter warnen vor Entwicklung, in: Kölner Stadt-Anzeiger v. 8./9.3.2008; Simone Weidner, Frau plus alt gleich arm? – Frauen nutzen noch zu wenig die staatlich geförderte Altersvorsorge. Schon heute sind 30 Prozent der alleinstehenden Rentnerinnen von Armut bedroht, in: taz v. 15./16.3.2008

187 Vgl. dazu: Michael Klundt, Von der sozialen zur Generationengerechtigkeit? – Polarisierte Lebenslagen und ihre Deutung in Wissenschaft, Politik und Medien, Mit einem Vorwort von Christoph Butterwegge, Wiesbaden 2007

len Sicherung für Frauen, Mütter bzw. Kinder verliert und ein alle Lebens- und Liebesformen erfassendes Wohlfahrtsregime etabliert wird.

Ein flächendeckendes Netz von öffentlichen *G*anztagsbetreuungseinrichtungen schon für Unter-2-Jährige, die *G*emeinschaftsschule als dominante Schulform und eine soziale, bedarfsabhängige *G*rundsicherung für Kinder bilden einen politischen Dreiklang (G-G-G), um deren Armut nachhaltig zu verringern. Eine so wohlhabende, wenn nicht reiche Industrienation wie Deutschland, die den Anspruch erhebt, dafür zu sorgen, dass junge Menschen – gleich welcher Herkunft – ohne materielle Entbehrungen aufwachsen, muss entsprechend handeln. Arbeitsmarkt- und Beschäftigungs- sowie Bildungs-, Familien- und Sozialpolitik können zwar die Not der Betroffenen lindern, aber kaum verhindern, dass die Kluft zwischen Arm und Reich fortbesteht und den inneren Frieden gefährdet. Kinderarmut wirksam zu bekämpfen heißt nicht zuletzt, mit dafür zu sorgen, dass Strukturen sozialer Ungleichheit für immer beseitigt werden. Es bedarf einschneidender Reformen und entschlossener Schritte der Umverteilung von Arbeit, Einkommen und Vermögen, um das weder individuell verschuldete noch schicksalhafte, sondern gesellschaftlich bedingte Problem zu lösen. Dafür unbedingt erforderlich wäre ein Paradigmawechsel vom „schlanken" zum interventionsfähigen und -bereiten Wohlfahrtsstaat.[188]

Armutsbekämpfung kostet viel Geld: Um die Handikaps der Kinder aus sozial benachteiligten Familien im Wohn-, Bildungs-, Gesundheits- und Freizeitbereich ausgleichen zu können, braucht man mehr Finanzmittel, als sie ein „schlanker Staat", der die (Gewinn-)Steuern immer weiter senkt, zur Verfügung hat. Da die im Zeichen der Globalisierung tendenziell zunehmende Armut mit wachsendem Wohlstand und vermehrtem Reichtum einhergeht, ja geradezu dessen Kehrseite bildet,[189] kann sie nur durch konsistente und miteinander kompatible Maßnahmen einer Umverteilung „von oben nach unten" beseitigt werden. Sinnvoll wäre die Wiedererhebung der nach einem Urteil des Bundesverfassungsgerichts von der CDU/CSU/FDP-Koalition zum 1. Januar 1997 ausgesetzten Vermögensteuer. Sie ist keineswegs abgeschafft, sondern steht nach wie vor in der Verfassung (Art. 106 Abs. 2 GG) und würde nicht bloß der Steuergerechtigkeit dienen, sondern könnte auch entscheidend dazu beitragen, die Länder finanziell handlungsfähiger zu machen. An die Stelle des mit hohen Kosten der Vereinigung begründeten Solidaritätszuschlages (für alle Lohn-, Einkommen- und Körperschaftsteuerpflichtigen)

---

188 Vgl. hierzu: Christoph Butterwegge, Krise und Zukunft des Sozialstaates, 3. Aufl. Wiesbaden 2006, S. 267ff.
189 Vgl. dazu: Karl Georg Zinn, Wie Reichtum Armut schafft. Verschwendung, Arbeitslosigkeit und Mangel, 4. Aufl. Köln 2006; Sahra Wagenknecht (Hrsg.), Armut und Reichtum heute. Eine Gegenwartsanalyse, Berlin 2007

Armutsverhinderung durch Gesellschaftsveränderung 359

müsste eine zeitlich befristete Vermögensabgabe für Kapitaleigentümer und Besserverdienende treten, wie sie Herbert Ehrenberg vorschlägt.[190]
Brigitte Stolz-Willig nennt die oben angeführten Reformschritte ergänzende Maßnahmen, die der Exklusion prekär Beschäftigter und Familienarbeit leistender Personen aus dem Schutz des sozialen Sicherungssystems begegnen sollen:

- „Stärkung der Finanzierungsbasis des sozialen Sicherungssystems, indem hohe Einkommen und (Kapital-)Vermögen in die Beitragspflicht einbezogen werden;
- Stärkung der Versicherungsbiografien über Einbezug aller Formen der Erwerbstätigkeit und perspektivisch die Einführung einer Mindestbeitragspflicht für alle Personen im erwerbsfähigen Alter;
- Einbezug gesellschaftlich erwünschter und regulierter Phasen der Nichterwerbstätigkeit (Erziehung, Pflege, Qualifizierung) in den Risikoausgleich;
- Einbau einer bedarfsorientierten Mindestsicherung in die Arbeitslosenversicherung."[191]

Eine kapitalistische Ökonomie, die auf Konkurrenz basiert und profitorientiert ist, schließt soziale Ungleichheit ein, hingegen nie aus, dass (junge) Menschen verarmen. Sie kann allerdings mehr oder weniger „kinder-" bzw. „familienfreundlich" gestaltet werden.[192] Dauerhaft lässt sich Kinderarmut nur verhindern, wenn die Öffentlichkeit für das Problem sensibilisiert und auch für radikale Forderungen zu seiner Lösung mobilisiert, das Netz der sozialen Sicherung armutsfest gemacht und die Gesellschaft durch Strukturreformen grundlegend verändert wird.

Mittels einer Bürgerversicherung, die allgemein, einheitlich und solidarisch sein müsste,[193] könnte die berufsständische Gliederung des Bismarck'schen Sozialstaates endgültig überwunden und gleichzeitig sein Fundament verbreitert werden, ohne von der Systemlogik abzugehen. Ergänzend

---

190 Vgl. Herbert Ehrenberg, Erfolgreiche Armutsbekämpfung braucht neue Finanzierungsgrundlagen, in: Stefan Sell (Hrsg.), Armut als Herausforderung. Bestandsaufnahme und Perspektiven der Armutsforschung und Armutsberichterstattung, Berlin 2002, S. 462
191 Brigitte Stolz-Willig, Generationen- und Geschlechtergerechtigkeit oder: Familienarbeit neu bewerten – aber wie?, a.a.O., S. 223
192 Siehe dazu exemplarisch: Michaela Hellmann u.a., Familien- und Kinderfreundlichkeit. Prüfverfahren, Beteiligung, Verwaltungshandeln. Ein Praxishandbuch für Kommunen, hrsgg. vom Bundesministerium für Familie, Senioren, Frauen und Jugend, Stuttgart 2002; Christine Henry-Huthmacher/Konrad-Adenauer-Stiftung (Hrsg.), Politik für Familien. Wege in eine kinderfreundliche Gesellschaft, Freiburg im Breisgau/Basel/Wien 2006
193 Vgl. hierzu: Christoph Butterwegge, Bürgerversicherung – Alternative zum neoliberalen Umbau des Sozialstaates?, in: Wolfgang Strengmann-Kuhn (Hrsg.), Das Prinzip Bürgerversicherung. Die Zukunft im Sozialstaat, Wiesbaden 2005, S. 29ff.

zu einer solchen Bürgerversicherung, die alle Wohnbürger/innen mit ihren sämtlichen Einkommen und Einkunftsarten (möglichst ohne Beitragsbemessungs- und Versicherungspflichtgrenzen) zur Finanzierung der nötigen Leistungen im Sozial- bzw. Gesundheitsbereich heranzieht, bedarf es einer sozialen Grundsicherung (für Kinder), die das Existenzminimum ohne entwürdigende Antragstellung und bürokratische Bedürftigkeitsprüfung sicherstellt. Zu hoffen bleibt, dass dieses Modell durch die im SGB XII verankerte „Grundsicherung im Alter und bei Erwerbsminderung" sowie die im SGB II kodifizierte „Grundsicherung für Arbeitsuchende" nicht für immer diskreditiert ist.

Damit die Sozialhilfeempfänger/innen nicht stigmatisiert werden, sollte es eine Grundsicherung für sämtliche Bedürftige auf demselben Leistungsniveau und zu gleichen Bedingungen geben. Hierbei würde das Einkommen eines Haushaltes mit Kindern so weit aufgestockt, dass deren Versorgung staatlicherseits gesichert wäre. Wegen der negativen Erfahrungen mit Hartz IV wurde in linken, systemkritischen Kreisen zuletzt wieder häufiger die Forderung nach einem *bedingungslosen* Grundeinkommen erhoben, auch oder sogar gerade für Kinder.[194] In denselben Zusammenhang gehören Modelle wie das von Dieter Althaus propagierte „Solidarische Bürgergeld" und vergleichbare Konzepte, etwa das des Drogeriemarktkettenbesitzers Götz W. Werner.[195] Ob eine Universalleistung, die alle Einwohner/innen aufgrund ihres Bürgerstatus ohne Bedarfs- bzw. Bedürftigkeitsnachweis bekämen, überhaupt sinnvoll, finanzierbar und realisierbar ist, erscheint jedoch mehr als fraglich.[196]

---

194 Vgl. z.B. Werner Rätz/Dagmar Paternoga/Werner Steinbach, Grundeinkommen: bedingungslos, Hamburg 2005; Kai Ehlers, Grundeinkommen für alle – Sprungbrett in eine integrierte Gesellschaft, Dornach 2006; Andreas Exner/Werner Rätz/Birgit Zenker (Hrsg.), Grundeinkommen. Soziale Sicherheit ohne Arbeit, Wien 2007; Thea Dückert, Eine Grundsicherung für die Kinder. Statt mit einem Wirrwarr von Maßnahmen die Familien zu fördern, sollte der Staat für jedes Kind 300 Euro zahlen. Bedingungslos, in: Die Zeit v. 27.9.2007
195 Vgl. Michael Borchard (Hrsg.), Das Solidarische Bürgergeld. Analyse einer Reformidee, Stuttgart 2007; Götz W. Werner, Einkommen für alle, Köln 2007
196 Vgl. zur Kritik: Christoph Butterwegge, Grundeinkommen und soziale Gerechtigkeit, in: Aus Politik und Zeitgeschichte 51-52/2007, S. 25ff.

Abkürzungsverzeichnis

a.a.O.	am angegebenen Ort
AB	Arbeitsbeschaffung
Abb.	Abbildung
ABM	Arbeitsbeschaffungsmaßnahme(n)
ABS	Arbeitsförderung, Beschäftigung und Strukturentwicklung
AFG	Arbeitsförderungsgesetz
AG	Aktiengesellschaft
Alg	Arbeitslosengeld
Alhi	Arbeitslosenhilfe
AOK	Allgemeine Ortskrankenkasse
ARGE	Arbeitsgemeinschaft (aus Agentur für Arbeit und kommunaler Sozialbehörde)
ARL	Akademie für Raumforschung und Landesplanung (Hannover)
Art.	Artikel
ASD	Allgemeiner Sozialdienst
attac	Association pour la Taxation des Transactions financières pour l'Aide aux Citoyens – Vereinigung zur Besteuerung der (Finanz-)Transaktionen zugunsten der Bürger
Aufl.	Auflage
AWO	Arbeiterwohlfahrt
BMW	Bayerische Motoren Werke
BRD	Bundesrepublik Deutschland
BSHG	Bundessozialhilfegesetz
BT-Drs.	Bundestags-Drucksache
BvS	Bundesanstalt für vereinigungsbedingte Sonderaufgaben
bzw.	beziehungsweise
bzgl.	bezüglich
ca.	circa
CDU	Christlich Demokratische Union Deutschlands
CSU	Christlich-Soziale Union in Bayern
d.	der/die
DDR	Deutsche Demokratische Republik
DFB	Deutscher Fußballbund
DGB	Deutscher Gewerkschaftsbund
DIW	Deutsches Institut für Wirtschaftsforschung
d.h.	das heißt

ders.	derselbe
dies.	dieselbe(n)
DM	Deutsche Mark
DPWV	Deutscher Paritätischer Wohlfahrtsverband
DVU	Deutsche Volksunion
ebd.	ebenda
ECHP	European Community Household Panel on Income and Living Condition
EG	Europäische Gemeinschaft(en)
EKD	Evangelische Kirche in Deutschland
EU	Erwerbsunfähigkeit bzw. Europäische Union
EUR	Euro
EUROSTAT	Statistisches Amt der Europäischen Gemeinschaft
e.V.	eingetragener Verein
evtl.	eventuell
FAZ	Frankfurter Allgemeine Zeitung
FDP	Freie Demokratische Partei
FH	Fachhochschule
Fn.	Fußnote
FuE	Forschung und Entwicklung
FuU	Fortbildung und Umschulung
GEK	Gmünder Ersatzkasse
GG	Grundgesetz
ggf.	gegebenenfalls
GKV	Gesetzliche Krankenversicherung
GRV	Gesetzliche Rentenversicherung
GUS	Gemeinschaft Unabhängiger Staaten
HBL	Hilfe in besonderen Lebenslagen
Hervorh.	Hervorhebung(en)
HIV	Aids-Virus (human immunodeficiency virus)
HLU	Hilfe zum Lebensunterhalt
Hrsg.	Herausgeber/in
hrsgg.	herausgegeben
ICESCR	Internationaler Pakt über wirtschaftliche, soziale und kulturelle Rechte
IG	Industriegewerkschaft
IGLU	Internationale Grundschul-Lese-Untersuchung
INSM	Initiative Neue Soziale Marktwirtschaft
IWF	Internationaler Währungsfonds
KJHG	Kinder- und Jugendhilfegesetz
KiBiz	Kinderbildungsgesetz
KiTa	Kindertagesstätte
KSPW	Kommission für die Erforschung des Sozialen und Politischen Wandels in den Neuen Bundesländern
LBS	Landesbausparkasse
Mio.	Million(en)
Mrd.	Milliarde(n)
NATO	Nordatlantikpakt (North Atlantic Treaty Organization)
NPD	Nationaldemokratische Partei Deutschlands
NRW	Nordrhein-Westfalen
o.Ä.	oder Ähnliches
o.g.	oben genannte/r
o.J.	ohne Jahr

Abkürzungsverzeichnis 363

OECD	Organisation für wirtschaftliche Zusammenarbeit und Entwicklung (Organization for Economic Cooperation and Development)
o.g.	oben genannt(e/r)
PC	Personalcomputer
PDS	Partei des Demokratischen Sozialismus
PISA	Programme for International Student Assessment
PSA	Personal-Service-Agenturen
qm	Quadratmeter
RGW	Rat für gegenseitige Wirtschaftshilfe
S.	Seite(n)
SAM	Strukturanpassungsmaßnahme(n)
SBZ	Sowjetische Besatzungszone
SED	Sozialistische Einheitspartei Deutschlands
SFB	Sonderforschungsbereich
SGB	Sozialgesetzbuch
SMS	Short Message Service
SOEP	Sozio-ökonomisches Panel
sog.	so genannte(r)
SPD	Sozialdemokratische Partei Deutschlands
StGB	Strafgesetzbuch
s.u.	siehe unten
Tab.	Tabelle
TAG	Tagesbetreuungsausbaugesetz
taz	die tageszeitung
u.a.	unter anderen/m
u.E.	unseres Erachtens
usw.	und so weiter
Unicef	Kinderhilfswerk der Vereinten Nationen (United Nations Children's Fund)
USA	Vereinigte Staaten von Amerika (United States of America)
v.a.	vor allem
VAMV	Verband alleinerziehender Mütter und Väter e.V.
ver.di	Vereinte Dienstleistungsgewerkschaft
Verf.	Verfasser
vs.	versus
VW	Volkswagen
WSI	Wirtschafts- und Sozialwissenschaftliches Institut (in der Hans-Böckler-Stiftung des DGB)
WZB	Wissenschaftszentrum Berlin für Sozialforschung
z.B.	zum Beispiel
ZeS	Zentrum für Sozialpolitik (an der Universität Bremen)
ZUMA	Zentrum für Umfragen, Methoden und Analysen (Mannheim)

Literaturauswahl

Deutschland im Umbruch – Probleme und Perspektiven der Wiedervereinigung

Altenhof, Ralf/Jesse, Eckhard (Hrsg.): Das wiedervereinigte Deutschland. Zwischenbilanz und Perspektiven, Düsseldorf 1995
Bahrmann, Hannes/Links, Christoph (Hrsg.): Am Ziel vorbei. Die deutsche Einheit – eine Zwischenbilanz, Berlin 2005
Becker, Ulrich/Becker, Horst/Ruhland, Walter: Zwischen Angst und Aufbruch. Das Lebensgefühl der Deutschen in Ost und West nach der Wiedervereinigung, Düsseldorf 1992
Bisky, Jens: Die deutsche Frage. Warum die Einheit unser Land gefährdet, Berlin 2005
Brümmerhoff, Dieter (Hrsg.): Nutzen und Kosten der Wiedervereinigung, Baden-Baden 2000
Butterwegge, Christoph: Krise und Zukunft des Sozialstaates, 3. Aufl. Wiesbaden 2006
Czada, Roland/Wollmann, Hellmut (Hrsg.): Von der Bonner zur Berliner Republik. 10 Jahre Deutsche Einheit, Wiesbaden 2000
Dahn, Daniela: Westwärts und nicht vergessen. Vom Unbehagen in der Einheit, Reinbek bei Hamburg 1997
Dahn, Daniela: Wir bleiben hier oder Wem gehört der Osten?, Reinbek bei Hamburg 1994
Diewald, Martin/Mayer, Karl Ulrich (Hrsg.): Zwischenbilanz der Wiedervereinigung, Opladen 1996
Eckart, Karl/Scherf, Konrad (Hrsg.): Deutschland auf dem Weg zur inneren Einheit, Berlin 2004
Ehrenberg, Herbert: Damit keiner unter die Räder kommt. Strategien für einen gesamtdeutschen Sozialstaat, Köln 1990
Gabriel, Oscar W./Falter, Jürgen W./Rattinger, Hans (Hrsg.): Wächst zusammen, was zusammen gehört? – Stabilität und Wandel politischer Einstellungen im wiedervereinigten Deutschland, Baden-Baden 2005
Geißler, Rainer: Die Sozialstruktur Deutschlands. Zur gesellschaftlichen Entwicklung mit einer Bilanz zur Vereinigung, 4. Aufl. Wiesbaden 2006
Giesen, Bernd/Leggewie, Claus (Hrsg.): Experiment Vereinigung. Ein sozialer Großversuch, Berlin 1991
Glatzer, Wolfgang/Noll, Heinz-Herbert (Hrsg.): Getrennt vereint. Lebensverhältnisse in Deutschland seit der Wiedervereinigung, Frankfurt am Main/New York 1995
Glatzer, Wolfgang/Ostner, Ilona (Hrsg.): Deutschland im Wandel. Sozialstrukturelle Analysen, Opladen 1999
Gutmann, Gernot/Wagner, Ulrich (Hrsg.): Ökonomische Erfolge und Mißerfolge der deutschen Vereinigung. Eine Zwischenbilanz, Stuttgart/Jena/New York 1994
Habermas, Jürgen: Die nachholende Revolution, Frankfurt am Main 1990

Hankel, Wilhelm: Die sieben Todsünden der Vereinigung, Berlin 1993
Hardtwig, Wolfgang/Winkler, Heinrich August (Hrsg.): Deutsche Entfremdung. Zum Befinden in Ost und West, München 1994
Hemmer, Hans O./Stolt, Frank D. (Hrsg.): Gleichheit, Freiheit, Solidarität. Für ein „Zusammenwachsen" in gemeinsamer Verantwortlichkeit, Köln 1990
Herles, Wolfgang: Wir sind kein Volk. Eine Polemik, München/Zürich 2004
Hessel, Aike/Geyer, Michael/Brähler, Elmar (Hrsg.): Gewinne und Verluste sozialen Wandels. Globalisierung und deutsche Vereinigung aus psychosozialer Sicht, Opladen/ Wiesbaden 1999
Hettlage, Robert/Lenz, Karl (Hrsg.), Deutschland nach der Wende. Eine Bilanz, München 1995
Heydemann, Günther/Jesse, Eckhard (Hrsg.): 15 Jahre deutsche Einheit. Deutsch-deutsche Begegnungen, deutsch-deutsche Beziehungen, Berlin 2006
Hickel, Rudolf/Huster, Ernst-Ulrich/Kohl,Heribert (Hrsg.): Umverteilen. Schritte zur sozialen und wirtschaftlichen Einheit Deutschlands, Köln 1993
Hickel, Rudolf/Priewe, Jan: Nach dem Fehlstart. Ökonomische Perspektiven der deutschen Einigung, Frankfurt am Main 1994
Hufnagel, Rainer/Simon, Titus (Hrsg.): Problemfall Deutsche Einheit. Interdisziplinäre Betrachtungen zu gesamtdeutschen Fragestellungen, Wiesbaden 2004
Jarausch, Konrad H.: Die unverhoffte Einheit 1989-1990, Frankfurt am Main 1995
Joas, Hans/Kohli, Martin (Hrsg.): Der Zusammenbruch der DDR, Frankfurt am Main 1993
Kaden, Ute/Herrmann, Wolfgang: DDR kontra Agenda 2010. Streitschrift für Alternativen zur Wirtschafts- und Sozialpolitik, Berlin 2004
Kaufmann, Franz-Xaver: Zukunft der Familie im vereinten Deutschland. Gesellschaftliche und politische Bedingungen, 2. Aufl. München 2007
Kleinhenz, Gerhard (Hrsg.): Sozialpolitik im vereinten Deutschland, 3 Bde., Berlin 1991, 1992 und 1996
Liebert, Ulrike/Merkel, Wolfgang (Hrsg.): Die Politik zur deutschen Einheit. Probleme – Strategien – Kontroversen, Opladen 1993
Meinhardt, Volker (u.a., Hrsg.): Transferleistungen in die neuen Bundesländer und deren wirtschaftliche Konsequenzen, Berlin 1995
Mertens, Lothar (Hrsg.): Bilanz und Perspektiven des deutschen Vereinigungsprozesses, Berlin 2006
Müller, Uwe: Supergau Deutsche Einheit, Berlin 2005
Noll, Heinz Herbert/Habich, Roland (Hrsg.): Vom Zusammenwachsen einer Gesellschaft. Analysen zur Angleichung der Lebensverhältnisse in Deutschland, Frankfurt am Main/New York 2000
Nolte, Dirk/Sitte, Ralf/Wagner, Alexandra (Hrsg.): Wirtschaftliche und soziale Einheit Deutschlands. Eine Bilanz, Köln 1995
Richter, Edelbert: Aus ostdeutscher Sicht. Wider den neoliberalen Zeitgeist, Köln/Weimar/Wien 1998
Ritter, Gerhard A.: Der Preis der deutschen Einheit. Die Wiedervereinigung und die Krise des Sozialstaates, 2. Aufl. München 2007
Schluchter, Wolfgang/Peter E. Quint (Hrsg.): Der Vereinigungsschock. Vergleichende Betrachtungen zehn Jahre danach, Weilerswist 2001
Schmähl, Winfried (Hrsg.): Sozialpolitik im Prozeß der deutschen Vereinigung, Frankfurt am Main/New York 1992
Schmitt, Manfred/Montada, Leo (Hrsg.): Gerechtigkeitserleben im wiedervereinigten Deutschland, Opladen 1999
Schroeder, Klaus: Der Preis der Einheit. Eine Bilanz, München/Wien 2000
Schroeder, Klaus: Die veränderte Republik. Deutschland nach der Wiedervereinigung, München 2006

Schröder, Richard: Die wichtigsten Irrtümer über die deutsche Einheit, Freiburg im Breisgau/Basel/Wien 2007
Schroeder, Wolfgang: Das Modell Deutschland auf dem Prüfstand. Zur Entwicklung der industriellen Beziehungen in Ostdeutschland, Opladen 2000
Schui, Herbert: Die ökonomische Vereinigung Deutschlands. Bilanz und Perspektiven, Heilbronn 1992
Siebert, Horst: Das Wagnis der Einheit. Eine wirtschaftspolitische Therapie, Stuttgart 1992
Simon, Jana/Rothe, Frank/Andrasch, Wiete (Hrsg.): Das Buch der Unterschiede. Warum die Einheit keine ist, Berlin 2000
Simonis, Georg (Hrsg.): Deutschland nach der Wende. Neue Politikstrukturen, Opladen 1998
Sinn, Gerlinde/Sinn, Hans-Werner: Kaltstart. Volkswirtschaftliche Aspekte der deutschen Vereinigung, 3. Aufl. Tübingen 1993
Thierse, Wolfgang: Zukunft Ost. Perspektiven für Ostdeutschland in der Mitte Europas, Berlin 2001
Thierse, Wolfgang/Ilse Spittmann-Rühle/Johannes L. Kuppe (Hrsg.): Zehn Jahre Deutsche Einheit. Eine Bilanz, Opladen 2000
Vilmar, Fritz (Hrsg.): Zehn Jahre Vereinigungspolitik. Kritische Bilanz und humane Alternativen, Berlin 2000
Wehling, Hans-Georg (Hrsg.): Deutschland Ost – Deutschland West. Eine Bilanz, Opladen 2002
Wehner, Burkhard: Deutschland stagniert. Von der ost- zur gesamtdeutschen Krise, Darmstadt 1994
Zapf, Wolfgang/Habich, Roland (Hrsg.): Wohlfahrtsentwicklung im vereinten Deutschland. Sozialstruktur, sozialer Wandel und Lebensqualität, Berlin 1996

Theorie, Verlauf und (Zwischen-)Ergebnisse des ostdeutschen Transformationsprozesses

AG Perspektiven für Ostdeutschland (Hrsg.): Ostdeutschland – eine abgehängte Region?, Perspektiven und Alternativen, Dresden/Hamburg 2001
Beer, Doris (u.a., Hrsg.): Der ostdeutsche Arbeitsmarkt in Gesamtdeutschland: Angleichung oder Auseinanderdriften?, Opladen 1997 (KSPW-Veröffentlichung)
Bertram, Hans (Hrsg.), Ostdeutschland im Wandel. Lebensverhältnisse – politische Einstellungen, 2. Aufl. Opladen 1996 (KSPW-Veröffentlichung)
Bertram, Hans: Regionen im Vergleich. Gesellschaftlicher Wandel in Ostdeutschland am Beispiel ausgewählter Regionen, Opladen 1997 (KSPW-Veröffentlichung)
Bertram, Hans/Hradil, Stefan/Kleinhenz, Gerhard (Hrsg.): Sozialer und demographischer Wandel in den neuen Bundesländern, Opladen 1996 (KSPW-Veröffentlichung)
Brücker, Herbert: Privatisierung in Ostdeutschland. Eine institutionenökonomische Analyse, Frankfurt am Main/New York 1995
Bütow, Birgit/Chassé, Karl August/Maurer, Susanne (Hrsg.): Soziale Arbeit zwischen Aufbau und Abbau. Transformationsprozesse im Osten Deutschlands und die Kinder- und Jugendhilfe, Wiesbaden 2006
Busch, Ulrich: Am Tropf – die ostdeutsche Transfergesellschaft, Berlin 2002
Christ, Peter/Neubauer, Ralf: Kolonie im eigenen Land. Die Treuhand, Bonn und die Wirtschaftskatastrophe der fünf Bundesländer, Berlin 1991
Dümcke, Wolfgang/Vilmar, Fritz (Hrsg.): Kolonialisierung der DDR. Kritische Analysen und Alternativen des Einigungsprozesses, 3. Aufl. Münster 1996

Engler, Wolfgang: Die Ostdeutschen. Kunde von einem verlorenen Land, Berlin 1999
Engler, Wolfgang: Die Ostdeutschen als Avantgarde, Berlin 2002
Esser, Hartmut (Hrsg.): Der Wandel nach der Wende. Gesellschaft, Wirtschaft, Politik in Ostdeutschland, Wiesbaden 2000
Gutmann, Gernot: Die Wettbewerbsfähigkeit der ostdeutschen Wirtschaft. Ausgangslage, Handlungserfordernisse, Perspektiven, Berlin 1995
Häder, Michael/Häder, Sabine: Turbulenzen im Transformationsprozeß. Die individuelle Bewältigung des sozialen Wandels in Ostdeutschland 1990-1992, Opladen 1995
Heinz, Walter R./Hormuth, Stefan E. (Hrsg.): Arbeit und Gerechtigkeit im ostdeutschen Transformationsprozeß, Opladen 1997 (KSPW-Veröffentlichung)
Helsper, Werner/Krüger, Heinz-Hermann/Wenzel, Hartmut (Hrsg.): Schule und Gesellschaft im Umbruch. Trends und Perspektiven der Schulentwicklung in Ostdeutschland, Weinheim 1996
Hoffmann, Lutz: Warten auf den Aufschwung. Eine ostdeutsche Bilanz, Regensburg 1993
Kohte, Wolfhard (Hrsg.): Der Einfluß der Treuhandanstalt auf die Gestaltung der arbeits- und sozialrechtlichen Verhältnisse, Opladen 1997 (KSPW-Veröffentlichung)
Kollmorgen, Raj/Reißig, Rolf/Weiss, Johannes (Hrsg.): Sozialer Wandel und Akteure in Ostdeutschland. Empirische Befunde, theoretische Ansätze, komparative Analysen, Opladen 1996 (KSPW-Veröffentlichung)
Liedtke, Rüdiger (Hrsg.): Die Treuhand und die zweite Enteignung der Ostdeutschen, München 1993
Luft, Christa: Wendeland. Fakten und Legenden, Berlin 2005
Lutz, Burkart/Nickel, Hildegard M./Schmidt, Rudi (Hrsg.): Arbeit, Arbeitsmarkt und Betriebe, Opladen 1996 (KSPW-Veröffentlichung)
Maydell, Bernd von (u.a.): Die Umwandlung der Arbeits- und Sozialordnung, Opladen 1997 (KSPW-Veröffentlichung)
Maydell, Bernd von/Wank, Rolf (Hrsg.): Transformation der Arbeitsordnung in den neuen Bundesländern, Opladen 1996 (KSPW-Veröffentlichung)
Mayntz, Renate (Hrsg.): Aufbruch und Reform von oben. Ostdeutsche Universitäten im Transformationsprozess, Frankfurt am Main 1994
Nickel, Hildegard M./Kühl, Jürgen/Schenk, Sabine (Hrsg.): Erwerbsarbeit und Beschäftigung im Umbruch, 2. Aufl. Opladen 1996 (KSPW-Veröffentlichung)
Offe, Claus: Der Tunnel am Ende des Lichts. Erkundungen der politischen Transformation im Neuen Osten, Frankfurt am Main/New York 1994
Peche, Norbert: Selbst ist das Volk. Wie der Aufschwung Ost doch noch gelingen kann, Berlin 2007
Pohl, Rüdiger (Hrsg.): Herausforderung Ostdeutschland. Fünf Jahre Währungs-, Wirtschafts- und Sozialunion, Berlin 1995
Reißig, Rolf: Die gespaltene Vereinigungsgesellschaft, Berlin 2000
Reißig, Rolf (Hrsg.): Rückweg in die Zukunft. Über den schwierigen Transformationsprozeß in Ostdeutschland, Frankfurt am Main/New York 1993
Schenk, Sabine (Hrsg.): Ostdeutsche Erwerbsverläufe zwischen Kontinuität und Wandel, Opladen 1997 (KSPW-Veröffentlichung)
Seibel, Wolfgang: Verwaltete Illusionen. Die Privatisierung der DDR-Wirtschaft durch die Treuhandanstalt und ihre Nachfolger 1990-2000, 2. Aufl. Frankfurt am Main/New York 2005
Wegner, Manfred: Bankrott und Aufbau. Ostdeutsche Erfahrungen, Baden-Baden 1995

Literaturauswahl

(Langzeit-)Arbeitslosigkeit, Armut und sozial(räumlich)e Ausgrenzung im vereinten Deutschland

Adamy, Wilhelm/Steffen, Johannes: Abseits des Wohlstands. Arbeitslosigkeit und neue Armut, Darmstadt 1998
Andreß, Hans-Jürgen (Hrsg.): Fünf Jahre danach. Zur Entwicklung von Arbeitsmarkt und Sozialstruktur im vereinten Deutschland, Berlin/New York 1996
Barlösius, Eva/Ludwig-Mayerhofer, Wolfgang (Hrsg.): Die Armut der Gesellschaft, Opladen 2001
Beck, Dorothee/Meine, Hartmut: Armut im Überfluss. Nachrichten aus einer gespaltenen Gesellschaft, Göttingen 2007
Becker, Irene/Hauser, Richard (Hrsg.): Einkommensverteilung und Armut. Deutschland auf dem Weg zur Vierfünftel-Gesellschaft?, Frankfurt am Main/New York 1997
Bieback, Karl-Jürgen/Milz, Helga (Hrsg.): Neue Armut, Frankfurt am Main/New York 1995
Böhnke, Petra: Am Rande der Gesellschaft. Risiken sozialer Ausgrenzung, Opladen 2006
Bosch, Gerhard/Weinkopf, Claudia (Hrsg.): Arbeiten für wenig Geld. Niedriglohnbeschäftigung in Deutschland, Frankfurt am Main/New York 2007
Braun, Michael/Mohler, Peter Ph. (Hrsg.): Blickpunkt Gesellschaft 4. Soziale Ungleichheit in Deutschland, Opladen/Wiesbaden 1998
Bude, Heinz: Die Ausgeschlossenen. Das Ende vom Traum einer gerechten Gesellschaft, München 2008
Bude, Heinz/Willisch, Andreas (Hrsg.): Das Problem der Exklusion. Ausgegrenzte, Entbehrliche, Überflüssige, Hamburg 2006
Bude, Heinz/Willisch, Andreas (Hrsg.): Exklusion. Die Debatte über die „Überflüssigen", Frankfurt am Main 2008
Büchel, Felix/Diewald, Martin/Krause, Peter (Hrsg.): Zwischen drinnen und draußen. Arbeitsmarktchancen und soziale Ausgrenzungen in Deutschland, Opladen 2000
Buhr, Petra: Dynamik von Armut. Dauer und biographische Bedeutung von Sozialhilfebezug, Opladen 1995
Butterwegge, Christoph/Hentges, Gudrun (Hrsg.): Rechtspopulismus, Arbeitswelt und Armut. Befunde aus Deutschland, Österreich und der Schweiz, Opladen/Farmington Hills 2008
Dangschat, Jens S. (Hrsg.): Modernisierte Stadt – gespaltene Gesellschaft. Ursachen von Armut und sozialer Ausgrenzung, Opladen 1999
Döring, Diether/Hanesch, Walter/Huster, Ernst-Ulrich (Hrsg.): Armut im Wohlstand, Frankfurt am Main 1990
Dörre, Klaus/Kraemer, Klaus/Speidel, Frederic: Prekarität. Ursachen, soziale Folgen und politische Verarbeitungsformen unsicherer Beschäftigungsverhältnisse, Wiesbaden 2008
Eckardt, Thomas: Arm in Deutschland. Eine sozialpolitische Bestandsaufnahme, München/Landsberg am Lech 1997
Ehlers, Karen: Armut in der Bundesrepublik Deutschland. Die Entwicklung von Armutsdominanzrelationen ausgewählter Risikogruppen in den alten Bundesländern im Zeitraum 1984-1994, Frankfurt am Main 1997
Farwick, Andreas: Segregierte Armut in der Stadt. Ursachen und soziale Folgen der räumlichen Konzentration von Sozialhilfeempfängern, Opladen 2001
Friedrichs, Jürgen/Blasius, Jörg: Leben in benachteiligten Wohngebieten, Opladen 2000
Gebauer, Ronald: Arbeit gegen Armut. Grundlagen, historische Genese und empirische Überprüfung des Armutsfallentheorems, Wiesbaden 2007
Gebauer, Ronald/Petschauer, Hanna/Vobruba, Georg: Wer sitzt in der Armutsfalle? – Selbstbehauptung zwischen Sozialhilfe und Arbeitsmarkt, 2. Aufl. Berlin 2003

Giesecke, Johannes: Arbeitsmarktflexibilisierung und Soziale Ungleichheit. Sozio-ökonomische Konsequenzen befristeter Beschäftigungsverhältnisse in Deutschland und Großbritannien, Wiesbaden 2006

Gillich, Stefan/Nieslony, Frank: Armut und Wohnungslosigkeit. Grundlagen, Zusammenhänge und Erscheinungsformen, Köln 2000

Glatzer, Wolfgang/Ostner, Ilona (Hrsg.): Deutschland im Wandel. Sozialstrukturelle Analysen, Opladen 1999 (Sonderband der Zeitschrift *Gegenwartskunde*)

Grass, Günter/Dahn, Daniela/Strasser, Johano (Hrsg.): In einem reichen Land. Zeugnisse alltäglichen Leidens an der Gesellschaft, Göttingen 2002

Groh-Samberg, Olaf: Armut, soziale Ausgrenzung und Klassenstruktur. Zur Integration multidimensionaler und längsschnittlicher Perspektiven, Wiesbaden 2008

Hahn, Toni/Schön, Gerhard: Arbeitslos – chancenlos?, Verläufe von Arbeitslosigkeit in Ostdeutschland, Opladen 1996 (KSPW-Veröffentlichung)

Hanesch, Walter (u.a.): Armut in Deutschland. Der Armutsbericht des DGB und des Paritätischen Wohlfahrtsverbands, Reinbek bei Hamburg 1994

Hanesch, Walter (u.a.): Armut und Ungleichheit in Deutschland. Der neue Armutsbericht der Hans-Böckler-Stiftung, des DGB und des Paritätischen Wohlfahrtsverbands, Reinbek bei Hamburg 2000

Harth, Annette/Scheller, Gitta/Tessin, Wulf (Hrsg.): Stadt und soziale Ungleichheit, Opladen 2000

Heinelt, Hubert/Bosch, Gerhard/Reissert, Bernd (Hrsg.): Arbeitsmarktpolitik nach der Vereinigung, Berlin 1994

Heinelt, Hubert/Weck, Michael: Arbeitsmarktpolitik. Vom Vereinigungskonsens zur Standortdebatte, Opladen 1998

Herkommer, Sebastian (Hrsg.): Soziale Ausgrenzungen. Gesichter des neuen Kapitalismus, Hamburg 1999

Hübinger, Werner: Prekärer Wohlstand. Neue Befunde zu Armut und sozialer Ungleichheit, Freiburg im Breisgau 1996

Hübinger, Werner/Hauser, Richard (Hrsg.): Die Caritas-Armutsuntersuchung. Eine Bilanz, Freiburg im Breisgau 1995

Hunfeld, Frauke: „Und plötzlich bist du arm". Geschichten aus dem neuen Deutschland, Reinbek bei Hamburg 1998

Huster, Ernst-Ulrich: Neuer Reichtum und alte Armut, Düsseldorf 1993

Huster, Ernst-Ulrich/Boeckh, Jürgen/Mogge-Grotjahn, Hildegard (Hrsg.): Handbuch Armut und Soziale Ausgrenzung, Wiesbaden 2008

Klagge, Britta: Armut in westdeutschen Städten. Strukturen und Trends aus stadtteilorientierter Perspektive – eine vergleichende Langzeitstudie der Städte Düsseldorf, Essen, Frankfurt, Hannover und Stuttgart, Stuttgart 2005

Klinger, Nadja/König, Jens: Einfach abgehängt. Ein wahrer Bericht über die neue Armut in Deutschland, Berlin 2006

Klundt, Michael: Von der sozialen zur Generationengerechtigkeit? – Polarisierte Lebenslagen und ihre Deutung in Wissenschaft, Politik und Medien, Mit einem Vorwort von Christoph Butterwegge, Wiesbaden 2007

Knecht, Michi (Hrsg.): Die andere Seite der Stadt. Armut und Ausgrenzung in Berlin, Köln/Weimar/Wien 1999

Kronauer, Martin: Exklusion. Die Gefährdung des Sozialen im hoch entwickelten Kapitalismus, Frankfurt am Main/New York 2002

Kronauer, Martin/Vogel, Berthold/Gerlach, Frank: Im Schatten der Arbeitsgesellschaft. Arbeitslose und die Dynamik sozialer Ausgrenzung, Frankfurt am Main/New York 1993

Leibfried, Stephan (u.a.): Zeit der Armut. Lebensläufe im Sozialstaat, Frankfurt am Main 1995

Lessenich, Stephan/Nullmeier, Frank (Hrsg.): Deutschland – eine gespaltene Gesellschaft, Frankfurt am Main/New York 2006
Loccumer Initiative kritischer Wissenschaftlerinnen und Wissenschaftler: Armut als Bedrohung. Der soziale Zusammenhalt zerbricht. Ein Memorandum, Mit einer Einführung von Oskar Negt, Hannover 2002
Lohmann, Henning: Armut von Erwerbstätigen in europäischen Wohlfahrtsstaaten. Niedriglöhne, staatliche Transfers und die Rolle der Familie, Wiesbaden 2008
Ludwig, Monika: Armutskarrieren. Zwischen Abstieg und Aufstieg im Sozialstaat, Opladen 1996
Neubäumer, Renate (Hrsg.): Arbeitsmarktpolitik kontrovers. Analysen und Konzepte für Ostdeutschland, Darmstadt 1993
Neumann, Udo: Struktur und Dynamik von Armut. Eine empirische Untersuchung für die Bundesrepublik Deutschland, Freiburg im Breisgau 1999
Pape, Klaus (Hrsg.): Arbeit ohne Netz. Prekäre Arbeit und ihre Auswirkungen, Hannover 2007
Pohl, Gerd/Schäfer, Claus (Hrsg.): Niedriglöhne. Die unbekannte Realität: Armut trotz Arbeit, Hamburg 1996
Rendtel, Ulrich/Wagner, Gert (Hrsg.): Lebenslagen im Wandel: Zur Einkommensdynamik in Deutschland seit 1984, Frankfurt am Main/New York 1991
Roth, Rainer: Nebensache Mensch. Arbeitslosigkeit in Deutschland, Frankfurt am Main 2003
Roth, Rainer: Über den Lohn am Ende des Monats. Armut trotz Arbeit, 2. Aufl. Frankfurt am Main 1998
Salz, Günther: Armut durch Reichtum. Soziale Brennpunkte als Erbe der sozialen Frage: praktische Erfahrungen und theoretische Einsichten, Freiburg im Breisgau 1991
Schmähl, Winfried/Rische, Herbert (Hrsg.): Wandel der Arbeitswelt – Folgerungen für die Sozialpolitik, Baden-Baden 1999
Schultheis, Franz/Schulz, Kristina (Hrsg.): Gesellschaft mit begrenzter Haftung. Zumutungen und Leiden im deutschen Alltag, Konstanz 2005
Sell, Stefan (Hrsg.): Armut als Herausforderung. Bestandsaufnahme und Perspektiven der Armutsforschung und Armutsberichterstattung, Berlin 2002
Steiner, Viktor/Zimmermann, Klaus F. (Hrsg.): Soziale Sicherung und Arbeitsmarkt. Empirische Analyse und Reformansätze, Baden-Baden 1996
Strengmann-Kuhn, Wolfgang: Armut trotz Erwerbstätigkeit. Analysen und sozialpolitische Konsequenzen, Frankfurt am Main/New York 2003
Wagenknecht, Sahra (Hrsg.): Armut und Reichtum heute. Eine Gegenwartsanalyse, Berlin 2007
Wehrheim, Jan: Die überwachte Stadt. Sicherheit, Segregation und Ausgrenzung, Opladen 2002
Zimmermann, Gunter E.: Überschuldung privater Haushalte. Empirische Analysen und Ergebnisse für die alten Bundesländer. Eine Untersuchung des Deutschen Caritasverbandes und des Diakonischen Werkes der EKD, Freiburg im Breisgau 2000
Zinn, Karl Georg: Wie Reichtum Armut schafft. Verschwendung, Arbeitslosigkeit und Mangel, 4. Aufl. Köln 2006
Zwick, Michael M. (Hrsg.): Einmal arm, immer arm? – Neue Befunde zur Armut in Deutschland, Frankfurt am Main/New York 1994

Die soziale Lage in Ostdeutschland gestern und heute

Alheit, Peter/Bast-Haider, Kerstin/Drauschke, Petra: Die zögernde Ankunft im Westen. Biographien und Mentalitäten in Ostdeutschland, Frankfurt am Main/New York 2004

Ebert, Elvir (Hrsg.): Einkommen und Konsum im Transformationsprozess. Vom Plan zum Markt – vom Mangel zum Überfluss, Opladen 1997 (KSPW-Veröffentlichung)

Glatzer, Wolfgang/Kleinhenz, Gerhard (Hrsg.): Wohlstand für alle?, Opladen 1997 (KSPW-Veröffentlichung)

Hanesch, Walter (Hrsg.): Lebenslageforschung und Sozialberichterstattung in den neuen Bundesländern, Düsseldorf 1993

Harth, Annette/Herlyn, Ulfert/Scheller, Gitta: Segregation in ostdeutschen Städten, Opladen 1998

Hradil, Stefan/Pankoke, Eckart (Hrsg.), Aufstieg für alle?, Opladen 1997 (KSPW-Veröffentlichung)

Hauser, Richard (u.a.): Ungleichheit und Sozialpolitik, Opladen 1996 (KSPW-Veröffentlichung)

Hauser, Richard/Olk, Thomas (Hrsg.): Soziale Sicherheit für alle?, Opladen 1997 (KSPW-Veröffentlichung)

Hoffmann, Dierk/Schwartz, Michael (Hrsg.): Geschichte der Sozialpolitik in Deutschland seit 1945, Bd. 8: Deutsche Demokratische Republik 1949-1961. Im Zeichen des Aufbaus des Sozialismus, Baden-Baden 2004

Hübinger, Werner/Neumann, Udo: Menschen im Schatten. Lebenslagen in den neuen Bundesländern, Freiburg im Breisgau 1998

Kieselbach, Thomas/Voigt, Peter (Hrsg.): Systemumbruch, Arbeitslosigkeit und individuelle Bewältigung in der Ex-DDR, Mit einem Vorwort von Regine Hildebrandt, 2. Aufl. Weinheim 1993

Kleßmann, Christoph (Hrsg.): Geschichte der Sozialpolitik in Deutschland seit 1945, Bd. 9: Deutsche Demokratische Republik 1961-1971. Politische Stabilisierung und wirtschaftliche Mobilisierung, Baden-Baden 2006

Kollmorgen, Raj: Ostdeutschland. Beobachtungen einer Übergangs- und Teilgesellschaft, Wiesbaden 2005

Krömmelbein, Silvia: Krise der Arbeit – Krise der Identität?, Institutionelle Umbrüche der Erwerbsarbeit und subjektive Erfahrungsprozesse in den neuen Bundesländern, Berlin 1996

Lutz, Ronald/Zeng, Matthias (Hrsg.): Armutsforschung und Sozialberichterstattung in den neuen Bundesländern, Opladen 1998

Manz, Günter: Armut in der „DDR"-Bevölkerung. Lebensstandard und Konsumtionsniveau vor und nach der Wende, Mit einem Vorwort von Wolfgang Voges, Augsburg 1992

Schmidt, Manfred G.: Sozialpolitik der DDR, Wiesbaden 2004

Vester, Michael/Hofmann, Michael/Zierke, Irene (Hrsg.): Soziale Milieus in Ostdeutschland. Gesellschaftliche Strukturen zwischen Zerfall und Neubildung, Köln 1995

Vogel, Berthold: Ohne Arbeit in den Kapitalismus. Der Verlust der Erwerbsarbeit im Umbruch der ostdeutschen Gesellschaft, Hamburg 1999

Zeng, Matthias: „Asoziale" in der DDR. Transformation einer moralischen Kategorie, Münster/Hamburg/London 2000

Zeng, Matthias (Hrsg.): Sozialberichterstattung in den neuen Bundesländern. Betrachtungen eines unübersichtlichen Feldes, Oldenburg 2001

Zerche, Jürgen (Hrsg.): Warten auf die Soziale Marktwirtschaft. Ausbau oder Abbau der sozialen Lage in den neuen Bundesländern?, Regensburg 1997

(Prekäre) Lebenslagen von Kindern bzw. Jugendlichen in Ost- und Westdeutschland

Alt, Christian: Kindheit in Ost und West. Wandel der familialen Lebensformen aus Kindersicht, Opladen 2001
Andreß, Hans-Jürgen (u.a.): Wenn aus Liebe rote Zahlen werden. Über die wirtschaftlichen Folgen von Trennung und Scheidung, Wiesbaden 2003
Beisenherz, H. Gerhard: Kinderarmut in der Wohlfahrtsgesellschaft. Das Kainsmal der Globalisierung, Opladen 2002
Bieligk, Andreas: „Die armen Kinder". Armut und Unterversorgung bei Kindern – Belastungen und ihre Bewältigung, Essen 1996
Bien, Walter/Weidacher, Alois (Hrsg.): Leben neben der Wohlstandsgesellschaft. Familien in prekären Lebenslagen, Wiesbaden 2004
Bozenhardt, Inge/Lindenthal, Luisa: Unter der Brücke rechts ... – Freiburger Studie zur Wohnungsnot bei jungen Menschen, Opladen 2002
Bruhns, Kirsten/Mack, Wolfgang (Hrsg.): Aufwachsen und Lernen in der Sozialen Stadt. Kinder und Jugendliche in schwierigen Lebensräumen, Opladen 2001
Butterwegge, Christoph (u.a.): Armut und Kindheit. Ein regionaler, nationaler und internationaler Vergleich, 2. Aufl. Wiesbaden 2004
Butterwegge, Christoph (Hrsg.): Kinderarmut in Deutschland. Ursachen, Erscheinungsformen und Gegenmaßnahmen, 2. Aufl. Frankfurt am Main/New York 2000
Butterwegge, Christoph/Klundt, Michael (Hrsg.): Kinderarmut und Generationengerechtigkeit. Familien- und Sozialpolitik im demografischen Wandel, 2. Aufl. Opladen 2003
Chassé, Karl August/Zander, Margherita/Rasch, Konstanze: Meine Familie ist arm. Wie Kinder im Grundschulalter Armut erleben und bewältigen, 3. Aufl. Wiesbaden 2007
Drilling, Matthias: Young urban poor. Abstiegsprozesse in den Zentren der Sozialstaaten, Wiesbaden 2004
Hock, Beate/Holz, Gerda: Arm dran?! – Lebenslagen und Lebenschancen von Kindern und Jugendlichen. Erste Ergebnisse einer Studie im Auftrag des Bundesverbandes der Arbeiterwohlfahrt, Frankfurt am Main 1998
Hock, Beate/Holz, Gerda/Wüstendörfer, Werner: Armut – eine Herausforderung für die verbandliche Kinder- und Jugendhilfe. Zweiter Zwischenbericht zu einer bundesweiten Befragung in den Einrichtungen der Arbeiterwohlfahrt, Frankfurt am Main 1999
Hock, Beate/Holz, Gerda/Wüstendörfer, Werner: Folgen familiärer Armut im frühen Kindesalter: eine Annäherung anhand von Fallbeispielen. Dritter Zwischenbericht zu einer Studie im Auftrag des Bundesverbandes der Arbeiterwohlfahrt, Frankfurt am Main 2000
Hock, Beate/Holz, Gerda/Wüstendörfer, Werner: Frühe Folgen – langfristige Konsequenzen?, Armut und Benachteiligung im Vorschulalter. Vierter Zwischenbericht zu einer Studie im Auftrag des Bundesverbandes der Arbeiterwohlfahrt, Frankfurt am Main 2000
Hock, Beate/Holz, Gerda (Hrsg.): Erfolg oder Scheitern? – Arme und benachteiligte Jugendliche auf dem Weg ins Berufsleben. Fünfter Zwischenbericht zu einer Studie im Auftrag des Bundesverbandes der Arbeiterwohlfahrt, Frankfurt am Main 2000
Hock, Beate (u.a.): Gute Kindheit – schlechte Kindheit?, Armut und Zukunftschancen von Kindern und Jugendlichen in Deutschland. Abschlussbericht zur Studie im Auftrag des Bundesverbandes der Arbeiterwohlfahrt, Frankfurt am Main 2000
Holz, Gerda/Skoluda, Susanne: Armut im frühen Grundschulalter. Abschlussbericht der vertiefenden Untersuchung zu Lebenssituation, Ressourcen und Bewältigungshandeln von Kindern im Auftrag des Bundesverbandes der Arbeiterwohlfahrt, Frankfurt am Main 2003

Iben, Gerd (Hrsg.): Kindheit und Armut. Analysen und Projekte, Münster 1998
Joos, Magdalena: Die soziale Lage der Kinder. Sozialberichterstattung über die Lebensverhältnisse von Kindern in Deutschland, Weinheim/München 2001
Kamensky, Jutta/Heusohn, Lothar/Klemm, Ulrich (Hrsg.): Kindheit und Armut in Deutschland. Beiträge zur Analyse, Prävention und Intervention, Ulm 2000
Kirchhöfer, Dieter (u.a., Hrsg.): Kindheit in der DDR, Frankfurt am Main 2003
Klocke, Andreas/Hurrelmann, Klaus (Hrsg.): Kinder und Jugendliche in Armut. Umfang, Auswirkungen und Konsequenzen, 2. Aufl. Wiesbaden 2001
Kränzl-Nagl, Renate/Mierendorff, Johanna/Olk, Thomas (Hrsg.): Kindheit im Wohlfahrtsstaat. Gesellschaftliche und politische Herausforderungen, Frankfurt am Main/New York 2003
Leu, Hans Rudolf (Hrsg.): Sozialberichterstattung zu Lebenslagen von Kindern, Opladen 2002
Mädje, Eva/Neusüß, Claudia: Frauen im Sozialstaat. Zur Lebenssituation alleinerziehender Sozialhilfeempfängerinnen, Frankfurt am Main/New York 1996
Mansel, Jürgen (Hrsg.): Glückliche Kindheit – schwierige Zeit. Über die veränderten Bedingungen des Aufwachsens, Opladen 1996
Mansel, Jürgen/Brinkhoff, Klaus-Peter (Hrsg.): Armut im Jugendalter. Soziale Ungleichheit, Gettoisierung und die psychosozialen Folgen, Weinheim/München 1998
Mansel, Jürgen/Neubauer, Georg (Hrsg.): Armut und soziale Ungleichheit bei Kindern, Opladen 1998
Meier, Uta/Preuße, Heide/Sunnus, Eva Maria: Steckbriefe von Armut. Haushalte in prekären Lebenslagen, Wiesbaden 2003
Müller, Thomas: Armut von Kindern an Förderschulen. Beschreibung und Analyse des Phänomens der Armut von Kindern an Förderschulen sowie empirische Untersuchung seiner Wahrnehmung bei Förderschullehrern, Hamburg 2005
Nauck, Bernhard/Bertram, Hans (Hrsg.): Kinder in Deutschland. Lebensverhältnisse von Kindern im Regionalvergleich, Opladen 1995
Otto, Ulrich (Hrsg.): Aufwachsen in Armut. Erfahrungswelten und soziale Lagen von Kindern armer Familien, Opladen 1997
Palentien, Christian: Kinder- und Jugendarmut in Deutschland, Wiesbaden 2004
Schneider, Norbert F.: Familie und private Lebensführung in West- und Ostdeutschland. Eine vergleichende Analyse des Familienlebens 1970-1992, Stuttgart 1994
Schniering, Daniel: Kinder- und Jugendarmut in Deutschland. Grundlagen, Dimensionen, Auswirkungen, Saarbrücken 2006
Sydow, Hubert (Hrsg.): Entwicklung und Sozialisation von Jugendlichen vor und nach der Vereinigung Deutschlands, Opladen 1997 (KSPW-Veröffentlichung)
Trommsdorff, Gisela (Hrsg.): Sozialisation und Entwicklung von Kindern vor und nach der Vereinigung, Opladen 1997 (KSPW-Veröffentlichung)
Unverzagt, Gerlinde/Hurrelmann, Klaus: Konsum-Kinder. Was fehlt, wenn es an gar nichts fehlt, Freiburg im Breisgau/Basel/Wien 2001
Wald, Renate: Kindheit in der Wende – Wende der Kindheit?, Heranwachsen in der gesellschaftlichen Transformation in Ostdeutschland, Opladen 1998
Wilk, Liselotte/Bacher, Johann (Hrsg.): Kindliche Lebenswelten. Eine sozialwissenschaftliche Annäherung, Opladen 1994
Zander, Margherita (Hrsg.): Kinderarmut. Einführendes Handbuch für Forschung und soziale Praxis, Wiesbaden 2005
Zenz, Winfried M./Bächer, Korinna/Blum-Maurice, Renate (Hrsg.): Die vergessenen Kinder. Vernachlässigung, Armut und Unterversorgung in Deutschland, Köln 2002
Zinnecker, Jürgen/Silbereisen, Rainer K.: Kindheit in Deutschland. Aktueller Survey über Kinder und ihre Eltern, 2. Aufl. Weinheim/München 1998

Folgen von (Kinder-)Armut: Bildungsdefizite, Ernährungsmängel, Krankheiten, Stress und Suchtgefahr

Altgeld, Thomas/Hofrichter, Petra (Hrsg.): Reiches Land – kranke Kinder?, Gesundheitliche Folgen von Armut bei Kindern und Jugendlichen, Frankfurt am Main 2000
Andreß, Hans-Jürgen: Leben in Armut. Analysen der Verhaltensweisen armer Haushalte mit Umfragedaten, Opladen/Wiesbaden 1999
Barlösius, Eva (u.a., Hrsg.): Ernährung in der Armut. Gesundheitliche, soziale und kulturelle Folgen in der Bundesrepublik Deutschland, Berlin 1995
Hackauf, Horst/Winzen, Gerda: Gesundheit und soziale Lage von jungen Menschen in Europa, Wiesbaden 2004
Heinzel-Gutenbrunner, Monika: Armutslebensläufe und schlechte Gesundheit. Kausation oder soziale Selektion?, Aachen 2000
Helmert, Uwe (u.a., Hrsg.): Müssen Arme früher sterben? – Soziale Ungleichheit und Gesundheit in Deutschland, Weinheim/München 2000
Henkel, Dieter (Hrsg.): Sucht und Armut. Alkohol, Tabak, illegale Drogen, Opladen 1998
Hölscher, Petra: „Immer musst du hingehen und praktisch betteln". Wie Jugendliche Armut erleben, Frankfurt am Main/New York 2003
Jungbauer-Gans, Monika/Kriwy, Peter (Hrsg.): Soziale Benachteiligung und Gesundheit bei Kindern und Jugendlichen, Wiesbaden 2004
Laaser, Ulrich/Gebhardt, Karsten/Kemper, Peter (Hrsg.): Gesundheit und soziale Benachteiligung. Informationssysteme – Bedarfsanalysen – Interventionen, Lage 2000
Mielck, Andreas: Soziale Ungleichheit und Gesundheit. Empirische Ergebnisse, Erklärungsansätze, Interventionsmöglichkeiten, Bern 2000
Müller, Thomas: Innere Armut. Kinder und Jugendliche zwischen Mangel und Überfluss, Wiesbaden 2008
Richter, Antje: Wie erleben und bewältigen Kinder Armut? – Eine qualitative Studie über die Belastungen aus Unterversorgungslagen und ihre Bewältigung aus subjektiver Sicht von Grundschulkindern einer ländlichen Region, Aachen 2000
Richter, Antje/Holz, Gerda/Altgeld, Thomas (Hrsg.): Gesund in allen Lebenslagen. Förderung von Gesundheitspotenzialen bei sozial benachteiligten Kindern im Elementarbereich, Frankfurt am Main 2004
Richter, Matthias/Hurrelmann, Klaus (Hrsg.): Gesundheitliche Ungleichheit. Grundlagen, Probleme, Perspektiven, Wiesbaden 2006
Salentin, Kurt: Armut, Scham und Stressbewältigung. Die Verarbeitung ökonomischer Belastungen im unteren Einkommensbereich, Wiesbaden 2002
Sanders, Karin/Weth, Hans-Ulrich (Hrsg.): Armut und Teilhabe. Analysen und Impulse zum Diskurs um Armut und Gerechtigkeit, Wiesbaden 2008
Walper, Sabine: Familiäre Konsequenzen ökonomischer Deprivation, München/Weinheim 1988
Weimann, Eike: Armut unter Kindern. Symptome, Ursachen und Konsequenzen, Saarbrücken 2006
Wenzig, Claudia: Armut, Gesundheit und sozialer Kontext von Kindern, Hamburg 2005

Bekämpfung der (Kinder-)Armut: Arbeitsmarkt-, Familien- und Sozialpolitik, Frühförderung und Soziale Arbeit

Alisch, Monika (Hrsg.): Stadtteilmanagement. Voraussetzungen und Chancen für die soziale Stadt, 2. Aufl. Opladen 2001

Alisch, Monika/Dangschat, Jens S.: Armut und soziale Integration. Strategien sozialer Stadtentwicklung und lokaler Nachhaltigkeit, Opladen 1998

Andreß, Hans-Jürgen/Krüger, Anne: Ausstiege aus dem unteren Einkommensbereich. Institutionelle Hilfeangebote, individuelle Aktivitäten und soziale Netzwerke, Berlin 2006

Ansen, Harald: Armut. Anforderungen an die Soziale Arbeit: eine historische, sozialstaatsorientierte und systematische Analyse aus der Perspektive der Sozialen Arbeit, Frankfurt am Main 1998

Bäcker, Gerhard/Stolz-Willig, Brigitte (Hrsg.): Kind, Beruf, Soziale Sicherung. Zukunftsaufgabe des Sozialstaats, Köln 1994

Balluseck, Hilde von (Hrsg.): Familien in Not. Wie kann Sozialarbeit helfen?, Freiburg im Breisgau 1999

Bauer, Brigitte (u.a., Hrsg.): Armut und Soziale Arbeit. Erfahrungen, Perspektiven und Methoden im internationalen Kontext, Münster 1996

Bischoff, Joachim: Allgemeines Grundeinkommen. Fundament für soziale Sicherheit?, Hamburg 2007

Böhning, Björn/Dörre, Klaus/Nahles, Andrea (Hrsg.): Unterschichten? Prekariat? Klassen? – Moderne Politik gegen soziale Ausgrenzung, Dortmund 2006

Borchard, Michael (Hrsg.): Das Solidarische Bürgergeld. Analyse einer Reformidee, Stuttgart 2007

Burger, Karin: Armutszeugnis. Ratgeber in Armutsfragen, Belm-Vehrte 2007

Dann, Sabine (u.a., Hrsg.): Kombi-Einkommen – ein Weg aus der Sozialhilfe?, Baden-Baden 2002

Ehlers, Kai: Grundeinkommen für alle – Sprungbrett in eine integrierte Gesellschaft, Dornach 2006

Eichler, Daniel: Armut, Gerechtigkeit und soziale Grundsicherung. Einführung in eine komplexe Problematik, Wiesbaden 2001

Elsen, Susanne: Die Ökonomie des Gemeinwesens. Sozialpolitik und Soziale Arbeit im Kontext von gesellschaftlicher Wertschöpfung und -verteilung, Weinheim/München 2007

Engler, Wolfgang: Bürger, ohne Arbeit. Für eine radikale Neugestaltung der Gesellschaft, Berlin 2005

Exner, Andreas/Rätz, Werner/Zenker, Birgit (Hrsg.): Grundeinkommen. Soziale Sicherheit ohne Arbeit, Wien 2007

Feist, Holger: Arbeit statt Sozialhilfe. Zur Reform der Grundsicherung in Deutschland, Tübingen 2000

Gerntke, Axel (u.a.): Einkommen zum Auskommen. Von bedingungslosem Grundeinkommen, gesetzlichen Mindestlöhnen und anderen Verteilungsfragen, Hamburg 2004

Giegold, Sven/Embshoff, Dagmar (Hrsg.): Solidarische Ökonomie im globalisierten Kapitalismus, Hamburg 2008

Hagen, Christine: Wege aus der Sozialhilfe – Wege aus der Armut?, Lebensverläufe zwischen Integration und Ausgrenzung, Frankfurt am Main 2004

Hanesch, Walter (Hrsg.): Sozialpolitische Strategien gegen Armut, Opladen 1995

Hanesch, Walter (Hrsg.): Überlebt die soziale Stadt? – Konzeption, Krise und Perspektiven kommunaler Sozialstaatlichkeit, Opladen 1997

Hauser, Richard: Ziele und Möglichkeiten einer Sozialen Grundsicherung, Baden-Baden 1996

Hengsbach, Friedhelm: Abschied von der Konkurrenzgesellschaft. Für eine neue Ethik in Politik, Wirtschaft und Gesellschaft, München 1995

Hengsbach, Friedhelm/Möhring-Hesse, Matthias: Aus der Schieflage heraus. Demokratische Verteilung von Reichtum und Arbeit, 2. Aufl. Bonn 1999

Herbermann, Marc/Steinmetz, Bernd (Hrsg.): „... und arm bis du!" – Die wachsende Polarisierung zwischen Armut und Reichtum in der Wohlstandsgesellschaft und Gegenkonzepte, Weimar 2001

Hessische Staatskanzlei (Hrsg.): Die Familienpolitik muss neue Wege gehen! – Wiesbadener Entwurf zur Familienpolitik, Wiesbaden 2003

Hoffmann, Josef: Soziale Gerechtigkeit für Kinder. Zur Chancengleichheit des Aufwachsens im Sozialstaat des Grundgesetzes, Baden-Baden 2006

Holz, Gerda (u.a.): Armutsprävention vor Ort. „Mo.Ki – Monheim für Kinder". Evaluationsergebnisse zum Modellprojekt von Arbeiterwohlfahrt Niederrhein und Stadt Monheim, Frankfurt am Main 2005

IG Metall Vorstand, Abteilung Tarifpolitik (Hrsg.): Denk-Schrift *fair*teilen, Schwalbach im Taunus 2000

Jetter, Frank: Nachhaltige Sozialpolitik gegen Armut in Lebenslagen, Münster 2004

Kaltenborn, Bruno: Von der Sozialhilfe zu einer zukunftsfähigen Grundsicherung, 2. Aufl. Baden-Baden 1998

Kessl, Fabian/Reutlinger, Christian/Ziegler, Holger (Hrsg.): Erziehung zur Armut? – Soziale Arbeit und die „neue Unterschicht", Wiesbaden 2007

Kleinert, Ulfried/Leutzsch, Martin/Wagner, Harald: Herausforderung „neue Armut". Motive und Konzepte sozialer Arbeit, Leipzig 1996

Knecht, Alban: Bürgergeld: Armut bekämpfen ohne Sozialhilfe. Negative Einkommensteuer, Kombilohn, Bürgerarbeit und RMI als neue Wege, Mit einem Vorwort von Isidor Wallimann, Bern/Stuttgart/Wien 2002

Krebs, Hans-Peter/Rein, Harald (Hrsg.): Existenzgeld. Kontroversen und Positionen, Münster 2000

Krummacher, Michael (u.a.): Soziale Stadt – Sozialraumentwicklung – Quartiersmanagement. Herausforderungen für Politik, Raumplanung und soziale Arbeit, Opladen 2003

Lutz, Ronald (Hrsg.): Knappheitsmanagement, Münster/Hamburg/London 2000

Mäder, Ueli: Für eine solidarische Gesellschaft. Was tun gegen Armut, Arbeitslosigkeit und Ausgrenzung?, Zürich 1999

Marris, Robin: Das Ende der Armut. Perspektiven für eine gerechtere Zukunft, Bern/Stuttgart/Wien 2001

Möhring-Hesse, Matthias (u.a., Hrsg.): Wohlstand trotz alledem. Alternativen zur Standortpolitik, München 1997

Netzler, Andreas/Opielka, Michael (Hrsg.): Neubewertung der Familienarbeit in der Sozialpolitik, Opladen 1998

Rätz, Werner/Paternoga, Dagmar/Steinbach, Werner: Grundeinkommen: bedingungslos, Hamburg 2005

Sachs, Jeffrey D.: Das Ende der Armut. Ein ökonomisches Programm für eine gerechtere Welt, München 2005

Schmid, Susanne/Wallimann, Isidor: Armut: „Der Mensch lebt nicht vom Brot allein". Wege zur soziokulturellen Existenzsicherung, Bern/Stuttgart/Wien 1998

Spies, Thomas: Die Bürgerversicherung. Zukunftsfähig und solidarisch, Frankfurt am Main 2006

Strengmann-Kuhn, Wolgang (Hrsg.): Das Prinzip Bürgerversicherung. Die Zukunft im Sozialstaat, Wiesbaden 2005

Vanderborght, Yannick/Parijs, Philippe Van: Ein Grundeinkommen für alle?. – Geschichte und Zukunft eines radikalen Vorschlags, Frankfurt am Main/New York 2005

Vobruba, Georg: Entkopplung von Arbeit und Einkommen. Das Grundeinkommen in der Arbeitsgesellschaft, 2. Aufl. Wiesbaden 2007

Weiß, Hans (Hrsg.): Frühförderung mit Kindern und Familien in Armutslagen, München/Basel 2000

Welter, Ralf: Solidarische Marktwirtschaft durch Grundeinkommen. Konzeptionen für eine nachhaltige Sozialpolitik, Aachen 2003

Werner, Götz W.: Einkommen für alle, Köln 2007

Zander, Margherita: Armes Kind – starkes Kind?, Die Chance der Resilienz, Wiesbaden 2008

Neoliberalismus: Grundzüge und Kritik auf einen Blick

Christoph Butterwegge / Bettina Lösch / Ralf Ptak
Kritik des Neoliberalismus
Unter Mitarbeit von Tim Engartner
2., verb. Aufl. 2008. 298 S.
Br. EUR 12,90
ISBN 978-3-531-15809-9

Keine andere Wirtschafts- und Gesellschaftstheorie beherrscht die Tagespolitik, aber auch die Medienöffentlichkeit und das Alltagsbewusstsein von Millionen Menschen fast auf der ganzen Welt so stark wie die neoliberale.

Die Publikation versteht sich als kritische Einführung in den Neoliberalismus, skizziert seine ökonomischen Grundlagen und stellt verschiedene Denkschulen vor. Anschließend werden die Folgen neoliberaler Politik für Sozialstaat und Demokratie behandelt, etwa im Hinblick auf Maßnahmen zur Privatisierung öffentlicher Unternehmen, staatlicher Aufgaben und persönlicher Lebensrisiken.

Das Buch richtet sich an Leser/innen, die nach Informationen über den Neoliberalismus, guten Argumenten für die Debatte darüber und gesellschaftspolitischen Alternativen suchen.

Prof. Dr. Christoph Butterwegge, Dr. Bettina Lösch und Dr. Ralf Ptak sind als Sozial-, Politik- bzw. Wirtschaftswissenschaftler an der Universität zu Köln tätig.

Erhältlich im Buchhandel oder beim Verlag.
Änderungen vorbehalten. Stand: Januar 2008.

Stimmen zur 1. Auflage:

„*Was aber ist Neoliberalismus? Welche Grundsätze hat er? In welcher Weise hat er die deutsche Gesellschaft, Politik und Wirtschaft geprägt – und welche künftigen Risiken birgt er für die weitere Entwicklung unseres Gemeinwesens? Diese Fragen beantwortet analytisch glänzend, eingehend und weitreichend das Buch [...] von Christoph Butterwegge, Bettina Lösch und Ralf Ptak [...]."*
Publik-Forum – Zeitung kritischer Christen, 31.08.2007

„*Der Kölner Professor Christoph Butterwegge gehört zu denen, die über die Folgen des Neoliberalismus aufklären, anstatt sie für alternativlos zu erklären."*
Ver.di Publik, 11/2007

„*Dem beeindruckend materialreichen Buch, dessen Autoren sich nicht scheuen, für soziale Gerechtigkeit, Freiheit, Demokratie und Emanzipation Partei zu ergreifen, was heute unter Sozialwissenschaftlern alles andere als selbstverständlich ist, möchte man viele Leser wünschen, die sich noch aufregen können und endlich Gegenwehr organisieren."*
Ossietzky – Zweiwochenschrift für Politik/Kultur/Wirtschaft, 24/2007

www.vs-verlag.de

VS VERLAG FÜR SOZIALWISSENSCHAFTEN

Abraham-Lincoln-Straße 46
65189 Wiesbaden
Tel. 0611.7878-722
Fax 0611.7878-400